安溪下草埔遗址
考古
2019~2020年度发掘报告

编

北京大学考古文博学院
泉州市文化广电和旅游局
安溪县人民政府
北京大学考古文博学院（安溪）研究中心

著

沈睿文　李佳胜　张周瑜
何　康　方立阳等

文物出版社

图书在版编目（CIP）数据

安溪下草埔遗址2019～2020年度考古发掘报告 / 北京大学考古文博学院等编；沈睿文等著. -- 北京：文物出版社，2021.6

ISBN 978-7-5010-5087-1

Ⅰ.①安… Ⅱ.①北… ②沈… Ⅲ.①炼铁–冶铸遗址–发掘报告–安溪县 Ⅳ.①K878.55

中国版本图书馆CIP数据核字（2021）第088427号

安溪下草埔遗址2019~2020年度考古发掘报告

编　　者　北京大学考古文博学院
　　　　　泉州市文化广电和旅游局
　　　　　安溪县人民政府
　　　　　北京大学考古文博学院（安溪）研究中心
著　　者　沈睿文　李佳胜　张周瑜
　　　　　何　康　方立阳等

责任编辑　谷　雨　李　飏
责任印制　王　芳

出版发行　文物出版社
社　　址　北京市东直门内北小街2号楼
邮政编码　100007
网　　址　http://www.wenwu.com
经　　销　新华书店
制版印刷　天津图文方嘉印刷有限公司
开　　本　889mm×1194mm　1/16
印　　张　29.5
版　　次　2021年6月第1版
印　　次　2021年6月第1次印刷
书　　号　ISBN 978-7-5010-5087-1
定　　价　480.00元

本书版权独家所有，非经授权，不得复制翻印

安溪下草埔遗址

◎ 福建首个大规模考古发掘的冶铁遗址，以块炼铁生产为主，集生铁和块炼铁生产技术为一处。经分析检测，遗址内出土积铁样品中高碳钢样品比例较高，可能产自块炼法冶炼。块炼铁冶炼炉结构完整、炉型多样、保存状况较好，为国内首次科学考古发掘出土。遗址中发现的板结层亦为国内冶铁遗址首次发现，具有浓厚的地方性特点。

◎ 遗址面积50000平方米，遗址核心区约5000平方米，经发掘清理的遗迹类型多样，涉及冶炼生产设施、生活设施、墓葬、灰坑以及垒砌的石堆等。出土遗物可分为冶炼遗物、金属器、陶瓷器、建筑遗物四大类。遗址主体年代为宋元时期，属宋代青阳铁场。

◎ 遗址集中体现了“采、产、运、销”的高度整合。其铁制品通过固定不变的陆路、内河航运的便捷运输系统，在泉州进入海上航道，**使得冶铁经济与文化融进宋元时期世界的海洋文明。**

2019
2020
年度
安溪下草埔遗址
考古发掘报告

安溪下草埔遗址原貌

遗址位于福建省泉州市安溪县尚卿乡青洋村东南约 800 米的一处山坡上，属五阆山余脉，下草埔为该地地名。

目　录

第五章　下草埔周边相关遗址的调查和清理

第六章　初步结论

附　录

后　记

图表目录

插图目录

插表目录

图版目录

2019—2020年度

安溪下草埔遗址考古发掘报告

第一章 前　言

第一节　遗址位置

安溪青洋下草埔遗址位于福建省泉州市安溪县尚卿乡青洋村东南约800米的一处山坡上，属五阆山余脉，下草埔为该地地名。遗址中心地理坐标25° 10′ 59″ N、117° 57′ 26″ E，海拔高度为756米。该地东距湖头镇约10千米，西距长卿镇约7千米，东南距安溪县城区约27千米。遗址所处尚卿乡在宋代为安溪县金田乡龙兴里，明清时期分属兴一里、兴二里[1]。遗址所处青洋村古称"青阳"，地理位置与明嘉靖《安溪县志》所载"清洋铁场在龙兴里，宋熙宁开，今废"[2]、"宋产铁之场在……安溪曰青阳"[3]相符。以青洋村为中心，包括周边的科名村，通过调查发现多个冶铁遗址点、炉渣堆积地点，宋元时期的冶铁遗存分布集中、丰富。

遗址位于尚卿乡青洋村南下草埔，按照考古遗址命名原则，定名为安溪青洋下草埔遗址（以下简称"安溪下草埔遗址"或"下草埔遗址"）。早期文物普查登记档案中，青洋村范围内发现的冶铁遗址被登记为"青洋冶铁遗址"[4]或"青阳冶铁遗址"[5]，前者是以自然村村名命名遗址，后者则以史料记载"青阳铁场"为命名依据。北宋泉州安溪"青阳铁场"见于《元丰九域志》《续资治通鉴长编》《宋史》《宋会要辑稿》等官私修史书，其名不误。在后世文献传抄中屡见讹误，明嘉靖《安溪县志》中记为"清洋铁场"，《大清一统志》已认识到该问题，在卷四二八"青阳故铁场"条下注"在安溪县西北九域志清溪县有青阳铁场旧志在龙兴里俗讹为清阳宋开今闭"[6]。在本报告撰写过程中，以青洋下草埔遗址为名刊布发掘资料，用"青阳冶铁遗址群"命名以青洋村为中心、古代青阳铁场范围内调查发现的一系列冶炼遗址、地点。

下草埔遗址及周边相关遗址地点均分布于古道、水系周围。该地点亦与福建省地质资料中安溪县青洋铁矿点[7]相符。

1 安溪县志编委会编《安溪县志》，北京：新华出版社，1994年，第83页。

2 〔明〕嘉靖《安溪县志》卷一《地舆》"坑冶附"条，《天一阁藏明代方志选刊》，上海古籍书店，1963年影印版，第9页背面。

3 〔明〕嘉靖《安溪县志》卷一《地舆》"铁课"条，第56页背面。

4 国家文物局主编《中国文物地图集·福建分册》，福州：福建省地图出版社，2007年，第399页。

5 福建省地方志编纂委员会编《福建省志·文物志》，北京：方志出版社，2002年，第21~22页。

6 〔清〕穆彰阿、潘锡恩等纂修：《大清一统志》第10册，上海古籍出版社，2008年，第119页下栏。

7 王登红、王成辉、邢树文等编著《中国矿产地质志·矿产名录卷》，北京：地质出版社，2014年，第77页；班宜忠、肖凡、高天山等：《华东地区重要矿产区域成矿规律研究》，武汉：中国地质大学出版社，2016年，第237页。

第二节 地理环境

安溪县地处福建省东南部，泉州市西南隅，经纬位置介于北纬 24° 50′ 至 25° 26′，东经 117° 36′ 至 118° 17′ 之间。安溪地处戴云山东南坡，戴云山支脉从漳平延伸县内，地势自西北向东南倾斜，主要山峰大多集结于西北部。境内最高点位于县境西北的感德镇太华尖，海拔高度约为 1600 米。最低点位于县境东南的城厢镇经兜村，海拔高度约为 32 米。

安溪境内按地形地貌之差异，有内外安溪之分，从湖头盆地西缘的五阆山至龙门跌死虎山西缘为天然分界线，线以东为外安溪，线以西称内安溪。外安溪地势较低，平均海拔高度 300~400 米，以低山、丘陵、串状河谷为主，河谷宽阔，丘陵起伏平缓，人口居住密集。内安溪地势较高，平均海拔高度 600~700 米，以山地为主，坡度较大，河谷狭窄。

安溪县属于南、中亚热带海洋性季风气候，东部外安溪属于南亚热带海洋性季风气候，年均温度 19~21°C，年降雨量 1600 毫米，夏季长而炎热。西部内安溪山峦起伏，受西北方气流影响较大，气候地带性强，年均温在 16~18°C，年降雨量 1800 毫米。

境内水系分属晋江水系和九龙江水系。西部河流属九龙江水系，流域面积约占全县三分之一。东部河流属晋江水系，流域面积约占全县三分之二。其干流西溪（清溪），为晋江支流，因位于晋江之西而得名。遗址所处的青洋村位于青洋溪畔，青洋溪汇入龙潭溪（长坑溪），龙潭溪为安溪境内西溪的第二大支流。龙潭溪源出长卿镇西部太湖峰，经尚卿乡、蓬莱镇至金谷镇元口（源口）入西溪干流（在湖头下游），流程全长 55 千米，坡降 11.4%。安溪境内的西溪流域地形复杂，海拔高差变幅大。以湖头为分，上游河道狭窄，环山穿谷，坡陡流急；下游河道渐宽，坡降递小，水流趋稳。由西溪入晋江，顺流可达泉州湾，为山区东出的重要通道。1957 年以前，湖头至泉州尚有舟楫往来，尔后，由于淤沙水浅而止航。

全县耕地土壤以水稻土为主。山地土壤自东南向西北展布，呈砖红壤性红壤—红壤—黄壤地带性分布；同时因境内地貌起伏，呈现垂直分布规律。其表现为随着海拔由低到高，土壤由砖红性红壤变为黄壤。

县域内西北部中、低山区属中亚热带常绿阔叶林植被带，东南部丘陵、低山区属亚热带雨林植被带。但由于人类活动的长期影响，两类植被群落特征已不明显，所存面积不大，多为杉木林、马尾松林、建柏林等人工林。

安溪县地处闽东火山断拗带的福鼎—云霄断陷带中段，岩浆活动强烈而频繁。据初步统计，全县侵入体出露面积约1000平方千米，火山岩分布面积约1600平方千米，分别占全县面积约33%和53%。沉积岩和变质岩只有零星分布。由是孕育了安溪县丰富的矿产资源，已发现的矿种有铁、锰、铅、锌、稀土、煤、石灰石、叶蜡石、硫铁矿、石墨、石英、花岗岩、高岭土等28种。其中，铁矿的分布尤为瞩目。今安溪境内的矿区以潘田铁矿及珍地铁矿为代表，潘田铁矿储量达2878万吨，标高860米以上的1900万吨为平炉富矿，可露天开采，含铁品位约62%~69%；珍地铁矿储量134万吨，含铁品位约38.16%~54.30%。

第三节　地质背景

1. 地质背景概况

福建省矿产丰富，种类多样，包括金、银、铜、铁、铅、锡、锰、锑、钨、硫、铌等矿种。矿产的分布及其种类均与构造运动紧密相关，区域构造的地质历史不同，地区成矿特征不同。福建省主要包括北武夷隆起区、南武夷拗陷区、闽东火山断拗带三大构造单元，各单元成矿方面各有特点。其中，铁矿床主要集中分布于闽西南地区，尤其是龙岩、漳平、大田北部、安溪西部、德化西部是铁矿集中区。其中超大型矿床 1 处（龙岩马坑铁矿）、中型矿床 5 处（德化阳山、安溪潘田、漳平洛阳、挂山、大田银顶格）以及上百处小型矿床[1]。

安溪县青洋村一带地处闽东火山断拗带，矿区位于永（安）—梅（县）上古生代拗陷带的南东缘，政和—大埔断裂带的南东侧，北北东向福安—南靖断裂带、北西向永安—晋江断裂带与北东向福鼎—平和断陷带的交汇复合部位。地表出露主要为上古生界、中生界。安溪青洋下草埔一带构造岩浆岩活动频繁，大部分区域都被火山岩覆盖。燕山运动发生多期次的岩浆侵入，形成大小岩性各异的岩体，其中燕山中期侵入岩分布最为广泛，岩石主要为花岗正长岩。岩浆活动是铁矿床形成过程中的热源和部分物资的重要供源体。区内褶皱、断裂发育，构造复杂，华力西—印支期形成北东向或近东西向的褶皱等，将含铁建造通过局部富集从而形成含矿建造，为矿体形成和岩浆作用提供了重要条件。综上所述，岩浆频繁，构造发育，与该地区铁矿的生成有着密切的内在关系。晚古生界富铁碎屑岩层的、华力西—印支期的造山作用和稳定沉积，与燕山期强烈的岩浆喷发和侵入活动共同作用，致使该地区内形成多个小型铁矿。考古队于青洋村附近发现的多处古矿洞均属于冶铁遗址群范围，该系列古矿洞即围绕上述类型的铁矿体进行开采。

1 福建省地质调查研究院:《中国区域地质志·福建志》，北京：地质出版社，2016 年。

2. 地质特征

（1）地层

出露地层由老至新分述如下：

二叠系下统栖霞组（P_2q），见于该区北部，岩性主要为深灰、灰黑色含燧石灰岩，局部夹泥岩、粉砂岩、硅质岩。是该区主要磁铁矿体的贮矿层位。

二叠系下统文笔山组（P_2w），见于该区北部，岩性主要为灰黑色中薄层泥岩、粉砂岩，局部夹细砂岩。

二叠系下统童子岩组（P_2t），主要见于该区北部、东北部，岩性主要为灰色石英细砂岩、粉砂岩、泥岩、夹煤层。

二叠系下统翠屏山组（P_3cp），主要见于该区东北部，岩性主要为灰色砂岩、粉砂岩、泥岩。

三叠系下统溪口组（T_1x^x），见于该区东部，岩性主要为条带状角岩化硅泥岩、角岩、加钙硅质泥岩。

（2）侵入岩

区内侵入岩发育，主要是燕山中期侵入的正长花岗岩和花岗闪长岩，其次为燕山晚期的花岗斑岩类及晶洞碱长花岗岩，其中燕山中期的正长花岗岩分布最为广泛。现对其岩性特征分述如下。

正长花岗岩：岩石呈浅肉红色—肉红色，部分为灰白色，具似斑状结构，块状构造，似斑晶为钾长石。岩石由钾长石、斜长石、石英和少量黑云母组成。岩石粒径随似斑晶的增多而增大。副矿物属磁铁矿－独居石－锆石型组合。

花岗闪长岩：岩石呈浅灰色、灰白色，具中细粒、中粒花岗结构，块状构造。矿物粒度以0.5~3毫米为主。主要由斜长石、钾长石、石英、黑云母及少量角闪石等组成。副矿物以磁铁矿、榍石为主，褐帘石含量高。

晶洞碱长花岗岩：岩石多呈浅肉红色微带紫灰色、肉红色，具似斑状结构，中细—中粗粒花岗结构，晶洞构造，主要成分为钾长石、石英，其次为斜长石并含有少量黑云母等。副矿物富含磁铁矿，属独居石－变生锆石－钛铁矿－磁铁矿型组合。

花岗斑岩：岩石呈浅肉红色，斑状结构，斑晶大小为0.5~4毫米，含量为20%~50%，斑晶成分以钾长石为主，斜长石、石英次之，黑云母少量，基质为隐晶质或晶质，成分与斑晶相同，结晶细小，显微花岗结构，绿帘石化现象普遍。副矿物种类较多，一般磁铁矿含量较高。

（3）构造

区域内构造主要包括褶皱、断裂、火山三类，褶皱大致可划分两个构造层，即华力西—印支构造层和燕山构造层。地区断裂按展布方向主要为北东向、北北东向和北西向三组。其中北北东向的福安—南靖断裂带为该区主干断裂带，以该断裂为中心，控制岩浆喷发与侵入，形成规模巨大的火山喷发带及东部侵入岩带，造成巨厚的火山堆积。地区的环状火山构造、破火山口构造等都是重要的控矿构造。

3. 矿体成因

矿体岩控明显，栖霞组碳酸盐岩是主要的控矿围岩，碳酸盐化学性质活泼，易于交代沉淀，在有利的构造和岩浆条件下，含矿气—液对碳酸盐地层进行有选择的交代成矿，而栖霞组中上部岩石含泥量较高，孔隙度小，不利于交代成矿，对铁质的扩散起到遮挡层的屏蔽作用。

燕山中、晚期岩浆上侵，与栖霞组碎屑岩等地层接触，与围岩接触带产生混合岩化，岩体褪色，析出部分铁质。岩浆热液继续上升与围岩进行钾质交代，萃取围岩的有用组分活化迁移，随着热液温度、压力降低，挥发组分F、Cl和碱金属K、Na组成铁的络合物向上迁移，含矿气—液沿断裂构造面及附近沉淀成矿。

该地区主要控矿构造为火山构造。火山作用提供成矿所需的部分矿质及介质，不同级别的火山构造在构造变动中极易产生断裂构造破碎的地带，为含矿热液的运移提供通道。

滑脱构造是福建省金属矿产的重要控矿构造之一，分布于福建省晚古生代地层中的铁矿床大多受滑脱构造控制[1]。该地区的铁矿亦可能与滑脱构造相关。滑脱构造为成矿元素的进一步活化、迁移、富集提供通道，为矿液的沉淀提供场所，是重要的导矿、容矿构造。

综上所述，下草埔地区铁矿的形成受到有利地层（碳酸盐地层）、控矿构造和岩浆活动三个地质条件的联合控制，矿体应属层控—热液接触交代矽卡岩型矿床。

4. 矿石类型

目前，学界对安溪县青洋铁矿类型的研究资料相对较少，林泗水在《安溪县志》增撰附编中描述了青洋一带的两处铁矿，并总结为“青洋之铁矿极贫弱，系赤铁风化而成之褐铁”[2]。

青洋附近较大铁矿点主要为潘田铁矿，现代地质资料显示，安溪潘田矿区属层控—热液接触交代矽卡岩型矿床，以磁铁矿为主，赤铁矿、褐铁矿、黄铁矿次之，共生闪锌矿、辉钼矿；非金属矿物以石榴石、透辉石为主，其次为方解石、石英、阳起石、绿泥石、方柱石等[3]。结合考古队在田野工作中发掘、采集的各类矿石，初步判断青洋下草埔遗址附近上格山、下格山、芳平树林山的矿石类型以锰铁矿（属磁铁矿系列）、褐铁矿为主，存在少量黄铁矿，常见脉石类型有方解石、石英、阳起石、绿泥石等，以及少量蛇纹岩。

1 福建省地质调查研究院:《中国区域地质志·福建志》，北京：地质出版社，2016 年，第 899 页。

2 林泗水主编《安溪县志》，附篇（上），台北安溪同乡会，1967 年，第 31~46 页。

3 来守华、陈仁义、张达等:《福建潘田铁矿床花岗岩岩石地球化学特征、锆石U–Pb年代学及其与成矿的关系》，《岩石学报》2014 年第 6 期。

第四节 历史沿革

安溪地区春秋战国时期属于越地，秦属闽中郡地。西汉高祖五年（公元前 202 年），无诸率领越人佐汉有功，封为闽越王，统领闽中故地，都东冶（今福州）、安溪属于闽越国地。闽越国灭后，安溪隶属会稽郡管辖。三国吴景帝永安三年（260 年），以南部都尉地为建安郡，增设东安县，安溪属东安县。晋太康三年（282 年），析建安郡置晋安郡，改东安县为晋安县。安溪属晋安县。南朝宋泰始四年（468 年），改晋安郡为晋平郡。齐仍为晋安郡。梁天监中析晋安郡置南安郡。安溪属南安郡晋安县。隋开皇九年（589 年），改南安郡为南安县，安溪属南安县。唐咸通五年（864 年），划南安县西界两乡始置小溪场，属南安县。后周显德二年（955 年），小溪场监詹敦仁向清源军节度使留从效申请建县获准，以境内溪水清澈之意，命名清溪县，属清源军。宋乾德二年（964 年），清源军改为平海军，清溪县属平海军。太平兴国三年（978 年），乃复为州，清溪县属泉州。宋宣和三年（1121 年）改清溪为安溪。此后，虽然地方行政制度多有更迭，但直至清末，安溪县一直属于泉州管辖之下。

1912 年中华民国成立后，废府、州、厅，福建实行省、道、县三级地方政制。全省分为东路、西路、南路、北路四道；1914 年 6 月，依原辖区域置闽海、厦门、汀漳、建安四道；安溪县先后属南路道、厦门道，道制废置后，安溪县直属福建省。中华人民共和国成立后，安溪先后隶属福建省第五行政督察区、泉州行政督察专员公署、晋江区行政督察专员公署、晋江专区革命委员会、晋江地区革命委员会。1985 年，泉州改为地级市，安溪县属泉州市管辖。

遗址所属尚卿乡，古称“上坑”，明朝万历年间（1573 ~ 1620 年）因当地廖姓与本县官桥镇上苑廖姓联修族谱，取两地共有的“上”字谐音为“尚”字，并将“坑”字雅化为“卿”字，遂名尚卿。

尚卿乡，宋时属金田乡龙兴里，明、清时分属兴一里、兴二里，民国时曾属兴善区、第二区、第一区，至 1945 年 10 月为尚卿乡。中华人民共和国成立后，于 1965 年 4 月成立尚卿人民公社。1984 年 4 月改为乡建制。全乡现辖 18 个村，260 个村民小组，104 个自然村[1]。

1 安溪县志编委会编《安溪县志》，北京：新华出版社，1994 年，第 83 页。

第五节　区域以往工作概况

自1939年集美学校对安溪武吕家族墓地进行考古发掘[1]之后，安溪地区的考古工作主要以文物普查调查登记不可移动文物点，瓷窑的调查、发掘以及抢救性发掘为主[2]。以往的调查工作在安溪地区发现了宋、元时期烧制青瓷、青白瓷的窑址36处，明清时期的青花瓷窑址126处。因其外销瓷的集中发现，陶瓷考古学界较早地将安溪窑的陶瓷产品与中国东南沿海自宋至明清时期的海外贸易联系起来。

安溪地区的冶铁遗址也较早地引起地方文物工作者的关注。“青阳冶铁遗址”于1966年发现，遗址面积约100万平方米[3]。据地方文物工作者的回忆，20世纪60年代调查青洋村不可移动文物之时，村落及周边地区遍布冶炼炉渣。青洋村中老人称现青洋村内曾有大量炉渣，后因房屋建设被压于地下，村落周边田地中也有几处地点曾分布大量“铁渣”。据村民提供的信息，村落周边山中保存有大量矿洞，一些矿洞深数里，部分矿洞在深处相互连接。后为防止野兽藏匿其中，村里曾组织民众一起封堵矿洞洞口，近年来由于现代采矿活动，一些矿洞已被破坏无存。据实地考察结果，目前调查的矿洞洞口均被不同程度地封堵，与村民口述相符。1962年，安溪县博物馆原馆长叶清琳发表于《旅缅安溪会馆42周年纪念特刊·安溪县史地概要》上的《安溪古代银铁冶初探》一文，概述了文献上关于安溪县自五代以来的银、铁冶炼的记载，并记录了他在青洋村、科名村、湖头都贤炉内村虎仔仑冶铁遗址、尚卿福林村银场冶银遗址的一系列以古代金属矿冶遗址为核心的调查工作，文中记述彼时青洋村“整个村庄都是冶铁遗址，从民房和田园底下都是铁渣遗物积存遍布，规模之大是可以惊人的”，“科名圩（现科名村）也是一处冶铁大遗址，铁渣堆积成小山丘，分布面积约3000平方公尺左右”[4]。1977年印制的《晋江地区文物考古普查资料·安溪部分》中已收录“安溪古代冶炼工业的分布”条目，记录尚

1 集美学校校董办公室编著《安溪唐墓发掘研究报告》，集美学校出版，1940年。

2 傅恩凤、傅宝玲：《安溪桂瑶窑采集的瓷器》，《福建文博》2018年第4期；厦门大学历史系、福建博物院、安溪县博物馆：《福建省安溪县下尾林窑址发掘简报》，《故宫博物院院刊》2020年第7期；厦门大学历史系、福建博物院、安溪县博物馆：《2018年安溪珠塔内窑调查报告》，《福建文博》2018年第3期；福建博物院、安溪县博物馆：《安溪湖头明清墓》，《福建文博》2003年第1期。

3 该数据引自《泉州地区冶铁遗址调查报告（2019年）》。据安溪县三普资料，“青阳冶铁遗址”面积登记为2000平方米。

4 叶清琳：《安溪古代银铁冶初探》，载所撰《安溪文博留墨》，厦门：国际华文出版社，2011年，第272~276页。

卿公社科名大队、青洋大队、科洋大队分布冶炼遗址[1]，目前该地区也是冶铁遗址相对集中分布的区域。

1985年，“青洋冶铁遗址”被列为安溪县第一批重点文物保护单位。1986年8月，青洋村中央树立“青阳冶铁场”县重点文物保护单位标志碑。

1 福建省晋江地区文物管理委员会编印《晋江地区文物考古普查资料·安溪部分》，1977年，第24页。

第六节 工作与研究缘起

为配合2020年申请“泉州：宋元中国的世界海洋贸易中心”世界遗产点，厘清文献中记载宋元时期安溪“青阳铁场”的情况，丰富泉州作为“世界海洋贸易中心”的贸易产品来源的历史线索，在国家文物局的统筹领导下，有关部门组织对安溪县境内冶铁遗址的调查、采样、选点工作。

2019年8月至9月，福建省文物局、泉州市申遗办、泉州市文旅局、中国建筑设计研究院历史研究所、北京大学考古文博学院、北京科技大学等多家单位调查以青阳冶铁遗址为代表的安溪地区及泉州地区的冶铁遗址[1]，以选择合适的考古发掘地点。经过对各个遗址的规模及保存状况的多方比较，最终选取尚卿乡青洋村下草埔遗址进行考古发掘，以结合申遗的主题，完善“采矿—冶炼—加工—运销—销售”的完整产业链。

2019年10月，北京大学考古文博学院青洋下草埔考古队联合泉州市申遗办、安溪县博物馆对遗址周边的古墓葬、古矿洞、古道进行调查。由于青洋村所处位置地质矿藏丰富，有磁铁矿、锰铁矿、褐铁矿、石墨矿、石灰矿分布，因此近年来多有现代矿厂在此地作业，部分矿洞遗迹被破坏无存，村民介绍的部分冶炼遗物堆积地点也已被工程渣土覆盖或被压于房基之下。根据现有的遗存来看，以青洋村为中心周边分布有多个冶铁遗址点，均发现集中的炉渣堆积，并且在下草埔遗址以北发现有古矿洞，遗址以东有古道与交通要道、水路相连。加之遗址的地理位置和矿藏分布均与文献记载相契合，故寄希望于借此次考古发掘，可以对宋元时期泉州安溪地区的冶铁手工业有更加深入的了解，以考古发掘成果结合历史文献，同时以科技考古的科技分析检测手段扩展对遗物信息的认识。宋元时期冶铁手工业高度发展，产量远超唐及其以前，采矿和冶炼遗址在全国各地均有广大分布，福建、江西、广东等地成为南方地区重要的铁产地。泉州安溪地区为闽南地区最重要的铁产地之一，在此区域进行冶铁遗址的考古发掘具有重要的学术意义。

1 具体情况详见附录十“安溪冶铁遗址考古发掘前期调查概述”。

第七节 发掘经过

本次发掘领队为沈睿文，参与发掘、整理的科研人员有李佳胜、张周瑜、何康、方立阳、梁硕、李晓敏、黄必应、高勇、蒋子谦、戴伟，技工陈蓁、严中宝、毛卫。

2019年10月10日，考古队抵达青洋村，随后以下草埔遗址为中心，开展对遗址周边古矿洞、古道、冶铁遗址、墓葬的调查。

2019年10月18日至19日，采用象限法分区，在下草埔遗址西南设立遗址发掘区坐标原点，原点坐标及高程为（117° 57′ 24.43″ E，25° 10′ 57.19″ N，734.6188米），下草埔遗址核心区位于Ⅰ区（编号2019XCPⅠ），在下草埔遗址核心区按5米×5米布设探方，布设探方65个。2019年10月20日，正式开始考古发掘工作，至2020年1月12日，第一阶段发掘工作结束。这一阶段工作揭露了下草埔遗址冶炼遗迹核心区的总体堆积结构，发现冶炼炉2座，对遗址的性质和结构有了初步的认识。

第二阶段发掘工作在总结了之前发掘工作的经验之后，有针对性地展开，该阶段工作自2020年3月底开始，至2020年7月25日结束。两个阶段发掘工作共计布设探方68个（因发掘需求部分探方有扩方），发掘面积约1800平方米。2020年6月下旬，开始室内整理工作，至8月中旬结束。期间自2020年5月起，由于冶铁遗址出土遗迹、遗物的特点，下草埔考古队在考古驻地搭建冶金考古实验室，配备金相显微镜、抛光机等一系列的分析检测、制样设备，在发掘过程中系统采集土壤、炉渣、矿石、陶瓷、瓦片、木炭、积铁等样品，配合发掘进度进行分析检测，及时获取遗物信息，丰富对遗迹、遗物的认识，并对下一步的发掘工作提供参考意见。

第二章

典型地层与各台地的形成

第一节 台 地

青洋下草埔遗址坐落于东高西低的山坡上，遗址原貌呈多级阶梯状。据村民介绍，遗址发掘区域至少在20世纪初已经成为耕地，具体起始开垦年代不清。布设探方的区域为原本种植地瓜的梯田，发掘区以西、以北、以南三面为湿地，在废弃前作水稻田用。遗址所在区域在近年来废弃为荒地，不再耕种，但仍保持梯田的形貌。

本次田野考古发掘按照探方发掘法布设5米×5米探方进行发掘，在发掘过程中注意到多层台地的遗址堆积特征导致一些台地的地层不同，不易直接统一层位，且又经常出现一个探方跨越两级、三级台地的情况，相邻台地之间的高差大多在60~80厘米之间，也有一些探方内两级台地高差在2米左右，给发掘、记录工作带来一定的困难。于是在田野发掘、记录和室内整理过程中，我们引入台地编号（简称为TD，例如TD1即指1号台地）的方式，便于厘清地层、遗迹单位之间的叠压打破关系。每一级台地在发掘过程中均清理了水平方向上的平面和竖直方向上的坡面。坡面上覆盖的表土层与平面上的耕土层相连，大多呈自内向外、倾斜向下状。

本次发掘中按照发掘顺序的先后，在遗址发掘区内编号17级台地，台地自东向西逐渐向下，TD14为发掘区内面积最大的平面，遗迹DM1分布于其上，石质护坡则位于台地的西坡面。发掘区内的重要遗迹L1、L2、F3位于TD9、TD10，F4、L4、L5、L6位于TD5、TD4，L3位于TD1、TD2，F5、M1位于TD12。在发掘过程中，我们选取与冶炼遗迹直接相关的台地进行解剖，确认冶炼遗迹的层位关系、操作面，以及了解台地堆积的形成过程（图2-1）。

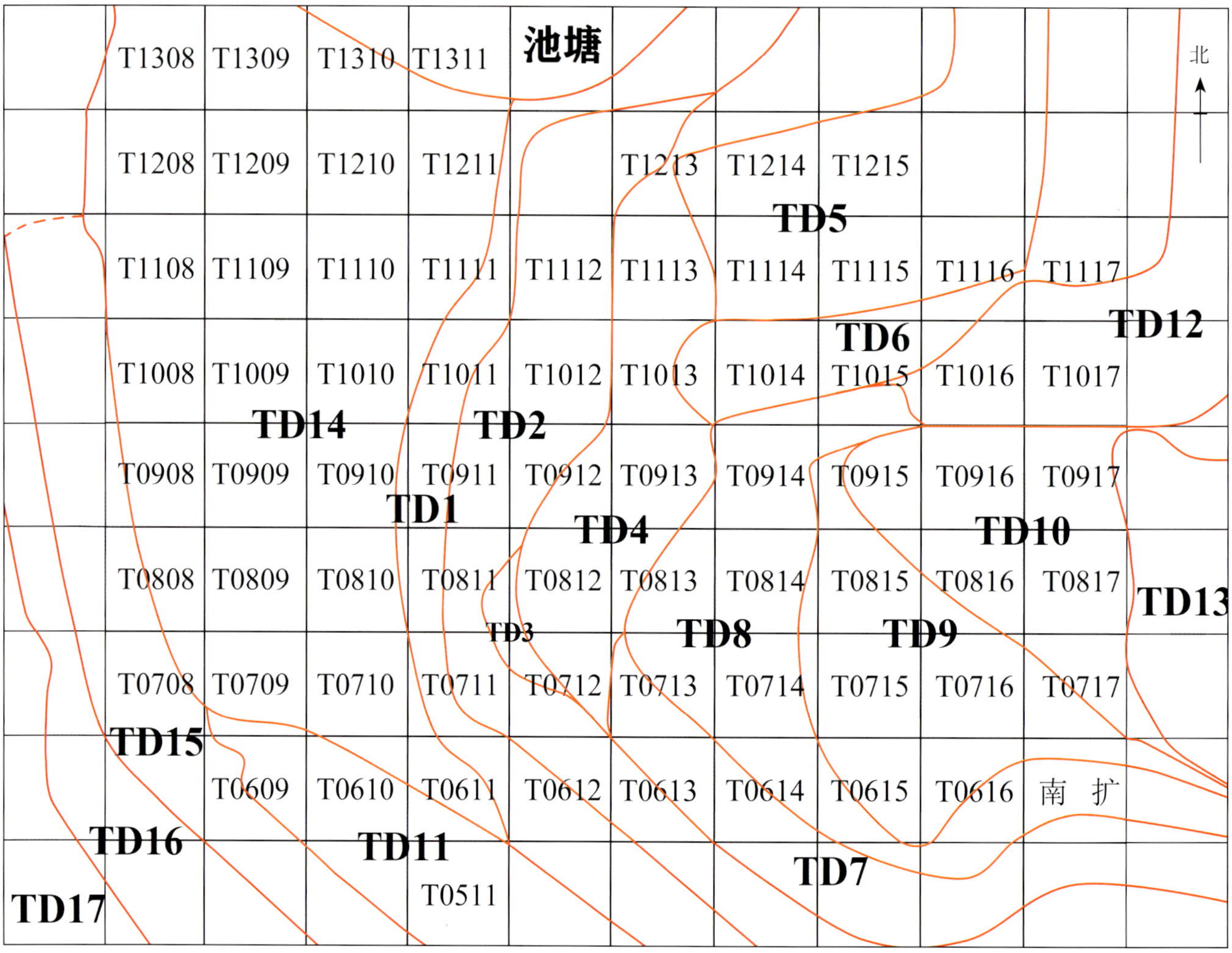

图 2–1 探方—台地分布示意图

第二节 板结层

1. 板结层与台地的形成

板结层（BJC）为下草埔遗址内特殊的一类地层堆积。板结层主要由黏土、细碎的炉渣、矿石组成，质地坚硬，呈黑褐色或黄褐色。从已清理的台地坡面来看，多数台地的边缘均有板结层截面暴露，且板结层的走向及面积与未发掘前的台地原始表面大体一致。如TD 2 环绕山体分布，其西坡面上暴露的板结层与台地的走向一致，板结层上表面大致水平，经发掘后确认TD 2 板结层之上的地层与板结层均为近水平的地层，而其下的多层文化层呈斜坡状堆积，表明TD 2 的形成过程为：平整土地后将大量土壤垫于板结层下，在大致水平的地层表面上铺设板结层，再经过若干时间的堆积后最终形成TD 2 现状。据此可以推断，下草埔遗址多层台地的堆积形态与板结层的铺设有直接的关系，遗址的原貌应为一山坡，由于宋元时期大规模的冶炼活动，导致与冶炼相关的遗物大量堆积，形成了较厚的文化层，在自下而上的冶炼过程中及冶炼活动停歇之后，生活于兹的古代居民为了持续在此地冶炼、生活，保持遗址环境的宜居性，有意识地对遗址的空间结构进行规划、重整，将冶炼产生的废弃物进行搬运，作为垫土在其上铺设板结层形成新的活动面，以扩大遗址内可供人类活动的面积，展现出当时在冶炼规划中质朴的可持续发展理念（图 2－2）。

2. 板结层的特征与堆积形式

从堆积形态上，板结层的厚度大多在 5～15 厘米，多数整体呈水平状，在台地边缘处略向下倾斜。从堆积的物理性质来看，板结层致密、坚硬的特征使其与其上、其下的地层单位截然分开。板结层上表面平整，下表面则有部分区域呈现出不平整均匀的细小锯齿状，可能由于渗水淋溶作用形成。据此判断，板结层的铺设应是有意识的人类行为，其作用为平整土地、创造可供人类活动的平面。在发掘、记录过程中，我们将其作为遗迹单位记录。

板结层的地层叠压关系，可分作板结层之上叠压板结层的地层和其下被板结层所叠压两个部分。叠压板结层的地层在遗址内具有统一性，为耕土层（①层）和扰土层（②层）。耕土层内包含有青白瓷残片、炉渣、青花瓷片以及塑料等，陶瓷片破碎、磨圆度

图 2-2 遗址部分板结层示意图

较高，炉渣粒径度差异较大（小粒径至较大粒径度均有出土）。扰土层内不见近现代遗物，包含物中青白瓷片居多，青花瓷片亦有出土，陶瓷片破碎、磨圆度较高，炉渣粒径度变小，绝大多数粒径度在 5 厘米及以下，不见大块炉渣出土。在遗址发掘区内的部分探方中，揭露至板结层上表面。从已清理的台地坡面来看，板结层下叠压的地层可分为三类，一类为土质文化层、一类为炉渣地层、一类为生土。从目前已发掘的地层剖面来看，板结层叠压的土质文化层呈现自内向外（“内”指山体）、自上而下的倾斜状，地层包含物中已不含明清时期的陶瓷片，出土瓷片以青白瓷为主，并有少量酱釉瓷片；炉渣地层的堆积形态与土质文化层近似，但平面面积比土质文化层小，多集中分布在台地的外围边缘地带，且炉渣的粒径度较小。以TD 8 北部板结层为例，该板结层下叠压石台阶遗迹，细碎的炉渣作为垫土出现在台地的外围边缘，由条石和护坡石块共同组成的石台阶遗迹叠压于炉渣地层之上，随后均被TD 8 北部板结层所覆盖，在解剖该板结层过程中出土排点纹青花瓷残片，表明该板结层铺设的年代应不早于明代；部分板结层下直接叠压生土，无文化层。如，目前在遗址发掘区清理的高程最低的板结层，位于编号TD 17 的台地，探方编号T 0607，被 10~25 厘米厚的晚期耕土层、扰土层叠压，清理台地坡面后可见TD 17 板结层下直接叠压灰白色砂岩基岩。

第三节　台地地层分述及其形成过程复原

由于遗址堆积性质，在发掘清理和室内整理过程中以探方发掘法为基础，引入台地编号便于揭示遗址堆积的形成过程，达到了解遗址历时性形成过程、尽可能复原完整的人类活动的目的。

以下重点分述已清理的台地地层，并结合地层关系、出土器物类型分析对台地的形成进行初步复原。对已解剖的台地进行台地地层详述，部分台地因保留活动面、板结层缘故未解剖，根据其坡面暴露的地层信息对其进行描述。

1. TD1

TD1是环抱发掘区山丘西、南部低处的一处台地，东部上临TD2，西部、南部下临TD14与TD11，可分为TD1西段与TD1南段。TD1西段坡面与TD14平台相连，TD1南段坡面与TD11平台相连。TD1两段平台均与TD2坡面相连，而TD1南部平台略高于西部平台。

目前，TD1上已发现的遗迹单位包括：SD1、SD2、SD3、TD1-BJC1、TD1-BJC2、TD1③层表活动硬面、L3及其操作面。

（1）TD1地层描述

本次发掘未对TD1进行全面揭露，主要发掘区域为TD1西段与部分南段平台，包括T1111、T1011、T0911、T0811、T0711、T0611、TD0612。发掘工作包括区域内耕土层、扰土层的全面清理，以及重点对T1111扰土层下暴露的冶炼炉L3的全面揭露，发掘最终止于L3及其周围活动面上。

由于仅T1111的TD1部分被清理，现以该探方为例介绍TD1北缘的②层下地层情况（图2-3）。

第①层：耕土层。粉砂土，土色灰黄，土质较疏松。厚0~16厘米，全台地分布，表面水平，于TD1坡面、近TD2坡脚较薄，于台地平台较厚，基本属于水平堆积。出土遗物磨圆度高，以高铁炉渣为主，还有不少碎瓷片，炉渣粒径大小不均，集中在3~5厘米。本层表暴露3处石堆遗迹，分别编号SD1~SD3，均位于TD1西段坡面。本层下暴露②层。

第②层：扰土层。粉砂土，土色棕黄，土质较致密。距地表8~16厘米，厚0~14厘米。基本全台地分布，表面基本水平，于TD1坡面、近TD2坡脚较薄，于台地平台较厚，属于水平堆积。出土遗物磨圆度高，以高铁炉渣为主，还有一定量碎瓷片。多数炉渣表面有染铁锈的痕迹，炉渣粒径约5~8厘米。瓷片有青白瓷、青花瓷等。本层下暴露③层，且于TD1坡边叠压DM1第一扇区。本层下暴露多个遗迹单位，包括③层表活动硬面、T1111的L3、TD1-BJC1的T0612部分、TD1-BJC2的T0712部分，详细记录见第三章第一节“生产设施：炉及其相关设施遗迹”。

以下地层介绍以T1111的TD1解剖区域为例。

第③层：路面垫土。粉砂土，土色褐色，土质十分致密且坚硬。距地表0~28厘米，厚0~24厘米，分布于T1111、T1011、T0911、T0811、T0711的TD1部分，以及T0611的TD1北半部分。土层表面水平，坡面无分布，东薄西略厚，基本属于水平堆积。出土遗物磨圆度高，以高铁炉渣碎块为主，还有一定量碎瓷片、碎瓦砾等。炉渣粒径约5~8厘米，分布相对集中于近TD2坡脚区域。出土瓷片有青白瓷、青花瓷。本层下暴露④、⑤、⑥层，L3烧土遗迹范围进一步扩大。

第④层：垫土层。粉砂土，土色橘黄，土质致密。距地表52厘米左右，厚0~15厘米，未全台地分布，主要分布于TD1西坡边缘，表面水平，为一东薄西厚的坡状堆积。出土遗物以高铁炉渣碎块为主，还有一定量棱角分明的石块、碎瓷片、碎瓦砾以及少量矿石等。多数炉渣磨圆度高，出土瓷片有青白瓷、青花瓷。本层下叠压⑤层。

第⑤层：垫土层。粉砂土，土色橘黄杂灰色，土质较致密。距地表48~52厘米，厚0~14厘米，未全台地分布，主要分布于TD1T1111南部中央区域。土层表面相对水平，东高西略低，属于坡状堆积。出土遗物少，有高铁炉渣碎块和少量碎瓷片、碎瓦砾等。本层下叠压⑥层。

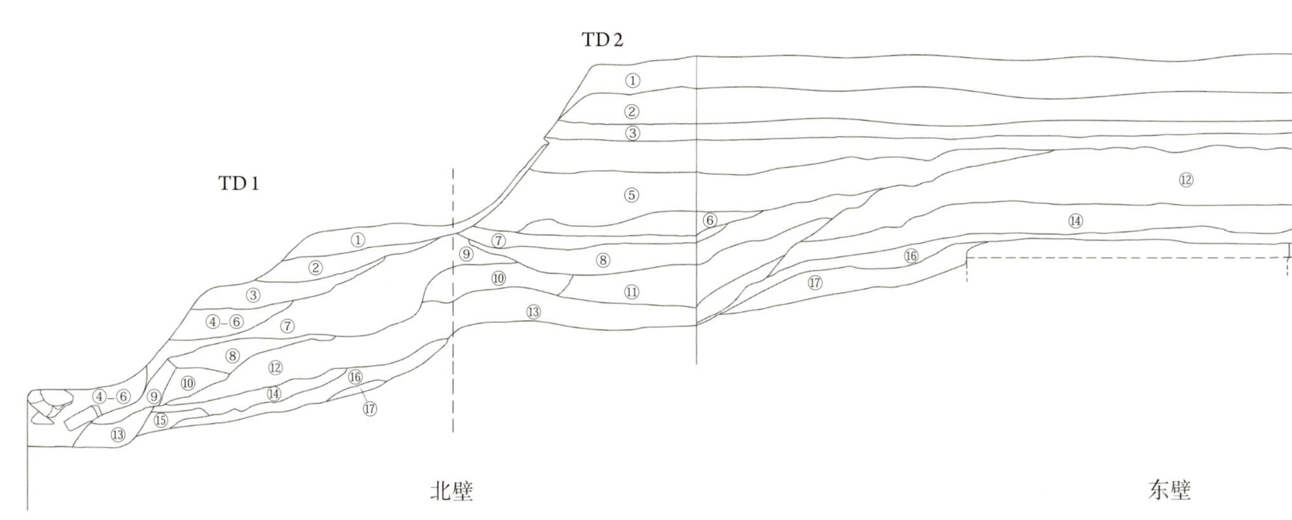

图2-3 T1111、T1112北、东、南壁地层图

第⑥层：垫土层。粉砂土，土色深灰，台地平台处土质较致密，台地陡坡处土质疏松、含水量大。距地表33~70厘米，厚0~50厘米，未全台地分布，除TD1与TD2相连处有缺失，本地层基本覆盖整个TD1平面与坡面，表面水平，为东薄西厚的坡状堆积。出土遗物以高铁炉渣碎块、碎陶瓷片为主，还有一定量碎瓦砾，遗物磨圆度高，出土瓷片有青白瓷、青花瓷，出土一件“乾隆通宝”铜钱。该层西缘底部为集中堆积、有明显加工痕迹的大块建筑石料，该堆积石料体量较大，堆积无规律，与暴露于地表的SD1东缘相连续，个别石料上的加工痕迹与SD1部分石料类同，属于SD1延伸入TD1的部分。石料缝隙中出土青白瓷、青花瓷片。本层位于TD1坡面底部边缘，直接叠压⑦、⑨、⑬、⑮层以及TD1-BJC2、SD1、DM1第一扇区。

第⑦层：垫土层。粉砂土，土色橘黄杂灰色，土质致密。距地表6~68厘米，厚4~40厘米，呈东、南高西低的坡状堆积。未全台地分布，主要分布于L3炉体北部区域，向北延伸出发掘区，向东延伸入TD2内，与TD2⑨层连续，即两地层属于同一地层。地层较纯净，出土遗物有少量的大块砂岩、大块炉渣、碎瓦砾、陶瓷片等，陶瓷片以青白瓷为主，已不见青花瓷。本层下L3西北出现⑧、⑨、⑩层，L3西南TD1部分出现⑭层。本层与TD2⑨为同一地层。

第⑧层：垫土层。砂土，土色灰黄，土质十分致密且坚硬。距地表66~79厘米，厚0~20厘米，呈东高西低的坡状堆积。未全台地分布，主要分布于L3炉体北部区域，向北延伸出发掘区，向东未进入TD2。地层包含物以小颗粒炉渣为主，有少量瓦片。本层下临近TD2坡脚处暴露出⑫层。

第⑨层：垫土层。粉砂土，土色灰白，土质较致密、纯净。距地表79~116厘米，厚0~18厘米，未全台地分布，仅于T1111的TD1坡西边缘小范围分布。包含少量瓦砾。本层下叠压⑩层。

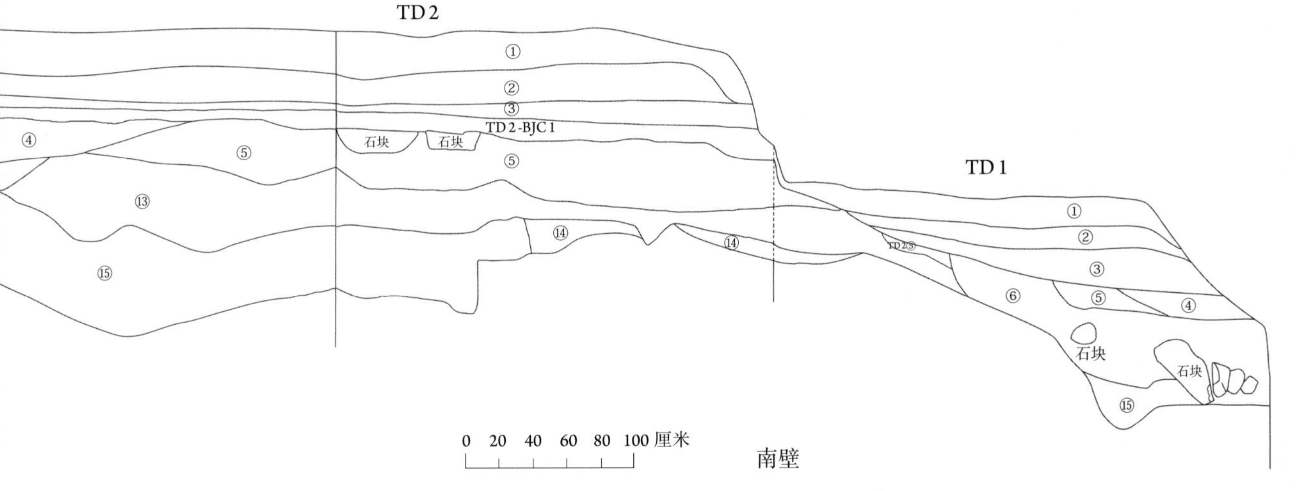

第⑩层：垫土层。粉砂土，土色棕橘，土质致密，包含物均匀。距地表84~88厘米，厚0~18厘米，未全台地分布，仅于T1111的TD1坡西北边缘分布，向北延伸出发掘区。出土遗物以炉渣块为主，还有少量瓦片。本层下叠压⑪层。

第⑪层：垫土层。粉砂土，微黏，土色浅黄，土质较致密，包含物有砂岩块与少量瓦片。距地表88~90厘米，厚0~18厘米，未全台地分布，于T1111的TD1西北部小范围分布，未上四壁。本层下出现⑫层，叠压DM1第一扇区。

第⑫层：垫土层。粉砂土，均匀包含有较多粗砂粒，土色浅灰黄，土质较致密，包含物丰富。距地表46~106厘米，厚0~24厘米，未全台地分布，于L3西、西北方向的TD1上有分布，向北延伸出发掘区，向东延伸入TD2内，与TD2⑬层连续，两地层属于同一层。出土遗物以大量的瓦片、陶瓷片为主，瓦片以板瓦为主，陶瓷片以青白瓷为主。本层下于L3北部出现L3辐射的连续红土层、⑮层，于L3西侧出现⑬层。本层与TD2⑬层为同一地层。

第⑬层：黏泥层。黏土，土色深灰，土质黏腻、较致密，包含物较少。距地表106~116厘米，厚0~18厘米，未全台地分布，于TD1西边坡底呈南北向带状分布，向北延伸至发掘区外，向南进入T1011内。出土遗物有零星的碎瓷片。本层下叠压⑭、⑮层，以及DM1第一扇区与L3炉前操作面。

第⑭层：垫土层。粉砂土，土色浅灰，土质十分致密。距地表84~106厘米，厚0~10厘米。未全台地分布，于L3西北方向分布，向南止于炉基垫土前，向北延伸出发掘区外。包含物以碎烧土粒为主，有一定量大块炉壁、炉渣、烧土块以及少量瓦片。本层下叠压⑮、⑯层。

第⑮层：黄土层。粉砂土，土色纯黄，土质致密，包含物均匀。距地表108~111厘米，厚0~11厘米。地层未全台地分布，分布于TD1西边坡底及坡边缘，向北延伸出发掘区，向南进入T1011。出土遗物以磨圆度较高的高铁炉渣碎块为主，粒径约5厘米左右。本层叠压⑯层、DM1第一扇区、DM1第二扇区、TD1-BJC2、L3炉前操作面。

第⑯层：垫土层。粉砂土，土色深灰，土质致密。距地表67~116厘米，厚0~14厘米。地层未全台地分布，于L3西北方向分布，向南止于炉基垫土前，向北延伸至发掘区外。包含物较少，以细碎烧土粒、细碎炉渣、炭屑为主，不见瓦砾。本层下暴露⑰层与L3炉前操作面。

第⑰层：垫土层。粉砂土，夹杂较多粗砂粒，土色黄色，土质致密。距地表91~103厘米，厚0~5厘米。地层未全台地分布，仅于炉前分布，向南止于炉基垫土前，向北延伸至发掘区外。基本不见包含物，仅于T1111北壁下集中分布一些磨圆度较高的碎炉渣块。本层下叠压L3炉前操作硬面。

（2）TD1的形成过程

根据清理区域地层与遗迹单位的叠压打破关系，以及大型板结层走向与层位等信息，将TD1的堆积初步分为：近现代耕土层与扰土层、TD1南段高台、TD1西段梯田形态、TD1西段坡状形态、TD1与TD2初始台地形态、TD1西段北缘L3及其垫土台基等多个阶段，且不同阶段对应时代略有区别。

近现代耕土层、扰土层形成之前，TD1西段、南段均已呈梯田或高台形态。首先，TD1西段①、②层下呈南北走向的梯田形态，可对应为TD1③至⑥层堆积形成过程，为明清时期形成。TD1③至⑥层是在打破TD2-BJC1及其下部分文化层后，于释放空间内重新垫土形成的梯田与活动硬面。新垫土层叠压SD1下层大石块。同时，SD1、TD1③至⑥层出土一定数量明中晚期至清代的青花瓷，且TD1⑥层出土一件“乾隆通宝”铜钱，因此，初步判断TD1③至⑥层形成不早于清乾隆时期。其次，TD1南段①、②层下呈东西走向的高台形态，主要伴随TD1-BJC2、TD1-BJC1的先后修建而逐渐成形，也是明清时期形成。其中，TD1-BJC1是在打破TD2-BJC1的新释放空间内、依托于TD1-BJC2平面重新垫土后铺设的板结层。由于TD2-BJC1出土不少青花瓷，因此TD1-BJC1的铺设年代晚于明末清初。

TD1西段⑥层下为东高西低的坡状形态，主要对应TD1⑦至⑮层堆积形成过程，是南宋中晚期至元代逐渐形成。TD1⑦至⑬层出土的陶瓷片为南宋中晚期至元代类型特征；⑭、⑮层出土的陶瓷片基本以南宋中晚期类型为主，出现少数北宋末至南宋早期的瓷片类型，但已不见元代类型。此外，TD1部分文化层与TD2文化层是同一文化层，如TD1⑦=TD2⑨，TD1⑫=TD2⑬。

TD1西段⑮层下已形成一处初始台地形态，且该初始台地局部延伸进入TD2内，主要对应TD1-BJC2的铺设与L3炉后高台的修筑，为南宋时期形成。TD1⑮层下叠压TD1⑯、⑰层，TD1-BJC2，DM1第一扇区，L3及其部分操作面。其中，DM1第一扇区为上述最晚堆积，打破TD1-BJC2铺设于炉西侧平地的活动面。TD1-BJC2呈坡状叠压L3炉东南部分高台。TD1⑯、⑰层水平堆积于L3炉前操作面上，主要出土与冶炼活动相关的炭屑、碎渣、烧土粒等遗物，无陶瓷片出土。L3为TD1解剖区发现的最早遗迹，其炉后高台延伸进入TD2部分，其与TD2诸地层关系见TD2形成过程的叙述。

由于未对TD1-BJC2进行全面揭露，故TD1西段未解剖区域扰土层下与TD1南段TD1-BJC1下的台地形貌不可知。

（3）TD1-BJC1

TD1-BJC1位于TD1南段，目前仅揭露了其位于T0612、T0611的部分，揭露面积约9平方米。

该板结层叠压于TD1②层下，系打破TD2-BJC1后，在新释放空间内依托于TD1-BJC2平面重新垫土，再铺设形成的板结层。由于TD2-BJC1内出土青花瓷片，因此判断TD1-BJC1形成年代为明清时期。

（4）TD1-BJC2

TD1-BJC2位于TD1与TD2区域内，经清理后暴露于TD1坡面以及T1112、T1111、T0711、T0611、T0511等探方内。目前可见，TD1-BJC2环抱山丘西、南两面，西段北部边缘位于T1112与T1111内，南段东部边缘延伸至T0510探方以东。

TD1-BJC2直接叠压于TD1⑮层下、TD2⑭层下。现揭露区域多为板结层边缘部分，呈弧坡状，覆盖在下层堆积表面，南部遭打破，暴露出板结层下叠压多层文化层，文化层为北高南低斜坡状堆积。

TD1-BJC2南部遭打破后，于新释放的空间范围内铺设TD14-BJC1和DM1第一、二扇区，并随后在TD11处垫土③层、修建护坡B段。

结合T1112、T1111发掘区上部地层出土陶瓷器类型初步判断，TD1-BJC2形成年代早于或处于南宋中晚期，且早于DM1第一扇区的铺设年代。

2. TD2

TD2是环抱发掘区山丘西、南部低处的一处台地，东部上临TD3与TD4，西部下临TD1。TD2坡面与TD1平台相连，TD2平台与TD3、TD4坡面相连。TD2北部平台面积远大于南部平台面积。

TD2上的遗迹单位包括：TD2-BJC1、L3。

（1）TD2地层描述

本次发掘未对TD2进行全面揭露，主要发掘区域为T1112、T1012、T0912、T0812、T0712、T0612、TD0613位于TD2的部分，即TD2西部与南部台地的大部分区域。发掘工作包括区域内耕土层、扰土层、垫土层的全面清理，以及重点对T1112的冶炼炉L3的全面揭露，发掘最终止于L3及其周围活动面上。

T1112主要区域落在TD2部分，对L3的清理主要涉及T1112西半部分，现以该探方为例介绍TD2北缘的③层下地层情况（图2-3）。

第①层：耕土层。粉砂土，土色灰黄，土质较疏松。厚0~20厘米，全台地分布，近TD3、TD4坡脚处较薄，TD2平台及边坡处较厚，基本属于水平堆积。出土遗物磨圆度高，以高铁炉渣为主，还有不少碎瓷片，炉渣粒径大小不均，多数集中在3~5厘米。本层下暴露②层。

第②层：扰土层。粉砂土，土色棕黄，土质致密。距地表约20厘米，厚0~24厘米，全台地分布，近TD3、TD4坡脚处以及TD2西部边坡较薄，于TD2平台上较厚，基本属于水平堆积。出土遗物磨圆度高，以高铁炉渣为主，多数炉渣表面有染铁锈的痕迹，炉渣粒径较①层略大。本层下暴露③层。

第③层：黄土层。粉砂土，土色纯黄，土质较致密。距地表约40厘米，厚约0~10厘米，全台地分布，近TD3、TD4坡处略薄于TD2平台，且T0912、T0812、T0712、T0612方内堆积厚于T1112、T1012。遗物也以T0912以南的探方出土较多，于T1112与T1012出土较少。出土遗物磨圆度较高，以高铁炉渣为主，多数炉渣表面有染铁锈的痕迹，还有一定量碎瓷片出土。本层下暴露TD2-BJC1，水平分布全台地。

TD 2-BJC 1 下地层以T 1112 的TD 2 解剖区域为例。

第④层：垫土层。未全台地分布，仅于T 1112 小范围内分布，系填平凹陷地面的多块垫土，目前编号有④a与④b层。

④a层，粉砂土，土色浅黄，土质致密、纯净。距地表 60~62 厘米，厚 0~10 厘米，主要分布于T 1112 的TD 2 台地西部边缘，向南未进入T 1111，向北止于T 1112 北扩方区。出土遗物较少，以碎瓷片为主，存在数件青花瓷。本层下叠压⑤、⑫层。

④b层，粉砂土，土色深灰，土质疏松、纯净。距地表约 58 厘米，厚 0~21 厘米，分布于T 1112 解剖区东部中央区域。出土遗物较少，以碎瓷片为主。本层叠压⑤层。

第⑤层：斜坡堆积。粉砂土，土色棕褐，土质较疏松，包含物分布均匀，上部遗物磨圆度高，出土的陶、瓷、瓦片较细碎，下部遗物磨圆度低，遗物可拼合度有所增加。本层距地表约 54~66 厘米，厚 0~34 厘米。未全台地分布，于T 1112 解剖区东部中央区域有缺失，地层为表面水平、西厚东薄的坡状堆积，向北延伸至发掘区外，向南进入T 1012 内，向西未进入TD 1 区域。出土遗物以陶、瓷、瓦片为主，还有少量高铁炉渣。其中，瓷片以青白瓷为主，包括多件墨书瓷片，有“朱”“吴”字等，已不见青花瓷。陶器类型有碗、罐等。本层下于解剖区北部出现⑥、⑦、⑧、⑫层，于解剖区南部出现⑬层。

第⑥层：斜坡堆积。粉砂土，土色棕色，土质较疏松，包含物分布均匀，存在较多细碎炉渣，炉渣粒径约 1~2 厘米。距地表 88~92 厘米，厚 0~14 厘米。未全台地分布，呈自T 1112 解剖区西南角朝T 1112 北扩方东北角带状分布，于T 1112 解剖区南部有小范围延伸至TD 1 平面，土层东西两端薄、中央略厚，堆积呈东高西略低的坡状堆积。出土遗物类型与⑤层基本一致，以陶、瓷、瓦片为主，部分瓷片可与⑤层相拼合。本层下于解剖区北部叠压⑦、⑧层，于解剖区南部叠压⑬层。

第⑦层：垫土层。砂土，土色棕色，土质较致密，包含物较少。距地表 94~102 厘米，厚 0~10 厘米。未全台地分布，主要位于TD 2 解剖区东侧中部及北部，向北延伸至发掘区外。出土遗物以碎瓦砾为主。本层下叠压⑧层，于TD 1、TD 2 交界处出现⑨层。

第⑧层：垫土层。黏土，土色深灰偏青，土质致密，包含物分布不均匀，地层西边缘集中分布一些陶瓷片。距地表 76~108 厘米，厚 0~18 厘米。未全台地分布，主要分布于T 1112 解剖区最北部，并向北延伸至发掘区外。出土遗物有陶、瓷、瓦片，少量砂岩块。本层下出现⑩、⑪层，叠压⑨、⑫层。

第⑨层：垫土层。粉砂土，土色橘黄杂灰色，土质致密。距地表 102~117 厘米，厚 0~10 厘米（仅TD 2 部分）。未全台地分布，主要分布于T 1112 的TD 2 西部边缘靠北区域，且向北延伸出发掘区，向西延伸入TD 1 内，与TD 1 ⑦层连续，即两地层属于同一地层。地层较纯净，出土遗物有少量的大块砂岩、大块炉渣、碎瓦砾、陶瓷片等，陶瓷片以青白瓷为主，已不见青花瓷。本层下叠压⑩层。本层与TD 1 ⑦为同一地层。

第⑩层：垫土层。砂土，土色深灰，土质较致密。距地表 117~126 厘米，厚 0~14 厘米。未全台地分布，主要分布于T1112 的TD2 中部及北部区域，向北延伸至发掘区外。出土遗物有少量陶瓷片、瓦砾等。本层下出现⑬层，叠压⑪层。

第⑪层：垫土。粉砂土，较黏，土色棕褐，土质较致密，包含物均匀分布。距地表

93~126厘米，厚26厘米。未全台地分布，主要分布于T1112的TD2中部及北部区域，向北延伸至发掘区外。出土遗物有陶瓷片、瓦砾等。本层下出现⑭层，叠压⑫、⑬层。

第⑫层：垫土层。粉砂土，土色棕色混杂有粉色砂岩颗粒，土质致密，包含大量大块粉色砂岩块。距地表51~107厘米，厚0~34厘米。未全台地分布，于TD2解剖区L3东侧小范围分布，向东延伸入解剖区外，其他三面未上壁。出土遗物有少量瓷片等。本层下于T1112解剖区东南角出现⑮层，其他区域叠压⑬、⑭层。

第⑬层：垫土层。粉砂土，土色浅灰黄，土质疏松，包含物丰富。距地表71~142厘米，厚0~48厘米，分布于T1112的TD2绝大部分区域，仅于解剖区东部中央有缺失，向北延伸出发掘区，向东延伸出T1112解剖区，向南进入T1012内，向西延伸进入TD1内，与TD1⑫层连续，即两地层属于同一层。出土遗物以大量的瓦片、陶瓷片为主，瓦片以板瓦为主，陶瓷片以青白瓷为主。本层下于T1112解剖区南部叠压⑭、⑮层，北部叠压⑯层。本层与TD1⑫为同一地层。

第⑭层：垫土层。粉砂土，土色灰黑，土质较疏松、较纯净。距地表84~107厘米，厚0~18厘米，主要分布于T1112的TD2部分东部中央与南部偏西区域，向东延伸至解剖区外，向南进入T1012内，向西小范围进入TD1平台。包含物中有较多的细碎木炭和瓷片，瓷片包括青瓷、青白瓷和白瓷，可辨器形以碗为主。本层于T1112解剖区东南角叠压⑮层、东部叠压⑯层、南部叠压TD1-BJC2。

第⑮层：填土层。黏土，土色黝黑，土质致密。距地表86~128厘米，厚0~65厘米，呈坑状堆积分布于T1112解剖区东南角，向南延伸至T1012内，向东延伸出解剖区外，向北止于L3东侧的炉基垫土处。包含物以大块炉渣和陶瓷片为主，有零散的瓦片出土，瓷片包括青瓷和青白瓷，可辨器形仅有碗。本层叠压⑯、⑰层。

第⑯层：垫土层。粉砂土，花土，土色黄色杂深黑色，较疏松。距地表98~106厘米，厚6~10厘米。未全方分布，主要位于L3东侧高台平面，与高台平面走向一致，呈东北—西南向带状分布。地层向东北延伸出解剖区外，向西南延伸入TD1-BJC2下。未见陶瓷片出土，地层包含一定量炭屑。本层下叠压⑰层、H7以及不均匀分布的炭屑、灰烬。

第⑰层：垫土层。粉砂土，土色纯黄，纯净，土质较致密。距地表108~178厘米。未全台地分布，主要位于L3东侧，包括L3后高台操作面以及T1112解剖区东南角凹坑处。地层向东北延伸出解剖区，向南延伸至TD1-BJC2下。地层靠近L3的部分未形成烧土，故本层为L3废弃后形成的垫土层。但是，本层上表面的炭屑灰烬薄层可能与冶炼活动直接相关，故仅对本层靠近L3的部分进行解剖清理，清理厚度约10厘米。本层下叠压L3炉后的鼓风设施安置槽、炉基垫土、连续烧土辐射面等。

（2）TD2的形成过程

根据地层、遗迹单位的叠压打破关系，可初步将TD2的堆积分为：近现代耕土层与扰土层，TD2-BJC1与TD2④、TD2⑤至⑮多层垫土，TD1-BJC2、TD2⑯、TD2⑰、TD2⑱，L3等多个阶段，且不同阶段对应时代略有区别，对区域地形地貌的影响也不同。

近现代耕土层、扰土层形成之前，TD2已呈梯田形态，平面呈“L”字形，对应TD2-

BJC1的铺设与TD2④层垫土，形成于明清时期。TD2-BJC1、TD2④a、TD2④b出土青花瓷类型判断TD2-BJC1及TD2④层的形成年代在明清时期。

TD2-BJC1形成前，区域内存在多层垫土堆积，因其表面被平整过，故原始形貌不可知。该系列文化层包括TD2⑤至⑮层，⑤至⑭层出土的陶瓷片类型年代为南宋中晚期至元代，⑮层陶瓷片以南宋中晚期为主，存在少量北宋晚期至南宋早中期类型，但已不见元代瓷片。

TD2⑮层下，区域内已形成一处初始台地形态，T1112内影响地形的主要因素为L3炉后高台的修筑，其次为TD2⑯、⑰、⑱层，TD1-BJC2的铺设，形成于南宋时期。T1112内，L3为最早遗迹，其炉后高台呈东北—西南走向，高台东北延伸至解剖区外。高台两侧地势较低，台西北侧修筑高炉，炉前操作面低于炉后高台表面约1米，台东南侧为凹地。TD2⑯、⑰、⑱层为平铺于L3炉后高台表面的堆积，出土遗物以炭屑、碎渣、烧土粒为主。TD1-BJC2为区域内最晚堆积，铺设于高台西南部。

由于未对TD2-BJC1进行全面揭露，故TD2未解剖区域TD2-BJC1下台地形貌不可知。

（3）TD2-BJC1

TD2-BJC1位于TD2平台上，结合TD2坡面暴露的连续板结层走向可知，TD2-BJC1铺设范围较广，环抱山丘西、南两面，该板结层现已揭露其西段大部分、南段小部分，揭露区域主要分布于T1112、T1012、T1011、T0911、T0912、T0811、T0712、T0711、T0613、T0612内，揭露面积约130平方米。

TD2-BJC1叠压于TD2③层下，是打破TD4-BJC1、TD4-BJC2、TD3-BJC1后，于释放空间内平铺的板结层。

板结层表面铺设平整，在T1012、T1112内铺设区域较宽，向南越窄，东西最宽处可达5.6米。板结层边缘遭到打破或修整，可观察到明显的工具痕迹。

TD2坡面断面可见，不同区域TD2-BJC1下堆积略有差别。T1112解剖区内，TD2-BJC1是在平整下层垫土层、并于凹陷处重新垫土④层后再铺设而成的。其他区域未做解剖，但断面可见T0911、T0811、T0711内，板结层下堆积由上到下依次为细碎炉渣层、大粒径炉渣堆积层，且该两层炉渣地层的铺设范围较广。

此外，TD2-BJC1及相关地层出土青花瓷类型初步判断，TD2-BJC1形成年代为明清时期，早于清乾隆时期。

3. TD3与TD4

TD3仅于发掘区山丘西南角区域，呈土包状分布于T0812、T0811、T0712、T0711内，该台地东部上临TD4，西部下临TD2。本次发掘工作主要是清理TD3的耕土层、扰土层，最终发掘止于TD3-BJC1上。目前，TD3上已发现的遗迹单位有且仅有TD3-BJC1。

TD4分布范围较大，环抱山丘西面，并向北延伸至山前平地区域。台地坡面与TD2、TD3相邻，平台与TD5、TD6、TD7、TD8相邻。本次发掘区域主要位于T1213、T1113、T1013、T0913、T0912、T0813、T0812、T0712内。本次发掘工作主要是清理TD4的耕土层、扰土层、③层，最终发掘止于③层下。目前，TD4上已发现的遗迹单位包括TD4-BJC1、TD4-BJC2、SD4、F4、Z4、L5、L6。

（1）TD3与TD4地层描述

本次发掘清理TD3①、②层，TD4①、②、③层后发现，TD3②层下为TD3-BJC1，且该板结层属于TD4下层堆积的延伸部分。同时，TD3①、②层与TD4①、②层相连续。因此，现以TD4为例，对TD3、TD4地层进行综合描述（图2-4）。

第①层：耕土层。粉砂土，土色灰黄，土质较疏松。厚10~32厘米，TD3与TD4全台地分布，基本属于水平堆积。出土遗物磨圆度高，以高铁炉渣为主，还有不少碎瓷片，炉渣粒径大小不均，多数集中在3~5厘米。本层下暴露②层。

第②层：扰土层。粉砂土，土色棕黄，土质致密。距地表约10~32厘米，厚14~32厘米，TD3与TD4全台地分布，基本属于水平堆积。出土遗物磨圆度高，以高铁炉渣为

图2-4 T0912TD4坡面（自西向东）

主，多数炉渣表面有染铁锈的痕迹，炉渣粒径约较①层略大。本层下暴露③层，于TD3部分暴露TD3-BJC1，于T0913内暴露生土。

第③层：黄土层。粉砂土，土色纯黄，土质较致密。距地表约24~60厘米，厚约0~3厘米，未全台地分布。出土遗物少，有高铁渣碎块与碎瓷片，瓷片中仍有少量青花瓷残片。本层下暴露TD4-BJC1、TD4-BJC2、F4。

（2）TD3与TD4的形成过程

TD3的梯田形态的形成可对应为耕土层、扰土层的堆垫，即TD3梯田形态形成于近现代。于T0812、T0712内，①、②层下叠压TD4的坡状断崖。

TD4耕土层、扰土层形成之前，其梯田形态已成型。目前，未对TD4各板结层进行解剖，关于TD3、TD4形成过程主要依据TD4的断崖剖面。铺设TD2-BJC1前，TD4-BJC1、TD4-BJC2、TD3-BJC1均被打破。因此，形成从TD4西坡至TD7南坡的连续断崖剖面。该断崖剖面较清楚地展示了TD3、TD4三处板结层的走向与叠压关系。断崖剖面从上到下依次为：TD4-BJC1、垫土层、TD4-BJC2、垫渣层、TD3-BJC1、垫渣层，TD4的形成过程与上述三处板结层的铺设过程关系紧密。

结合TD4平、剖面，可将该台地的形成分为：北部台地的扩建、南部台地的形成、TD3-BJC1的形成等前后多个阶段。其中，TD4北部台地的扩建可对应至TD4-BJC1的形成，TD4南部台地的形成可对应至TD4-BJC2的形成。

（3）TD4-BJC1

TD4-BJC1位于TD4西段北部西缘。现已全面揭露该板结层，面积约13平方米，于T1113、T1013、T0913、T0912内南北向分布。

TD4-BJC1叠压于TD4③层下，北部抵F4南墙，南、东南抵TD4-BJC2边缘，其铺设年代晚于F4与TD4-BJC2。板结层表面铺设平整，西缘被TD2-BJC1打破。残存部分北宽南窄，北部东西最宽处约2.6米。此外，由板结层西部断面可见，TD4-BJC1下为垫土堆积，垫土堆积叠压SD4下层石块、TD3-BJC1。

因此，根据相关堆积出土的陶瓷片类型初步判断，TD4-BJC1的铺设年代晚于南宋中晚期至元代，早于明末清初。

（4）TD4-BJC2

TD4-BJC2位于TD4西段南部、南段以及TD7部分，现揭露该板结层大部分区域，揭露面积约48平方米，揭露区域主要位于T0913、T0912、T0813、T0812、T0712、T0613、T0614内。

TD4-BJC2叠压于TD4③层下，西北临TD4-BJC1，略高于TD4-BJC1，北临TD6，于TD6处被打破，打破处可见板结层叠压TD8下部黑土层的延伸堆积。板结层临TD4

坡边缘处被TD2-BJC1打破。板结层南段主要位于TD7范围内，被TD7-BJC1叠压，并向东延伸出发掘区。即，TD4-BJC2形成年代早于TD7-BJC1、TD4-BJC1，晚于TD3-BJC1的形成年代。结合相关堆积出土的陶瓷片类型与碳十四年代测定结果，初步判断TD4-BJC2铺设于宋代。

TD4-BJC2表面铺设平整，除北缘被打破外，西缘也被打破。残存部分于T0813内分布最宽，最宽处约4.8米，至TD7处板结层铺设较窄。由西缘打破形成的断崖剖面发现，TD4-BJC2下堆积明显区别于TD4-BJC1，存在多层堆积，由上到下堆积依次为：大粒径炉渣堆积层、多层灰堆积、TD3-BJC1及其层下堆积。现仅对TD4-BJC2下大粒径炉渣堆积层、多层灰堆积的剖面情况进行介绍。

大粒径炉渣堆积层，堆积范围广，从T0712处TD4坡面延伸至T0614的TD7坡面。土质疏松，集中堆积了大量大块炉渣，其中包裹有多块完整的大型扇形排出渣，炉渣以高铁渣为主。

多层灰堆积，位于T0712的TD4坡面处，属于北高南低的坡状堆积，由粗砂土、细碎炉渣、炭屑等组成的多薄层废弃堆积，土质较疏松，层厚不均匀，堆积范围集中，包含物以炉渣、炭屑、灰烬、粗砂土等冶炼废料为主，应属于短时间内快速形成的废弃堆积，可能与冶炼生产活动直接相关。

（5）TD3-BJC1

TD3-BJC1位于TD3、TD4西段，该板结层及其层下堆积是目前TD4范围内可见最早的堆积。TD3-BJC1主要分布于T0912、T0813、T0712内，断崖剖面可见该板结层中段表面平坦，北端、南端呈坡状下倾。北端被TD4-BJC1下垫土层叠压，南端被TD4-BJC2下多层灰堆积叠压。

TD3-BJC1下存在多层堆积，由上到下依次为：细碎炉渣层、多层灰堆积、黄土层。情况介绍如下：

细碎炉渣层主要分布于T0813、T0712内，土质较致密，包含大量细碎炉渣，局部嵌有少量碎瓷片。

多层灰堆积分布于T0912内，属于北高南低的坡状堆积，与TD4-BJC2下多层灰堆积模式基本一致。由粗砂土、细碎炉渣、炭屑等组成的多薄层废弃堆积，土质较疏松，层厚不均匀，堆积范围集中，包含物以炉渣、炭屑、炉灰、粗砂土等冶炼废料为主，应属于短时间内快速形成的废弃堆积，可能与冶炼生产活动直接相关。其中，炭样BA193316、BA193317取自该底部炭屑层中。由碳十四年代测定结果可知，TD3-BJC1层下多层灰堆积形成年代为宋代。

黄土层，土质致密，较纯净，暴露面积有限。

由于TD3-BJC1、TD4-BJC2下两处多层灰堆积的模式与性质基本一致，均与冶炼生产活动直接相关，故推测两者形成年代接近。因此，由碳十四年代测定结果判断，TD3-BJC1及其层下堆积形成年代为宋代。

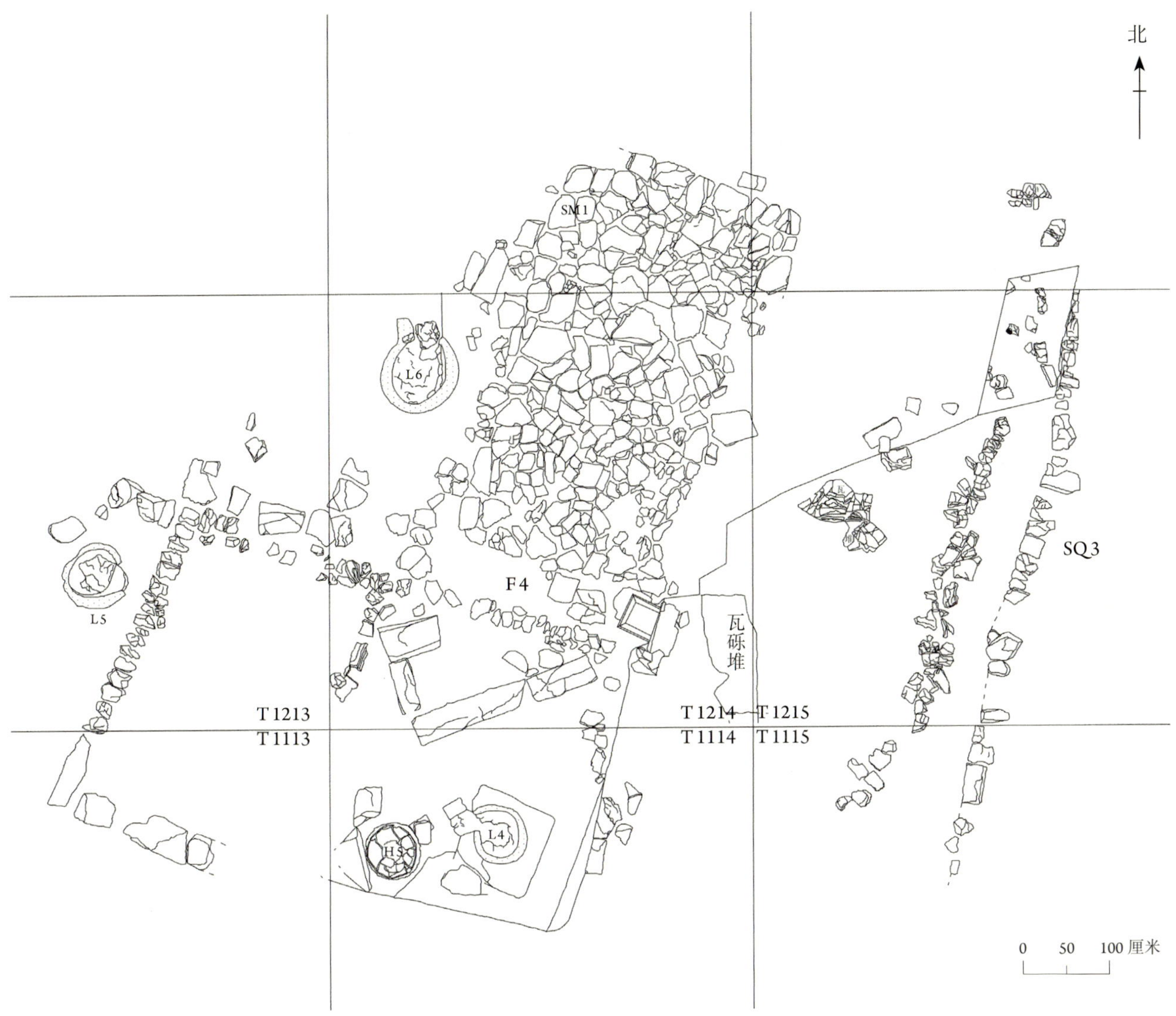

图 2-5 TD4、TD5 遗迹平面图

4. TD5

TD5 位于遗址发掘区山丘北部低地的水平台地，涉及探方T1116、T1215、T1115、T1214、T1114、T1213。TD5 南部上临TD6，西部下临TD4，其下叠压房址F4，F4 室内遗迹L4 和H5，F4 室外遗迹SM1，石墙SQ3。TD4 下遗迹L6、L5 与F4 的地层关系紧密（图 2-5）。

（1）TD5 地层描述

现以T1214 探方东壁为例，描述地层信息（图 2-6）。

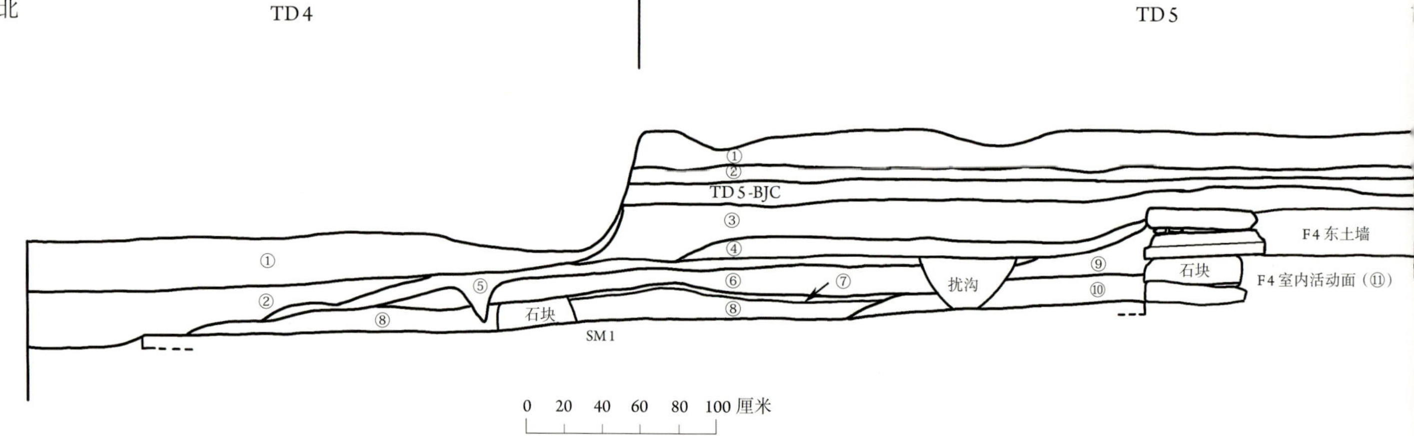

图 2-6 T1214 东壁地层图

第①层：耕土层。黏土，土色棕褐，土质疏松，植物根系发达，土壤团块明显。全方分布，厚 10~22 厘米。出土遗物较少，主要为青白瓷片及青花瓷片。

第②层：扰土层。土色褐偏黄，质地较疏松。全方分布，距地表 10~22 厘米，厚 6~8 厘米。无植物根系，有石英砂颗粒、烧土颗粒，包含物较少。

TD5-BJC：质地坚硬，表面呈锈黄色，截面呈紫褐色。上表面水平，距地表 16~24 厘米，厚 6~10 厘米。为人工平整后形成，包含遗物主要为少量细碎炉渣，并混有破碎的青白瓷、青花瓷碎片。根据包含物判断年代不早于明末清初。

第③层：垫土层。粉砂土，土色深棕褐色，土质疏松。分布于探方北部，距TD5 地表 32~36 厘米，厚 10~35 厘米。包含物较多，有瓷片、碎瓦砾、粒径度在 1~3 厘米的碎炉渣。

第④层：垫土层。砂土，土色深褐，土质疏松。分布于探方北部，厚 6~10 厘米。包含物有碎瓦砾及少量瓷片。

第⑤层：垫土层。粉砂土，土色浅棕褐，土质较致密。距TD5 地表 54~64 厘米，距TD4 地表 10~42 厘米，总体厚度 4 厘米，最厚处为 24 厘米。包含物少，表面有少量碎瓦砾。

第⑥层：夹炭垫土层。土色炭黑，土质疏松，夹杂炭屑。距TD5 地表 60~68 厘米，距TD4 地表 14~24 厘米，厚 0~14 厘米。包含物有青白瓷片、碎瓦砾、炭屑。

第⑦层：活动踩踏面。砂土，土色灰白，土质较致密。T1214 内仅东北部不均匀分布，距TD5 地表 76~82 厘米，厚 2 厘米左右。无包含物。可能为活动踩踏面。

第⑧层：垫土层。粉砂土，土色棕褐，土质较致密。直接叠压于石铺地面（SM1）上，距TD5 地表 80~94 厘米，距TD4 地表 38~52 厘米，厚 9~14 厘米。底部有较多厚 2~3

厘米较完整的瓦砾，瓦砾呈棕红、棕色、棕白色。

第⑨层：垫土层。黏土，土色棕色，土质较致密。距TD5地表58~60厘米，厚6~24厘米。包含物有青白瓷片、酱釉瓷片、瓦砾等。

第⑩层：垫土层。黏土，土色红，夹杂少量石英砂颗粒，土质较致密。直接叠压在F4活动面及石铺地面（SM1）之上，分布于探方南部，距TD5地表72~97厘米，厚0~14厘米（在T1114探方内堆积更厚，最厚处为40厘米）。包含物有瓷片、较完整瓦砾、少量炉渣。

第⑪层：F4房屋室内活动面。粉砂土，土色红棕，土质相对致密。距TD5地表74~88厘米。活动面上表面平整，有较多细碎炉渣、炭屑分布于其上，应与冶炼活动直接相关。⑪层为F4内锻炉L4起建所依靠的地面，并被器物坑H5打破。部分区域有平铺其上的倒塌瓦砾堆积，瓦砾磨圆度较低，判断为房屋废弃、倒塌后形成的一次堆积。

SM1：SM1为F4以北的石铺活动地面，分布于TD5和TD4之下，自南向北轻微倾斜，南部最高点和北部最低点高程相差11厘米，距TD4地表52厘米，距TD5地表94厘米。SM1平面呈长方形，长472、宽270厘米，长边方向25°，短边方向301°，与F4的整体朝向基本相同。SM1所用石材主要为砂岩，兼有花岗岩。SM1所用石块为人工切割石料，平面形状不规则，直径10至50厘米不等。

（2）TD5形成过程

为保留F4整体活动面的完整统一，现清理至F4室内活动面及SM1表面。F4年代判断的主要依据为F4内活动面及叠压于其上的地层中出土的陶瓷片类型。F4室内活动面出土陶瓷器较少，覆盖于活动面上的地层中出土的安溪窑青白瓷片、磁灶窑酱釉瓷片，多为口沿、器腹、器底残片，无完整器，可辨器形以青白瓷敞口碗为主。同时出土有青白瓷盒、青白瓷小盏、青白瓷折沿碗、磁灶窑酱釉小盏等，部分青白瓷碗底有涩圈，具有南宋晚期至元代的器物特征。据此判断，F4的废弃时间应在元代，使用时期为南宋晚期至元代。

在F4废弃之后，瓦砾向西、向北方向倒塌并形成了连续的瓦砾堆积，瓦砾磨圆度低，为房屋倒塌后的一次堆积。TD5-BJC之下的地层自南向北及自东向西倾斜，由此可判断房屋墙体的倒塌应与此方向近似。T1214⑦层为一踩踏面，T1214④层下开口有一无出土遗物的扰沟（G2），表明在房屋废弃后存在不同时间段的人类活动，并有意识地进行土地平整活动。由于在TD5-BJC之下的地层中所发现的瓷片均为南宋至元时期，据此判断TD5③至⑩层的形成年代应为房屋废弃之后不久，约为元代或稍晚，这些地层的性质也大致可归类为垫土。在系列削高填低的平整活动后，古代居民在已经平整的土地表面铺设表面近水平的板结层作为新的活动面。根据TD5-BJC内出土的细碎青白瓷、青花瓷片判断，板结层的铺设应不早于明末清初。TD5-BJC之上为①、②层耕土层及扰土层所叠压，板结层上表面可见多条犁沟。耕土层及扰土层为近现代土层。

5. TD6

TD6是环抱发掘区山丘北部低处的一处台地，南部上临TD8，东部上临TD12，西部下临TD4，北部下临TD5。TD6北部坡面与TD5平台相邻，TD6平台与其南部偏西的TD8北部坡面、南部偏东的TD12北部坡面相邻。TD6西缘略高于平台，呈一土丘状堆积。

（1）TD6地层描述

本次发掘工作基本覆盖整个TD6，涉及探方包括T1013、T1014、T1015、T1016、T1116。发掘工作主要为全台地的耕土层、扰土层、SD5以及台地西缘多层文化层的清理，发掘最终止于SD5下活动硬面、西缘多层垫土层下。由于TD6不同区域堆积范围、性质有别，现仅就清理的西缘区域为例，介绍②层下文化层情况（图2-7）。

第①层：耕土层。粉砂土，土色灰黄，土质较疏松。厚5厘米，水平状分布于全台地。出土物较少，以石块和大块炉渣为主。

第②层：扰土层。粉砂土，土色棕黄，土质较致密。距地表5厘米，厚5~10厘米，台地内分布两侧较薄，中间较厚。出土物以炉渣和明清时期的瓷片为主。本层下出现多个地层和遗迹单位，包括SD5、TD8文化层延伸部分、活动硬面、STJ（石台阶），其中SD5叠压活动硬面、STJ以及TD8斜坡堆积。SD5下层堆积仅集中分布于TD6西缘。

第③层：细碎炉渣垫土层。粉砂土，土色深灰，土质较疏松。该地层暴露于SD5下，距地表10~15厘米，厚约20~50厘米。仅分布于TD6西缘T1014内，堆积近台地边缘处较厚，近TD8坡脚下处较薄。包含物以直径1~2厘米的碎炉渣为主，炉渣粒径均匀，磨圆度高，还有少量碎瓷片。本层下同时暴露④层和⑤层。

第④层：垫土层。黄黏土，较纯净，土色呈黄色，土质较致密。距地表50~60厘米，厚约0~5厘米，宽约30厘米。地层仅沿着TD6西北角边缘小范围分布，呈带状。

第⑤层：大粒径炉渣垫土层。粉砂土，土色棕灰，土质较疏松。距地表30~65厘米，厚约30厘米，主要分布于靠近TD8壁面的内侧。包含物以大块高铁炉渣为主，夹杂少量陶瓷片，遗物磨圆度一般。本层下同时暴露⑥层和⑦层。

第⑥层：垫土层。砂土，土色棕色，土质较疏松。距地表80~95厘米，厚0~20厘米，主要分布于台地边缘。出土遗物以碎瓦砾、少量小粒径度冶炼废渣和陶瓷片为主。本层部分叠压⑦层，叠压TD8底部向西延伸的黑土层。

第⑦层：碎瓦砾层。黏土，土色深棕，土质较致密。距地表60~80厘米，厚15厘米，主要分布于靠近TD8壁面的内侧。出土物以大量磨圆度高的碎瓦砾和明清陶瓷片为主。

⑦层下文化层为TD8下部文化层的延伸部分。由于该区域TD8上部地层未作清理，故此处停留于TD6⑦层下。

（2）TD6的形成过程

由现阶段清理情况可知，耕土层、扰土层形成之前，TD6已呈梯田形态，且主要由

图 2–7 T1014TD6 完全揭露后遗存状况（自西向东）

SD 5、台地西缘多层垫土堆积、TD 6 平台活动硬面以及硬面下垫土层组成。针对TD 6 形成过程、形成年代、与TD 8 堆积形成的具体关系、SD 5 堆积性质等问题，本次发掘工作重点清理了TD 6 西缘的多层文化层，即SD 5 及其下堆积。

TD6 西缘多层堆积与SD5

TD 6 西缘多层堆积系在TD 8 西北角被两次取土打破后，于打破处重新垫土形成。两次打破未将TD 8 堆积全部取尽，但释放出新的空间区域。因此，TD 6 西缘垫土堆积直接叠压TD 8 下部黑土层的延伸部分以及TD 8 断崖剖面。SD 5 则是在西缘多层垫土基础上，垫平至TD 6 平台高度。

由于SD 5 中已不见近现代遗物，出土瓷器中有多件清代青花瓷残片，初步判断TD 6 西缘多层堆积形成年代在明晚期至清中后期（详见第三章第六节“其他遗迹”中关于SD 5 的描述）。

TD6 活动硬面及其下垫土层

TD 6 平台基本停留于SD 5 下的活动硬面上。由TD 6 北坡面了解到，该活动面下分布有厚约 1 米的两层垫土层，垫土层呈水平分布，分布范围与活动硬面相当，垫土层土质致密，包含物分布均匀，以磨圆度较高的碎瓦砾为主，还有一些陶瓷片与碎炉渣。垫土层下直接叠压TD5表土层下文化堆积的延伸部分，具体情况未知。

TD6活动硬面西缘被SD5叠压，东南被SD6叠压，即SD6为修建于该活动硬面上的挡土墙，所挡土层为TD12④层。TD12④层、SD6中出土青花瓷片。据此判断，TD6活动硬面修建年代应不晚于清代。

6. TD7

TD7位于发掘区山丘南部，北部上临TD8，南部下临TD2，西部与TD4相接，呈略高于TD4的台地。目前，TD7上已发现的遗迹单位有且仅有TD7-BJC1（图2-8）。

（1）TD7地层描述

本次发掘未对TD7进行全面揭露，主要发掘区域为T0713、T0613、T0614位于TD7的部分。发掘工作包括区域内耕土层、扰土层、TD7③层的清理，并停留于TD7-BJC1与TD4-BJC1表面。

第①层：耕土层。粉砂土，土色灰黄，土质较疏松。厚1~42厘米，基本属于水平堆积。包含较多直径1~7厘米的细碎炉渣。本层下暴露②层。

第②层：扰土层。粉砂土，土色棕黄，土质致密。距地表约1~42厘米，厚0~34厘米，表面水平，堆积近TD8坡脚较薄，靠近TD7边坡较厚。出土遗物磨圆度高，以高铁炉渣为主，多数炉渣表面有染铁锈的痕迹，炉渣粒径在5~8厘米左右。本层下暴露③层。

第③层：黄土层。粉砂土，土色纯黄，土质较致密。土层距地表约1~49厘米，厚约0~19厘米，未全台地分布，于近TD8坡脚处缺失。出土炉渣密集，磨圆度高，多属于直径5~8厘米的高铁渣块。本层下暴露TD7-BJC1、TD4-BJC2。

（2）TD7形成过程

由目前的清理情况可知，TD7的梯田形态形成可对应为①、②、③层土的堆垫。由于该区域垫土较TD4厚，故形成略高于TD4的TD7。其中，①、②层为近现代耕土、扰土层，③层不见近现代遗物，但可见青花瓷。

③层下，TD7范围内暴露出的TD4-BJC2与TD7-BJC1。

（3）TD7-BJC1

TD7-BJC1位于TD7平台上，暴露于TD7③层下，被TD8-BJC3下细碎炉渣层所叠压，向下叠压TD4-BJC2。目前，TD7-BJC1大部分区域进入TD8范围内，仅于TD8坡

图 2-8 遗址南部航拍图（自西南向东北，红框内为 TD7）

脚边暴露板结层的边缘部分。TD7-BJC1 边缘呈坡状，环绕山丘西南部，其上部堆积内采集的木炭的碳十四年代测定为宋代。

7. TD12

TD12 位于遗址核心区山丘北部、发掘区东北部边缘，南部上临TD10，西南部上临TD8，西部下临TD6，西北部为TD5。本阶段发掘涉及探方T1017、T1117、T1116、T1016、T1015。在TD12 上揭露遗迹M1、STJ、SD6、F5 及其附属遗迹SM2、Z3 等（图 2-9）。

（1）TD12 地层描述

现以T1117 西壁为典型剖面介绍TD12 地层（图 2-10）。

第①层：耕土层。粉砂土，土色灰黄偏棕色，质地疏松，土壤团块明显。厚 4~14 厘米。植物根系发达，包含遗物少，出土瓷器类型为青白瓷片、青花瓷片、炉渣等。

第②层：扰土层。土色黄棕色，质地较疏松。距TD12 地表 4~14 厘米，厚 4~12 厘米。

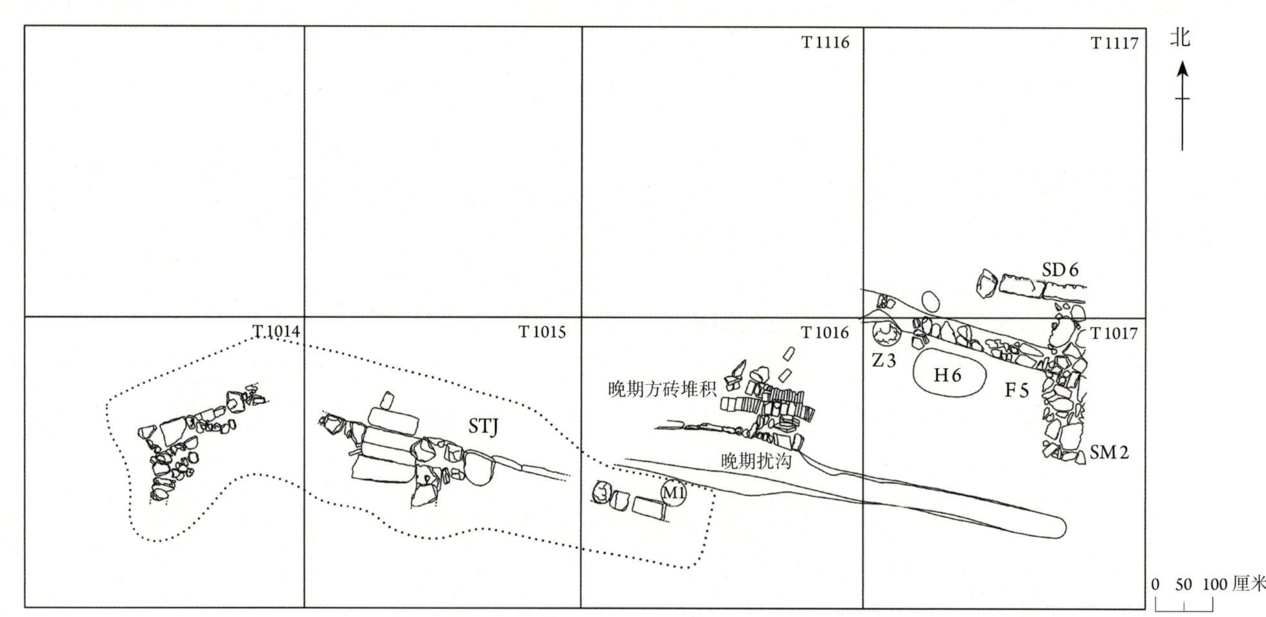

图 2-9 TD8、TD12 平面图

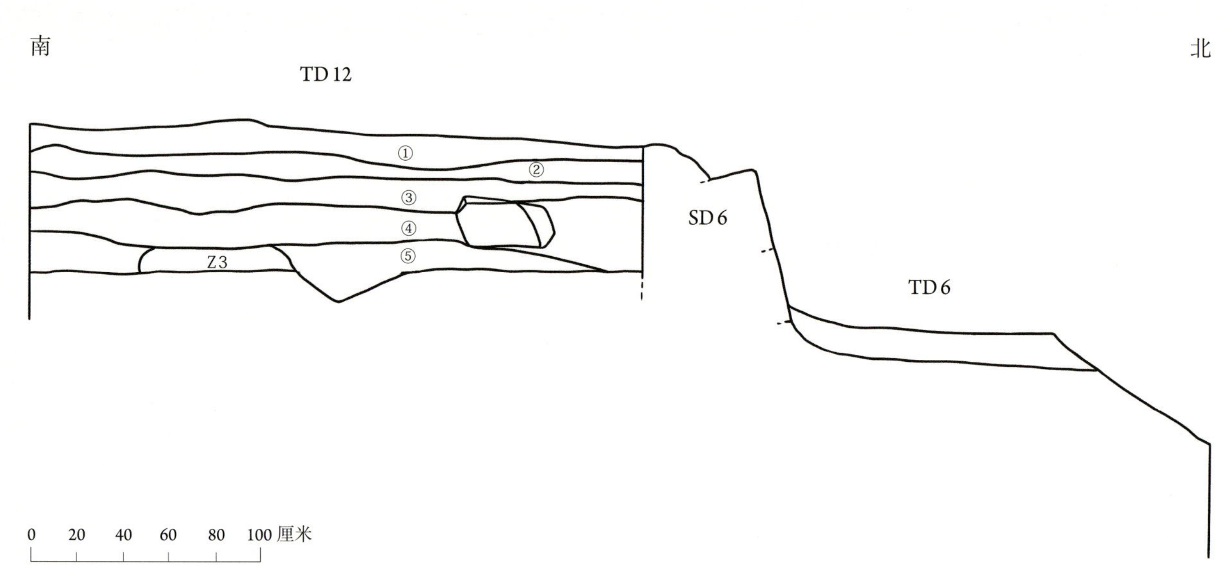

图 2-10 T1117TD12 西壁地层图

包含遗物较少，出土瓷器类型为青白瓷片、青花瓷片、少量炉渣等。

第③层：扰动土层。土色呈锈黄色，土色不均。距TD 12 地表 12~20 厘米，厚 6~16 厘米。包含遗物较少，出土瓷器类型为青白瓷片。

第④层：垫土层。土色呈深棕色，质地较疏松，含水量大。距TD12 地表 20~38 厘米，厚 8~30 厘米。出土遗物相对较多，主要为石块、青白瓷片、红烧土颗粒、炉渣等。

第⑤层：粉砂土层。土色呈红棕色，质地相对致密。距TD 12 地表 44~50 厘米，厚 0~22 厘米。出土遗物主要为砖瓦残片、石块、红烧土颗粒、青白瓷片等，瓷器器底矮圈足带有涩圈，具有元代安溪窑瓷器特征。

（2）TD12 形成过程

TD 12 ①至⑤层均无明显遗迹，至⑤层下揭露石铺地面SM 2（未完全揭露，现揭露部分长 280 厘米，宽 50~80 厘米）、H 6、Z 3 等遗迹，并有部分平铺瓦砾，据此判断⑤层下为一人类活动面，可能存在建筑遗存（编号F 5）。根据⑤层出土的元代青白瓷片以及Z 3 内采集的木炭样品的碳十四测定年代，该活动面的年代应为南宋晚期至元代。元代之后建筑废弃，明清之后进行垫土平整后作为农业用地使用。TD 12 北缘有遗迹石堆SD 6，SD 6 被第①、②层所叠压，与第③层层位一致，SD 6 上部石块堆积松散，其内混杂有青灰色、橙红色砖瓦，较为完整的青花瓷器底、腹片，底部为长 40~150 厘米的长方形条石，排列较为规整，底部无出土遗物。据此判断SD 6 的形成年代应略晚于⑤层下活动面，并且SD 6 顶部石块的垒砌相对底部石块应更晚，堆砌所用材料更为随意，应为平整土地时期挡土使用。

从台地之间的打破关系及地层堆积形态观察，TD 12 地层大致呈水平状，向北、向西倾斜，呈现东南地层薄，北部、西部地层较厚的地层堆积现象。其南部为TD 10 坡面，该坡面呈断崖状，高差较大，且TD 10 北缘地层有明显打破迹象，故判断TD 12 的形成应略晚于TD 10，介于TD 10 与TD 12 在遗迹出露的活动面上所出遗物无明显时代差异，总体应属于元代前后。

8. TD9 与TD10

TD 9-TD 10 位于下草埔遗址第一阶段发掘的山顶最高处，TD 9 北侧和东侧被TD 10 叠压，南侧和西侧为宽敞的小平台，而TD 10 基本由后期垫土和基岩形成。本次发掘将TD 9 和TD 10 揭露至与冶炼相关的遗迹或堆积所处层位，部分台地边缘解剖至生土，将垫土清理后TD 10 与TD 9 处于同一板结层上，因而将两者合并考虑。TD 9-TD 10 下清理遗迹房屋F 3，石墙SQ 1、SQ 2，冶炼炉及操作坑L 2-H 2、L 1-H 3（图 2-11）。

（1）地层描述

由于TD 9-TD 10 北侧和南侧地层堆积不同，分别以T 0915 南壁和T 0717 西壁剖面为例进行介绍。

T 0915 南壁

T 0915 地层堆积可分为 6 层。现以南壁为例加以说明（图 2-12）。

第①层：耕土层。粉砂土，土色灰黄，土质较疏松。厚 10 厘米，水平状分布于所有探方。本层较为纯净，仅出土零星几片青白瓷片。

第②层：扰土层。黏土，土色灰黄，土质较致密。距地表10厘米，厚0~18厘米，水平状分布于所有探方。本层较为纯净，仅出土零星几片青花瓷片、青白瓷片和石块。该层下开口有③a层、③b层及TD10东南侧的基岩层。SQ1开口该层下。

第③a层：晚期填土层。粉砂土，土色亮黄，土质较疏松，夹杂有白色风化岩颗粒和锰矿颗粒，与生土近似。距地表26厘米，厚6~8厘米，近水平状分布于TD10的中、西部，出土遗物有元代陶瓷片以及加工过的石块等。陶瓷片种类包括素胎陶、釉陶、白瓷和青白瓷等，可辨器形为碗、碟、盏、罐等，年代大致为元代。L1、L2、H2、H3开口该层下。

第③b层：晚期填土层。黏土，土色粉红，土质较致密，与生土近似。距地表24~76厘米，厚0~30厘米，顶部水平，底部呈斜坡状，由东北向西南堆积逐渐下斜变厚，分布于TD10的西侧。土色土质与生土近似，可能来自TD10或遗址更高处的生土。出土

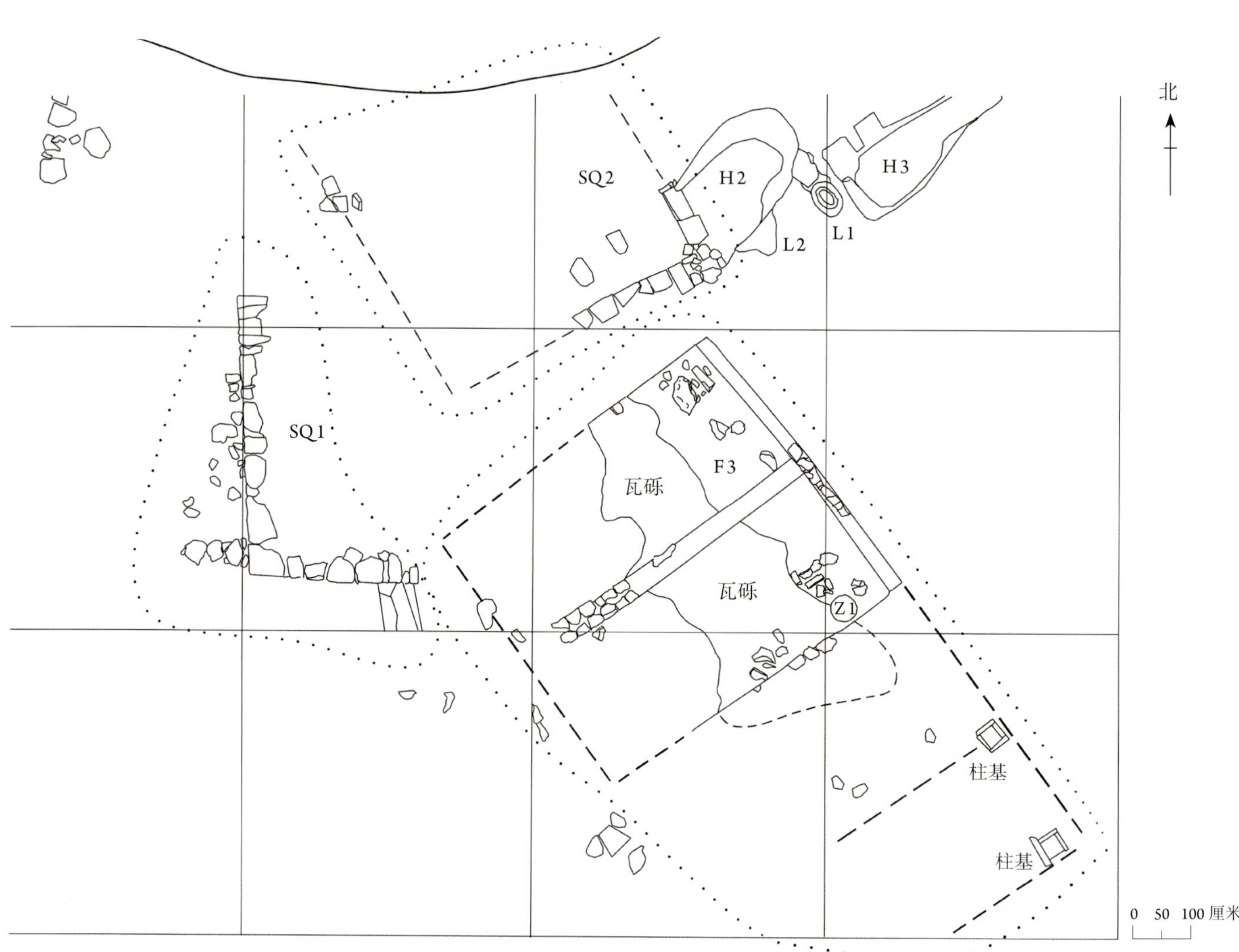

图2-11 TD9、TD10平面图

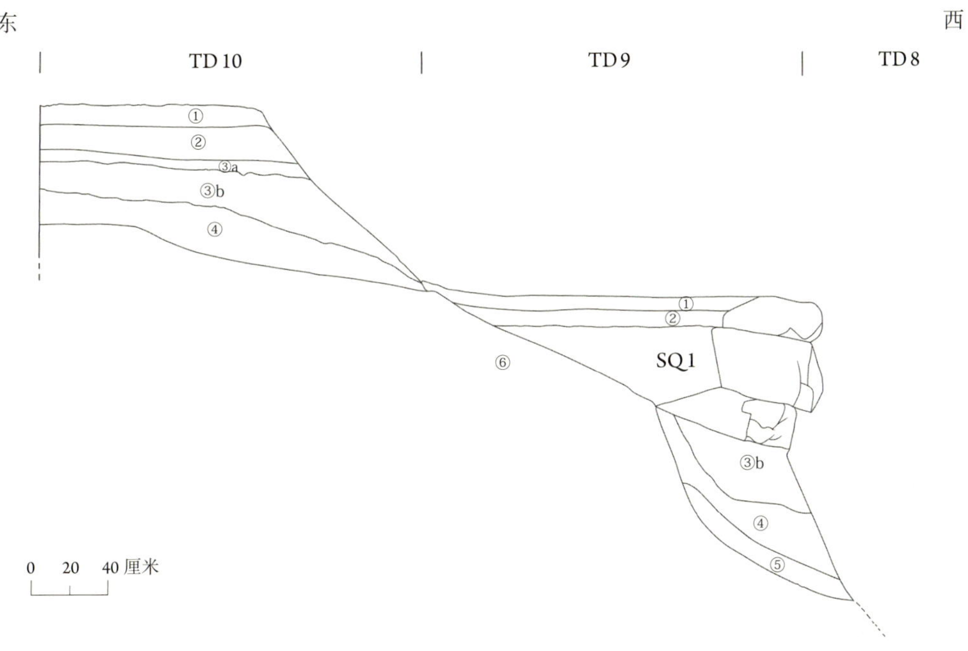

图 2-12 T0915 南壁地层图

遗物包括大量的瓦片、元代陶瓷器残片和少量矿石、炉渣。陶瓷片种类有素胎器、釉陶器、白瓷和青白瓷等，可辨器形有碗、碟、盏、罐、器盖等，年代大致为元代。

第④层：填土层。土色棕黑，土质较致密。距地表 42～108 厘米，厚 0～36 厘米，分布于TD 10 的南部和西部。出土遗物包括大量的砖瓦、南宋中晚期至元代的陶瓷片和炉渣，砖瓦堆积主要集中在台地的中部、北侧和西北侧边缘处，陶瓷器包括素胎器、釉陶器、白瓷、青白瓷和青瓷，可辨器形有碗、碟、壶、罐、器盖、壶嘴等，年代大致为南宋中晚期至元代。此层下出现多个堆积单位，包括⑤层、⑥层、生土层等地层单位，以及板结层、SQ 2、H 2、F 3 等遗迹单位。

第⑤层：填土层。土色棕黄，土质致密，夹杂有较多的黄、白色风化岩颗粒。距地表 96 厘米，厚 0～12 厘米，仅分布于TD 9 西侧斜坡底部，呈东薄西厚的斜坡状堆积。出土包含物以陶瓷片为主，种类包括素胎陶、白瓷和青白瓷等，可辨器形有碗、罐等。此层下出现板结层，在TD 9 西北角的板结层呈现西北—东南向塌陷，其上还铺有一层瓦砾残堆，分布方向与板结层塌陷方向一致，一部分瓦砾跌落嵌入TD 8 地层中。

第⑥层：板结层下细碎堆积。土色灰黑，土质较疏松。距地表 6～150 厘米，从TD 9-TD 10 北侧崖壁的堆积情况来看，厚约 30～160 厘米。目前见于T 0915 在TD 9 西缘所做的解剖沟内以及TD 10 的北崖壁，堆积呈斜坡状。出土遗物以大量的炉渣为主，出土有陶瓷片还有一件几乎完整的青瓷器盖，年代为南宋中晚期至元代。

⑥层下为生土。生土分为橙红色、纯黄色和肉粉色夹杂大块风化岩颗粒等三种，呈中心平、边缘斜的堆积形状，中心处应被人为平整过，见于T 0915 TD 9 部分在TD 9 西缘所做的解剖沟内以及TD 10 的北部坡面。此外，F 3 打破至生土层并以生土为墙基和地基，H 2、H 3 皆打破板结层和生土层，L 1、L 2 直接建在生土层上。

T0717 西壁

T0717北侧一部分属于TD10，南侧属于TD9，均向下发掘至生土。为了解其南侧台地延伸的斜坡堆积与TD9主体之间的关系，向南扩方270厘米，并解剖此处的斜坡堆积。解剖沟南北长270、东西宽约200厘米。整体地层堆积可分为9层（图2-13、2-14）。现以西壁为例加以说明：

第①层：耕土层。粉砂土，土色灰黄，土质较疏松。厚4~36厘米，近水平状分布于全方，南侧扩方斜坡处堆积较厚。本层较为纯净，仅出土零星的瓦砾碎片。

第②层：垫土层。黏土，土色深灰，土质较致密，夹杂有黄、白砂岩颗粒。距地表10~36厘米，厚0~25厘米，近水平状分布于全方，南侧扩方斜坡处堆积较厚。本层较为纯净，仅出土零星的瓦砾碎片和陶瓷片。

第③a层：垫土层。粉砂土，土色浅灰，土质较致密。距地表0~36厘米，厚8~14厘米，地层呈近水平状分布于TD10、T0717范围内。土质较纯净，几乎无包含物。④a层、⑤层和F3附属建筑遗迹皆开口该层下。

第③b层：填土层。黏土，土色棕褐，土质较致密。距地表18~52厘米，厚0~34厘米，呈斜坡状堆积于南侧斜坡的南端。出土的包含物有中粒径块炼铁渣、小块玻璃态生铁渣、瓦片和元代陶瓷片，越靠近边缘炉渣越多，并在台地最边缘处形成了板结层。陶瓷器包括素胎器、白瓷、青白瓷和青瓷，可辨器形有碗、罐等，年代大致在元代。④b层叠压于该层下。

第④a层：垫土层。黏土，土色棕黄，土质较致密。距地表10~50厘米，厚7~22厘米，略呈斜坡状，主要分布于TD10南缘，靠近台地边缘处堆积较厚。本层较为纯净，出土物以瓦片为主，基本平铺于F3附属建筑堆积附近。该层下叠压⑤层。

第④b层：填土层。粉砂土，土色黄白，土质较疏松，夹杂有较多的黄、白砂岩颗粒。距地表30~78厘米，厚0~15厘米，呈斜坡状分布于南侧斜坡。出土的包含物有元代陶瓷片、磨圆度较高的瓦片、玻璃态生铁渣、小粒径块炼铁渣等。陶瓷器包括素胎器、青白瓷和青瓷，可辨器形有碗、罐等，年代大致在宋元时期。⑥b层、⑦层、⑨层叠压于该层下。

第⑤层：建筑废渣层。黏土，土色黑灰，土质致密。距地表0~50厘米，厚10~15厘米，近水平状。表层铺满了碎瓦片，厚达5~7厘米，仅分布于探方的西北角，底部较为纯净，④a层下部分未见瓦砾堆积层。本层以下至黄白色生土层。

第⑥a层：垫土层。黏土，土色黄棕，土质较致密，夹杂有大量的锰矿颗粒。距地表10~30厘米，因未发掘厚度不详，分布于TD9的西南部，未进入本方西壁。出土遗物以少量的小粒径炉渣和矿石为主。

第⑥b层：垫土层。黏土，土色灰褐，土质较致密，普遍被铁锈侵染形成硬结的锈壳。距地表8~66厘米，厚18~43厘米，分布于TD9的中部和南侧，未进入本方西壁，台地内近水平分布，台地边缘处呈斜坡状分布。出土物以元代陶瓷碎片为主，包括素胎器、青白瓷和青瓷，可辨器形有碗、碟、罐等，年代大致在南宋中晚期至元代。⑥b层下叠压⑦层、⑧层。

第⑦层：填土层。黏土，土色橘红，土质较致密。距地表36~40厘米，厚5~10厘米，

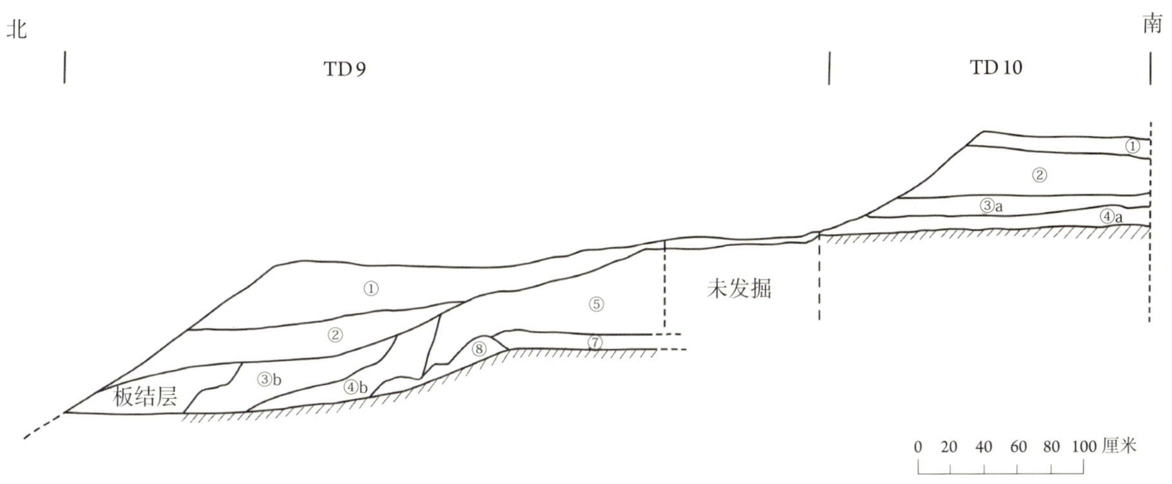

图 2-13 T0717 及南扩方部分西壁地层图

图 2-14 T0717 发掘清理图

分布于斜坡中部。本层较纯净，出土物为几块较完整的大红瓦片。

第⑧层：垫土层。黏土，土色棕黑，土质致密。距地表42~46厘米，厚10~14厘米，水平状分布于TD 9台地内部和斜坡。本层较纯净，几乎无包含物。

第⑨层：填土层。黏土，土色棕红，土质致密。距地表46~74厘米，厚10~15厘米，呈波浪状分布于台地内和斜坡。出土物以大量的破碎瓦片为主，主要分布于地层底部，瓦片磨圆度较高。

⑨层下为肉粉色与黄白色的生土层。

（2）形成过程

除原本山体呈现坡状堆高等自然因素外，TD9-TD10台地的形成，与冶炼时期对此台地的多次重复利用以及此后的平整活动有关。

TD9-TD10北侧和西侧

TD9和TD10原本为同一相连的生土堆积，生土层上最开始即被作为冶炼生产的活动面，而后将冶炼废料由TD10向TD9的西侧和西南侧边缘倾倒，并在堆积表面形成板结层。随后，板结层又被当作新的活动面，此时的冶炼工匠在TD10的中部板结层边缘新建L1和L2，以及炉前坑H2、H3作为冶炼操作空间或设备安置空间，进行新的冶炼活动。SQ2的始建在L1和L2废弃之后，可能作为冶炼区和板结层的一个隔墙。F3的修建也在板结层形成之后，应与冶炼活动相关，尚无法判断与L1、L2、SQ2的早晚关系，可能同时修建或前后间隔不久。而在此次冶炼生产、生活行为结束后，继之在此活动的人群短时间内对此处进行了多次的垫土和平整，将建筑遗物清理台地边缘低矮处，利用板结层在现TD9与TD10交界处的缓坡平面，将TD10边缘及F3屋内和TD9边缘垫高垫平，在其上用③b层土再次平整垫高，并在TD10边缘形成陡坡，而在冶炼炉所处区域则用③a层土垫高至与③b层平齐，并在TD10边缘③b层略不齐整处再次用③a层土铺平。在TD9部分，③b层上直接修建SQ1，形成TD9西侧边缘的一个平面。至此，TD9与TD10形成两个相互分隔的台地，耕土层和扰土层的堆叠皆依照此台地布局。后来，由于频繁的冶炼活动，下层废弃炉渣堆积松动，导致TD10西北角塌陷，TD9与TD10之间形成一条窄坡通道并延续至今。

TD9-TD10南侧

南侧的堆积较前者简单，遗迹单位和打破现象少，地层较薄而多，倾倒次数频繁，尤其是在南侧斜坡堆积处。由此可知，此处一直是生产、活动的边缘地带，也是平整与堆垫的角落。在生土之上即有一层瓦砾堆积，显然与最早时期的一批人类活动有关，可能早于TD9-TD10板结层的形成年代。而后，将TD9的南侧至F3前的部分垫平形成⑥b、⑧层，并在南侧边缘处继续保持斜坡状堆积。在F3等一批遗迹废弃后，一部分建筑废料不仅被用于垫平F3及周围活动面即④a层和⑤层，也有部分被倾倒至南部斜坡形成③b、④b层——③b、④b层中出土有玻璃态生铁渣，当与TD9-TD10最晚一期冶炼遗存有关，而④b层的土色、土质与TD10北侧③a层近似，也可作为此联系的旁证。冶炼时期结束后，所有的冶炼遗迹经过平整形成台地，平整后的台地边缘即受大块炉渣在此聚集的影响而形成板结层，板结层的存在也天然形成对平整后活动面的保护。

（3）TD9–BJC1

TD9-BJC1位于TD9的西南半部，目前已揭露的部分见于T0616、T0615、T0614东北部、T0714东部、T0715、T0815的西南部，呈半月形斜坡状。

该板结层在台地南侧开口②层下，西南部靠近台地中间则叠压于③层下，在T0815的部分则被SQ1所叠压，SQ1暴露于②层下。板结层下的堆积以土层为主。该板结层的形成可能与人为平整土地有关，其目的可能是保护TD9的台地形态，以保证在其上的人为活动能正常进行。根据上、下地层和遗迹单位出土的陶瓷片类型判断，TD9-BJC1形成年代可能在元代或元末明初。

（4）TD10–BJC1

TD10-BJC1位于TD10的西侧，向TD9和TD8方向延伸，目前主要分布于T0916西部、T0816西北部、T0815东北部以及T0915。

该板结层开口于TD10④层下，东侧被H2、SQ2打破，南侧被F3打破，北侧边缘被后期改造活动破坏或部分坍塌，东南方向与TD9-BJC1接壤，西侧坍塌部位表面有砖瓦堆积，可能作为后期人类活动的地面。板结层下堆积以铁渣为主，从北侧被破坏的崖面观测，堆积较厚，其下直接叠压生土层。从打破板结层的单位年代推测，TD10-BJC1形成年代约为南宋中晚期。

9. TD11

TD11是一处环抱发掘区山丘南面低处的台地，上临TD14与TD1，下临TD15。TD11坡面（南部）与低处TD15平台相连，TD11平台与高处TD14、TD1坡脚相连。T0609的TD11部分略低于其他区域，该区域呈矮一级的小平台形态（图2-15）。

目前，TD11上已发现的遗迹单位有护坡B段、护坡C段、TD11-BJC1、TD11-BJC2、TD11-BJC3。发掘前，该系列遗迹已暴露于TD11坡面上。

（1）TD11地层描述

本次发掘未对TD11进行全面揭露，主要发掘区域为TD11西端，涉及探方有T0511、T0611、T0610、T0609。发掘工作包括区域内耕土层、扰土层的全面清理。

第①层：耕土层。粉砂土，土色灰黄，土质较疏松。厚10~25厘米，坡面上较薄，基本属于水平堆积。出土遗物磨圆度高，以高铁炉渣为主，还有不少碎瓷片，炉渣粒径大小不均。本层下暴露②层。

第②层：扰土层。粉砂土，土色棕黄，土质致密。距地表约10~25厘米，厚14~25厘米。出土遗物磨圆度高，以高铁炉渣为主，多数炉渣表面有染铁锈的痕迹，炉渣粒

图 2-15 TD11 南坡面（自南向北）

径约较①层略大，且于本层底部炉渣数量变多，体积变大。本层下叠压③层、护坡B段、护坡C段，暴露TD11-BJC1。

第③层：可分为③a、③b层。发掘停于该层表面。

③a层，填土层。粉砂土，土色黑紫，土质坚硬，与护坡B段分布范围相当，位于T0610、T0611、T0511的TD11区域内。TD11坡面断面可见，该层最厚40厘米左右，包含有青花瓷片，其下叠压TD11-BJC2。

③b层，填土层。粉砂夹粗砂土，土色黄色，土质致密。外围抵靠护坡C段，分布范围相当，内靠TD11-BJC1边缘，土层表面与TD11-BJC1表面平齐。坡面断面可见，该层最厚约20厘米左右。

（2）TD11形成过程

虽未对TD11进行全面发掘，但清理①、②层后，TD11坡面断面可见文化堆积分层清晰，各遗迹单位与地层叠压打破关系明确。因此，综合区域内平剖面的发掘情况，可将TD11的形成过程初步总结为TD11初台地、TD11现台地雏形、近现代垫土形态的形成。

TD11现阶段呈西南角略低于其他区域的台地形态，该形态在近现代①、②层形成前已初步成型。TD 11 现台地雏形的形成过程主要涉及TD 11-BJC 2 的打破、TD 11-BJC 1 的铺设以及护坡B、C段的修建。首先，TD 11-BJC 2 西南角被打破，于释放空间的低处铺垫TD 11-BJC 1，为矮一级的小平台。随后，于TD 11-BJC 2 新边缘修建护坡B段，铺垫③a层土，使TD 11 平台垫高；于TD 11-BJC 1 外修建护坡C段，铺垫③b层土，扩大小平台平面。由于护坡B段、护坡C段晚于护坡A段形成，而护坡A段、护坡B段所挡土层（TD 14 TG 1 ①、TD 11 ③a）内发现有青花瓷，故初步判断TD 11 现台地雏形形成于明清时期。

TD 11 初台地的形成可对应为TD 11-BJC 2 的修建完成。由TD 11 坡面断面可知，TD 11-BJC 2 下依次叠压垫土层、TD 11-BJC 3、垫土层等。该系列堆积的形成将区域内地势抬高，从而形成TD 11 初台地形态。

（3）TD11-BJC1

TD 11-BJC 1 位于TD 11 西南角小平台，已被全面揭露，主要分布于T 0609 内，部分进入T 0711 内。该板结层表面基本水平，边缘垂直，暴露于②层下，边缘为TD 11 ③b层依靠，系于TD 11-BJC 2 打破处的低处小范围平铺的板结层，铺设年代早于护坡C段（明清时期），晚于TD 11-BJC 2。

（4）TD11-BJC2

TD 11-BJC 2 位于TD 11 大部分区域。于T 0609 内小范围暴露平面部分，并由台地坡面可见板结层水平分布，边缘被打破，向东延伸进入 0610、T 0611、T 0511 及发掘区外。由TD 11 坡面断面可知，TD 11-BJC 2 下依次叠压垫土层、TD 11-BJC 3、垫土层等，其铺设年代早于TD 11-BJC 1，晚于TD 11-BJC 3。

（5）TD11-BJC3

TD 11-BJC3 位于TD 11 大部分区域。由台地坡面可见板结层水平分布，边缘被打破，发掘区内分布于T0610、T0611、T0511，并向东延伸至发掘区外。由TD11 坡面断面可知，TD 11-BJC 3 下叠压垫土层等，其铺设年代早于TD 11-BJC 2。板结层内木炭样品碳十四年代测定为宋代。

10. TD14

TD 14 是发掘区内平台面积最大的台地，环抱发掘区山丘西面低处，东部上临TD 1，南部下临TD 11，西部下临TD 15。TD 14 西部坡面与低处TD 15 平台相邻，南部坡面与低处TD 11 平台相邻，TD 14 平台东部与高处TD 1 相邻，平台北部与池塘紧邻。

目前，TD 14 上已发现遗迹有DM 1、护坡A段、TD 14-BJC 1、TD 14-BJC 2。于TD 14

西北角存在一南北向分布的土丘，编号Q1（图 2-16）。

（1）TD14 地层描述

本次发掘区域基本全面覆盖TD14，涉及探方有T1311、T1310、T1309、T1308、T1211、T1210、T1209、T1208、T1111、T1110、T1109、T1108、T1011、T1010、T1009、T1008、T0910、T0909、T0908、T0810、T0809、T0808、T0710、T0709、T0611、T0610等。发掘工作主要包括区域内耕土层、扰土层的清理，以及对DM1北部边缘的解剖，最终发掘工作止于DM1表面。对DM1北部边缘的解剖目的在于摸清护坡A段与DM1的关系，解剖沟编号TG1。

第①层：耕土层。粉砂土，土色灰黄，土质较疏松。厚约8~20厘米，坡面上较薄，基本属于水平堆积。出土遗物磨圆度高，有高铁炉渣碎块、陶瓷片等。本层下暴露DM1（第一、二扇区）、②层。

第②层：扰土层。粉砂土，土色棕黄，土质致密。距地表约20厘米，厚0~8厘米。出土遗物磨圆度高，有高铁炉渣碎块、陶瓷片以及少量瓦片。本层下叠压DM1（第三扇区）。

（2）TD14 形成过程

现阶段发掘工作可将TD14的形成过程分为近现代农耕时期与DM1的形成。近现代农耕时期对应①、②层的形成。DM1的形成过程则对应TD14现台地形态雏形的形成过

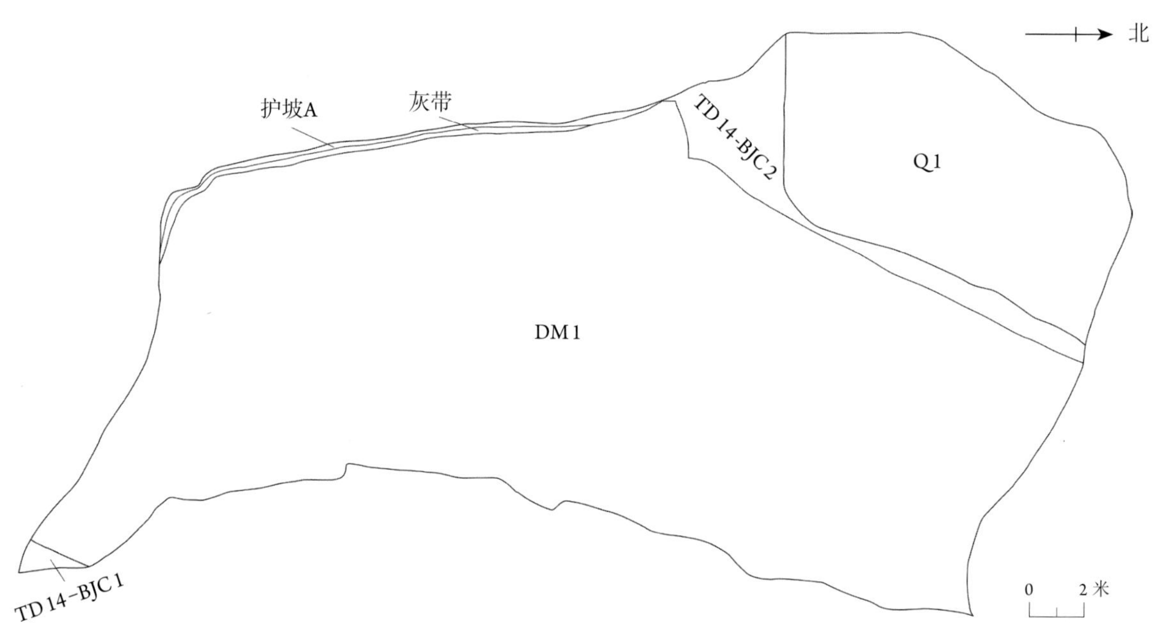

图 2-16 TD14 平面图

程。由于未向下继续清理，DM1形成之前的地形地貌难以判断，仅由局部叠压打破关系可知，DM1、TD14-BJC1的铺设晚于TD1-BJC1。

DM1占地面积大，基本全部覆盖整个TD14平面。目前，发掘与局部解剖工作可将DM1的形成过程分为前后两个阶段，分别对应第一、二扇区和第三扇区的铺设时期。DM1第三扇区及其下垫土层铺垫于明清时期，覆盖区域与护坡A段的分布范围与走向基本一致，属于对第一、二扇区的扩建。DM1第一、二扇区铺设于南宋时期，覆盖区域集中于TD14东、北部区域，其下直接叠压TD14-BJC1、TD14-BJC2等。详情可见第三章第三节中有关DM1的遗迹分述。

（3）TD14-BJC1

TD14-BJC1仅于TD14南坡断崖暴露局部，平面分布范围未知，铺设面积未知。TD14-BJC1靠近TD1处表面水平，向西延伸至DM1第二、三扇区交界处，呈东高西低的斜坡状下倾。

TD14-BJC1上叠压有护坡A段部分石块，DM1第三扇区下垫土层，DM1第一、二扇区，板结层向下打破TD1-BJC2，并叠压TD1-BJC2下垫土层，铺设年代为宋代。

（4）TD14-BJC2

TD14-BJC2仅于TD14西北角平面有暴露，向东进入DM1第二扇区下，向西进入Q1底部，北部止于池塘边缘，向南于DM1第三扇区垫土与护坡A段处失去走向。板结层铺设范围未知，暴露区域表面水平，叠压于DM1第二扇区、Q1下，铺设年代为宋代。

第三章

遗迹分述

下草埔遗址内经发掘清理的遗迹类型多样，涉及冶炼生产设施、生活设施、墓葬、灰坑以及垒砌的石堆等。其中冶炼生产设施包括冶炼、锻造炉及相关遗迹，生活设施则包括房屋院落、灶等，以及池塘、台阶、石墙等公共设施（图 3-1）。

以下按照遗迹类型以及功能对已清理、勘探的遗迹进行分述。

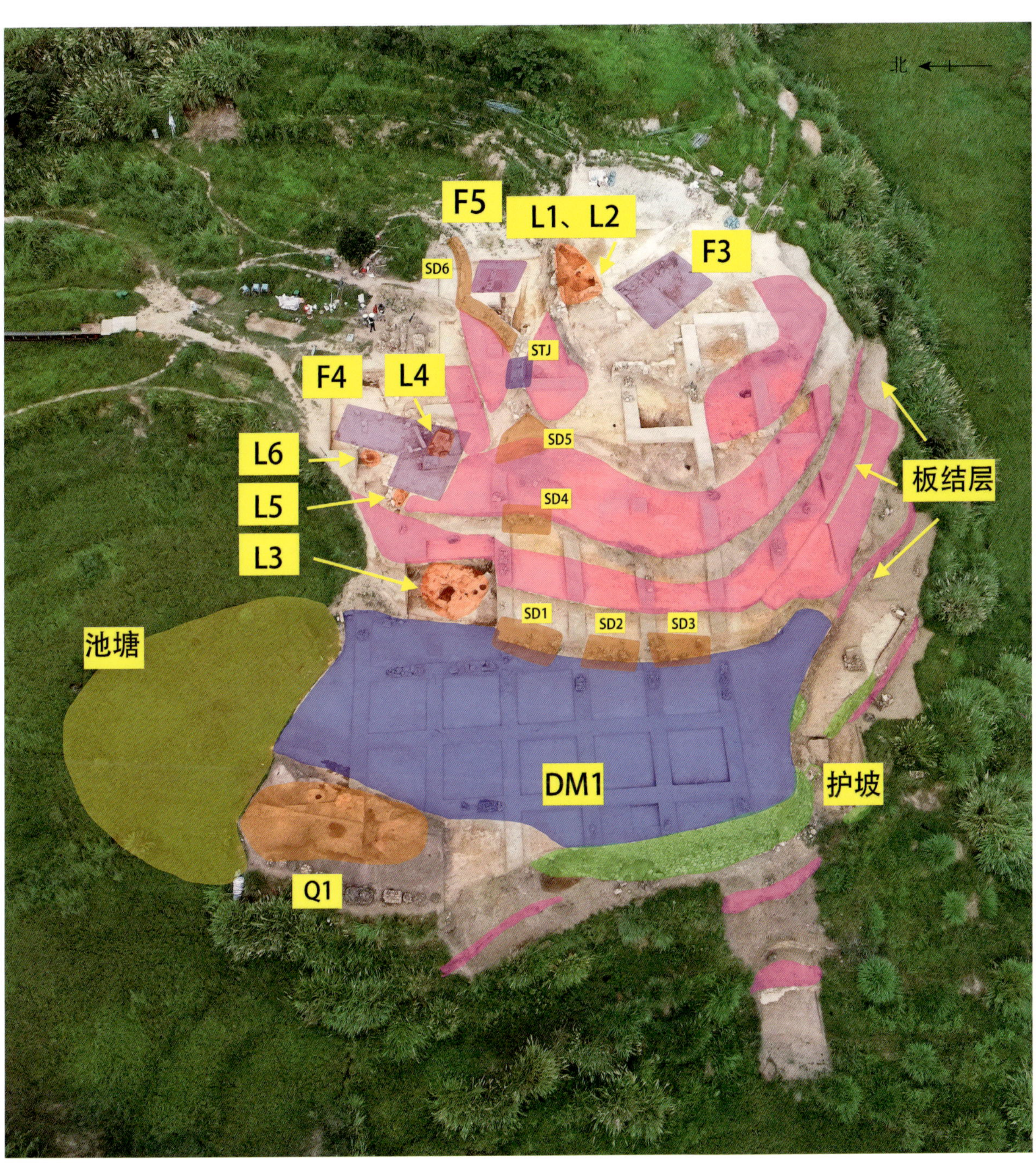

图 3-1 遗迹总图

第一节　生产设施：炉及其相关设施遗迹

目前，遗址内发现的与冶炼活动直接相关的生产设施有6座炉及多个相关配套设施遗迹，分别编号L1至L6，以及H2、H3、H5等。

6座炉保存状况不同，残存部分可辨形制、结构、配套设施、操作空间等情况亦有所区别。由操作空间划分，6座炉可分为露天作业（L1、L2、L3、L5、L6）与室内作业（L4）两种形式。由炉基修筑方式划分，又可分为依高台式（L3）、平地起建式（L4）、浅地穴式（L6）、深地穴式（L1、L2）等。

现分别从考古背景、炉基、炉体、配套设施、年代与性质判断等方面对6座炉分述如下。

1. L1与H3、L2与H2

L1与L2东西相邻，H3紧邻L1东侧，H2紧邻L2北侧。四个遗迹单位均位于TD10平台上，探方T0916、T0917内。两炉暴露于TD10③a层下，被TD10④层叠压。其中，H2与H3打破TD10-BJC1，H2打破L2，SQ2叠压于H2①层上。H3北部、TD10-BJC1北部均被TD10北部断崖所打破（图3-2）。

两炉属于露天作业炉，连线呈东北—西南向排列，L1在东，L2在西。两炉炉型结构相似，均为半地穴式、“葫芦”形小竖炉，炉体腹大颈小，炉上部填料口遭破坏，现存炉口顶端略高于炉后操作面。其中，L1保存较好，炉膛未被破坏，膛内残留原生堆积的大体积冶炼产物；L2北侧被全部破坏，炉膛被晚期填土填平，仅于膛底部残余碎炉壁残块，不见大体积冶炼产物。

两炉共用同一炉基与操作面，系于TD10生土层上开凿基槽，于槽内修建两炉炉腹及部分炉颈后，用黄土填平炉基槽其他部分至操作面齐平，使炉腹全部位于地下。H3形制特殊且规整，具有连接L1炉膛的通风管道，故判断H3为L1的鼓风设施安置坑。H2平面呈椭圆形，打破L2，属于冶炼活动结束后的破坏坑，可能用于开炉取铁。

两炉周围操作面基本水平，与H2、H3坑口平齐，炉后（南）操作面为粉白色生土表，炉前（北）操作面为H2附近的TD10-BJC1表。两炉填料口高于操作面平台，原始高度已不可查（图3-3、3-4、3-5）。

（1）炉基

L1、L2共用同一炉基。修建两炉体前，先于粉白色生土上挖基槽，再于槽底挖浅穴修建炉底，于槽内修建炉腹与部分炉颈，续以纯净黄土（炉基材料）填平基槽至炉后操作面，炉基材料与炉体材料略有不同。随后，两炉配套设施的修建、冶炼生产活动的进行、炉体重修以及晚期行为等均会对原始炉基造成不同程度的打破与损毁。

炉基现存状况：L1、L2靠南部分的炉基保存相对完好，即炉后区域的炉基保存较好，可辨其与生土间分界。两炉北部原始炉基为H2破坏，东部为H3破坏，西部为SQ2破坏。因此，炉基原始基槽平面形状难以复原，现存西北—东南向残宽约124、东北—西南向残长约237、基槽深约52厘米。

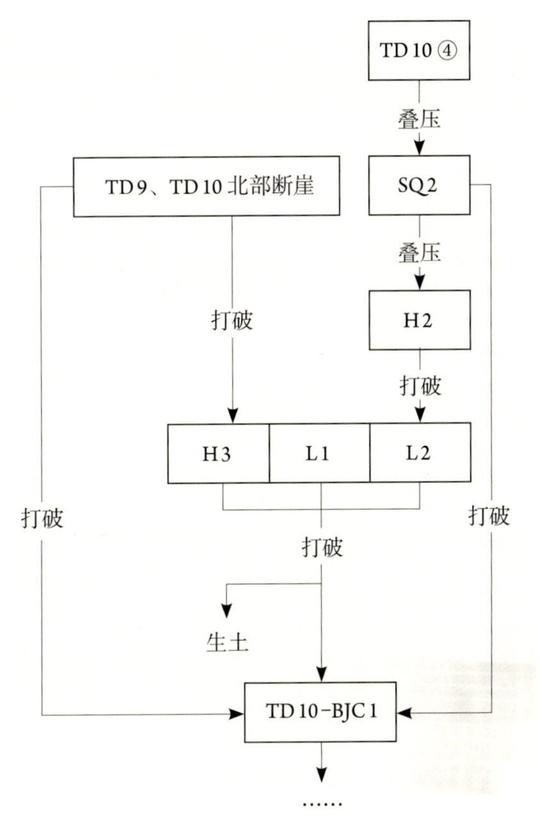

图3-2 L1、L2、H2、H3遗迹关系图

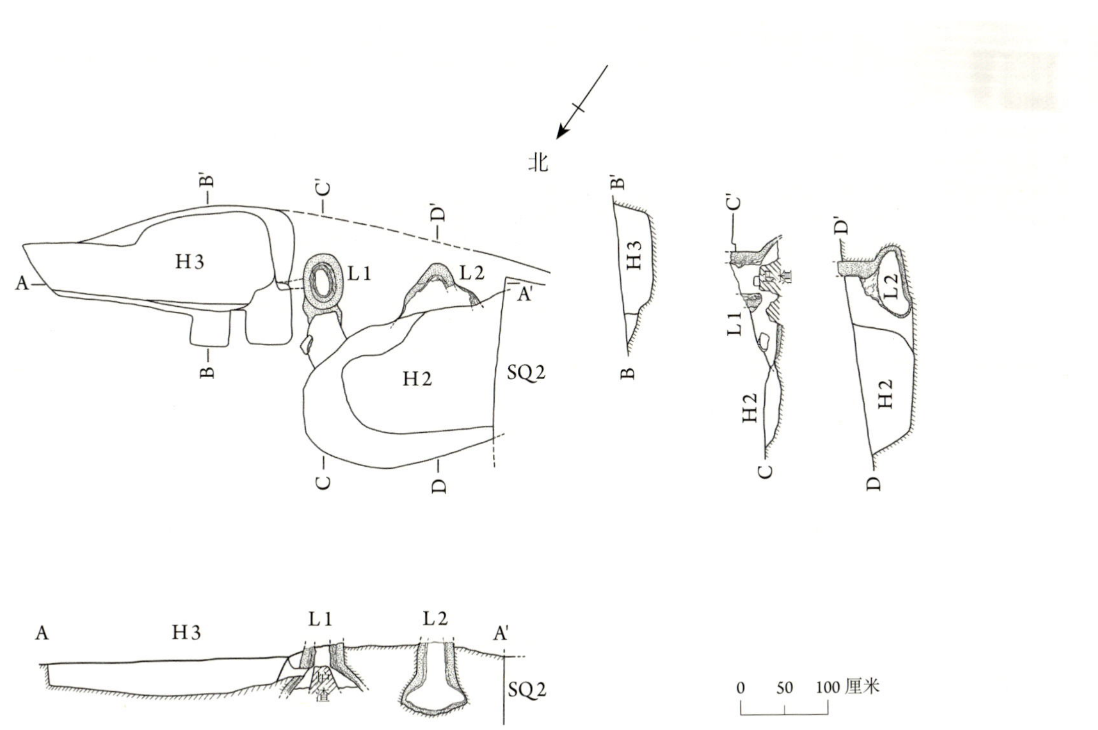

图3-3 L1、L2、H2、H3遗迹平、剖面图

图 3-4　L1、L2、H2、H3 遗迹侧视图（自西北向东南）

图 3-5　L1、L2、H2、H3 遗迹俯视图（正北方向）

（2）L1

L1保存相对完好，仅炉颈的地上部分遭到一定程度的破坏，其余结构基本完整，形制结构属于露天作业的半地穴式“葫芦形”小竖炉。L1炉膛、炉腹以及部分炉颈均埋于地下，相关尺寸难以测量。

现存炉体结构

● 残炉口

L1现存炉口平面呈椭圆形，长径朝向约北偏西35°。残炉口外径长径约54、短径约42厘米，高出炉后操作面约2~7厘米，东北部略低。炉口为一体盘筑成型，未使用炉砖、石块等材料。受高温后，炉口表现为由外至内呈橙红色—粉红色—白色的颜色变化。

炉口可辨3次炉衬修补与4炉以上的冶炼痕迹，表现为由外向内炉衬材料—烧瘤层依次交替的4层烧瘤层与4层炉衬材料的分层结构。炉衬修补材料与最初炉衬材料基本一致，均由大量粗砂与黏土混合制成，北侧修补痕迹最为明显。

经测量，第一次使用后残炉口内径为27~42厘米，最后一次使用后残炉口内径为14~25厘米。现存残炉口炉壁东、南、西三侧厚9厘米，北侧厚16厘米。

● 鼓风道

L1炉腹东北部的上部靠近炉颈处存在一处圆形孔道，该孔道与H3西北部相连，近H3处呈喇叭口，初步判断该孔道属于L1的鼓风道。

鼓风道整体长约26厘米，鼓风道（炉内侧）距离现存炉口约24厘米，孔径约8~10厘米。孔道至H3处变宽，最宽处约24厘米。

● 其他结构

L1炉腹与炉颈北部连接处存在一圆角方形孔，该孔连接炉膛与炉外，被大块炉渣封堵。孔内可见，L1炉膛鼓腹，腹上端渐收，与炉颈衔接处无明显棱角呈弧形过渡，炉腹角不可测。

炉内堆积

炉内由上至下依次为炉颈内堆积、炉膛顶部空腔、炉膛底部堆积。

炉颈内堆积：炉残口处被锈结物封堵，锈结物坚硬。清理后露出炉颈内堆积。该堆积无明显分层，为黑紫色黏土，质地较致密，出土物包括较多红烧土碎块、炉渣碎块、木炭屑和少量碎瓦片，堆积厚约10~25厘米。

炉膛底部堆积：炉膛内中空，内壁上附着薄层灰色淤土。膛底中部有一块大体积冶炼产物的原生堆积。冶炼产物顶端呈圆锥状，锥尖接近炉颈与炉腹连接处，表面保留了炉渣凝固前的流动状态，该冶炼产物基本填充炉膛，无法进行整体提取，对其进行原位保存。冶炼产物顶端炉渣取样，分析结果显示属于块炼铁冶炼遗物，表明该炉的性质是块炼铁冶炼炉。

（3）H3

H3紧邻L1东侧，开口于TD10④层下，向下打破炉基黄土层、粉白色生土。

现存结构

H3形制特殊且规整，平面呈“有柄两齿梳”形。两“齿”朝西北，靠近L1，“柄”朝东北，角度与L1、L2基本一致。坑南壁（“梳背”）、西壁为直壁，西壁紧邻L1。“两齿”开于“梳”西北部，平面呈东西并排、大小相近的正方形。“两齿”坑北壁呈北高南低的圜底坡状，坡底连接H3坑底。

H3坑西壁与西“齿”交界处有一与L1炉膛连通的圆形通风孔道。

由于该坑形制特殊，亦与L1通风孔道直接连接，初步判断H3为L1的鼓风设施安置坑，鼓风装置可能为风箱类设施。

坑内堆积

H3内堆积可分为两层。

第①层：填土层。土色棕黑，土质较致密，全坑分布，厚约0~45厘米。出土遗物相对较丰富，包括较多陶瓷片，一定量的瓦片。陶瓷器包括素胎器、釉陶器、白瓷、青白瓷和青瓷，可辨器形有器盖、碗等，年代大致为南宋中晚期至元代，还有一件北宋晚期至南宋早期的瓷碗（2019XCPIT0917TD10H3①：4；图版4.280）。

第②层：土色青灰，土质较致密黏腻，仅分布于坑南壁底部，厚约0~5厘米。基本不见遗物出土。

（4）L2

L2位于L1西南，两炉现存炉口相距84厘米，出露层位一致。L2残损严重，现存炉体南1/2部分，且炉口上部被破坏，残存炉口略高于炉后操作面。

现存炉体结构

由于炉体北部全部被破坏，由剖面可观察到炉体的修筑方式。

L2底部低于炉基基槽深度，是在炉基基槽内向下挖浅穴，修筑炉底、炉膛下部，并在基槽内继续修建炉膛上部与炉颈，炉颈上部高于基槽口与炉周围操作面。最后，填平基槽孔隙至炉后操作面，填土盖住炉膛与炉颈下部。

● 炉体

L2炉体朝向约北偏西35°。炉体纵剖面呈“葫芦”形，腹大口小，炉体不同位置的砌炉材料无明显差别，均由粗砂与黏土混合制成，且炉身无砖石结构，属于一体成型。炉膛被锈结物覆盖，难见鼓风口。

L2现存炉底南高北低，炉底最低处至现存炉口高约82厘米，至炉后操作面约78厘米，炉底中央距离现存炉口高约74厘米。残炉口距离炉后操作面高约2~4厘米。现存炉颈残长43厘米，炉膛最高处距离炉底约31厘米，炉膛内径（横截面）约66~70厘米。

● 炉口

现存炉口无明显多次使用痕迹，内圈仅可见一层烧瘤层与一次受热过渡色现象。残炉口内径约19~23厘米，炉壁厚11~18厘米，其中烧瘤炉壁厚3~4厘米。

炉内堆积

炉内堆积可分为顶部的残炉颈内淤积和炉膛底部堆积。

顶部残炉口被薄层灰色粉砂土封堵，清理后露出炉颈内淤积层，可分为三层。

第①层：棕橘色粉砂土，土质较致密，厚25厘米，包含大量粒径不超过1厘米的黑色细碎渣粒。

第②层：灰色淤土，含砂量极低，土质致密，极薄，仅作为第①层与第③层的分界，无包含物。

第③层：黑紫色粉砂土，土质较致密，厚15厘米，包含较多木炭碎屑和碎红烧土颗粒。

炉膛内中空，内壁上附着薄层灰色淤土，膛底堆积无明显分层，为炉壁残块、炉渣碎块与黏土的锈结物，质地致密，堆积厚约3~5厘米。

（5）H2

H2位于L2正北，开口于TD10④层下，向下打破L2、TD10-BJC1、板结层下碎渣层与黄土层。

现存结构

坑口平面呈椭圆形，西南角被SQ2叠压，被叠压处的坑内堆积未作清理，坑底深度与L2炉底基本一致，呈南略高、北略低的坡状，弧壁，平底。

H2短轴方向与L2朝向基本一致，呈西北—东南向，坑口短径约157厘米，坑底短径约132厘米。长轴未全部揭露，目前清理区域坑口长径残约225厘米，坑底长径残约154厘米。坑深46~70厘米。

坑内堆积

由于SQ2修建于H2①层上，为保留SQ2遗迹出土情况，故未对H2进行全面清理。坑内堆积已部分清理，可划分为七层。

第①层：橘黄色粉砂土，土质较致密，厚10厘米，包含大量粒径不超过1厘米的黑色细碎渣粒。即炉颈内第①层。

第②层：灰色淤土，含砂量极低，土质致密，极薄，仅作为第①层与第③层的分界，无包含物。即炉颈内第②层。

第③层：黑紫色粉砂土，土质较致密，厚15厘米，包含较多木炭碎屑和碎红烧土颗粒。即炉颈内第③层。

第④层：灰黄色黏泥，不含砂，土质致密，含水量高，黏性强。厚30厘米，包含大量粒径不同的木炭碎块及碎屑。

第⑤层：黑紫色砂土，土质较疏松，呈薄面状分布，为第④层与第⑥层的分界，无包含物。

第⑥层：灰黄色黏泥，土质与第④层类似，厚2~3厘米，包含大量木炭碎块，木炭粒径明显大于④层。

第⑦层：黏土硬结面，呈紫红、紫黑锈色，土质极致密，极薄，应为冶炼活动期间频繁踩踏形成的踩踏面。

（6）L1、L2、H2、H3的年代判断

由相关遗迹的叠压打破、功能结构组合关系可知，L1、L2共用同一炉基结构，两炉建造年代接近。

H3打破两炉炉基，但由于形制特殊且与L1鼓风道直接相连，可能属于L1的鼓风设施安置坑，修建时间略晚于L1炉基与炉体。

H2打破L2，其形成年代接近L2废弃（最后一次停炉）年代，晚于L2、L1、H3的修建、使用年代。SQ2叠压H2①层上，故H2废弃年代早于SQ2的修建时间。

综合考虑，H3①出土有南宋中晚期至元代的瓷器，SQ2石墙基槽内出土墨书瓷碟（2019XCPIT0916TD10④：2，图4-22-6，图版4.166、4.167）及其他南宋中晚期至元代的瓷器，TD10上早于L1、L2、H2、H3的TD10-BJC1下垫渣层内采集木炭年代为宋代，故判断L1、L2、H2、H3的废弃年代早于或接近于南宋中晚期至元代。

2. L3

L3体量较大，位于探方T1111、T1112内，跨TD1、TD2两个台地，暴露于T1111TD1②层下和T1112TD2⑤层下，炉后操作面为TD2⑰层叠压，炉前操作面东略高、西略低，被TD1⑰层、DM1第一扇区叠压（图3-6）。

L3有多次使用和重建的痕迹，可区分出前后至少经历5次修建，形成自东北至西南方向连成一线、彼此紧挨的5座残炉结构，依次编号为L3-1、L3-3、L3-5、L3-4、L3-2。

5座残炉均属露天作业炉，修建时间存在先后，但朝向、修筑方式基本一致，共用同一炉基（炉后高台与台前平面）、炉前后操作面，是倚靠炉东南侧（炉后）小高台修建的大型竖炉。筑炉前，区域内先修建西南—东北向的黄土小高台与台前平地，再依托台前平地、依靠高台修建竖炉。东南侧高台表面即为炉后操作面，西北侧台前平地即为炉前操作面，炉前、后操作面存在约90厘米的高差。炉顶进料口高于炉后操作面。

L3系列炉体的炉顶进料口、炉后炉圈结构（高出操作面的部分）均遭破坏。炉顶原始高度不可查，炉后打破痕迹呈东北—西南向的直线，打破处形成垂直立面。5炉各

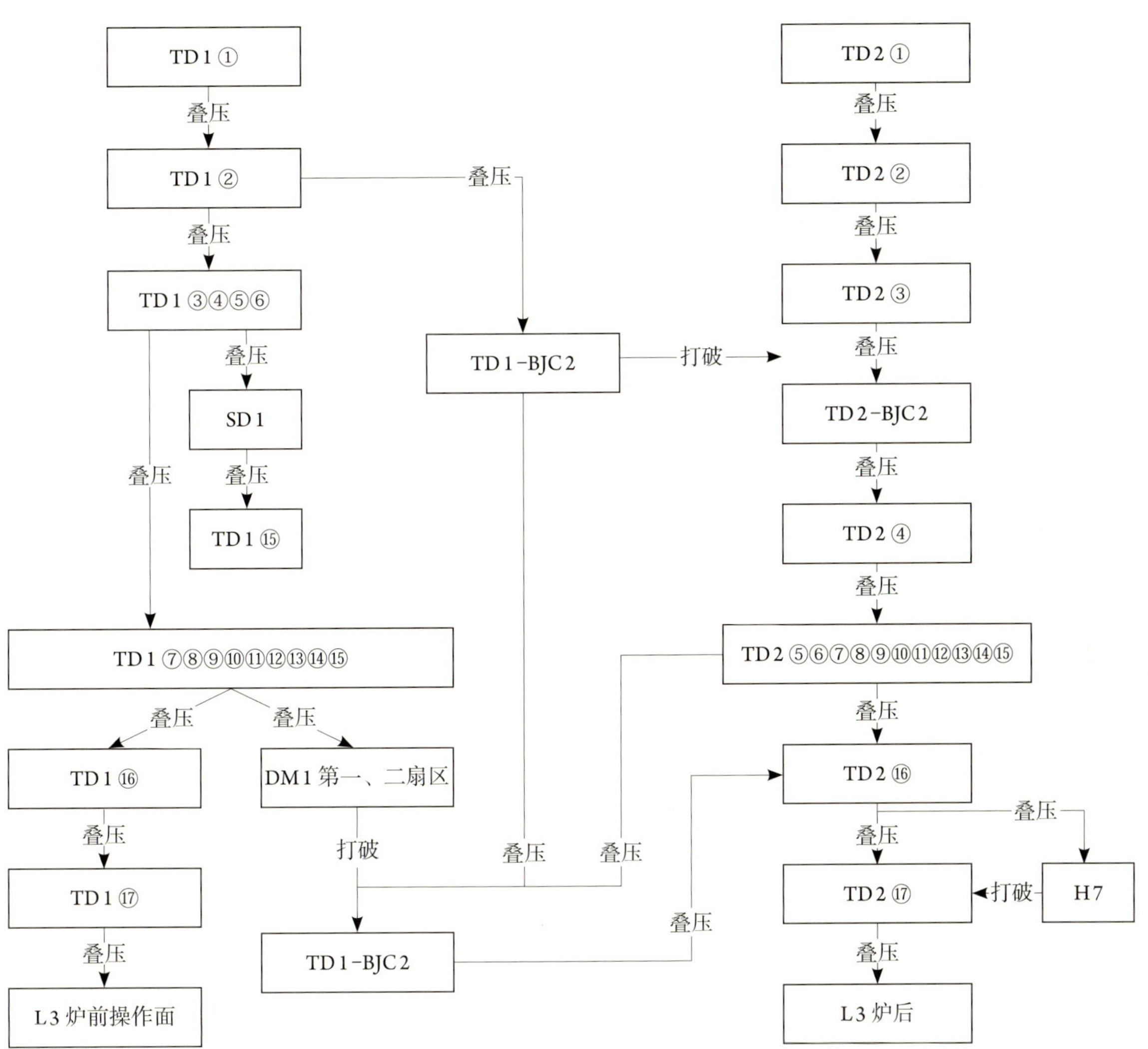

图 3-6 L3 遗迹关系图

自保存状况有所差异，L3-1、L3-2、L3-3 破坏严重，现仅余一段弧形残壁；L3-4、L3-5 保存相对较好，且L3-5 结构保存最为完整。L3-1 为最东北侧的残炉圈，炉圈残内壁被L3-3 外壁所叠压；L3-3 残内壁被L3-5 炉圈东北侧外壁叠压；L3-2 为最西南侧的残炉圈，炉圈内壁被L3-4 外壁叠压；L3-4 炉圈内壁被L3-5 炉圈外壁叠压。即，五炉的修建顺序为，先修建L3-1 和L3-2（两者先后顺序目前未知），两炉废弃后在原炉残址上分别改建为L3-3 和L3-4。L3-3 和L3-4 废弃后，利用两炉部分残体为两侧围护结构，修建L3-5，并用黄土块填补、垒护两侧残炉表面（黄土块致密程度不及炉体与炉基材料），形成东、西、南侧均有围护的炉体结构（图 3-7、3-8、3-9）。

L3 各炉体的筑炉材料主要成分均为黏土、粗砂、粉砂，不见植物根茎，材料混合均匀，但不同位置的材料成分占比略有区别。炉基系使用纯净黄色粉砂土筑成，土质致密。炉体系使用细砂与黏土混合材料，依靠高台、残炉壁一体夯筑而成，质地致密。炉

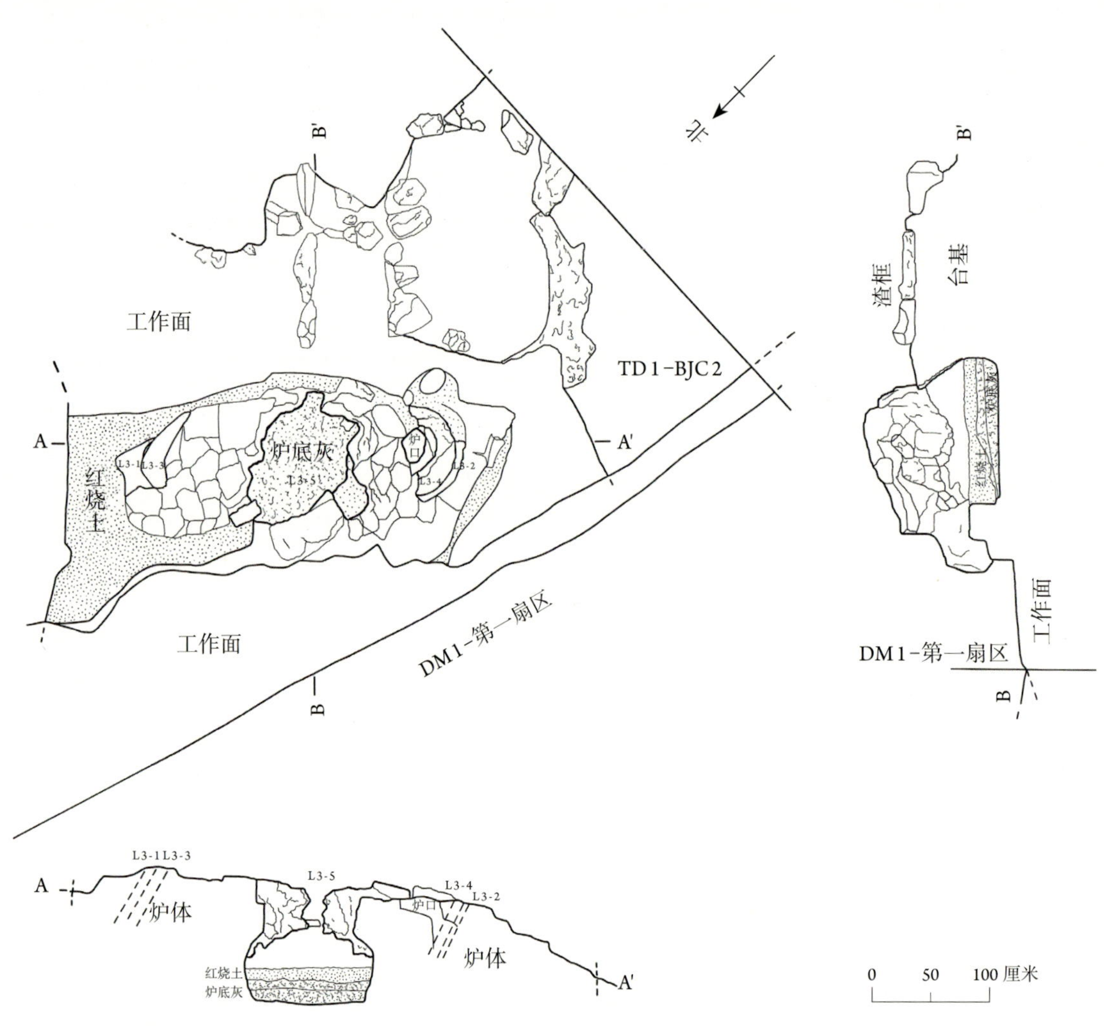

图 3–7 L3 遗迹平、剖面图

衬系使用石英粗砂与黏土混合材料，施于炉膛内侧，一体筑成，材料粗砂占比高，质地致密。炉外使用不规则团状黄土块垒护，局部受热形成暗红色烧土，黄土块致密度不及炉基、炉体、炉衬。

（1）炉基

L3 的炉基可分为炉后台基与台前平地。多座炉的前后重建、相关配套设施的修建、冶炼活动的进行、晚期活动等都会对炉基结构进行破坏与改变。

● 炉后台基

炉后台基台面至台前平地高约 98~100 厘米。台基上表面基本水平，L3 现存炉口高于台基表面约 40 厘米。台基东北侧延伸进入解剖区外，西南延伸进入TD1-BJC2 下。

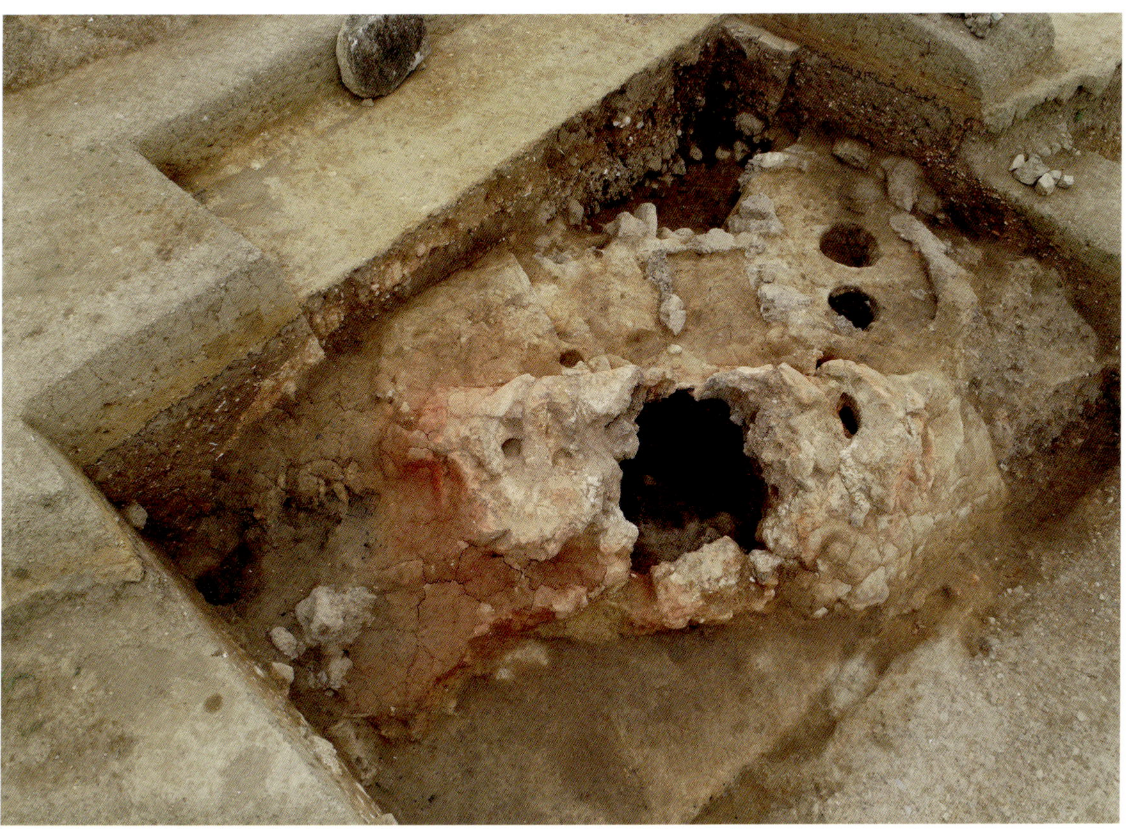

图 3-8 L3 遗迹侧视图（自西北向东南）

图 3-9 L3 遗迹俯视图（自西向东）

现清理炉后操作面区域平面呈“L”形，西南—东北（东北抵解剖区东壁，西南抵TD1-BJC2）长约464、西北—东南（炉后至台边）宽约168~250厘米，约72000平方厘米。

现台基土色为黄色，土质致密，表面有H7与多块炉渣垒成的方框结构。H7开口TD2⑰表，属于L3废弃后形成的遗迹单位，详见本章第五节“灰坑”。渣框结构与L3层位一致，叠压于TD2⑰下，埋于台基黄土中，属于台基建筑过程中所修建，可能与L3的炉后附属设施有关，具体性质未明。于渣框结构东南侧还有一大型凹坑，鉴于该凹坑未完全揭露，两者关系需通过进一步的清理工作后确认。

● 台前平地

台前平地现存区域即为炉前操作面，暂揭露面积有限，于炉前呈三角形区域，三边分别长约144、367、430厘米，约8800平方厘米。

炉前操作面向北延伸出解剖区外，向东止于炉前，向西进入DM1第一扇区下。现揭露区域，炉前操作面在L3-5的使用过程中不断被垫高，最后形成东略高西低的缓坡，垫高高度约0~12厘米，土质致密，土色深褐，包含以一定量粗砂粒。

● 台基烧土辐射

L3系列炉体的北、东侧均有热辐射形成的连续烧土。

北侧烧土范围较广，平面近似等腰三角形，三边约为150、180、180厘米，烧土呈暗红色，质地较软、细腻。

东侧烧土范围较窄，呈紧贴残炉的条带状，长330、宽10~15厘米，烧土呈渐变色，靠近炉体处为红色，质地坚硬，上有工具凿痕，东侧为橘红色，质地稍软。

（2）L3-1

L3-1为L3东北部第一座残炉结构，残炉外壁直接叠压台基，内壁被L3-3残炉外壁叠压。

现存结构

L3-1现存一段弧形残炉壁，残弧长约120厘米，壁厚30~35厘米。残炉壁由于温度与氧化、还原气氛不同，其颜色由外至内呈红色—浅黄色—青灰色，直至炉内壁呈青灰色烧瘤状。其中炉壁烧青、烧瘤处连接紧密，共厚5~10厘米。

由于现存内壁烧瘤、烧青处已被破坏，且残留烧瘤处范围有限，炉圈内径不可复原。

（3）L3-3

L3-3为L3东北部第二座残炉结构，残炉外壁叠压L3-1内壁，残炉内壁被L3-5东北侧外壁叠压。

现存结构

L3-3现存一段弧形残炉壁，残弧长约105厘米，残壁厚20~30厘米。残炉壁由外至内呈红色—浅黄色—青灰色，其中炉壁烧青处共厚 10~20 厘米。

由于炉前内壁烧瘤处已被全部破坏，无法复原现存炉圈内径。

（4）L3-5

L3-5 为L3 中部的一座炉，亦属于L3 最后一座炉结构，炉东北侧外壁紧贴L3-3 现存内壁，炉西南侧外壁与L3-4 炉膛相邻。

现存结构

L3-5 是一座室外作业的依高台式、圆口方膛、口小腹大的竖炉，炉体朝向西北，炉颈上部遭破坏，炉体现存顶端距离炉膛底部高约 100~110 厘米。

炉体各结构单位均有所保留，但炉顶进料口、炉后外侧炉壁、炉膛四壁、炉前炉壁均受到一定程度的损毁。

● 炉口

现存炉口平面呈圆形，内径约 84 厘米。炉口略高于炉后高台表面，高约 40 厘米。炉口处炉壁厚 40~60 厘米，东侧被破坏处炉壁最薄，约 15 厘米。现存炉口内表面覆有深灰色挂渣与烧瘤炉壁，厚 5~25 厘米。

● 炉颈

炉颈呈圆柱状，残长约 36~48 厘米，内表面挂满蓝紫色瘤状挂渣，炉渣表面有流淌痕迹，断面无镜面反射。

● 炉膛

炉膛呈鼓腹四棱锥体，高约 56~66 厘米，内表面无烧瘤与挂渣。炉衬系紧贴外围炉壁一体筑成，使用石英砂占比较高的黏土材料，材料受热后呈浅黄色、白色、橘红色。

● 炉底

L3-5 使用过程中，炉底被不断垫高，前后至少经历 3 次冶炼活动。

最初的炉底基本水平分布，平面呈弧边正方形，弧边外鼓，边长直线距离 110 厘米。炉底中央浅凹。

炉底与炉膛为一体筑成，四壁经工具加工，表面规整光滑，连接处棱角分明。

最后一次冶炼后，形成炉底近炉后处高、炉前处低的样貌。

最初炉底材料与炉衬材料一致，后期炉底堆垫材料为粒径均匀的粗砂、炭屑等与黏土混合而成，整体呈黑灰色。

● 炉壁

炉体炉壁无明显砖结构，一体筑成，最外侧局部可见小块平整的立面，宽 32.2、高 18.3 厘米，推测炉体可能为逐段版筑而成。

● 炉体围护

炉体外部有不规则团状的黄土块贴护、填缝，受热后形成暗红色连续烧土。该黏土块属于炉体围护材料，直径约 15~32 厘米，土块之间存在较多不规则裂纹。

图 3–10 L3–5 鼓风口

● 鼓风口

L3-5 炉体依靠高台侧有一方形孔洞，连通至炉后操作平台，初步判断该方孔为鼓风口（图 3-10）。

鼓风口朝于炉膛内的口小，背炉膛侧口大，口小侧边长约 24 厘米，口大侧现存边长约 30 厘米。于炉体内侧，风口位于炉颈与炉腹交界处，底边距离炉底约 72 厘米。由于炉后侧炉壁被破坏，鼓风道几乎被破坏殆尽，现存长度约 5~10 厘米。

炉膛侧出风口周围炉壁烧瘤严重，挂渣最为丰富，烧瘤炉壁表面呈明显的向下流淌状。

● 排渣口

L3-5 炉体西侧存在一宽约 91 厘米的缺口，方位与鼓风口相对，紧邻炉前操作面，推测该处可能为炉体出渣口方位。

多次使用痕迹

L3-5 多次使用痕迹主要保留在炉底部分。伴随多次冶炼活动，L3-5 的炉底被不断垫高，且每次用于垫高炉底的材料东厚西薄，最终形成东高西低的斜坡状炉底，直至 L3-5 废弃。

现清理出 3 个炉底硬面，硬面呈黑色，包含大量粒径均匀的粗石英颗粒、炭屑、烧土粒等，与硬面连接的炉膛部分由下至上表现为浅黄色连续烧土过渡到橘红色烧土的受热痕迹。

炉内堆积

L3-5炉内堆积可分为使用时堆积、废弃后填土两种堆积，具体可分为六层。

第①层：填土层。砂土，土色黄偏青，土质较疏松。厚约10厘米，水平覆盖于残炉口上方，出土物包括较多碎瓦片、较少的陶瓷片和少量碎渣。该层清理后露出一密布红烧土碎块的平面，红烧土碎块清理后出露第②层及北壁、东壁和南壁上的烧瘤挂渣。与TD1⑫层、TD2⑬层一致。

第②层：填土层。砂土，土色棕色，土质疏松。厚约60厘米，水平分布于炉内，出土物以碎瓦片和红烧土碎块为主，红烧土碎块多为长约15、宽约10、高约5厘米的不规则块状物，多数为夹砂黏土碎块，少数为烧红的砂岩碎块。此外，还出有少量陶瓷片，包括一件青白瓷盏底，以及少量挂渣碎块。与TD1⑭层一致。

第③层：填土层。砂土，土色灰黑，土质较疏松，较上层稍黏腻。厚约5厘米，主要分布于炉内西北部，出土物仅有红烧土碎块。与TD1⑯层一致。

第④层：填土层。砂土，土色棕黄，土质较疏松，较第②层稍黏腻。厚约1~5厘米，呈西北低东南高斜坡状分布于炉内，出土物包括红烧土碎块、一枚矿石和一块高质体比的高铁渣。与TD1⑰层一致。

第⑤层：炉底垫土。粗砂土，土色黑色，土质十分致密，表面坚硬，包含物以小于1厘米的炉渣、烧土粒、炭屑、石英砂颗粒为主，厚8.3~10厘米。上表面呈东高西低的斜坡状，与之紧挨的炉膛四壁形成由下至上浅黄色（厚约4.8厘米）、橘红色（厚约6.5厘米）的过渡色烧土（最上层）。该层最高处距离炉颈炉膛交界处约52.5厘米。

第⑥层：炉底垫土。粗砂土，土色黑色，土质十分致密，表面坚硬，包含物以小于1厘米的炉渣、烧土粒、炭屑、石英砂颗粒为主，混合均匀。土层厚约10.6~12.2厘米。上表面呈东高西低的缓坡状，距离炉颈炉膛交界处约57.4~59.8厘米，与该层上表面紧挨的炉膛四壁形成由下至上浅黄色（厚约5厘米）、橘红色（厚约8.7厘米）的过渡色烧土（中间层）。

⑥层下为L3-5最初的炉底。

（5）L3-4

L3-4为L3西南侧第二座残炉结构，保存状况相对较好，现存炉顶处可见炉体保存有西南侧一半的炉圈结构。由于该炉东北侧被较完整的L3-5打破，西南叠压L3-2，故未对L3-4下方结构进行清理。

现存结构

L3-4炉体东北侧、炉颈上部结构已全被破坏。现存炉口东南高，西北略低，平面大致呈圆形，内径约32~44厘米。炉颈呈圆柱状，现存长度大于45厘米。

图 3–11 L3–4 残炉圈结构

炉衬为一体筑成，外圈炉壁亦无砖结构。炉西侧保留炉体外壁，该处外壁立面平整，现存立面高 31.7、宽 47.2 厘米，推测炉体可能为逐段版筑而成。

炉口处炉壁整体厚约 25~30 厘米。内壁可见 2 层烧瘤薄层与 2 层炉衬材料交替分层，由最内层烧瘤层往外依次为青灰色炉衬、烧瘤薄层、青灰色炉衬、橘红色烧土炉壁（图 3-11）。这表明L3-4 至少经历过 2 炉以上的冶炼活动和 1 次炉衬修补活动。

炉衬修补材料与原始炉衬材料基本一致，为粒径均匀的石英粗砂与黏土均匀混合制成，粗砂占比高。炉衬修补厚度与原始炉衬厚度基本一致，厚 5~10 厘米。炉壁材料与炉衬材料区别，为粉砂与黏土制成，质地均匀细腻，无明显的炉砖结构。

炉内堆积

L3-4 的炉内堆积主要位于L3-4 炉圈内与L3-5 外壁之间。鉴于清理区域受限，未清理至底部，深度约 40~45 厘米。现清理的堆积可分为两层。

第①层：填土层。粉砂土，土色黄色，土质较疏松，夹有锈壳，厚约 10 厘米。与TD1 ⑧层一致。

第②层：填土层。黏土，土色棕红，土质致密、细腻，包含较多红烧土碎块，厚约 30~35 厘米。与TD1 ⑭层一致。

（6）L3-2

L3-2 为L3 西南部第一座残炉结构，保存状态最差。

现存结构

L3-2现存一段弧形残炉壁，残长70厘米，壁厚14~25厘米。残炉壁由外至内呈红色—浅黄色—白色，白色区域厚4~5厘米。无烧瘤内壁残留，无法复原炉内径。

（7）其他结构

● 渣框

L3炉后操作面上有一由十余块较大的高铁排出渣围砌而成的渣框结构，渣框位于L3-5炉后偏南、L3-4炉后偏北位置，朝向与L3-5朝向一致，呈东南—西北向。

渣框叠压于TD2⑰层下，嵌于炉后操作面内，操作面上无明显开槽痕迹，这说明该渣框是在台基修建过程中垒砌而成，修建时间与台基相近。

渣框平面呈长方形，多块炉渣组成渣框结构的北、东、南三侧边框，西侧无渣，垒砌规整，框内长约75~85、宽约60~64厘米。北边框与L3-5鼓风口连成一线，框边距离鼓风口约36厘米。东边框位于台基东边缘，紧邻台基东南侧凹坑。

由于渣框位于L3-5风口后方，应属于L3的炉后附属设施结构，可能用于架设鼓风设施。此外，由于台基东南侧凹坑未全面揭露，其与渣框间关系仍待进一步工作理清。

（8）年代判断

由地层叠压关系可知，L3的5座炉的修建年代先后关系为L3-1、L3-2最早，L3-3、L3-4次之，L3-5最晚。重建过程中，炉型由较小竖炉L3-4扩建为大型竖炉L3-5。由叠压L3的地层中出土的陶瓷器类型、L3操作面上的木炭碳十四年代测定初步判断，L3的废弃年代在南宋时期。

3. L4与H5

L4与H5东西相邻，均位于TD5上T1114探方中部，两者暴露于TD5下，整体叠压于TD5⑩层下，其中L4利用F4室内地面为炉基修筑而成，为平地起建的炉型结构（图3-12）。

L4保存相对较完整，是以F4室内地面为基，平地起建的地上炉型。炉体整体呈方

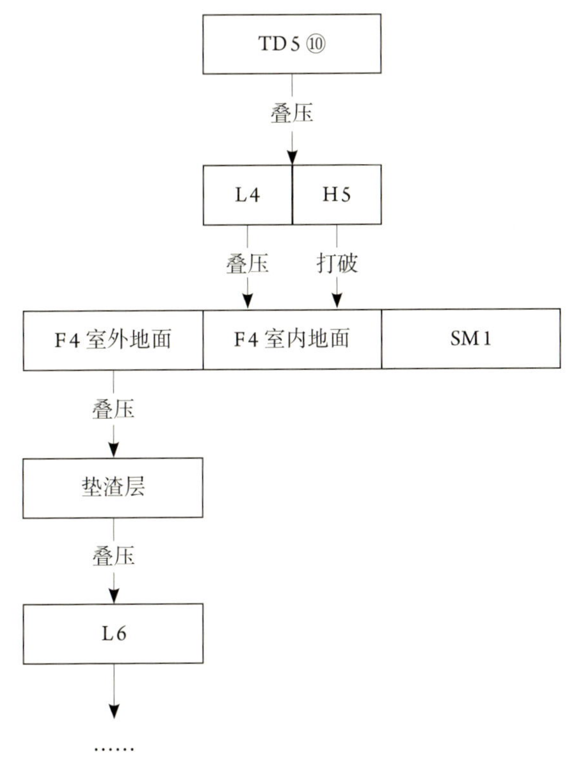

图3-12 L4、H5遗迹关系图

形台，顶面中央向下开半球形凹槽，于凹槽内壁施以炉衬材料，即为炉膛。炉体材料与炉衬材料有所区别。炉体材料主要以黄色黏土与较多粗石英砂颗粒混合制成；炉衬材料相对细腻，以黏土与细砂均匀混合制成。炉膛、炉台西北处为排渣口（排灰口），口外与三块炉砖围护的排渣道（排灰道）相连。

L4属于室内作业炉，其操作区域为F4南侧房间内，操作面即为F4室内地面，于房间地表上发现较多炭屑与碎炉渣，且以L4炉前（正北方向）区域最为集中。

H5紧邻L4西侧，底部遗有一紧贴坑壁的水缸。H5内底部填土经浮选、重选、磁选、手选后，收集到较多碎炭屑、碎玻璃态渣、高铁碎渣、锻造剥片、烧土粒等锻造遗存。据此，初步判断L4可能为锻炉，H5属于L4的附属设施（图3-13、3-14、3-15）。

（1）L4

L4位于F4南部东侧房间的靠南位置。

现存结构

● 炉台

L4炉台基本完整，仅西南角有坍塌。炉台平面呈近正方形，四壁与房间各墙基走向、角度基本一致。炉台东北—西南长约104、东南—西北宽约100、高29~36厘米。

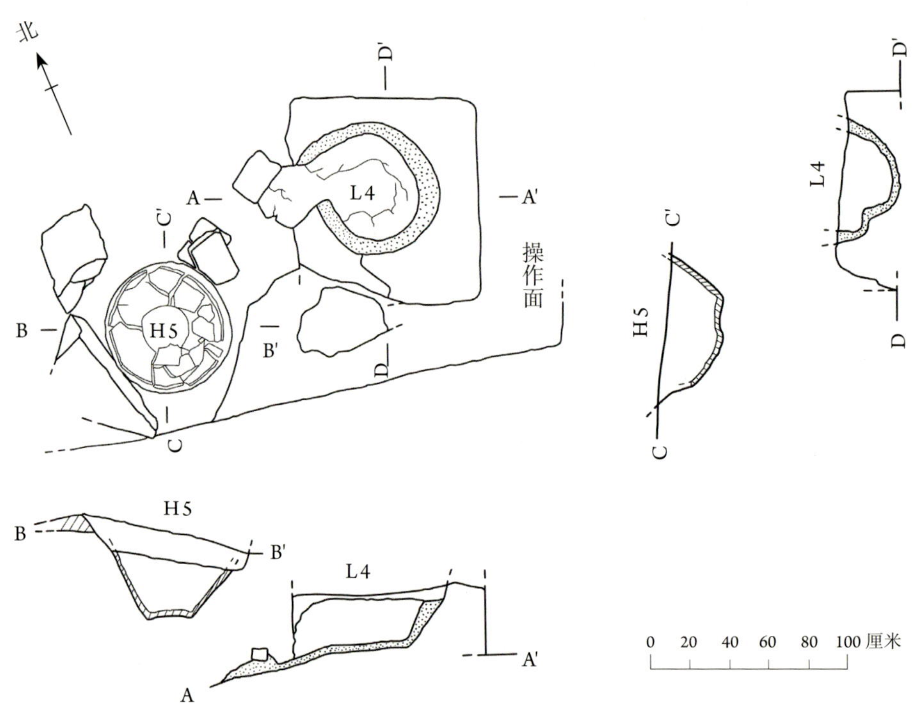

图3-13 L4、H5遗迹平、剖面图

图 3-14　L4、H5 遗迹侧视图（自北向南）

图 3-15　L4 遗迹俯视图（自西向东）

炉口朝西北向，炉台上表面呈自东向西向下倾斜，东部最高，西部最低。

炉台外壁竖直、平整，在清理过程中可见有大块瓦片竖直贴于其外壁上，可能用于围护炉台外壁。板瓦颜色深红，长33、宽30、厚1.5厘米。

炉台系使用黄色黏土与粗石英砂颗粒均匀混合后一体筑成，与炉衬材料交界明显，炉台材料无明显烧红，呈浅黄色。

● 炉膛

L4炉膛开于炉台上表面中央，为一半圆形寰底凹坑。坑形呈锅底状，坑壁弧形。炉膛内径约50、深约26厘米。

炉台顶部可见，炉膛材料与炉台材料分界明显，炉膛砌筑材料系使用黏土与细砂均匀混合材料一体筑成，因受热形成连续烧土遗迹，烧土厚约6~10厘米。炉膛内受热不均，大部分区域呈红色烧土，底部呈小范围青灰色，质地较硬。

● 排灰口（排渣口）

L4炉台西北壁中央有一宽约16厘米的缺口，该缺口连接一处红砖垒砌的槽道，红砖近槽道侧有明显受热熏黑的痕迹。该缺口与槽道可能为L4出渣口（或排灰口）以及排渣道。

渣口底部高于F4室内地面约10厘米，排渣道近渣口端高，远渣口端与地面齐平。

膛内堆积

L4炉膛内填土可分为两层。

第①层：红土层，土质纯净，即为TD5⑩层。

第②层：炉壁残块堆积，主要系破碎的红色烧土块、炉壁残块倒塌堆积层。

（2）H5

H5位于TD5上T1114探方西部偏中，靠近探方西壁，开口于⑩层下，并打破F4房屋室内地面。同层位遗迹分布格局上，H5紧邻L4出渣口以西略靠南位置。

现存结构

H5坑口平面呈圆形，内径约74、深约44厘米，斜壁，圜底略平。

坑底保存有一紧贴坑壁、坑底的陶缸。由于该陶缸为原位器物，且可能为L4附属设施（储水器），考虑到后续遗址的展示与利用，目前保留陶缸腹部、底部残片于坑内，未取出。陶缸已破裂呈多块，紧贴坑壁，部分口沿、肩部残片混入缸内填土中。陶缸口沿残，器壁薄，肩部残碎严重，器高不明。方平唇，外卷沿下折，口沿内侧有一方平唇子口，弧腹，平底略内凹。口内径42、外径46厘米。坑内残存器高34、底径24厘米。陶缸青灰胎，夹细砂，外表部分区域可见红褐色陶衣，陶衣分布不均匀。口沿处可见轮制痕迹，器身亦有修坯痕迹，修坯工艺粗疏。

坑内堆积

H5坑内堆积无明显分层，为黑褐砂质填土，含水量较高，包含物有较多木炭、少量青白瓷片、红烧土粒、碎炉渣、炭屑及锻造剥片以及1件陶缸。其中较大块的木炭遗存保留于坑内填土靠近上表面位置。

（3）年代判断

L4与H5建造层位一致，位置紧邻，属于具有生产功能的组合结构。两者建于F4室内，其使用年代当接近于F4的使用时期，即南宋晚期至元代。根据H5坑内的采集木炭样品来看，样品年代为距今350~300年左右，即相当于明末清初时期，结合叠压L4、H5的地层中出土的陶瓷片遗物综合判断，坑内木炭及填土应为遗迹在整体废弃后填入，该年代指明遗迹废弃被垫平的年代。

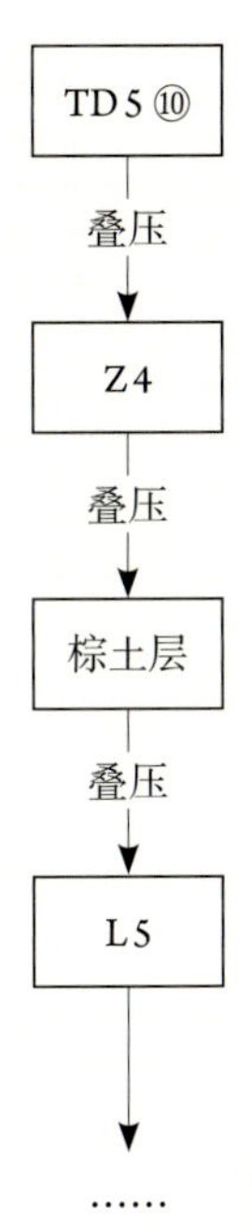

图3-16 L5、Z4遗迹关系图

4. L5与Z4

L5与Z4位于TD4上，探方T1213内，紧邻F4西墙外，同时出露于TD5⑩层下，其中Z4叠压L5（图3-16）。

清理发现，Z4的灶圈与L5的炉圈有明显交错迹象，Z4系在废弃的L5及其炉内堆积的基础上，垫棕色土后，于棕色土、L5遗迹上修建而成，其所处层位与F4西墙修建层位一致（图3-17、3-18）。

现阶段发掘工作停留于Z4表面，但由于Z4及其周围活动面被较严重破坏，部分区域暴露出下部L5及其内外堆积情况。现对Z4、L5具体情况分述如下。

（1）Z4

Z4出露于TD5⑩层下，系依托TD5⑩层下棕色土与L5遗迹上修建而成，东部距F4西墙墙面约20厘米。

现存结构

Z4保存状况较差，仅余局部灶圈与灶底结构，烧结状况较差，灶圈部分内表面呈橘红色，灶底表面烧硬，呈黑红色。复原灶圈结构呈圆形，残高9~15厘米，残口外径60、内径50厘米，壁厚5厘米，底径30厘米。

灶圈内堆积

灶圈内堆积一层：花土，较疏松的红烧土与棕色黏土混杂而成，土质较致密，近底处有大量炭屑，几乎铺满整个灶底，炭屑极酥粉，可能为柴烧尽后残留的炭灰。

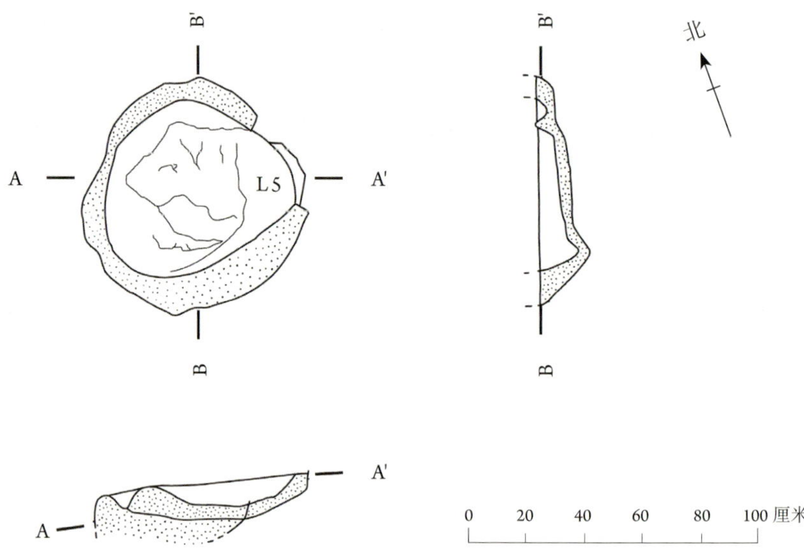

图 3-17　L5 遗迹平、剖面图

图 3-18　L5 遗迹侧视图（自西南向东北）

（2）L5

L5叠压于TD5⑩层下的棕土层下，且该棕土层下出露一红色硬面，为红色粉砂土，土质致密，包含大量白色和黄色的砂岩碎屑、黑色细碎渣粒、炭屑及红烧土碎粒。L5即修建于该红色粉砂土表，使用黏土与石英砂砾均匀混合材料修筑而成，材料的宏观质地与L6近似，与L1、L2有所区别。

现存结构

现清理出的残炉圈平面呈圆形，内径约50~55厘米，炉圈壁厚约8~10厘米，呈橘红色，内表面无明显烧瘤痕迹。炉圈正西方向存在一宽约25厘米的缺口，缺口下有一小坑，坑口呈椭圆形，口径15~20厘米，深15厘米，坑内堆积为棕色黏土，出土物包括两片碎瓦片和一片灰陶片。

炉内堆积

因大部分炉圈被Z4覆盖，L5内堆积未能得到清理。由现有断面可见，L5炉圈内堆积至少分为两层：第①层为Z4垫基的棕土层，第②层为L5炉壁残块堆积层。

（3）年代判断

由地层叠压关系可知，Z4建于F4西墙外，两者修建层位基本一致，修建与使用年代接近，结合碳十四年代测定结果判断，Z4与F4均为南宋晚期至元代。

L5叠压于Z4下方，其废弃年代当早于Z4的使用年代，故初步判断L5的废弃年代早于或接近于南宋晚期至元代。

5. L6

L6位于TD5上，探方T1214扩方内，紧邻F4的SM1西南侧，出露于TD5⑩层下（图3-19）。

目前，L6主要清理了L6炉底坑、排渣道内堆积，以及L6西侧小范围操作面的清理。清理发现，炉底坑、

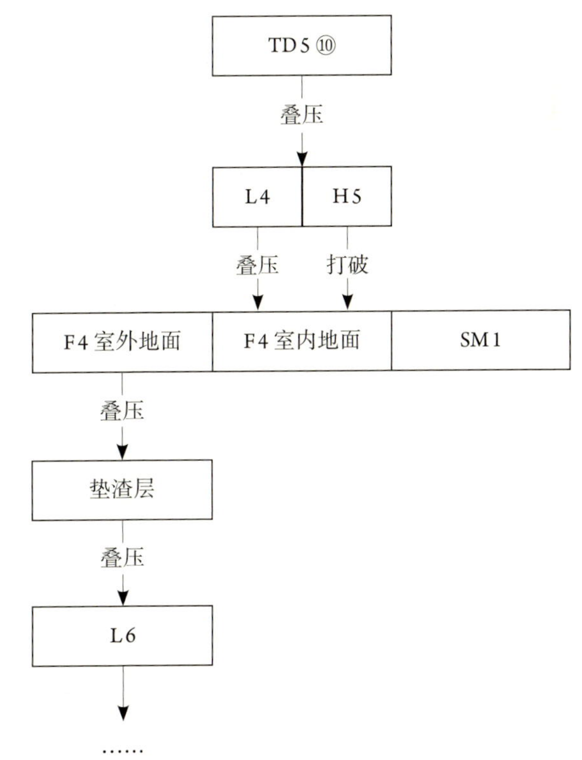

图3-19 L6遗迹关系图

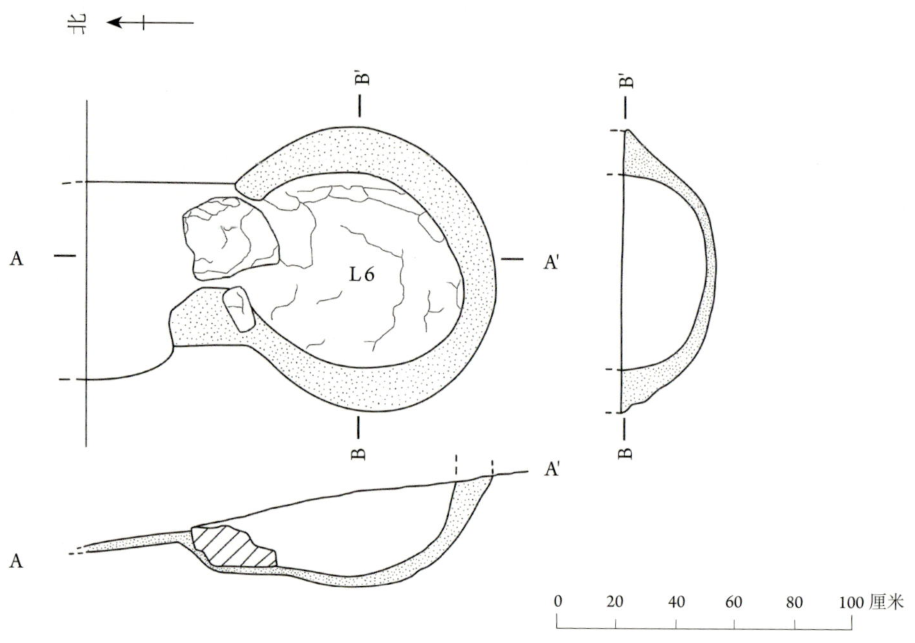

图 3-20 L6 遗迹平、剖面图

图 3-21 L6 遗迹俯视图（自北向南）

排渣道内的多层堆积基本一致，仅在排渣道的槽道底部发现一薄层炭屑层，该炭屑层铺于黄色黏土层上。该黄色黏土层即为L6炉基垫土，且构成L6周围操作面垫土（图3-20、3-21）。

L6是以黄色黏土为炉基的浅地穴式炉，使用黏土与石英砂砾均匀混合材料修筑而成，材料的宏观质地与L5近似。L6废弃后，区域内经垫渣、平整，形成F4室外地面。与L6相关的活动面被F4室外地面及地面垫渣所叠压，其倒塌、废弃堆积仅少量留存于残炉底内。

现存结构

L6炉体破坏严重，仅存残炉底。残炉底平面呈圆形，残内径62~74厘米，壁厚10~16厘米。炉底最低处略低于炉周围操作面，整体呈浅地穴状，弧壁，圜底，现存炉底残深（炉底最深处距离炉旁操作面）约25厘米。炉底内壁由上至下呈橘红色—土黄色—青黑色，颜色自然过渡，无明显分界，属于受热、气氛不均匀生成的连续烧土。其中，靠近操作面部分呈橘红色连续烧土，范围最广，未见烧瘤；炉近底处及底部为青黑色烧土，范围最小，未见烧瘤；两者之间呈土黄色烧土。

残炉底正北处有缺口，连接炉外排渣道。排渣道朝向正北，槽底为弧形，平面呈扇形，近炉圈处窄，远炉圈处逐渐变宽。现清理排渣道长度约30厘米。

炉内堆积

L6炉底坑开口TD5⑩层下，坑表与F4屋外地面平齐，清理后可分四层，坑内堆积致密。

第①层：花土层，呈橘红色烧土碎粒与黄、灰土混杂的致密堆积，表面平整，厚约0~5厘米。

第②层：炉壁残块层，厚约10~20厘米，堆积十分致密，属于破碎的橘红色炉壁、烧土块的无间隙堆积层，堆积随意性强。炉壁残块多无特殊形制，以黏土与均匀的石英颗粒混合制成，与炉底材料相似。本层下暴露炉底。

第③层：黄土层，土质致密且纯净，仅于炉底中央部位有分布，厚约0~10厘米，包含少量碎炉渣。本层下为第④层。

第④层：深灰土层，土质黏腻，较致密，紧贴炉坑底部，厚约0~5厘米，包含少量木炭、碎渣以及一件白瓷片。本层下叠压炉底。

年代判断

由地层叠压关系可知，L6废弃后区域内建设F4，故L6的建造、使用、废弃年代早于F4的建设年代，结合碳十四年代测定结果，L6的使用年代为南宋时期。

第二节 房屋院落

房屋建筑往往涉及建筑材料、建筑结构、建筑形式、室内外交通及空间内外活动等信息。本次发掘工作共发现6处石墙遗迹，分布于不同台地之上，上部结构均被破坏，仅余墙基及相关附属结构。由地基、地面、围合空间等房屋基本建筑结构的完整性出发，6处石墙中可辨识出3处房址，分别编号F3、F4、F5[1]，其余3处石墙编号SQ1、SQ2、SQ3。

各单位清理情况分述如下。

1. 房址

3处房址分别发现于TD9与TD10、TD5与TD4、TD12上，保存状况有别，空间结构与房屋功能亦有差异。现从房址的基本信息、现存结构、建筑性质与年代等方面分别对F3、F4、F5叙述如下。

（1）F3

房址F3位于TD9、TD10上，涉及探方有T0716、T0717、T0815、T0816、T0817等，叠压于TD10④层下，是打破TD10-BJC1、板结层下堆积、生土层后，于生土层上修建的房址，室内地基面距TD10地表147~168厘米（图3-22）。

房址上部结构破坏严重，现存结构以地基、墙基、柱基、灶台、屋前地面等基础结构与室内外遗迹为主。西侧和西南侧与TD9⑤层相接并处于同一平面，两者之间可能为同一时期的活动遗存。整体呈现东北角略低、西南角略高的状态，高差约20厘米。现存结构可辨，房址由砖石墙围合，以粉白色生土层为墙基和地基，坐东北朝西南，方向238°，为两开间一进深的房屋。房屋整体西南—东北残长260~568、东南—西北宽520厘米，未发现明确的门道结构。室内发现灶台（Z1）遗迹。室外西侧前方有一黑棕色硬面地面，可能为屋前庭院，晚期平整时破坏严重。室外南侧有2个柱坑遗迹（图3-23、

1 原编号F1、F2更为SQ1、SQ2，故F1、F2废号。

3-24、3-25、3-26）。

现存状况

● 屋墙

房址现存4道屋墙基底部，构成房址东北、西北、东南三侧外墙及房内隔墙。其中东北侧外墙为石墙和土墙基构成，其余仅残余下侧土墙墙基。房址西南侧破坏严重，无墙残余。

东北侧外墙系打破山体生土岩层后、依靠山体岩层垒砖石修建而成，墙体呈东南—西北向，长520、宽24、现存高度25~65厘米，南侧保存较好，未发现门道结构，属于房屋背墙。石砖墙由各种形状的石、砖块以挤浆法单层堆砌，填缝料为棕色黏土，现存

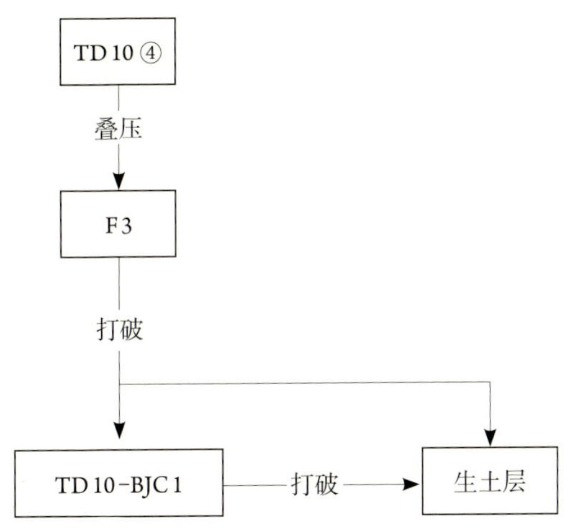

图 3-22 F3 遗迹关系图

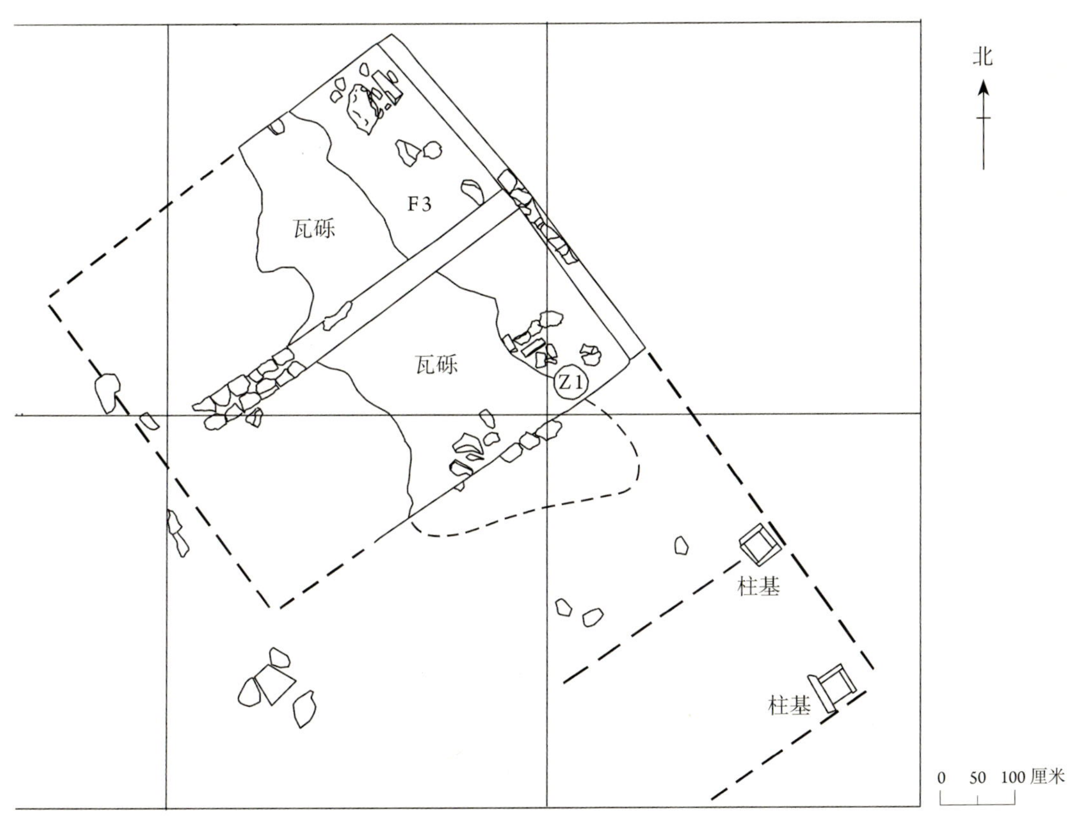

图 3-23 F3 遗迹平面图

图 3-24　F3 遗迹俯视图（自西向东）

图 3-25　F3 与 L1、L2 遗迹位置俯视图（自西南向东北）

图 3-26　F3 遗迹侧视图（自西南向东北）

砖石垒砌2~3层，墙基高约25~30厘米，素面砖横竖大小不等，长12~25、宽8~13、厚3~5厘米，石块长约12~19、宽13~17、厚7~9厘米。

西北侧外墙和东南侧外墙均为生土墙基，残长260~360、宽20~30、残高7~17厘米，周围散落有一些大块炉渣和规整的石块，应为原本构筑墙体的建筑材料。东南侧外墙基上还可见3块石块，表面较平整光滑，长20~34、宽16~20厘米。西北侧外墙未发现明确的门道结构，东南侧外墙残损严重。

屋内隔墙与西北、东南侧外墙平行，残长568、宽32厘米，分为东、西两段。东段保存有生土墙基和土墙底，墙体由紫灰色黏土构成，土质较致密，长420、墙基高7~10厘米，残存土墙高约20、宽32厘米；西段为隔墙延伸至屋外的部分，由6组12方石块组成一列石基槽，表面较平整，大小不一，总长148厘米，与墙基槽等宽，可能为屋前建筑的基石。

● 房间

房址内围合南北2个长方形房间，房间之间以隔墙分开，隔墙上未发现门道结构。两房间可复原面积约13.86平方米/间。

北间：东西残长360、宽244厘米。室内正中为瓦片堆积，西北侧保留有烧黑的硬土面，东北角结构破坏相对严重，有原房屋墙体的倒塌堆积，地基上有多个凹洞，可能是地面下陷。

南间：东西残长226、宽244厘米。室内正中保存有大量的碎瓦片堆积，东南角上有一灶台遗迹以及部分素面砖石遗存，东北壁保存较为完好，西北侧保存有不规则的烧黑活动面。

● 室内遗迹——灶（Z1）

目前，屋内仅于南间东南角、紧邻墙壁处发现一处近圆形灶，编号Z1。灶底为圜底，灶圈内有薄层连续烧土，烧土质地较疏松。灶圈内径约42、灶边宽2~3、残深2厘米，灶圈附近散落有修整过的石块，疑似灶台围护砖石。

● 室外遗迹——柱基

在F3屋外南侧有一对方形砖石遗迹，两者出土层位、形制、大小、堆砌方式基本一致，故判断两者为成组遗迹。该遗迹出土层位与F3一致，叠压于T0717③层下，建于生土层上，可能为房屋柱坑，发掘所见为建筑平整后的残存堆积。

两个方形砖石遗迹与F3后墙走向基本一致，呈东南—西北向排列，两者相距168厘米。西北侧的方形砖石遗迹距离F3东南外墙约274厘米，由四块红砖围砌，长38~40、宽6~20、高11~22、砖厚4厘米；东南侧的遗迹由一块花岗石、一块泥板和两块红砖围砌，长38~48、宽6~14、高9~20、厚1.5~7.5厘米。砖面均有受火的痕迹，砖石堆积中的填充物与周围T0717④层土一致，无包含物。

年代与性质判断

F3屋内两房间地基上各有一堆破损严重的瓦片堆，以红瓦为主。西侧屋后墙边的地基上散落有多块修整后的石块以及大块的炉渣。出土的瓷器包括青瓷、青白瓷和白瓷，可辨器形有碗、盏、盘口壶、瓶等，年代大致为元代。

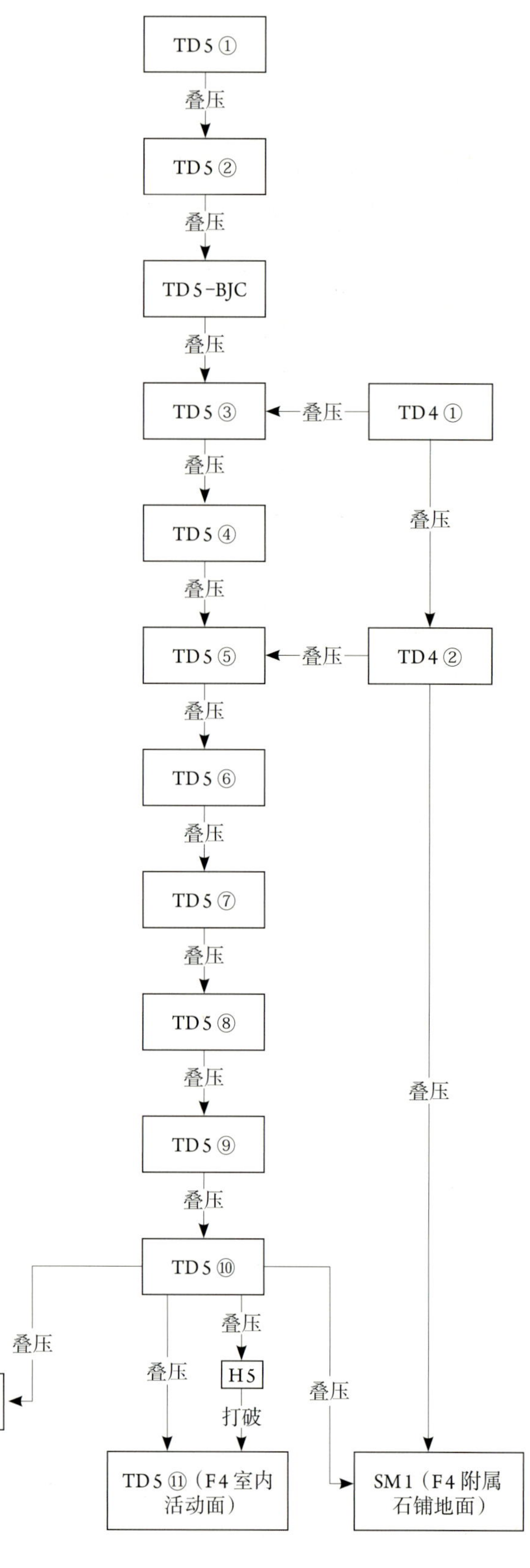

图 3-27 F4 遗迹关系图

此外，屋内出土瓷器类别多为生活类用品，无瓷器生产、祭祀等相关遗存，屋内南间东南角发现灶台1座，故判断F3应为生活居址。

（2）F4

房址F4位于遗址TD5、TD4上，涉及探方T1113、T1213、T1114、T1214等。F4被TD5⑩层及TD4②层叠压，室内地面距离TD4地表深38厘米、距离TD5地表深77厘米（图3-27）。

房址上部结构破坏严重，现存结构有石墙墙基、石铺地面（SM1）、室内地面、炉及其附属设施（L4与H5）、Z4等房屋基础结构与室内外遗迹。

现存结构显示，F4系由石墙围合的室内空间与石铺地面（SM1）构成的室外空间共同组成。其中，可辨识的外墙3道，北外墙与石铺地面（SM1）南北相邻，石铺地面略低于北外墙墙基现存平面及F4室内地面，高差为27~30厘米。F4的墙基部分结构较为清晰，F4室内空间可分为东西两个房间，两房间之间有一道隔墙。从墙基结构来看，以石铺地面与东间的连线为基准线，F4朝向北略偏东，方向为28°。西间内的发掘工作停留于房屋废弃后的瓦砾堆积上，瓦砾

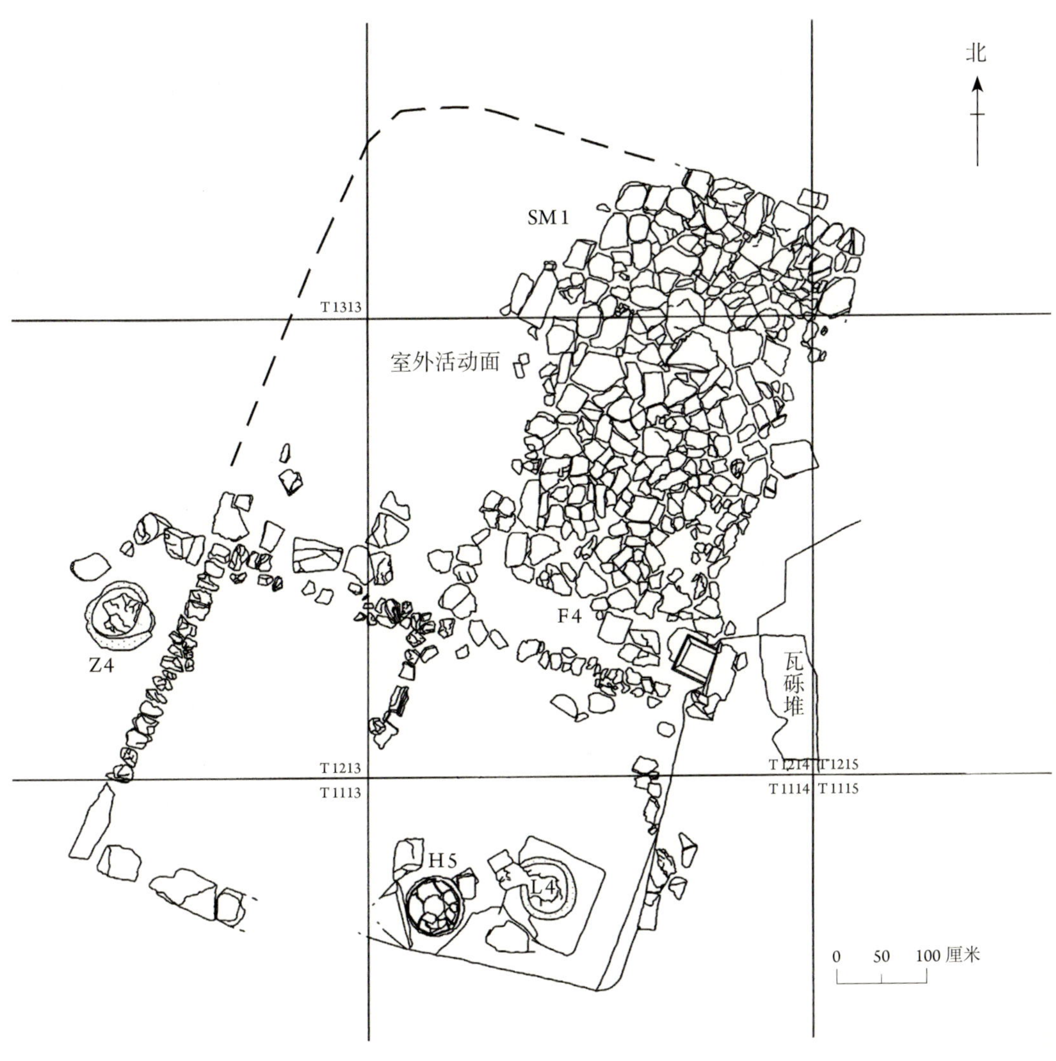

图 3-28 F4 遗迹平面图

以板瓦为主，瓦砾堆积中瓦砾颜色多样，以红色、粉红色、黄白色为主。东间南部区域发现一座炉及其相关生产设施（L4 与H5），F4 西外墙外还发现同期的灶圈（Z4）遗迹，详见本章第一节“生产设施：炉及其相关设施遗迹”（图 3-28、3-29）。

现存结构

● 室内堆积

F4 大部分区域叠压于TD5 之下，其中F4 东间清理至房屋原始活动面，室内地面之上填土为TD5 ③层、TD5 ⑨层与TD5 ⑩层，其中⑩层红土直接叠压在房屋居住活动面之上。TD5 ⑩层表面及底部均分布有连续的瓦砾堆积，破碎瓦砾粒径度较大，磨圆度低，应为倒塌后的原生堆积或倒塌后平整土地而形成堆积，未经后期严重的扰动。F4 房屋内的TD5 ⑩层红土呈自东向西倾斜，厚度 15~24 厘米，据此推断⑩层红土可能为F4 的

图 3-29　F4 遗迹俯视图（自西向东）

墙壁倒塌后形成的堆积。

TD5⑨层棕色土叠压于⑩层之上，于北部探方T1214中板结层下的⑨层表面形成连续地层，应为一连续的活动面。TD5③层同样位于TD5板结层之下，应为铺设板结层之前平整地面活动产生的垫土。

● 室内地面与地基

F4的居住活动面为深黄褐色土层，包含物有炉渣、炭屑、红烧土颗粒，相对于覆盖于其上的填土而言质地致密，散落有少量片状石材。

F4所倚建的地基在F4北墙基之下暴露，为由粒径度在1~3厘米的碎炉渣混合土壤形成的土层，由于含有大量炉渣，质地坚硬。结合F4墙基使用炉渣作为墙基构件的情况来看，F4在建造过程中大量使用冶炼遗物作为修建房屋的材料。

● 屋墙

房址F4可确认的有4道屋墙的石墙墙基，分别构成房址南、西、北侧外墙及房内隔墙。墙基使用的建筑材料均为人工切割打磨过的石块、炉渣，以及部分直径15~20厘米的石质炉壁材料。炉渣经过人工拣选，呈块状，大小近似，均为高铁排出渣。

南外墙基长240、宽36~40厘米，方向为290°。南外墙基保存状况不佳，为单排石块组成，墙基石块间距较大，无垒砌的现象。目前仅揭露出3块作为墙基的石块，自西向东尺寸分别为：44 × 36、78 × 40、36 × 40 厘米。南外墙墙基的 3 块石料，西侧两块为砂岩，上表面磨平；最东一块则为铁矿石，无明显打磨痕迹，有工具凿痕。

西外墙基保存状况较好，长 378、宽约 28 ~ 30 厘米，方向为 28°。北部墙角最窄处为 17 厘米宽。墙基大体上为单排石块、炉渣垒砌而成。在墙基部分区域由于一些石块、炉渣建材尺寸不足，为保证墙基宽度一致，墙基平面有双排合砌的现象。墙基最南端为一块长 88、宽 28 厘米的花岗岩条石，平面形制规则，上表面打磨平整。其余墙体为长 26 ~ 30、宽 14 ~ 20 厘米的石块、炉渣垒砌而成。墙基上表面大致水平齐整。墙基石块炉渣之间使用少量黄色、红色夹砂黏土作填缝料。在西外墙基北部进行解剖，可见西外墙基完整高度为 28 ~ 30 厘米，由两层石块、炉渣垒砌而成。

北外墙基长 514、宽 16 ~ 24 厘米，方向为 295°。北外墙基铺设粗疏，墙基基本为单层建材平铺于房屋居住面之上，西侧与西外墙连接处有双层垒砌的现象，高度为 5 ~ 8 厘米。北墙基以北为石铺地面SM1，室内地面与SM1 之间存在 27 ~ 30 厘米的高差，而紧靠北墙的部分有一自东向西倾斜的垒石遗迹，性质不明确，可能为石台阶，高度为 15 ~ 47 厘米，最高一级与F4 东部所倚靠的炉渣混合土形成断坎上表面齐平。垒石遗迹的底部与SM1 的南部边缘相接，可能为F4、F4 附属SM1 与其东部活动面相连接之处。垒石遗迹使用石材大小不一，主要为砂岩和花岗岩，其中值得注意的是组成垒石遗迹的石块中有一块覆斗形础石，为经过精细雕琢的石质建筑构件，为灰白色花岗岩质地，选用石料与F4 墙基及SM1 所用石料均不相同。础石主体呈覆斗形，一端翘起，各外表面加工平整，底部加工相对粗糙。根据础石的形制和石料判断，可能为一石牌坊或石柱的构件。由于在发掘区中采集和发掘获得的石建材及石块中未见与之形制和材料相匹配的石建筑，据此推断此础石应为一等级较高的早期建筑的构件，F4 在修建过程中挪用已废弃的早期建筑的础石构件以垒砌阶梯。

隔墙墙基呈东北—西南走向，长约 130、宽 12 ~ 18、高 3 ~ 10 厘米，方向为 20°。内墙基使用片状石材和炉渣垒砌，结构单薄，缝隙间可见少量黏土作填缝料。

从墙基的结构和保存状况来讲，北外墙基和分隔东西两室的内墙基结构单薄，北墙基本上为片状石材平铺于地面上，内墙基则较窄，上下两层墙基建材垒砌方式较不规整。据此推断，北外墙基和内墙基难以作承重之用，应仅作为隔断使用。

F4 的东部外墙未见墙基，将覆盖F4 居住活动面及遗迹的填土清理后暴露出一个边缘竖直的小断坎，位于TD5 板结层下，T1114 探方中，断坎上沿距房屋居住面 15 ~ 43 厘米，据地表深 35 ~ 40 厘米。断坎走向呈 20°，与F4 整体的走向一致。据此推断此道断坎可能为用炉渣混合土形成的一道墙体。断坎边缘竖直，主要由炉渣混合黑褐色砂土构成，表面散落有若干平铺的石块。断坎上表面有不连续片状棕褐色土层（厚为 1 ~ 2 厘米），可能为踩踏面。

● 房间

房址内围合东西 2 个长方形房间，房间之间以隔墙分开。西间房间可复原面积约 9.8 平方米。

● 院内遗迹——石铺地面（SM1）

在F4 东西房间北临石铺地面，编号SM1。SM1 叠压于TD5 和TD4 之下，是使用表面平整的石板嵌于地表而形成的平整路面，各石块平面形状多不规则，铺嵌紧凑，铺嵌形式随意，无明显图案、花纹等形制。石铺地面自南向北轻微倾斜，南部最高点和北部最低点高程相差 11 厘米。

SM1 平铺范围呈长方形，长 472、宽 270 厘米，长边方向 25°，短边方向 301°，与 F4 的整体朝向基本相同。方形路面四周不连续平铺有若干方形石块，石块石料、形制均与路面石料类似。石块上表面平整，高于SM1 水平面，厚 15~30 厘米。

SM1 所用石材主要为砂岩，兼有花岗岩。石块均经人工切割并单面打磨光滑后再投入使用。石材平面形状不规则，大小为 10~50 厘米不等。在发掘清理过程中，石铺地面上平铺有厚 3 厘米左右的瓦砾，瓦砾磨圆度低，应为倒塌后的一次堆积。

结合F4 主体建筑部分北墙不可作为承重墙、F4 与SM1 之间有垒石遗迹作石台阶等遗迹现象判断，SM1 在使用过程中可能有立柱和屋顶，与之共同形成一个立体的房屋结构。

年代与性质判断

F4 室内活动面出土陶瓷器较少，覆盖于活动面上的地层中出土安溪窑青白瓷器、磁灶窑酱釉瓷器的腹片、口沿及器底，无完整器，可辨器形以青白瓷敞口碗为主，同时出土有青白瓷盒、青白瓷小盏、青白瓷折沿碗、磁灶窑酱釉小盏等，部分青白瓷碗底有涩圈，具有南宋晚期至元代的器物特征。据此判断，F4 的废弃时间应在元代，使用时期为南宋晚期至元代。

F4 的室内区域有冶炼遗迹锻造炉L4 及与其形成功能组合的器物坑H5，故F4 的性质应为锻造加工流程中所使用的工作间。其北部有平整的石铺地面作为房屋的室外空间，房屋的结构较为完整。同时在F4 范围内及周边出土有完整的瓦当、筒瓦，包括F4 使用的石建材均经过打磨加工，表明下草埔遗址内存在有一定等级的建筑居址。

（3）F5

房屋F5 位于遗址发掘区东北角TD12 上，涉及探方T1016、T1017、T1117，叠压于TD12 ⑤层之下。由于未完全揭露房屋遗迹全貌，对房屋的结构与功能尚不明确，无法明确区分房屋的室内、室外各个活动面的具体范围。现阶段的清理工作在TD12 ⑤层下发现与F5 有关遗迹：灶（Z3）、石铺地面（SM2）、“V”字形小沟、灰坑（H6）等（图3-30、2-9）。

F5 相关遗迹

用火遗迹灶（Z3）位于T1017 西北角，紧贴于T1017 西壁，开口于T1017TD12 ⑤层下，为立于⑤层下活动面上的小圆台，平面呈圆形，内部凹陷呈圜底，内径 45、外径 54、高 10 厘米。其内部填土为T1017 ④层土。遗迹为黏土质地，呈暗红褐色，质地较疏松，表明其受温不高，综合形制判断应为一简易炉灶。

石铺地面SM2 位于T1017 东部，延伸进入T1017 东壁。现揭露部分长 280、宽 50~80 厘米，铺设材料主要为砂岩，距离TD12 地表深约 40 厘米。相较于SM1，SM2 的

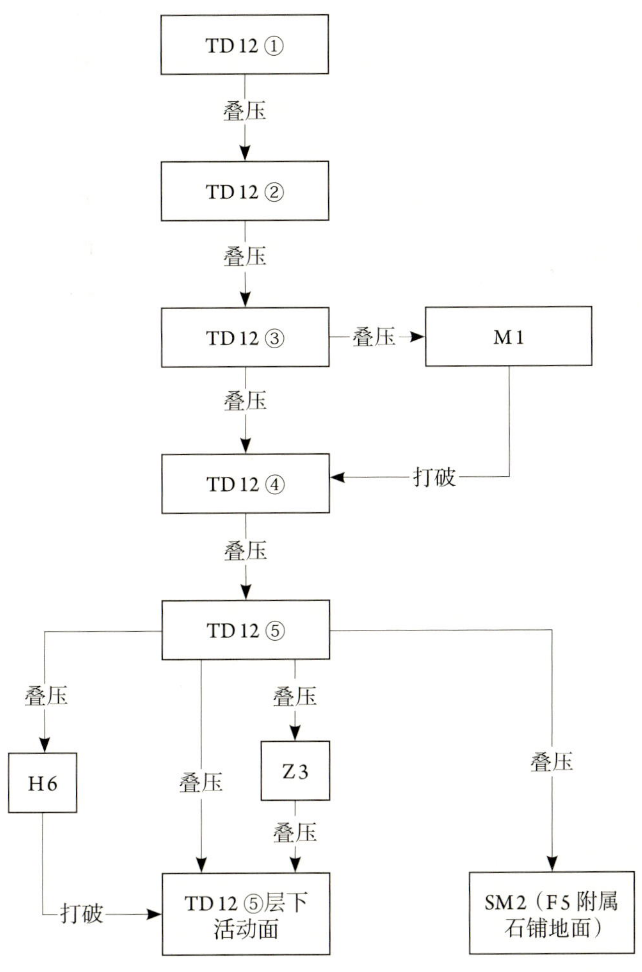

图 3-30　F5 遗迹关系图

表面不甚平整，铺设石块大小不均，10~50 厘米为主，石料人工切割痕迹明显，无明显打磨痕迹。

在Z 3 与SM 2 之间存在一条长约 300、宽约 44、深 18 厘米，角度为 290° 的小沟，截面呈“V”字形，开口同为⑤层下，沟内填土为灰红色粉砂土，底部有零星长条石，石块材料与SM 2 相同，形制尚不明确，推测可能为墙基。此外，F 5 南侧有一晚期扰沟，西侧④层下暴露一排无建筑结构的方砖，应为F 5 废弃后晚期人类活动形成的遗迹。

H 6 位于T 1017 中部偏北，详情见本章第五节“灰坑”。

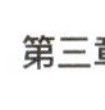

性质与年代判断

T 1017 ⑤层下暴露的石铺地面、灰坑、灶等遗迹共同组成具有生活功能的活动面，该台地无板结层，出土炉渣较少，初步推断F 5 应为生活居住房屋。F 5 西部为石台阶（STJ）与遗址更高的台地相连。根据T 1017 ⑤层出土元代青白瓷片以及Z 3 内采集木炭样

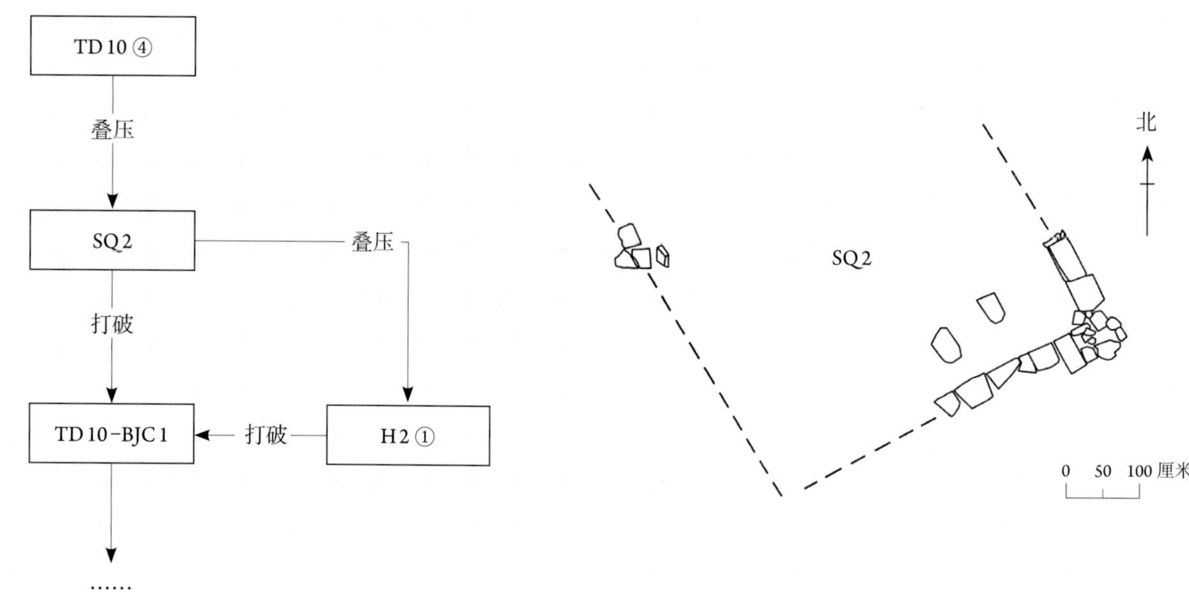

图 3-34 SQ2 遗迹关系图

图 3-35 SQ2 遗迹平面图

护的活动面为石墙顶面平面。SQ1 与F3 房屋之间的空间位置相对紧密，可能形成一组遗迹组合。一般来说，边坡类的石块砌体的操作流程是平整土地之后，在台地的边缘修建SQ1 防止台地边坡滑坡，同时扩大了F3 房屋室外活动面的面积。大体属于同一历史时期，综合地层判断推测石墙的修建可能略晚于房屋修建。

（2）SQ2

石墙（SQ2）位于TD10 上，探方T0916 内，被TD10 ④层叠压，向下打破TD10-BJC1，并叠压H2 ①修建（图 3-34）。石墙现存表面距地表深 32~54 厘米。SQ2 现存部分由西南—东北向（SQ2-1）和东南—西北向（SQ2-2）两段墙体组成，平面呈“L”形，折角大致呈 90°。墙体为单排石块垒砌而成，仅存底层石块，拐角处由多块小型石块围砌而成。

现存结构信息

SQ2-1 以大块垫石为主，通长 240、宽 30~50 厘米，最西侧的一块已被破坏，只留有石坑，坑底可见灰黑色土夹碎渣堆积。现存 7 块大小不一的石块，石质相同，北侧边较为齐整，以北有宽 20 厘米的浅沟，沟内填土为灰褐色粉砂土，沟底有一层碎红瓦砾堆积，出土有瓷片；南侧边则参差不齐，与活动面相接。这样的布局构造方式说明北侧为墙外，南侧为墙内（图 3-33、3-35）。

SQ2-2 叠压在东侧的H2 上，通长 214、宽 32~66 厘米，南侧为碎小石块堆积，排列不整；北侧为大块垫石，最北侧石块可能已失去原始位置；东侧同样有一宽 30 厘米的浅沟，沟内填土为姜黄色黏土，出土有陶瓷片。

性质与年代判断

SQ2修建的地理位置并非边坡地带，故判断SQ2并非挡土墙性质。其次，SQ2北部、东部破坏严重，但其西北角围合区域内为TD10-BJC1局部，表面平整，俯视图可见呈方框形。因此，判断SQ2当属院墙、屋墙的残底。

SQ2基槽内出土陶瓷片的种类有素胎陶器、白瓷、青白瓷和青瓷，可辨器形有碗、罐、碟、盏等，年代大致为元代，修建年代略晚于L1、L2、H2、H3，早于F3、SQ1。

（3）SQ3

石墙（SQ3）位于TD5上，分布于探方T1215、T1115内，在揭露TD5板结层后遗迹露头，为保留活动面未完全清理SQ3全貌，根据解剖信息得知其被TD5③至⑦层叠压。SQ3墙体顶部距离TD5地表深24~35厘米，呈自南向北倾斜，现存长度约650厘米。经解剖后暴露墙体高度在35~70厘米左右，墙体底部距离TD5地表深约110~130厘米。墙体宽度不均，为25~40厘米不等（图3-36）。墙体西侧有部分散乱石块，整体走向与

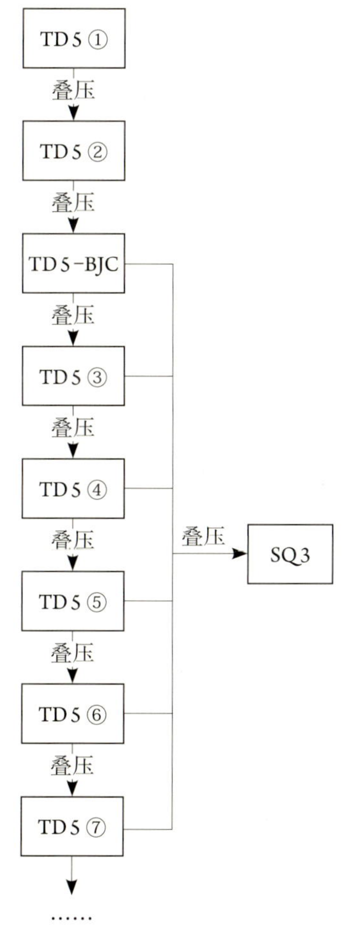

图3-36 SQ3遗迹关系图

SQ3大体相同，但无人工垒砌的痕迹，推测为二次人为搬运、扰动形成。

现存结构信息

墙体走向大致呈东北—西南走向，与F4房屋走向大体一致，角度为25°。墙体距离SM1约385厘米。所用材料主要为砂岩石块，间有炉渣。石块有较为明显的人工切割痕迹，无打磨痕迹。墙体所用建材直径在10~40厘米不等。墙体为单层，垒砌方式较为粗疏，墙体西面较为平整，东面参差不齐。在SQ3以西进行解剖揭露墙体，叠压于墙体以西的地层中的遗物主要为粒径1~2厘米的细小炉渣，为后期填土。SQ3顶部最高处比SM1高68厘米，底部比SM1深27厘米（图3-37）。

性质与年代判断

根据SQ3垒砌方式，其性质属于挡土护坡墙、台基之类的墙体，并非直立于地面的竖直墙体或墙基，所围护空间为T1215、T1115东侧区域。其走向与F4房屋墙面走向保持一致，表明其可能与F4有相对紧密的关系，考虑到其底部比SM1所处平面更深，具体情况有待通过进一步的工作加以确认。

根据SQ3所使用的建筑材料中包含炉渣这一现象来看，因其采用了冶炼废弃物作为建筑材料，故其始建年代应与遗址的冶炼时期相当或略晚，推测为南宋至元时期。此外，SQ3被TD5-BJC板结层叠压，判断其废弃年代早于明清时期，可能与F4废弃年代相近。

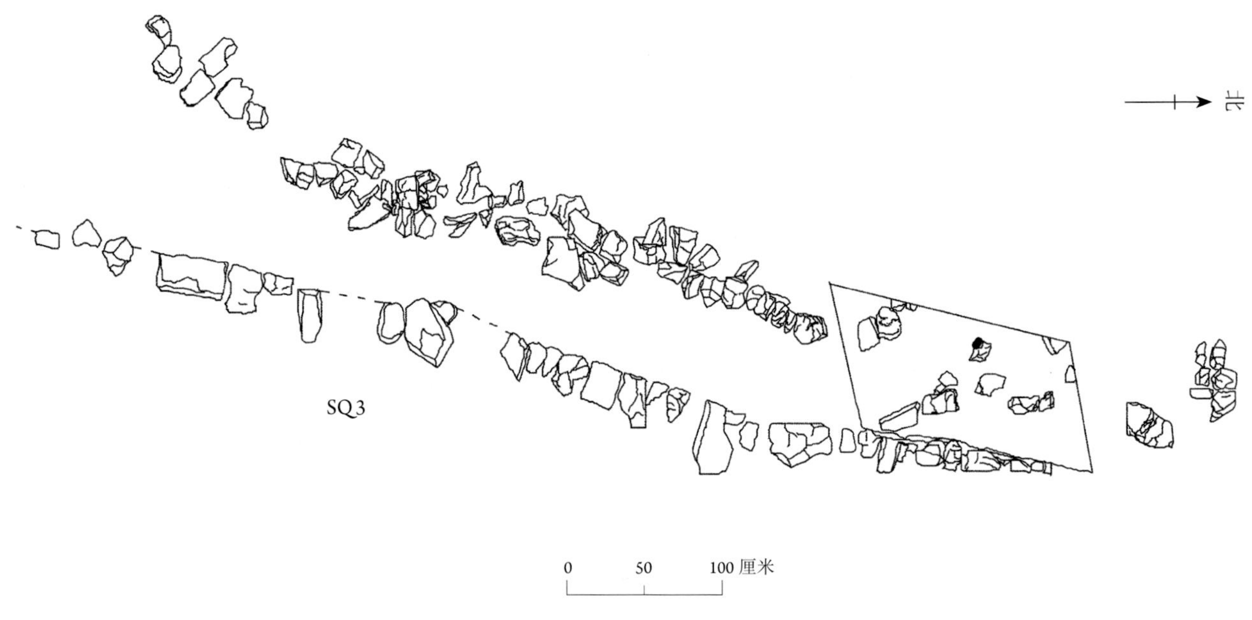

图3-37 SQ3遗迹平面图

第三节 公共设施

遗址内发现多处大型人工建设的公共设施遗迹，主要包括石台阶、地面、护坡、池塘等，分别编号STJ、DM 1、护坡A段、护坡B段、护坡C段、池塘等。除护坡C段外，其余各遗迹单位建筑材料组成多样，结构形式特殊，跨越空间范围较广，往往涉及多个探方，属于区域内公共设施类建筑。

现对此类遗迹分述如下。

1. 石台阶

石台阶STJ位于TD 8 北部坡面，是围绕TD 8 坡面修建、连通不同台地活动面的通道设施，主要包括主台阶、两侧的围护石墙、垫基三个部分，整体长度约 800 厘米。STJ叠压于TD 8-BJC 1 下，主台阶部分的朝向约北偏西 71°。

作为功能设施，台阶涉及自身功能结构、附属结构、建筑材料、结构组织形式、连接的多个活动面等多重信息。现阶段发掘情况显示，石台阶STJ依靠山坡修建，现存结构包括 3 级石台阶、台阶两侧的围护石墙（残）等。

由于STJ上部台阶、围护石墙被破坏，STJ连接的下层活动面被TD 6 垫土堆积叠压，故STJ所连接的具体活动面情况未知。但STJ被明清时期铺设的TD 8-BJC 1 所叠压，所以STJ连接的上层活动面当早于明清时期，可能连通TD 8 ③层下、TD 8 ⑤层下或TD 9、TD 10 上的活动面。因此，由TD 8 ③层出土陶瓷片类型特征、TD 9 与TD 10 上活动面对应的年代，初步判断STJ的使用年代可能为宋元时期（图 3-38、3-39）。

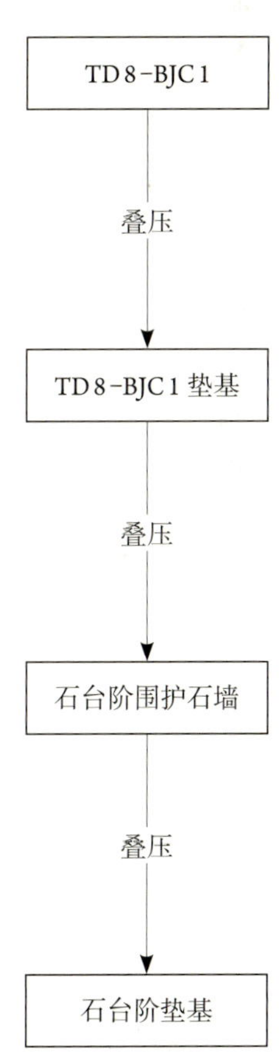

图 3-38 石台阶遗迹关系图

（1）主台阶

STJ主台阶位于T 1015 的TD 8 坡面上，现存 3 级，系由 4 块人为

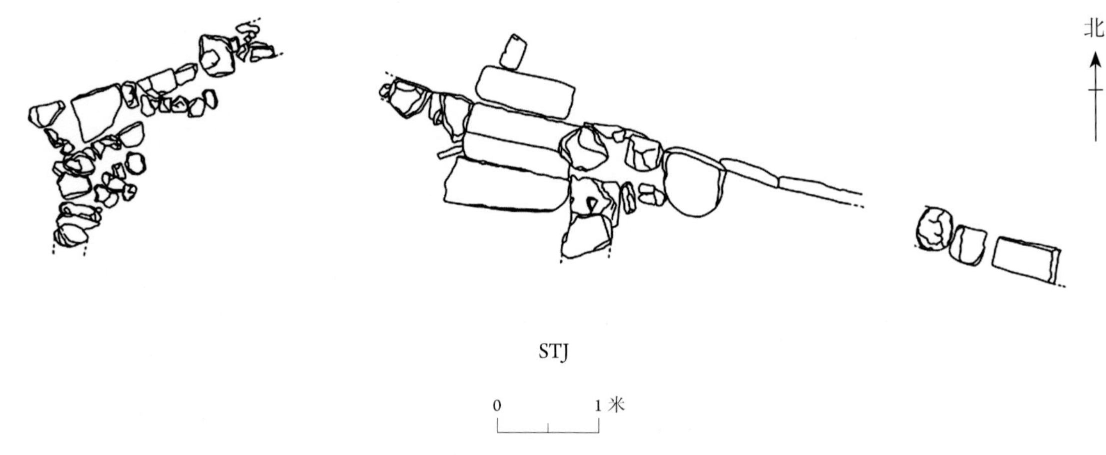

图 3–39 石台阶遗迹平面图

加工规整的花岗岩条石依靠山坡逐级堆垒而成，台阶面阔约 86~110 厘米，单级台阶高约 21~25 厘米，同级条石之间用碎石填缝，台阶垫基为碎炉渣块。台阶最低一级叠压于黄土层上，该黄土层斜向下延伸进入TD6下部，勘探可知该黄土层被TD6②层下活动面、垫土堆积所叠压（图 3-40）。

石台阶最低一级为两块条石，北部一块长 86、宽 31、高 21 厘米，另一块长 97、宽 28 厘米，因被遮挡而难以测量高度；中间一级一块条石长 101、宽 24、高 24 厘米；最高一级一块条石长 110、宽 33、高 25 厘米。

（2）围护石墙

STJ的主台阶东西两侧发现围护结构——石墙。东侧石墙位于T1015、T1016 内，保存状况相对较好；西侧石墙位于T1014 内，大部分结构遭到破坏。

东侧石墙呈东南—西北走向，长约 350、高约 70 厘米，东南向延伸至TD12 与TD10 交界处，再往东紧邻一瓮棺墓M1。墙体结构较为完整，上表面大致修平，与主台阶上表面基本平齐；北侧立面经相对精细地修整磨平，为墙体外侧立面。石料体量普遍较大，长度多为 60~80 厘米，材质为花岗岩和磁铁矿石，大块石料之间可见楔形泥岩薄片填充缝隙。

西侧石墙平面呈“L”形，自主台阶向西延伸至TD8 西北角折而向南，折角大致为 90°，再向西为叠压石墙的多层堆积。东西向墙体破坏严重，仅余底部一层石块，长约 3.3 米、高约 30 厘米；南北向墙体北部破坏严重，南部基本保留相对完整的墙体结构，长约 1 米、高约 130 厘米。石料材质与东侧石墙相同，但体量相对较小，多为 30~50 厘米。

（3）垫基

STJ系围绕山坡修建，为了解石台阶建筑垫基结构，遂以台阶为中轴线，对中轴线以东的TD 8－BJC 1 及STJ垫基堆积进行解剖。解剖结果显示，TD 8－BJC 1 下包括TD 8－BJC 1 垫基与STJ垫基，共分⑤层，具体情况叙述如下。

第①层：TD 8－BJC 1 垫基，渣土层，暴露于TD 8－BJC 1 下，叠压SJT主台阶。灰黑色粉砂土，土质较疏松。厚 30 厘米，条带状分布于TD 8 北部边缘，南北宽约 35 厘米。包含大量细碎炉渣颗粒，碎渣粒径多不超过 1 厘米。

第②层：STJ垫基，棕黄色黏土层，暴露于TD 8－BJC 1 下，表面与第①层水平。土质较致密，厚 30 厘米，仅见于石台阶西部，条带状分布于第①层南部，南北宽约 45 厘米。包含物较少，夹裹较多橘黄色锈壳。本层下叠压③层。

第③层：STJ垫基，碎渣层，暴露于TD 8－BJC 1 下。本层为纯净的细碎炉渣堆积，碎渣粒径多为 1～2 厘米，无土。厚 45～50 厘米，为集中分布的两处堆积，一处属于东侧石墙垫基，清理后出露黄色生土；一处于STJ主台阶正南方，清理后出露第④层。

第④层：STJ垫基，黄色垫土层，土质较致密。仅见于STJ主台阶正南方第③层下，极薄，无包含物。本层下暴露⑤层。

第⑤层：STJ垫基，大渣层。该层为纯净的较大块炉渣堆积，炉渣粒径多为 3～5 厘米，无土。厚 45～50 厘米，仅分布于石台阶正南方第④层下，沿山体走向呈斜坡状，坡底北至石台阶下，应为石台阶修建时的垫渣。该层清理后出露黄色生土。

图 3–40　石台阶遗迹主台阶、围护石墙遗迹侧视图（自北向南）

2. 地面与护坡

本次发掘于TD 14、TD 11上发现铺设的大型地面及相关的系列护坡设施，分别编号DM 1(地面1)、护坡A段、护坡B段、护坡C段（图3-41、3-42）。现对清理情况叙述如下。

（1）地面DM1

DM 1位于TD 14平台上，DM 1暴露于TD 14①层下，西南第三扇区叠压于TD 14②层下，覆盖T 1311、T 1310、T 1309、T 1211、T 1210、T 1209、T 1111、T 1110、T 1109、T 1108、T 1011、T 1010、T 1009、T 1008、T 0910、T 0909、T 0908、T 0810、T 0809、T 0808、T 0710、T 0709、T 0708、T 0611、T 0610等25个探方，现揭露地面面积约425平方米，俯视图呈不规则五边形（图3-43）。

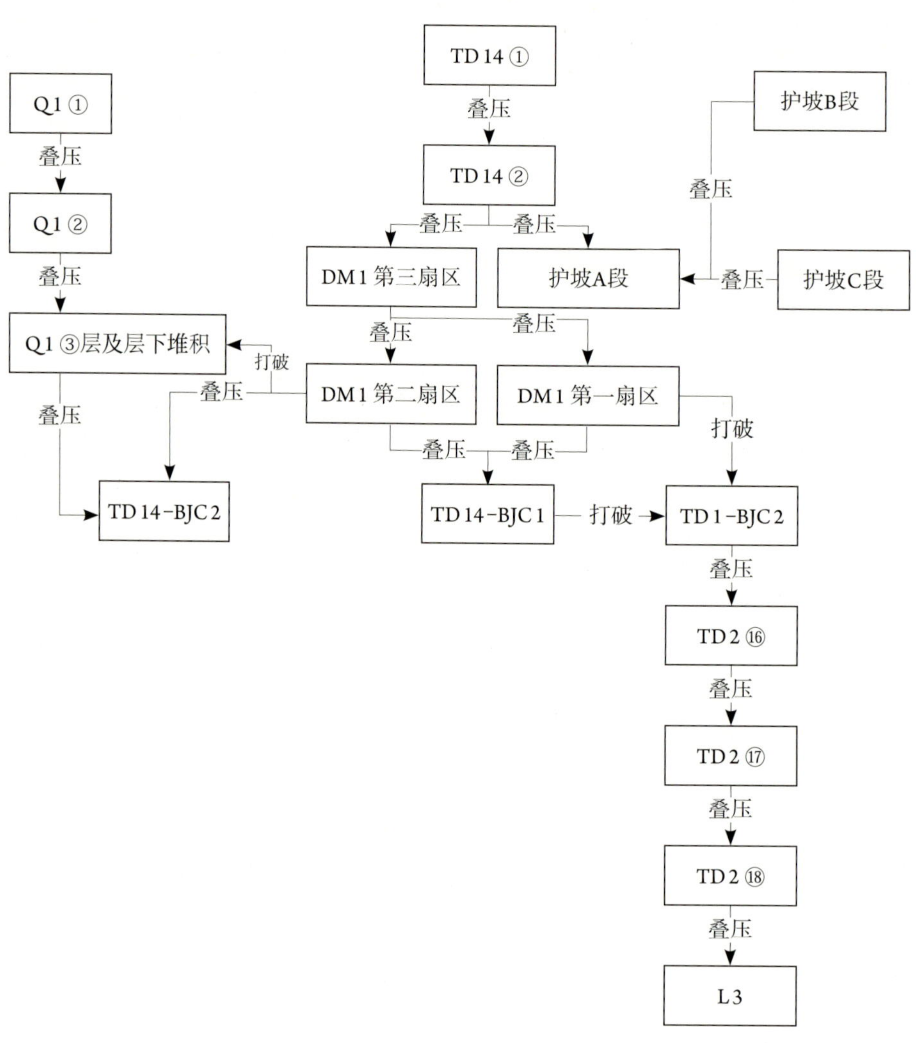

图3-41 DM1及护坡墙遗迹关系图

图 3-42　DM1 及护坡墙侧视图（自西向东）

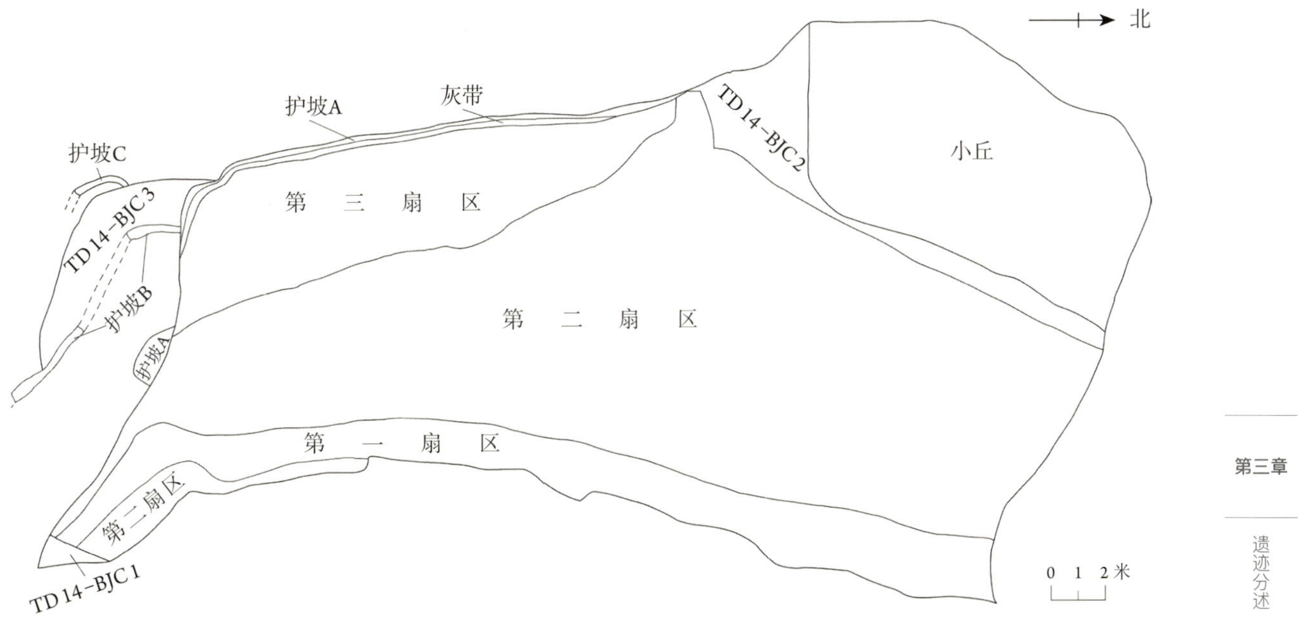

图 3-43　DM1 及护坡墙遗迹平面图

DM1 范围与边界

目前，DM1 大部分边界已基本确定。其中，西、南部边界为陡崖，西部、南部偏西区域为护坡A段包围。西北部边界临近一座土丘，与之相距约 0.3~3.2 米。北部边界紧邻池塘，小部分延伸至池塘东岸（发掘区外）。东部边界未全面揭露，小部分进入 TD1 内。

DM1 铺设情况

DM1 主要是由炉渣碎块、陶瓷片（碎瓷片、瓷碗底、瓷壶嘴等）、鹅卵石、砂岩块、铁矿石、方解石、黏土等材料平铺而成（图 3-44），且不同区域铺设材料的类别比例、粒径大小、颗粒密度等参数差异明显。依据该系列参数差异，DM1 可大致分为三个扇形区间，分别编号DM1 第一扇区、DM1 第二扇区、DM1 第三扇区，不同扇区的铺垫时间亦存在先后。

● DM1 第一扇区铺设情况

DM1 第一扇区临近TD1，略高于第二扇区，呈南北走向轻微隆起，与第二扇区边界较明显。DM1 第一扇区被TD1⑮层（南宋时期文化层）所叠压，向下叠压DM1 第二扇区，系以DM1 第二扇区路面为路基的地面区域。

第一扇区铺设材料主要由炉渣、陶瓷片、铁矿石等颗粒物组成，黏土成分几乎不见，且遗物粒径度普遍较大，在3~5厘米之间。材料铺设密度高，层表质地坚硬，遗物紧凑。材料类别以炉渣碎块占比最大，其次为陶瓷片，陶瓷片年代以南宋时期为主。结合地层叠压关系与陶瓷片类型可知，DM1 第一扇区铺设年代在南宋时期。

● DM1 第二扇区铺设情况

DM1 第二扇区紧邻DM1 第一扇区，且靠近TD1 西段南部亦有小范围铺设区间。

图 3-44　T1210 内 DM1 铺设情况

DM1 第二扇区被第一扇区所叠压，向下叠压TD 14-BJC 1、TD 14-BJC 2。该扇区铺设面积最广，略低于第一扇区。由其走向可知，第二扇区铺设年代略早于第一扇区铺设年代。

铺设材料上，第二扇区与第一扇区基本一致，主要由炉渣、陶瓷片、铁矿石等颗粒物组成，黏土成分几乎不见，但遗物粒径度较第一扇区下降，在 1~2 厘米之间。材料铺设密度较高，层表质地十分致密，但不同区域材料铺设密度存在些许差别，如北部小丘附近遗物数量、密度较高，往西、南方向遗物粒径度、数量、密度渐变式下降。材料类别以炉渣碎块占比最大，其次为陶瓷片，陶瓷片年代以南宋时期为主。结合地层叠压关系与陶瓷片类型可知，DM1 第二扇区铺设年代在南宋时期。

● DM1 第三扇区的铺设情况

DM1 第三扇区位于DM1 第二扇区与护坡A段之间，表面与第二扇区基本保持在同一水平面，主要构成DM1 西南角部分。DM1 第三扇区被TD 14 ②层叠压，向下叠压TD 14 ③层黑紫色土，系以TD 14 ③层下垫土为路基、平整表面而形成的路面。

铺垫材料上，DM1 第三扇区明显区别于第一、二扇区，主要由黏土质组成，土色黑紫，土质十分致密，其间均匀包裹一定量炉渣、陶瓷片等遗物，炉渣、陶瓷片相对较多。结合TG 1、TD 14 南部断崖剖面、TD 14 西部可见剖面（包括护坡A段坍塌区域、非护坡区域等）等清理情况可知，DM1 第三扇区下为垫土堆积，遗物混合相对均匀，垫土内仍有明清时期的青花瓷片出土，即DM1 第三扇区铺设年代为明清时期，铺设范围及走向与护坡A段基本一致。

TG1 清理情况

为了解DM1 第三扇区的铺设情况及其与“灰带”、护坡石墙之间的关系，于T 0908 东南角开设解剖沟TG 1（图 3-45），探沟的发掘工作主要为T 0908 TD 14 ②层下黑紫色土的清理，以及护坡A段石墙与灰带的局部解剖。

解剖发现石墙与灰带均为垂直向堆积，两者关系密切，平台表面可见灰带与石墙走向、范围基本一致，因此判断两者均属于护坡A段的组成部分。

TG 1 开于TD 14 ②层下，开设长度 220~256、宽度 180、深度约 13 厘米。探沟堆积可细分为两层。

第①层：土色黑紫，土质致密，包含物以炉渣为主，含有一定量的陶瓷片、夹砂红白瓦砾等。地层厚约 5 厘米，上下面基本水平，属于水平堆积。

第②层：土色黑紫，土质坚硬，包含物明显减少，以陶瓷片为主，陶瓷片中出土 1 件青花瓷。该层发掘至 8 厘米处，难继续向下发掘。

（2）护坡

护坡作为保护工程设施，具有围护建筑、山坡土层，防止结构坍塌、山体滑坡等作用。因此，除自身结构、建筑材料、修建技术外，护坡还涉及其保护对象的信息。目前，遗址内发现的护坡共三段，集中位于TD 14 和TD 11 西、南崖壁上，分别编号护坡A段、

图 3–45 TG1、护坡 A 段俯视图

护坡B段、护坡C段。三段护坡使用材料与修建技术相似，但修建时间存在先后，现分述如下。

护坡A段

护坡A段主要由石墙、“灰带”构成，围护土层为DM 1 第三扇区下的垫土堆积。护坡A段与所护土层同叠压于TD 14 ②层下，两者形成年代相当，均属于明清时期，而前者修建时间略早于后者，即先修石墙，再填土DM 1 第三扇区下垫土层，并辅以灰带填缝。

护坡A段主要分布于TD 14 南、西侧崖壁上，始于T 1008 内，北抵TD 14–BJC 2。沿崖壁向南延伸至T 0708 内转角向东，继续延伸至T 0709 东边缘，东缘叠压TD 14–BJC 1。涉及探方有T 1008、T 0908、T 0808、T 0708、T 0709 等。

护坡A段保存状况相对较好，除TD 14 在T 0908 的西侧底部、T 0708 的西南角以及T 0709 南部有坍塌缺失外，其余地方石墙、灰带保存完整。目前，整个护坡现存平面长约 305、高约 280 厘米，石墙厚度约 20 厘米。

● 护坡A段的石墙

护坡A段石墙的垒砌材料主要为大块的石料、炉渣等。石料选材有石英砂岩、花岗岩、辉岩等，石料多保留有人为加工痕迹，如开石钉槽、劈裂面等。炉渣以高铁排出渣为主，以棱角不分明的圆角形状占多，其中扇形排出渣顶端普遍被加工剔除，呈扁圆饼形态。

石墙底部的垒砌材料选材与垒砌方式与上部略有不同，之间呈过渡变化，无明显分界。

石墙底部材料以大型石料为主，形状相对规则，常见不规则长方形、方形的条石，少数条石上还可见开石钉槽，最大石块长度在40厘米以上，宽20~30、高20厘米。底部垒砌方式为层层堆垒，以条石、方石并列横铺，其上横列第二、三层规则石块，少数石块以角插缝，结构稳定性强。

石墙中部材料逐渐变小，仍以形状相对规则、棱角相对分明的薄板、片状的小型石块为主，不规则的圆角炉渣占比有所上升。石墙垒砌分层更加不明显，小型棱角分明的石块呈"V"字斜角相抵的形式，密集插缝堆积，垒砌结构稳定性较强。

石墙顶端材料进一步变小，不规则圆角炉渣占比进一步增加，大型石块基本不见，存在少数棱角分明的小型石块。石墙垒砌方式随意性增强，结构稳定性相对降低。

● 护坡A段"灰带"

"灰带"系紧邻石墙的垂直向堆积，土色灰白，粗砂含量较多，土质致密，基本无其他包含物，堆积的平面走向、范围与石墙基本一致，系石墙与所护土层之间的填缝材料，宽度在16~33厘米之间。

护坡B段

护坡B段主要由石墙、灰带构成，围护土层为TD11③a层。护坡B段与所护土层同叠压于TD11②层下，两者形成年代相当，均属于明清时期，而前者修建时间略早于后者，即先修石墙，再填土TD11③a层，并辅以灰带填缝。此外，护坡B段石墙垒砌于护坡A段石墙外围，修建年代晚于护坡A段。

护坡B段主要分布于TD11南部崖壁上，垒砌于打破后的TD11-BJC2南部边缘，并叠压在TD11-BJC2之上，始于T0709内，抵靠护坡A段石墙外围，向东延伸至T0511内。涉及探方有T0709、T0609、T0610、T0511等。

护坡B段保存状况一般。石墙于T0609内完全坍塌，于T0511内部分坍塌。于T0610、T0511西扩方内灰带走向的连续性可复原护坡B段走向。目前，护坡B段揭露的现存平面长178、宽88、高28厘米，墙体厚38厘米。

● 护坡B段的石墙

护坡B段石墙的垒砌材料类别、石料选材、材料加工痕迹等参数与护坡A段中间部分相似。护坡B段石墙以石料、炉渣为垒墙材料。石料以石英砂岩、花岗岩为主，包括少量辉岩，石料保留的加工痕迹以劈裂面、打击点、打击台面等为主，不见开石钉槽。炉渣以高铁排出渣为主，形态多不规则，存在少数几件剔除顶端的扇形排出渣。

护坡B段垒墙材料仍以大块棱角分明的石料为主，存在一定量不规则圆角炉渣，形制规整的小型石块较少。石墙垒砌较矮，顶部与底部垒砌方式基本一致，材料垒砌随意性较高，垒砌结构稳定性一般。

● 护坡B段"灰带"

"灰带"系紧邻石墙的垂直向堆积，堆积的平面走向、范围与石墙基本一致，系石墙与所护土层之间的填缝材料。护坡B段"灰带"与护坡A段略有不同。清理发现，护坡B段"灰带"可分为两层。

第①层：土色黄白，土质较疏松，包含较多木炭，木炭粒径在1~8厘米之间，表面与护坡B段石墙表面水平，厚度不均匀，在0~10厘米之间，主要分布于T0511及其北扩方内。

第②层：土色灰白，土质较致密，基本无包含物，与护坡A段灰带相似。除坍塌部分，下层“灰带”基本保存完好，水平分布范围、走向与护坡B段石墙基本一致。

护坡C段

护坡C段主要由石墙组成，围护土层为TD11 ③b层。护坡C段与所护土层同叠压于TD11 ②层下，两者形成年代相当，均属于明清时期，而前者修建时间略早于后者，即先修石墙，再填土TD11 ③b层。此外，护坡C段石墙垒砌于护坡A段石墙外围，修建年代晚于护坡A段（图 3-46）。

护坡C段主要分布于TD11 西南角的小平台上，圈护于TD11-BJC1 外。现保存状况不佳，大部分石墙已经坍塌，仅残余靠近护坡A段的小部分，主要分布于T0609 内。护坡C段现存高约 28、长约 79、厚约 20 厘米，无法复原整体长度。护坡C段是三处护坡中规模最小，保存状况最差的一处，石墙垒砌高度仅 1~2 层，垒砌材料以不规则方形石料、平板石料为主，堆积方式为大块石料间插缝薄板石料。与前两处护坡不同，护坡C段石墙内即为围护土层，未见灰带。围护土层分布范围小，填缝于石墙与TD11-BJC1 之间。

图 3-46 护坡 C 段侧视图（自西南向东北）

（3）DM1与护坡的修建、使用与废弃

综上所述，DM1持续使用时间较长，从南宋时期持续至明清以后，期间经历了地面的修缮与扩建，并在扩建过程中修建配套的防护工程。

多段护坡均修建于明清时期，但修建略有先后。其中，护坡A段修建最早，是配合DM1第三扇区的扩建而修建的围护设施。随后，护坡B段是配合TD11地势抬高而修建的围护设施，护坡C段是配合TD11西南角小平台活动面扩建而修建的围护设施。

3. 池塘

遗址内，于发掘区外、DM1北侧存在一处面积较大的湿地，湿地西临两山丘间谷地。谷地地势较低，亦常年为湿地。据当地村民介绍，该湿地与谷地曾为水稻种植田。湿地地势较为平坦，表面覆盖青草，与DM1基本处于同一平面。鉴于DM1北侧边缘有明显被打破的痕迹，打破处垂直向下。为探明湿地与DM1关系，以及湿地与谷地的边界范围、性质、下层堆积等信息，遂对该区域进行实地勘探（图3-47）。

勘探结果显示，该湿地为一人工修建的池塘，谷地为一自然溪流。池塘东、北岸有板结层分布，南部打破DM1北缘，西侧紧邻溪流，并引水自溪流。溪流自北部高山流入遗址内，沿遗址谷地自北向南流向下级台地。

现存状况

● 池塘的基本信息

池塘平面呈不规则形状，东北—西南长约30、西北—东南宽约21米，总面积约630平方米。

池底整体呈锅底形，近岸边处较浅，近池中央处较深，平均深度为1.7~2米。

● 池塘内堆积

对池塘的探勘主要是沿B-B＇、A-A＇两条线路、以1米为间隔、使用探铲或铁钎对池塘深度、池底形貌、池内堆积进行初步探查，结果显示池塘内堆积可粗分为四层。

第①层：耕土层。土色深棕，层表植物根系发达，土质含水量大。地层普遍厚约30厘米，最深处可达50厘米。

第②层：淤泥层。土色深灰，土质黏腻，含水量大，包含少量碎炉渣、烧土粒、木炭屑、碎岩屑以及极少量的瓦、瓷片。层下深度普遍在70~80厘米，最深处达100厘米以上。

第③层：碎岩沉积层。土色黄色，土质坚硬，堆积较薄。

第④层：淤泥层。土色青灰，土质黏泥，含水量较②层大，包含物较少。

于池塘边缘约大于90厘米处勘探到④层下即为浅黄色生土，池塘中央深度大于200厘米，无法继续勘探。

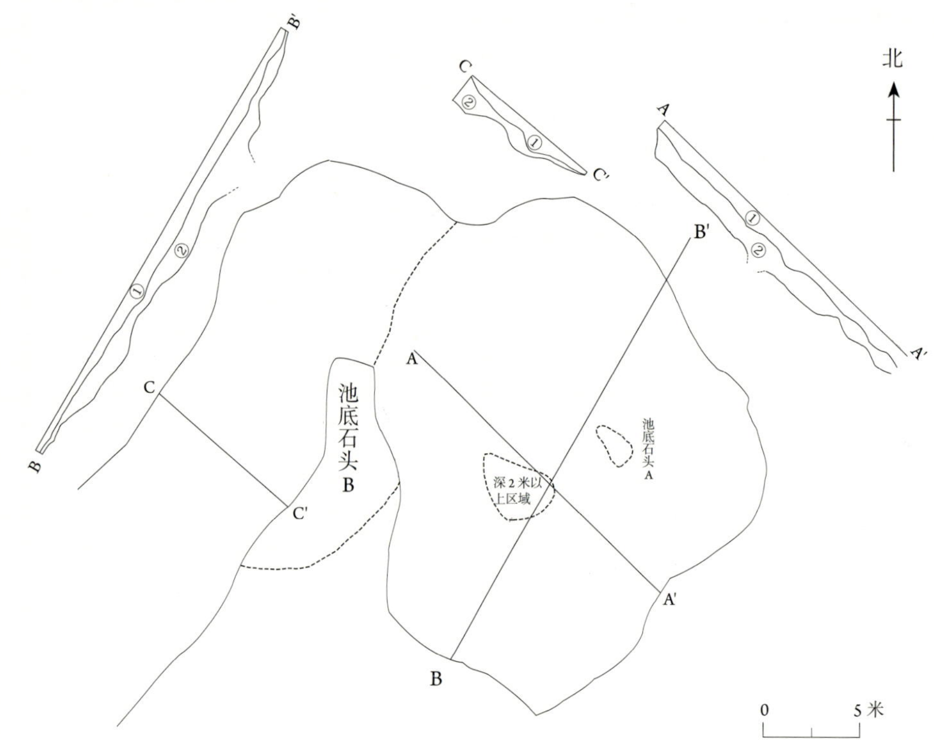

图 3-47 池塘遗迹平、剖面图

● 水源

池塘水源为紧邻池塘西侧的一条溪流，溪道宽约8米，溪水源自北部高山（现被近现代采矿场凿陷，故水源截流，池塘干涸），流入遗址区西部谷地，后自北向南于遗址区最低处与遗址区南部另一条自西向东溪流汇聚后，再沿山谷向南流。

对遗址西侧溪流的探勘主要是沿C-C＇一线进行，勘探结果显示溪流内堆积与水池内大致相同。这表明该溪流即为池塘水源。

池塘修缮的相对年代与性质判断

由叠压打破关系可知，池塘南部打破DM1及其下堆积，且打破处基本呈东西向的直线，打破边缘亦有明显工具开凿痕迹，故可知池塘为一人工修建、引水自溪流的蓄水池，修葺年代晚于DM1第一、二扇区的修建年代。

勘探过程中，于池塘第②层内取得炭样一件，取样深度约80厘米。木炭碳十四年代测定结果为宋代。这说明池塘最后一次修葺年代晚于或接近于该炭样年代。

第四节 墓 葬

1. 瓮棺墓

瓮棺墓（M1）位于TD12，出土于STJ以东，南邻TD10坡面，位于T1016内，开口于T1016③层下，打破T1016④层（图3-48）。

M1遗迹形制为坑形，坑口距离TD12地表深度约28厘米，坑口平面呈不规则近圆形，平底，坑壁呈不规则斜壁，直径约50、坑深约43厘米，坑底长20、宽15厘米。据判断为埋藏谷仓罐所用，墓坑内填土无分层、无遗物（图3-49）。

出土谷仓罐一件，为宋元时期南方地区常见的陶罐类葬具，在福建、广东、云南等地均有出土，在现行考古报告中被称为“魂瓶”“堆塑瓶”“谷仓罐”“陶坛”“陶罈”等。

青釉谷仓罐2019XCPIT1016TD12M1：1。夹砂灰胎，胎质较粗糙。分为罐盖和罐体两部分。器盖如覆碗，柱状纽，敞口，厚唇沿，方唇。内壁施黄色陶衣。盖外壁施青釉至盖沿，部分流釉或施釉不均，盖沿施黄色陶衣。盖顶作一直径12厘米的小平台，平台边缘及盖身中部各堆贴一圈波浪纹，平台边缘堆饰的波浪纹浪尖较少。内壁可见轮制痕迹，口沿外壁有过火烧红的现象。罐体方唇，唇沿，敛口，无颈肩，鼓腹，最大径在腹中部，下腹斜弧，平底，假圈足。内壁近口沿处施黄绿陶衣，内底施黄陶衣，其余部

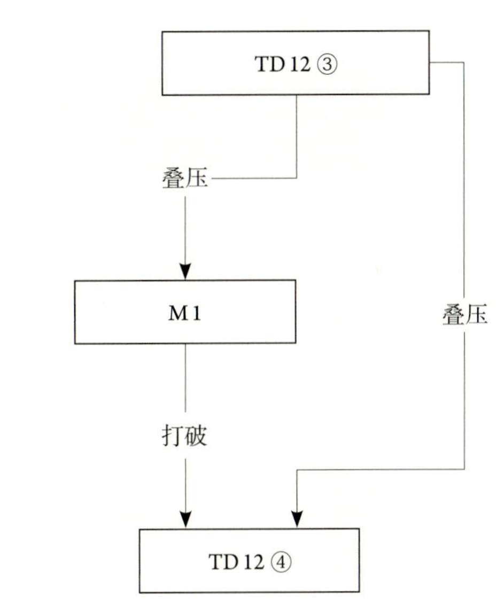

图3-48 M1遗迹关系图

图 3-49　青釉谷仓罐

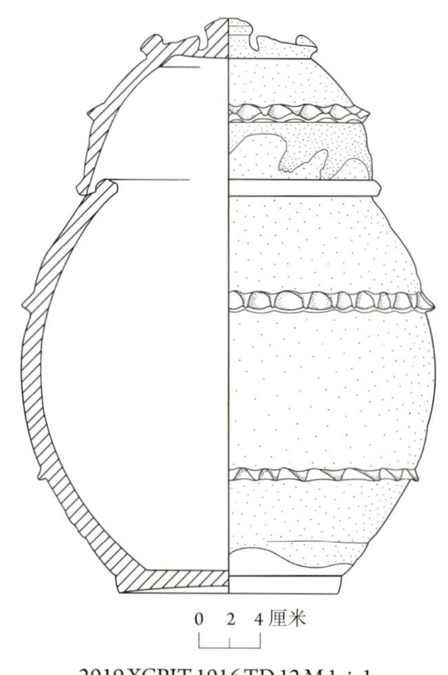

图 3-50　青釉谷仓罐线图

位露胎。外壁口沿及周围未施釉，腹部施青釉至下腹，一侧下腹近底处作连续黑色纹饰，足底施黄色陶衣。腹部中部施两段堆塑波浪纹，上段波浪纹较密，纹饰凹陷处积釉泛黑，凸棱处露胎。外壁上段波浪纹上方有一圈 16 处支烧痕迹。罐通高 39、盖高 12.5、盖径 20.4、纽高 2、纽径 3 厘米，罐体高 27、口径 17、最大腹径 28、底径 13、壁厚 1.4、底厚 1.4 厘米（图 3-50）。

内有骨殖，为焚烧后放入罐中，遗骨焦黑易碎，部分骨头已残损不可辨认。由于埋藏原因，底部有泥土淤积，遗骸保存状况不佳。经整理后，可见少量牙齿、部分颅骨、胫骨、股骨等。根据头骨骨缝大部分未愈合、下颌骨外翻等特征，判断墓主为一青少年。

第五节 灰 坑

本阶段发掘共发现灰坑6个，分别编号H2至H7[1]。其中，H2、H3、H5分别属于L2、L1、L4的组合设施，详见本章第一节“生产设施：炉及其相关设施遗迹”。

H4、H6、H7的清理情况叙述如下。

1. H4

H4位于TD8平台上，T0714东南角隔梁边，坑南侧小部分进入T0713北隔梁下。H4开口于TD8②层下，向下打破TD8③层、TD8-BJC2及其下堆积（图3-51）。

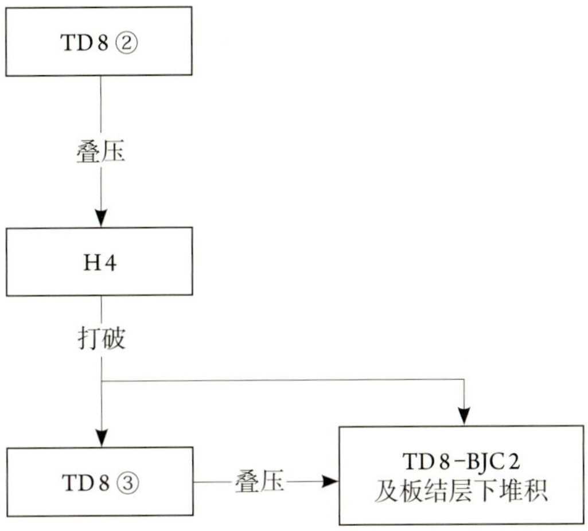

TD8②
叠压
H4
打破
TD8③
叠压
TD8-BJC2
及板结层下堆积

图3-51 H4遗迹关系图

现存状况

● H4形制

坑口平面近圆角梯形，坑壁斜直，坑底内收，仅东壁略内弧，底部平。坑口距地表深约30厘米，坑口南北长104、东西长98厘米，坑底南北长76、东西长80厘米，深约64厘米。坑壁和坑底经人为加工处理，表面平整且涂有一层白灰色黏土（图3-52）。

● H4坑内堆积

H4坑内堆积仅一层。

第①层：黏土，土色黄褐，土质较黏腻致密。坑内出土大量瓦片，以厚胎红瓦为

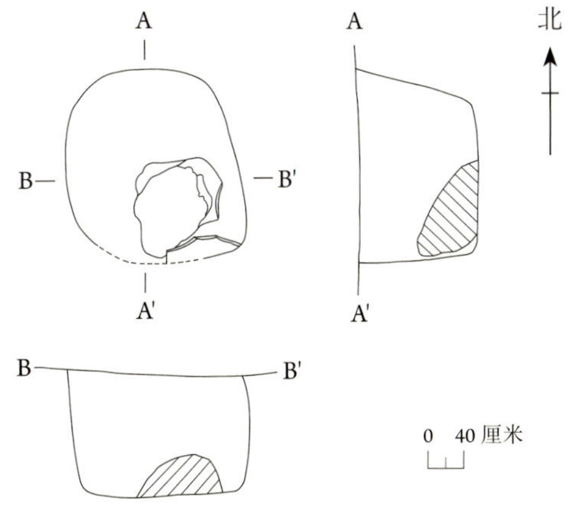

图3-52 H4遗迹平、剖面图

1 由于清理后发现H1并非灰坑，故废号。

主，以及少量的青瓷、青白瓷和白瓷片，可辨器形有碟、碗等。坑底有一大块磁铁矿石。

年代与性质判断

H4形制规则，坑内壁有人为加工的白灰黏土层，应当属于具有一定功能的设施，废弃后被大量瓦片、黏土填平。坑内出土的安溪窑带涩圈矮圈足青白瓷碗底、带篦划纹青白瓷碗腹片和德化窑青白瓷碟、白瓷碟等属于元代初年的瓷器类型。

2. H6

H6位于TD12上T1017内偏北部，开口于T1017⑤层下（图3-53）。

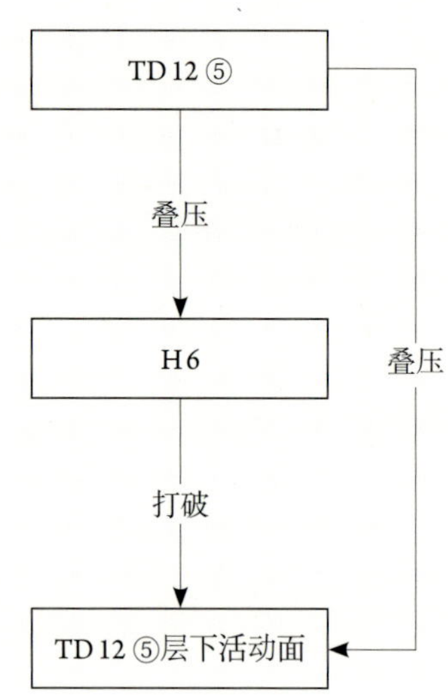

图3-53 H6遗迹关系图

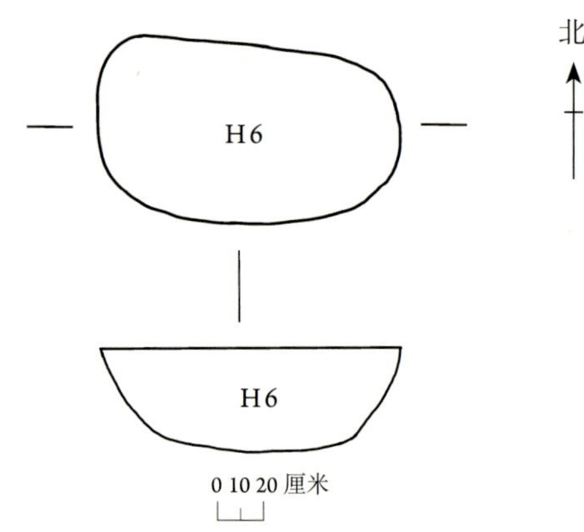

图3-54 H6遗迹平、剖面图

现存状况

● H6形制

坑口平面呈椭圆形，长轴大致呈东西方向，东西长130、南北宽80厘米。坑壁略弧，圜底，深约44厘米。坑壁与底部经人为加工处理，表面平滑，涂有青白色黏土涂层，涂层厚约3~4厘米，质地较致密（图3-54）。

● H6坑内堆积

H6坑内堆积分三层。

H6坑内出土瓷片少，仅有2件青白瓷器腹部残片。坑内主要包含物为炉渣，数量不多，总重6.62千克，集中出土于坑内②层填土中，炉渣粒径度中等，在5~15厘米之间，表面保留流淌痕迹，部分炉渣上保存有植物印痕。

第①层：扰动填土，棕褐色，土质疏松，厚度0~12厘米，包含扰动后的细碎瓦砾和红烧土颗粒。

第②层：黄黏土，含石英粗砂，土质较软、细腻，厚度28~38厘米，此层中掺有青白色黏土块，包含物中有炉渣。

第③层：青褐色，土质疏松，淤土，沉积于坑底部，无包含物，厚0~6厘米。

年代与性质判断

H6形制规则，坑内壁有人为加工的黏土涂层，应当属于具有一定功能的建筑设施。H6内遗物较少，层位与Z3一致，根据Z3内碳十四测年结果〔详见附录三“加速器质谱（AMS）碳十四年代测试报告与样本说明”〕，H6年代应属于南宋晚期至元代。

3. H7

H7位于T1112的TD2平面上，开口于TD2⑯层下，向下打破TD2⑰及其下堆积。由于TD2⑰层为L3废弃后形成的垫土层，故H7并非L3的附属结构（图3-55）。

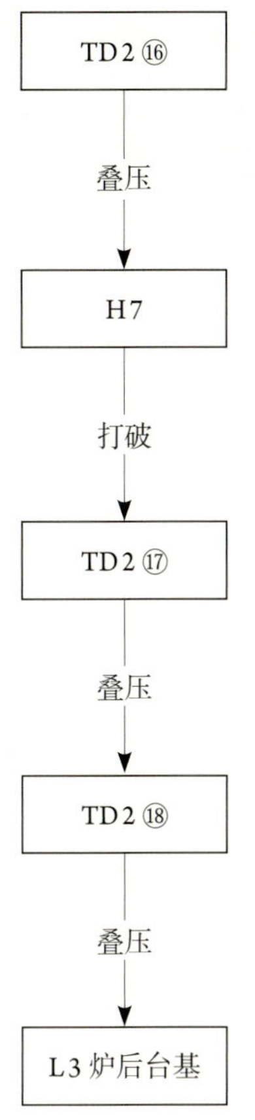

图3-55 H7遗迹关系图

现存状况

● H7形制

坑口平面呈椭圆形，直壁，寰底，内径55~60、深约40厘米。该坑内壁与底部经人为加工处理，表面涂有青白色粗砂土涂层，质地较致密。涂层薄处几不可见，最厚处厚约3厘米（图3-56）。

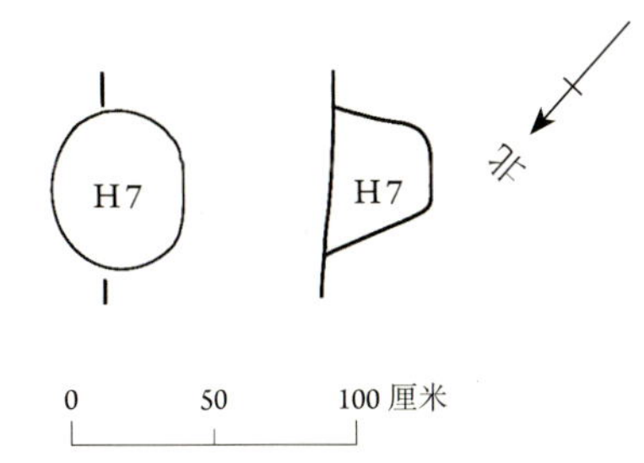

图3-56 H7遗迹平、剖面图

● H7坑内堆积

H7坑内堆积分三层。

第①层：黏土，土色为灰色与黄色混杂，土质较致密。厚20厘米，水平状分布全坑。出土物以木炭碎块和大块扇形排出渣为主。

第②层：粉砂土，土色为棕灰色，土质较疏松。厚15厘米，水平状分布全坑。出土物包括1片灰陶片、1片碎瓦片和数块炉渣、矿石。

第③层：粗砂土，与坑壁相似，土色为淡黄色，土质较疏松。厚5厘米，出土物只有数块炉渣。

H7的年代与性质判断

H7形制规则，坑内壁有人为加工的砂土涂层，应当属于具有一定功能的建筑设施。但区域揭露面积有限，同层位其他遗迹单位未见揭露，故具体性质未知。由地层叠压关系及出土陶瓷片类型初步判断，H7废弃于南宋时期。

第六节 其他遗迹

1. 石堆

遗址清理坡面表土后清晰暴露6处石堆遗迹，分别编号SD1至SD6。其中，SD1、SD2、SD3自北向南依次排列于TD1坡面上，SD4集中于T1012内TD4坡面上，SD5参与TD6西缘的构成，SD6则分布于TD12的坡面上。

以厘清各石堆性质与堆砌年代为目的，对SD5进行全面清理，对SD1、SD4、SD6进行局部解剖清理，发掘情况叙述如下。

（1）石堆的材料组成概述

6处石堆主要由炉渣、石块、铁矿石和少量烧土块构成，不同类型遗物数量比例、性质大小、垒砌方式略有差别，但遗物特征基本相近。

炉渣多破碎严重，形状不可辨认，少量保留了排出渣形态，由炉渣形态特征可初步分为扇形排出渣和槽形排出渣。扇形排出渣表面保留炉渣滴状流淌痕迹，并表现为由排渣口流出的形态；槽形排出渣横截面呈弧形，底部保留排渣道弧形凹槽的形状。

石块为石堆的主要构成材料，绝大多数石块保留有人为加工痕迹，还有一些无明确加工痕迹的鹅卵石、铁矿石和石块。加工痕迹包括开石的钉槽、修形的打击点、台面与劈裂面以及修整石面的凿坑等，使用石料多为石英砂岩、花岗岩、辉岩等。由石料的加工形状又可分为石材原料、半加工石料、成品石材与废弃石料。石材原料与半加工石料体积较大，局部保留有成排分布的开石钉槽，钉槽端部保留开石钉的形状，属于半圆形的扁头钉。成品石材通常保留有规整形态，如表面平整的块状石料、体型较大的长方形条石、存在一定厚度的片状或板状石头，以及带有尖角的楔形石头等，不同形状对应其使用位置，且部分大型条石也保留有开石钉槽。废弃石料大多个体偏小、无规整形状，局部保留打击点、台面与劈裂面等。石堆中的铁矿石数量不多，大块铁矿石多分布于TD1石堆下部，最大的铁矿石可达50厘米。

此外，石堆中还可见少量块状烧土、红砖等。

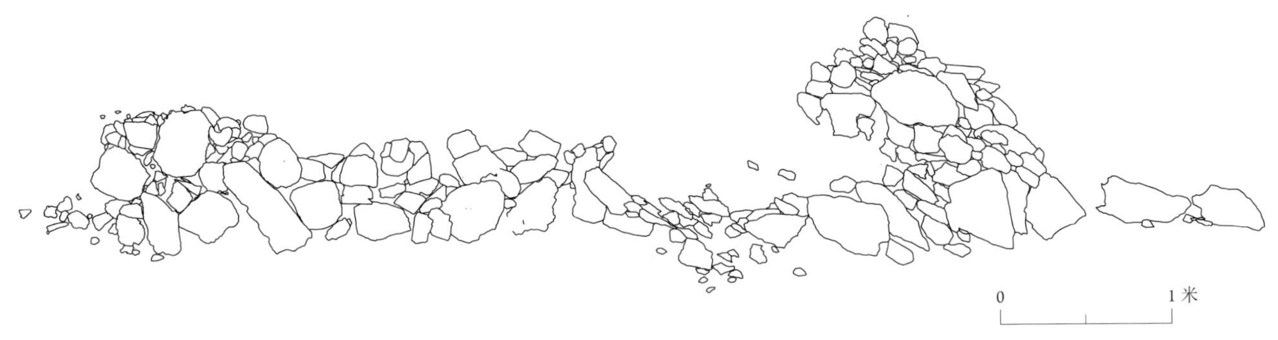

图 3-57 SD1遗迹正视图（自西向东）

（2）石堆基本情况

SD1

SD1集中于T1111、T1011的TD1坡面上，高约1.1、南北长约7.2米。SD1上部垒砌材料个体较小，材料选择随机，垒砌方式随意性较强。SD1底部材料个体较大，垒砌方式亦无明显规则，且于底部大块材料中出土一件铁杈（图3-57）。

材料组成中，炉渣、石块和矿石的比例约为23：27：5，还有1块红烧土块。石块个体最大，数量最多，集中于底部，其中底部一块条石上可见成排分布的三处开石钉槽，钉槽间隔相近，槽痕尖端呈圆弧形。炉渣数量其次，个体亦较石块小。

SD1的解剖清理集中于T1111内，清理发现SD1的堆砌可分为前后两个阶段。SD1上部稍小的石堆材料仅覆于TD1坡面上，纵向叠压TD1③至⑥层，即SD1上部堆砌年代晚于清乾隆时期。SD1下部大块的石堆材料被TD1⑥层叠压，向下叠压TD1⑮层、TD1-BJC2与DM1第一扇区，即SD1下部堆砌年代早于清乾隆时期，晚于南宋时期。

SD2

SD2位于SD1南约1米处，集中于T0911内，高约1.1、南北长约3.8米。SD2材料组成与SD1近似，炉渣数量稍多于石块，炉渣、石块和矿石的比例约为28：25：8，另有1块红砖。SD2铁矿石体积普遍较大，多分布于石堆下半部（图3-58）。

SD3

SD3紧邻SD2南，集中于T0811内，高约1.1、南北长约3.9米。SD3材料组成与SD2、SD1近似，炉渣、石块和铁矿石的比例约为24：16：7。石堆中体积较大的石块相对较少（图3-59）。

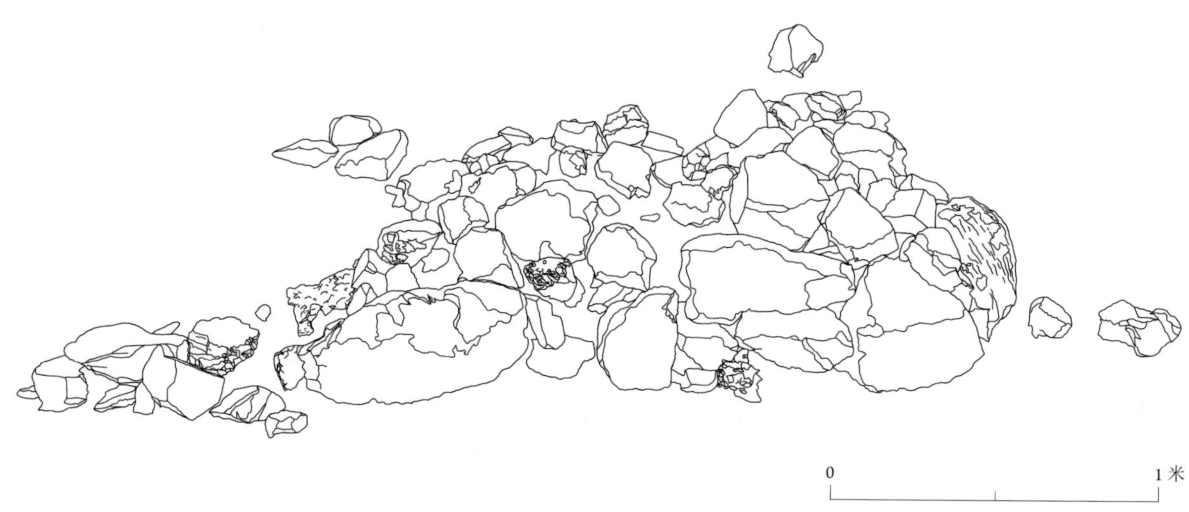

图 3–58 SD2 遗迹正视图（自西向东）

图 3–59 SD3 遗迹正视图（自西向东）

SD4

SD4 集中分布于T1012 的TD4 坡面上，高约 1.5、南北长约 5 米。SD4 的炉渣、石头和矿石的比例约为 27：27：2，出现 2 件烧土块、1 件鹅卵石。SD4 炉渣与石头数量相近，材料组成与SD1-SD3 近似，但石块的直径总体更小。SD4 石块大小均匀，大型块状石头数量下降，不见条石，铁矿石亦少见（图 3-60）。

对SD4 的局部清理发现，SD4 的堆砌亦可分为前后两个阶段。SD4 晚期垒砌材料于TD4 坡面表土层上暴露，最高处的石块、炉渣水平高度高于TD4-BJC1，并进入TD4 平台①、②层内，堆积方式随机，属于近现代堆积。SD4 下部石块、炉渣延伸进入TD4-

BJC1下垫土内，垒砌年代早于TD4-BJC1。TD4-BJC1铺设晚于F4石墙的修建年代，早于TD2-BJC1，即SD4下部材料堆积年代早于明末清初，晚于南宋晚期至元代。

SD5

SD5集中位于T1014、T1013的TD6部分，属于TD6西缘多层堆积的上层部分，主要由石块、炉渣、矿石、陶瓷片、瓦片等遗物水平堆积而成，上表面较平整，堆积厚约0.45~0.98米，堆积材料排列无序。组成材料中，石块大小较均匀，长径多在10~15厘米之间，多数保留有人为加工痕迹（图3-61）。

SD5叠压于TD6②层下，向下叠压TD6③层、TD6②层下活动硬面以及STJ（石台阶）等。SD5中已不见近现代遗物，出土瓷器以南宋中晚期至元代的本地类型为主，亦有多件清代青花瓷残片。其中，2019XCPIT1014TD6SD5：1（图版4.249）、2019XCPIT1014TD6SD5：2（图版4.250）、2019XCPIT1014TD6SD5：5（图版4.253）三件青花瓷碗及2019XCPIT1014TD6SD5：3青花瓷盘（图版4.254）与“泰兴号”沉船出土青花瓷基本一致[1]，故初步判断SD5堆积形成年代应当不早于清中晚期。

SD6

SD6位于发掘区北侧TD12坡面上，高约1米，集中分布于T1016、T1116、T1117及其东区域。根据走向可将SD6分为东西两段。西段位于T1016、T1116内，呈东北—西南方向排列，长约6.5米，炉渣、石块、矿石的比例约为9：55：11（图3-62）。

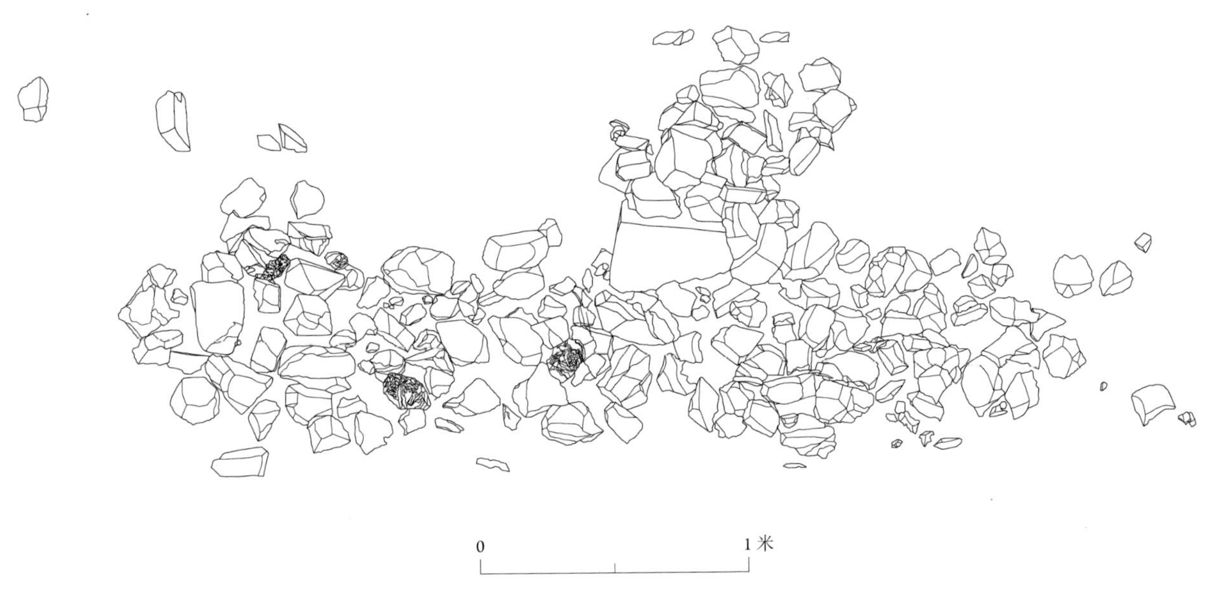

图3-60 SD4遗迹正视图（自西向东）

1 吴艺娟：《简论德化青花瓷的装饰手法及外销问题——以馆藏“泰兴号沉船”青花瓷器为例》，《四川文物》2013年第2期。

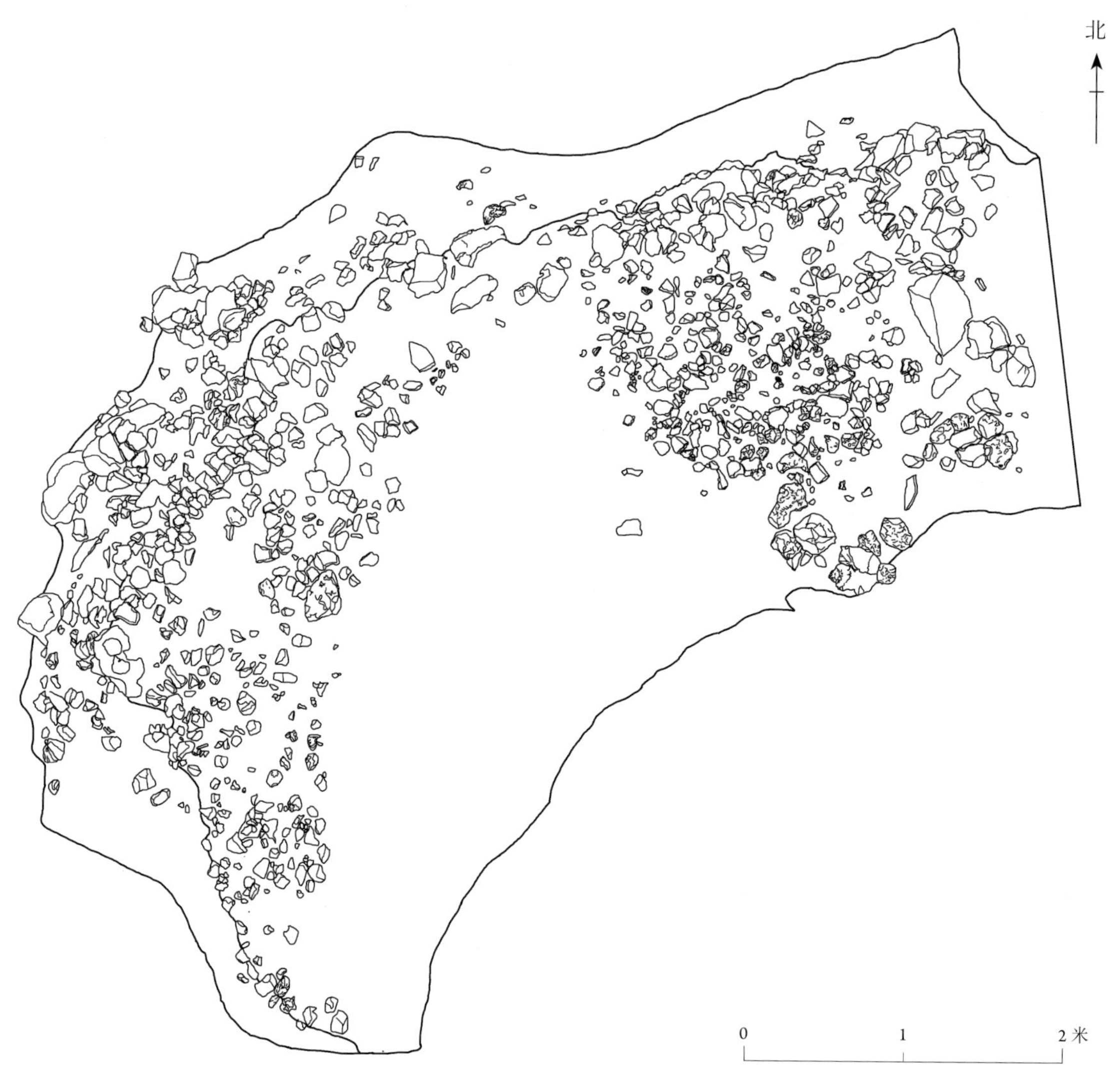

图 3-61 SD5 遗迹平面图

相对于其他石堆，SD6 西段炉渣比重小，矿石占比相对较大。但SD6 西段不见大块铁矿石，石堆中各类构成材料的大小也较为均匀。

东段长约 8.7 米，大致呈东西方向排列，仅最东端一段沿东北—西南方向延伸。SD6 中炉渣、石块、铁矿石和红烧土块的比例约为 20∶33∶5∶2。东段中可见数块体积较大的条石，多位于石堆底部，其余石块、炉渣均较小（图 3-63、3-64）。

（3）性质判断

6 处石堆的堆积位置、走向、范围、垒砌方式均有所不同，石堆性质、年代也略有差别。

SD 1-SD 3 同位于TD 1 坡面，间距较小，垒砌材料选择随机，材料组成、形制大小、磨圆度及各类材料数量比例近似。垒砌方式无序，结构稳定性一般，无明显的围合空间或外部形态，整体是大块石块积于底部，小块材料随机落于石堆上部。因此，三处石堆堆积性质相似，均属于非功能性的石料、炉渣堆，堆积形成年代可能相近。由SD 1 的解剖清理可知，SD 1 上部小块材料垒砌年代晚于清乾隆时期，下部大块材料堆积年代在南宋至清乾隆之间。

SD 4 堆积材料组成、数量比例与SD 1-SD 3 相近，但个体略小，垒砌方式无序，结构

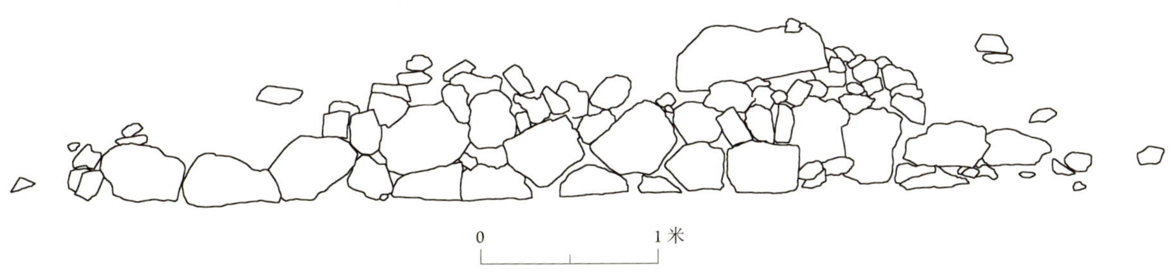

图 3-62 SD6 西段正视图（自西向东）

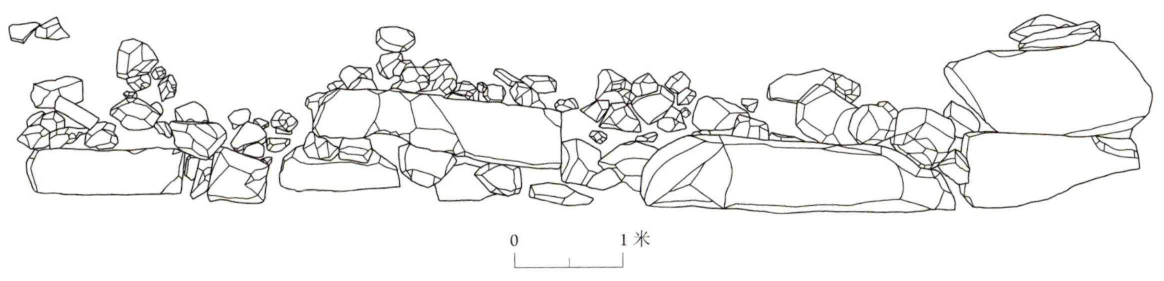

图 3-63 SD6 东段 -1 正视图（自西南向东北）

图 3-64 SD6 东段 -2 正视图（自西南向东北）

稳定性一般，无明显围合空间与外部形态，排除建筑的可能，当属于非功能性的石料、炉渣堆积。由SD 4 的局部清理可知，SD 4 外部小块材料堆积年代为近现代，下部材料堆积年代早于明末清初，晚于F 4 外墙的修建年代。

SD 5 堆积材料多样，无特殊选择倾向，垒砌排列无序，无明显围合空间与外部形态，排除建筑的可能。堆积表面平整，底部地势凹凸不平，故推测SD 5 可能属于垫平区域凹陷、抬高地势的垫石堆积，堆积形成年代晚于清道光二年。

SD 6 主要分布于台地坡面上，底部或压于或埋入下级台地表面耕土层，炉渣和石块分布无序，堆砌时大者在下、小者在上，为人为垒砌的台地护坡（挡土墙）。SD 6 底部保留较多相对规整的条石和块状石，这些石材可能来源于旧有建筑的废弃物。SD 6 石块多数作为台地挡土护坡堆砌，垒砌年代相对TD 12 南宋晚期至元代活动面较晚，清理过程中SD 6 顶部所倚靠的垫土中包含有相对完整的安溪窑青花瓷片。

2. 小丘

Q1 位于TD 14 西北角，为一高于TD 14 地表的丘状堆积，跨T 1208、T 1209、T 1308、T 1309 四个探方。Q1 平面呈近椭圆形，东北—西南走向，朝向约北偏东 20°，长约 13、宽约 3～5 米，高约 90 厘米。丘顶北部堆积相对较高，高于丘顶平面 40～50 厘米，其余区域相对平整（图 3－65）。

为探明小丘堆积性质，对小丘进行发掘，现已清理了丘顶三层堆积，堆积内涵叙述如下。

（1）清理情况

Q1 ①层：近现代扰动层，属于近现代村民平整农耕地时废弃物的集中堆积，以小丘北部堆积最厚。出土遗物丰富，包括大块高铁炉渣、石质炉壁、铁矿石及脉石、建筑用石块和瓦片、烧土块、陶瓷片、若干件铁器，以及近现代玻璃瓶、塑料制品等。其中，以高铁炉渣块为最多，铁矿石次之。陶瓷器包括素胎器、釉陶器、青瓷、白瓷、青白瓷、青花瓷及近现代瓷器，可辨器形以碗、碟为主；铁器共 3 件，包括 1 件铁杈、1 件铁钉和 1 件带钩形器。该层下暴露Q1 ②层，于Q1 东侧坡面上暴露出Q1 下部复杂分层堆积剖面，Q1 西侧坡面未见分层。

Q1 ②层：建筑废料堆积层。该层上部以堆叠的瓦片为主，下部为石块和炉渣块的密集堆积。出土遗物较为丰富，包括建筑用石块和瓦片、炉渣块、陶瓷残器以及 1 枚“祥符元宝”铜钱。建筑用石块以红砂岩为主，包含少量大块铁矿石，瓦片质地疏松，多数为白色、浅红色，少数为青灰色。陶瓷器包括素胎器、釉陶器、青瓷、白瓷、青白瓷，可辨器形以碗为主。该层下暴露Q1 ③层及Q1 ③层下的复杂堆积。

Q1 ③层：建筑废料堆积层。该层集中分布于Q1 西北部，呈南高北低的斜坡状。土色棕黑，土质较致密，包含较多细碎渣粒。出土遗物较丰富，以瓦片为主，兼有少量石

图 3-65 Q1③层下俯视图

块、炉渣块和陶瓷残器。瓦片多为板瓦，有少数筒瓦，大小、质地均优于上层，颜色可见白色、粉色、红色、褐黄色、青灰色等。陶瓷器包括素胎器、釉陶器、青瓷、白瓷、青白瓷，可辨器形以碗为主。该层下暴露Q1下部复杂堆积。

（2）Q1③层下堆积说明

平面上，Q1②、③层下暴露堆积复杂多样，但均与冶炼活动密切相关，包括小块连续烧土遗迹以及炭屑层、碎渣层、大渣层等。其中，烧土遗迹位于Q1东侧中部，破坏严重，性质未明。烧土遗迹两侧分布多个条带状的炭块堆积、烧土粒堆积、粒径约1厘米的碎渣堆积、粒径约3~5厘米的渣块堆积，各堆积分别与Q1东侧剖面地层对应。由于未继续向下发掘，各条带堆积间的叠压关系暂不明确。

坡面上，Q1③层下西侧坡面堆积保存完整，南、东侧坡面堆积被打破，于Q1东侧释放空间内铺设DM1第一、二扇区，DM1第二扇区铺设边缘距离现存Q1③层下堆积约1米。Q1③层下堆积北部及DM1第二扇区被水池打破。同时，由Q1东、南两侧剖面可观察到Q1③层下复杂堆积叠压于TD14-BJC2之上。

综上所述，Q1③层下复杂堆积形成年代早于DM1第二扇区的铺设年代，推测属于南宋时期该遗址冶铁活动的废弃堆积，且在堆积形成过程中，Q1上进行了高温活动形成连续烧土遗迹，高温活动性质需进一步分析检测工作来确定。

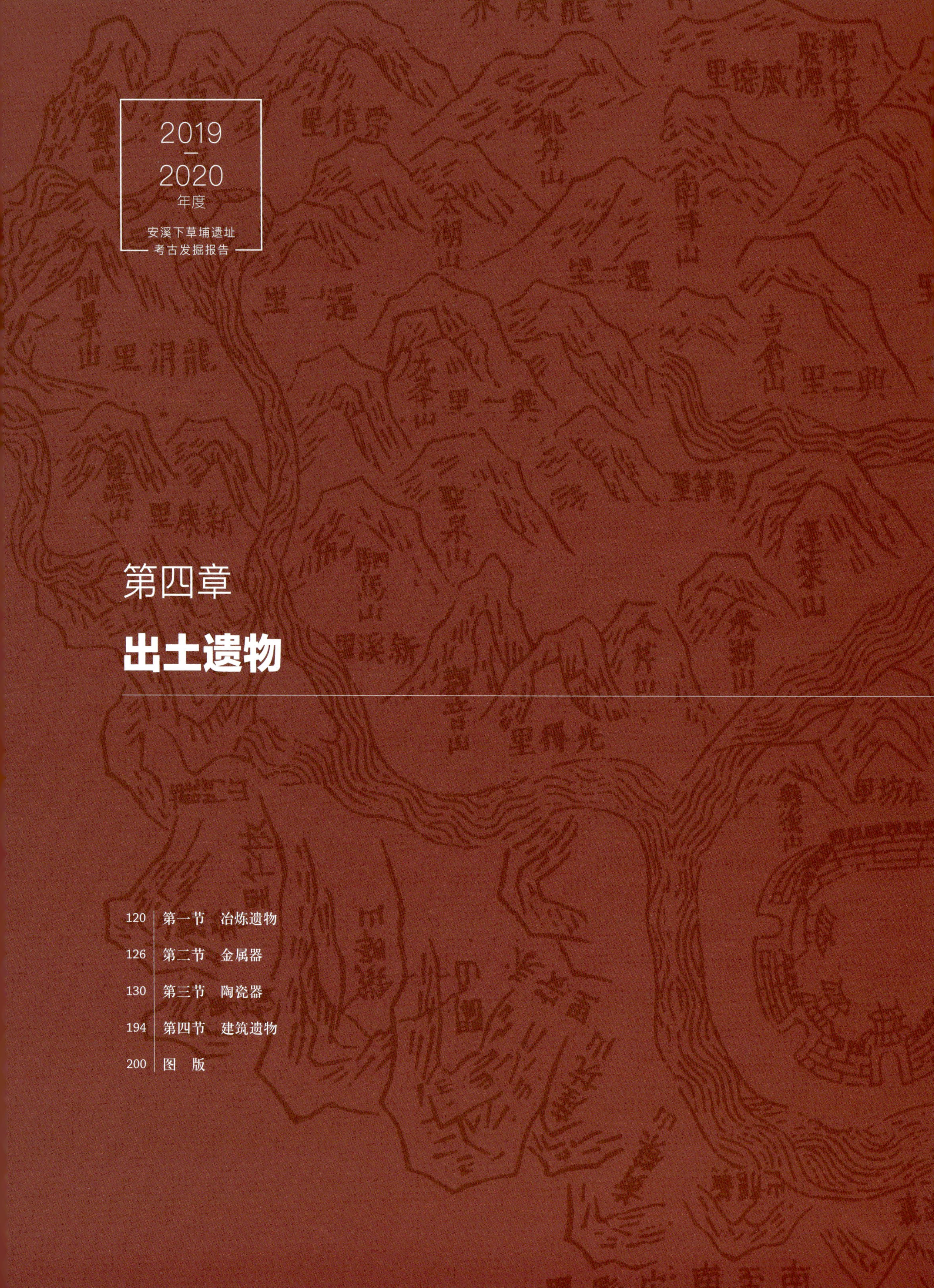

第四章

出土遗物

下草埔遗址出土器物中以冶炼遗物最多，占据出土遗物总量的三分之二以上，其中又以废弃炉渣为主（详见附录二“单位出土炉渣、积铁重量登记表”），其次是建筑遗物和陶瓷器，铜器仅零星出土9件，这与此处的性质和堆积形成有关。

从地层堆积状况看，该遗址在短时间内经历了频繁的冶炼生产过程，取土和取矿地皆在遗址中或周边，又将冶炼剩余的废料直接堆积于炼炉附近，原本山丘地貌被改建成如今所见的台地状，出土的冶炼遗物多属冶炼废料，堆积时间短，次数频繁，而夹杂在其中的陶瓷器，破碎程度高，大多无法拼合，说明是在冶炼过程中主动弃用并同时填入废渣堆积层中。出土物中部分碗底有人为凿除器壁的痕迹，如T1214TD5④：3、T1214TD5③：1、T1112TD2⑮：3、T0709TD14①：2、T1112TD2⑬：10等器物，说明这一废弃过程是主动且不紧不慢进行的。生产冶炼活动的停止最终导致该遗址废弃，年代大致在元明之际。在发现有明清青花的地层中，极少见到与冶炼相关的遗物，更不用说是生产遗迹，大部分的锈结地层或板结层成为这一年代界限的实际划分者。晚期地层中零星发现的炉渣与早期遗物，多与人为平整活动或塌陷等地形的自然改变有关。经历多次反复的平整、扩建和倾倒填埋，不仅造成遗物及遗物组合的完整性较差，还导致许多早期遗物混入晚期地层中，对堆积单位的年代判断造成干扰。此后，当地在晚近时期又经历了一次农田改造，再次对地层进行搅扰，不少发掘出土的遗物在早期已失去其原始埋藏位置。

同时，本次发掘的主要目的是解决冶铁遗址的存在、性质和年代问题，并较为精准地刻画本地人群的生产、生活状况。因此，挑选标本时，在保证遗物种类的普遍性和代表性的前提下，主要关注与冶炼生产相关的遗物，尤以散落在居址和炉周边、废渣堆积等原生堆积中的遗物为优先考虑，其次是明确与冶炼过程相关而混入晚期地层的遗物。

据此，根据性质不同，发掘出土的遗物可分为冶炼遗物、金属器、陶瓷器和建筑遗物等四类，基本囊括了遗址使用时期当地人群在生产、生活各环节的物用，以及遗址废弃后人群迁徙与器用的转变，反映了下草埔遗址宋元时期的冶铁工艺与器用特点，为后续深入研究福建地区乃至全国宋元时期的冶铁生产和运输以及各手工业间的交互与时代更替等提供了严谨翔实的研究材料。现分述如下。

第一节 冶炼遗物

手工业遗址出土冶炼遗物是反映遗址技术内涵的重要实物资料，技术内涵可由遗物的宏观信息与微观信息两个方面体现。

本次田野工作主要发现的冶炼遗物包括矿石、炉渣、积铁、炉壁等。由于遗物的检测分析工作尚未完结，冶炼遗物的描述以宏观描述为主，辅以初步分析数据（详见附录四“安溪下草埔遗址冶炼遗物的初步分析”）。

1. 矿石

遗址出土铁矿石数量一般，采集方式为手选、磁选。遗物宏观信息描述主要涉及矿石类别与矿石粒径两个方面，矿石类别可以体现古人用于冶炼活动的原材料，矿石粒径则反映古人对矿石材料的有意加工。

遗址内发现铁矿石类型包括磁铁矿、黄铁矿等，锰矿石为该地区磁铁矿的伴生矿。

磁铁矿为遗址出土矿石的主要类型，多呈黑色、蓝黑色不规则致密块状，部分被氧化为紫红色，磁性普遍较强。矿石品位多数较高，少数可见条带状石英、方解石等脉石夹杂（图4-1）。磁铁矿石粒径大小差异较大，大者可达30~50厘米，小者不超过2厘米。据矿石大小可将其分为四个等级：最小者（<2厘米）应为碎矿过程中形成的矿石碎屑；中等粒径者在3~5厘米之间，品位质地为四类最佳，且多分布于炼炉附近的操作面上或灰坑内，推测为碎矿后用于冶炼的矿石类型；大者粒径在10~15厘米之间，为出土数量最多的铁矿石粒径类型，推测为开采来的矿石原料；最大者（>30厘米）数量有限，多数品位不高，且集中分布于石墙、护坡等建筑遗迹中或散布于地表，推测其可能用作建筑材料而非冶炼原料。

黄铁矿为地表采集遗物，且品位不高，推测并非该遗址古人冶炼用铁矿石。

矿石的分析内容为p-XRF成分分析，初步分析对象是粒径为3~15厘米的磁铁矿，分析数据见附录四“安溪下草埔遗址冶炼遗物的初步分析”表附4-1。分析结果显示矿石品位较高，类型以含锰磁铁矿为主，亦含有一定钛，主要脉石元素为钙、钾等。

图 4-1 下草埔遗址出土矿石样品

2. 炉渣

炉渣与积铁是与冶炼活动关系最为密切的资料，作为冶炼产物，携带着冶炼反应的各种信息，因之可探究遗址的冶炼技术内涵。

炉渣为遗址出土数量最多的冶炼遗物类型，普遍分布于发掘区各探方，其中发掘区南部及TD4与DM1之间台地的炉渣分布相对较多。遗物采集方式为手选、磁选。炉渣的宏观描述主要由高铁渣、挂渣和玻璃态渣三类分别进行，宏观分类的考量参数主要有质体比、玻璃化程度、均质化状态等，三类炉渣在产生的技术类别、产生位置上有区分。

● 高铁渣

高铁渣为深灰色，质体比较大，普遍均质化状态较好，玻璃化程度较好，断面无镜面反射。此类炉渣出土数量最为丰富，粒径大小由1厘米至50厘米不等。粒径较小的高铁渣为炉渣碎块，无特定形貌，为出土最为丰富的炉渣，多数质地较致密且纯净，少数疏松多孔，包裹木炭、石英砂砾等。体量较大的高铁渣多为排出渣，表面多保留有炉渣熔融时滴落、流淌的痕迹，质地普遍致密且纯净。完整排出渣形以槽形、扇形为典型形貌特征。槽形排出渣，整体呈弧形槽道状，横截面呈半弦月形，底面保留炉渣排出时接触面的形貌，即排渣道形状，上表面保留炉渣熔融时的流淌痕迹。扇形排出渣，正视呈倒立的折扇形，上窄下宽，正面保留炉渣滴落、流淌的痕迹，背面保留排出渣接触面的形状，即炉体外围或排渣坑壁的形貌。此外，少数炉渣上可见单面、双面铺压植物茎叶及圆柱形戳印痕迹（图 4-2）。

图 4–2 下草埔遗址出土高铁炉渣样品（2019XCPIT0910TD14 ①：1）

● 挂渣

挂渣，质体比较小，玻璃化程度一般，均质化程度较差，属于炉壁与炉渣的结合产物。

挂渣出土数量相对较少，多为黑色和蓝紫色，少数为墨绿色。断口常见较多白色石英颗粒，少数表面挂有未熔的泥质、石质炉壁材料（图 4-3）。

● 玻璃态炉渣

玻璃态炉渣，质体比小，均质化程度好，玻璃化程度高，断面可见镜面反射。

玻璃态渣出土数量较少，但出土位置相对集中，主要见于TD9 南部区域，零星见于遗址南部地表，多为墨绿色，有一定透明度，少数为蓝色或蓝紫色，透明度较差。粒径大小由 1 厘米至 15 厘米不等，多属于炉渣碎块（图 4-4）。

图 4-3 下草埔遗址出土挂渣样品（2019XCPIQ1 ①：10）

图 4-4 下草埔遗址出土玻璃态炉渣样品

炉渣初步分析内容为金相组织观察和SEM-EDS成分分析，初步分析对象是系统采样的高铁渣、挂渣和玻璃态炉渣，分析数据见附录四“安溪下草埔遗址冶炼遗物的初步分析”表附4-2、附4-3。金相观察结果显示高铁渣可见三种显微组织，多为铁橄榄石基体上分布浮氏体和玻璃相或玻璃相基体上分布铁橄榄石条晶两种均匀组织；第三种数量较少，组织不均匀，呈铁氧化物与玻璃相反应形成浮氏体和铁橄榄石的状态。挂渣呈渣相与石英砂粒的混合态，渣相组织为玻璃相基体上零星分布铁橄榄石和浮氏体。玻璃态渣组织以玻璃相为主，包含球形铁颗粒的金相多为过共析钢或灰口铁组织，流体态铁颗粒金相多为铁磷共晶组织。成分分析结果显示，高铁渣属硅铁系炉渣，玻璃态渣属硅钙系炉渣。二者锰含量均相对较高且与矿石基本对应，炉渣中的锰应自矿石中引入。

3. 积铁

积铁，即不定形的渣铁混合物。遗址积铁块出土数量较少，皆取自3~8厘米的碎块高铁渣中，其外观形貌与高铁渣粒径小者基本一致，多为不规则状或瘤状破碎体。积铁初步分析内容为金相组织观察，初步分析对象是粒径3厘米左右的积铁块，分析数据见附录四“安溪下草埔遗址冶炼遗物的初步分析”表附4-5。分析结果显示积铁中的金属相含碳量大多较高，金相组织为过共析钢或亚共晶白口铁组织；少数不含碳或含碳量较低，金相组织为铁素体或魏氏组织。

图4-5 下草埔遗址出土炉壁样品

4. 炉壁

遗址出土炉壁材料较多，采集方式为手选，参考信息为受高温痕迹的陶、石材料，如烧结、烧瘤、烧蚀变色等现象。炉壁的宏观描述主要涉及材料类别、形制特征等方面，材料类别体现炉体材料的选择、制备与加工，形制特征体现炉体垒筑方式。

遗址内发现炉壁材料可分为泥质炉壁和石质炉壁两类，集中分布于残炉炉膛内或附近区域，以泥质炉壁出土数量最多。

泥质炉壁，多为红色、橙红色或橙黄色，制备材料以黏土与一定量粗砂为主，质地均匀，未见夹草。该类炉壁以残块为主，多数为约 15 厘米 × 10 厘米 × 5 厘米的不规则块状物，少数略呈长方形。

石质炉壁，材质以红砂岩为主，形状常为楔形或略带弧度的长方体，少数单面有烧结、烧瘤痕迹。据采集的挂渣炉壁标本可知，石质炉壁受温后自内壁至外壁呈现出颜色及质地渐变的状态：紧贴挂渣处受温最高，石质中其他成分参与炉内反应而流失，仅余一薄层白色的石英颗粒聚集物；中部受温稍高，颜色变为黄色，可见浮凸的石英和方解石，且距挂渣越近处浮凸物越致密；靠近外壁处受温较低，颜色保持红色本色，但石质表面可见石英、方解石、云母等浮凸物（图 4-5）。

第二节 金属器

1. 铁器

遗址铁器出土数量较少，器类包括铁钉、铁杈、铁剪刀、铸造铁片、铁条和其他铁器。铸造铁片和铁条等半成品仅能体现技术特征而不能提供产品信息，其余器物多为生活用器，且多出土于①、②层的近现代至明清时期地层，亦无法用于断定冶炼生产的产品类型。

● 铁钉

出土6件较完整器，可大致分为扁身、方身两类，表面均有锈蚀，并粘有黏土，呈黄棕色。

扁身铁钉，出土3件。

2019XCPIT0714TD8①：1，残。器身截面为扁平状“一”字形，残长5.5、宽1.2、厚0.7厘米（图4-6-2）。

2019XCPIT0914TD8①：2，残。器身截面为扁平状“一”字形，钉尾部断为两截，可拼合，长6.5、宽0.7~1.2、高0.5~1.1厘米。

2019XCPIT1016TD12③：1，残。器身截面为扁平状“一”字形，长6.0、钉头宽1.7~1.9、钉身宽1.1、高0.9~1.2厘米。

方身锥形铁钉，出土3件。

2019XCPIT0911TD1②：1，残。器身截面为方形，残长3.2、宽0.9~1.1、高0.8~1.1厘米。

2019XCPIT0811TD2①：2，残。器身截面为方形，表面锈蚀严重并粘有黏土，呈黄棕色，长11.4、宽0.8~0.9、高1.0~1.4厘米（图4-6-4）。

2019XCPIT1213TD5③：1，残。器身截面为方形，残长4.1、宽0.8~1.1、高0.7~1.1厘米。

● 铁杈

出土2件。

2019XCPIT1011TD1①：2，较完整。铸造，器身有纵向范线对称分布，为双合范铸造。顶部有环，孔已锈结，中部鼓腹呈球状，足外撇。器高8.7、环高2.6、器身径5.3~2.1、底径4.4厘米（图4-6-5）。

2019XCPIQ1①：1，器残。铸造，器身有纵向范线对称分布，为双合范铸造。主体为长方体，顶端呈圆柱形。锈蚀严重，表面附着大量土锈。高11.2、体宽约3.7~4.2、顶端宽2.9~3.5厘米。

● 铁剪刀

出土1件。

2019XCPIT1116TD6①：1，器残。只余剪撑及部分剪刀腿部，残长7.1、残宽3.3、厚1.2厘米（图4-6-7）。

● 铸造铁片

出土1件较完整器。

2019XCPIT1112TD2①：4，残。双面合范铸造，平面呈梯形，器身截面呈扁方形，

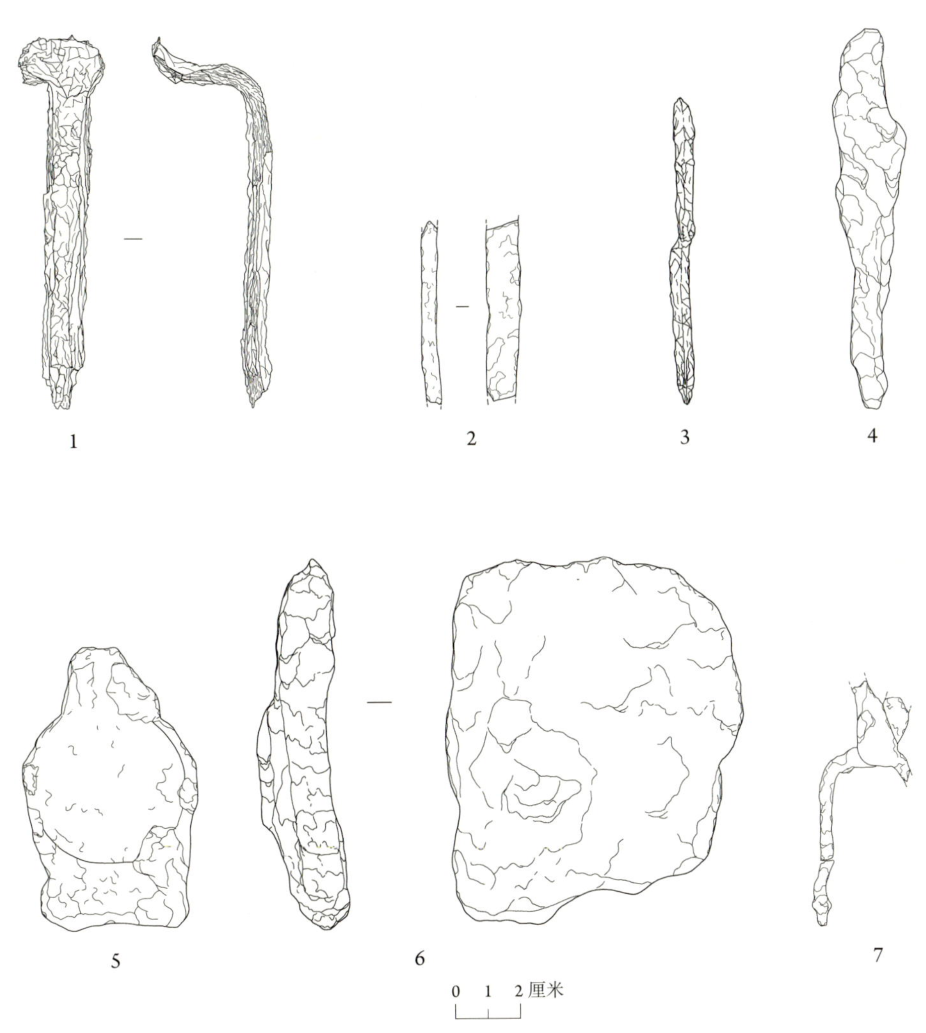

1、3.铁器（2019XCPIT0616TD8①：1、2019XCPIT0717TD10①：1） 2、4.铁钉（2019XCPIT0714TD8①：1、2019XCPIT0811TD2①：2） 5.铁杈（2019XCPIT1011TD1①：2） 6.铁块（2019XCPIT1011TD2①：1） 7.铁剪刀（2019XCPIT1116TD6①：1）

图4-6 铁器

长 5.1、宽 4.7、厚 0.7 厘米。

● 铁条

出土 1 件较完整器。

2019XCPIT0914TD8③：1。为锻造条材，平面呈长方形，长边一端厚一端薄，厚处截面呈扁方形，器身部分有片状剥落，长 6.3、宽 1.8、厚端 0.7、薄端 0.1 厘米。

● 其他铁器

均为无法断定器类的器物，共 8 件较完整器。

2019XCPIQ1①：2，器残。一端呈勺斗形，一端呈鱼尾形。锈蚀严重，表面附着大量土锈，器身有层状皲裂。残长 8.9、宽 1.2~3.3、高约 1.8~2 厘米。

2019XCPIT0616TD8①：1，器残。整体呈如意形，两端皆残缺。锈蚀严重，表面附着大量土锈，器身出现层状皲裂。残长 11、头端宽 2.6、身宽约 1.2 厘米（图 4-6-1）。

2019XCPIT0717TD10①：1，器残。截面呈圆方形，尖端残缺。锈蚀严重，表面附着大量土锈。残长 9.1、直径约 0.5 厘米（图 4-6-3）。

2019XCPIT1011TD2①：1，呈不规则方形，断茬口处可见孔隙率较高，经磁选后发现磁性很强，可能为冶炼生产的初锻产品。长 10.9、宽 9.2、厚 1.8~3.3 厘米（图 4-6-6）。

2019XCPIT1111TD1④：1，器残。不规则形薄片形，略有弧度。锈蚀严重，表面附着较多土锈。残长 5.5、宽 3.6、厚约 0.4 厘米。

2019XCPIT1114TD5⑩：1，器残。不规则形薄板形，有一定弧度。锈蚀严重，凸面土锈较少，凹面附着大量土锈。残长 17.5、弧长 20.5、宽 7.1~13.1、厚 0.9~1.2、无土锈处厚 0.3~0.4 厘米。

2019XCPIT1114TD5⑩：2，器残。圆筒形，一端残缺。中空，薄壁，截面呈圆形，外表面附着大量土锈。残高 6.4、顶径 2.1、底径 4.4、无土锈底内径 2.1、壁厚 0.1~0.2 厘米。

2019XCPIT1214TD5⑩：1，器残。圆筒形，一端残缺。薄壁，截面呈圆形，中部空腔被铁锈填满，外表面附着薄层土锈。残高 6.6、外径 3.4、壁厚 0.3~0.5 厘米。

2. 铜器

可分为铜簪、铜钉和铜钱三类。铜器出土数量稀少，铜簪和铜钉可能并非本遗址人群的生产器或日常大宗用品，出土铜钱的生产流通年代皆为北宋早中期，但铜钱出土地层已非原始埋藏地层，无法用于界定地层和遗迹的年代上限，仅可推测北宋早中期当地有人群生活。

● 铜簪

出土 1 件。

2019XCPIT0614TD8①：1，较完整。为铸造铜器，器身有纵向范线对称分布，为双合范铸造，有明显打磨范线的加工痕迹。锥头呈宝盖形，顶为球状，锥身有宝瓶状凸棱。全长 10.2、最大径 1.8、最小径 0.3 厘米，锥下部锥尖部分长 3.9 厘米，锥顶球径 0.3 厘米（图 4-7-1）。

● 铜钉

出土1件。

2019XCPIT1111TD⑪：1，器残。为模制铜器，钉身呈长方体状，钉头一端较细锐，呈圆锥状。锈蚀严重。钉头残长0.5、底径0.2、钉身残长5.4、残宽0.3、厚0.3厘米（图4-7-2）。

● 铜钱

出土7件，均为圆形方孔钱（图4-8）。

祥符元宝，1件。

2019XCPIQ1②：1，圆形方孔。正面楷书“祥符元宝”铭文，右旋读。外径2.4、穿径0.5、厚0.1厘米。

皇宋通宝，1件。

2019XCPIT0616TD8①：1，圆形方孔。正面铭文，字迹不清，经辨认应为“皇宋通宝”铭文，直读。外径2.4、穿径0.8、厚0.1厘米。

熙宁元宝，4件。

2019XCPIT0712TD4①：5，圆形方孔。正面楷书“熙宁元宝”铭文，右旋读。外径2.3~2.4、穿径0.6~0.7、厚0.1厘米。

乾隆通宝，1件。

2019XCPIT1111TD1⑥：2，圆形方孔。正面楷书“乾隆通宝”，直读。外径3.5、穿径0.6、厚0.1厘米。

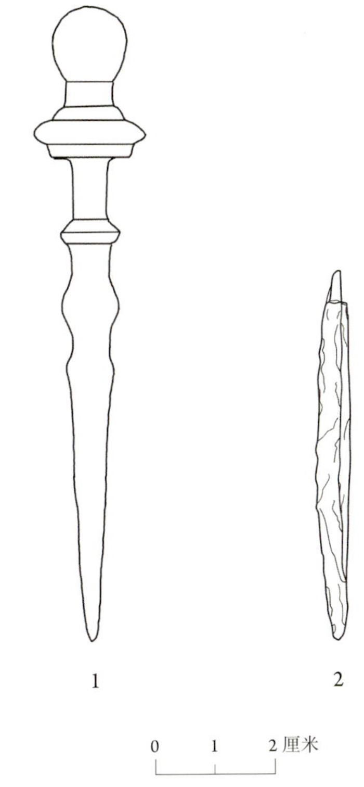

1.铜簪（2019XCPIT0614TD8①：1）
2.铜钉（2019XCPIT1111TD1⑪：1）

图4-7 铜簪、铜钉

图4-8 铜钱

第三节 陶瓷器

清理出土的陶瓷器碎片总计86703件（片）（见附录一"出土陶瓷片登记表"），年代从南宋早期至清代，时代跨度较长，但大多数器物的年代集中分布在南宋中晚期至元代这一区间，即遗址使用的主要年代。结合便携式XRF测量数据以及类型学分析，确认本遗址出土器物的生产窑口后，按窑口—釉色—器类—型式的顺序，分别对出土较完整的陶器和瓷器标本进行介绍，同一型式器物在同一台地内按地层由早到晚的顺序进行描述，不同台地者则按照台地编号顺序先后描述，标本较少的窑口或器类则不做型式区分。

1. 陶器

出土陶片总计49933件（片），器类包括罐、小罐、盖罐、执壶、盆、火盆、缸、盏、器盖、器耳、勺、纺轮等，以大件器居多，根据是否带釉可分为釉陶器和素胎器，胎色有红陶、白陶、黑陶、黄陶等，产地窑口根据器形和制作工艺等特征判断以安溪本地窑口和磁灶窑为主[1]。素胎器制作较为粗糙，器类简单，但数量较多；釉陶多施透明釉、绿釉、青釉和酱釉，部分亦施有红色、黄色陶衣，盆、缸类器施釉部位见于内壁，罐、壶类器多施于外壁，而内壁仅部分在口沿和颈部施釉，其余部位露胎，器盖则施釉于盖顶外侧。

（1）安溪窑

釉陶器

● 罐

未见完整器，有罐底、口沿和器耳三种遗物类型，分述如下：

罐底 根据足部可分为两型。

A型 饼形足，足外撇。

1 磁灶窑在泉州本地影响较广，早年调查、发掘工作进行较多。从器物类型看，目前安溪下草埔遗址所出器物受磁灶窑的影响较大，虽不能排除本地烧造的可能，但通过对标本器物的胎釉进行XRF微量元素检测，并与磁灶窑的检测数据对比发现，部分器类之间存在较大的关联性，加之该遗址在商品运输和贸易上与泉州港之间的协同关系，磁灶窑器物输入遗址所在的尚卿青洋村一带可能性极大。

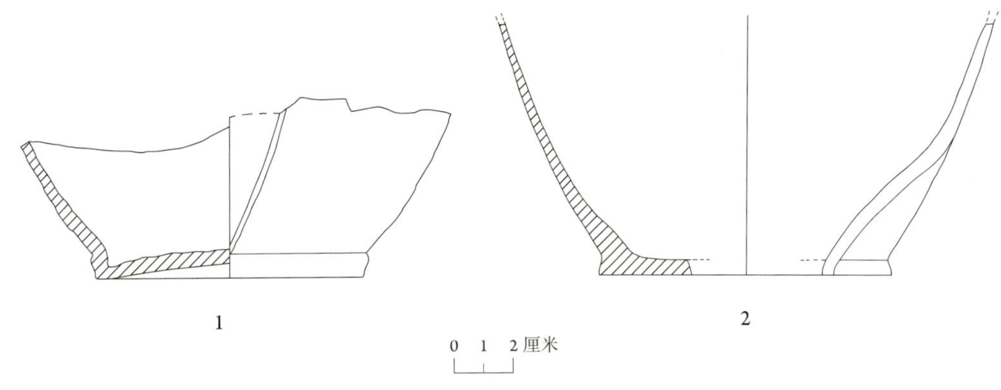

1-2.A型罐（2019XCPIT1112TD2⑬：8、2019XCPIT0816TD10④：12）

图 4-9 A 型釉陶罐

2019XCPIT1112TD2L3：2，器残。泥质灰胎，胎质细腻。斜腹，平底微内凹，饼形足。露胎处可见轮制痕迹，内壁有铁锈形成的黑斑。残高 2.3、可复原足径 6.4、壁厚 0.3~0.8、底厚 0.5 厘米。

2019XCPIT1112TD2⑬：8，器残。下腹弧，平底内凹，饼形足。内壁施青釉，施釉方式为荡釉。内壁可见轮制痕迹。残高 7.2、最大腹径 15、壁厚 0.3~0.5、足径 9、足高 0.8、足厚 0.5 厘米（图 4-9-1，图版 4.1）。

2019XCPIT0816TD10④：12，器残。泥质灰胎，胎质细腻。上腹直，下腹斜弧，平底，饼形足。腹中部外壁施青釉，内壁可见轮制痕迹。残高 8.3、可复原足径 10、壁厚 0.3~0.7、底厚 0.5 厘米（图 4-9-2）。

B型 平底无足。

2019XCPIT0816TD10④：11，器残。下腹斜弧，平底。内壁施青釉。内壁可见轮制痕迹，外壁施红陶衣。残高 6.1、残存最大腹径 20.4、壁厚 0.3~0.5、可复原底径 12、底厚 0.3 厘米（图版 4.2）。

2019XCPIT1111TD1⑩：2，器残。下腹弧斜，平底。内壁施青釉。内壁可见轮制痕迹。残高 5.9、残存最大腹径 16、壁厚 0.2~0.4、可复原底径 9.8、底厚 0.3 厘米。

另出土有口沿和器耳，应为同一类器物不同器件的残片，分述如下：

口沿

2019XCPIT1112TD2⑤：18。圆唇，卷沿，沿内侧起凸棱，敛口，弧腹。内壁口沿周边过火烧红，口沿以下施青釉。残高 4.5、口径 19.2、残存最大颈径 16.4、壁厚 0.2 厘米。

器耳

2019XCPIT0712TD4①：4，为陶罐器耳及部分器身残片。夹细砂灰胎，胎质较粗糙。据器内轮制痕迹方向判断，器耳为横錾，呈拱状，由手制泥条贴于器表形成，应为穿绳用。内壁不施釉，外壁施青釉，基本全部剥落。内壁有明显轮制痕迹。残长 5.2、残宽 3.1 厘米，器耳长 4、宽 1、高 1.1、孔径约 0.6~1.1 厘米（图 4-10-1，图版 4.3）。

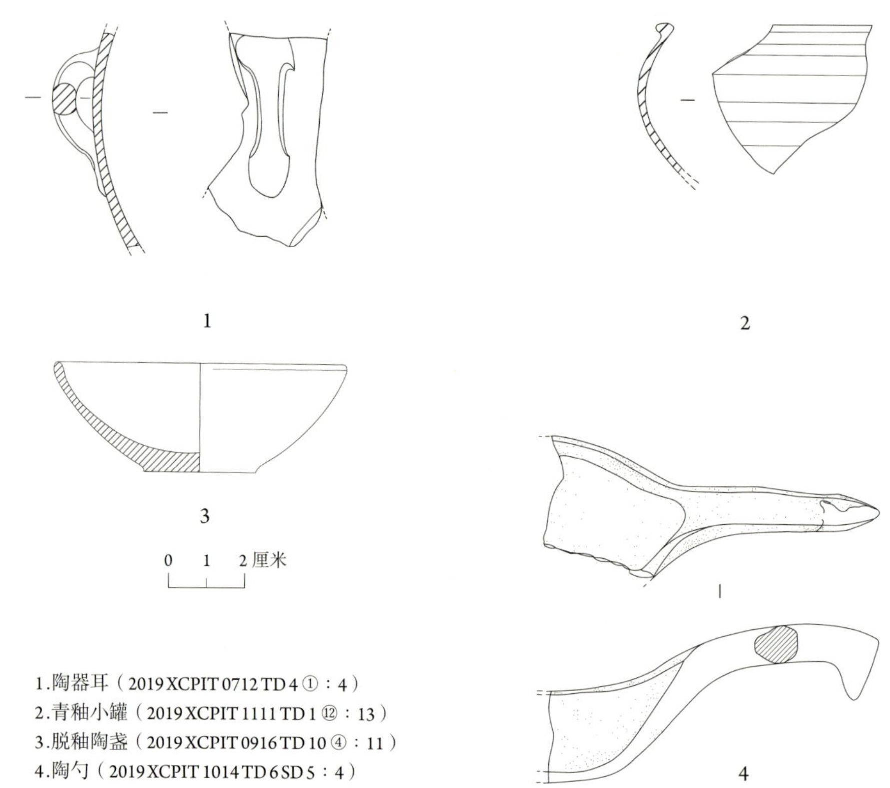

图4-10 釉陶器

● 小罐

2019XCPIT1111TD1⑫：13，器残。夹细砂灰胎，胎质较粗糙。圆唇，卷沿，敛口，鼓腹。外壁施青釉，釉面剥落严重，内壁一半在口沿下施青釉，一半从上腹部以下施釉。残高3.2、可复原口径7.2、最大腹径9、壁厚0.2厘米（图4-10-2，图版4.4）。

● 执壶

2019XCPIT1112TD2⑬：12，器残。夹砂灰胎，胎质粗糙。方唇，厚沿，敛口，直颈。内外壁皆施釉，外壁釉线较高。外壁唇沿下作一凹陷，厚积绿釉泛黑，往下颈部施绿釉，有砂点暴露于釉层上。内壁施绿釉、黑釉相间。残高3.9、可复原口径13.4、壁厚0.2厘米。部分同类器口沿较厚，形成厚唇。

● 盏

2019XCPIT0916TD10④：11，器残，可复原。泥质灰胎，胎质较粗糙。圆唇，敞口，斜弧腹，小平底。内壁口沿下施青绿陶衣，零星可见一层透明釉，剥落严重。口沿外壁有铁锈黏附，腹外壁可见轮制痕迹。高2.6、口径8.8、底径3、壁厚0.2厘米（图4-10-3，图版4.5）。

● 勺

2019XCPIT1014TD6SD5：4，器残。胎色灰黄，胎质粗糙，夹细砂。勺柄末端有一倒钩，勺斗残。除倒钩露胎外，其余部分施一层薄釉。残长 8.7、柄长 5、斗残宽 2.6 厘米（图 4-10-4，图版 4.6）。

素胎器

● 罐

口沿 根据肩口形制可分为五型。

A型 平折沿。

2019XCPIT1112TD2⑬：16，器残。夹砂灰胎，胎质较粗糙。圆唇，折沿，沿面平斜，敛口，弧腹。内壁微泛红。残长 4.8、宽 3.6、壁厚 0.4 厘米（图 4-11-1，图版 4.7）。

B型 卷沿近平，口沿下垂。

2019XCPIT1112TD2⑬：15，器残。夹砂灰胎，胎质较粗糙。尖圆唇，敛口，弧腹。残高 3.1、可复原口径 10、壁厚 0.3 厘米（图 4-11-2，图版 4.8）。

C型 厚卷沿。

2019XCPIT1111TD1⑫：12，器残。夹砂灰黄胎，胎质较粗糙。圆唇，卷沿，颈上窄下宽。残高 3、可复原口径 5、壁厚 0.2 厘米（图 4-11-3，图版 4.9）。

D型 直口，广平肩。

2019XCPIT1111TD1⑫：9，器残。夹砂灰胎，胎质较粗糙。方唇，直口，短颈，颈肩交接处浅内凹，平肩。残高 2.8、可复原口径 12.2、颈高 2、残肩径 19、壁厚 0.6 厘米（图 4-11-4，图版 4.10）。

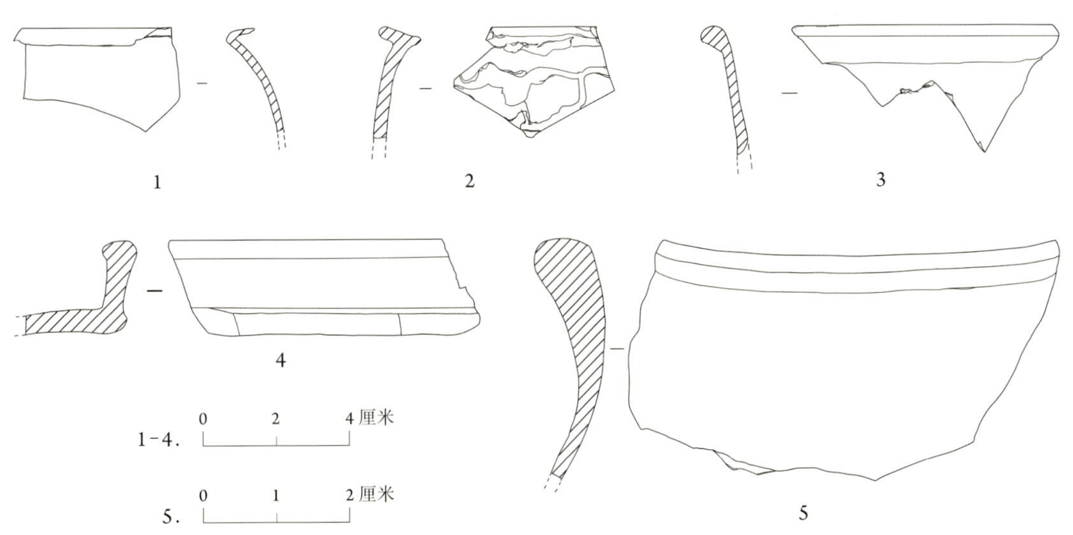

1.A型（2019XCPIT1112TD2⑬：16） 2.B型（2019XCPIT1112TD2⑬：15） 3.C型（2019XCPIT1111TD1⑫：12）
4.D型（2019XCPIT1111TD1⑫：9） 5.E型（2019XCPIT1112TD2⑥：14）

图 4-11 素胎陶罐

2019 XCPIT 1112 TD 2 ⑭：4，器残。夹砂灰胎，胎质粗糙。圆唇，平卷沿，直口，直颈，平肩。口沿内侧做两圈凹弦纹，表面附着铁锈。残高 2.7、口径 13、颈径 12、残腹径 15、壁厚 0.7 厘米（图版 4.11）。

E型 敛口，鼓肩。

2019 XCPIT 1112 TD 2 ⑥：14，器残。夹砂灰胎，胎质粗糙。方唇，直沿，敛口，溜肩。口沿外壁施橙色陶衣。残高 3.1、可复原口径 32.2、壁厚 0.4~2.1 厘米（图 4-11-5，图版 4.12）。

2019 XCPIT 1112 TD 2 ⑥：16，器残。夹砂灰胎，胎质粗糙。方唇，直沿，敛口，溜肩。外壁施红陶衣。残高 1.9、残长 7.1、残宽 5、壁厚 0.4~1.2 厘米。

● 盖罐

2019 XCPIT 1111 TD 1 ⑩：3，器腹，残。夹砂灰胎，胎质较粗糙。束颈，肩部高起，溜肩，鼓腹，横耳鋬位于上腹部。残高 7.7、颈径 7~12、肩径 12~17.4、残腹径 19、壁厚 0.3~0.4 厘米（图 4-12-1）。

● 执壶

未见完整器，有口沿和器耳两类残件遗物，分述如下：

口沿 根据沿面内侧起棱是否明显可分为二式。

I式 起棱较不明显。

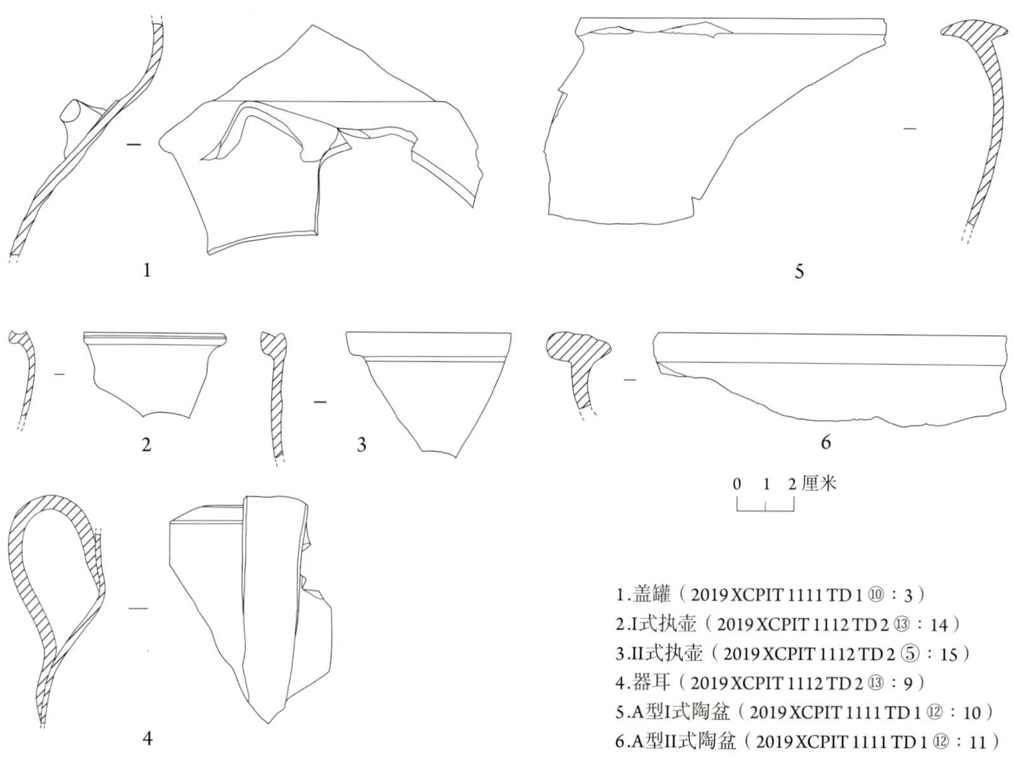

图 4-12 素胎陶器

2019 XCPIT 1112 TD 2 ⑬：14，器残。夹砂灰胎，胎质粗糙。圆唇，卷沿，盘口，沿外缘起棱，内缘微凸，颈上窄下宽。残高3.7、可复原口径10、沿面宽0.7、壁厚0.2厘米（图4-12-2，图版4.13）。

II式 起棱较高。

2019 XCPIT 1112 TD 2 ⑤：15，器残。夹砂灰胎，胎质粗糙。圆唇，卷沿，盘口，沿外缘起棱，内缘微凸，颈外斜。外壁有烟熏痕迹。残高4.2、可复原口径7.2、沿面宽0.9、壁厚0.4厘米（图4-12-3，图版4.14）。

器耳

2019 XCPIT 1112 TD 2 ⑬：9，器残。泥质灰胎，胎质细腻。直颈，颈腹交接处作一圈凹痕，鼓腹，耳鋬呈拱形，两端分别连接颈部和腹部。残高7.6、壁厚0.3厘米（图4-12-4，图版4.15）。

● 盆

根据口沿宽窄可分为二型。

A型 窄沿。根据口沿变化可分为三式。

I式 口沿内曲，外沿较短小，微下垂，内沿平凸。

2019 XCPIT 1111 TD 1 ⑫：10，器残。夹砂灰胎，胎质较粗糙。圆唇，曲沿，敛口，上腹弧外微鼓，下腹斜收。外壁施红陶衣。残高6.8、可复原口径17.2、可复原最大腹径20.8、壁厚0.2~0.5厘米（图4-12-5，图版4.16）。

II式 口沿上斜，外沿变粗大，内沿平凸变短。

2019 XCPIT 1111 TD 1 ⑫：11，器残。泥质灰胎，胎质较粗糙。外沿厚方圆唇，内沿圆唇，斜平沿，敛口，上腹斜直。沿面和外壁施红陶衣。残高3.1、可复原口径22、壁厚0.4厘米（图4-12-6，图版4.17）。

III式 口沿上斜，外沿下垂，内沿形成凸棱。

2019 XCPIT 1112 TD 2 ⑥：19，仅存口沿。夹砂灰胎，胎质粗糙。外沿厚方圆唇，唇沿下垂，沿面平，内沿凸棱，敛口，弧腹。残高4、可复原口径23.2、壁厚0.4~0.8厘米（图版4.18）。

B型 宽平折沿。

2019 XCPIT 1112 TD 2 L 3：4，器残。夹砂灰胎，胎质粗糙。方圆唇，折沿，敞口。残高2、沿面宽2.3、壁面厚0.7~1厘米（图版4.19）。

● 火盆

2019 XCPIT 0916 TD 10 ④：5，器残，可复原。夹砂白胎，胎质粗糙。厚圆唇，直口，浅弧腹，平底。XRF测量数据显示，器物内腹表面的钾含量明显高于外壁胎内，由此可知该器物内壁应有较多的草木灰残余，因而判断其可能为陶火盆。高10、可复原口径55、壁厚1~9、底厚3.5厘米（图版4.20）。

● 纺轮

2019 XCPIQ 1 ③：1，完整。泥质黄白胎，胎质较细腻。呈圆饼状，中部有一细小圆孔，外施一层黄陶衣。直径3.5、厚0.6厘米（图版4.21）。

素胎器

● 盆

口沿 共4件，器形完全一致。

2019XCPIT1112TD2⑥：13，器残。夹砂灰黄胎，胎质较粗糙。母口，方唇外卷，略垂，盆口圆唇内敛。有红色陶衣。高1.8、可复原口径29.2、壁厚0.6~0.7厘米（图4-14-3）。

● 器盖

根据外形可分为四型。

A型 盖面反凹，宝塔纽。

2019XCPIT1011TD1②：1，器残。夹砂灰胎，胎质较粗糙。盖顶为宝塔形，盖身边缘翘起。器内外表面均有轮制加工痕迹。残高2.3、盖顶径2.3、盖身残径4.1厘米（图4-14-4，图版4.31）。

B型 折沿，桥型纽。

2019XCPIT0816TD10④：7，器残。泥质灰胎，胎质细腻。圆形平顶，顶上有纽，斜弧盖面，平折沿，圆唇，子口。盖面有轮制痕迹。高2.8、可复原盖径13.6、壁厚0.2~0.4厘米（图4-14-5，图版4.32、4.33）。

2019XCPIT0511TD11①：1，器残。夹砂灰胎，胎质粗糙。平圆顶，顶部高起一圆台，盖面斜弧，盖顶上有一桥形纽，盖面部分烧红。残高2.3、残径8.2、壁厚0.4~0.5厘米（图4-14-6，图版4.34）

C型 平顶覆斗状。

2019XCPIT0917TD10H3①：1，器残。泥质灰胎，胎质细腻。平圆顶，斜壁，子口外侈。盖顶外壁施一层黑色陶衣，子口露胎。内壁及子口局部有铁锈。高3.9、顶径3.4、口径13.4、胎厚0.4~0.6厘米（图4-14-7，图版4.35）。

D型 平沿。

2019XCPIT1112TD2⑤：17，器残。泥质灰胎，胎质细腻。圆唇，盖沿面平，子口。盖面施黄陶衣，底面烧红。残高1.1、可复原盖径10、厚0.4~0.5厘米（图4-14-8，图版4.36）。

2. 瓷器

清理出土的瓷片总计36770（片），器形包括碗、碟、盏、盘、瓶、罐、壶、水注、器盖、杯、洗等，以碗为大宗，釉色有青釉、青白釉、白釉、黑釉和青花等。根据器形、釉色及制作工艺等特征判断，这些标本的产地窑口省内和省外共计有9处。

（1）安溪窑

青瓷

● 碗

根据器底可分为三型。

A型 圈足宽矮，腹足比例较小。

2019XCPIT0916TD10SQ2JC：1，器残。泥质灰胎，胎质细腻。斜弧腹，底内凹外凸，圈足，足底、足壁刮削平整。施青釉，釉面光滑，有冰裂纹。内壁满釉，外壁釉不及底，部分流釉，圈足、外底皆露胎。圈足和外底有明显的刮削痕迹。残高4、残腹径11.2、壁厚0.3~1、底厚1.1、足径5.1、足高0.8、足壁厚0.6~0.8厘米（图4-15-1）。

2019XCPIT1214TD5③：5，器残，可复原。泥质灰胎，胎质细腻。圆唇，敞口，深弧腹，底内凹外凸，宽矮圈足，足斜削。施青釉，釉面较光滑，有零星的砂点。沿尖刮釉，内壁满釉，下腹内壁近底处有一圈宽2.4厘米的涩圈。高5.4、可复原口径18、壁厚0.2~0.5、底厚0.6、可复原足径7、足高1、足壁厚0.5~1厘米（图版4.37、4.38）。

2019XCPIQ1①：6，器残。泥质米黄胎，胎质较细腻。弧腹，底内弧外平，矮宽圈

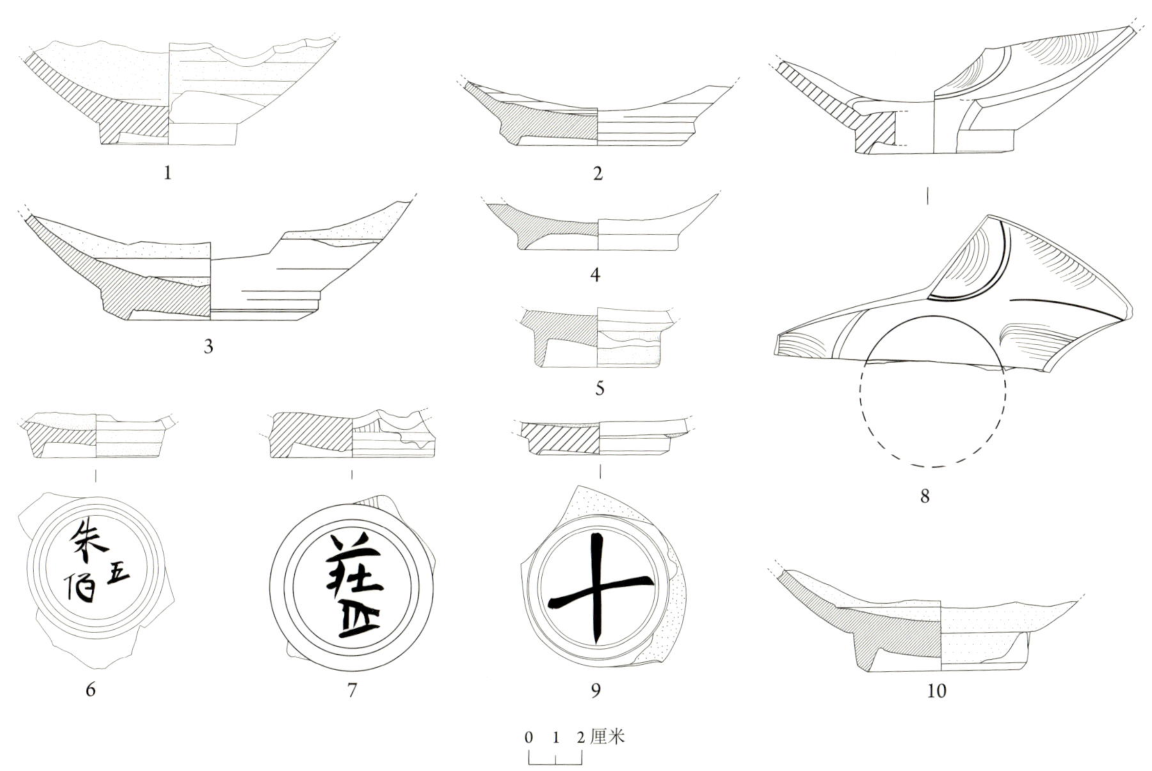

1-4.A型（2019XCPIT0916TD10SQ2JC：1、2019XCPIQ1①：6、2019XCPIQ1①：3、2019XCPIQ1①：5）
5、8.Bb型I式（2019XCPIT1112TD2⑬：10、2019XCPIT0915TD10④：1） 6.Ba型（2019XCPIT1112TD2⑤：8）
7.Bb型II式（2019XCPIT1214TD5③：1） 9.C型（2019XCPIT0717TD9④：1） 10.Bb型III式（2019XCPIQ1②：2）

图4-15 安溪窑产瓷碗

足，足外壁斜削，外底中心微突。施青釉，釉面粗糙。内壁满釉，下腹近底处有一圈宽1.9厘米的涩圈，外壁施釉不及底。下腹部可见轮制痕迹。残高2.3、残腹径8.7、壁厚0.3、底厚1、足径6.6、足高0.8、足壁厚0.5~1厘米（图4-15-2）。

2019XCPIQ1①：5，器残。泥质灰白胎，胎质细腻。弧腹，内外底皆微凸，矮宽圈足，足外直内斜削。施青釉，釉面光滑。内壁满釉，外壁施釉至下腹，有流釉现象，圈足和外底未施釉。底外沿有一圈凹痕。残高2.1、残腹径9.8、壁厚0.5~0.6、底厚0.6、足径6.5、足高0.8、足壁厚0.7~1.2厘米（图4-15-4）。

2019XCPIQ1①：3，器残。泥质灰胎，胎质细腻。弧腹，底外凸，矮圈足外撇，修足不太规整。施青釉，釉面光滑。内壁满釉，底部外沿有一圈宽1.8厘米的涩圈，内底与涩圈交接处有谷壳灰烧结，外壁施釉至上腹部。露胎处可见轮制痕迹。残高4.5、残腹径13.8、壁厚0.4~1.1、底厚1.1~1.4、足径8.2、足高0.6、足壁厚0.8~1.4厘米（图4-15-3，图版4.39、4.40）。

B型 圈足较高，挖足深。根据足跟厚薄可分为二亚型。

Ba型 细足跟。

2019XCPIT1112TD2⑤：8，器残。泥质白胎，胎质细腻。弧腹，外底下腹和圈足交接处内折，平底，外底心乳突，圈足，足外直内斜削。施青釉，釉面光滑，有冰裂纹。内壁满釉，外壁施釉至圈足外侧，有流釉和积釉现象。内底外沿有一圈凹痕，外底墨书“朱佰五”。残高1.7、残腹径7.2、壁厚0.2~0.3、底厚1、足径4.8、足高1、足壁厚0.2~0.5厘米（图4-15-6，图版4.41、4.42）。

Bb型 厚足跟。根据整体装饰可分为三式。

I式 内外壁皆有篦划纹，密集度较疏松，修足规整。

2019XCPIT0915TD10④：1，器残。泥质灰胎，胎质细腻。斜腹，外壁腹部和圈足交接处内凹，底内平外凸，内底周围作一圈凹弦纹，圈足，足外直内斜削。施青釉，釉面光滑。内壁满釉，外壁施釉至圈足外侧。内壁饰篦划纹和草叶纹，腹部和底连接处作一圈凹痕，外壁饰较疏松的篦划纹，腹部与圈足相接处内凹一圈。残高4.4、残腹径12.8、壁厚0.3~0.6、底厚1.2、可复原足径5.2、足高0.9、足壁厚0.5~1.2厘米（图4-15-8）。

2019XCPIT1017TD12⑤：1，器残。泥质灰胎，胎质细腻。弧腹，底内平外凸，圈足，足外直内斜削。施青釉，釉面光滑。内壁满釉，外壁施釉至圈足外侧。内壁饰篦划纹和草叶纹，腹部和底连接处作一圈凹痕，外壁饰较疏松的篦划纹，腹部与圈足相接处内凹一圈。残高3.8、残腹径13、壁厚0.4~0.6、底厚0.8、足径10.8、足高1.1、足壁厚0.4~0.8厘米（图版4.43、4.44）。

2019XCPIT1112TD2⑬：10，器残。泥质白胎，胎质细腻。底内平外凸，外底中心有乳突，高圈足，挖足较深。施青釉，内壁满釉，外壁可见下腹部施釉，圈足底施釉，其余部位无釉。内底中心有一支钉痕，残器外沿有明显人为敲打的痕迹。残高2、底厚1、足径4.8、足壁厚0.3~0.5厘米（图4-15-5）。

II式 篦划纹装饰减少，修足亦不甚规整。

2019XCPIT0916TD10④：6，器残。泥质灰白胎，胎质细腻。弧腹，底内凸外平，圈足，足外直内斜削。施青釉，釉面光滑。内壁满釉，外壁施釉至下腹部，除圈足底施釉外，圈足和外底未施釉。残高2.6、残腹径10、壁厚0.5~0.7、底厚1、足径7、足高0.8、足壁厚0.5~1厘米。

2019XCPIT1112TD2⑥：6，器残。泥质灰胎，胎质细腻。敞口微折，弧腹，圈足，足底平整。施青釉，釉面光滑。内壁满釉，外壁施釉至器壁与圈足相接处，局部流釉至圈足外壁，圈足底施釉，圈足内壁及外底露胎。内底外缘有一周凹弦纹，外壁隐作四圈瓦楞。釉面局部附着铁锈。高7.2、口径16.6、壁厚0.3~0.5、底厚0.8、足径7、足高1.3、足壁厚0.6~1.1厘米（图版4.45、4.46）。

2019XCPIT0813TD8⑤：4，器残。泥质黄白胎，胎质细腻，斜腹，底内平外凸，矮圈足，足外直内斜削。施青釉，釉面光滑，有冰裂纹。内壁满釉，外壁施釉不及下腹。内壁刻划有篦划纹，腹部与底交界处内凹一圈，外壁露胎处有黑色铁锈斑，碗底外侧有指压痕迹，墨书“吴”字。残高3.8、残腹径12、壁厚0.3~0.5、底厚0.7~0.9、可复原足径5.4、足高0.7、足壁厚0.5~0.7厘米（图版4.47、4.48）。

2019XCPIT1214TD5③：1，器残。泥质灰胎，胎质较粗糙。内底微凹，外底心有指印痕迹，矮圈足。施青釉，釉面光滑，有冰裂纹。内壁满釉，外壁流釉至圈足外侧。内底外缘有一周凹弦纹，外底和圈足可见轮制痕迹，外底正中墨书“莊置”。残高1.7、底厚1~1.2、足径6、足高0.7、足壁厚0.6~0.9厘米（图4-15-7）。

III式 篦划纹消失，修足粗糙，整体变得厚重。

2019XCPIQ1②：2，器残，圈足完整。泥质胎体呈灰色。弧腹平底，下有圈足，圈足内底有一周凹痕，为刻划胎体所致。圈足底有刮削痕迹和轮制旋痕。除圈足内底外，器内外均施加青釉，釉面光滑。内外釉面均有开片。内外底周均有一圈釉色较深的浅凹，应为在胎体刻划后施釉形成。残高3.2、残长11.4、壁厚0.5、底厚1.4、足径7.1、足高1.4、足壁厚1厘米（图4-15-10，图版4.49、4.50）。

遗址出土有部分刻划纹青瓷腹片，与该亚型碗的腹壁类型一致，因而增补于后。

2019XCPIT1111TD1⑫：2，器残。泥质灰胎，胎质细腻。内外壁皆施青釉，刻划流畅的篦纹。内壁篦纹较细密，外壁篦纹较疏阔。内壁残一道弦纹。残长8.3、宽5.8、壁厚0.3~0.5厘米（图版4.51、4.52）。

2019XCPIT1111TD1⑦：3，器残。泥质灰胎，胎质细腻。圆唇，微敛口。施青釉，釉面光滑，有冰裂纹。内外壁皆满釉，口沿刮釉。外壁刻较疏松的篦划纹，内壁近口沿处刻一周凹弦纹，弦纹以下饰篦划纹和卷草纹。残长7.7、宽5.8、壁厚0.2~0.5厘米（图版4.53、4.54）。

2019XCPIT0813TD8⑤：6，器残。泥质灰白胎，胎质细腻。圆唇，敞口，弧腹。施青釉，釉面光滑，有冰裂纹。内外壁皆满釉，口沿两侧釉层较薄。部分器身被铁锈侵染。内外壁皆刻划篦划纹。残长7.8、宽6、可复原口径16.4、壁厚0.3~0.5厘米（图版4.55、4.56）。

2019XCPIT1017TD12⑤：6，器残。泥质灰胎，胎质细腻。圆唇，敞口，弧腹。施青釉，釉面光滑。口沿刮釉，内外壁皆满釉。内壁口沿下作一凹痕，其下饰篦划纹和草叶纹，外壁饰较疏松的篦划纹。残长7.4、宽6.4、可复原口径13.2、壁厚0.3~0.7厘米（图版4.57、4.58）。

C型 矮圈足近平，挖足甚浅，圈足较小。

2019XCPIT0816TD10F3：1，器残，可复原。泥质灰胎，胎质较细腻。尖圆唇，敞口，弧腹，内腹近底处凹陷形成小平底，外底微凸，底心有乳突，圈足，外直内斜削。施青釉，釉面较粗糙，局部有冰裂纹和锈蚀痕迹。内壁满釉，口沿内侧积釉，外壁施釉至下腹部，部分流釉至圈足外侧。高4.2、可复原口径13、壁厚0.2~0.4、底厚0.5~0.6、足径4.8、足高0.7、足壁厚0.4~0.9厘米（图版4.59）。

2019XCPIT0717TD9④：1，器残。泥质灰胎，胎质细腻。平底，矮圈足，挖足甚浅。施青釉，釉面光滑。内壁满釉，外壁底部近圈足处及圈足、外底皆露胎，偶有流釉及圈足处。外底墨书“十”。残高2.5、壁厚0.4~0.6、底厚0.6~0.8、足径5.4、足高1、足壁厚0.8~1.6厘米（图4-15-9）。

● 盏

根据有无圈足可分为三型。

A型 小高圈足。

2019XCPIT1115TD5③：1，器残，可复原。泥质黄白胎，胎质细腻。圆唇，卷沿，敞口，弧腹，底外凸，内外底心皆有乳突，圈足。施青釉，釉面较粗糙，有冰裂纹，剥落严重。内壁满釉，外壁施釉至下腹底，流釉至圈足外侧。内壁口沿下饰一条细凸弦纹，弦纹下饰多组篦划纹，外底似有墨书。高4、可复原口径11.2、壁厚0.2~0.3、底厚0.9、足径4.1、足高0.7、足壁厚0.2~0.5厘米（图版4.60）。

2019XCPIT0915TD10①：1，器残。泥质灰胎，胎质细腻。圆唇，卷沿，敞口，浅弧腹，平底，矮圈足外撇。施青釉，釉面光滑。口沿内外壁均有积釉，内壁满釉，外壁施釉不及底，有流釉现象。腹部内壁有一周凹弦纹。高3.1、可复原口径10.4、壁厚0.2~0.5、底径2.2、底厚0.5、足径3.4、足高0.4、足壁厚0.4~0.8厘米（图4-16-1）。

B型 喇叭形足。

2019XCPIT0917TD10H3①：6，器残。泥质白胎，胎质细腻。弧腹，底内微凸外平，圈足，足外直内斜削。施青釉，釉面较粗糙。内壁满釉，内底有流釉现象，外壁施釉至下腹部，圈足外侧有流釉现象。残高2.4、残腹径7.4、壁厚0.3~0.6、底厚0.7、足径4.1、足高1、足壁厚0.2~0.8厘米（图版4.61、4.62）。

C型 平底，假圈足或无圈足。

2019XCPIT1112TD2⑤：3，器残。泥质白胎，胎质细腻。斜弧腹，平底微内凹。施青釉，釉面粗糙。内壁满釉，外壁除底面外皆施釉。外壁釉面脱落严重，有较多的点状坑。内壁饰篦划纹，外底墨书“朱”字，胎体过火泛红。残高1、残腹径8.4、壁厚0.2~0.7、可复原底径3.8、底厚0.6厘米（图4-16-3，图版4.63、4.64）。

2019XCPIT1112TD2⑤：11，器残。泥质灰白胎，胎质细腻。斜腹，平底微内凹，假圈足。施青釉，釉面较粗糙。内壁满釉，外壁除底面外皆施釉。外壁釉面脱落严重，釉面上有点状坑。外底墨书“朱”字，胎体过火泛红。残高1.5、残腹径9.6、壁厚0.2~0.4、可复原底径4、底厚0.6厘米（图4-16-4）。

2019XCPIT0810TD14①：1，器残。泥质灰胎，胎质细腻。弧腹，假圈足，外底内凹。施青釉，釉面光滑，有冰裂纹。内底满釉，外侧不施釉。残高 1.7、残腹径 6.4、壁厚 0.3~0.4、底径 2.7、底厚 0.5 厘米（图 4-16-2，图版 4.65、4.66）。

● 盘

根据口沿形制可分为二型。

A型 口沿无装饰。根据是否折沿可分为二式。

I式 卷沿近平沿。

2019XCPIT1111TD1⑨：1，器残，可复原。泥质灰胎，胎质细腻。圆唇，卷沿，侈口，弧腹，矮圈足，挖足甚浅。施青釉，釉带开片。内壁满釉，外壁釉不及底，外壁底部及圈足、外底皆露胎，局部流釉及圈足。内壁中部有弦纹一周。高 3.8、口径 12.7、壁厚 0.2~0.7、底厚 0.9、足径 5、足高 0.6、足壁厚 0.1~0.8 厘米（图 4-17-1）。

2019XCPIT0814TD8⑤：3，器残，可复原。泥质灰胎，胎质细腻。圆唇，卷沿，敞口，浅弧腹，底内凹外平，矮圈足外撇，削足较浅。施青釉，釉面光滑。口沿内外壁均有积釉，内壁满釉，外壁施釉不及下腹。内底心有一砂块黏结。高 3.1、可复原口径 9.8、壁厚 0.2~0.3、底厚 0.2~0.3、可复原足径 4.2、足高 0.5、足壁厚 0.3~0.8 厘米（图版 4.67、4.68）。

II式 折沿。

2019XCPIT0917TD10H3①：2，保存较好，略有残缺。泥质黄白胎，胎质细腻。口沿微折，弧腹上部内折，圈足甚矮，挖足甚浅。施青釉，釉面光滑，有冰裂纹。内壁

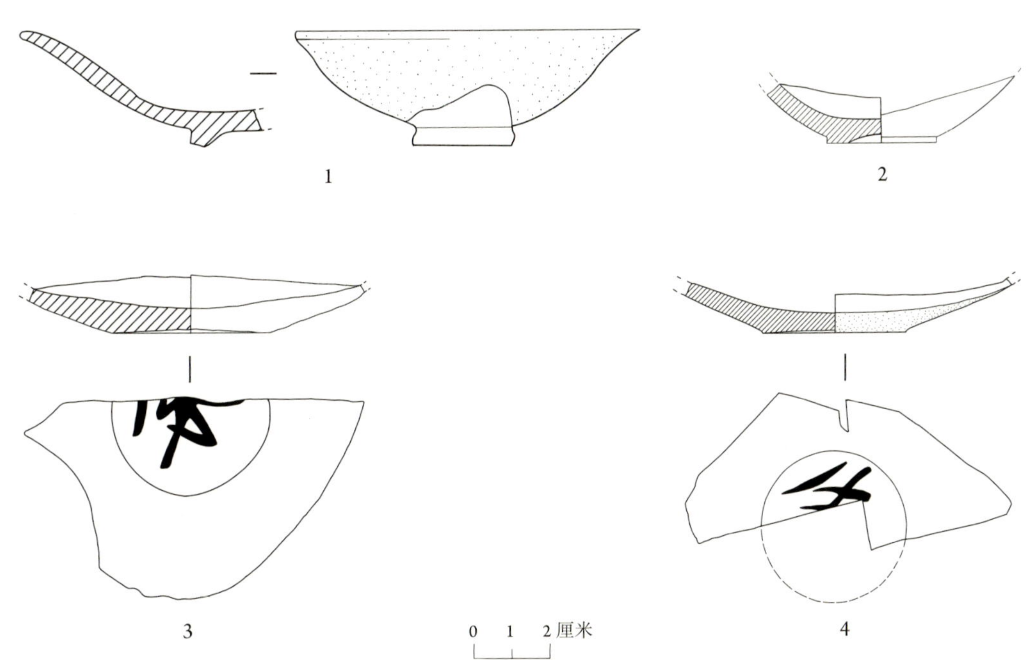

1.A型（2019XCPIT0915TD10①：1） 2-4.C型（2019XCPIT0810TD14①：1、2019XCPIT1112TD2⑤：3、2019XCPIT1112TD2⑤：11）

图 4-16 安溪窑产瓷盏

满釉，外壁施釉及口沿以下约腹壁二分之一处，露胎处有黑色斑痕。腹内壁内折处有一周弦纹，内底可见线切割痕迹，外底留有轮制痕迹，外底心乳突。高 3.6、口径 12、壁厚 0.4、底厚 0.6、足径 5 厘米、足高 0.6、足壁厚 0.75 厘米（图 4-17-2，图版 4.69、4.70）。

2019XCPIT0917TD10H3①：3，器残，可复原。泥质黄白胎，胎质细腻。口沿微折，弧腹上部内折，圈足甚矮，挖足甚浅。施青釉，釉面光滑，有冰裂纹。内壁满釉，外壁施釉及口沿以下约腹壁三分之一处。腹内壁内折处有一周弦纹，外底留有轮制痕迹，外底心乳突。高 3.1、口径 12、壁厚 0.3~0.4、底径 4.7、底厚 0.6、足高 0.6、足壁厚 0.7 厘米（图版 4.71、4.72）。

2019XCPIT0916TD10SQ2JC：8，器残，可复原。泥质米黄胎，胎质细腻。尖唇，折沿，敞口，浅弧腹，底外凸，矮圈足，削足粗糙。施青釉，釉面光滑，有冰裂纹。内壁满釉，外壁施釉不及底，口沿外壁有积釉。口沿与腹部交接处有一周凹痕。高 3.3、可复原口径 11、壁厚 0.3、底厚 0.3、足径 4.8、足高 0.7、足壁厚 0.7~1 厘米（图 4-17-3）。

2019XCPIT1214TD5③：3，器残，可复原。泥质灰白胎，胎质细腻。尖唇，折沿，敞口，弧腹，底外凸，矮圈足，足外直内斜削，修足较粗糙。施青釉，釉面较粗糙，生烧浸土。口沿和折沿处刮釉，内壁满釉，内底外沿有一圈宽约 2 厘米的涩圈，外壁施釉不及腹。外底有过火和轮制痕迹。高 3.7、可复原口径 13.6、壁最厚达 0.8、底厚 1.2、足径 5.8、足高 0.6、足壁厚 0.5~1 厘米（图版 4.73）。

B型 口沿作花瓣状。

2019XCPIT0915TD10④：2，器残。泥质灰白胎，胎质细腻。圆唇，敞口，浅弧腹。施青釉，釉面光滑，有冰裂纹。内外壁皆为铁锈所侵染。口沿作花瓣状，大小不等。残高 3.7、可复原口径 16.6、壁厚 0.2~0.4 厘米（图版 4.74、4.75）。

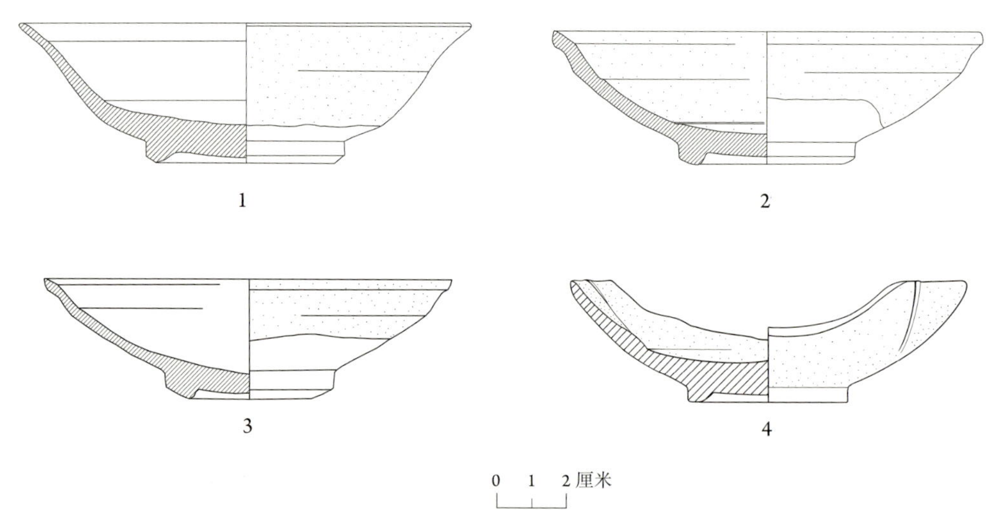

1.A型I式（2019XCPIT1111TD1⑨：1） 4.B型（2019XCPIT0916TD10④：7）
2-3.A型II式（2019XCPIT0917TD10H3①：2、2019XCPIT0916TD10SQ2JC：8）

图 4-17 安溪窑产瓷盘

2019 XCPIT 0916 TD 10 ④：7，器残，可复原。泥质灰黄胎，胎质较细腻。圆唇，敞口，浅腹，平底，矮圈足，足外直内斜削。施青釉，釉面光滑，有冰裂纹。内壁满釉，外壁施釉不及底，有流釉现象。口沿作花瓣状，内腹外沿有一周凹痕。高 3.2、口径 10.6、壁厚 0.2~0.6、底厚 0.8、足径 4.4、足高 0.4、足壁厚 0.5~0.7 厘米（图 4-17-4，图版 4.76、4.77）。

● 罐

2019 XCPIT 0816 TD 10 ④：1，器残。泥质灰白胎，胎质细腻。方唇，直口，矮颈，平肩，腹微鼓，腹部残存一耳鋬。施青釉，釉面光滑，釉面剥落严重，有冰裂纹。内壁施釉不及肩，外壁满釉。残高 3.4、可复原口径 8、最大腹径 11、壁厚 0.2~0.3 厘米（图 4-18-1，图版 4.78）。

● 执壶

根据口沿可分为二型。

A型 直口。根据口沿变化可分为二式。

I式 尖唇。

2019 XCPIT 1112 TD 2 ⑬：14，器残。泥质灰胎，胎质较细腻。尖唇，直口，唇沿，直颈，颈下部有一耳鋬底残存。施青釉，釉面剥落严重。外壁满施青釉，内壁不施釉，可见有轮制痕迹。残高 7、可复原口径 6.6、壁厚 0.1~0.4 厘米（图 4-18-2，图版 4.79）。

II式 小平唇，口部略敛。

2019 XCPIT 1112 TD 2 ⑤：16，器残。泥质灰胎，胎质细腻。方唇，敛口，曲颈，外壁沿下有一圈凹弦纹。施青釉，釉面光滑。芒口，内外壁满釉。口沿上有支钉烧的痕迹。残高 5.4、可复原口径 13.2、壁厚 0.3~0.6 厘米（图 4-18-3）。

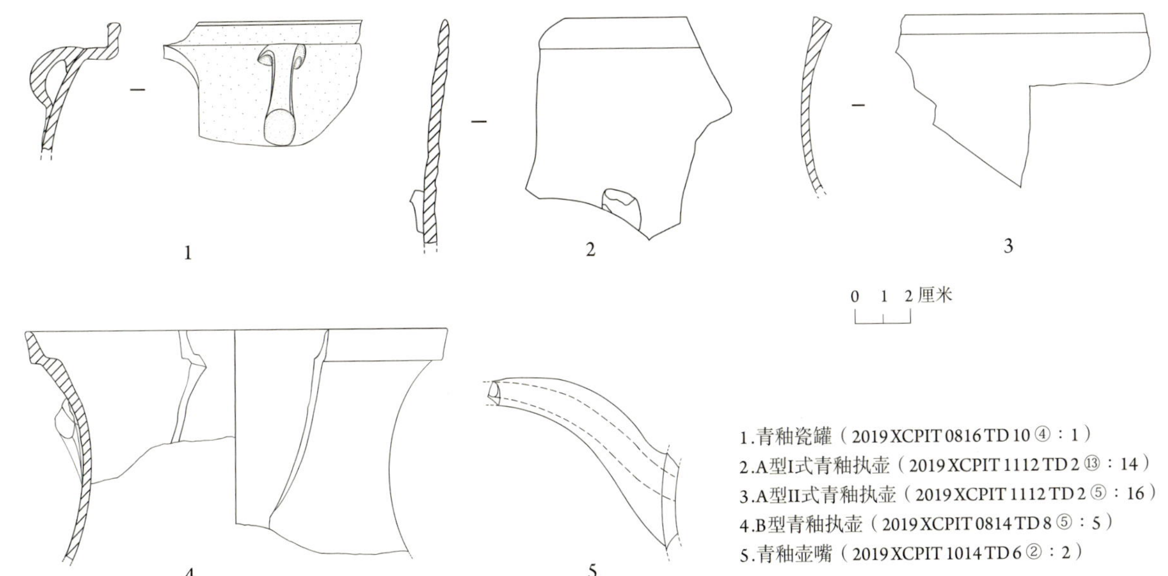

图 4-18 青釉罐、青釉执壶、青釉壶嘴

B型 盘口。

2019XCPIT0814TD8⑤：5，器残。泥质灰胎，胎质细腻。圆唇，折沿，盘口，微束颈。施青釉，釉面光滑，有冰裂纹。内壁施釉至颈中部，外壁满釉。颈外壁残留有耳鋬的一端。残高7.1、可复原口径13.2、可复原颈最大径10.8、可复原颈最小径8.4、壁厚0.3~0.4厘米（图4-18-4，图版4.80）。

另有壶嘴标本一件。

2019XCPIT1014TD6②：2，器残。泥质灰胎，胎质较细腻。作弯曲管状，流基处宽而嘴部窄，向上内曲，整体较短小，流基上部有一按压痕迹。整体施青釉，有开片。残长5.8、外径宽1~2.9、内径宽0.5厘米（图4-18-5，图版4.81）。

青白瓷

● *碗*

为遗址所见的最大宗器类，根据整体形制可分为四型。

A型 宽矮圈足，足外撇，口足径比例小。根据足跟厚薄可分为二亚型。

Aa型 宽足跟。根据修足程度可分为二式。

I式 足底平，乳突不明显。

2019XCPIT1214TD5⑩：2，器残，可复原。泥质白胎，胎质细腻。圆唇，敞口，弧腹，底内凹外平，圈足，修足粗糙。施青白釉，釉面光滑，有冰裂纹，施釉方式为荡釉。内壁满釉，外壁施釉不及下腹部。口沿刮釉，内壁近底处有宽2厘米的涩圈，刮釉不均，外壁下腹处有墨书“郭□”，外底中心有指压痕迹。高5.4、可复原口径17、壁厚0.3~0.6、底厚0.6、可复原足径7、足高0.9、足壁厚0.5~1.3厘米（图版4.82、4.83）。

2019XCPIT1214TD5⑩：4，器残，可复原。泥质白胎，胎质细腻。圆唇，敞口，弧腹，外壁下腹与圈足交接处内折，平底，宽圈足外撇，足斜削。施青白釉，釉面光滑，有冰裂纹。口沿刮釉，内壁满釉，下腹近底处有一圈宽1.8厘米的涩圈，碗内底釉面上有烧结的谷壳灰，外壁施釉不及下腹。外底中心有指压痕迹。高5.7、可复原口径14、壁厚0.4~0.9、底厚0.6、可复原足径7.4、足高0.7、足壁厚0.8~1.5厘米（图版4.84、4.85）。

2019XCPIT1214TD5⑩：5，器残，可复原。泥质灰白胎，胎质细腻。圆唇，敞口，弧腹，平底，外底下腹与圈足交接处内折，宽矮圈足，足外直内斜削。施青白釉，釉面较光滑，生烧浸土。口沿刮釉，内壁满釉，下腹近底处有一圈宽2厘米的涩圈，外壁施釉不及下腹，露胎处可见轮制痕迹。高5.4、可复原口径15、壁厚0.2~0.6、底厚0.8、可复原足径6、足高0.8、足壁厚0.8~1.3厘米。

2019XCPIT1214TD5④：2，器残。泥质灰黄胎，胎质较细腻。斜弧腹，平底，宽矮圈足，足外撇。施青白釉，釉面较粗糙，生烧浸土，施釉方式为荡釉。内壁满釉，下腹近底处有一圈宽1.4~1.6厘米的涩圈，外壁未见施釉。下腹部外壁似有墨书，外底有指压痕迹。残高3.6、残腹径11.6、壁厚0.7~1、底厚0.8、足径7.8、足高0.6、足壁厚0.6~1.3厘米（图版4.86、4.87）。

2019XCPIT1114TD5③：2，器残，可复原。泥质灰白胎，胎质细腻。圆唇，敞口，弧腹，下腹近底处内折，平底，圈足，足外侧中部内削一层，内侧斜削。施青白釉，釉

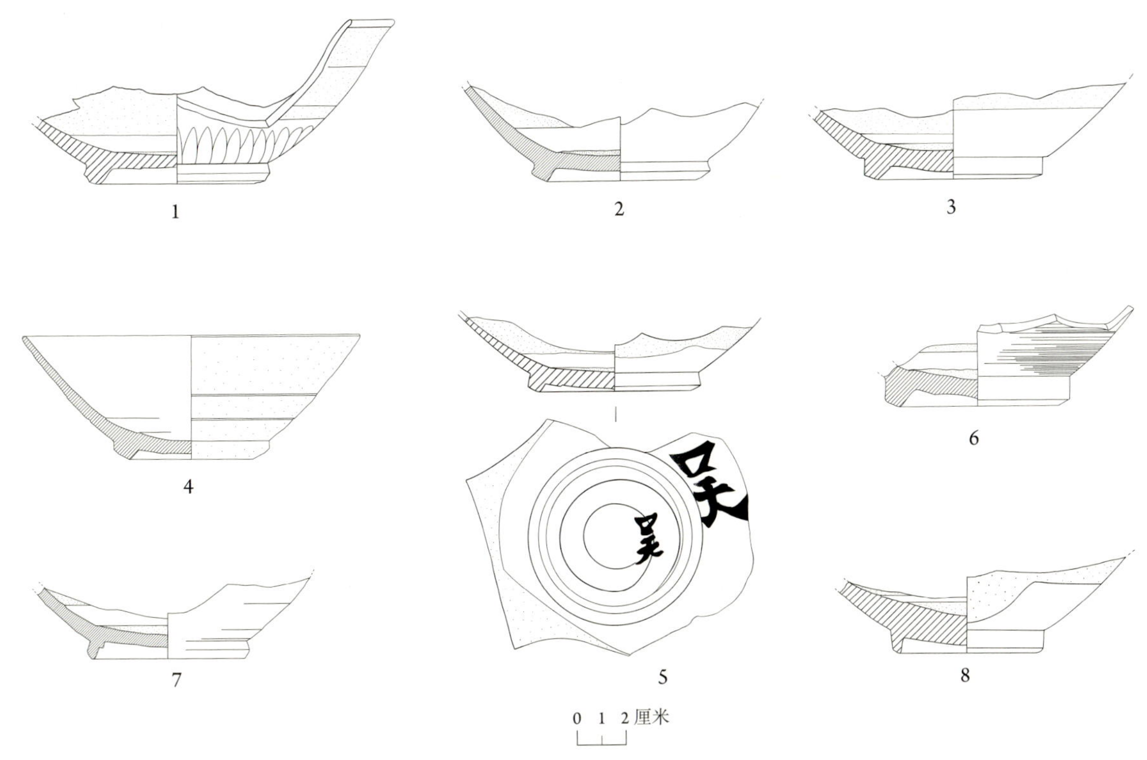

1－5.Aa型I式（2019XCPIT0916TD10SQ2JC：2、2019XCPIT0917TD10④：2、2019XCPIT0916TD10④：9、2019XCPIT1112TD2⑤：1、2019XCPIT0816TD10④：2） 6.Aa型II式（2019XCPIT1111TD1③：1）
7－8.Ab型II式（2019XCPIQ1③：2、2019XCPIQ1③：3）

图 4－19 A型青白瓷碗

面粗糙，有大量谷壳灰烧结。口沿刮釉，内壁满釉，内底外沿有一圈宽2.5厘米的涩圈，外壁施釉不及下腹。外底有指压痕迹。高6、可复原口径17.8、壁厚0.3~0.6、底厚0.6、可复原足径6.8、足高0.8、足壁厚0.8~1.2厘米（图版4.88、4.89）。

2019XCPIT0916TD10SQ2JC：2，器残，可复原。胎色灰黄，胎质细腻。敞口，弧腹，矮圈足。圈足和外底有明显的刮削痕迹。施青白釉，釉带细小开片。内底有涩圈，露胎处局部泛红。外壁施釉及口沿以下约外壁三分之二处。外壁底部及圈足、外底皆露胎。外壁底部印有一周菊瓣纹。高6.3、可复原口径17.3、壁厚0.2~0.8、底厚0.4~0.6、足径6.2、圈足高0.8、足壁厚0.4~1.1厘米（图4－19－1，图版4.90）。

2019XCPIT0917TD10④：2，器残。泥质黄白胎，胎质细腻。斜弧腹，下腹近底处内折，平底，圈足，足外直内斜削，外底刮削粗糙。施青白釉，釉面光滑。内壁满釉，内底外沿有一圈宽2厘米的涩圈，外壁施釉不及下腹。残高3.6、残腹径11.4、壁厚0.3~0.6、底厚1.6、足径7.4、足高1.1、足壁厚0.8~1厘米（图4－19－2）。

2019XCPIT0916TD10④：9，器残。泥质白胎，胎质较细腻。弧腹，底外凸，宽矮圈足，足外撇。施青白釉，釉面略粗糙，有较多的烧结物附着，有冰裂纹。内壁满釉，近碗底处有宽1~1.2厘米的涩圈，外壁施釉不及底，有流釉现象。残高3.9、残腹径13.6、壁厚0.2、底厚0.8~0.9、足径7.2、足高0.6、足壁厚0.6~1.1厘米（图4－19－3，

图版 4.91、4.92）。

2019 XCPIT 1112 TD 2 ⑤：1，器残。泥质灰胎，胎质较粗糙。斜弧腹，外腹最下部内折，底内凹外平，圈足，足外直内斜削。施青白釉，釉面光滑，有冰裂纹。内壁满釉，内腹下缘有宽 1.8 厘米的涩圈，内底釉色较淡，外壁施釉至腹中部。外壁和圈足可见轮制痕迹，外底中部有指压痕。高 4.7、可复原口径 12.8、壁厚 0.6、底厚 1.4，足径 5、足高 1.4、足壁厚 0.8 厘米（图 4－19－4）。

2019 XCPIT 0816 TD 10 ④：2，器残。夹砂白胎，胎质较粗糙。斜弧腹，平底，外底刮削粗糙，底心有乳突，圈足，足外直内斜削。施青白釉，釉面光滑。内壁满釉，内底外缘有宽约 1.3 厘米的涩圈，外壁施釉至下腹部。内底有谷壳灰烧结，外底可见轮制痕迹，圈足和器身连接处有黏粘痕迹，碗底及器底不施釉部分分别有两个墨书“吴”字。残高 2.2、残腹径 11.2、壁厚 0.3、底厚 0.8、足径 6.8、足高 0.3、足壁厚 0.5~0.7 厘米（图 4－19－5，图版 4.93、4.94）。

2019 XCPIT 1017 TD 12 ④：3，器残。泥质白胎，胎质细腻。弧腹，底内平外凸，圈足外撇，足外直内斜削。施青白釉，釉面光滑。内壁满釉，内底边缘有一圈宽 1.1 厘米的涩圈，外壁未见施釉。外底似有墨书。残高 2、残腹径 6.6、壁厚 0.2、底厚 0.4~0.5、足径 5.2、足高 0.5、足壁厚 0.4~0.8 厘米（图版 4.95、4.96）。

II式 足底修整粗糙。

2019 XCPIT 1016 TD 12 ④：4，器残。泥质灰白胎，胎质细腻。弧腹，平底外凸，矮宽圈足，足斜削。施青白釉，生烧而导致釉色偏青，釉面光滑，有较多的杂质。内壁满釉，内底外沿有一圈宽 2 厘米的涩圈，周围积釉明显，外壁施釉不及下腹部。露胎部分可见轮制痕迹，外底有刮削痕和指压痕。残高 4.8、残腹径 14、壁厚 0.3~0.6、底厚 0.8、足径 8.3、足高 0.7、足壁厚 0.8~1.5 厘米（图版 4.97）。

2019 XCPIT 1016 TD 12 ④：3，器残。泥质黄白胎，胎质较粗糙。斜腹，平底，外底刮削粗糙，外底心有乳突，圈足外撇，足外直内斜削。施青白釉，釉面光滑。内壁满釉，腹底交接处有宽 2.2 厘米的涩圈，外壁施釉不及下腹。外底过火烧红，刮削痕迹明显，外壁和圈足可见轮制痕迹。残高 3.9、残腹径 11.4、壁厚 0.4~0.7、底厚 1.2、足径 7.5、足高 0.6、足壁厚 0.9~1.3 厘米（图版 4.98）。

2019 XCPIT 1112 TD 2 ⑤：4，器残，可复原。泥质灰胎，胎质细腻。圆唇，敞口，斜弧腹，外壁与圈足交接处内折，底内凹外平，圈足外撇，足斜削，外底挖足较粗糙。施青白釉，釉面光滑，有冰裂纹，釉层表面有零星的谷壳灰黏结。口沿刮釉，内壁满釉，腹部内壁有一处釉层烧流露胎，壁面破裂，下腹近底处有一圈宽 1.7 厘米的涩圈，外壁施釉至上腹部。外壁露胎处墨书“朱伍”，外底可见明显的刮削和轮制痕迹。高 5.8、可复原口径 16、壁厚 0.2~0.8、底厚 0.5、可复原足径 7.6、足高 0.7、足壁厚 0.4~1.5 厘米（图版 4.99、4.100）。

2019 XCPIT 1111 TD 1 ③：1，器残。泥质灰黄胎，胎质粗糙。斜腹，矮圈足，底内平外凸，外底刮削粗糙，足外直内斜削。施青白釉，釉面较粗糙，釉带开片。内壁满釉，内底外缘有宽 2.1 厘米的涩圈，外壁釉不及下腹，露胎处多附着铁锈。外壁下腹部残留墨书“□币□□”，漫漶不清。残高 3.9、残腹径 12.4、壁厚 0.2~0.7、底厚约 0.7、足径6.6、足高1.1、足壁厚0.6~1.2厘米（图4-19-6）。

Ab型 足跟内外皆斜削，较瘦尖。根据修足程度可分为二式。

I式 修足规整。

2019XCPIT1112TD2⑬：7，器残。泥质白胎，胎质细腻。弧腹，底内凹外平，圈足，足跟斜削，修足规整。施青白釉，内壁满釉，内底外缘有宽1.1厘米的涩圈，外壁下腹部、圈足及外底皆露胎。残高1.8、残腹径9.6、壁厚0.3~0.5、底厚0.5、可复原足径6.8、足高0.7、足壁厚0.2~0.7厘米（图版4.101、4.102）。

2019XCPIT1111TD1⑦：2，器残。泥质灰胎，胎质细腻。斜弧腹，底外凸，圈足，修足规整，足跟斜削。圈足留有刮削痕迹，外底留有轮制痕迹。施青白釉，釉面光滑，有冰裂纹。内壁满釉，内底外缘有宽1.8厘米的涩圈，外壁施釉不及下腹，外壁与圈足相接处附着铁锈。残高2.7、残腹径10、壁厚0.3~0.7、底厚0.6、足径6.2、足高0.8、足壁厚0.8~0.2厘米（图版4.103、4.104）。

II式 修足较差。

2019XCPIQ1③：2，器残。泥质灰白胎，胎质细腻。弧腹，底外凸，圈足外撇，足跟斜削，外底刮削粗糙。施青白釉，釉面光滑。内壁满釉，下腹近底处有一圈宽1.4厘米的涩圈，两侧釉层边缘黏附谷壳灰，外壁施釉不及下腹部。下腹部外壁和外底皆可见轮制痕迹，底部残留有线切割的痕迹。残高3.4、残腹径12、壁厚0.2~0.5、底厚0.4~0.5、足径6.8、足高0.8、足壁厚0.1~0.8厘米（图4-19-7）。

2019XCPIQ1③：3，器残。泥质黄白胎，胎质细腻。弧腹，底外平内凹，矮圈足，足跟斜削。施青白釉，釉面光滑。内底满釉，下腹部近底处有一圈宽1.2厘米的涩圈，内底心釉面有谷壳灰附着，外壁施釉不及底，下腹部施釉不均。外壁和外底露胎部分可见轮制痕迹。残高3.9、残腹径11.6、壁厚0.4~0.6、底厚1~1.2、足径6.4、足高1、足壁厚0.4~0.8厘米（图4-19-8，图版4.105、4.106）。

B型 高圈足，足壁较直，口足径比例大。根据底足不同可分为三亚型。

Ba型 足跟尖细。根据圈足变化可分为四式。

I式 圈足细高。

2019XCPIT1111TD1⑫：6，器残。泥质白胎，胎质细腻。内外底近平，细高圈足，足壁外直内斜削。施青白釉，细开片，圈足内侧和外底未施釉。整体有铁锈侵染的黑斑。残高2.4、残腹径7、壁厚0.5、底厚0.9、可复原足径5.6、足高1.4、足壁厚0.1~0.6厘米（图版4.107、4.108）。

2019XCPIT1114TD5③：1，器残。泥质白胎，胎质细腻。弧腹，平底，内外底心皆有乳突，细高圈足。施青白釉，釉面光滑。内壁满釉，外壁施釉至圈足外侧。残高3.5、残腹径9.8、壁厚0.3~0.5、底厚0.8、足径5.2、足高1.6、足壁厚0.1~0.5厘米（图版4.109、4.110）。

II式 圈足较矮，足跟稍粗。

2019XCPIT1112TD2⑬：5，器残。泥质白胎，胎质细腻。弧腹，平底，圈足，足内壁斜削。施青白釉，釉面光滑。内壁满釉，外壁施釉至圈足外侧，圈足底有流釉。碗底内侧有较细密的篦划纹。残高2、残腹径9、壁厚0.3~0.5、底厚0.7、可复原足径5.2、足高 1、足壁厚 0.2~0.8 厘米（图版 4.111、4.112）。

2019XCPIT1111TD1⑫：1，器残。胎色灰黄，胎质粗糙，夹细砂。弧腹，圈足。施青白釉，釉面光滑，釉带开片。圈足内壁及外底无釉，其余部分皆施釉。内底边缘往内起一小平台，有支钉痕。内壁有稀疏的篦划纹，器表多处附着铁锈，铁锈侵入釉下。残高 4.8、残腹径 11.6、壁厚 0.3~0.9、底厚 1.1~1.5、可复原足径 6.6、足高 1.4、足壁厚 0.2~0.6 厘米（图版 4.113）。

2019XCPIT1112TD2⑥：2，器残。泥质白胎，胎质细腻。弧腹，内外底皆凸，圈足，足外直内斜削。施青白釉，釉面光滑。内壁满釉，外壁施釉至圈足外侧，圈足内侧和外底未施釉。内底作一圈浅弦纹，弦纹内饰细密的篦划纹。残高 1.6、残腹径 8.4、壁厚 0.3、底厚 0.5~0.8、足径 5.4、足高 1.1、足壁厚 0.2~0.7 厘米（图版 4.114、4.115）。

2019XCPIT1112TD2⑥：9，器残。泥质白胎，胎质较粗糙。斜弧腹，腹外壁与圈足交界处饰一周凹弦纹，细高圈足。施青白釉，釉面光滑。内、外壁皆满釉，外壁底部施釉不均，圈足内壁及外底露胎。内壁局部饰篦纹，内底外缘起一小台。残高 3.7、壁厚 0.5~0.7、底厚 0.8、足径 6.2、足高 1.8、足壁厚 0.2~0.7 厘米（图 4-20-1，图版 4.116、4.117）。

2019XCPIT0814TD8⑤：1，器残，可复原。泥质灰胎，胎质细腻。敞口尖唇，弧壁，圈足。施青白釉，内壁满釉，外壁釉不及底，圈足、外底皆露胎，偶有流釉及圈足处。内底外缘有一周凹陷。内壁中部有一周弦纹，弦纹之下以简练的线条描绘草叶纹，其间点缀细密的篦纹。高 5.4、口径 15、壁厚 0.1~0.4、底厚 0.7~1、足径 5.4、足高 1.15、足壁厚 0.1~0.5 厘米（图 4-20-8，图版 4.118、4.119）。

2019XCPIT1211TD14DM1：2，器残。泥质白胎，胎质细腻。斜弧腹，平底，内外底心皆有乳突，圈足，足底已残。施青白釉，釉面光滑。内底满釉，被土层侵染变黄，

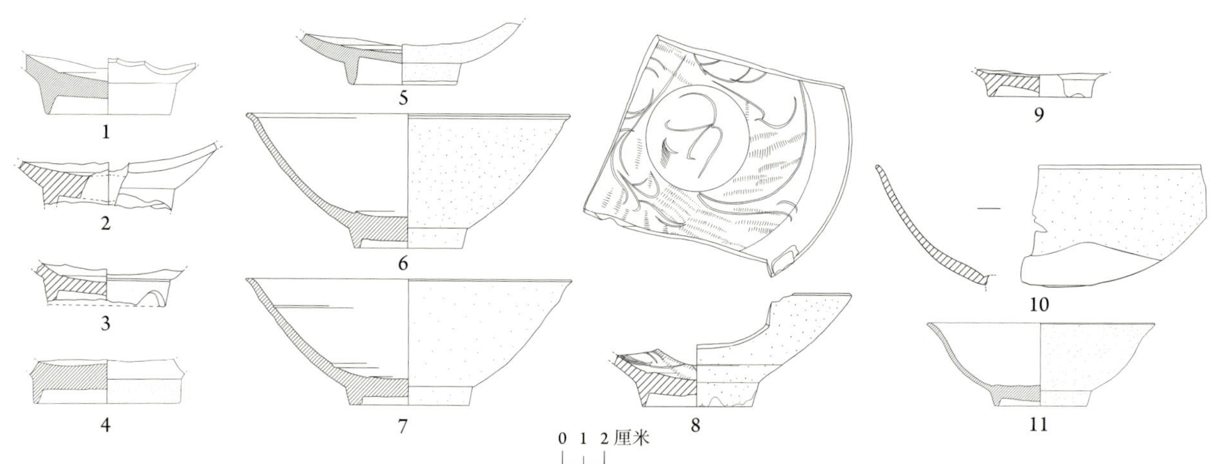

1-3、8.Ba型II式（2019XCPIT1112TD2⑥：9、2019XCPIT1211TD14DM1：2、2019XCPIT1211TD14DM1：3、2019XCPIT0814TD8⑤：1）
4.Ba型III式（2019XCPIT0709TD14①：2） 5.Ba型IV式（2019XCPIQ1①：4）
6-7.Bb型I式（2019XCPIT1112TD2⑬：2、2019XCPIT1112TD2⑥：1） 9.Bb型II式（2019XCPIT1211TD14DM1：1）
10.口沿残片（2019XCPIT0916TD10④：8） 11.Bc型（2019XCPIT1112TD2⑬：1）

图 4-20 B型青白瓷碗

外底施釉至圈足外侧。内壁饰细密的篦划纹，内底边缘往内起一小平台，外底部有刮削痕迹。残高 2.8、残腹径 11、壁厚 0.5、底厚 1.2、足径 6.4、足高 0.9、足厚 0.8 厘米（图 4-20-2）。

2019XCPIT1211TD14DM1：3，器残，存器底及圈足。泥质白胎，胎质细腻。斜弧腹，平底，圈足。器底内部一圆圈状纹饰。圈足内有刮削痕迹。施青白釉，釉面光滑，有冰裂纹。外壁与圈足交接处有一圈凹痕，内底边缘往内形成一个小平台。残高 2.2、残腹径 7.2、壁厚 0.7、底厚 1.1、足径 6.2、足高 1.35、足厚 0.6 厘米（图 4-20-3）。

III式 整体厚重，足跟愈粗。

2019XCPIT0816TD10④：6，器残。泥质白胎，胎质细腻。弧腹，平底，圈足，足内直外斜削。施青白釉，釉面光滑。内壁满釉，内底外缘有宽 1.7 厘米的涩圈，外壁除圈足跟外皆施釉。残高 3.4、残腹径 11.2、壁厚 0.4~0.6、底厚 0.9、足径 6.5、足高 0.9、足壁厚 0.3~0.8 厘米（图版 4.120、4.121）。

2019XCPIT0914TD8③：2，器残。泥质灰白胎，胎质较粗糙。弧腹，下腹外侧近底处内折，平底，圈足较高，足外直内斜削。施青白釉，生烧，釉面驳杂。内壁满釉，外壁施釉至圈足外侧，圈足内侧和外底面未施釉。下腹部外侧有两道浅弦纹，内底高起一小台面。残高 3.1、残腹径 11.7、壁厚 0.5、底厚 0.7、足径 6.8、足高 1.2、足壁厚 0.6~1.3 厘米（图版 4.122、4.123）。

2019XCPIT0709TD14①：2，器残。泥质灰胎，胎质细腻。腹壁被人为敲除，内底微凸，外底平，矮圈足，足壁外直内斜削。施青白釉，釉面较光滑。圈足流釉不均，外底未施釉。残高 1.8、底厚 1、足径 7.2、足高 1.1、足壁厚 0.1~0.5 厘米（图 4-20-4）。

IV式 圈足复高，挖足较深。

2019XCPIQ1①：4，器残。泥质白胎，胎质细腻。弧腹，平底，高圈足。施青白釉，釉面光滑。内外壁皆满釉，内底边沿有一圈宽 1.2 厘米的涩圈，内心有一支钉痕迹，圈足底刮釉，且有烧结的谷壳灰。残高 3.1、残腹径 11.4、壁厚 0.3~0.6、底厚 0.3、足径 5.6、足高 1.4、足壁厚 0.2~0.8 厘米（图 4-20-5）。

2019XCPIT1116TD5①：2，器残。泥质白胎，胎质细腻。弧腹，平底，圈足，挖足深，修足规整。施青白釉，釉面光滑。内壁满釉，内底边缘有宽 1 厘米的涩圈，内底心乳突，周围浅刮釉，外壁除足底刮釉外皆施釉。残高 4.1、残腹径 11.6、壁厚 0.2~0.9、底厚 0.6、足径 5.9、足高 1、足壁厚 0.5 厘米。

另有口沿残件，叙述如下：

2019XCPIT1111TD1⑫：4，器残。泥质灰胎，胎质细腻。唇口，弧腹。施青白釉。内壁上部饰弦纹一周，下部饰篦纹。残长 10.4、宽 8.4、壁厚 0.4~0.6 厘米（图版 4.124、4.125）。

Bb型 圈足稍矮，足跟平整。根据器形大小可分为二式。

I式 深腹，圈足较高，挖足深。

2019XCPIT1112TD2⑬：2，器残，可复原。泥质白胎，胎质细腻。圆唇，卷沿，敞口，斜弧深腹，腹部近底处内凹，内底起一小平台，平底，圈足。施青白釉，釉面粗糙。口沿内外皆有流釉，内壁满釉，外壁施釉至下腹部，流釉至圈足底，外底和圈足内未施釉。器体一侧的内外壁皆为铁锈所侵染。高6.6、可复原口径16、壁厚0.2~0.3、底厚1.2、足径5.6、足高1、足壁厚0.3~0.6厘米（图4-20-6，图版4.126、4.127）。

2019XCPIT1112TD2⑥：1，器残，可复原。泥质白胎，胎质细腻，胎体外表面有多处裂纹。尖圆唇，卷沿，敞口，弧腹，外腹近底处内凹，内底心作一小平台，平底，圈足矮厚，挖足较浅，足底刮削平整。施青白釉，釉面光滑。口沿内壁积釉，内壁满釉，外壁施釉至下腹，部分流釉至圈足外侧。内壁上部有一周阴刻的弦纹，小平台边缘刮釉。圈足和外底留有数周轮制痕迹。高6.1、口径16.4、壁厚0.1~0.7、底厚约0.9、足径6、足高0.9、足壁厚0.5~0.7厘米（图4-20-7，图版4.128、4.129）。

2019XCPIT1112TD2⑥：5，器残。泥质灰白胎，胎质细腻。弧腹，内底起一小平台，圈足，足外斜削内直。施青白釉，釉面较光滑。内壁满釉，外壁施釉至圈足外侧，有流釉情况。残高2.2、残腹径8、壁厚0.5、底厚1.3、足径6.1、足高0.8、足壁厚0.2~0.8厘米。

2019XCPIT1112TD2⑤：13，器残。泥质灰胎，胎质细腻。斜腹，外腹近底处内凹，底内平外凸，外底心有乳突，圈足。施青白釉，釉面粗糙，现存釉层极薄。内壁满釉，外壁施釉至器壁与圈足相接处，局部流釉至圈足外壁，圈足内壁及外底露胎。内底外缘往内作一小平台。釉面附着大量的铁锈。残高3、残腹径10.2、壁厚0.4~0.7、底厚1.3、足径5.7、足高1.2、足壁厚0.3~0.5厘米（图版4.130、4.131）。

II式 圈足粗大，修足粗糙，器形偏矮，浅腹。

2019XCPIT1112TD2⑩：1，器残，可复原。胎色灰白，胎质细腻。敞口，弧腹，矮圈足。施青白釉。内壁满釉。外壁施釉至器壁与圈足相接处，局部流釉至圈足，圈足内壁及外底露胎。内壁局部饰篦纹，内底外缘饰两周凹弦纹，外壁隐作瓦楞纹。高4.6、口径13.7、壁厚0.3~0.6、底厚0.9、足径4.3、足高0.7、足壁厚0.2~0.4厘米（图版4.132）。

2019XCPIT1111TD1⑧：1，器残，可复原。泥质白胎，胎质细腻。尖圆唇，卷沿，敞口微侈，弧腹，外腹近底处内凹，底内平外凸，矮圈足。施青白釉，釉面光滑，有冰裂纹，外壁釉层被侵染较多。芒口，内壁满釉，内壁上部刻弦纹一周。外壁釉不及底，偶有流釉及圈足外侧。碗底墨书“胡五”。高3.3、口径13.7、壁厚0.1~0.4、底厚0.8、足径4.7、足高0.8、足壁厚0.2~0.6厘米（图版4.133、4.134）。

2019XCPIT1111TD1④：2，器残。泥质灰胎，胎质细腻。弧腹，底内凹外凸，外底心有乳突，矮圈足。施青白釉，釉面光滑。内壁满釉，外壁釉不及底，局部流釉及圈足。内底边缘有一周凹弦纹，内壁残留有篦纹。内外壁皆有少量白色谷壳灰黏结，露胎处多附着铁锈。残高2.2、壁厚0.3~0.5、底厚0.8、足径4.4、足高0.7、足壁厚0.3~0.7厘米。

2019XCPIT1211TD14DM1：1，器残。泥质灰白胎，胎质细腻。平底，外腹近底处有一周凹痕，矮圈足。施青白釉，釉面光滑。内壁满釉，外壁施釉至下腹，部分流釉至圈足外侧。内底边缘刻一圈浅凹弦纹。圈足内侧有较明显旋削痕迹。残高1.2、壁厚0.3、底厚0.6、足径6、足高0.9、足壁厚0.3~0.6厘米（图4-20-9）。

2019XCPIQ1②：3，器残，圈足完整。泥质胎体呈灰色。弧腹平底，下有圈足，圈足与器底连接处有一周凹痕。圈足底缘被刮平，内、外均保留轮制旋痕。圈足不施釉，器内外施加青白釉，釉面光滑。内外侧釉均有开片。内底周围有一圈釉色较深的浅凹，应为在胎体刻划后施釉形成。残高 2.5、残长 7.5、壁厚 0.6、底厚 1.4、足径 5、足高 1.4、足壁厚 0.8 厘米（图版 4.135、4.136）。

2019XCPIT0609TD11②：1，器残。斜弧腹，外腹近底处制作粗糙，平底，矮圈足。施青白釉，釉面光滑，部分被铁锈侵染。内壁满釉，外壁施釉至圈足外侧。内底外缘饰一周凹弦纹，外底残存墨书“置”字。残高 1.7、残腹径 7.2、壁厚 0.5、底厚 0.7、可复原足径 5.8、足高 1、足壁厚 0.3~0.5 厘米（图版 4.137）。

另有口沿残件，叙述如下：

2019XCPIT0916TD10④：8，器残。泥质白胎，胎质较细腻。圆唇，卷沿，敞口，深弧腹。施青白釉，釉色偏青，釉面光滑，有大冰裂纹。内壁满釉，外壁施釉不及底。内腹壁近底处有一周凹痕。残高 5.9、可复原口径 15、壁厚 0.2~0.5 厘米（图 4-20-10，图版 4.138）。

Bc型 与Bb型Ⅰ式基本相似，唯口沿作花瓣状。

2019XCPIT1111TD1⑫：3，器残，可复原。泥质白胎，胎质细腻。花口，敞口微侈，弧腹，矮圈足。内壁残留两道隐起的凸棱，将残壁分为三瓣。施青白釉，釉层较薄。内壁满釉，外壁釉不及底。外壁底部及圈足、外底皆露胎。内底边缘有凹弦纹一周。器表多处附着铁锈。高 4.2、口径 11.5、壁厚 0.2、底厚 0.6~0.9、足径 4.5、足高 0.7、足壁厚 0.2~0.5 厘米（图版 4.139、4.140）。

2019XCPIT1112TD2⑬：1，器残，可复原。泥质灰胎，胎质细腻。花口，敞口微侈，弧腹，矮圈足。内壁残留两道长短不一的凸棱，将碗壁分作三瓣。内底边缘有凹弦纹一周，正中凸起。施青白釉。内壁满釉。外壁釉不及底。外壁底部及圈足、外底皆露胎，局部流釉至圈足。高 4.4、口径 12.2、壁厚 0.2~0.3、底厚 0.7~0.9、足径 5、足高 0.8、足壁厚 0.1~0.5 厘米（图 4-20-11，图版 4.141）。

另出土有较多的花口碗口沿，叙述如下：

2019XCPIT1112TD2⑬：3，器残。泥质白胎，胎质细腻。圆唇，敞口。施青白釉，釉面光滑。内壁作出筋连接口沿缺口，釉层较薄而泛白，似花瓣的瓣缘。残长 4.9、宽 4.1、壁厚 0.2~0.4 厘米（图版 4.142）。

2019XCPIT1111TD1⑥：1，器残。泥质白胎，胎质细腻。尖圆唇，敞口，弧腹。施青白釉，釉色近白，釉面光滑，内外侧皆满釉。口沿内侧有白色出筋。残高 4、近腹部壁厚 0.5 厘米（图版 4.143）。

2019XCPIT1111TD1④：4。器残。泥质灰白胎，胎质细腻。尖圆唇，敞口近平。施青白釉，釉色近青，釉面光滑，内、外侧皆满釉。器内侧有出筋，沿尖和出筋处釉薄泛白。残高 3.8、壁厚 0.3~0.9 厘米（图版 4.144）。

C型 窄条状圈足，外底内凹，修足规整。根据内底形态可分为二亚型。

Ca型 圈足较宽，内底平微凸，周围浅刮釉一圈。根据烧造工艺可分为二式。

Ⅰ式 底足露胎，外壁施釉不及底。

2019XCPIT1114TD5L4：1，器残。泥质白胎，胎质细腻。敞口，弧腹，圈足甚矮，挖足甚浅。施青白釉，釉带细小开片，芒口，内壁满釉，外壁釉不及底。外壁底部及圈足、外底皆露胎，偶有流釉及圈足处。外壁印重瓣莲瓣纹。高4.4、可复原口径12.7、壁厚0.3~0.5、底厚0.3~0.5、足径6.4、足高0.7、足壁厚0.5厘米（图4-21-1，图版4.145、4.146）。

II式：外壁满釉，足底刮釉。

2019XCPIT1013TD4②：1，器残。泥质白胎，胎质较细腻。弧腹，圈足，外底内凹，内底心微凸，周围一圈浅刮釉。施青白釉，内外壁皆满釉，外底部分未施釉，圈足底刮釉。残高1.9、残腹径10.4、足径5.9、足高0.6、足壁厚0.2~0.6厘米（图版4.147、4.148）。

Cb型 圈足较窄，内底凹，底心有一乳突。

2019XCPIT1112TD2⑤：14，底部残损。泥质白胎，胎质细腻，胎薄器轻，外壁口沿下胎体多处开裂。敞口，弧腹，圈足。施青白釉，釉面光滑。芒口，内壁满釉，外壁釉不及底，外壁底部及圈足皆露胎。高5.6、可复原口径17.2、壁厚约0.2厘米（图4-21-2，图版4.149、4.150）。

2019XCPIT1014TD6SD5：6，器残，可复原。泥质白胎，胎质细腻。方唇，敞口，弧腹，底内弧外平，内外底心皆有乳突，矮圈足。施青白釉，釉面光滑。芒口，内壁满釉，外壁施釉至下腹部，部分流釉至圈足及外底。口沿外壁可见模制痕迹。高4.4、可复原口径14、壁厚0.2、底厚0.2、足径4.8、足高0.4、足壁厚0.3厘米（图版4.151、4.152）。

D型 敞口，深腹，矮平圈足。根据圈足修整程度可分为二式。

I式 挖足浅，修足粗糙。

2019XCPIKD2r：1，器残，可复原。泥质白胎，胎质细腻。圆唇，敞口，弧腹，平底，矮圈足。施青白釉，釉面光滑，生烧。口沿刮釉，沿外侧积釉，内壁满釉，内底外缘刮釉一圈，外壁施釉至下腹，施釉不均，有流釉。高4.5、口径11.8、壁厚0.2~0.6、底厚0.8、足径5.3、足高0.8、足壁厚0.5~1厘米（图4-21-3，图版4.153）。

II式 挖足较深，修足较好。

2019XCPIT1015TD8③：1，器残，可复原。泥质灰胎，胎质细腻。敞口，弧腹，矮圈足，挖足浅。施青白釉，釉面光滑。口沿刮釉，沿内外皆有积釉、流釉，内壁满釉，外壁釉不及底，偶有流釉及圈足处。内底外缘刮釉一周。高4.5、口径13.4、壁厚0.2~0.5、底厚0.8、足径4、足高0.6、足壁厚0.4~0.8厘米（图4-21-4，图版4.154）。

● 碟

出土数量较多，残损较严重，根据器形大小可分为二型。

A型 口径较大，壁沿高。

2019XCPIT1112TD2⑬：6，器残，可复原。泥质白胎，胎质细腻。方唇，敞口，斜腹，平底内凹。施青白釉，釉色偏白。芒口，内壁满釉，外壁施釉至底，底部部分刮釉。口沿外壁可见模制痕迹。高2.2、可复原口径15.2、壁厚0.3、可复原底径11.8、底厚0.1厘米（图版4.155）。

2019XCPIT1112TD2⑤：1，器残，可复原。泥质白胎，胎质细腻。方唇，敞口，斜腹，平底内凹。施青白釉，釉面光滑。芒口，内壁满釉，外壁施釉至腹部。口沿外壁可见模制痕迹。高1.8、可复原口径13.8、壁厚0.3、可复原底径8.8、底厚0.25厘米（图版4.156）。

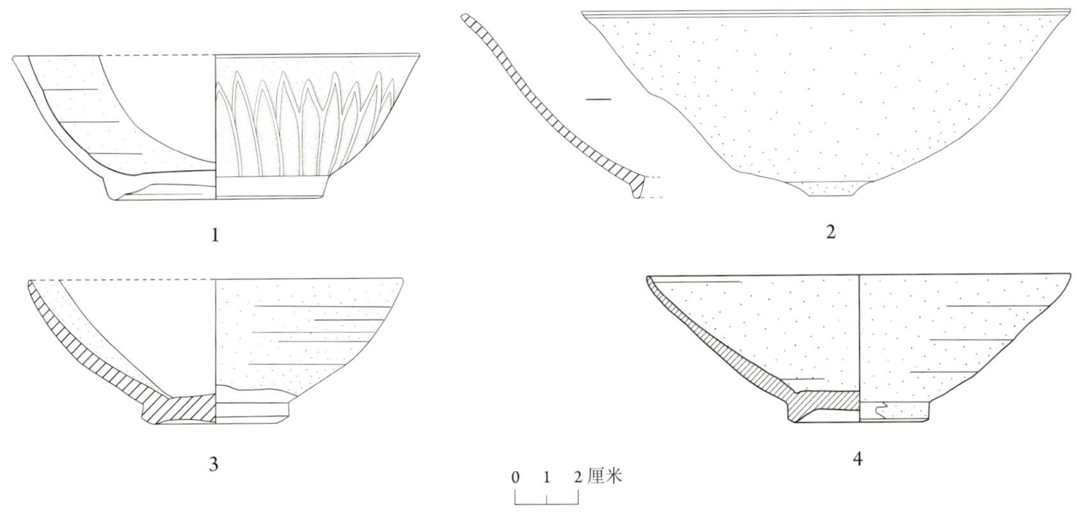

1.Ca型I式（2019XCPIT1114TD5L4：1） 2.Cb型（2019XCPIT1112TD2⑤：14）
3.D型I式（2019XCPIKD2r：1） 4.D型II式（2019XCPIT1015TD8③：1）

图 4-21 C、D型青白瓷碗

2019XCPIT0816TD10F3：2，器残，可复原。泥质白胎，胎质细腻。方唇，敞口，斜直腹，平底内凹，内底隆起。施青白釉，釉面光滑。芒口，外底部分刮釉。口沿外壁有模制痕迹，内底有模印花草纹。高2.2、可复原口径15、壁厚0.2、可复原底径8、底厚0.2~0.3厘米（图4-22-1，图版4.157）。

2019XCPIT0916TD10SQ2JC：3，器残，可复原。泥质白胎，胎质细腻，胎薄器轻。敞口，斜腹，平底内凸。施青白釉，釉面光滑。芒口，外底无釉，其余部分皆施釉。内底釉下有刻划花纹。高2.2、可复原口径13、壁厚0.2、可复原底径8.6、底厚0.2厘米（图4-22-2，图版4.158）。

2019XCPIT0916TD10④：12，器残，可复原。泥质白胎，胎质细腻。方唇，侈口，斜腹，平底内凹。施青白釉，釉面光滑。芒口，内壁满釉，外壁施釉至底，底部刮釉。内底刻花草纹，外底残存墨书“伍”。高2.4、可复原口径14、壁厚0.2、可复原底径10、底厚0.2厘米（图版4.159）。

2019XCPIT0611TD1④：1，器残，可复原。泥质灰胎，胎质细腻。方唇，敞口，浅斜腹，平底内凹。施青白釉，釉色泛白，釉面光滑，有冰裂纹。芒口，器外底大部分刮釉露胎。口沿外侧有模制印痕，可见生烧痕迹。高2.1、可复原口径12.2、壁厚0.3、可复原底径9厘米（图4-22-3，图版4.160）。

2019XCPIT0714TD8H4：2，器残，可复原。泥质白胎，胎质细腻。方唇，敞口，斜腹，平底内凹。施青白釉，釉面光滑。芒口，内壁满釉，外壁施釉至底，部分器底刮釉露胎。口沿露胎处可见轮制痕迹，内壁釉层上沿和外腹壁有烧结的谷壳灰。高2、可复原口径14.5、壁厚0.3、可复原底径9.8、底厚0.2厘米（图版4.161）。

2019XCPIT0609TD11①：2，器残，可复原。泥质灰胎，胎质细腻。方唇，敞口，浅斜腹，平底内凹。施青白釉，釉色泛白，釉面光滑。芒口，器外底大部分刮釉露胎。口沿外侧有模制印痕。高1.9、可复原口径13.6、壁厚0.2~0.3、可复原底径9.2厘米（图4-22-4，图版4.162）。

B型 口径较小，壁沿矮。

2019XCPIT0816TD10F3：3，器残，可复原。泥质白胎，胎质细腻。方唇，敞口，斜直腹，浅腹，平底内凹，内底隆起。施青白釉，釉面光滑。芒口，外壁施釉不及底。内底可见轮制痕迹，外底残存墨书“伍”。高1.4、可复原口径8.8、壁厚0.2、可复原底径7.2、底厚0.2~0.4厘米（图4-22-5，图版4.163、4.164）。

2019XCPIT0813TD8⑤：2，器残，可复原。泥质白胎，胎质细腻。圆唇，敞口，斜弧腹，平底内凹。施青白釉，釉面光滑。芒口，内壁满釉，外壁施釉及底，部分底部刮釉。口沿外壁可见模制痕迹。高2.1、口径10、壁厚0.2~0.3、底径7.5、底厚0.2~0.3厘米。

2019XCPIT0816TD10④：4，较完整，口沿处略有残缺。泥质白胎，胎质细腻。方唇，敞口，浅斜腹，平底内凸。施青白釉，釉面光滑。芒口，内壁满釉，局部开片，外壁施釉至口沿以下器壁约二分之一处，以下至外底均露胎。露胎处附着大量铁锈。高1.4、口径10、壁厚0.4、底径7.2、底厚0.4厘米（图版4.165）。

2019XCPIT0916TD10④：2，器残，可复原。泥质白胎，胎质较细腻。方唇，敞口，浅斜弧腹，平底微凹。施青白釉，釉面光滑。芒口，内壁满釉，外壁施釉不及底，外底可见轮制痕迹，墨书“朱氏四五记”。高1.7、可复原口径9.7、壁厚0.3、可复原底径7.2、底厚0.2厘米（图4-22-6，图版4.166、4.167）。

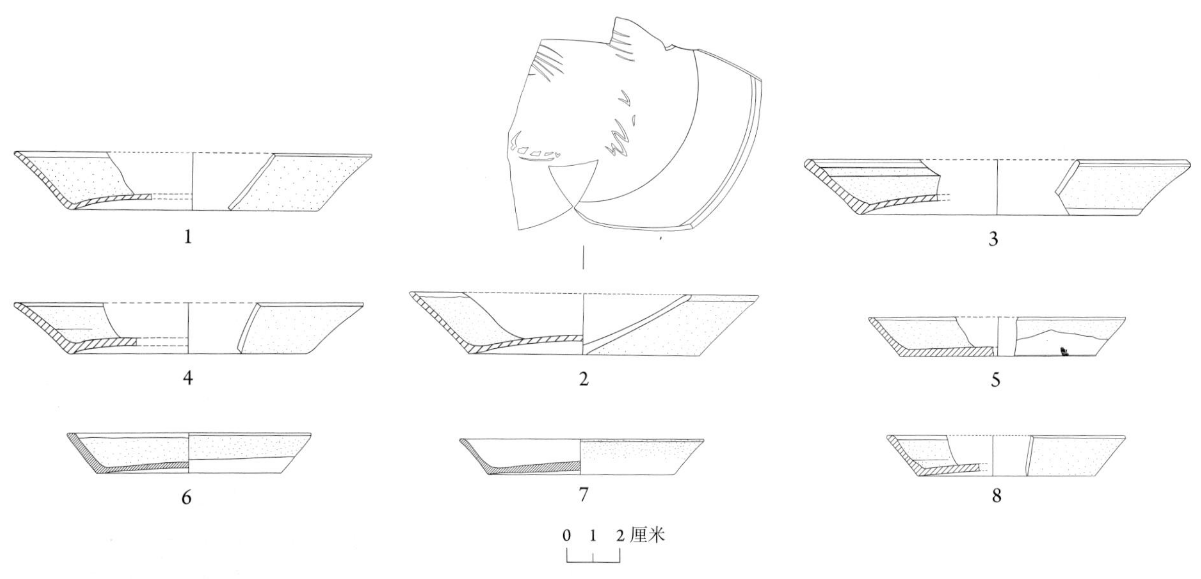

1-4.A型瓷碟（2019XCPIT0816TD10F3：2、2019XCPIT0916TD10SQ2JC：3、2019XCPIT0611TD1④：1、2019XCPIT0609TD11①：2）
5-8.B型瓷碟（2019XCPIT0816TD10F3：3、2019XCPIT0916TD10④：2、2019XCPIT0714TD8H4：1、2019XCPIT0712TD4②：2）

图4-22 青白瓷碟

2019XCPIT0714TD8H4：1，器残，可复原。泥质灰胎，胎质细腻，胎薄器轻。敞口，斜壁，平底。施青白釉，芒口，内壁满釉，外壁施釉至口沿以下外壁约二分之一处，以下至外底均露胎。外底正中墨书“□齐”。高1.3、可复原口径9.2、壁厚0.1~0.2、可复原底径7、底厚0.2~0.3厘米（图4-22-7，图版4.168、4.169）。

2019XCPIT0714TD8H4：3，器残，可复原。泥质白胎，胎质较细腻。方唇，敞口，浅斜弧腹，平底内凹。施青白釉，釉面光滑。芒口，内壁满釉，外壁施釉至下腹部，外底有溅釉。内底心平切。高1.4、口径9、壁厚0.2、底径7厘米（图版4.170）。

2019XCPIT0712TD4②：2，器残，可复原。泥质灰白胎，胎质细腻。方唇，敞口，浅斜腹，平底微内凹。施青白釉，釉色泛白。下腹近底处和底面未施釉，溅釉较多，口沿外侧有模制痕迹。高1.5、可复原口径8、壁厚0.2、可复原底径6.4厘米（图4-22-8，图版4.171）。

2019XCPIT1014TD8⑧：1，器残，可复原。泥质白胎，胎质细腻。尖圆唇，敞口，斜弧腹，平底内凹。施青白釉，釉面光滑，有冰裂纹。芒口，内壁满釉，外壁施釉及底，部分器底刮釉。高2.2、可复原口径7.6、壁厚0.1~0.4、可复原底径6、底厚0.2~0.3厘米（图版4.172）。

另出土有一件仿景德镇的瓷片，叙述如下：

2019XCPIT1111TD1⑪：1。泥质白胎，胎质细腻。外壁施青白釉，内壁露胎，局部有釉。残长3.5、宽2.6、壁厚0.3厘米（图版4.173）。

● 盏

根据底足可分为四型。

A型 圈足较高，腹足比大。根据圈足外形分为二亚型。

Aa型 圈足直，足跟平齐。根据腹底可分为二式。

I式 深直腹，内底心有乳突。

2019XCPIT1112TD2⑬：4，器残，可复原。胎色灰白，胎质细腻。口沿微侈，尖唇，斜腹，矮圈足，底内凹外平，内底正中乳突。施青白釉，釉面光滑。内、外壁满釉，圈足内壁及外底无釉，部分流釉及足沿。内壁上部刻弦纹一周，其下刻划两处相对分布的流畅细密篦纹，外壁口沿下刻划上下布列的纵向粗疏篦纹两排。高4、可复原口径11.6、壁厚0.2~0.5、底厚约0.7、足径4、足高0.65、足壁厚0.3~0.6厘米（图版4.174、4.175）。

2019XCPIT1111TD1⑫：5，器残。泥质白胎，胎质细腻。斜弧腹，碗内底深凹，中心有一乳突，矮圈足，足壁外直内斜。施青白釉，釉色近白，因铁锈侵染而泛黄，釉面较光滑，有冰裂纹，部分存在因杂质而导致的釉面内凹。圈足内侧未施釉。残高1.9、壁厚0.2~0.4、足径3.8、足高0.6、足壁厚0.2~0.6厘米（图版4.176、4.177）。

2019XCPIT1112TD2⑥：10，器残。泥质白胎，胎质细腻。斜腹，外壁下腹与圈足交接处内凹，底外凸，内外底心皆有乳突，圈足，削足较粗糙。施青白釉，釉面光滑。内壁满釉，外壁施釉至下腹部。内壁腹部有一圈浅凹弦纹，外底墨书“吴”字。残高3.2、残腹径10.4、壁厚0.3~0.5、底厚0.6、可复原足径3.1、足高0.6、足壁0.3~0.6厚厘米（图4-23-1，图版4.178、4.179）。

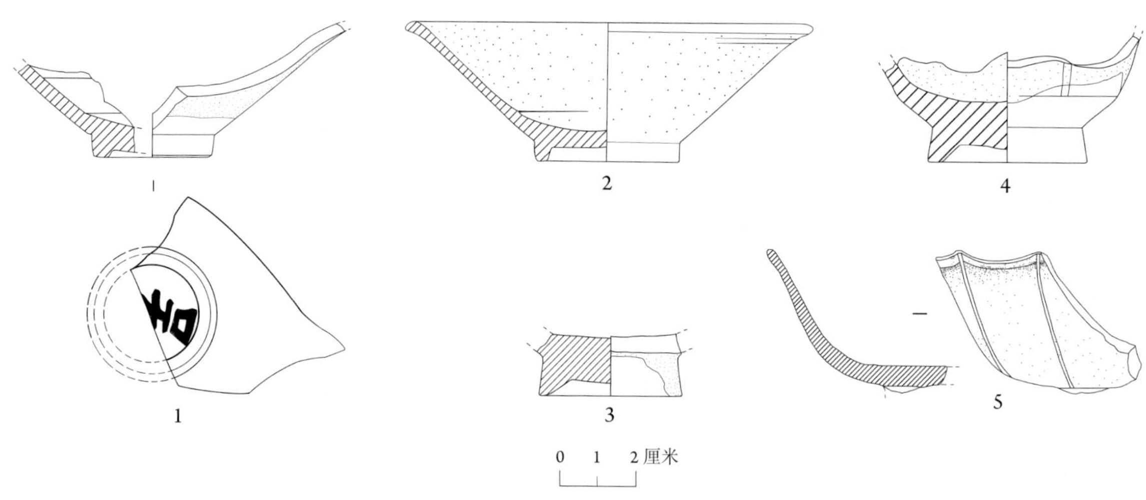

1.Aa型I式（2019XCPIT1112TD2⑥：10） 2.Aa型II式（2019XCPIT0813TD8⑤：1） 3.Ab型I式（2019XCPIT1112TD2⑮：3）
4.Ab型II式（2019XCPIT0717TD9④：2） 5.花口盏（2019XCPIT0915TD10④：3）

图4-23 A型青白瓷盏

II式 腹稍浅弧，内底内凹。

2019XCPIT0813TD8⑤：1，器残，可复原。泥质白胎，胎质细腻。口沿微侈，斜腹，矮圈足，内外底平。圈足、外底露胎，其余部分皆施青白釉。内壁饰单弦纹两周，外壁口沿下饰双弦纹一周。高3.5、口径10.6、壁厚0.3、底厚0.4、足径3.7、足高0.5、足壁厚0.4厘米（图4-23-2，图版4.180）。

2019XCPIT0813TD8⑤：3，器残。泥质白胎，胎质细腻。弧腹，底内凹外平，圈足。施青白釉，釉面光滑。内壁满釉，外壁施釉至圈足外侧，圈足底和外底不施釉。内底刻划成组的篦点纹。残高1.7、残腹径6.8、壁厚0.2、底厚0.2~0.4、可复原足径4.2、足高0.9、足壁厚0.2~0.5厘米（图版4.181）。

2019XCPIT0814TD8⑤：4，器残。泥质灰白胎，胎质细腻。圆唇，敞口，弧腹，底内凹外平，圈足。施青白釉，釉面较粗糙。内壁满釉，口沿内壁流釉，外壁施釉至下腹部，部分流釉至圈足外侧，有较多凹点。高3.7、可复原口径11.4、壁厚0.2~0.4、底厚0.2~0.7、可复原足径3.8、足高0.5、足壁厚0.3厘米（图版4.182）。

Ab型 喇叭形足。根据足的变化可分为二式。

I式 足壁薄，挖足较浅，外底平。

2019XCPIT1112TD2L3：1，器残。泥质灰白胎，胎质细腻。弧腹，平底微凸，圈足外撇，挖足较浅。施青白釉，釉面光滑，有冰裂纹。内壁满釉，外壁施釉至近底处，有流釉现象。残高1.9、残腹径6.4、壁厚0.4、底厚1.1、足径3.5、足高0.9、足壁厚0.1~0.6厘米（图版4.183、4.184）。

2019XCPIT1112TD2⑮：3，器残。泥质白胎，胎质细腻。平底，圈足，足外直内斜削，挖足较浅。施青白釉，釉面光滑，有冰裂纹。内底满釉，圈足外侧有流釉，圈足内侧和外底不施釉。残器外沿有明显人为敲打的痕迹。残高1.6、底厚1.2、足径3.7、足高0.4、足壁厚0.1~0.7厘米（图4-23-3）。

II式 足底增厚，足部增高，外底心乳突，修足更加规整。

2019XCPIT0717TD9④：2，器残。泥质灰白胎，胎质细腻。弧腹，内底心有乳突，外底外凸，圈足，足斜削。施青白釉，釉面光滑，有大冰裂纹。内壁满釉，外壁施釉至下腹部，有流釉现象。器腹有六道间距相等的凹痕。残高3.1、残腹径6.8、壁厚0.3~0.6、足径4.2、足高1.2、足壁厚0.4~1厘米（图4-23-4）。

另外，该类器的口沿形制按安溪桂瑶窑出土完整器的形制来看，应为花口，亦见于本遗址。

2019XCPIT0915TD10④：3，器残。泥质白胎，胎质细腻。圆唇，微敞口，直腹。施青白釉，釉面光滑。内外皆满釉。残高4.2、可复原口径6.5、壁厚0.2~0.5厘米（图4-23-5，图版4.185）。

2019XCPIT1017TD12④：2，器残。泥质灰白胎，胎质细腻。圆唇，卷沿，直口，弧腹。施青白釉，釉面光滑，生烧。内外壁满釉，口沿刮釉。残高4.3、可复原口径7.6、壁厚0.2~0.6厘米。

2019XCPIT1015TD12BJC：1，器残。泥质灰白胎，胎质细腻。尖圆唇，直口，弧腹。施青白釉，釉色偏青，釉面光滑，生烧。内壁有铁锈侵染的痕迹。残长5.6、宽3.6、壁厚0.2~0.5厘米（图版4.186）。

B型 矮圈足近平。

2019XCPIT1112TD2⑮：1，器残，可复原。泥质灰白胎，胎质细腻。圆唇，侈口，斜弧腹，底内凹外平，矮圈足外撇。施青白釉，釉面较光滑，生烧。口沿刮釉，内壁满釉，内壁下腹和底交接处有一周凹痕，外壁施釉至下腹部，有流釉现象。外壁腹部可见轮制痕迹。高4.5、可复原口径13、壁厚0.2~0.4、底厚0.7、可复原足径4、足高0.5、足壁厚0.2~0.9厘米（图版4.187、4.188）。

2019XCPIT1112TD2⑭：1，器残，可复原。胎色灰黄，胎质较粗糙。敞口，尖唇，斜壁，矮圈足。圈足留有明显的刮削痕迹。施青白釉，内壁除涩圈外满釉，外壁施釉及器身二分之一处，以下部分皆露胎，局部流釉。高4.2、可复原口径13、壁厚0.3~0.5、底厚0.5、可复原足径4.8、足高0.6、足壁厚0.5~0.7厘米（图版4.189、4.190）。

2019XCPIT1112TD2⑧：1，器残，可复原。泥质白胎，胎质细腻。圆唇，卷沿，敞口，弧腹，底内凹外平，宽矮圈足，足斜削。施青白釉，釉面光滑。内壁满釉，外壁施釉至下腹，流釉至圈足外侧，圈足和外底不施釉。内壁腹部饰一周凹弦纹。高3.4、可复原口径13.2、壁厚0.2~0.4、底厚0.3~0.6、可复原足径4.8、足高0.5、足壁厚0.5~0.8厘米（图版4.191）。

2019XCPIT0914TD9⑤：1，器残，可复原。泥质灰白胎，胎质细腻。圆唇，卷沿，敞口，浅弧腹，矮圈足。施青白釉，釉面光滑。内壁满釉，口沿外壁积釉，外壁施釉至下腹底，有流釉现象。高3、可复原口径13、壁厚0.2~0.6、底厚0.8、可复原足径4.5、足高0.3、足壁厚0.3~1.2厘米（图版4.192）。

2019XCPIT1017TD12⑤：4，器残，可复原。泥质白胎，胎质细腻。圆唇，侈口，浅弧腹，平底，矮圈足，足斜削。施青白釉，釉色偏青，釉面较光滑，生烧。口沿刮釉，沿外侧有积釉，内壁满釉，外壁施釉至下腹部，有流釉现象。腹部有一周凹弦纹。高3.6、可复原口径10.4、壁厚0.4、底厚0.8、可复原足径3、足高0.6、足壁厚0.4~0.9厘米（图版4.193、4.194）。

C型 窄条状圈足。根据有无莲瓣纹可分为三亚型。

Ca型 外壁饰莲瓣纹。从德化窑出土同类器的演变情况来看，本遗址出土的器物根据腹部形制可分为二式。

I式 斜腹。

2019XCPIT1112TD2⑥：7，器残，可复原。泥质白胎，胎质细腻。方唇，敞口，斜弧腹，平底，矮圈足外撇。施青白釉，釉面光滑，有冰裂纹。芒口，内壁满釉，外壁施釉至下腹部，流釉至圈足外侧，圈足和外底未施釉。外壁满饰莲瓣纹，由两条凸棱交叉组成一个莲瓣。高2.7、可复原口径8、壁厚0.3~0.4、底厚0.3、可复原足径5.4、足高0.2、足壁厚0.1~0.5厘米（图4-24-1，图版4.195、4.196）。

2019XCPIT1112TD2⑤：12，器残。泥质白胎，胎质细腻。方唇，敞口，斜腹，平底，矮圈足，足外直内斜削。施青白釉，釉面光滑，有冰裂纹。芒口，内壁满釉，外壁施釉至下腹。外壁满饰莲瓣纹，由两条凸棱交叉组成一朵莲瓣，内饰一到两条短棱为叶脉。高2.5、壁厚0.3~0.4、底厚0.3、足高0.3、足壁厚0.3~0.6厘米（图4-24-2）。

2019XCPIT1111TD1⑤：1，器残。泥质白胎，胎质较细腻。敞口，斜腹。施青白釉，釉面有细小开片。芒口，内外壁满釉，外壁印有莲瓣纹，为两条凸棱交叉构成花瓣，内里捏塑一条短棱作花脉。残长4.2、宽3、壁厚0.2~0.4厘米（图版4.197）。

II式 弧腹。

2019XCPIT0816TD10④：8，器残。泥质白胎，胎质细腻。方唇，敞口，斜弧腹。施青白釉，釉色偏青，釉面光滑，有冰裂纹。内壁满釉，外壁施釉至下腹部。外壁满塑相连的细瘦莲瓣纹，由单一的凸棱两两相交组成，起棱处釉层较薄而泛白。残高4.2、可复原口径8、壁厚0.2、残足高0.1、足壁厚0.2厘米（图版4.198、4.199）。

2019XCPIT1017TD12⑥：1，器残，可复原。泥质白胎，胎质细腻。方唇，敞口，弧浅腹，平底微内凹，矮圈足。施青白釉，釉色偏白，釉面光滑，有冰裂纹。芒口，外壁口沿下有积釉，内壁满釉，外壁施釉至下腹部。器外壁满饰莲瓣纹，由两条出棱交叉表示莲瓣，内部再施以一、二条短棱表示花脉。高2.7、可复原口径8、壁厚0.3、底厚0.4、可复原足径4.4、足高0.3、足壁厚0.2~0.4厘米（图版4.200、4.201）。

2019XCPIT1017TD12⑤：3，器残，可复原。泥质白胎，胎质细腻。方唇，敞口，弧浅腹，底内凹，矮圈足，足外直内斜削。施青白釉，釉面光滑，有冰裂纹。芒口，内壁满釉，外壁施釉至下腹部。器外壁满饰莲瓣纹，由两条出棱交叉表示莲瓣，内部再加以一、二条短出棱表示花脉。高2.9、可复原口径7、壁厚0.3、底厚0.3~0.4、可复原足径4.8、足高0.2、足壁厚0.1~0.4厘米（图版4.202）。

Cb型 外壁饰竖棱纹。

2019XCPIT0812TD4②：1，器残，可复原。泥质白胎，胎质细腻。方唇，敞口近直，浅弧腹，平底，矮圈足，外底微内凹。施青白釉，釉面光滑。芒口，内壁满釉，外壁施

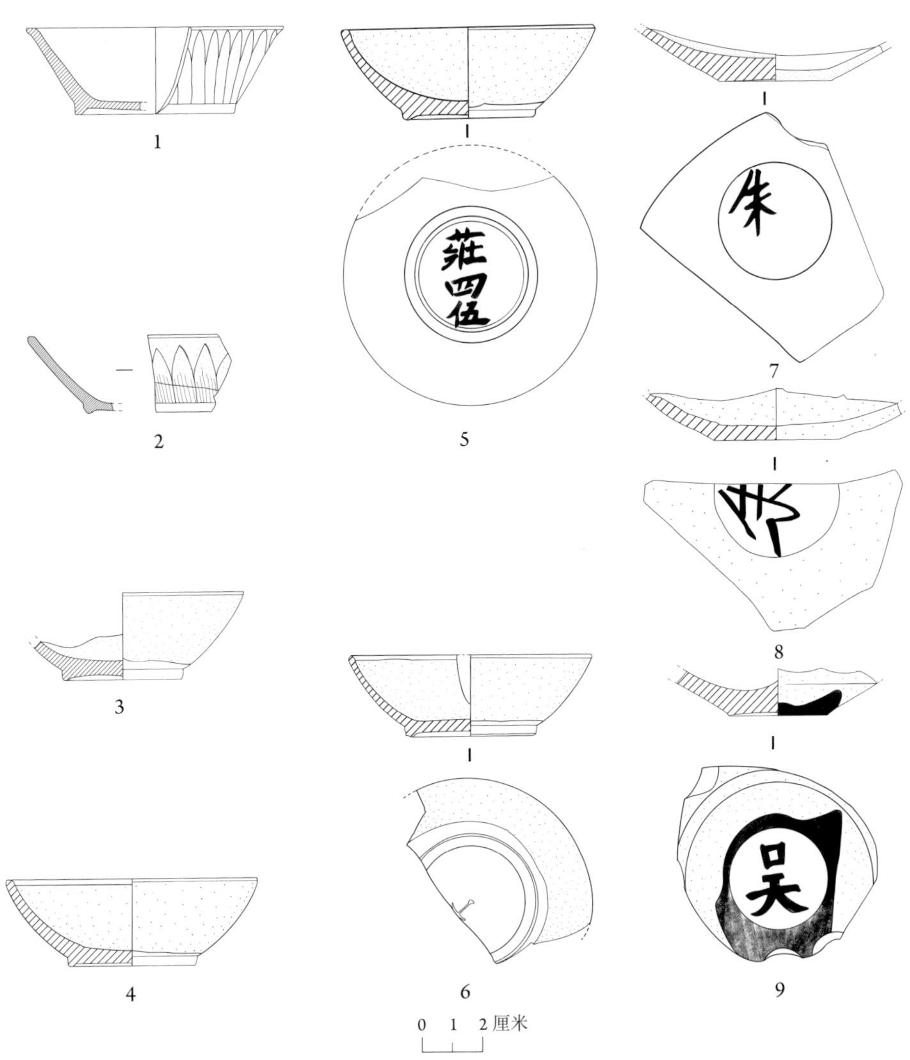

1-2.Ca型I式（2019XCPIT1112TD2⑥：7、2019XCPIT1112TD2⑤：12）3-6.Cc型（2019XCPIT0916TD10④：10、2019XCPIT0917TD10④：3、2019XCPIT0916TD10⑥：1、2019XCPIT0916TD10SQ2JC：5）7-9.D型（2019XCPIT1112TD2⑥：4、2019XCPIT1112TD2⑤：9、2019XCPIT0709TD14①：1）

图4-24 C、D 型青白瓷盏

釉不及底。口沿外壁有模制痕迹，下腹残存有3条出筋，间距不等，顶部刮釉。高3.8、可复原口径8、壁厚0.3、底厚0.2~0.4、可复原足径4.4、足高0.6、足壁厚0.3厘米（图版4.203、4.204）。

Cc型 外壁无纹饰。器形基本相近，与Ca型除纹饰外基本一致，器形演变应有相同的规律，但遗址区未见完全斜腹的器件，大多为弧腹或斜弧腹。

2019XCPIT1112TD2⑭：2，器残。泥质白胎，胎质细腻，底部粗糙。弧腹，平底，矮圈足。施青白釉，釉面光滑，有冰裂纹。内壁满釉，外壁施釉不及下腹。残高2.7、残腹径7.6、壁厚0.2~0.4、底厚0.7、足径3.6、足高0.5、足壁厚0.3~0.5厘米。

2019XCPIT1112TD2⑧：2，器残，可复原。泥质白胎，胎质细腻。方唇，敞口，弧腹，平底，矮圈足外撇。施青白釉，釉面光滑，有冰裂纹。芒口，内壁满釉，外壁施釉至下腹部。高2.6、可复原口径7、壁厚0.3、底厚0.3、可复原足径4.4、足高0.3、足壁厚0.3~0.6厘米。

2019XCPIT1112TD2⑤：6，器残，可复原。泥质白胎，胎质细腻。方唇，敞口，弧腹，平底微内凹，矮圈足。施青白釉，釉面光滑，有冰裂纹。芒口，内壁满釉，外壁施釉至下腹。高2、可复原口径8、壁厚0.3、底厚0.7、足径4.4、足高0.2、足壁厚0.1~0.4厘米。

2019XCPIT0916TD10⑥：1，器残，可复原。泥质白胎，胎质较细腻。方唇，敞口，斜弧腹，平底，矮圈足。施青白釉，釉面光滑，有冰裂纹。芒口，内壁满釉，外壁施釉至下腹，部分流至圈足外侧。外壁可见模制痕迹，外底墨书“莊四伍”。高2.7、口径8.4、壁厚0.2~0.3、底厚0.5、足径4.3、足高0.2、足壁厚0.2~0.3厘米（图4-24-5）。

2019XCPIT0916TD10SQ2JC：5，器残，可复原。泥质白胎，胎质细腻。方唇，敞口，弧腹，内底平，底心微凸，外底略凹。施青白釉，釉面光滑。芒口，内壁满釉，外壁施釉至下腹，圈足和外底露胎。外底中心可见“十”字形模印痕迹。高2.65、可复原口径8、壁厚0.25、底厚0.3、足径4.3、足高0.3、足壁厚0.1~0.4厘米（图4-24-6，图版4.205）。

2019XCPIT0916TD10SQ2JC：6，器残，可复原。泥质白胎，胎质细腻。方唇，敞口，浅弧腹，内底平，外底内凹，矮圈足。施青白釉，釉色偏白，釉面光滑。芒口，内壁满釉，外壁施釉不及底。高3.1、可复原口径8、壁厚0.2、底厚0.3~0.4、足径4、足高0.3、足壁厚0.2~0.4厘米。

2019XCPIT0816TD10F3：5，器残，可复原。泥质白胎，胎质细腻。方唇，敞口，弧腹，内外底皆凸，矮圈足，足外撇。施青白釉，釉面光滑，芒口，外壁施釉不及底。口沿外壁有模制痕迹。高2.6、可复原口径8、壁厚0.2~0.3、底厚0.2~0.3、足径4.2、足高0.2、足壁厚0.1~0.4厘米。

2019XCPIT0916TD10④：4，器身基本完整，仅缺口沿一角。泥质白胎，胎质较细腻。方唇，敞口，弧腹，平底，矮圈足。施青白釉，釉面光滑，有部分冰裂纹。芒口，内壁满釉，内底心凸出，釉层较薄，外壁施釉至下腹，腹部部分缺釉。高2.9、口径8.3、壁厚0.2~0.3、底厚0.5~0.7、足径4.2、足高0.3、足壁厚0.3~0.4厘米。

2019XCPIT0916TD10④：10，器残，可复原。方唇，敞口，弧腹，平底，矮圈足。施青白釉，釉色偏白，釉面光滑，有冰裂纹。芒口，内壁满釉，外壁施釉不及底。外底有指压痕迹。高2.7、口径9.2、壁厚0.3、底厚0.4、足径4.2、足高0.3、足壁厚0.2~0.5厘米（图4-24-3）。

2019XCPIT0917TD10④：3，器形完整。泥质白胎，胎质较细腻。敞口，方唇，弧腹，平底，矮圈足。施青白釉，釉面光滑。芒口，内壁满釉，外壁施釉至圈足，部分流釉至圈足外侧。在外壁接近碗底处有少许铁锈附着。高2.8、口径9.4、壁厚0.3、底厚0.5、足径4.3、足高0.1、足厚0.2~0.4厘米（图4-24-4）。

2019XCPIT0917TD10③：1，器残，可复原。泥质白胎，胎质粗糙。方唇，敞口，弧腹，平底，矮圈足。施青白釉，釉面光滑。芒口，内壁满釉，内底施釉不均，外壁施釉至下腹部。口沿外壁可见模制痕迹。高3.1、可复原口径7.2、壁厚0.2、底厚0.2、足径4、足高0.3、足壁厚0.2厘米。

2019XCPIT0713TD8③：1，器残，可复原。泥质白胎，胎质细腻。方唇，敞口，弧腹，平底，矮圈足。施青白釉，釉面光滑，有冰裂纹。芒口，内壁满釉，外壁施釉至腹部。高2.8、可复原口径5.6、壁厚0.2、底厚0.3、可复原足径3.6、足高0.1、足壁厚0.2~0.3厘米。

2019XCPIT0815TD9SQ1JC：1，器残，可复原。泥质白胎，胎质较细腻。方唇，敞口，浅弧腹，底内平外凹，矮圈足。施青白釉，釉色泛青，釉面光滑，有冰裂纹。芒口，内壁满釉，外壁施釉至下腹部。高2.9、可复原口径7.2、壁厚0.2、底厚0.2~0.4、足径3.4、足高0.3、足壁厚0.3~0.4厘米。

2019XCPIT0715TD9②：1，器残，可复原。泥质白胎，胎质较细腻。敞口，方唇，弧腹，平底，矮圈足。施青白釉，釉面光滑。芒口，内壁满釉，外壁施釉至下腹部，圈足和外底露胎。内底心平切，外底墨书二字，残缺无法辨认。高2.1、可复原口径7、壁厚0.3、底厚0.3、足径4.2、足高0.1、足厚0.2~0.4厘米（图版4.206、4.207）。

2019XCPIT1214TD5③：8，器残，可复原。泥质白胎，胎质细腻。圆唇，敞口，斜弧腹，平底，矮圈足。施青白釉，釉面光滑，有冰裂纹。芒口，内壁满釉，外壁施釉至腹部。高2.8、可复原口径7.2、壁厚0.3、底厚0.2、可复原足径4.4、足高0.2、足壁厚0.2~0.4厘米。

D型 平底无圈足。

2019XCPIT1112TD2⑥：4，器残。泥质黄白胎，胎质细腻。弧腹，平底微内凹。施青白釉，釉面光滑，有冰裂纹。内壁满釉，外壁除底外皆施釉。外壁釉面有较多的点状坑，外底墨书“朱”字。残高1.1、残腹径8.2、壁厚0.2~0.5、底径3.8、底厚0.8厘米（图4-24-7，图版4.208、4.209）。

2019XCPIT1112TD2⑤：9，器残。泥质白胎，胎质细腻。斜弧腹，平底内凹。施青白釉，釉面光滑。内壁满釉，外壁除底面外皆施釉，釉面上多点状坑。外底可见线切割的痕迹，墨书“朱”字。残高1.2、残腹径8.4、壁厚0.2~0.6、可复原底径4.2、底厚0.3~0.4厘米（图4-24-8，图版4.210、4.211）。

2019XCPIT0709TD14①：1，器残，存器底及部分器腹。泥质灰胎，胎质较粗糙。斜弧腹，下腹内收，小平底。施青白釉，釉色偏黄褐色，开片细密。内壁满釉，外壁施釉至下腹，外底及周边不规则梭形区域露胎，四周露胎处涂黑彩。外底部墨书楷体款识“吴”字，字体端正大方。残高1.9、残长7.1、壁厚0.4~0.6、底径3.5厘米（图4-24-9，图版4.212）。

● 盘

根据口沿、腹部分为两型。

A型 上折沿，直口，浅腹。

2019XCPIT1112TD2⑭：3，器残。泥质灰白胎，胎质细腻。圆唇，折沿，直口。施青白釉，釉面光滑。内外壁皆满釉。残长4.6、宽3.4、壁厚0.2厘米（图版4.213）。

2019XCPIT1112TD2⑤：5，器残。泥质白胎，胎质细腻。圆唇，口沿上折，直口略敞。施青白釉，内壁釉面光滑，外壁有较多颗粒状凹陷。内外壁皆满釉，口沿内壁积釉。口沿内壁折沿处刻一周凹弦纹，沿面有篦划纹。残长4.8、宽4.1、壁厚0.2~0.5厘米（图版4.214）。

B型 平折沿，敞口。根据有无装饰可分为二亚型。

Ba型 无纹饰。

2019XCPIT0917TD9H3①：5，器残，可复原。泥质米黄胎，胎质细腻。圆唇，折沿，敞口，浅弧腹，底内平外凸，矮圈足，足刮削粗糙。施青白釉，釉面光滑，有冰裂纹。内壁满釉，外壁施釉至上腹部，口沿外壁有积釉。碗内心有支钉痕迹，口沿与腹部交接处有一周凹痕。高3.2、可复原口径10.8、壁厚0.2~0.4、底厚0.5、可复原足径5、足高0.6、足壁厚0.6~0.9厘米（图版4.215）。

2019XCPIT1213TD5⑨：1，器残，可复原。泥质灰白胎，胎质细腻。圆唇，敞口，折沿，弧腹，底内平外凸，矮圈足，足外直内斜削，削足较粗糙。施青白釉，釉面光滑。沿尖刮釉，内壁满釉，内底外沿有一圈宽1.4厘米的涩圈，外壁施釉不及下腹。露胎处有过火痕迹。高3.6、可复原口径12.6、壁厚0.2~0.3、底厚1.1、可复原足径6.3、足高0.6、足壁厚0.5~0.8厘米（图版4.216）。

另有口沿、盘底残件，分述如下：

口沿

2019XCPIT1111TD1⑦：1，器残。泥质灰白胎，胎质较粗糙。圆唇，折沿，敞口，弧腹。施青白釉，釉色近青，有冰裂纹，釉面光滑。口沿处部分露胎，内壁满釉，外壁施釉至上腹部。器内近底处有一周釉线，釉面和胎体均有为铁锈侵染的痕迹。残长5、宽4.9、壁厚0.2~0.7厘米（图版4.217）。

2019XCPIT1017TD12⑤：7，器残。泥质灰白胎，胎质细腻。圆唇，折沿，敞口，弧腹。施青白釉，釉面光滑，有冰裂纹。口沿和折沿处刮釉，内外壁皆满釉。残长8.4、宽3.5、高2.9、壁厚0.2~0.3厘米（图版4.218）。

盘底

2019XCPIT0916TD10SQ2JC：7，器残。泥质灰白胎，胎质细腻。斜直腹，平底，矮宽圈足，削足不规整。施青白釉，釉色偏青，釉面光滑。内壁满釉，边缘部位被侵染变黄，外壁施釉不及底。内腹壁近底处有一周凹痕。残高3.9、壁厚0.3、底厚0.8、可复原足径6、足高0.6、足壁厚0.6~1.3厘米。

2019XCPIT1211TD14DM1：4，器残。泥质灰白胎，胎质较细腻。弧腹，底内凹外凸，外底心乳突，圈足，足外直内斜削。施青白釉，釉面光滑。内壁满釉，内底外缘刮釉一圈，外壁施釉不及底，部分流釉至圈足外侧。圈足及足底有明显刮削痕迹，内底现存一个支钉痕。残高2.2、残腹径8.4、壁厚0.5、底厚0.8、足径5.4、足高1.35、足壁厚0.9厘米（图4-25-1，图版4.219、4.220）。

2019XCPIT0816TD10④：9，器残。泥质灰白胎，胎质细腻。弧腹，圈足，足外直内斜削。施青白釉，釉面光滑。外壁近底处施釉不均，有流釉现象，圈足及外底皆未施釉。下腹部内壁有一周凹弦纹，外底可见轮制痕迹，外底心有一小乳突。残高4.2、残

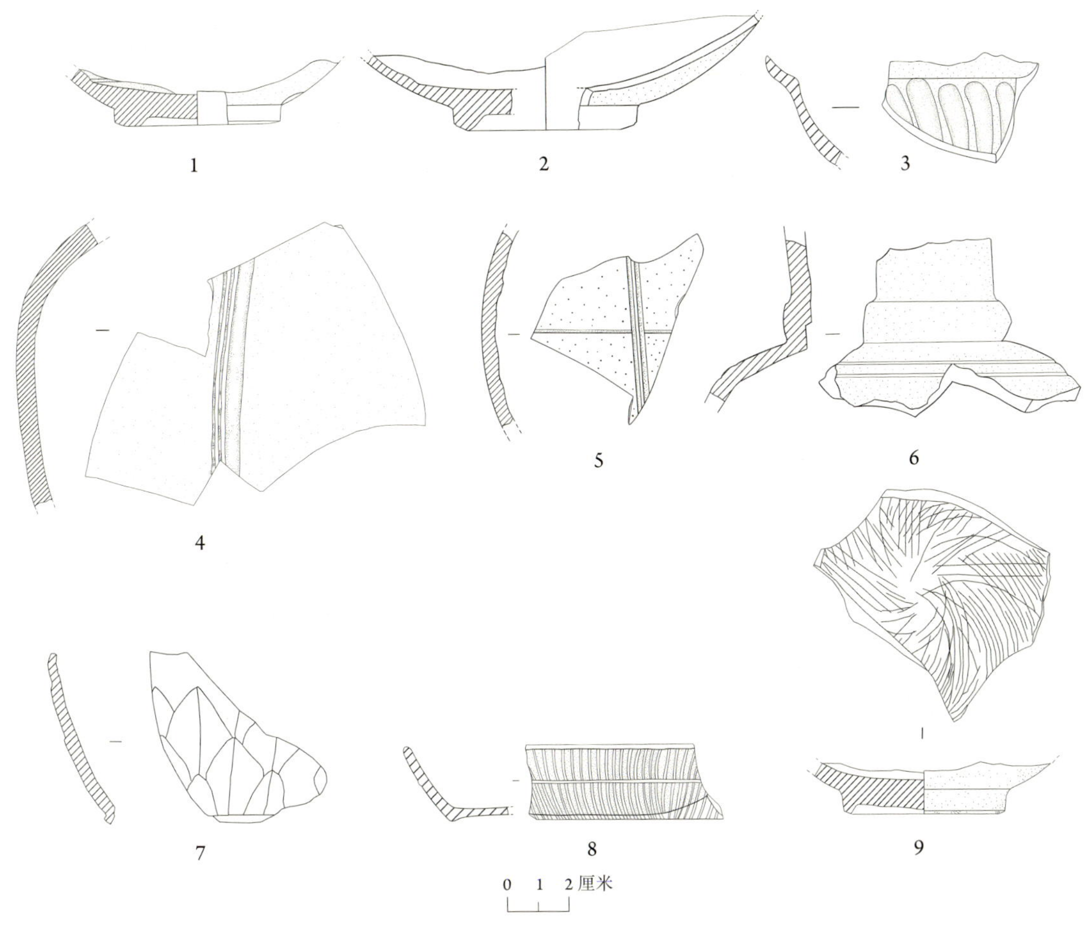

1-2.Ba型盘底（2019XCPIT1211TD14DM1：4、2019XCPIT0816TD10④：9） 3.Bb型盘（2019XCPIT1213TD5⑨：2）
4-6.执壶（2019XCPIT0915TD10④：4、2019XCPIT1012TD2①：1、2019XCPIT1014TD6①：1）
7.瓷炉（2019XCPIT0511TD11①：1） 8.瓷洗（2019XCPIT1214TD5③：4） 9.擂钵（2019XCPIT0908TD14①：1）

图4-25 青白瓷盘、执壶、炉、洗、擂钵

腹径13、壁厚0.2~0.6、足径6.8、足高0.8、足壁厚0.5~1厘米（图4-25-2）。

Bb型 盘心装饰菊瓣纹。

2019XCPIT1213TD5⑨：2，器残。泥质白胎，胎质细腻。尖圆唇，折沿，敞口，弧腹。施青白釉，釉面光滑，有冰裂纹。内外壁皆满釉，口沿、折沿和菊瓣纹相接处皆刮釉。内壁口沿以下满刻大小相等的菊瓣纹。残高2.4、可复原口径15、壁厚0.2~0.3厘米（图4-25-3，图版4.221）。

2019XCPIT1017TD12④：1，器残。泥质灰白胎，胎质细腻。圆唇，折沿，敞口，弧腹。施青白釉，釉面光滑，有细碎的冰裂纹。内外壁满釉，口沿和折沿处刮釉。内壁口沿以下满饰大小近似的菊瓣纹，菊瓣纹两两相交处刮釉。残长4.2、宽3.8、可复原口沿14、壁厚0.3~0.6厘米（图版4.222）。

2019XCPIT1016TD12③：1，器残。泥质灰白胎，胎质细腻。圆唇，折沿，敞口，弧腹。施青白釉，釉面光滑，釉层较厚，有冰裂纹。内外壁皆满釉，口沿和折沿处刮釉且有谷壳灰烧结。内壁口沿以下满饰大小近似的菊瓣纹，菊瓣纹两两相交处刮釉，并有谷壳灰黏结。残长 5.6、宽 2.7、可复原口径 14、壁厚 0.3 厘米（图版 4.223）。

2019XCPIT0913TD8①：1，器残。泥质灰白胎，胎质细腻。弧腹，下腹与圈足交接处内折，底内平外凸，圈足，足外直内斜削。施青白釉，釉面光滑，有冰裂纹。内壁满釉，外壁施釉未及底，圈足及距圈足 0.9 厘米一周未施釉，釉层边界处存在积釉现象。足底有轮制痕迹。残高 3.1、残腹径 9.8、壁厚 0.5~0.9、底厚 1.3、可复原足径 4.4、足高 0.3、足壁厚 0.6~0.8 厘米（图版 4.224）。

另，2019XCPIT1112TD2⑤：2，器残，可能为该类折沿盘底。泥质灰白胎，胎质细腻。弧腹，底内凹外突，矮圈足，足底平整，外底刮削不整齐。施青白釉，釉面光滑，有冰裂纹，釉层较厚。内壁满釉，外壁釉不及底，局部流釉至圈足。外壁有刻划纹。残高 4.2、残腹径 11、壁厚 0.5~1、底厚约 0.7、可复原足径 5.2、足高 0.65、足壁厚 0.4~0.8 厘米（图版 4.225、4.226）。

● 执壶

2019XCPIT0915TD10④：4，器残。泥质白胎，胎质细腻。弧腹。施青白釉，釉面光滑，有冰裂纹。外壁满釉，内壁施釉不及底且有烧结物附着。外壁可见三条并行的瓜棱纹。残长 11.3、宽 7.9、壁厚 0.6~0.8 厘米（图 4-25-4，图版 4.227）。

2019XCPIT1012TD2①：1，器残。泥质白胎，胎质细腻。施青白釉，釉色偏青，釉面光滑。外壁有两道一组的瓜棱纹及一条与之垂直的浅弦纹，内壁可见轮制痕迹。残长 6.2、宽 5.5、壁厚 0.5 厘米（图 4-25-5，图版 4.228）。

2019XCPIT1014TD6①：1，采集，器残。泥质白胎，胎质细腻。直颈，颈部靠上内收，圆肩，鼓腹。施青白釉，釉面光滑，有冰裂纹。内外壁满釉，内壁施釉不均且有烧结物附着。肩部外缘处起两道凹弦纹，其下接两组四道凹弦纹。残高 4.9、可复原颈径 4.7、可复原上腹径 12、壁厚 0.6~0.7 厘米（图 4-25-6，图版 4.229）。

● 瓶

2019XCPIT0717TD9③：1，器残。泥质白胎，胎质细腻。施青白釉，釉色偏青，釉面光滑。外壁满釉，内壁无釉。外壁在胎下刻划莲瓣纹，由两条浅弦纹一组，两组交叉形成。残长 4.5、宽 2.8、壁厚 0.2~0.8 厘米（图版 4.230）。

● 炉

2019XCPIT0511TD11①：1，残存部分口沿、器身和器底。夹细砂灰白胎，胎质较粗糙。侈口，圆唇，圈足。施青白釉，釉面光滑，釉层较薄。外壁满施青釉，内壁距口沿 1.1 厘米以下均未施釉。外壁距口沿 1 厘米处起以四重莲瓣纹装饰，据断面判断纹饰应为雕刻制成，内壁可见轮制痕迹。通高 5.7、可复原口径 12、壁厚 0.6、圈足残高 0.3 厘米（图 4-25-7，图版 4.231）。

● 洗

原器物应为上下合口的两件一套，但遗址出土的器物中未能寻见相互匹配的器身与器盖。

2019XCPIT1214TD5③：4，器残，可复原。泥质白胎，胎质细腻。方唇，敞口，弧腹，平底内凹。施青白釉，釉面光滑，有冰裂纹。芒口，内壁满釉，外壁施釉不及底。外壁满刻上下两层对称的竖棱，口沿外壁可见模制痕迹。高 2.5、可复原口径 9、壁厚 0.3、可复原底径 4.8、底厚 0.2 厘米（图 4-25-8，图版 4.232、4.233）。

2019XCPIT1214TD5③：6，器残，可复原。泥质白胎，胎质细腻。方唇，子母口，敞口，浅弧腹，平底内凹。施青白釉，釉面光滑。芒口，内壁满釉，外壁施釉不及底。外壁满刻上下两层对称的竖棱。高 2.5、可复原口径 8.8、壁厚 0.3、可复原底径 6.5、底厚 0.2 厘米。

● 擂钵

2019XCPIT0908TD14①：1，器残。泥质白胎，胎质细腻。弧腹，内外底心皆有乳突，圈足，足外直内斜削。施青白釉，釉面光滑，有冰裂纹。内壁不施釉，外壁施釉至圈足外侧。内壁胎体存在多条螺旋状向外辐射的刻划痕迹。残高 1.8、残腹径 11.6、壁厚0.5、底厚1、足径5.6、足高0.8、足壁厚0.3~0.6厘米（图4-25-9，图版4.234、4.235）。

● 墨书腹片

2019XCPIT0815TD9①：1，器残。泥质黄白胎，胎质细腻。残存部分可见外壁不施釉，内壁施黄绿色釉，有开片，有涩圈。外壁残留有一墨书“朱”字。残长 1.5~2.6、宽 2.5、厚 0.6 厘米（图版 4.236）。

白瓷

● 碗

根据整体形状可分为二型。

A型 敞口，矮小圈足。

2019XCPIT0917TD10④：4，器残，可复原。泥质白胎，胎质较细腻。方唇，敞口，深弧腹，平底，矮圈足。施白釉，釉面光滑，芒口，内壁满釉，外壁施釉至下腹，部分流釉至圈足外侧。内底心周围作一圈凸棱。高 5.1、口径 17.4、壁厚 0.2~0.3、底厚 0.2、足径 4、足高 0.6、足壁厚 0.1~0.5 厘米。

2019XCPIT0712TD4②：1，器残，可复原。泥质白胎，胎质细腻。方唇，敞口，深弧腹，小平底，圈足近平。施白釉，釉面光滑，芒口，下腹部近底处及圈足内外均未施釉，露胎处为铁锈侵染而泛黄。口沿外侧有模制痕迹。高 6.2、可复原口径 17.2、壁厚 0.3、底厚 0.4、可复原足径 5.6、足高 0.5、足壁厚 0.1~0.4 厘米（图 4-26-1，图版 4.237、4.238）。

B型 高宽圈足。

2019XCPIT0813TD8⑤：5，器残。泥质白胎，胎质细腻。弧腹，底外凸，矮圈足。施白釉，釉面较光滑，有冰裂纹。内壁满釉，外壁施釉至下腹部，圈足外侧有流釉，圈足和外底未施釉。外底墨书“莊□”，器身黏附有铁锈，侵染严重。残高 2、残腹径 8.4、壁厚 0.4、底厚 0.6~0.9、可复原足径 6.3、足高 1、足壁厚 0.3 厘米（图 4-26-2，图版 4.239、4.240）。

2019XCPIT0916TD10⑥：2，器残，仅存碗底及部分下腹部。泥质黄白胎，胎质较粗糙。弧腹，外腹与圈足交接处内凹，内腹近底处高起一浅台，底内平外凸，外底心乳突，圈足，足外直内斜削。施白釉，釉面较粗糙。内壁满釉，外壁施釉至下腹，部分流釉。外壁下腹处有多道篦划纹，外底有一指压印痕，过火烧红，墨书“吴”字。残高2.7、

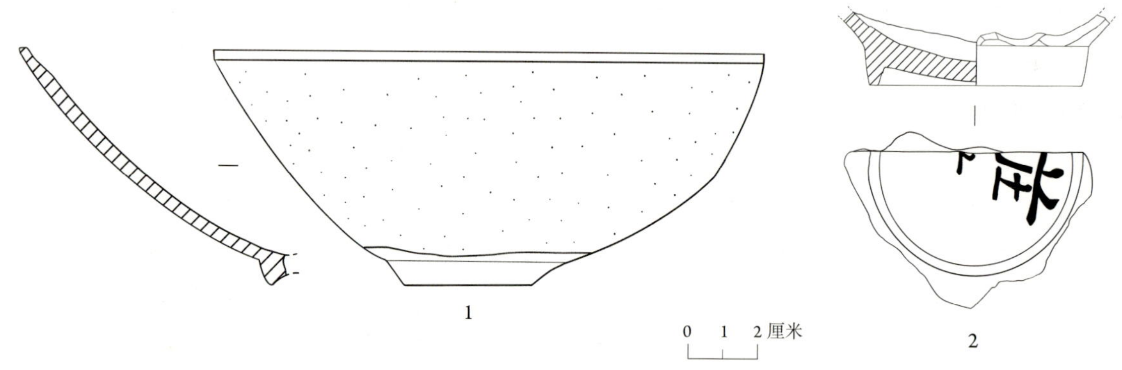

1.A型（2019XCPIT0712TD4②：1） 2.B型（2019XCPIT0813TD8⑤：5）

图 4-26 白瓷碗

残腹径9、壁厚0.5~0.6、底厚0.9~1.1、足径5.2、足高1、足壁厚0.4~0.7厘米。

● 盏

2019XCPIT1213TD5⑩：1，器残，可复原。泥质白胎，胎质较粗糙。方唇，敞口，弧腹，平底，矮圈足。施白釉，釉层完全剥落。外壁满刻莲瓣纹，由两条棱交叉组成莲瓣，莲瓣内另起三、四条短棱作叶脉装饰。高3、可复原口径8、壁厚0.3、底厚0.2、可复原足径5、足高0.5、足壁厚0.2~0.4厘米（图版4.241、4.242）。

● 洗

与青白瓷洗形制相同，可能因烧成环境不同而导致釉色出现变化。

2019XCPIT1214TD5④：2，器残，可复原。泥质白胎，胎质细腻。方唇，子母口，浅弧腹，平底内凹。施白釉，釉面光滑，釉层剥落较严重，受埋藏地影响而发黄。芒口，内壁满釉，外壁施釉不及底。外壁满刻上下两层对称的竖棱，棱沿刮釉。高2.7、可复原口径9、壁厚0.2、可复原底径5.8、底厚0.4厘米。

青花瓷

● 碗

根据有无涩圈可分为两型。

A型 无涩圈。

2019XCPIT1111TD1④：5，器残。泥质白胎，胎质细腻。内底微凹，矮圈足，足外撇。圈足及外底刮釉露胎，其余部分皆施釉，釉下绘青花。碗内底绘花叶纹，圈足内侧与外底相接处有青花弦纹一周，外底心有乳突。器底因过火而泛红。残高0.8、残腹径9.2、底厚0.4、可复原足径6、足高0.6、足壁厚0.3~0.6厘米（图版4.243）。

2019XCPIT1111TD1④：6，器残。泥质白胎，胎质细腻。通体施釉。外壁绘圆形花叶纹，内壁绘两道弦纹。残长4.5、宽2.8、壁厚0.3~0.5厘米（图版4.244）。

2019XCPIT1017TD12G1：1，器残。泥质白胎，胎质细腻。弧腹，平底，内外底心乳突，矮圈足，足外直内斜削。施青白釉，釉面光滑。内外壁满釉，内底面有白色烧结物，圈足底部谷壳灰烧结严重。釉下绘青花，内底中心绘一“福”字，周围饰一周弦纹，外壁下腹部绘缠枝纹，在下腹与圈足交接处绘一周弦纹。残高 2.2、残腹径 9.8、壁厚 0.4、底厚 0.6、足径 5.2、足高 0.6、足壁厚 0.4~1 厘米（图版 4.245、4.246）。

2019XCPIT1311TD1①：1，器残。泥质白胎，胎质细腻。圜底，圈足，足底中央略有凸起。圈足内可见刮削痕迹，外壁近圈足处可见支钉痕迹。整体施透明釉，釉下彩外壁为青色，不见完整纹饰；内侧接近蓝色，底部中央有一行楷“贰”字，绕字有一圈弦纹。圈足及外底呈红色，或为烧制时过火所致。残高 1.6、壁厚 0.5、底厚 0.7、足径 4.8、足高 0.7、足厚 0.7 厘米（图 4-27-1，图版 4.247）。

2019XCPIT1111TD1③：2，器残。泥质白胎，胎质细腻。通体施釉，有冰裂纹，为铁锈所侵染而泛黄。外壁印折枝花及弦纹一道。残长 5.1、宽 2.9、壁厚 0.4~0.5 厘米（图版 4.248）。

B型 有涩圈。两件标本造型基本一致，均为青花莲托团蝠团寿纹碗。

2019XCPIT1014TD6SD5：1，器残，可复原。泥质灰胎，夹细砂。口沿微侈，尖圆唇，弧腹，圈足。足底刮釉露胎，胎釉相接处有大量烧结的谷壳灰。内底有涩圈。局部黏结烧结的谷壳灰。其余部分施青白釉，釉下绘青花。外壁口沿处、下部各绘单弦纹一周，作为外壁主体装饰之上下界。其间绘 2 种 10 个图案，相间排列。一种下部为莲花纹，两端花瓣处各饰一简化蝙蝠纹，莲花上托团“寿”纹，或取“福寿连延”之意。另一种为团化的蝙蝠纹，四角各饰一简化蝙蝠纹，或取意于“五福”。外壁与圈足相接处绘一

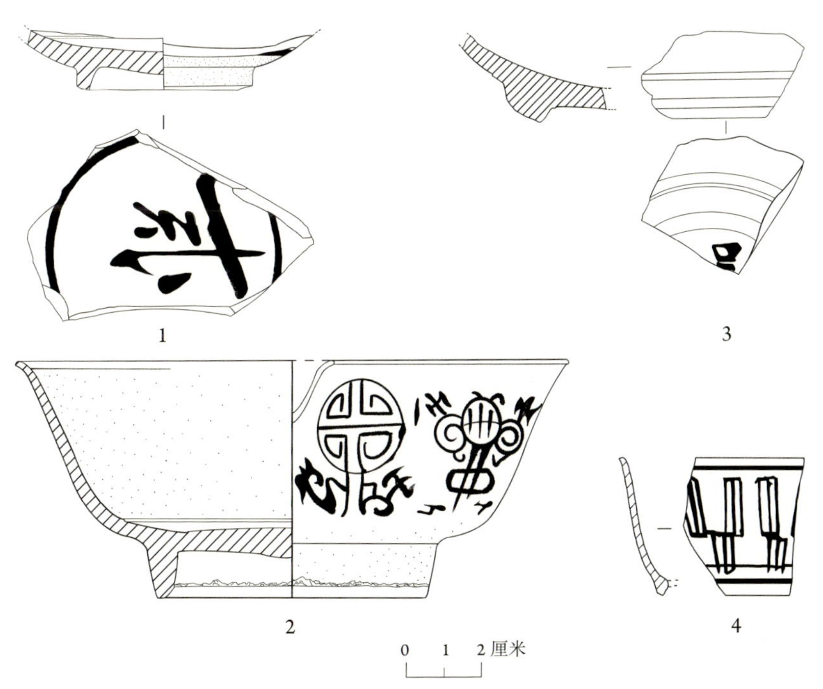

1.A型青花瓷碗（2019XCPIT1311TD1①：1） 2.B型青花瓷碗（2019XCPIT1014TD6SD5：2）
3.脱釉瓷碗（2019XCPIT0717TD9①：1） 4.青花瓷杯（2019XCPIT1012TD2②：3）

图 4-27 青花瓷器、脱釉瓷碗

周单弦纹。高6、口径13.9、壁厚0.3~0.7、底厚0.4、足径7.5、足高1.2、足壁厚0.6~0.9厘米（图版4.249）。

2019XCPIT1014TD6SD5：2，器残，可复原。形制、纹饰皆与2019XCPIT1014TD6SD5：1相同，唯外壁无弦纹装饰。高6.1、口径14.5、壁厚0.2~0.4、底厚0.5~0.8、足径7、足高1.4、足壁厚0.2~0.8厘米（图4-27-2，图版4.250）。

● 盘

2019XCPIT1017TD12SD6：1，器残。泥质白胎，胎质细腻。施青白釉，釉面光滑。内外壁皆满釉。内壁釉下绘青花卷云纹和飘带纹，右下角绘有瑞兽头部。残长7.9、宽7.2、壁厚0.5厘米（图版4.251）。

● 杯

2019XCPIT1012TD2②：3，器残，可复原。细泥白胎，胎质细腻。尖圆唇，口微侈，直腹，圜底向内浅凹。通体施透明釉，釉层极薄，釉面光滑，青花施于透明釉层下。器外壁近口沿处有一周青花勾勒的弦纹，近底处有一宽一窄两周弦纹，口沿与近底部弦纹中间以青花勾勒两排寿字纹装饰。器底有谷壳灰黏结。通高3.6、可复原口径4、壁厚0.24、可复原底径2.6、底厚0.2厘米（图4-27-4，图版4.252）。

脱釉瓷器

● 碗

2019XCPIT0717TD9①：1，器残。胎色灰黄，胎质粗糙。矮圈足，足壁厚。通体脱釉。外底、外壁残留有墨书。外壁墨书“吴□”。残高2.5、壁厚0.4~0.6、底厚0.6~0.8、足高1、足壁厚0.8~1.6厘米（图4-27-3）。

（2）德化窑

青白瓷

● 碗

与安溪窑BaI式青白瓷碗相同，在釉料和施釉工艺上有明显提高。

2019XCPIT1112TD2⑧：3，仿景德镇，器残。泥质白胎，胎质细腻。弧腹，平底微凸，细高圈足。施青白釉，釉面光滑。内壁满釉，外壁施釉至圈足外侧，部分缺釉。残高3.5、残腹径9.6、壁厚0.3~0.6、底厚1.4、足径5、足高1.8、足壁厚0.1~0.4厘米（图4-28-1）。

● 碟

造型与安溪窑产A型青白瓷碟基本无异。

2019XCPIT0916TD10④：1，器残，可复原。泥质白胎，胎质较细腻。侈口，方唇，浅斜腹，平底内凹。施青白釉，釉面光滑。芒口，内壁满釉，外壁施釉至底，底部刮釉。内壁有轮制痕迹。高2.3、可复原口径13.2、壁厚0.2~0.3、可复原底径10.4厘米。

2019XCPIT0916TD10SQ2JC：4，器残，可复原。泥质白胎，胎质细腻。方唇，敞口，浅斜腹，平底内凹。施青白釉，釉面光滑。芒口，内壁满釉，外壁施釉至底，底部

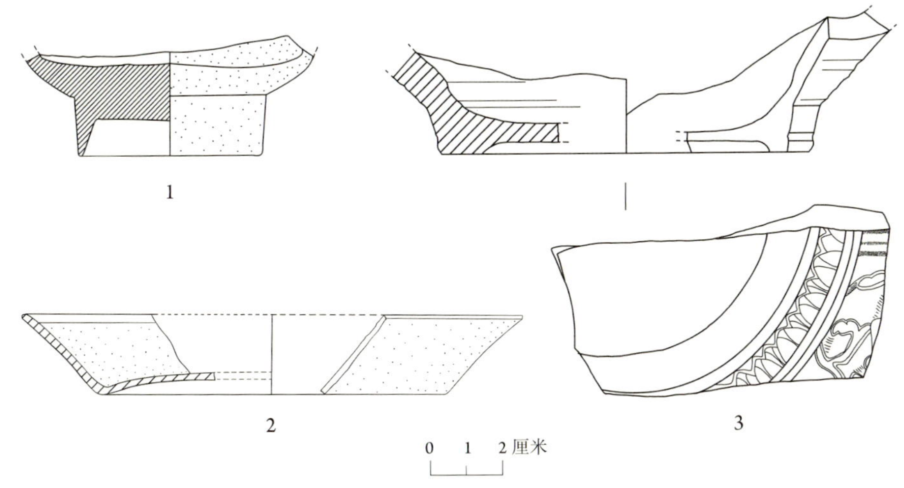

1.青白瓷碗（2019XCPIT1112TD2⑧：3） 2.青白瓷碟（2019XCPIT0916TD10SQ2JC：4）
3.青白瓷瓶（2019XCPIT1112TD2⑥：3）

图4-28 青白瓷碗、碟、瓶

刮釉。口沿外壁可见模制痕迹。高2、可复原口径13.2、壁厚0.3、底径9、底厚0.2厘米（图4-28-2）。

● 瓶

2019XCPIT1112TD2⑥：3，器残，仅存瓶底。泥质白胎，胎质细腻。下腹斜，腹内壁近底处内折下弧，底内凹外平，矮圈足，外底挖足较浅。施青白釉，釉面光滑。内壁满釉，外壁施釉至圈足外侧，足底刮釉，外底溅釉。内壁下腹和底交接处饰一周凸弦纹，在近底一侧再作两圈浅细凹弦纹；外壁下腹部作两组纹饰，上部以凹弦纹为框，框内饰卷草纹和篦点纹，下部为向下的一周莲瓣纹，圈足近底处饰一周凹弦纹。残高4.2、残腹径16.4、壁厚0.9、底厚0.6~0.8、可复原足径11.2、足高1.3、足壁厚1.2~1.7厘米（图4-28-3）。

白瓷

● 碗

2019XCPIT0609TD11①：1，器残。泥质白胎，胎质细腻。弧腹，平底微内凹，矮圈足，足壁外直内斜削。施白釉，釉面光滑。圈足刮釉露胎，碗内底有一周宽1.2厘米的涩圈。残高2.8、腹径8.4、壁厚0.4、底厚0.5、可复原足径5.3、足高0.8、足壁厚0.1~0.8厘米（图4-29-1）。

● 炉

2019XCPIQ1①：7，器残。泥质白胎，胎质细腻。斜弧腹，平底，高圈足。施白釉，釉面光滑。内壁满釉，且大块釉料烧结，外壁施釉至圈足外侧，外底和圈足内侧未施釉。外壁可见呈山形的莲瓣纹，两组各三条浅弦纹交叉组成一组莲瓣纹。残高4.8、残腹径9.4、壁厚0.8、底厚1、可复原足径6.4、足高0.9、足壁厚0.7~1厘米（图4-29-2）。

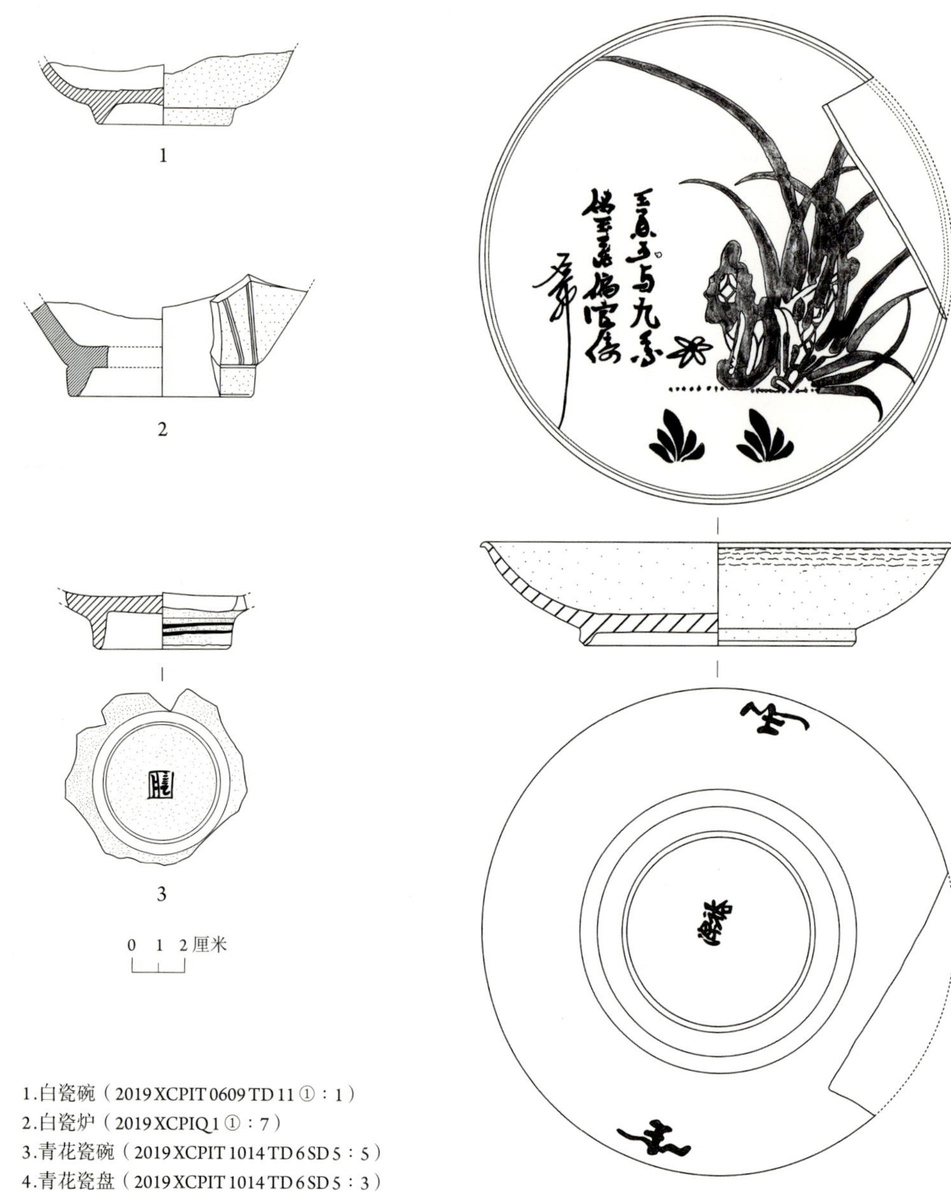

1.白瓷碗（2019XCPIT0609TD11①：1）
2.白瓷炉（2019XCPIQ1①：7）
3.青花瓷碗（2019XCPIT1014TD6SD5：5）
4.青花瓷盘（2019XCPIT1014TD6SD5：3）

图4–29 白瓷碗、白瓷炉、青花瓷碗、青花瓷盘

青花瓷

● 碗

2019XCPIT1014TD6SD5：5，残存圈足及所附碗底。平底，内底心微凸，圈足。施青白釉，釉下绘青花。圈足与外壁相接处绘双弦纹一周，圈足内正中以青料书“月記”二字，外绘方形边框。残高2.1、壁厚0.6~0.9、底厚0.6、足径5、足高1.4、足壁厚0.1~0.7厘米（图4–29–3，图版4.253）。

● 盘

2019XCPIT1014TD6SD5：3，器残，可复原。泥质灰黄胎，胎质细腻。方唇，卷沿，敞口，浅弧腹，圈足甚矮。足底刮釉露胎，其余部分皆施釉，釉面光滑，釉下绘青花。内壁口沿处绘一周单弦纹，内底有深至露胎的釉层裂痕。盘内主体纹饰为一丛兰花生于石旁，旁题诗："王香不与凡香偶，玉蕊偏宜倚石开。"下绘二草纹。外壁口沿处绘一周淡色弦纹。弦纹下绘等距分布的四个简化蝠纹，今残存其三。外壁与圈足相接处绘颜色极淡的单弦纹一周，外底内绘双弦纹一周，弦纹中央书"□□（源裕？）"二字。外壁口沿下可见模制痕迹。高3.9、口径18.4、壁厚0.3~0.8、底厚1.3、足径10.4、足高0.5、足壁厚0.6厘米（图4-29-4，图版4.254、4.255）。

（3）磁灶窑

青瓷

● 碗

2019XCPIT1214TD5④：3，器残。泥质灰胎，胎质细腻。平底，圈足，足外直内斜削。施青釉，釉面光滑，有冰裂纹。内壁满釉，圈足和外底均未施釉。内底刻一"福"字，字表面刮釉，外底内起一圈凸棱，胎体因过火呈赤红色。残高1.7、底厚1.2、足径5、足壁厚0.5~1厘米（图4-30-1，图版4.256）。

● 水注

2019XCPIKD21：2，器残。泥质灰胎，胎质细腻。方唇，盘口，沿外敞，束颈，弧肩，腹上鼓下弧，最大径在肩部；管状朝天流，位于肩部，器柄已残，仅在颈部留有上端柄头。施青釉，釉面光滑，腹部脱釉严重。内壁施釉至颈上部，外壁至腹中部，多处有烟灰黏附变黑。残高10.7、口径4.4、颈径3、最大径10.3、壁厚0.2~0.3厘米（图4-30-2，图版4.257）。

● 器盖

2019XCPIT0914TD9⑥：1，器残，可复原。泥质灰胎，胎质细腻。圆饼形盖纽，盖身隐约呈现瓦楞纹，盖沿下折为子口。子口不施釉，盖内壁不施釉，其余部分施青釉。高4.4、纽高1、纽径4.1、盖径14.5、厚0.2~0.7厘米（图4-30-3）。

青白瓷

● 碗

2019XCPIT1016TD12④：1，器残，可复原。泥质灰白胎，胎质细腻。圆唇，敞口，弧腹，平底微凸，内外底心皆有乳突，圈足外撇。施青白釉，釉面较光滑，生烧。内外壁皆施釉，口沿刮釉，圈足底空釉。内底心刻一"禄"字，外壁可见轮制痕迹。高5.1、可复原口径14.6、壁厚0.3~0.4、足径5.8、足高0.6、足壁厚0.5~0.7厘米（图4-30-4，图版4.258）。

黑釉瓷

● 碗

目前遗址区已发掘单位中仅出土一件。

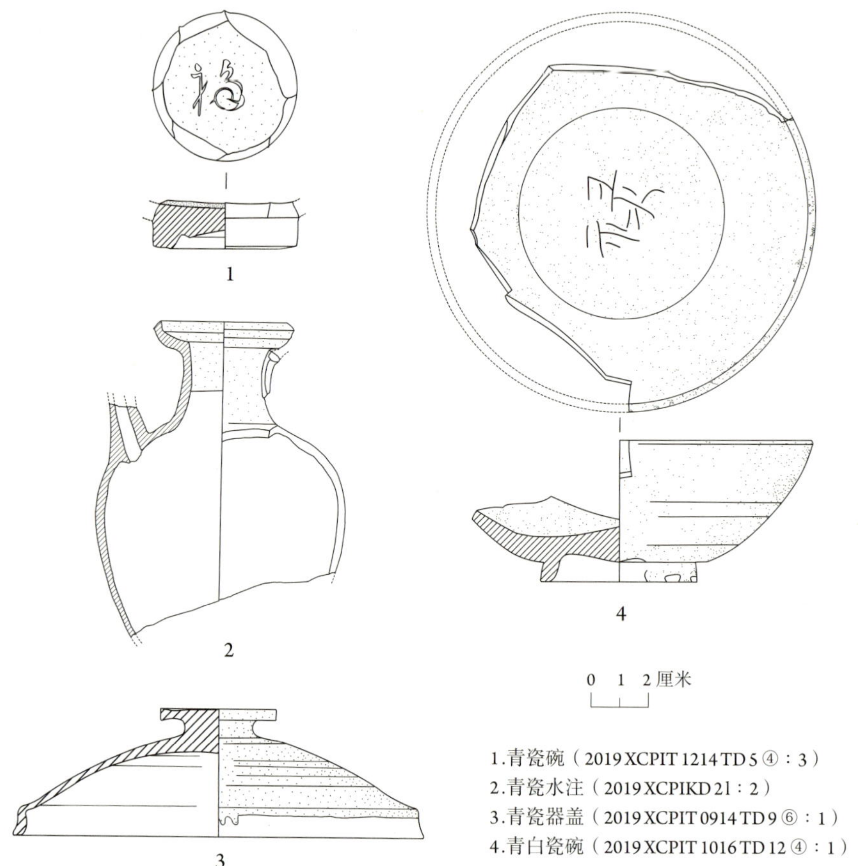

图4–30 青瓷碗、水注、器盖，青白瓷碗

2019XCPIT1111TD1⑩：1，器残。泥质灰白胎，胎质细腻。弧腹，圈足外撇。施黑釉，釉面较粗糙。外壁下腹部及圈足未施釉，内底有一圈宽1.6厘米的涩圈。属生烧器，整体为铁锈所侵染，圈足外壁有一周凸棱，内侧削足较粗糙。残高2.5、宽4.5、壁厚0.3~0.6、底厚0.5、足高0.6、足壁厚0.9厘米（图版4.259）。

● 盏

器物特征明显，器形差异较小，各居住和冶炼遗迹周边地层皆有出土，选取其中较完整器，根据足部可分为二型。

A型 圈足较规整，外足心乳突状鼓起。根据内底可分为二式。

I式 盏心内凹。

2019XCPIT1112TD2⑤：7，器残。泥质灰胎，胎质较粗糙，器壁尚留有较大的颗粒。斜腹，下腹与圈足交接处内折，圈足，足底线切割。施黑釉，内壁满釉，外壁底部及圈足皆露胎。残高2.4、壁厚0.3~0.6、底厚0.6、足径3、足高0.6、足壁厚约0.7厘米（图4–31–1，图版4.260）。

2019XCPIT1017TD12⑤：5，器残。泥质灰胎，胎质较细腻。方圆唇，敞口，弧腹。施黑釉，釉面较光滑。内壁满釉，外壁施釉至上腹部，口沿两侧刮釉。残长4.5、宽3.1、壁厚0.3厘米（图版4.261）。

2019XCPIT0712TD4②：3，残存器底及下腹部。泥质灰胎，胎质细腻。弧腹，小平底，矮圈足。施黑釉，釉面较光滑。内壁满釉，外壁不施釉。整体为铁锈侵染，器底外部可见线切割痕迹。残高2.2、残腹径7.4、壁厚0.5、足径3.4、足高0.6、足壁厚0.4厘米（图4-31-2）。

II式 盏心平。

2019XCPIT0917TD10④：1，器残。泥质灰胎，胎质细腻。斜弧腹，小平底，矮圈足，修足粗糙。施黑釉，釉面粗糙，有冰裂纹，黏结有烧结物。内壁满釉，外壁施釉不及腹，蘸粘有铁渣，被铁锈所侵染。外底可见线切割痕迹。残高2.6、残腹径8.6、壁厚0.3~0.5、底厚0.4、足径3、足高0.4、足壁厚0.6厘米（图版4.262）。

2019XCPIT1017TD12⑤：2，器残。泥质灰白胎，胎质细腻。斜弧腹，底外凸，圈足，削足粗糙。施黑釉，釉面光滑，因生烧而釉面浸土。内壁满釉，外壁施釉不及腹。器外腹与圈足交接处内折，外底有线切割的痕迹。残高3.1、残腹径8、壁厚0.2~0.5、底厚0.5、足径3.2、足高0.6、足壁厚0.6~0.8厘米（图版4.263、4.264）。

B型 假圈足近平。根据腹部可分为二式。

I式 深腹，腹斜收或弧收较缓。

2019XCPIT1214TD5⑩：3，器残，可复原。泥质红陶，胎质细腻。方唇，折沿，上腹弧，下腹斜，小平底。施黑釉，釉面粗糙。内壁满釉，外壁仅口沿施釉。外底可见线切割痕迹。高3.8、可复原口径10、壁厚0.3~0.8、可复原底径3.2、底厚0.5~0.7厘米（图版4.265、4.266）。

2019XCPIT1112TD2⑥：8，器残。泥质灰白胎，胎质细腻。方唇，敞口，斜腹。施黑釉，釉面光滑，内壁满釉，外壁仅口沿施釉，因釉料漫漾导致口沿内外壁釉面皆有

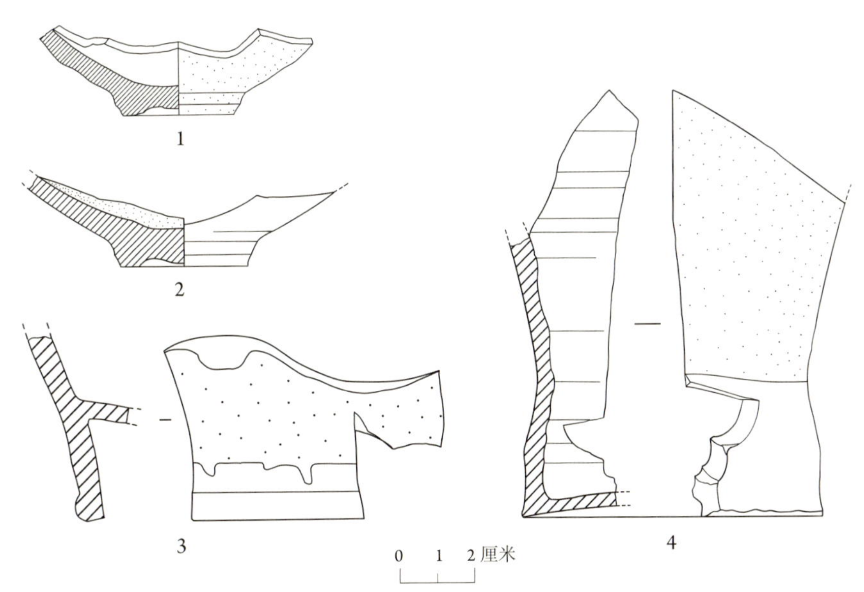

1-2.A型I式黑釉盏（2019XCPIT1112TD2⑤：7、2019XCPIT0712TD4②：3）
3.瓶底足（2019XCPIT1111TD1⑩：6） 4.梅瓶（2019XCPIT1112TD2④：1）

图4-31 黑釉盏、梅瓶、瓶底足

褐色横条带。残高 4.2、可复原口径 10.4、壁厚 0.2~0.4 厘米（图版 4.267、4.268）。

2019XCPIT1016TD12④：2，器残。泥质灰白胎，胎质细腻。弧腹，平底，假圈足。施黑釉，釉面较光滑，内壁满釉，外壁施釉不及腹。外底可见轮制痕迹。残高 1.2、残腹径 6.4、壁厚 0.4、底厚 0.6、足径 2.2、足高 0.2 厘米。

II式 浅腹，腹斜收较急。

2019XCPIT1214TD5③：2，器残，可复原。泥质灰胎，胎质较细腻。方唇，敞口近直，斜腹，小平底。施黑褐釉，釉面光滑，内壁满釉，外壁仅口沿施釉。高 3.2、可复原口径 8、壁厚 0.3~0.7、可复原底径 2、底厚 0.7 厘米（图版 4.269、4.270）。

2019XCPIT1214TD5③：6，器残，可复原。泥质灰胎，胎质细腻。方圆唇，直口，折沿，斜腹，小平底。施黑釉，釉面光滑，内壁满釉，外壁仅口沿施釉。高 3.2、可复原口径 8.8、壁厚 0.3~0.6、可复原底径 2.8、底厚 0.8 厘米（图版 4.271、4.272）。

● 执壶

包括口沿和壶嘴两类遗物，分述如下：

口沿

2019XCPIT1111TD1⑬：1，器残，仅存口沿。泥质灰胎，胎质细腻。尖圆唇，平沿，敛口，微束颈，鼓腹。施黑釉，釉面粗糙，内壁满釉，外壁仅口沿和颈部以下施釉，釉层较薄处会出现灰绿色条带。残高 2.2、可复原口径 12、沿面宽 0.8、壁厚 0.2 厘米（图版 4.273）。

壶嘴

2019XCPIT1111TD1⑫：15，基本完整。细长管状，上斜下微曲，手捏制。施黑釉，釉面光滑。长 7、流口径 0.8、壁厚 0.1、流基内径 1、流基外径 3.1~3.4 厘米（图版 4.274）。

● 梅瓶

2019XCPIT1112TD2④：1，残存瓶底。夹砂灰胎，胎质粗糙。斜直腹，下腹近底处内束，小平底，外底内凹。施黑釉，釉面较光滑，内壁无釉，外壁施釉至下腹。内壁可见轮制痕迹。残高 11.1、最大残腹径 9.6、壁厚 0.6~0.8、底径 8.8、底厚 0.4 厘米（图 4-31-4，图版 4.275）。

● 瓶底足

2019XCPIT1111TD1⑩：6，器残，仅存腹底及足部。夹砂灰胎，胎质较粗糙。腹底平，足壁较高，斜直内束，足底平，足底外沿凸出。施黑釉，釉料剥落较严重，釉面粗糙，内壁露胎，外壁施釉至足上部。内壁有黑点状锈斑。残高 5、壁厚 0.6、底厚 0.4、可复原足径 8.4、足高 2.6、足壁厚 0.6~0.8 厘米（图 4-31-3，图版 4.276）。

（4）庄边窑

目前发掘区仅出土 1 件，为青白瓷碗。

● 碗

2019XCPIT1111TD1④：3，器残。泥质灰胎，胎质较粗糙。弧腹，碗底内凹，下腹部与圈足相接处内凹一周，矮圈足，足外撇，圈足外侧近底处斜削，圈足内侧斜削，足底外侧最外圈有一周凹痕。施青白釉，釉色青蓝，釉层较薄而光滑，外壁施釉不及底。内侧釉面有烧结附着的细砂，器底有过火痕迹。残高 2.2、宽 4.9、壁厚 0.5~1、足高 0.5、足壁厚 0.5~1.6 厘米（图版 4.277）。

（5）义窑

目前遗址所见皆为青白瓷器。

● 炉

2019 XCPIT 1112 TD 2 ⑥：11，器残。泥质白胎，胎质细腻。施青白釉，釉面光滑。内壁无釉，外壁满釉，外壁刻划有数道凹弦纹。残长 5、宽 2.8、厚 0.2~1 厘米（图 4-32-1，图版 4.278）。

● 瓶

2019 XCPIT 1112 TD 2 ⑧：4，器残。泥质灰白胎，胎质细腻。为瓷瓶上腹部，圆肩，鼓腹。施青白釉，内壁近瓶口处施釉，其余部位无釉，外壁满釉。肩部刻两道浅凹弦纹。残长 9.7、宽 8.6、厚 0.5~0.7 厘米（图 4-32-2，图版 4.279）。

（6）永福窑

目前遗址发掘区仅见 1 件，为青白瓷碗。

● 碗

2019 XCPIT 0917 TD 10 H 3 ①：4，器残。泥质白胎，胎质细腻。深弧腹，平底，底心微突，细高圈足。施青白釉，釉面光滑。内壁满釉，外壁施釉至圈足内壁，但圈足施釉不均，足底刮釉。内壁中心有支钉痕迹，釉层中黏结有砂点，外壁饰稀疏的鱼鳞纹，外底似有墨书，已漫漶不清。残高 5.6、残腹径 13、壁厚 0.2~0.4、底厚 1.2、足径 6.4、足高 2.2、足壁厚 0.1~0.6 厘米（图版 4.280）。

（7）景德镇窑

目前遗址发掘区仅出土 2 件。

白瓷

● 碗

2019 XCPIT 1111 TD 1 ⑪：2，器残。泥质白胎，胎质细腻。斜弧腹，内外底皆平，圈足近平，足内侧斜削。施白釉，釉面光滑。内外壁皆满釉，外底露胎。器内壁下腹与底交接处内凹一圈，器物整体为铁锈所侵染。残高 2.2、宽 3.1、壁厚 0.3、底厚 0.5、足高 0.1、足壁厚 0.4 厘米（图版 4.281）。

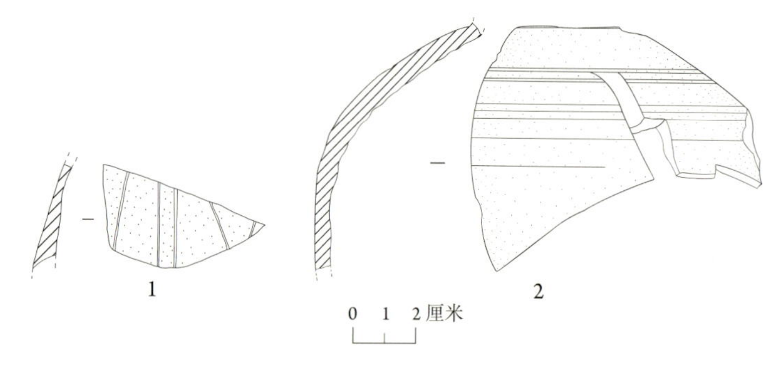

1.青白瓷炉（2019XCPIT1112TD2⑥：11）
2.青白瓷瓶（2019XCPIT1112TD2⑧：4）

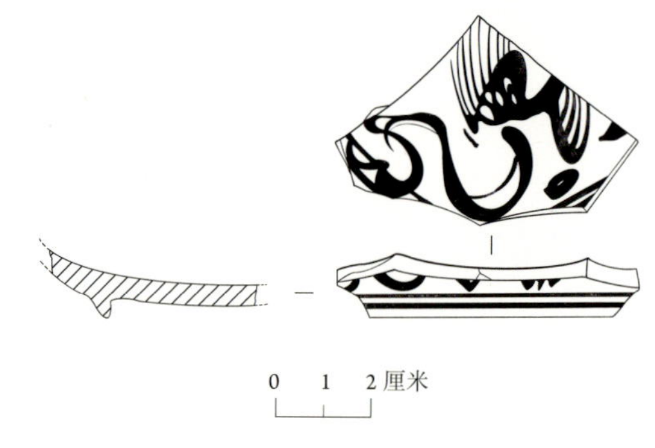

青花瓷碗（2019XCPIT1014TD6⑥：1）

图4-32 青白瓷炉、瓶

图4-33 青花瓷碗

青花瓷

● 碗

2019XCPIT1014TD6⑥：1，器残。泥质白胎，胎质细腻。弧腹，底内平外凸，矮圈足，足斜削。施青白釉，釉面光滑。圈足刮釉。内底釉下绘柳树和飘带纹，外沿绘两圈弦纹，外腹绘青花图案，下腹与圈足交接处绘两圈弦纹。残腹径8.8、壁厚0.3、底厚0.4~0.5、可复原足径6.8、足高0.5、足壁厚0.2~0.5厘米（图4-33，图版4.282）。

（8）龙泉窑

目前遗址发掘区仅出土2件青白瓷器。

● 盘

包括口沿和腹片，分述如下：

口沿

2019XCPIT1111TD1⑦：4，器残。泥质灰白胎，胎质细腻。圆唇，折沿，盘口。施青白釉，釉面光洁，透明度高，有冰裂纹。内壁口沿和折沿处刮釉露胎，口沿下印菊瓣纹，纹饰边缘出筋。残长4.1、残宽3.1、壁厚0.2~0.7厘米（图版4.283）。

腹片

2019XCPIT1115TD5③：2，器残。泥质白胎，胎质细腻。施青白釉，釉面光滑。内外壁满釉。内壁有浅弦纹。残长3.5、宽3.2、壁厚0.5~0.9厘米（图版4.284）。

（9）建窑

目前遗址发掘区共出土3件，均为黑釉盏。

● 盏（盅）

2019XCPIT1112TD2⑥：12，器残。泥质灰胎，胎质细腻。圆唇，敞口，斜腹。施黑釉，釉面光滑，仅口沿外壁可见短兔毫。内外壁皆满釉，口沿内外壁和内腹壁因烧成

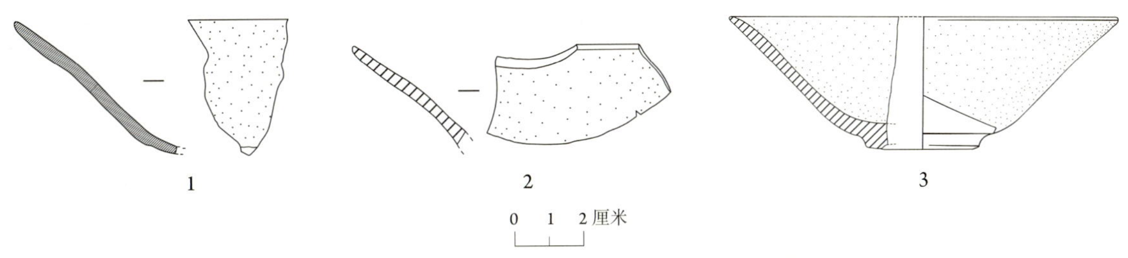

1-3瓷盏（2019XCPIT1112TD2⑥：12、2019XCPIT1213TD5⑩：2、2019XCPIT0814TD8⑤：2）

图4-34 建盏

温度而泛褐色。残长5.6、宽2.9、壁厚0.1~0.4厘米（图4-34-1，图版4.285、4.286）。

2019XCPIT1213TD5⑩：2，器残。泥质灰胎，胎质细腻。圆唇，敞口，斜腹。施黑釉，釉面光滑，内外壁满釉，口沿下有短小兔毫。残长5.5、宽4.5、壁厚0.2~0.5厘米（图4-34-2）。

2019XCPIT0814TD8⑤：2，器残，可复原。夹砂灰黑色胎，胎质较粗糙。圆唇，敞口，斜弧腹，矮圈足。施黑釉，芒口，内壁满釉有兔毫纹，内壁底积釉，外壁釉不及底，下腹部釉层线处积釉较厚，外壁底部及圈足皆露胎。高2.9、可复原口径11.6、壁厚0.2~0.4、可复原足径2.8、足高0.5、足壁厚0.5厘米（图4-34-3，图版4.287、4.288）。

3. 小结

（1）分期与年代

根据上文对各类器物分型定式的结果，各典型单位器物型式出土概况见表4-1所示。由于台地之间有明确叠压关系者仅TD1-TD2，TD6-TD8及TD9-TD10，且晚期破坏导致出土物原生位置发生较大变动，冶铁遗址出土生活器具亦较少，在型式区分上多见类、型区分而少式。根据出土的青花瓷样式，该遗址区的晚期地层可以明代为分界线，划分为明清之前和明清时期。而明清以前的地层中，由于未见有唐代及更早的瓷器标本，因而可明确为宋元时期。

该遗址出土外地窑口的器物不存在连续的型式演变，各窑口器物之间的年代变化规律并非完全一致，因此不同窑口器物不能放在同一器物演变期序中。结合各窑口已有发掘成果，对下草埔遗址出土的非安溪本地窑所生产的器物其年代判断如下。

德化窑

青白瓷碗T1112TD2⑧：3，与安溪窑BaI式青白瓷碗形制相同，为北宋晚期常见的

表 4-1　下草埔遗址出土器类型式统计表[1]

出土单位	遗物类别 / 型式	瓷片																									陶器						
		青瓷							青白瓷								白瓷				青花瓷			黑釉瓷									
		碗	盏	盘	罐	执壶	水注	器盖	碗	碟	盏	盘	执壶	瓶	炉	洗	碗	盏	炉	洗	碗	杯	盘	碗	盏	梅瓶	罐	小罐	盖罐	执壶	盆	盏	器盖
TD1	T0611 ①									A																							
	T1011 ②																																cy yt A
	T1111 ③								Aa II															A									
	T1111 ④								Bb II Bc zy ○												A2												
	T1111 ⑤										Ca I																						
	T1111 ⑥								Bc																								
	T1111 ⑦	Bb							AbI			ly Ba																					
	T1111 ⑧								Bb II																								
	T1111 ⑨			BI																											cy yt ○		
	T1111 ⑩																							cy ○		cy ○	yt B						
	T1111 ⑪									○							jy ○																
	T1111 ⑫	Bb							Ba I II Bc		Aa I																st CD yt ○	yt ○			st I II		
TD2	T1112 ④																									cy ○							
	T1112 ⑤	Ba	C2						Aa I II Bb I Cb	A	Ca I Cc D	A Ba													cy AI					st II	cz yt II		st E
	T1112 ⑥	Bb II							Ba II 2 Bb I 2		Aa I Ca I D			dy ○	yy ○										B I jy ○	st E 2					st III cz yt II III cz st ○		cz yt ○
	T1112 ⑧								dy ○		B Cc			yy ○																			

1 “○”表示有此器物。除安溪窑出产的器物外，其他各窑口以首字拼音首字母+“y”简称，如“德化窑”即“dy”，釉陶器和素胎器以“yt”和“st”区分。

续表 4-1

出土单位 \ 遗物类别 / 型式		瓷片																									陶器						
		青瓷							青白瓷								白瓷				青花瓷			黑釉瓷									
		碗	盏	盘	罐	执壶	水注	器盖	碗	碟	盏	盘	执壶	瓶	炉	洗	碗	盏	炉	洗	碗	杯	盘	碗	盏	梅瓶	罐	小罐	盖罐	执壶	盆	盏	器盖
TD2	T1112 ⑩								Bb II																								
	T1112 ⑬	Bb I							Ab I Ba II Bb I Bc 2	A																○	yt A st A B			yt ○ st I	st I 2		
	T1112 ⑭										B Cc	A															st D						
	T1112 ⑮		Ab II																														
	T1112 L3–5 ②										AbI																yt A						
TD4	T1012 ①												○																				
	T1012 ②																					○											
	T0712 ②									B							A								cy AI								
	T0812 ②										Cb																						
TD5	T1114 ③	Aa I Ba I																															
	T1114 L4								Ca I																								
	T1115 ③		A									ly ○																					
	T1116									Ba IV																							
	T1211 ①								Ba II 2 Bb II			Ba																					
	T1213 ⑨											Ba																					
	T1213 ⑩																	○							jy ○								
	T1214 ③	A Bb II		A II												○ 2									cyB II 2								
	T1214 ④	cy ○							Aa I											cy ○					cy B I								
	T1214 ⑩								Aa I 3																								

续表 4–1

出土单位		瓷片																									陶器						
		青瓷							青白瓷								白瓷				青花瓷			黑釉瓷									
		碗	盏	盘	罐	执壶	水注	器盖	碗	碟	盏	盘	执壶	瓶	炉	洗	碗	盏	炉	洗	碗	杯	盘	碗	盏	梅瓶	罐	小罐	盖罐	执壶	盆	盏	器盖
TD6	SD5								Cb												B2 dy ○		dy ○										
	T1014②					○																											
	T1014⑥																				jy ○												
TD8	T0713③										Cc																						
	T0714H4									A3																							
	T0813⑤	Bb II								B	Aa II 2						B																
	T0814⑤			AI		B			Ba II		Aa II														jy ○								
	T0913①											Bb																					
	T0914③								Ba III																								
	T0914⑤										B																						
	T0914⑥							○																									
	T1014⑧									B																							
	T1015BJC										Ab																						
	T1015③								D II																								
TD9	T0715②										Cc																						
	T0717①								○																								
	T0717③													○																			
	T0717④	C									Ab II																						
TD10	T0815 SQ1 基槽										Cc																						
	T0816④								Aa I Ba III	B	Ca II																yt A B						cy st B
	T0816 F3	C			○					A B	Cc																						
	T0915①		A																														
	T0915④	Bb I		B							Ab		○																				
	T0916④	Bb II		B					Aa I Bb	A B dy ○	Cc2	Ba																				yt ○	

续表 4-1

出土单位		瓷片																									陶器						
		青瓷							青白瓷								白瓷				青花瓷			黑釉瓷									
		碗	盏	盘	罐	执壶	水注	器盖	碗	碟	盏	盘	执壶	瓶	炉	洗	碗	盏	炉	洗	碗	杯	盘	碗	盏	梅瓶	罐	小罐	盖罐	执壶	盆	盏	器盖
TD10	T0916⑥										Cc																						
	T0916 SQ2 墙基槽	A		C II					Aa I	A dy ○	Cc2	Ba					B																
	T0917③										Cc																						
	T0917④								AaI		Cc						A								A II								
	T0917H3		B	C II2					yy ○			Ba																					cy st C
TD11	T0609①									A																							
	T0609②								Bb II								dy ○																
TD12	T1016③											Bb																					
	T1017G1																				A		○										
	T1017SD6																					○											
	T1016④								Aa II 2 cy ○																cy B I								
	T1017④								AaI D		Ab																						
	T1017⑤	Bb I 2									B Ca II	Ca													cy AI								
	T1017⑥										Ca II																						
TD14	T0511①														○																		B
	T0709①								Bb III																								
	T0810①		C																														
	T1311①																				A												
	Q1①	A3							Ba IV										dy ○														
	Q1②	Bb II							Bb II																								
	Q1③	A							Ab II 2																								
	下草埔矿洞						cy ○		D I																								

细高圈足碗，在福建地区其流行年代可晚至南宋早期。青白瓷碟T 0916 TD 10 ④：1，与安溪窑产A型青白瓷碟基本无异，与德化窑屈斗宫瓷窑址出土的一类盘II型一致，年代约为南宋中晚期至元代[1]。青白瓷瓶T 1112 TD 2 ⑥：3 制作精致，胎厚釉薄，与德化盖德碗坪仑窑所见的瓶、壶类器有较相似的纹样[2]，可能为该窑口南宋时期的产物。白瓷炉Q1 ①：7，与盖德碗坪仑窑出土的瓷炉相似，孟原召认为该类器的演变为下腹渐趋内收，圈足逐渐外撇[3]。相较于碗坪仑窑较为密集的莲瓣纹[4]，该器物外腹壁的莲花纹较为稀疏。从上述特征来看，其年代大致在元代。

磁灶窑

青釉盆与童子山窑址出土的基本一致，均可在童子山窑址出土的同类盆中找到相似器形，且符合该窑址的演变规律，T 1112 TD 2 ⑬：18 为磁灶窑系典型的釉彩盆，过往研究或将童子山窑址确定为宋元时期或元代[5]。素胎盆口沿则属于这一演变序列的末端，见于许山窑址，年代约为宋元时期[6]。绿釉陶罐同类器常见于磁灶窑土尾庵窑址[7]，年代大约在南宋至元代。青釉器盖和素胎器盖皆见于土尾庵窑址和金交椅山窑址，其中釉陶器盖与磁灶窑FIV式，素胎器盖的A型与磁灶窑FI式、B型与磁灶窑DIV式、C型与磁灶窑AI式、D型与磁灶窑E型器盖分别相同，流行年代约为南宋至元。

T 1214 TD 5 ④：3 青瓷碗，与安溪青瓷碗BaI式同，此前考古发现所见磁灶窑及泉州东门窑的器物会在器内底剔刻文字，常见有“福”“禄”“济”等，年代大致在南宋至元代[8]。因而，本次发掘所见的T 1214 TD 5 ④：3 青瓷碗以及T 1016 TD 12 ④：1 青白瓷碗应属于磁灶窑的典型器，年代亦大致相当。下草埔矿洞内发现的青瓷水注，与磁灶窑金交椅山窑址Y4 出土的BII式水注一致，年代为南宋[9]。T 0914 TD 9 ⑥：1 青瓷器盖，与土尾庵窑址出土AIII式器盖一致，年代约为南宋至元[10]。

---

1 此类器物或称为盘、洗等，为便于区分，本遗址此类出土器称为碟。除屈斗宫遗址发掘出土外，后期在其他窑址的发掘和调查采集中较为常见，始烧年代大约在南宋中晚期，大量流行于元代。详见福建省博物馆编《德化窑》，北京：文物出版社，1990 年，第 85 页；故宫博物院编《故宫博物院藏中国古代窑址标本 · 福建（中）》，北京：故宫出版社，2016 年，第 959~960 页。

2 福建省博物馆编《德化窑》，第 67~69 页。

3 孟原召：《闽南地区宋至清代制瓷手工业遗存研究》，北京：文物出版社，2017 年，第 88~89 页。

4 福建省博物馆编《德化窑》，第 72 页。

5 天鹏、宝成：《一处产品外销日本的窑址的年代探索》，《福建文博》1982 年第 1 期。

6 福建博物院、晋江博物馆编著《磁灶窑址：福建晋江磁灶窑址考古调查发掘报告》，北京：科学出版社，2011 年，第 60 页，图版二九。

7 福建博物院、晋江博物馆编著《磁灶窑址：福建晋江磁灶窑址考古调查发掘报告》，第 117 页，图版四八。

8 故宫博物院编《故宫博物院藏中国古代窑址标本 · 福建（下）》，北京：故宫出版社，2016 年，第 1145 页；福建博物院、晋江博物馆编著《磁灶窑址：福建晋江磁灶窑址考古调查发掘报告》，第 386 页。

9 福建博物院、晋江博物馆编著《磁灶窑址：福建晋江磁灶窑址考古调查发掘报告》，第 302 页。

10 福建博物院、晋江博物馆编著《磁灶窑址：福建晋江磁灶窑址考古调查发掘报告》，第 122~123 页，图版三九。

黑釉盏与磁灶窑土尾庵窑址发掘出土的黑釉盏类似，年代大约在南宋中晚期至元代[1]，本次遗址所见不同型式的黑釉盏瓷片较多，但多残损严重，刊布部分为其中较完整可辨认器形者，型式的变化可能代表南宋中晚期至元初年和元代中晚期两个不同时段的器类。T1111TD1⑬：1黑釉执壶口沿，与磁灶窑金交椅山窑址出土的CI式、CII式执壶口沿较为相似，似处于二者的过渡阶段，年代约在南宋[2]。T1112TD2④：1梅瓶，与金交椅山窑址Y4出土的BI式梅瓶相似，出现于南宋早期[3]，流行于南宋至元。

庄边窑

T1111TD1④：3青白瓷碗，与莆田海域发现沉船中的庄边窑青白瓷碗相似，与安溪窑AaII式青白瓷碗的形制相同，年代大致在元代[4]。

义窑

T1112TD2⑥：11青白瓷炉残片与小山丛竹出土的青白瓷高足炉[5]相似，T1112TD2⑧：4青白瓷瓶同类器见于闽清义窑宋元之际窑址中[6]，因而其年代大致在宋元之际。

永福窑

T0917TD10H3①：4青白瓷碗，与漳平永福窑系平坑口窑址出土的A型碗一致，年代为北宋晚期至南宋早期[7]。

景德镇窑

T1014TD6⑥：1为景德镇窑产青花瓷碗，青花图案风格写实，与景德镇清代晚期民窑产品风格图案相似，年代应为清代晚期[8]。

龙泉窑

T1111TD1⑦：4菊瓣纹瓷盘，此种纹饰和器形组合为龙泉窑元代中晚期的外销典型器，与“大练岛一号”沉船中出土的同类器相似，而不同于“南海一号”沉船中所见南

---

1 福建博物院、晋江博物馆编著《磁灶窑址：福建晋江磁灶窑址考古调查发掘报告》，北京：科学出版社，2011年，第91~94、380~381页。

2 福建博物院、晋江博物馆编著《磁灶窑址：福建晋江磁灶窑址考古调查发掘报告》，第377页。

3 福建博物院、晋江博物馆编著《磁灶窑址：福建晋江磁灶窑址考古调查发掘报告》，第380页，图版一〇五。

4 国家文物局水下文化遗产保护中心等编著《福建沿海水下考古调查报告（1989~2010）》，北京：文物出版社，2017年，第208页。

5 福建博物院、泉州市博物馆、泉州市文物保护研究中心：《泉州市小山丛竹建设用地文物调查勘探简报》，《福建文博》2020年第1期。

6 福建博物院编著《闽清义窑考古调查、发掘报告》，待刊。

7 福建博物院、龙岩市文化与旅游局、漳平市博物馆：《福建漳平永福窑2018年调查简报》，《福建文博》2019年第3期。

8 王健华主编《故宫博物院藏清代景德镇民窑瓷器》（卷三），北京：故宫出版社，2014年。

宋时期菊瓣盘[1]。另一件腹片在釉料成分与工艺上与前者基本相同，因此判断为同一时期的器物。

建窑

三件黑釉盏并非完整器，年代特征较少，除T1213TD5⑩：2为茶盅外，其余两件皆为茶盏，仅可判断流行于南宋至元。

另外，在对安溪窑产品分期和年代考量中，结合福建地区陶瓷器发展演变的整体规律，尤其是工艺辐射较广的磁灶、德化二窑之发掘成果，依据本遗址各台地内地层的早晚关系，将出土陶瓷器分为四组五期（表4-2、4-3）。

第一组：Ba型青白瓷碗与孟原召所分泉州沿海地区D型青白瓷碗相同，则BaI式属南宋早期[2]，Bc型青白瓷花口碗年代较早，相似器形见于江西婺源北宋靖康二年（1127年）张氏墓出土的青白釉碗[3]和福建南平店口南宋早期墓碗[4]，本遗址所见年代约为南宋早期，德化窑T1112TD2⑧：3青白瓷碗，永福窑T0917TD10H3：4青白瓷碗也属于这一时期。因此，该期的年代大致在南宋早期。

第二组：安溪窑产陶器在型式上受到磁灶窑系的深度影响，与磁灶窑金交椅山窑址、土尾庵窑址、后壁山窑址、后山窑址、虎仔山窑址等出土的陶器较为相似，釉陶器和素胎器在型式演变上具有时间上的一致性，基本流行于南宋至元代。罐类器普遍见于上述几处窑址，应为流行时间较长的一类常用器，小罐与金交椅山出土AII式青釉小罐相似[5]；釉陶执壶与青瓷执壶II式相同，皆与土尾庵窑出土的BII式执壶、金交椅山窑址CIII式执壶相同[6]，素胎执壶口沿与土尾庵窑址出土的BII式执壶相同，器耳与金交椅山出土的CIV式执壶类同；A型素胎盆与金交椅山窑址出土的III至IV式盆的演变形制、B型与童子山窑素胎缸口沿样式一致[7]；釉陶盏与墨书青白瓷盏形制相类，与土尾庵窑址出土的青釉碟形制相似[8]。而本遗址所见磁灶窑产陶器亦属于此组。青瓷器中，A型青瓷碗口大足宽，整体造型宽矮，内壁多有涩圈，与福建地区元代青瓷碗特征一致[9]。T1214TD5③：5

---

1 中国国家博物馆水下考古研究中心、福建博物院文物考古研究所、福州市文物考古工作队编著《福建平潭大练岛元代沉船遗址》，北京：科学出版社，2014年，第36~111页；浙江省文物考古研究所编著《龙泉东区窑址发掘报告》，北京：文物出版社，2005年，第401~407页，彩版三七、三八；国家文物局水下文化遗产保护中心等编著《南海I号沉船考古报告之一——1989~2004年调查（上）》，北京：文物出版社，2017年，第148~152页。

2 孟原召：《闽南地区宋至清代制瓷手工业遗存研究》，北京：文物出版社，2017年，第50、81页。

3 彭适凡主编《宋元纪年青白瓷》，香港：庄万里文化基金会，1998年，第42页。

4 张文崟：《福建南平店口宋墓》，《考古》1992年第5期。

5 福建博物院、晋江博物馆编著《磁灶窑址：福建晋江磁灶窑址考古调查发掘报告》，北京：科学出版社，2011年，第179页，图版六七，5。

6 福建博物院、晋江博物馆编著《磁灶窑址：福建晋江磁灶窑址考古调查发掘报告》，第178页，图版六六，4。

7 福建博物院、晋江博物馆编著《磁灶窑址：福建晋江磁灶窑址考古调查发掘报告》，第34、372页。

8 福建博物院、晋江博物馆编著《磁灶窑址：福建晋江磁灶窑址考古调查发掘报告》，第72~74页。

9 孟原召：《闽南地区宋至清代制瓷手工业遗存研究》，第83页。

表 4-2　堆积单位期段表

期段	堆积单位
第一期	
第二期早段	T1112TD2 ⑭、⑮、L3
第二期晚段	T0611TD1 ④，T0713TD8 ③，T0714TD8H4，T0717TD9 ③、④，T0813TD8 ⑤，T0814TD8 ⑤，T0815TD8SQ1，T0816TD9 ④、F3，T0914TD9 ⑤、⑥，T0915TD10 ④，T0916TD10 ④、SQ2、⑥，T0917TD10 ③、④、H3，T1014TD8 ⑧，T1016TD12 ③、④、M1，T1017TD12 ④、⑤、⑥，T1111TD1 ⑦–⑬，T1112TD2 ⑤–⑬，T1114TD5 ③、L4，T1115TD5 ③，T1213TD5 ⑨–⑩，T1214TD5 ③–⑩，Q1
第三期	T1017TD12G1、SD6，T1111TD1 ④–⑥
第四期	T1014TD6SD5、⑥，T1111TD1 ③，T1012TD2 ②

与南日岛北日岩出土的瓷碗较为相似，后者年代大致为元代[1]。Ba型青瓷碗根据碗底墨书的“朱佰五”，应为元代常见的汉人数字名，其使用年代应为元代，Bb型青瓷碗早晚三式在纹饰的疏密度和布局范围上有区别，篦点划花纹为福建地区宋元时期常见的瓷碗装饰图案，随着年代的推移，篦点纹和变体花叶纹逐渐减少、稀疏，从内外壁皆可见到仅见于内壁直至消失[2]，因此BbI式应为南宋中晚期的器物，BbII式、BbIII式可能已经进入元代。C型青瓷碗与D型青白瓷碗为同类器，与泉州沿海地区出土的AIII式青白瓷釉碗03NNGT01 ③：91相似，年代约为南宋中晚期[3]。A型青瓷盏与AaI式青白瓷盏形制相同，可能源于早期斗笠碗，年代在南宋中晚期[4]，B型青瓷盏与AbII式青白瓷盏器形相仿，皆与安溪桂瑶窑出土发现的青白釉花式杯类似[5]，年代约在南宋至元代，C型青瓷盏与D型青白瓷盏的形制一致，根据器物底部墨书“朱”字，与Bb型青白瓷碗底墨书的“朱佰五”应为同一人，为元代习见的汉人数字名，由此判断其年代应为元代。AII式青瓷折沿盘与Ba型青白瓷折沿盘为同一类器物，在南宋中晚期至元代中晚期的遗迹中都有发现，属于福建本地模仿龙泉窑特色的产品，但本遗址区内发现的成色较差，亦无另作纹饰装饰，可能为安溪本地成品，年代可能稍晚至元代[6]，与B型青瓷盘类似的花口盘发现时代最早的为溪垅山窑址出土的III式青釉盘，后者年代判定为晚唐五代时期[7]，可能为早期器形流行

1 国家文物局水下文化遗产保护中心等编著《南海I号沉船考古报告之一——1989~2004年调查（上）》，北京：文物出版社，2017年，第216~220页。

2 孟原召：《闽南地区宋至清代制瓷手工业遗存研究》，北京：文物出版社，2017年，第83页。

3 国家文物局水下文化遗产保护中心等编著《南海I号沉船考古报告之一——1989~2004年调查（上）》，第243、381页。

4 孟原召：《闽南地区宋至清代制瓷手工业遗存研究》，第125页。

5 故宫博物院编《故宫博物院藏中国古代窑址标本·福建（下）》，北京：故宫出版社，2016年，第1031~1032页。

6 中国国家博物馆水下考古研究中心、福建博物院文物考古研究所、福州市文物考古工作队编著《福建平潭大练岛元代沉船遗址》，北京：科学出版社，2014年，第178~182页；福建省博物馆编《德化窑》，北京：文物出版社，1990年，第63~64页。

7 福建博物院、晋江博物馆编著《磁灶窑址：福建晋江磁灶窑址考古调查发掘报告》，北京：科学出版社，2011年，第5~6页。

表 4–3　下草埔遗址出土典型器物型式分期表

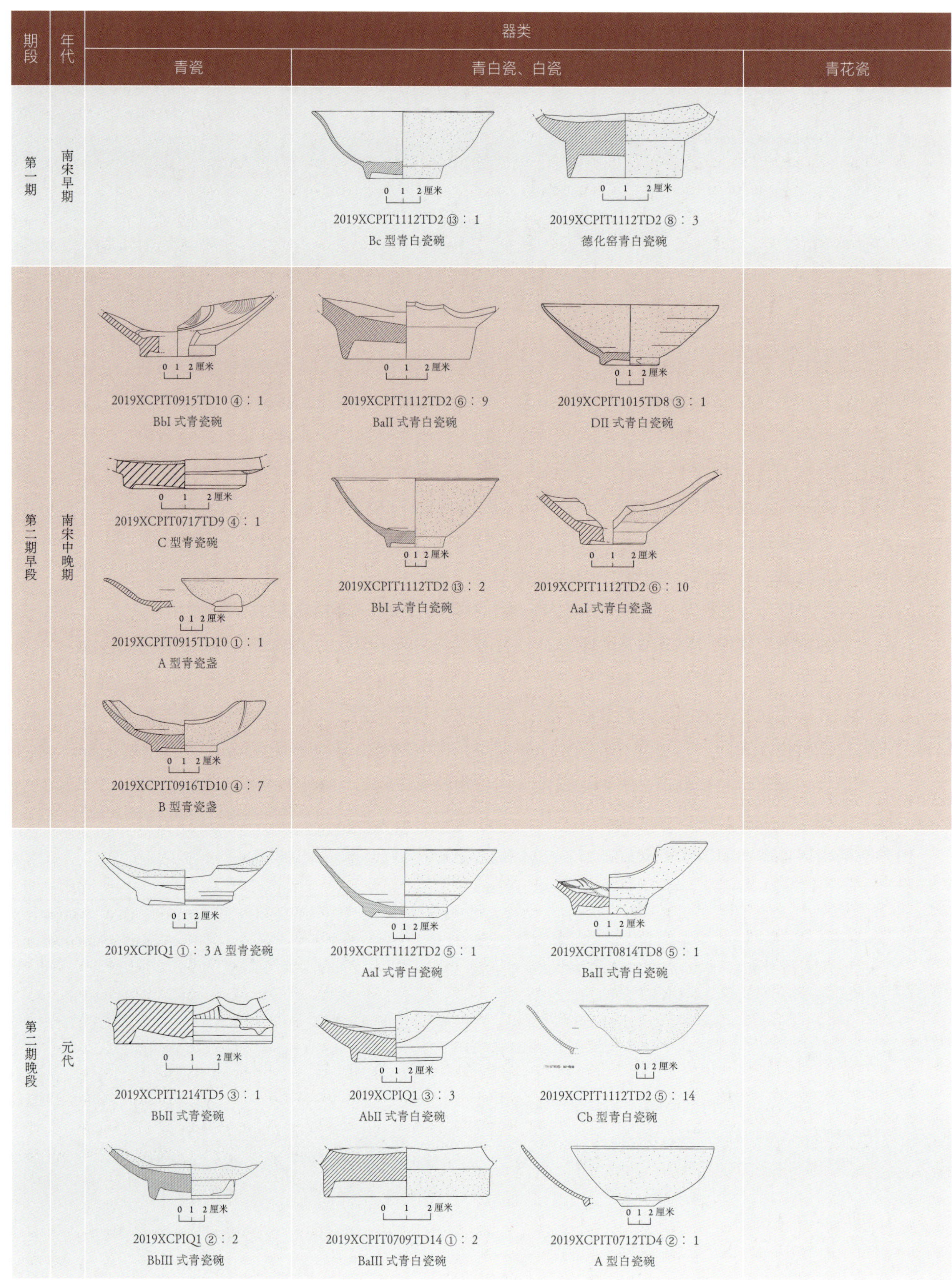

期段	年代	器类		
		青瓷	青白瓷、白瓷	青花瓷
第一期	南宋早期		2019XCPIT1112TD2⑬：1 Bc型青白瓷碗 2019XCPIT1112TD2⑧：3 德化窑青白瓷碗	
第二期早段	南宋中晚期	2019XCPIT0915TD10④：1 BbI式青瓷碗 2019XCPIT0717TD9④：1 C型青瓷碗 2019XCPIT0915TD10①：1 A型青瓷盏 2019XCPIT0916TD10④：7 B型青瓷盏	2019XCPIT1112TD2⑥：9 BaII式青白瓷碗 2019XCPIT1015TD8③：1 DII式青白瓷碗 2019XCPIT1112TD2⑬：2 BbI式青白瓷碗 2019XCPIT1112TD2⑥：10 AaI式青白瓷盏	
第二期晚段	元代	2019XCPIQ1①：3 A型青瓷碗 2019XCPIT1214TD5③：1 BbII式青瓷碗 2019XCPIQ1②：2 BbIII式青瓷碗	2019XCPIT1112TD2⑤：1 AaI式青白瓷碗 2019XCPIT0814TD8⑤：1 BaII式青白瓷碗 2019XCPIQ1③：3 AbII式青白瓷碗 2019XCPIT1112TD2⑤：14 Cb型青白瓷碗 2019XCPIT0709TD14①：2 BaIII式青白瓷碗 2019XCPIT0712TD4②：1 A型白瓷碗	

期段	年代	器类		
		青瓷	青白瓷、白瓷	青花瓷
第二期晚段	元代	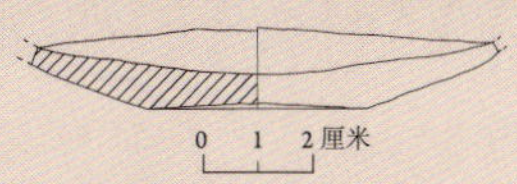 2019XCPIT1112TD2⑤：3 C 型青瓷盏 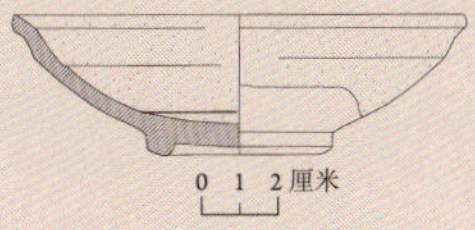 2019XCPIT0917TD10H3①：2 AII 式青瓷折沿盘	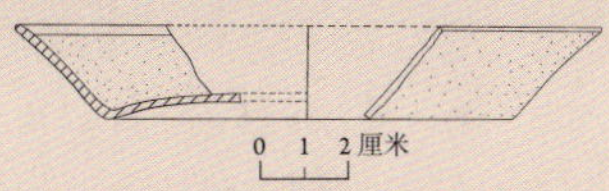 2019XCPIT0816TD10F3 ：2 A 型青白瓷碟 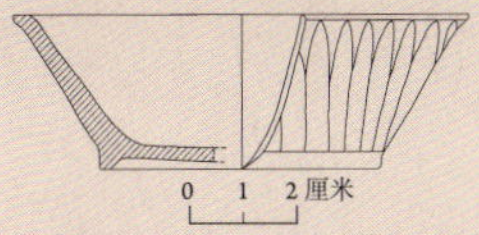 2019XCPIT1112TD2⑥：7 CaI 式青白瓷盏 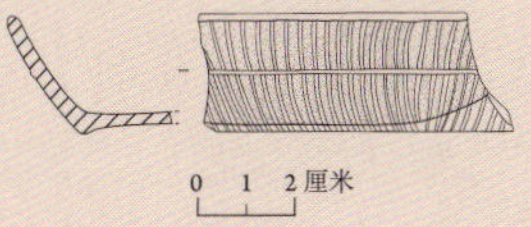 2019XCPIT1214TD5③：4 青白瓷洗 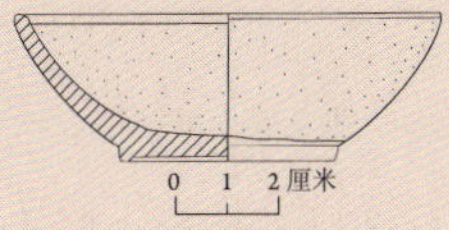 2019XCPIT0917TD10④：3 Cc 型青白瓷盏 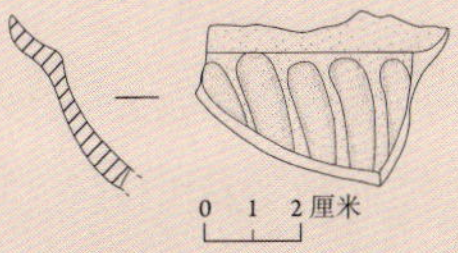 2019XCPIT1213TD5⑨：2 Bb 型青白瓷盘 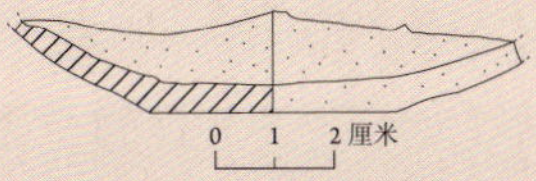 2019XCPIT1112TD2⑤：9 D 型青白瓷盏 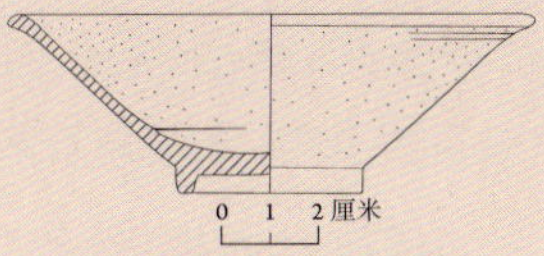 2019XCPIT0813TD8⑤：1 AaII 式青白瓷盏 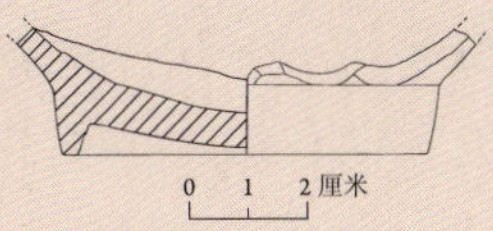 2019XCPIT0813TD8⑤：5 B 型白瓷碗 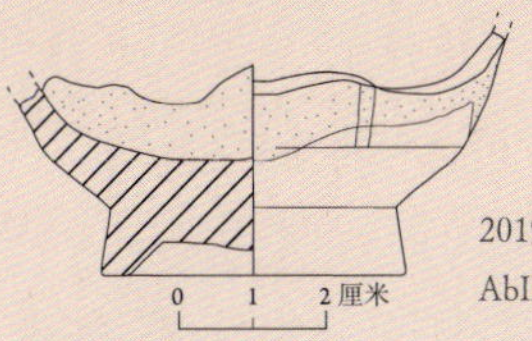 2019XCPIT0717TD9④：2 AbII 式青白瓷盏	
第三期	明代中晚期		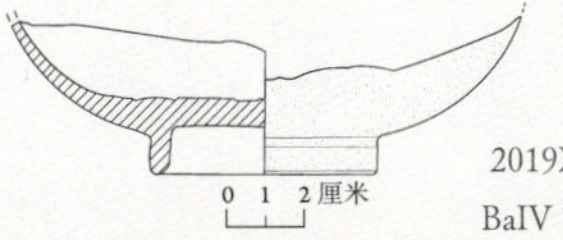 2019XCPIT1116TD5①：2 BaIV 式青白瓷碗	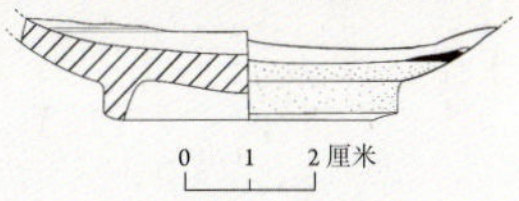 2019XCPIT1311TD1①：1 A 型青花碗
第四期	清代中晚期		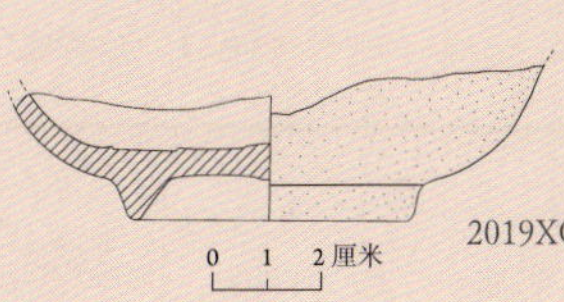 2019XCPIT0609TD11①：1 德化窑白瓷碗	 2019XCPIT1014TD6SD5 ：2 B 型青花瓷碗 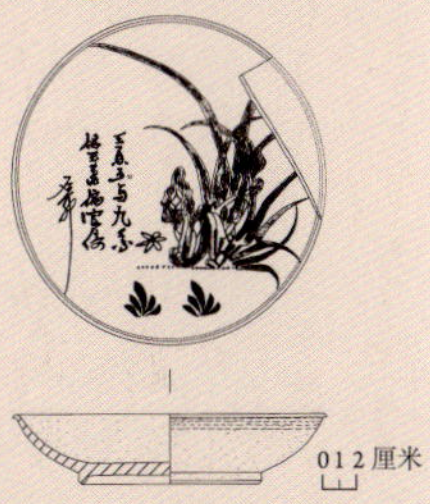 2019XCPIT1014TD6SD5 ：3 德化窑青花瓷盘

至此时期，南宋中晚期的龙泉上严儿村窑亦有发现[1]，鉴于福建地区模仿龙泉制作器物的习惯，该器形可能为南宋中晚期本地制造。青瓷执壶AI式与金交椅山窑址出土CII式执壶相似，B型与金交椅山窑址出土BI式、土尾庵窑址的C型执壶相类，年代约为南宋至元代[2]。青白瓷中，青白瓷碗为本遗址中出土数量最大的器类，在泉州地区南宋中晚期至元代的其他窑址中可见同类器，安溪本地窑口如桂瑶窑、魁斗垵园仑窑址等皆有发现，年代在南宋中晚期至元代，其中Aa型与南坑顶南埔窑和牛路沟窑采集的青白瓷碗相似，即孟原召所分泉州沿海地区D型第四组青白瓷碗，年代为元代[3]，T1112TD2⑤：4所见墨书“朱伍”亦可说明该类器属于元代，Ab型与Aa型仅在器足上有差异，可能为同一类器的不同变体，年代亦应相仿，BaII式青白瓷碗属南宋中晚期[4]，BaIII式青白瓷碗出现涩圈，年代大致为元代，Bb型与孟原召所分泉州沿海地区C型青白瓷碗相同，则BbI式年代大约在南宋中晚期[5]，BbII式则已经进入元代，T1111TD1⑧：1碗底墨书“胡五”亦可证，C型青白瓷碗与C型青白瓷盏为同一烧造工艺下的器物，唯大小不同，流行年代应相同。青白瓷碟出土数量较多，残损较严重，其中带刻划花纹的瓷碟与安溪魁斗窑出土同类器相当[6]，年代大致为南宋中晚期至元代。AaII式青白瓷盏可能属于元代，B型青白瓷盏与盖德碗坪仑窑二类II型盘较为相近，年代为南宋中晚期[7]，Ca型青白瓷莲瓣纹盏与白瓷莲瓣盏为同一类型，在安溪窑和德化窑均有出产，形制相类，从釉料使用和烧制工艺上判断为安溪本地窑口生产，年代为元代[8]，Cb型与Cc型则较为常见，流行时间可能涵盖了南宋中晚期至元代，尤其是T0916TD10⑥：1墨书“莊四伍”，证明该类有墨书“莊”的器物在此处流行时间为元代。Bb型青白瓷菊瓣纹盘，为安溪湖上窑仿龙泉制品，可能源自莆田窑系的技术流传，在德化盖德碗坪仑南宋地层中曾发现过相似器，则安溪本地生产年代可能更晚，其年代大致在南宋晚期至元代，更可能属于元代时期的产品[9]。青白瓷执壶的器物造型不如德化窑的精致，更近似于磁灶窑系青釉执壶的做法，年代大致在南宋至元代；青白瓷瓶上刻划莲瓣纹，莲瓣纹在泉州内陆地区流行于南宋中晚期至元代，从这一特征来看，该器物的年代应同在此范围内。青白瓷洗与德化窑屈斗宫窑址发掘所见的五类洗IV型相近[10]，为安溪本地窑口仿制，年代约为元

---

1 中国历史博物馆考古部：《浙江龙泉青瓷上严儿村窑址发掘报告》，《中国历史博物馆馆刊》1986年第8期。

2 福建博物院、晋江博物馆编著《磁灶窑址：福建晋江磁灶窑址考古调查发掘报告》，北京：科学出版社，2011年，第76、213、300页。

3 孟原召：《闽南地区宋至清代制瓷手工业遗存研究》，北京：文物出版社，2017年，第82~83页。

4 孟原召：《闽南地区宋至清代制瓷手工业遗存研究》，第50、81页。

5 孟原召：《闽南地区宋至清代制瓷手工业遗存研究》，第50、81页。

6 故宫博物院编《故宫博物院藏中国古代窑址标本·福建（下）》，北京：故宫出版社，2016年，第1049页。

7 孟原召：《闽南地区宋至清代制瓷手工业遗存研究》，第125页。B型青白瓷盏与书中所提泉州内陆地区AIII式青白瓷碗相似。

8 福建省博物馆编《德化窑》，北京：文物出版社，1990年，第59~60页。

9 福州窑硋油窑址，莆田窑碗林、碗里、五斗等窑址均有菊瓣纹折沿盘发现，盖德碗坪仑窑址亦有生产，可能由此形成一条器型影响和生产的传播带。故宫博物院编《故宫博物院藏中国古代窑址标本·福建（中）》，北京：故宫出版社，2016年，第635、694、771页；福建省博物馆编《德化窑》，第63~64页；项坤鹏：《浅析东南亚地区出土（水）的龙泉青瓷——遗址概况、分期及相关问题分析》，《东南文化》2012年第2期；刘未：《中国东南沿海及东南亚地区沉船所见宋元贸易陶瓷》，《考古与文物》2016年第6期。

10 福建省博物馆编《德化窑》，第95~97、133页。

代，白瓷洗亦同。青白瓷擂钵与德化窑出土II型擂钵相似，年代为南宋中晚期[1]。白瓷中，A型碗与Cc型青白瓷盏和白瓷盏的烧制方法相同，仅个体大小上有差异，T0917TD10④：4的同类器见于德化窑屈斗宫窑址的一类II型碗，但从釉料和烧制工艺上看，应为安溪本地窑口产，年代大致在元代[2]，B型碗与BbI式青白瓷碗类同，结合底部的墨书也可推测其为元代器物。德化窑T1112TD2⑥：3青白瓷瓶、T0916TD10④：1青白瓷碟、Q1①：7白瓷炉，磁灶窑T1214TD5④：3青瓷碗、T1016TD12④：1青白瓷碗、KD21：2青瓷水注、T0914TD9⑥：1青瓷器盖、AI式和BI式黑釉盏、T1111TD1⑬：1黑釉执壶、T1112TD2④：1梅瓶，庄边窑T1111TD1④：3青白瓷碗，义窑T1112TD2⑥：11青白瓷炉残片和T1112TD2⑧：4青白瓷瓶，龙泉窑T1111TD1⑦：4菊瓣纹瓷盘，建窑黑釉盏亦属于此组。因此，本期年代大致为南宋中晚期至元代。

第三组：该组堆积单位出土的遗物中常见有明代青花。青白瓷中，BaIV式青白瓷碗可能已经进入明代，CaII式年代亦较晚，可能进入明清时期。青花碗类器中，T1111TD1④：5在形制、纹饰上与漳州平和五寨碗窑山出土标本W11青瓷碗相似，这类器物又与景德镇窑明代早中期同类产品较为接近，考虑到模仿器的年代稍晚，因而定为明中期[3]；T1111TD1④：6相比珠塔内窑出土青花瓷器中的圆形花叶纹技艺和用料，该器物上的圆形花叶纹与之相似，珠塔内窑出土器物均为明末清初，但该纹饰在碗类器的外壁出现时间较早，因此将该器物的年代界定在明代中晚期[4]；T1017TD12G1：1上的“福”字在绘制笔法上与安溪珠塔内窑的青花文书“福”字相同，年代应相近，为明末清初[5]。青花盘类器中，T1017TD12SD6：1的纹饰见于珠塔内窑1号点出土的青花大碗上，年代亦应相近。因此，第三组的年代大致在明代中晚期，最晚不晚于清代初年。

第四组：该组堆积单位中出土有较多的清代青花，尤以SD5为主。碗类器中，T1014TD6SD5：1和T1014TD6SD5：2青花莲托团蝠团寿纹碗为典型的清代中晚期器物，在“泰兴号”沉船中出土有同类器[6]；T1014TD6SD5：5底部有“月記”字款，这类底款见于德化窑清代青花瓷器的底部，因此判定该器物为清代德化窑口生产的器物[7]；T1111TD1③：2的青花纹样采用印花工艺制成，与安溪下尾林窑址II区的青花瓷纹饰相似，年代应相近，为清代晚期[8]；T1311TD1①：1上的“贰”字与珠塔内窑出土的文字不同，而与“泰兴号”出土的青花瓷器上的文字书写更为近似，年代可能为清代；T0609TD11①：1

1 福建省博物馆编《德化窑》，北京：文物出版社，1990年，第77~78页。

2 福建省博物馆编《德化窑》，第81页。

3 黄云鹏：《明代民间青花瓷的断代》，《景德镇陶瓷》1986年第3期。

4 厦门大学历史系考古专业、福建博物院、安溪县博物馆：《2018年安溪珠塔内窑调查报告》，《福建文博》2018年第3期。

5 厦门大学历史系考古专业、福建博物院、安溪县博物馆：《2018年安溪珠塔内窑调查报告》，《福建文博》2018年第3期。

6 郑炯鑫：《从“泰兴号”沉船看清代德化青花瓷器的生产与外销》，《文博》2001年第6期；陈冬珑：《德化窑青花瓷的特点及影响》，《福建文博》2014年第4期；Fritz Nagel, Nagel Auctions. *Tek Sing Treasures*. Stuttgart: Stuttgarter Kunstauktionshaus, 2000.

7 故宫博物院编《故宫博物院藏中国古代窑址标本·福建（中）》，北京：故宫出版社，2016年，第955页；吴艺娟：《简论德化青花瓷的装饰手法及外销问题——以馆藏“泰兴号沉船”青花瓷器为例》，《四川文物》2013年第2期。

8 厦门大学历史系、福建博物院、安溪县博物馆：《福建省安溪县下尾林窑址发掘简报》，《故宫博物院院刊》2020年第7期。

为遗址出土的德化窑产非青花的清代瓷器，涩圈刮削非常圆润，釉料纯净，釉色饱满光洁，器物几乎满釉且烧制完好，未见流釉或失釉现象，证明此时白瓷的烧制工艺已经非常成熟。盘类器中，T1014TD6SD5：3与“泰兴号”沉船出土的一件德化窑产青花文字纹盘基本一致，由此可知年代大致在清代中晚期[1]。T1012TD2②：3青花杯为闽南地区常见的清代青花寿字纹杯。景德镇的青花瓷碗残片也属于此组。因此，该组的年代大致在清代中晚期。

综上，目前下草埔冶铁遗址发现的陶瓷器可分为五期。第一期的年代在南宋早期，但出土器物多已被晚期人类活动扰乱，出土于较晚的地层内，因而未有南宋早期地层；第二期可分为早晚两段，早段为南宋中晚期，晚段为元代，部分器物为宋元时期沿用，冶炼活动全部位于这一时期，并有前后沿用的趋势，冶铁炉的使用年限短，但出现对同一冶铁炉的反复增补以延长使用年限的行为（如L3），并在周围直接废弃冶炼和生活遗物，致使遗物堆积中宋元时期的遗物多出现混合的状况；第四期为明代中晚期至清代初年，此期段及以后的冶炼活动已结束，为后迁入居民的生活遗存；第五期为清代中晚期，此期段仍对该遗址进行了地面改造，破坏了早期遗存，典型如SD5的形成，证明此时可能有较多的族人生活于此。

（2）器物特点

下草埔遗址出土的陶瓷器以安溪窑产为主，兼而有多种福建地区宋元时期盛烧的其他窑口，由于与磁灶窑系和德化窑系陶瓷器联系紧密，安溪窑产陶瓷器在本遗址呈现的器物演变和胎釉工艺，同时有泉州沿海和内陆地区的特点[2]。

具体而言，在陶器制作上，受磁灶窑系的影响颇深，不仅出土有磁灶窑特色的陶器，一些判断为安溪窑产的陶器的器形和演变规律也与磁灶窑所见相同。在胎料选择上，青瓷的胎色逐渐由灰白向灰、青灰转变，青白瓷则由灰白向白转变。在釉色呈现上，青瓷由青色泛黄过渡到青绿再向青灰转变，青白瓷则逐渐由青白泛青向白瓷的纯白转变，这也与烧制工艺中窑焰和窑内温度的控制进步有关。

施釉工艺上，以蘸釉和荡釉为主，釉陶器施釉集中在口沿和腹部，罐、执壶主要见于内外口沿和外腹部壁，器盖则施于盖顶，盏、盆、缸等则见于内侧使用面上；瓷器以内壁满釉，外壁施釉不及底者居多，元代器物中开始出现内壁刮釉形成涩圈的做法，到明清时期则进一步实现仅足底刮釉的满釉工艺。基于这种发展变化的模式，安溪窑本地瓷器存在一种施釉特点，即如Ba型篦划纹碗T1112TD2⑥、T1112TD2⑬在圈足壁未施釉的情况下，外腹壁和足跟施釉完全。器物口沿芒口和刮釉情况较为常见，尤其是青白瓷碟、C型青白瓷盏、青白瓷洗这一类器物中，可能与对口烧、覆烧等装烧方式有关，本地器物采用对口烧的又一特点即是在口沿部常见有流釉和积釉现象。早期器物中流釉现象较为常见，且有因釉层过薄，后在入烧时流釉或釉层烧裂导致露胎的现象。与青白瓷碟和C型青白瓷盏这一类相仿的器物中，下腹壁或外底人为主动刮釉成为一种常态化的做法。

1 吴艺娟：《简论德化青花瓷的装饰手法及外销问题——以馆藏“泰兴号沉船”青花瓷器为例》，《四川文物》2013年第2期。

2 孟原召：《闽南地区宋至清代制瓷手工业遗存研究》，北京：文物出版社，2017年，第57~60、103~106页。

在装饰工艺上，刻划花是最主要的装饰方式，这种划花的变体花草纹，细部或空白处搭配以篦划纹，成为福建地区南宋至元代早期最主要的纹样之一，而篦划纹的疏密程度和纹饰布局的内外范围也成为年代分期的依据之一——南宋早期器物在器壁内外皆有细密的篦划纹和繁复的卷草纹，最晚至元代早期，这种纹饰组合变得极为稀疏且仅分布于器壁内侧，元代以后基本消失不见。莲瓣纹是本区另一常见的刻划纹饰，而T0511TD1①：1外壁采用堆塑手法装饰四重莲瓣纹则较为少见。印花是泉州地区宋元瓷器中另一种较为常见的技法，在本遗址内目前仅见于一件青白瓷碟（T0816TD10F3：2）上。到了明清时期，彩绘装饰成为本地区的主流工艺，尤以青花为主。目前所见青花图案有莲花、花石、草叶、团蝠、水草、文字等，辅以弦纹边饰，与德化窑的青花纹饰较为近似。

在烧成工艺上，部分器物呈现素烧的特点，即釉层内有大量尘土、谷壳灰混入，导致整体釉色发生变化，出现黄色或白色点状杂质，亦有谷壳灰黏结在器物表面，尤其碗类器的内侧面上。而器物上留下的痕迹证明所采用的烧成方式还有如上文所述的覆烧、对口烧两种；釉陶盆口沿（T1112TD2⑥：15）上所见的支钉痕迹，说明烧制时磁灶窑采用支烧方式，部分瓷碗内底存在的支钉痕也证明使用支烧的方式烧制瓷碗。此外，应还存在单件烧、涩圈叠烧等方式。显然，这些瓷器并非在下草埔遗址本地烧成，而是来自周边各个窑口，在这些窑址发现的窑具也说明该遗址出土器物的成型方式[1]。一些器物如T1112TD2⑤：3、T1016TD12④：3等在器底存在的泛红现象，应该是烧制时过火导致器物胎体发红，也证明下草埔遗址当时使用的一部分器物存在瑕疵而致使器物档次偏低、可能多为普通劳动者购买使用的情况。

下草埔遗址出土的瓷器上还见有墨书，主要书写于碗底和盏底，包括“莊”“吴”“朱”“胡”“郭”等五姓，尤以前三者居多，而“莊四伍”“朱佰五”“朱伍”“朱氏四五”等记名墨书的出现，又为器物断代提供了证据。此外，“朱”字墨书主要见于T1112TD2⑤、⑥两层，而“莊”“吴”二字则广泛见于多个台地的不同遗迹单位中，尤以TD9-TD10的L1、L2附近多见，由此亦说明了当地冶炼人群的变化或工作区域的分布。同时，从发现瓷器的质量参差不齐也可知，可能存在地位较高或较为富有的人使用如建窑盏、永福窑青白瓷碗、景德镇白瓷、龙泉青瓷等较为精美的器物，甚至是一些福建本地生产的所谓“土龙泉”的仿龙泉窑瓷器，而冶炼工人则使用一些本地窑口生产的较为低廉简单的器物，来自其他窑口的特殊器类上均不见墨书亦是一旁证，很可能墨书名字的主人均为冶铁工人。南宋早期瓷器的发现也在说明一个问题，即当地生活的人群有保存古物的习惯，遗址中出土的几枚北宋早期铜钱也可视为旁证，或者与他们的祭祀行为有关，或者与他们的官冶背景相关。大量非本地生产的陶瓷器的出现，尤其是泉州沿海地区的磁灶窑对此地的影响，以及一些出海外销产品出现在该遗址，也正说明该遗址与泉州港口之间的紧密联系，下草埔遗址宋元时期的人群很可能是在铁器贸易或为泉州铁务输送原材料的过程中，将这些瓷器从沿海带回了龙兴里的青阳铁场。

1 孟原召：《闽南地区宋至清代制瓷手工业遗存研究》，北京：文物出版社，2017年，第67~77、110~122页；福建省博物馆编《德化窑》，北京：文物出版社，1990年，第47~53页、73~75页、112~123页；福建博物院、晋江博物馆编著《磁灶窑址：福建晋江磁灶窑址考古调查发掘报告》，北京：科学出版社，2011年，第387~391页。

第四节 建筑遗物

出土的建筑遗物包括瓦、砖和建筑石料等三类，以瓦的出土数量最多，以红砖红瓦为主，与宋元时期东南沿海地区建筑的整体趋势相恰[1]。由于遗址发现的建筑遗迹皆残损较为严重，建筑遗迹在阶段性使用废弃后经过多次平整和填埋，大部分仅残存基底和地面，H4内发现的大量瓦片堆积也是破损后人为回填形成。因而，本阶段发掘过程中发现的建筑遗物分散在遗址各处，房屋居址内及周围出土较多，常见有厚积的瓦砾层，完整建材遗物不多见，保存状况较差。《营造法式》规定宋代用瓦之制，三间以下的散屋“用筒瓦，长九寸，广三寸五分……用板瓦长一尺二寸，广六寸五分”[2]，后世建制多奉行此法。国内出土的北宋尺长30.8~31.74厘米，福建南宋用尺可参考泉州海外交通博物馆藏沉船出土的南宋尺，根据尺格复原知一尺长27厘米，以及福州浮仓山南宋墓出土一件黑漆雕花木尺长28.3厘米[3]，而本遗址出土筒瓦较完整器，如2019XCPIT1215TD5F4：2通长28、宽10厘米，板瓦未见完整器，残器最大体量尚不足一尺。由此计算，F3与F4的用瓦规制遵循了《营造法式》与北宋尺的规格。宋代对民间建筑的规模体量也加以控制，下草埔遗址的房屋建筑可能亦受此影响，并呈现宋元时期的民用房屋的特点。《宋史》载：“凡民庶家，不得施重栱、藻井及五色文采为饰，仍不得四铺飞檐。庶人舍屋，许五架，门一间两厦而已。”[4]参考宋代画作中的郊野农舍，以及大型官署建筑的附属房屋，也可见带瓦檐的砖石土墙建筑[5]。由此，从出土的遗物与文献角度考量，下草埔遗址的房屋建筑仍具有宋代建筑的一些特点，作为宋元时期弦续的一处山林冶铁遗址，它在建筑形制变化上的滞后也颇为可能。与泉州城内的宋元时期建筑相比，二者在砖瓦形制上基本相似，甚至下草埔遗址还有与宗教相关的花纹砖与莲花纹瓦当出土，可能暗示此地有宗教建筑或与民间信仰相关。

综上，下草埔遗址出土的建筑遗物对了解福建地区南宋至元时期普通民用房屋建筑形制与工艺具有一定的参考价值。

1 楼建龙：《闽系红砖建筑的起源及演变》，待刊。

2〔北宋〕李诫：《营造法式》卷一三“用瓦”条，北京：商务印书馆，1954年，第50页。

3 陆雪梅：《从苏州博物馆藏宋尺谈起》，《东南文化》2002年第11期。

4〔元〕脱脱等：《宋史》卷一五四《舆服六·臣庶室屋制度》，北京：中华书局，1985年，第3600页。

5 刘敦桢：《中国古代建筑史》，北京：中国建筑工业出版社，2008年，第612~618页。

1. 瓦

分筒瓦、板瓦和瓦当三类，三者之间相互配合使用。瓦片整体上磨圆度较高，个体破碎残损较严重，分布上有“小聚集，大分散”的特点，相对较早的地层中以红瓦居多，亦有黄褐色、白色、灰色等，瓦片烧制粗糙，个体宽大，厚薄不均且易碎，晚期地层中瓦片烧制较好，个体瘦长，其形制与泉州番佛寺遗址发现的筒瓦类同[1]。出土的瓦当纹样皆相同，与泉州府文庙遗址发现的瓦当近似，但未见泉州城区宋元遗址瓦当普遍出现的花卉纹样[2]。

（1）筒瓦

根据选制胎土可分为红瓦、白瓦和灰瓦三类，挑选标本6件分述如下。

2019XCPIT0714TD8H4：4，器残。夹砂红陶，胎质粗糙。呈半圆拱形，瓦舌残。瓦面素，瓦身内侧粗糙，有多道刻划痕。瓦舌前端内收，瓦身前窄后宽。瓦身高3.8、长22.8、宽11、壁厚1.4~1.7厘米（图4-35-1，图版4.289）。

2019XCPIT0717TD9④：3，器残，可复原。夹砂灰陶，胎质粗糙。呈半圆拱形。瓦面素。因所在地层土层锈结的原因，筒瓦身内侧充满所在地层土样，瓦身内侧情况不知。瓦舌高4、长3.5、宽8、壁厚0.8厘米，瓦身高5、长25、宽9、壁厚0.8~1.1厘米（图版4.290）。

2019XCPIT0915TD10④：1，器残。夹砂红硬陶，胎质粗糙。呈半圆拱形。瓦面素。瓦舌前端内收，瓦身前窄后宽。瓦舌高3、长2.7、宽7.3~8.6、壁厚0.8~1厘米，瓦身高4.5、长21.5、宽10.5~11、壁厚0.8~1.3厘米（图版4.291）。

2019XCPIT0916TD10④：3，器残。夹砂红硬陶，胎质粗糙。呈半圆拱形，瓦舌残缺。瓦内壁表面有炭黑，外壁表面亦见一宽7.1厘米炭黑条带，内外壁可见模制痕迹。高5.2、残长21.2、宽11.7、厚2.2厘米（图4-35-2）。

2019XCPIT0916TD10④：13，器残。夹砂白陶，胎质粗糙。呈半圆拱形，瓦身前窄后宽。瓦面素。瓦舌高4.5、长2.5、宽6.5、壁厚1.3厘米，瓦身高6、长20、宽9~11、壁厚1~1.5厘米。

2019XCPIT1215TD5F4：1，器残，可复原。夹砂红硬陶，胎质较粗糙，砂粒稀少。呈半圆拱形。瓦面素。瓦舌前端内收，瓦身壁右厚左薄，越靠近尾端越薄。瓦舌高3.5、长2.3、宽8、壁厚1厘米，瓦身高4.5、长25.3、宽10、壁厚0.8~2厘米（图4-35-3，图版4.292）。

2019XCPIT1214TD5F4：2，器残，可复原。夹砂橙红硬陶，胎质粗糙，砂粒稀少。呈半圆拱形。瓦面素。瓦舌前端内收，瓦身壁左厚右薄，越靠近尾端越薄。瓦舌高4.2、

1 福建博物院、泉州市博物馆、泉州市文物保护研究中心：《泉州番佛寺遗址考古勘探简报》，《福建文博》2020年第1期。

2 泉州市考古队：《泉州府文庙考古勘探报告》，《福建文博》2020年第1期。

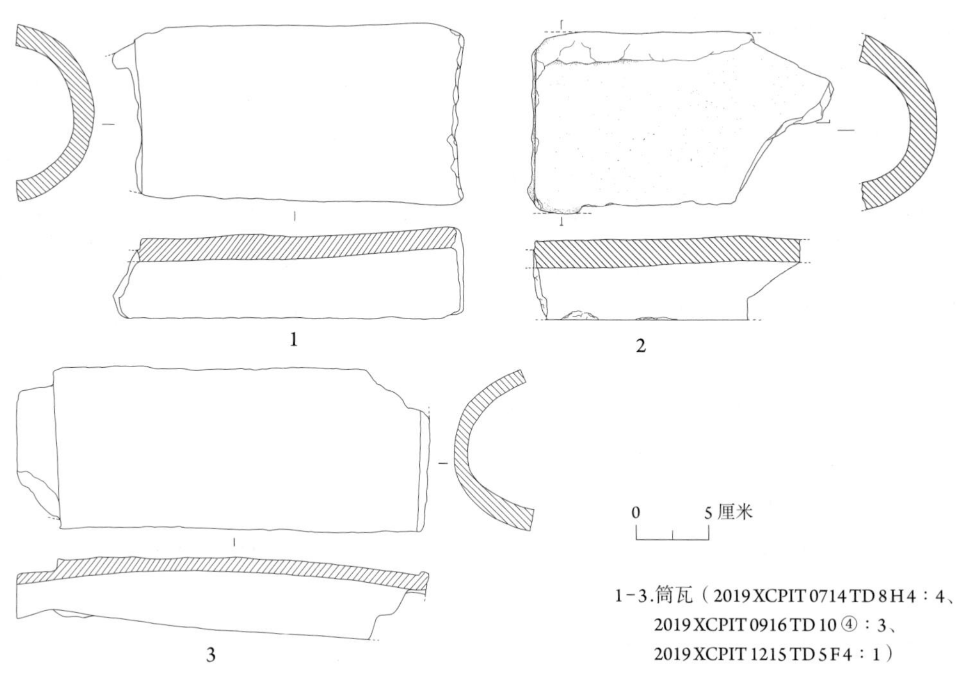

图 4-35 筒瓦

长 2.5、宽 8.5、壁厚 0.7 厘米，瓦身高 5、长 25.5、宽 10、壁厚 0.8~1.8 厘米。

2019XCPIT1215TD5⑨：2，器残。夹砂灰硬陶，胎质粗糙。呈圆拱形，瓦舌残缺。瓦面素。瓦边可见切割痕迹。残高 3.9、残长 14、残宽 7.3、壁厚 1.1~1.5 厘米（图版 4.293）。

（2）板瓦

板瓦破损较为严重，尚无完整器出土，有红瓦、白瓦、黄瓦、灰瓦等种类。挑选较完整标本 2 件，叙述如下：

2019XCPIT0714TD8H4：5，器残。瓦身平微凹，瓦边角呈直角。瓦面素。残长 9.5、宽 7.5、厚 1~1.3 厘米（图版 4.294）。

2019XCPIT0717TD9⑥：1，器残。瓦身呈弧形。瓦面素。残长 25、宽 20.8、厚 1.1 厘米。

（3）瓦当

出土有 6 件，皆为筒瓦瓦当，当面与边轮为一次范成。根据当面纹饰可分为二型。

A型 当面饰放射纹，3 件。

2019XCPIT0815TD9②：1，器残。灰硬陶。当面残存两圈凸棱，圈内皆有排列密集、朝向一致的放射线纹，背面素。残长 4.9、宽 3.4、厚 0.5~1.8 厘米（图 4-36，图版 4.295）。

2019XCPIT1112TD2⑩：2，器残，当面可复原。灰硬陶。当心为一顶部残缺的圆形乳突，向外有三周凸棱，其间饰放射线纹，背面素。可复原当面直径 11、厚 1.8 厘米（图 4-37-2）。

2019XCPIT1215TD5⑨：1，器残，当面完整。灰硬陶。当心为一圆锥形乳突，往外有三周凸棱，其间饰放射线纹，背面素。瓦当背面顶部有连接的筒瓦前端残存，当背与筒瓦前端连接处外侧抹泥加固。当面直径 10.4、厚 1.6~2 厘米，残存筒瓦前端长 1.2、厚 0.9 厘米（图 4-37-1）。

B型 当面饰莲花纹，3 件，器形、大小基本一致。红陶，夹粗砂。圆形，中间薄，边缘厚。正面减地浮雕莲花纹。正中为一圆形凸起，其外一周为莲心，莲心外刻九瓣莲瓣，莲瓣之间刻乳钉 9 个。莲心、莲瓣内雕出纵向向心凸棱作为纹理。

2019XCPIT1214TD5⑨：1，较完整。直径 12.6、厚约 1~2、与筒瓦连接处残宽 4 厘米（图 4-37-3）。

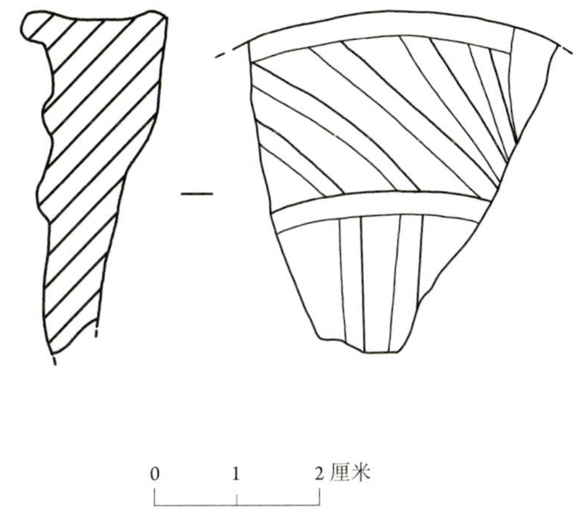

A型瓦当（2019XCPIT0815TD9②：1）

图 4-36 A型瓦当

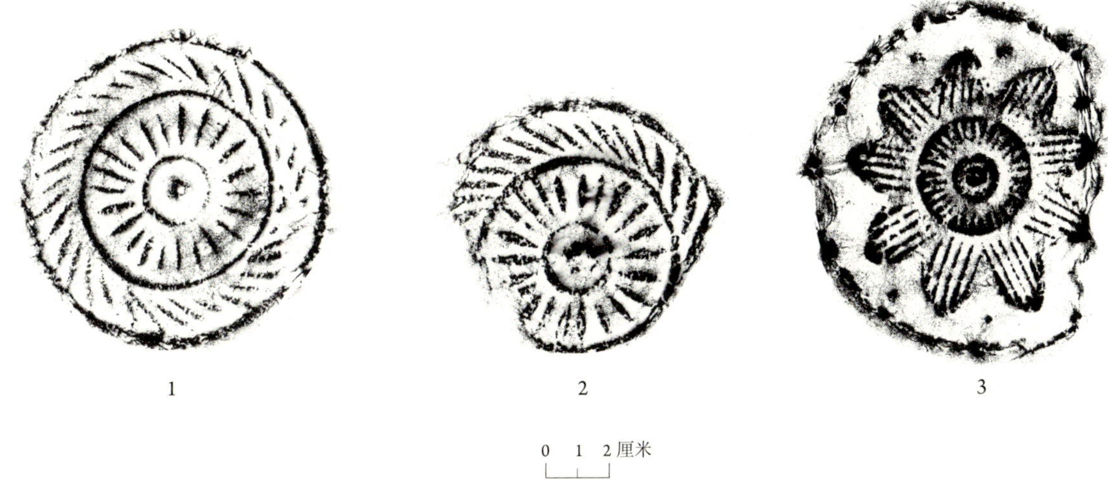

1-2.A型瓦当（2019XCPIT1215TD5⑨：1、2019XCPIT1112TD2⑩：2）
3.B型瓦当（2019XCPIT1214TD5⑨：1）

图 4-37 瓦当拓片

2019 XCPIT 1214 TD 5 ⑨：2，器残。直径 12、厚约 1.4~2 厘米，余皆同前（图版 4.296）。

2019 XCPIT 1214 TD 5 ⑨：3，器残。残径 10.5、厚 1.2~2、与筒瓦连接处残宽 3.2 厘米（图版 4.297）。

2. 砖

可分为花纹砖和素面砖两类。除因后期人为平整和生产生活行为导致位置移动外，砖类遗物主要出现在F 3 和F 4 两处房屋遗址及上层地层中。花纹砖的造型和制作工艺一致，原本应归属于同一时期的遗迹单位。素纹砖发现较多，有红砖、灰砖、黄白砖等多种，目前可见应为建筑墙砖，较早建筑如F 3 后墙中素面砖的使用较为随意，个体大小不同，制作粗简，而到T 1016 的晚期遗迹中则排列齐整，砖的大小版式也经过统一的规划。

（1）花纹砖

出土有 5 件，除底面外皆制作规整，装饰纹样为同一模制，使用痕迹相类，应为同一批生产和使用。

2019 XCPIT 1014 TD 6 SD 5：7，器残。夹砂灰胎，胎质粗糙。砖体边壁刮削平整，背面未经平整加工，残留少量植物纤维痕迹。正面模印有菱格十字花纹，背面素面无纹。残长 15.5、宽 14.2、厚 5 厘米。

2019 XCPIT 1014 TD 8 ⑦：1，器残。夹砂黄白胎，胎质粗糙。砖体边壁刮削平整，背面较平整，残留少量植物纤维痕迹。正面模印有菱格十字花纹，背面素面无纹。残长 15.5、宽 13.6、厚 4.7 厘米（图版 4.298）。

2019 XCPIT 0916 TD 10 ③a：2。器残。夹砂橙红胎，胎质粗糙。砖体边壁刮削平整，背面未经平整加工，残留少量植物纤维痕迹。正面模印有菱格十字花纹，背面素面无纹。残长 17.9、宽 13.5、厚 4.5 厘米（图 4-38）。

2019 XCPIT1013 TD4①：1，采集，器残。夹砂黄褐胎，胎质粗糙。为原砖的边缘，砖体边壁刮削平整，背面未经平整加工，残留少量植物纤维痕迹。正面模印有菱格十字花纹，背面素面无纹。残长 14.4、残宽 10.6、厚 4.6 厘米（图 4-39-1，图版 4.299）。

2019 XCPIQ1 ①：8，采集，器残。夹砂橙红胎，胎质粗糙。为原砖一角。四边壁刮削平整，背面未经平整加工，残留少量植物纤维痕

花纹砖（2019 XCPIT 0916 TD 10 ③a：2）

图 4-38 花纹砖拓片

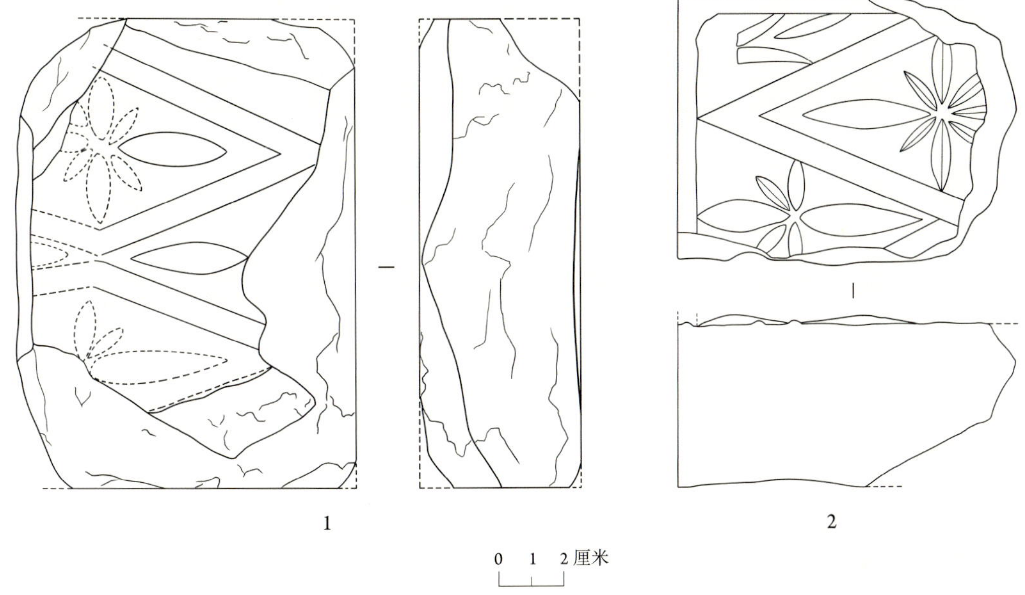

1-2 花纹砖（2019XCPIT1013TD4①：1、2019XCPIQ1①：8）

图 4-39 花纹砖

迹。正面模印有菱格十字花纹，背面素面无纹。正面泛黑灰色为火烧痕迹。残长 10.7、残宽 8.5、厚 5.1 厘米（图 4-39-2，图版 4.300）。

（2）素面砖

素面砖大多仍原位保存于建筑遗迹主体中，详见第三章第二节“房屋院落”中有关F3、F4 和T1015 晚期建筑遗迹的描述介绍。

3. 建筑石料

建筑石料主要出现于F3、F4、SQ1、SQ2、SD1-6 中，可详见各遗迹描述的介绍。另有一部分集中发现于Q1，可能是遗址废弃后人为平整搬动的结果，挑选 6 件标本分述如下。

有切痕迹石料

2019XCPI，地表采集。石块三面平整，侧壁靠上部位有一条细长平直的切割痕（图版 4.301）。

人工切割石料

2019XCPIQ1①：9，5 件。皆有较为平整光滑的多个平面，或有人工凿开的豁口。除 2 件为宽平的基石外，其他 3 件皆为楔形石（图版 4.302）。

图　版

图版 4.1 2019XCPIT1112TD2 ⑬：8 釉陶罐底

图版 4.2 2019XCPIT0816TD10 ④：11 红衣陶罐

图版 4.3 2019XCPIT0712TD4 ①：4 陶器耳

图版 4.4 2019XCPIT1111TD1 ⑫：13 小罐

图版 4.5 2019XCPIT0916TD10 ④：11 陶盏

图版 4.6 2019XCPIT1014TD6SD5：4 透明釉陶勺

图版 4.7 2019XCPIT1112TD2 ⑬：16 素胎罐

图版 4.8 2019XCPIT1112TD2 ⑬：15 素胎罐

图版 4.9 2019XCPIT1111TD1 ⑫：12 素胎罐

图版 4.10 2019XCPIT1111TD1 ⑫：9 素胎罐

图版 4.11 2019XCPIT1112TD2 ⑭：4 陶罐口沿

图版 4.12 2019XCPIT1112TD2 ⑥：14 陶器口沿

图版 4.13 2019XCPIT1112TD2 ⑬：14 执壶

图版 4.14 2019XCPIT1112TD2 ⑤：15 执壶

图版 4.15 2019XCPIT1112TD2 ⑬：9 器耳

图版 4.16 2019XCPIT1111TD1 ⑫：10 陶盆

图版 4.17 2019XCPIT1111TD1 ⑫：11 陶盆

图版 4.18 2019XCPIT1112TD2 ⑥：19 陶盆

图版 4.19 2019XCPIT1112TD2L3：4 陶盆

图版 4.20 2019XCPIT0916TD10 ④：5 火盆

图版 4.21 2019XCPIQ1 ③：1 陶纺轮

图版 4.22 2019XCPIT1112TD2 ⑬：11 青釉陶盆

图版 4.23 2019XCPIT1111TD1 ⑨：2 青釉陶盆 -1

图版 4.24 2019XCPIT1111TD1 ⑨：2 青釉陶盆 -2

图版 4.25 2019XCPIT1112TD2 ⑥：15 青釉陶盆

图版 4.26 2019XCPIT1112TD2 ⑥：17 青釉陶盆 -1

图版 4.27 2019XCPIT1112TD2 ⑥：17 青釉陶盆 -2

图版 4.28 2019XCPIT1112TD2 ⑤：19 青釉陶盆

图版 4.29 2019XCPIT1112TD2 ⑥：18 器盖

图版 4.30 2019XCPIT1111TD1 ⑫：8 绿釉陶罐

图版 4.31 2019XCPIT1011TD1 ②：1 器盖

图版 4.32 2019XCPIT0816TD10 ④：7 器盖 -1

图版 4.33 2019XCPIT0816TD10 ④：7 器盖 -2

图版 4.34 2019XCPIT0511TD11 ①：1 器盖

图版 4.35 2019XCPIT0917TD10H3 ①：1 器盖

图版 4.36 2019XCPIT1112TD2 ⑤：17 器盖

图版 4.37 2019XCPIT1214TD5 ③ : 5 青瓷碗 -1

图版 4.38 2019XCPIT1214TD5 ③ : 5 青瓷碗 -2

图版 4.39 2019XCPIQ1 ① : 3 青瓷碗 -1

图版 4.40 2019XCPIQ1 ① : 3 青瓷碗 -2

图版 4.41 2019XCPIT1112TD2 ⑤ : 8 青瓷碗 -1

图版 4.42 2019XCPIT1112TD2 ⑤ : 8 青瓷碗 -2

图版 4.43 2019XCPIT1017TD12 ⑤：1 青瓷碗 -1

图版 4.44 2019XCPIT1017TD12 ⑤：1 青瓷碗 -2

图版 4.45 2019XCPIT1112TD2 ⑥：6 青瓷碗 -1

图版 4.46 2019XCPIT1112TD2 ⑥：6 青瓷碗 -2

图版 4.47 2019XCPIT0813TD8 ⑤：4 青瓷碗 -1

图版 4.48 2019XCPIT0813TD8 ⑤：4 青瓷碗 -2

图版 4.49 2019XCPIQ1 ②：2 青瓷碗 -1

图版 4.50 2019XCPIQ1 ②：2 青瓷碗 -2

图版 4.51 2019XCPIT1111TD1 ⑫：2 青瓷碗 -1

图版 4.52 2019XCPIT1111TD1 ⑫：2 青瓷碗 -2

图版 4.53 2019XCPIT1111TD1 ⑦：3 青瓷碗 -1

图版 4.54 2019XCPIT1111TD1 ⑦：3 青瓷碗 -2

图版 4.55 2019XCPIT0813TD8 ⑤：6 青瓷碗 –1

图版 4.56 2019XCPIT0813TD8 ⑤：6 青瓷碗 –2

图版 4.57 2019XCPIT1017TD12 ⑤：6 青瓷碗 –1

图版 4.58 2019XCPIT1017TD12 ⑤：6 青瓷碗 –2

图版 4.59 2019XCPIT0816TD10F3：1 青瓷碗

图版 4.60 2019XCPIT1115TD5 ③：1 瓷盏

图版 4.61 2019XCPIT0917TD10H3 ①：6 瓷盏 -1

图版 4.62 2019XCPIT0917TD10H3 ①：6 瓷盏 -2

图版 4.63 2019XCPIT1112TD2 ⑤：3 瓷盏 -1

图版 4.64 2019XCPIT1112TD2 ⑤：3 瓷盏 -2

图版 4.65 2019XCPIT0810TD14 ①：1 瓷盏 -1

图版 4.66 2019XCPIT0810TD14 ①：1 瓷盏 -2

图版 4.67 2019XCPIT0814TD8 ⑤：3 瓷盘 -1

图版 4.68 2019XCPIT0814TD8 ⑤：3 瓷盘 -2

图版 4.69 2019XCPIT0917TD10H3 ①：2 瓷盘 -1

图版 4.70 2019XCPIT0917TD10H3 ①：2 瓷盘 -2

图版 4.71 2019XCPIT0917TD10H3 ①：3 瓷盘 -1

图版 4.72 2019XCPIT0917TD10H3 ①：3 瓷盘 -2

图版 4.73 2019XCPIT1214TD5 ③：3 瓷盘

图版 4.74 2019XCPIT0915TD10 ④：2 瓷盘 -1

图版 4.75 2019XCPIT0915TD10 ④：2 瓷盘 -2

图版 4.76 2019XCPIT0916TD10④：7 瓷盘 –1

图版 4.77 2019XCPIT0916TD10④：7 瓷盘 –2

图版 4.78 2019XCPIT0816TD10④：1 青瓷罐

图版 4.79 2019XCPIT1112TD2⑬：14 执壶

图版 4.80 2019XCPIT0814TD8⑤：5 执壶

图版 4.81 2019XCPIT1014TD6②：2 壶嘴

图版 4.82 2019XCPIT1214TD5 ⑩：2 青白瓷碗 -1

图版 4.83 2019XCPIT1214TD5 ⑩：2 青白瓷碗 -2

图版 4.84 2019XCPIT1214TD5 ⑩：4 青白瓷碗 -1

图版 4.85 2019XCPIT1214TD5 ⑩：4 青白瓷碗 -2

图版 4.86 2019XCPIT1214TD5 ④：2 青白瓷碗 -1

图版 4.87 2019XCPIT1214TD5 ④：2 青白瓷碗 -2

图版 4.88 2019XCPIT1114TD5 ③：2 青白瓷碗 -1

图版 4.89 2019XCPIT1114TD5 ③：2 青白瓷碗 -2

图版 4.90 2019XCPIT0916TD10SQ2JC：2 青白瓷碗

图版 4.91 2019XCPIT0916TD10 ④：9 青白瓷碗 -1

图版 4.92 2019XCPIT0916TD10 ④：9 青白瓷碗 -2

图版 4.93 2019XCPIT0816TD10 ④：2 青白瓷碗 -1

图版 4.94 2019XCPIT0816TD10 ④：2 青白瓷碗 -2

图版 4.95 2019XCPIT1017TD12 ④：3 青白瓷碗 -1

图版 4.96 2019XCPIT1017TD12 ④：3 青白瓷碗 -2

图版 4.97 2019XCPIT1016TD12 ④：4 青白瓷碗

图版 4.98 2019XCPIT1016TD12 ④：3 青白瓷碗

图版 4.99 2019XCPIT1112TD2 ⑤：4 青白瓷碗 -1

图版 4.100 2019XCPIT1112TD2 ⑤：4 青白瓷碗 -2

图版 4.101 2019XCPIT1112TD2 ⑬：7 青白瓷碗 -1

图版 4.102 2019XCPIT1112TD2 ⑬：7 青白瓷碗 -2

图版 4.103 2019XCPIT1111TD1⑦：2 青白瓷碗 -1

图版 4.104 2019XCPIT1111TD1⑦：2 青白瓷碗 -2

图版 4.105 2019XCPIQ1③：3 青白瓷碗 -1

图版 4.106 2019XCPIQ1③：3 青白瓷碗 -2

图版 4.107 2019XCPIT1111TD1⑫：6 青白瓷碗 -1

图版 4.108 2019XCPIT1111TD1⑫：6 青白瓷碗 -2

图版 4.109 2019XCPIT1114TD5 ③：1 青白瓷碗 –1

图版 4.110 2019XCPIT1114TD5 ③：1 青白瓷碗 –2

图版 4.111 2019XCPIT1112TD2 ⑬：5 青白瓷碗 –1

图版 4.112 2019XCPIT1112TD2 ⑬：5 青白瓷碗 –2

图版 4.113 2019XCPIT1111TD1 ⑫：1 青白瓷碗

图版 4.114 2019XCPIT1112TD2 ⑥：2 青白瓷碗 -1

图版 4.115 2019XCPIT1112TD2 ⑥：2 青白瓷碗 -2

图版 4.116 2019XCPIT1112TD2 ⑥：9 青白瓷碗 -1

图版 4.117 2019XCPIT1112TD2 ⑥：9 青白瓷碗 -2

图版 4.118 2019XCPIT0814TD8 ⑤：1 青白瓷碗 -1

图版 4.119 2019XCPIT0814TD8 ⑤：1 青白瓷碗 -2

图版 4.120 2019XCPIT0816TD10 ④：6 青白瓷碗 -1

图版 4.121 2019XCPIT0816TD10 ④：6 青白瓷碗 -2

图版 4.122 2019XCPIT0914TD8 ③：2 青白瓷碗 -1

图版 4.123 2019XCPIT0914TD8 ③：2 青白瓷碗 -2

图版 4.124 2019XCPIT1111TD1 ⑫：4 青白瓷碗 -1

图版 4.125 2019XCPIT1111TD1 ⑫：4 青白瓷碗 -2

图版 4.126 2019XCPIT1112TD2 ⑬：2 青白瓷碗 -1

图版 4.127 2019XCPIT1112TD2 ⑬：2 青白瓷碗 -2

图版 4.128 2019XCPIT1112TD2 ⑥：1 青白瓷碗 -1

图版 4.129 2019XCPIT1112TD2 ⑥：1 青白瓷碗 -2

图版 4.130 2019XCPIT1112TD2 ⑤：13 青白瓷碗 -1

图版 4.131 2019XCPIT1112TD2 ⑤：13 青白瓷碗 -2

图版 4.132 2019XCPIT1112TD2 ⑩ : 1 青白瓷碗

图版 4.133 2019XCPIT1111TD1 ⑧ : 1 青白瓷碗 -1

图版 4.134 2019XCPIT1111TD1 ⑧ : 1 青白瓷碗 -2

图版 4.135 2019XCPIQ1 ②：3 青白瓷碗 -1

图版 4.136 2019XCPIQ1 ②：3 青白瓷碗 -2

图版 4.137 2019XCPIT0609TD11 ②：1 青白瓷碗

图版 4.138 2019XCPIT0916TD10 ④：8 青白瓷碗

图版 4.139 2019XCPIT1111TD1 ⑫：3 青白瓷碗 -1

图版 4.140 2019XCPIT1111TD1 ⑫：3 青白瓷碗 -2

图版 4.141 2019XCPIT1112TD2 ⑬ : 1 青白瓷碗

图版 4.142 2019XCPIT1112TD2 ⑬ : 3 青白瓷碗

图版 4.143 2019XCPIT1111TD1 ⑥ : 1 青白瓷碗

图版 4.144 2019XCPIT1111TD1 ④ : 4 青白瓷碗

图版 4.145 2019XCPIT1114TD5L4 : 1 青白瓷碗 -1

图版 4.146 2019XCPIT1114TD5L4 : 1 青白瓷碗 -2

图版 4.147 2019XCPIT1013TD4 ②：1 青白瓷碗 -1

图版 4.148 2019XCPIT1013TD4 ②：1 青白瓷碗 -2

图版 4.149 2019XCPIT1112TD2 ⑤：14 青白瓷碗 -1

图版 4.150 2019XCPIT1112TD2 ⑤：14 青白瓷碗 -2

图版 4.151 2019XCPIT1014TD6SD5：6 青白瓷碗 -1

图版 4.152 2019XCPIT1014TD6SD5：6 青白瓷碗 -2

图版 4.153 2019XCPIKD2r：1 青白瓷碗

图版 4.154 2019XCPIT1015TD8 ③：1 青白瓷碗

图版 4.155 2019XCPIT1112TD2 ⑬：6 瓷碟

图版 4.156 2019XCPIT1112TD2 ⑤：1 瓷碟

图版 4.157 2019XCPIT0816TD10F3：2 瓷碟

图版 4.158 2019XCPIT0916TD10SQ2JC：3 瓷碟

图版 4.159 2019XCPIT0916TD10④：12 瓷碟

图版 4.160 2019XCPIT0611TD1④：1 瓷碟

图版 4.161 2019XCPIT0714TD8H4：2 瓷碟

图版 4.162 2019XCPIT0609TD11①：2 瓷碟

图版 4.163 2019XCPIT0816TD10F3：3 瓷碟 -1

图版 4.164 2019XCPIT0816TD10F3：3 瓷碟 -2

图版 4.165 2019XCPIT0816TD10 ④：4 瓷碟

图版 4.166 2019XCPIT0916TD10 ④：2 瓷碟 -1

图版 4.167 2019XCPIT0916TD10 ④：2 瓷碟 -2

图版 4.168 2019XCPIT0714TD8H4：1 瓷碟 -1

图版 4.169 2019XCPIT0714TD8H4：1 瓷碟 -2

图版 4.170 2019XCPIT0714TD8H4：3 瓷碟

图版 4.171 2019XCPIT0712TD4 ②：2 瓷碟

图版 4.172 2019XCPIT1014TD8 ⑧：1 瓷碟

图版 4.173 2019XCPIT1111TD1 ⑪：1 瓷碟

图版 4.174 2019XCPIT1112TD2 ⑬：4 瓷盏 -1

图版 4.175 2019XCPIT1112TD2 ⑬：4 瓷盏 -2

图版 4.176 2019XCPIT1111TD1 ⑫：5 瓷盏 -1

图版 4.177 2019XCPIT1111TD1 ⑫：5 瓷盏 -2

图版 4.178 2019XCPIT1112TD2 ⑥：10 瓷盏 -1

图版 4.179 2019XCPIT1112TD2 ⑥：10 瓷盏 -2

图版 4.180 2019XCPIT0813TD8 ⑤ : 1 瓷盏

图版 4.181 2019XCPIT0813TD8 ⑤ : 3 瓷盏

图版 4.182 2019XCPIT0814TD8 ⑤ : 4 瓷盏

图版 4.183 2019XCPIT1112TD2L3：1 瓷盏 -1

图版 4.184 2019XCPIT1112TD2L3：1 瓷盏 -2

图版 4.185 2019XCPIT0915TD10 ④：3 瓷盏

图版 4.186 2019XCPIT1015TD12BJC：1 瓷盏

图版 4.187 2019XCPIT1112TD2 ⑮：1 瓷盏 -1

图版 4.188 2019XCPIT1112TD2 ⑮：1 瓷盏 -2

图版 4.189 2019XCPIT1112TD2 ⑭：1 瓷盏 -1

图版 4.190 2019XCPIT1112TD2 ⑭：1 瓷盏 -2

图版 4.191 2019XCPIT1112TD2 ⑧：1 瓷盏

图版 4.192 2019XCPIT0914TD9 ⑤：1 瓷盏

图版 4.193 2019XCPIT1017TD12 ⑤：4 瓷盏 -1

图版 4.194 2019XCPIT1017TD12 ⑤：4 瓷盏 -2

图版 4.195 2019XCPIT1112TD2 ⑥：7 瓷盏 -1

图版 4.196 2019XCPIT1112TD2 ⑥：7 瓷盏 -2

图版 4.197 2019XCPIT1111TD1 ⑤：1 瓷盏

图版 4.198 2019XCPIT0816TD10 ④：8 瓷盏 –1

图版 4.199 2019XCPIT0816TD10 ④：8 瓷盏 –2

图版 4.200 2019XCPIT1017TD12 ⑥：1 瓷盏 –1

图版 4.201 2019XCPIT1017TD12 ⑥：1 瓷盏 –2

图版 4.202 2019XCPIT1017TD12 ⑤：3 瓷盏

图版 4.203 2019XCPIT0812TD4 ②：1 瓷盏 -1

图版 4.204 2019XCPIT0812TD4 ②：1 瓷盏 -2

图版 4.205 2019XCPIT0916TD10SQ2JC：5 瓷盏

图版 4.206 2019XCPIT0715TD9 ②：1 瓷盏 -1

图版 4.207 2019XCPIT0715TD9 ②：1 瓷盏 -2

图版 4.208 2019XCPIT1112TD2 ⑥：4 瓷盏 -1

图版 4.209 2019XCPIT1112TD2 ⑥：4 瓷盏 -2

图版 4.210 2019XCPIT1112TD2 ⑤：9 瓷盏 -1

图版 4.211 2019XCPIT1112TD2 ⑤：9 瓷盏 -2

图版 4.212 2019XCPIT0709TD14 ①：1 瓷盏

图版 4.213 2019XCPIT1112TD2 ⑭：3 瓷盘

图版 4.214 2019XCPIT1112TD2 ⑤：5 瓷盘

图版 4.215 2019XCPIT0917TD9H3 ①：5 瓷盘

图版 4.216 2019XCPIT1213TD5 ⑨：1 瓷盘

图版 4.217 2019XCPIT1111TD1 ⑦：1 瓷器口沿

图版 4.218 2019XCPIT1017TD12 ⑤：7 瓷器口沿

图版 4.219 2019XCPIT1211TD14DM1：4 盘底 -1

图版 4.220 2019XCPIT1211TD14DM1：4 盘底 -2

图版 4.221 2019XCPIT1213TD5 ⑨：2 瓷盘

图版 4.222 2019XCPIT1017TD12 ④：1 瓷盘

图版 4.223 2019XCPIT1016TD12 ③：1 瓷盘

图版 4.224 2019XCPIT0913TD8 ①：1 瓷盘

图版 4.225 2019XCPIT1112TD2 ⑤：2 瓷盘 –1

图版 4.226 2019XCPIT1112TD2 ⑤：2 瓷盘 –2

图版 4.227 2019XCPIT0915TD10 ④：4 执壶

图版 4.228 2019XCPIT1012TD2 ①：1 执壶

图版 4.229 2019XCPIT1014TD6 ①：1 执壶

图版 4.230 2019XCPIT0717TD9 ③：1 瓷瓶

图版 4.231 2019XCPIT0511TD11 ①：1 瓷炉

图版 4.232 2019XCPIT1214TD5 ③：4 瓷洗 –1

图版 4.233 2019XCPIT1214TD5 ③：4 瓷洗 –2

图版 4.234 2019XCPIT0908TD14 ①：1 擂钵 –1

图版 4.235 2019XCPIT0908TD14 ①：1 擂钵 –2

图版 4.236 2019XCPIT0815TD9 ①：1 墨书腹片

图版 4.237 2019XCPIT0712TD4 ②：1 白瓷碗 -1

图版 4.238 2019XCPIT0712TD4 ②：1 白瓷碗 -2

图版 4.239 2019XCPIT0813TD8 ⑤：5 白瓷碗 -1

图版 4.240 2019XCPIT0813TD8 ⑤：5 白瓷碗 -2

图版 4.241 2019XCPIT1213TD5 ⑩：1 白瓷盏 -1

图版 4.242 2019XCPIT1213TD5 ⑩：1 白瓷盏 -2

图版 4.243 2019XCPIT1111TD1 ④：5 青花瓷碗

图版 4.244 2019XCPIT1111TD1 ④：6 青花瓷碗

图版 4.245 2019XCPIT1017TD12G1：1 青花瓷碗 –1

图版 4.246 2019XCPIT1017TD12G1：1 青花瓷碗 –2

图版 4.247 2019XCPIT1311TD1 ①：1 青花瓷碗

图版 4.248 2019XCPIT1111TD1 ③：2 青花瓷碗

图版 4.249 2019XCPIT1014TD6SD5：1 青花瓷碗

图版 4.250 2019XCPIT1014TD6SD5：2 青花瓷碗

图版 4.251 2019XCPIT1017TD12SD6：1 青花瓷盘

图版 4.252 2019XCPIT1012TD2 ②：3 青花瓷杯

图版 4.253 2019XCPIT1014TD6SD5：5 青花瓷碗

图版 4.263 2019XCPIT1017TD12 ⑤：2 黑釉瓷盏 -1

图版 4.264 2019XCPIT1017TD12 ⑤：2 黑釉瓷盏 -2

图版 4.265 2019XCPIT1214TD5 ⑩：3 黑釉瓷盏 -1

图版 4.266 2019XCPIT1214TD5 ⑩：3 黑釉瓷盏 -2

图版 4.267 2019XCPIT1112TD2 ⑥：8 黑釉瓷盏 -1

图版 4.268 2019XCPIT1112TD2 ⑥：8 黑釉瓷盏 -2

图版 4.269 2019XCPIT1214TD5 ③ : 2 黑釉瓷盏 -1

图版 4.270 2019XCPIT1214TD5 ③ : 2 黑釉瓷盏 -2

图版 4.271 2019XCPIT1214TD5 ③ : 6 黑釉瓷盏 -1

图版 4.272 2019XCPIT1214TD5 ③ : 6 黑釉瓷盏 -2

图版 4.273 2019XCPIT1111TD1 ⑬ : 1 黑釉执壶

图版 4.274 2019XCPIT1111TD1 ⑫ : 15 黑釉壶嘴

图版 4.275 2019XCPIT1112TD2 ④：1 梅瓶

图版 4.276 2019XCPIT1111TD1 ⑩：6 瓶底足

图版 4.277 2019XCPIT1111TD1 ④：3 青白瓷碗

图版 4.278 2019XCPIT1112TD2 ⑥：11 瓷炉

图版 4.279 2019XCPIT1112TD2 ⑧：4 瓷瓶

图版 4.280 2019XCPIT0917TD10H3 ①：4 青白瓷碗

图版 4.281 2019XCPIT1111TD1 ⑪：2 白瓷碗

图版 4.282 2019XCPIT1014TD6 ⑥：1 青花瓷碗

图版 4.283 2019XCPIT1111TD1 ⑦：4 青白瓷盘

图版 4.284 2019XCPIT1115TD5 ③：2 青白瓷腹片

图版 4.285 2019XCPIT1112TD2 ⑥：12 建盏 –1

图版 4.286 2019XCPIT1112TD2 ⑥：12 建盏 –2

图版 4.287 2019XCPIT0814TD8 ⑤：2 建盏 -1

图版 4.288 2019XCPIT0814TD8 ⑤：2 建盏 -2

图版 4.289 2019XCPIT0714TD8H4：4 筒瓦

图版 4.290 2019XCPIT0717TD9 ④：3 筒瓦

图版 4.291 2019XCPIT0915TD10 ④：1 筒瓦

图版 4.292 2019XCPIT1215TD5F4：1 筒瓦

图版 4.293 2019XCPIT1215TD5 ⑨：2 筒瓦

图版 4.294 2019XCPIT0714TD8H4：5 板瓦

图版 4.295 2019XCPIT0815TD9 ②：1 瓦当

图版 4.296 2019XCPIT1214TD5 ⑨：2 瓦当

图版 4.297 2019XCPIT1214TD5 ⑨：3 瓦当

图版 4.298 2019XCPIT1014TD8 ⑦：1 花纹砖

图版 4.299 2019XCPIT1013TD4 ①：1 花纹砖

图版 4.300 2019XCPIQ1 ①：8 花纹砖

图版 4.301 2019XCPI 地表采集切割石料

图版 4.302 2019XCPIQ1 ①：9 人工切割石料

第五章

下草埔周边相关遗址的调查和清理

泉州宋元时期冶铁遗址数量繁多，本次考古发掘之前，有关部门和专家对相关遗址的调查工作以及对部分冶铁遗址的复查使我们对当地古代采冶技术、产品运销有了初步了解。

2019年秋至2020年夏，下草埔遗址的发掘与出土冶炼遗物的初步分析，不仅揭露了多种形制的冶炼炉及其附属设施、生活设施、社区公共设施等遗迹，而且明确了遗址年代与技术体系内涵。这进一步丰富、完善了我们对闽南地区宋元时期典型冶铁遗址的空间结构与遗址内部历时性变化的认识。

基于田野工作新资料，安溪下草埔考古队员对周边相关遗址进行调查，并对泉州境内部分冶炼遗址进行重点复查，以期深入了解泉州地区宋元时期冶铁业格局以及遗址间的关系。

2019年秋至2020年春，安溪下草埔考古队田野调查的主要工作包括：下草埔冶铁遗址周边古矿洞、冶铁遗址点、烧炭窑、古道等的调查与清理，安溪县福林银场遗址、河市梧宅冶铁遗址、长卿南斗冶铁遗址、泉港曾炉寺遗址的踏查。其中在青洋村北部的庵坑磜烧炭窑附近采集的木炭碳十四年代测定结果为清末至近现代，因此该部分的调查内容收于附录九“庵坑磜烧炭窑调查报告”。各遗址调查采集冶炼遗物以炉渣标本为主，相关的实验室分析工作正在进行中。

第一节 工作思路与主要工作

工作思路主要分为三个方面：

第一，以青阳冶铁遗址群为单位，按照“操作链”“产品运销”等生产组织概念，摸清下草埔遗址周边的采矿点、冶炼点、烧炭点的具体情况，进一步明确青阳冶铁遗址群的范围与结构；实地踏查古道设施与走向，向内探寻青阳冶铁遗址群内各个冶铁遗址点的关联性，向外落实该地区古人的陆、水交通。

第二，以安溪县为单位，对境内其他手工业遗址进行调查，包括多金属冶炼遗址与瓷窑遗址，探究不同手工业活动之间的互动与关联。

多金属冶炼遗址方面以福林银场遗址为例，目的是为了解福林银场遗址现存状况与遗迹现象，通过采集遗物的初步分析检测来明确遗址的年代与技术特征。福建地区古代金属冶炼活动多样，包括铁、铜、金、银、铅等多种金属的冶炼生产，多金属冶炼活动之间可能存在一定的技术关联性。例如，唐代以后中国南方地区已出现利用铁还原法炼铅、利用灰吹法提炼铅中富集的银的生产流程[1]。该技术需使用铁料或铁屑作为生产原料之一。因此，福林银场遗址的年代与技术内涵的进一步确认，是建构区域炼银、炼铅活动与冶铁活动之间联系性的关键。

下草埔遗址出土瓷器种类多样，包括青瓷、白瓷、青花瓷等，初步研究可确认有安溪窑、德化窑、磁灶窑、建窑、龙泉窑、景德镇窑等瓷器类型，故对相关窑口产品特征的研究是揭示下草埔遗址与各窑口之间互动模式的前提。因此，在瓷窑遗址的产品类型方面，考古队重点考察了安溪县博物馆采集的本地各窑口典型器类，并对部分典型器物进行便携X荧光成分分析。

第三，以泉州为单位，参考前人对各宋元时期冶铁遗址点的调查结果，重点复查部分技术类型有别的冶铁遗址，如河市梧宅、泉港曾炉寺等，以期将泉州境内各遗址的技术异同更加清晰化，为了解闽南地区冶铁业概况积累材料。

1 刘思然、陈建立、徐长青、Thilio Rehren：《江西上高蒙山遗址古代银铅冶炼技术研究》，《江汉考古》2018年第1期。

第二节 古矿洞的调查与清理

据村民介绍，青洋村内及其周边矿山中存在一定数量的古矿洞。为明确矿洞数量，各矿洞年代、性质、采矿模式及其与各冶炼地点的联系，考古队重点对下草埔遗址、芳平树林一带的矿洞进行调查与初步清理，记录下草埔遗址上格山矿洞 2 处、芳平树林矿洞 8 处。

1. 下草埔上格采矿点

据村民介绍，下草埔遗址以北的上格山、下格山曾保存有多处古矿洞，20 世纪五六十年代，因野兽藏匿其中，村干部曾组织村民封堵洞口。2000 年，采矿公司在此地进行露天铁矿开采作业，现已成一处巨大的天坑（图 5－1）。据称原先上格山、下格山山腰处有道路通往青洋村，路边有一土地庙，此道路与下草埔遗址东部古道相连。如今

图 5-1 下草埔遗址以北上格山、下格山现代采矿坑

因现代采矿活动均已被破坏无存，仅见采矿所致的裸露山体。

目前，在下草埔遗址周边发现的2个矿洞均位于上格山的高处，1号矿洞高度略高，位置靠南，2号矿洞则高度略低，位置靠北。这2处矿洞西南距离下草埔遗址核心区直线距离不足200米，是目前下草埔遗址周边调查所见距离下草埔遗址最近的采矿点。

下草埔上格采矿点2处矿洞均被现代采矿作业活动破坏，矿口均已无存，现存部分矿道，故无法了解原先矿洞的规模。

（1）下草埔上格1号矿洞

下草埔上格1号矿洞（25° 10′ 54.12″N，117° 57′ 48.99″E），破坏严重，矿洞原始洞口及大部分的矿道已遭破坏，仅存矿道尽头残部。

现存部分，矿道高150、宽60厘米。

矿道尽头为一高于矿道底部的圆形洞坑，可能为采矿作业区，仅存直径50、进深140厘米的圆形洞。壁上可见手持尖头小工具的开凿痕迹。

（2）下草埔上格2号矿洞

下草埔上格2号矿洞（25°10′55.17″N，117°57′48.65″E），位于1号矿洞北部（图5-2）。矿洞在现代采矿场采矿作业中被发现，发现时内部填满白、红色粉砂土。经过清理后，确定该矿洞为一处古代矿洞。

矿洞形制

矿洞洞口、大部分矿道为现代采矿作业破坏。现存部分矿洞（矿道）开口朝向西北（300°），平面呈圆角长方形，高210、宽60厘米。

矿道两壁修凿平整，矿洞顶部略呈弧顶。尖头工具的开凿痕迹清晰可见。

在矿道两壁上可见多个用尖头工具开凿的半圆窝状小坑，高约10、宽10~15厘米，距地面高度在105~175厘米之间，其功能可能为灯龛，用以放置灯具为矿洞照明（图5-3）。

图5-2 下草埔上格2号矿洞现存洞口

图 5-3 下草埔上格 2 号矿洞内灯龛

矿道走向

从现存矿道进入，有 6 级人工开凿的台阶，台阶总长度 260 厘米，在最低一级台阶处，矿道顶部挑高，最高处高 220 厘米（图 5-4）。

沿台阶而下，矿道分为两个岔道，为左右两个主矿道（定义自洞口向内方向为正方向）。右矿道水平向内开凿，与洞口方向大致相同（大致为东西向），高 120、长 410、宽 70 厘米（图 5-5）。右矿道底部为采矿作业区，空间略开阔，最宽处近 140 厘米，高 130 厘米。右矿道北壁有一灯台。采矿作业区不见小工具开凿痕迹，矿石呈片状剥落，有少量矿石散落矿道地表。

左矿道口高 210、长 380、宽 70 厘米，呈水平向内开凿，矿道大致为南北方向。两壁竖直，尖头工具开凿痕迹清晰。在左矿道入口处东壁有一个灯台，左矿道内部西壁有三个灯台。左矿道尽头矿道有坍塌现象，因安全原因无法进一步清理。从现存迹象来看，左矿道尽头顶端未见岩体，此处矿洞挑高近 230 厘米，有一直径约 70 厘米的圆洞被土填堵，推测此处的左矿道尽头有一竖直方向的竖井。左矿道尽头向北亦未见岩体，被砂岩风化土壤填堵，可能左矿道继续向北延伸，出于安全考虑未继续清理。左矿道尽头转而

图 5-4 下草埔上格 2 号矿洞洞口台阶

图 5-5 下草埔上格 2 号矿洞右矿道及其底部

图 5-6 下草埔上格 2 号矿洞洞壁工具开凿痕迹

向西（即洞口朝向方向）另有一岔道，为一个狭窄矿道，此矿道从开凿方式来看，与芳平树林采矿点所见矿道类似，矿道两壁未经细致修整，高 130、宽仅为 50 厘米。此矿道内部坍塌严重，几乎完全被堵住，矿道的倾斜角度和后续走向不明。从开凿方式上来看，此处四壁加工明显更加粗疏，两壁未经修整，可能为 2 号矿洞的采矿作业区（图 5-6）。

洞内堆积

矿洞内堆积大致可分为 2 层。

第①层：填土层。粉、白色砂土，相对致密，全矿道分布，为矿洞废弃后填入，充斥矿道大部分空间，最厚处厚度在 1.5 米以上。

第②层：采矿堆积。由细碎矿石、黏土、炭屑等组成，呈赤褐色，土质疏松，仅于右矿道尽头底部有分布。该区域空间比矿道大，应为右矿洞在废弃前最后进行采矿作业的区域，据此推测堆积于底部的赤褐色黏土、碎矿石应为采矿堆积。

矿洞年代与性质

下草埔上格 2 号矿洞内，矿道底部出土瓷片 2 件（2019XCPIKD2r：1，图版 4.153；2019XCPIKD2l：2，图版 4.257）。经辨识，1 件为南宋时期安溪窑青白瓷碗，1 件为北宋晚期至南宋早期磁灶窑瓷壶。据此判断，矿洞的开凿、使用年代为宋代，废弃后被砂土封堵。

下草埔上格2号矿洞有多个岔道，左右主矿道修整平整，且有灯龛等辅助开采设施，其性质可能为采矿后进行分选、整理或供工人休息的活动区。矿洞内可能存在竖井，在左右矿道的尽头均有采矿作业区。由此可见，2号矿洞的年代清晰，规模较大，且矿洞内部有自身的功能分区，可视为宋元时期青阳冶铁手工业中采矿活动的重要资料，为我们了解古代安溪地区的采矿作业情况提供了重要的实物资料。

2. 芳平树林采矿点

芳平树林位于青洋村东南部，向北距离青洋村村委会直线距离约500米，向南距下草埔遗址约800米，向西距水尾冶铁遗址点约350米。曾有地质工作队在此山顶部考察矿床，地表留有一道勘探沟。

当地村民介绍，芳平树林的一处山丘内保存有多处矿洞遗迹。考古队在村民向导指引下，于2019年10月、11月，2020年1月、7月多次调查、复查芳平树林采矿点矿洞群，共发现矿洞8处，分别编号1至8号矿洞。

8处矿洞呈不同角度围绕一个独立山丘开凿（图5-7），成功开凿的洞口（矿道）高度90~130厘米，宽度60~80厘米，如3、6、7、8号矿洞；洞口（矿道）较大者出现塌方、开采失败的现象，如1、2号矿洞。矿洞废弃后均因自然（山体滑坡、石块掉落、矿洞自身塌方）或人为（为防止野兽藏匿矿洞中封闭洞口）原因遭到封堵。空间分布上，1至5号矿洞距离较

图5-7 芳平树林矿洞航拍图（自东向西，图中为6、7号矿洞）

图 5-8 芳平树林 1、2 号矿洞

图 5-9 芳平树林 1 号矿洞内部

近，6、7 号矿洞位置相连，8 号矿洞与其他矿洞距离较远，位于山南侧。

（1）芳平树林 1、2 号矿洞

1、2 号矿洞毗邻（25° 11′ 16.25″N，117° 57′ 49.43″E），洞口均正北朝向，开凿角度类似（图 5-8）。

1 号矿洞，位于 2 号矿洞上部，洞口开凿直径最大，呈拱门状，高约 170 厘米，宽约 150 厘米，洞进深 350 厘米至底部，矿洞走向呈水平状。洞内顶部石块塌落，填埋于洞底，洞壁矿石呈黑紫色，质地较轻，徒手可掰落。因此，初步推测 1 号矿洞口及矿道开凿过大，因贫锰矿体塌方导致开凿失败。村民亦介绍，青洋村周边因矿藏较为丰富，自古至今均有采矿活动，近现代开凿矿洞体量大，且矿洞走向多呈水平状。结合考虑古代矿洞规模与形制大小，故判断 1 号矿洞为近现代开采塌方的废弃矿洞（图 5-9）。

2 号矿洞被积石封堵，清理洞口封堵的积石后，洞口形状不规则，洞内矿道呈 60° 左右斜坡向下，约 1 米深处至洞底积水。矿洞年代不明确。

（2）芳平树林 3 号矿洞

3 号矿洞（25° 11′ 16.06″N，117° 57′ 49.35″E），位于 1 号矿洞西侧 5 米处，洞口保存完整，下部有积砂（图 5-10）。考古队对洞口处积砂进行了清理。洞外地表散布大量矿石，以质地较轻的锰矿为主，还有部分品位较高的磁铁矿石（经磁选）。

矿洞形制

矿洞洞口正北朝向，呈圆角方形，高约 130、宽约 80 厘米。

图 5-10 芳平树林 3 号矿洞

图 5-11 芳平树林 3 号矿洞底部

矿道内壁修整粗糙，不规整，洞内无明显木构支护、台阶等结构。

矿道走向

3 号矿洞矿道内坡道、转道明显。鉴于矿道四壁修整粗糙，加上坡度较大，难以进入，仅以目测观察为主。

目测，前段为 45° 坡道向下，矿道内高、宽较洞口有所增加。2 米后矿道呈 60° 下倾，进深约 15~20 米后有转道。转角朝西，坡道下倾，洞内深度不可知，底部可见积水（图 5-11）。

洞内堆积

矿洞堆积范围有限，清理区域堆积未发现分层。

第①层：碎岩淤积层。土质致密，堆积范围有限，仅于靠近洞口约 2 米的范围内分布，封堵洞口下半部空间。堆积厚约 70 厘米，包含物以砂粒与碎岩块为主，不见陶瓷碎片。属于山体碎岩淤积形成的堆积。

（3）芳平树林 4、5 号矿洞

4、5 号矿洞相邻，均朝向东北，两矿洞洞口保存较好，但均被山体滑坡的石块封堵，无法清理，矿洞年代不明确。

4 号矿洞（25° 11′ 16.16″N，117° 57′ 48.74″E），现存洞口下部空间被石块封堵，残存空间截面呈半圆形，高约 40、宽约 110 厘米（图 5-12）。

5 号矿洞（25° 11′ 16.10″N，117° 57′ 49.10″E）位于 4 号矿洞东约 5 米处，现存洞口下部空间被石块封堵，残存空间截面呈半圆形，高约 30、宽约 60 厘米，可探进深约 60 厘米（图 5-13）。

图 5-12 芳平树林 4 号矿洞

图 5-13 芳平树林 5 号矿洞

（4）芳平树林 6 号矿洞

图 5-14 芳平树林 6 号矿洞

6 号矿洞（25° 11′ 15.29″N，117° 57′ 50.23″E）与 7 号矿洞相邻，洞口均朝向正东，保存较好（图 5-14）。洞内深处被坍塌石块封堵，考古队仅对洞口处砂石堆积进行了清理。

6 号矿洞洞口前（约 50 厘米处）地面可见另一矿洞洞口暴露，形状不规则，略呈圆角方形，内被石块封堵，矿洞洞口高度不可知，宽度为 60 厘米。两矿洞的洞口位置接近，可能为同一时期多次开凿形成。

矿洞形制

洞口完整，朝向正东，呈圆角长方形，高约 120、宽约 60 厘米。

矿道内空间开阔，洞内最高处高约 2 米，矿道内不见台阶修建痕迹。

矿道走向

矿道朝西，向下倾斜，入内约 1 米处矿道一分为二。主道朝西，约 2 米后转向西南下倾，为积石封堵。岔道朝向西南，亦为积石封堵。

洞内堆积

洞内可查堆积分为两层——洞口堆积与矿道内堆积。

第①层：积砂层。砂土，土质较致密，分布于洞口附近，封堵洞口下部空间，包含物以粗砂、碎石为主，属于淤积的砂土层。堆积厚约 50 厘米。

第②层：矿道坍塌层。大量大块矿石堆积，位于矿道内部，封堵矿道大部分空间。鉴于该部分堆积可能属于矿洞内矿体坍塌堆积，为避免进一步坍塌，未继续清理。

（5）芳平树林 7 号矿洞

7 号矿洞（25° 11′ 15.40″N，117° 57′ 49.87″E）与 6 号矿洞相邻，洞口均朝向正东，保存状况较好，内部无积砂、积石。

矿洞形制

洞口保存较好，开凿形状不规则，下部有积砂。洞口高约 90、宽约 100 厘米，向内约 50 厘米处可见矿道呈圆角长方形（图 5－15）。

洞内，矿道侧壁有明显的工具凿痕，凿痕呈平直方角状或点坑状（图 5－16）。

矿道走向

矿道朝西，目测呈 60° 坡道向下，约 430 厘米处有人工修整成的一级石台阶，石台阶所在位置空间较宽阔。

石台阶处，矿道一分为二。主矿道沿台阶继续向下（图 5－17），微朝东北转折，坡道下倾角度约 60°，继续前进约 3 米处出现第二级台阶，再往内前行矿道变小，高约 120 厘米，宽约 50 厘米，且矿道倾角变得更陡，不可下行，亦不知深度。岔道朝南，开凿进深约 1 米，为试凿矿道。

（6）芳平树林 8 号矿洞

8 号矿洞（25° 11′ 14.93″N，117° 57′ 47.97″E）距离其他七处矿洞较远，位于芳平树林采矿山丘南侧。洞口保存状况较好，内部为积砂、积石封堵，仅清理了积砂层局部。

矿洞形制

洞口朝南，保存较好，呈圆角长方形。现存洞口高 130、宽约 50~70 厘米（图 5－18）。

矿道内部狭窄，修整良好。矿道两侧壁面有人工开凿痕迹且加工平整，矿道形状略呈圆角方形，两壁竖直。

矿道走向

矿道朝北，坡道下倾角约 45° 向下。

鉴于矿道内部狭窄，难以将积砂完全清理，被填堵的矿道现存高 50、宽 60 厘米，矿洞底部有大石块封堵（图 5－19）。

图 5-15 芳平树林 7 号矿洞

图 5-16 芳平树林 7 号矿洞洞壁工具开凿痕迹

图 5-17 芳平树林 7 号矿洞矿道内景

图 5-18 芳平树林 8 号矿洞

图 5-19 芳平树林 8 号矿洞矿道内情况

洞内堆积

洞内堆积分为两层——洞口堆积与矿道内堆积。

第①层：积砂层。砂土，土质较致密，分布于洞口附近，封堵洞口大部分空间，包含物以粗砂、碎石为主，属于淤积的砂土层。

第②层：积石。一块大石封堵矿道，不易清理。大石是近现代村民封堵野兽洞穴所设。

3. 矿洞小结

下草埔遗址周边调查、清理矿洞共 10 处（表 5-1）。

其中，上格 2 号矿洞开凿于宋代。上格 1 号矿洞位于上格 2 号矿洞附近，形制特征与之接近，开凿年代可能亦为宋代。

芳平树林 3、6、7、8 号矿道形制、大小均与下草埔上格 1、2 号接近，矿道均呈圆角方形，洞内无明显木构件支护设施，洞壁多保留工具开凿、加工痕迹，少数矿洞内保留有矿道、台阶等结构。芳平树林矿洞已探查的区域为矿洞口及部分矿道，并未发现灯龛之类的设施。根据矿洞性质及开凿技术判断，芳平树林 3、6、7、8 号矿洞均属于古矿洞，开凿年代可能为宋代。

芳平树林 1 号矿洞形制、大小明显区别于其他矿洞，属于近现代因开采塌方而废弃的矿洞。

芳平树林 2 号矿洞内有积水，无法探查，年代不明。芳平树林 4、5 号矿洞因巨石封堵形制难辨，年代无法确定。

表 5-1　矿洞形制尺寸总结

采矿点	编号	洞口（矿道）			性质判定
		形制	高（厘米）	宽（厘米）	
下草埔上格	1 号矿洞	圆角长方形	150	60	古矿洞
	2 号矿洞	圆角长方形	210	60	古矿洞（宋代）
芳平树林	1 号矿洞	拱门形	170	150	近现代开凿失败的废弃矿洞
	2 号矿洞	不规则	不明	不明	不明
	3 号矿洞	圆角长方形	130	80	古矿洞
	4 号矿洞	/	/	/	巨石封堵，性质不明
	5 号矿洞	/	/	/	巨石封堵，性质不明
	6 号矿洞	圆角长方形	120	60	古矿洞
	7 号矿洞	圆角长方形	残 90	100	古矿洞
	8 号矿洞	圆角长方形	残 130	70	古矿洞

第三节　冶铁遗址点的调查

1. 青阳冶铁遗址群

青阳冶铁遗址群是指集中分布于青洋村、科名村及其周边村落的一批宋元时期冶铁及相关遗址的总称，本小节主要论述冶铁遗址点。目前，该区域已发现并调查的冶铁遗址点有青洋村下草埔、内格头、田格炉底（后炉）、上场（内炉）、矿坍尾、外格头、墩仔、水尾以及科名村铁屎岭等多处（图 5-20）。

基于下草埔遗址发掘与分析的新认识，考古队于 2019 年 10 月至 2020 年 4 月分别对下草埔周边各冶铁遗址点进行复查，以期了解青阳冶铁遗址群各地点的分布特点、规模、地表遗物特征以及遗迹现象等。

（1）青洋村内格头冶炼点

内格头地点（25° 12′ 21.82″N，117° 57′ 21.98″E，海拔高度 652 米）是青洋村附近冶铁地点中遗存堆积规模最大之一。

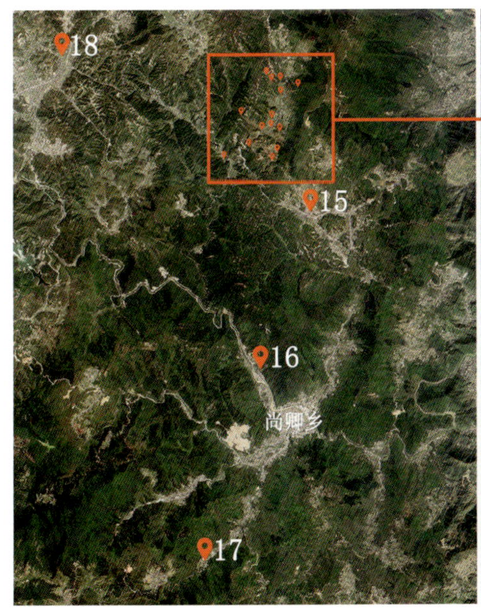

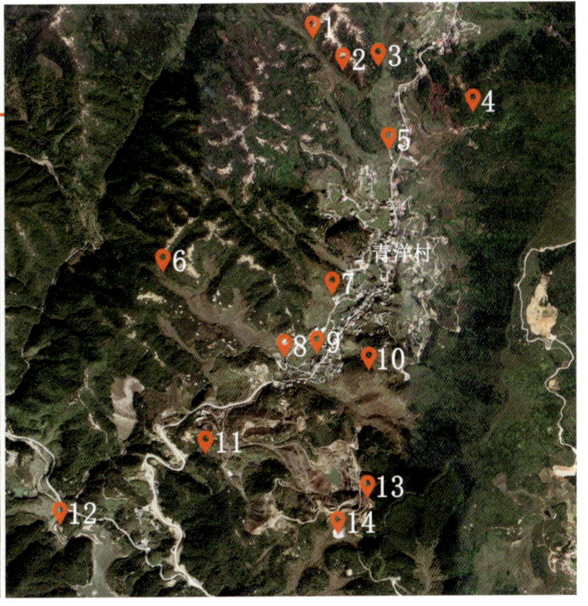

1：内格头上炉冶炼地点
2：内格头下炉冶炼地点
3：田格炉底（后炉）冶炼地点
4：庵坑礤烧炭窑
5：上场（内炉）冶炼地点
6：外格头冶炼地点
7：矿坍尾冶炼地点
8：水尾冶炼地点
9：墩仔冶炼地点
10：芳平树林古代矿洞群
11：下礤子冶炼地点
12：九车余氏东园公祖墓
13：下草埔上格宋代矿洞
14：下草埔冶铁遗址
15：科名铁屎岭冶铁遗址
16：翰苑明清时期青花瓷窑址
17：福林银场冶银地点
18：长卿镇南斗冶炼地点

图 5-20　青阳冶铁遗址群冶炼地点分布图

遗址内，炉渣堆积范围广，集中分布于青洋村坝口组西北675米的山谷地带梯田上，跨越多个台地，延续距离远。

在山谷东侧最下层台地和谷地边缘暴露有文化遗存，剖面可见堆积分层：梯田台地上层为厚度0.75米的浅灰色土层；下层为长约8米、厚度为0.3米的文化层，内含有较多铁渣，土壤因铁锈侵蚀泛红。炉渣以密度较大的高铁渣为主，地表可见散落的大块排出渣，炉渣体量、质地、形态与下草埔遗址出土的高铁渣类似（图5－21）。

台地前发现有一圈类似护坡的石堆，未作清理。遗址东南角的土路下及附近水渠旁发现有板结层遗迹（图5－22）。此外，据当地村民口述，早年于附近山上曾发现过“烟囱”，后因修造水渠而遭到毁坏（图5－23）。

（2）青洋村水尾冶炼点

水尾冶炼点（25° 11′ 17.19″N，117° 57′ 33.34″E，海拔高度689米），位于青洋村水尾一

图5-21 内格头冶炼点地表大块排出渣遗留

图5-22 内格头冶炼点地表板结层

图 5-23 村民描述内格头冶炼点曾经存在“烟囱”的山丘

座土地庙北面护坡下方，冶炼点紧邻村内溪流，距离墩仔冶炼点不到 200 米。

该地点发现依靠高台、南北向分布的冶炼炉 3 座，炉体之间间隔不均，炉体保存状况接近，均仅保留依靠背坡的半边炉体。考古队将炉体周边杂草除去，并对其中一个炉的炉膛内部堆积进行初步清理，以明确炉型结构。

清理结果显示，炉体材料仅见黏土或黏土加砂类材料，不见石料，无明显炉砖遗存。由炉体剖面、炉膛、外围烧土分布等可知，3 座炼炉炉型结构基本一致，均属于“葫芦”形冶炼炉，炉膛腹大口小，形制接近下草埔冶铁遗址的L1 与L2，推测属于小高炉的块炼铁冶炼炉。

炉前为现代农耕田，炉前台地坡面下方有集中的炉渣堆积，炉渣均为高铁渣。台地再往下为小溪。据村民口述，该溪流两侧亦散布大量矿石与炉渣。

（3）青洋村上场冶炼点

上场（25° 12′ 2.42″N，117° 57′ 35.75″E，海拔高度 715 米）亦称内炉冶炼地点，位于青洋村坝口南 112 米的村内古道旁（图 5-24）。

该地点规模相对较小，紧邻村内小溪，炉渣堆积散布于溪旁梯田上，跨越三级台地，并集中于山底，目测分布范围约 400 平方米（图 5-25）。

梯田一处剖面可见堆积分层，上层为现代开垦的农田，第二层为松散的铁矿渣堆积，长约 20、厚约 0.05~0.10 米，第三层为灰土层，质地松散。采集的部分炉渣表面可见植

图 5-24 上场（内炉）冶炼地点遗址全貌

物印痕，该现象与下草埔遗址出土的部分排出渣类似（图 5-26）。

（4）青洋村外格头冶炼点

外格头地点（25° 11′ 14″N，117° 56′ 29″E，海拔高度 715 米）位于青洋村岭格后组西北 889 米的山谷高地。

遗址范围较大，由坡东山脚延伸至坡西山腰的现代茶田，但地表冶炼遗物散布较少，仅存少量密度较大的高铁渣，炉渣为排出渣形态。其中一处梯田坡面可见一定量的炉渣堆积。

往坡西前行，冶炼遗物越发鲜见，山腰处的现代茶田内发现一处板结层，长约 100、厚约 5 厘米。调查过程中采集到白瓷片 1 件（瓷片破碎，年代不明），青花瓷片 1 件。

（5）青洋村田格（后炉）冶炼点

田格炉底（25° 12′ 14.31″N，117° 57′ 36.62″E，海拔高度 710 米）亦称后炉，位于青洋村坝口组北 307 米的古道旁谷口，位于山势最低处的三层梯田护坡中，周边为现代开垦的梯田水田。三层梯田的每个台地剖面均可见耕土层下有一层包含大量炉渣的堆积，土色灰黄，保存状况较差。炉渣均为高铁渣，表面保留排出渣形态。

（6）青洋村墩仔冶炼点

墩仔地点（25° 11′ 27.92″N，117° 57′ 22.2″E，海拔高度 675 米）位于青洋村岭格后组东

北 275 米的村内主道旁。

遗址因近现代房屋修建而遭到破坏，范围不明确。据村委书记余侨木介绍，此处遗址所在的现代道路两侧，均为旧时冶铁堆积，炉底可能在道路东侧的现代房基之下。

该处可见居民房屋墙壁上包含大量铁矿石，屋主介绍该处原本散落有许多铁矿石块，被用作房屋垫基。在该房屋南侧有一块高约 3 米的大型铁矿石矗立于屋边小道旁，应为原址堆积。

（7）青洋村矿坍尾冶炼点

矿坍尾地点（25° 11′ 38.08″N，117° 57′ 24.88″E，海拔高度 691 米）位于青洋村西南 281 米的现代村道旁。遗址附近为现代农耕地，地表冶炼遗物散布较少，遗址范围不明确。

遗址东部发现有一处矿洞，被现代耕土与积石封堵，不可清理。遗址高处由西北向东南延伸的一道田垄外侧剖面可见一板结层遗迹，长约 1.2、厚 0.05~0.13 米，夹杂细碎铁矿石、炉渣等遗物；板结层下叠压一层夹杂着砾石的黄土，质地较松。

（8）科名村诸冶炼点

科名村在文物普查资料中登记有冶炼遗址，附近的科洋村亦有窑址。本次调查工作共复查冶炼地点三处——科名老街、铁屎岭、榕树下。

科名村一带各冶铁遗址点保存状况不佳，据安溪县地方文物工作者 20 世纪 60 年代的调查记录，科名村内铁渣堆积呈小山丘，分布面积约 3000 平方米，房屋修建于铁渣之上，村内的大榕树树根下铁渣颇多。调查者提及科名村的铁渣“被翻动过”，并根据炉

图 5-25 上场冶炼点板结层与炉渣堆积

图 5-26 上场冶炼点印有植物根茎痕迹的高铁炉渣

渣的形态和含锰的情况，推测科名村的早期冶炼活动可能采用了“青阳采下的矿苗”[1]。此次调查根据遗址现存遗物推测，科名村一带原有若干处较成规模的冶炼堆积地点，但由于道路、房屋等基建工程被二次搬运、覆盖，目前原生堆积已不可得见。考古队依次复查了20世纪60年代调查记录所提及的铁渣堆积地点，地表冶炼遗物仅有零星的发现。早年遍布于村中的炉渣等冶炼遗物，大多因后期的工程建设被破坏。

科名老街地点

科名老街地点位于科名村最初的村落中心地带，该地点进行了多次现代化改造，除少量炉渣外，未见原生冶炼遗存，遗址面积约300平方米。于多处老屋土墙上嵌有碎炉渣，或于遗址点附近近现代堆积中发现部分二次搬动过的碎炉渣，炉渣以密度较大的高铁渣为主，少数呈排出渣、挂渣的形态。

铁屎岭地点

铁屎岭位于科名村村委会附近，已修成一水泥斜坡路面。据向导介绍，铁屎岭原有几米的炉渣堆积，后因修路被推平做路基，现已被水泥路面覆盖，于地面几不可见炉渣分布。在道路四周调查，仅可见房屋背面修砌的挡土坡上嵌有少量炉渣，粒径3~5厘米，原生炉渣堆积已不可见。

榕树下地点

榕树下地点亦破坏严重，仅见一老屋上部夯土墙上嵌有密度较大的高铁渣，呈排出渣、挂渣形态。

（9）青阳冶铁遗址群小结

调查发现青阳冶铁遗址群各冶炼点保存状况、遗址规模有所差别。其中，科名村三处冶炼点在近现代村镇改造过程中遭到严重破坏，青洋村七处冶炼点保存情况相对较好。青洋村下草埔、内格头两处冶炼点的生产规模最大、地表遗物分布范围较广。

与此同时，各遗址点在选址位置、地表特征、遗物类型、可查遗迹现象等方面具有一定相似度。

青洋村一带，各冶炼点地表遗物普遍散落于山谷两侧及其沿线山坡（梯田）上，临近山谷溪流。地表特征遗物以高铁炉渣为典型，少数炉渣保留相似的扇形、槽形排出渣形态，这代表各遗址点冶炼技术类型可能相似。部分遗址地表可见类似的板结层遗迹，水尾冶炼点还发现多个依靠背坡、成排修建的“葫芦”形小竖炉，炉体形制结构与下草埔遗址L1、L2相似。

鉴于各遗址点上述特征的相似性，初步推测青洋村一带各冶炼点关系密切，但由于

1 叶清琳:《安溪文博留墨》，厦门：国际华文出版社，2011年，第272~276页。

未在遗址地表采集到陶瓷片、炭屑，遗址的年代与冶炼技术内涵的判定，有待进一步的田野调查和实验室分析检测数据再做讨论。

2. 其他冶铁地点

全国第三次文物普查资料显示，除青阳冶铁遗址群外，泉州境内还存在多处宋元时期、规模各异的冶铁遗址，包括河市梧宅、泉港曾炉寺、湖头竹山、长坑村（铁屎墩、大仑尾、王宫厝后和王胜厝）、南斗铁屎墘、湖上珍地、青苑村（大坂、铁屎墩、养路班、尾寮桥等）、祥华、剑斗、福前、感德等。2019 年，为配合宋元泉州史迹系列遗产的申报工作，多批专家团队对部分冶铁遗址点进行踏查，初步确定了泉州地区宋元时期存在块炼铁冶炼、生铁铸造等生产活动，且各遗址技术体系可能存在差异。

为进一步明确冶炼遗址点特征，下草埔考古队重点对河市梧宅、长卿南斗遗址进行复查并初步测绘、采集标本，对泉港曾炉寺、湖头竹山炉内遗址进行踏查。

（1）河市梧宅

梧宅古冶铁遗址（25° 0'36.17"N，118° 37'57.46"E，海拔高度约为 30 米），旧称“铁屎山”，位于河市镇下堡村大坛山东麓，下堡村部之北，为泉州市市级文物保护单位。

据《鲤城区志》[1] 记载，该遗址于 1958 年发现，面积约 200 平方米，部分堆积层厚达 4 米，采集标本有冶铁坩埚、大块铁渣、五代陶罐底及宋代瓷片等，据此判定其为五代至宋的冶铁遗址。《洛阳江志》中亦有“五代宋时冶铁遗址，铁渣分布范围长约百米，宽五十米，堆积最厚达四米”的记载。2019 年，调查该遗址时，采集到炉渣、炉壁和宋代瓷片等标本。

现遗址地表均被村道、房屋、水泥场地及建筑材料等覆盖，2019 年调查所见健身器材区较集中的铁渣堆积现也基本被水泥填平，未见原生堆积或文化层剖面。据当地村民介绍，1958 年“大炼钢铁”时曾于该遗址取铁渣为炼铁原料，附近房屋建造时也曾于遗址取土填作地基，故遗址破坏极为严重，铁渣仅见于健身器材区水泥地面边缘及附近房屋边角处，该炉渣堆积属于扰动后的二次堆积，于此处采集到若干铁渣、炉壁残块、无定形积铁等遗物。铁渣明显分为三类：一类为密度大、黑色、较致密、表面有明显流淌痕迹的高铁排出渣；一类为密度小、灰白色、包裹大量木炭、疏松多孔的铁渣；一类为玻璃态渣，密度小，墨绿色至黑色，夹杂粗石英砂颗粒，玻璃化程度一般。

遗址北部大坛山麓可见一洞穴，残高约 20、宽 40～50 厘米。据当地村民介绍其可能为古矿洞。遗址东部有一条小河，该河终汇入洛阳江，于河岸处采集到一枚青瓷碗底，据其形制判断年代大致为南宋时期。遗址南部有铁山宫庙，据说为纪念宋转运使陈伯贤

1 泉州市鲤城区地方志编纂委员会编《鲤城区志》，北京：中国社会科学出版社，1999 年，第 947 页。

夫妇的庙宇，内有朱公陂等两方治水碑刻，文字风化不清，结尾处隐约可见“至正十二年二月……”字样，则为公元1352年所立。

（2）南斗铁屎墘

南斗铁屎墘冶铁遗址（25° 12'31.81"N，117° 54'7.29"E，海拔高度654米），位于长卿镇南斗村后垵村西南山坡上。

该遗址发现于1977年，相关资料显示西金山脚和苦头山脚地表炉渣延绵1公里左右，厚约1米以上，堆积中还见青釉、青白釉和黄釉划花壶、杯、碗等残片。

本次调查所见地表遗物分布范围有限，仅在山坡西面集中分布，约500平方米。山腰上有一台地剖面，可见板结层遗迹分布。板结层下亦有集中的炉渣堆积。山前因修建楼房被打破，呈一天然剖面，剖面可见炉渣堆积2米多高，包含物以炉渣为主，土质疏松。

（3）泉港曾炉寺

曾炉寺冶铁遗址（25° 5′ 57.67″N，118° 51′ 10.77″E，海拔高度13米），又称“铁屎岸”，位于泉港区山腰镇叶厝村南300米。

1976年的考古调查资料显示炉渣散布范围大于2000平方米，其中一条约300米长的田间车道皆用铁渣混泥土筑成。遗址的大部分被开辟为农田，铁渣深埋于田底，犁田时常被翻出。在沟渠穿过的断层中，可见厚达1米的铁渣堆积，有稀疏木炭屑夹杂其中。

曾炉寺别名“三宝寺”，曾为唐代泉州开元寺别院，后经多次重修改建。现存寺院区的房基西部地面发现二次搬动的零星铁渣。寺院西北处仍保存有用冶炼炉渣与炉壁残块修筑的拦海堤坝。当地海滩发现有铁砂。

（4）湖头竹山炉内

竹山冶铁遗址（25° 14′ 52.98″N，118° 4′ 25.42″E，海拔高度161米），位于安溪县湖头镇竹山村东300米。

遗址发现于1960年，文物普查资料显示遗址内炉渣堆积成山，地表冶炼遗物分布范围可达13万平方米，主要分布于东乾寮和产贤炉内等多处，其中五处地点采集到青瓷片。炉渣集中区现为农田、果园，呈北高南低的梯田，遗址最北为高速公路。遗址南部为西溪支流，西溪是宋元时期泉州内陆地区的重要渠道。溪水南岸的马山尚存不少矿坑遗迹。

由于早年大炼钢铁活动、修建高速公路，遗址遭到不同程度的破坏。根据当地文博干部介绍，在今遗址北侧高速路标识“12122”字样路标处曾发现冶铁炉，但已遭破坏。

第四节　古道的踏查

在前期调查中，为了全面落实“采矿—冶炼—运输”的产业链研究思路，考古队于2019年10月16日，在村民向导的带领下与测绘团队一同调查了“青洋—科名”村路段的古道。

1. 调查经过

8：00，青洋村民余庄林开车载考古队员前往大林埔村，开始踏查。上午的踏查路线由大林埔开始，沿着现梯田田垄延伸至田丁墓地区，因房屋修建工程被挖断一段。在工程建设开凿的山壁之上，有两处有铁矿痕迹的深色岩面。

穿过一段人工路桥之后，重新进入古道。该段古道位于峭壁之上，道路狭窄仅能容人通行，左边即是河谷。在该段道路上发现一道路交叉路口，从高处下来的道路与正在踏查的古道汇合，高处道路的末端有铺石，道路交叉口倚靠一岩厦，岩厦壁面平整，可供行人歇脚乘凉。距离该路口直线距离约35米处另有一石台阶，表面光滑，可能因长期被踩踏所致。

9：30，进入青洋底村，古道被压于现代建筑和水泥路之下，古道中断。此处有余氏祠堂，据向导称有三百余年历史。

10：15，走出青洋底村，进入古道，向南进发，此处可见石台阶，应为古道的设施。

10：30，到达坝口村北部一处水田处，向导称，该地西部有明显的炼渣堆积，遂前往查看。该冶炼堆积地点即为田格，或称后炉，地点位于现代梯田上，共有三级，直达现代路面。最低一级台地的壁面上堆积较为紧密，位于耕土之下，颜色深黑，质地坚硬，带有烧结再板结形成的凹凸不平的堆积形态，保存状态相对较好。未见红烧土块、炭粒掺杂其中，可能为较为纯净的铁渣堆积。中部台地壁面植被较多，不易查看。上部台地为现代路面及路基，夹杂有较大的黑色铁矿石，表面有少量锈红色。由于堆积的石块较大且无明确的分布规律，推测该台地的堆积可能为后期加固路基而使用散落当地地表的矿石或冶炼遗物，应并非冶炼产生的原生堆积。该冶炼堆积地点距离古道的距离颇近，位于道路西侧。

随后进入坝口、向南至青洋村核心地区，该地区古道被压于现代房屋与水泥路面之下，仅可通过向导提供的信息得到大致路径。村中田垄上仍保存铺路石。

11：30，沿着古道路线返回驻地。午饭。

13：30，出发，踏查由青洋村经下草埔到达科名的古道，在青洋村内沿着古道旧有路线测绘。

14：20，出村，进入古道。直线距离约 110 米处，有小溪，上有石台阶，保存较好。往前十米，又有一处石台阶，该处有坡度较缓的梯田，面前有两山，据向导称此地原有大量铁矿，为早期居民取矿石处。

14：30，向导称古道在此中断，原因是早年取土或是山体滑坡导致古道被破坏中断，只能上山绕行，再寻古道的断点。由此上山，道路植被密布，通行不易。行至山顶处，道路两侧出现成堆分布的现代建设所取矿石的堆积，岩石颜色深黑。再前行，路边有巨大的深色矿石立在路旁，均为现代工程遗存。该地被当地人称为苦岭头。此时基本已接近下草埔西北面的巨大矿坑的北沿。在矿场所堆的大量黄色石块左侧为裸露的山岩，似呈阶梯状向上。向导介绍此处为一段残存的古道，故沿此路测绘。古道原位于现代矿冶天坑所形成壁面的半山腰位置，据称在矿坑中心位置的古道旁曾有一座土地庙，现已破坏无存。

经过矿坑后，到达下草埔遗址。由下草埔遗址东部高处台地进入古道，此段古道已被人为拓宽，地表与四周遗迹破坏殆尽。越过山头，可见一座新落成的土地庙，该地被当地人称为石灰岭头。土地庙通往山下的道路已被拓宽，铺有水泥路。据土地庙一百米，道路右侧有巨石，向导介绍此为早年居民行走古道的标志物，为青洋—科名古道中间点，见此石则说明由青洋至科名路程已至一半。距离中间点 50 米处道路左侧有若干级石台阶沿山自上而下分布，至现代路面被破坏中断。向导称此为古道，该台阶保存状况较好。沿着水泥路前行一段后，进入古道。古道沿着山体梯田田垄分布，可见路面有石，或为道路铺石，但由于较为零散，难以确定性质。该段古道被后期梯田破坏，泥泞难行。由此段通往大宗洋村，进入村落之前，尚存几级石台阶。

16：40，进入科名村，古道被现代村庄叠压，目前的水泥路大多与古道相合，偶有不合处也因古道荒废已久难以进入，故科名村段古道主要沿现代道路测绘。

17：20，到达科名铁屎岭遗址点、科名中学。"青洋—科名"段调查到此结束。

2. 调查收获

本次调查的"青洋—科名"段古道，自大林埔开始，至科名村科名中学，途经多个自然村，全程徒步长度约 8.6 公里。古道总体沿山谷分布，古道的多个地段与溪流、河流重合。位于自然村的古道部分均被改建为现代道路，原貌难寻。连接自然村之间的古道保存状况尚可，道路主体为土路，在上坡、下坡或者靠近水流之处有平石铺路的现象。道路沿途偶见明清墓葬分布于两侧。

目前发现的冶铁遗址点和采矿点，大多位于古道的周边不远处。青洋村位于山脉环绕之处，靠近矿脉，周边铁矿、石灰矿、石墨矿、有色金属矿等矿藏丰富，为宋元时期采矿、冶炼活动的集中区。古道联通多个冶炼遗址点和采矿点，通往交通相对便利的科名村，再由科名村向外运输。据县志记载，安溪地区的水路交通通畅，渡口林立。通过陆路转运水路，顺西溪可达安溪县城、泉州城。作为古代冶铁业行销的重要一环，对安溪地区古道、古渡口的调查仍有大量工作有待继续开展，此次对“青洋—科名”古道的调查，完成了对古道的测绘工作，确认了青洋、科名两村冶铁遗址、采矿遗址点与古道之间紧密的位置关系，以此完善了古代青阳冶铁遗址群“采矿—冶炼—运输”的完整产业链。

第五节 其他手工业遗址的调查

安溪县一带其他手工业遗址的调查工作主要包括安溪县博物馆所藏陶瓷器初步分析、遗址的现场踏查。安溪县博物馆所藏陶瓷器分析以安溪县龙门桂窑、魁斗垵园仑窑、湖上窑等遗址采集瓷器为主，分析数据见附录五“安溪县博物馆瓷器标本p-XRF成分测试结果”。

实地踏查工作以福林银场炼铅、银遗址为例，叙述如下。

福林银场炼银遗址

福林银场炼银遗址（25° 4'8.49"N，117° 56'34.43"E，海拔高度360米），位于安溪县尚卿乡福林村银场（“银场”为该地地名）。《中国文物地图集·福建分册》依据古文献记载推测福林银场遗址为宋代的炼银遗址[1]。实地调查过程中，采集到青白瓷片为宋元时期。

当地村民介绍，村中原先炼渣密布，分布范围约2000平方米，且山中有采银矿的矿井数个。调查发现村中一些田地围砌的挡土边坡上嵌有一定数量的炉渣，且于一处通往银场中心的坡道下发现集中的炉渣堆积。炉渣堆积因当地村民修建新房、打破坡道边缘而暴露。坡道剖面可见堆积分层。上部为多层较薄的路面垫土，剖面可分三层，第一层为黄土层，第二层为较薄的深灰土层，第三层为包含一定量大块石头的红土层。最下部为纯净的黄黏土层。中部为炉渣堆积，厚约1米，局部暴露于地表，堆积方向与坡道斜度一致，初步判断该炉渣堆积为二次搬运来垫修路面的次生堆积。

采集炉渣呈黑色，密度较大，玻璃化程度一般，部分炉渣表面保留流淌痕迹，属于典型排出渣类型。经考古现场实验室分析发现，该炉渣的深色玻璃基体上有条状晶体析出，包含大量金属颗粒。金属颗粒有铁颗粒、铅冰铜颗粒等，炉渣属于典型铁还原法炼铅渣（图5-27）。结合炉渣宏观形貌特征，初步判断福林银场炼银遗址系修筑高炉，使用铁还原法进行炼铅活动。至于冶炼活动更具体的情况，需要后期实验室分析检测工作来进一步讨论。

在集中的炉渣堆积与一处老屋之间散布较多青花瓷片，并在该地点采集到“乾隆通宝”一枚，此类遗物可能由当地明清时期的居住活动产生。

1 国家文物局主编《中国文物地图集·福建分册》（下册），福州：福建省地图出版社，2007年，第399页。

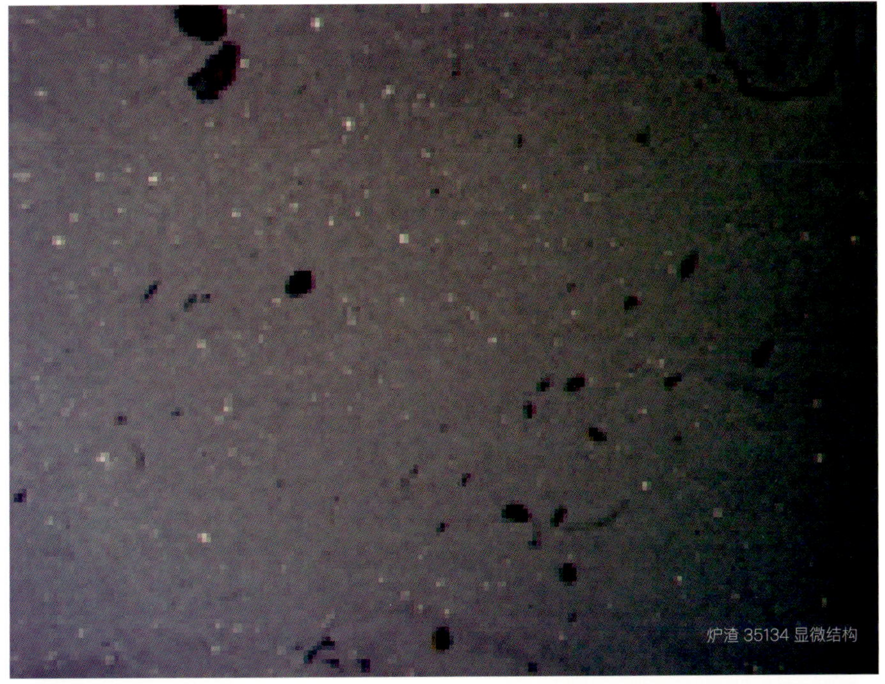

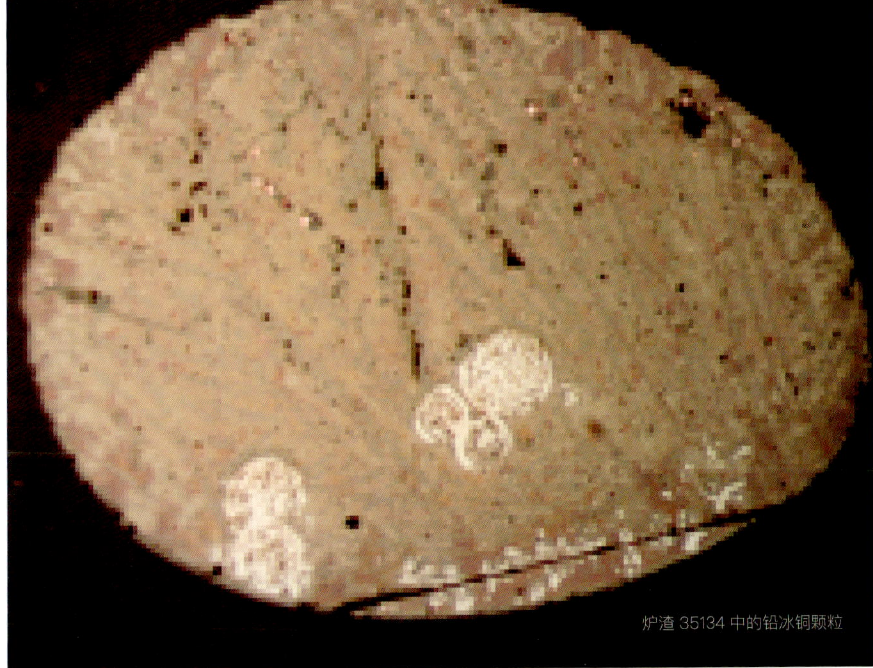

图 5–27 福林银场炼银遗址采集炉渣金相

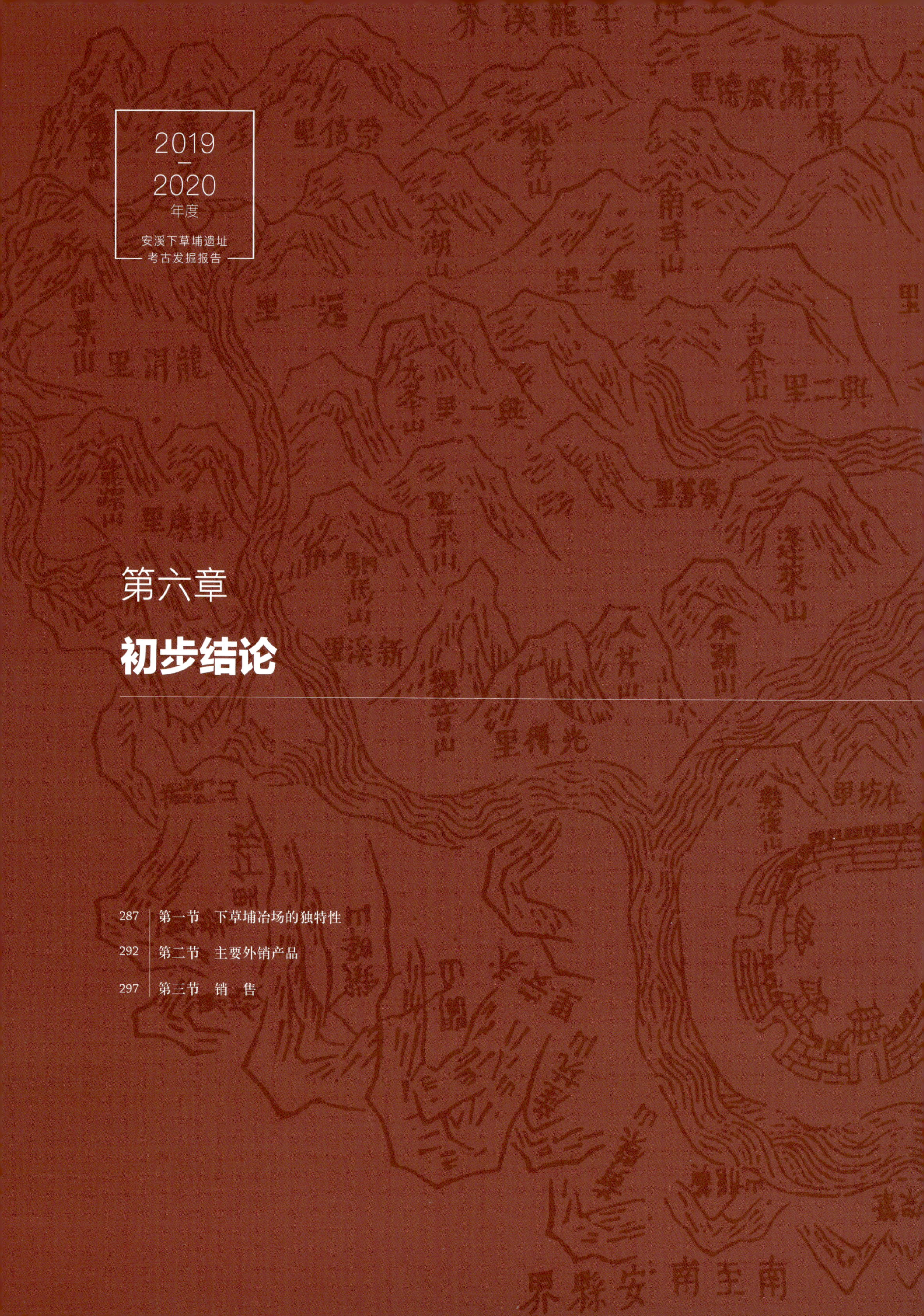

第六章 初步结论

第一节　下草埔冶场的独特性

中国古代传统钢铁冶炼技术以生铁及生铁制钢技术为核心，因技术适应等问题，块炼铁和生铁冶炼技术两种技术体系长期并行发展，但在不同地区呈现不同发展态势。根据目前已有考古资料，中原地区以生铁体系冶炼遗存为主，偶见块炼铁遗存，其中湖北大冶地区清代块炼铁遗址进行过调查与发掘工作；边疆地区除生铁冶炼遗址外，在广西贵港、云南一带的调查发现多处块炼铁遗址，但均未经过系统发掘。

下草埔遗址是福建首个大规模考古发掘的冶铁遗址，集生铁和块炼铁生产技术为一处，技术体系清晰；块炼铁冶炼炉结构完整、炉型多样、保存状况较好，系国内首次正式考古发掘出土者，意义重大。炉渣的初步分析结果显示，遗址中存在生铁冶炼和块炼铁冶炼两种冶炼模式，以后者为主导。目前观察到的遗址中块炼炉渣大量存在而生铁渣相对较少的现象，表明遗址内出土的高碳积铁可能为块炼法冶炼的产物，这也是块炼法冶炼在该遗址占主导地位的重要证据，亦可能是当地的冶铁技术传统。碳十四年代测定和陶瓷类型学研究表明，下草埔冶铁遗址的生产集中于宋元时期。到了清代，在安溪、湖头一带冶铁还有生铁和灌钢的工艺。顾炎武《天下郡国利病书》卷九五《福建五》载：

> 凡炼铁，依山为窑，以矿与炭相间，乘高纳之。窑底为窦，窦下为渠。炭炽，矿液流入渠中者，为生铁，用以镆铸器物。复以生铁再三销拍，为熟铁。以生熟相杂和，用作器械锋刃者，为刚铁也。今安溪、湖头、福鼎及德化等处尚有作业者。[1]

现阶段，下草埔遗址发现的冶铁炉多样，共发现6座冶铁炉。其中，L1、L2、L3炉型比较完整，有投料口、出渣口、鼓风口以及操作平台等。L1、L2为冶炼块炼铁的“葫芦”形小型竖炉，鼓腹窄颈，依傍山坡修筑。L3位于DM1的东北角，为平地砌筑高台、依靠高台修筑的竖炉，炉体改建痕迹明显，从目前的情况判断，两侧各两座同类型炉体废弃后形成中央形制较大的一座炉。冶铁炉的修筑方法，可与明宋应星《天工开物》的记载相对应。该书记载了冶铁炉的修造和冶炼方法：

> 凡铁分生、熟，出炉未炒则生，既炒则熟。生、熟相和，炼成则钢。凡铁炉用盐做

1〔清〕顾炎武撰，黄坤、顾宏义校点：《天下郡国利病书》，上海古籍出版社，2012年，第3069~3070页。

造，和泥砌成。其炉多傍山穴为之，或用巨木匡围，朔造盐泥，穷月之力不容造次。盐泥有罅，尽弃全功。凡铁一炉载土二千余斤，或用硬木柴，或用煤炭，或用木炭，南北各从利便。扇炉风箱必用四人、六人带拽。土化成铁之后，从炉腰孔流出。炉孔先用泥塞。每旦昼六时，一时出铁一陀。既出即叉泥塞，鼓风再熔。[1]

此外，用磁选法在L4西侧H5坑内筛选出锻造剥片，L4周边室内活动面上散布细碎炉渣及炭屑，综合L4形制和建造方式可知L4为锻炉，其西侧一薄胎磁灶窑缸为储水容器，不排除为淬火所用。L5原为南宋中期的冶铁炉，南宋末—元代被改造成灶。L6的性质尚有待进一步研究。

下草埔遗址所处五阆山余脉，铁矿蕴藏丰富，森林茂密，为下草埔冶场提供了丰富的铁矿和木炭资源。今可判定，上述冶铁炉以木炭为燃料。明宋应星《天工开物》卷中“冶铁”条载：“凡炉中炽铁用炭，煤炭居十七，木炭居十三。凡山林无煤之处，锻工先选择坚硬条木，烧成火墨（俗名火矢，扬烧不闭穴火），其炎更烈于煤。即用煤炭，也别有铁炭一种，取其火性内攻，焰不虚腾者，与炊炭同形而分类也。”[2]青洋村庵坑磜两座近现代的烧炭窑为我们提供了当初烧炭窑的可能样式。

下草埔遗址存在有规划的板结层的独特现象，具有典型的地方特点，该技术在国内外还是首次发现。

遗址发掘区包含14级台地，板结层在TD1、TD2、TD4、TD6、TD7、TD8、TD9、TD11等均有发现。经局部解剖、宏观观察初步可知，其包含物为黏土、铁颗粒、碎炉渣、方解石颗粒等，质地坚硬，可能为铁含量较高的炉渣锈结形成，为与人类活动相关的硬结层。

板结层间距大致等同，在60~80厘米之间。每当冶炼垃圾堆积到一定的高度，便会在上端以“板结层”的方式进行处理，一方面起到压实、固定冶炼垃圾的作用，这是就地处理冶炼垃圾的简易有效的办法；另一方面也可以作为随后冶炼的一个操作平台。因此，安溪宋元冶铁场呈现出自下而上、多依靠山坡修筑冶炉的冶炼方式，而且一旦到了山坡的一定高度，该冶场也就随之弃用，另择其他场所。而遗址上常见板结层下铺垫大量碎渣的现象，且碎渣粒径度多保持特定的几种规格，这可能与古人有意将大块炉渣打碎的行为有关。此外，炉渣、炉灰堆积位置和次序也具有规划性。

下草埔遗址的板结层存在相互叠压的情况，通过叠压的板结层可以确定遗址的冶炼活动延续时间较长。这是在今后工作中要进一步研究的问题。

板结层在安溪长卿乡青苑宋代冶铁遗址（25° 11' 48.23" N，117° 55' 48.81" E）、长卿镇南斗宋代冶铁遗址（25° 12' 31.8" N，117° 54' 7.29"E）等处也有发现。可知，板结层是安溪地区宋元时期冶铁的一个地方性特点。

下草埔遗址出土遗物，按照材质可分为冶炼遗物、金属器、建筑构件、陶瓷器等。

1〔明〕宋应星撰，潘吉星译注：《天工开物译注》，上海古籍出版社，2016年，第159~160页。

2〔明〕宋应星撰，潘吉星译注：《天工开物译注》，第189页。

其中，冶炼遗物主要包括矿石、炉渣、炉衬、烧土四大类。炉渣数量最为丰富，普遍分布于发掘区各探方中，为下草埔遗址出土遗物中数量最多的一类，为该遗址曾存在长时间冶铁活动的直接证据。宏观形态上，炉渣可分为高铁渣、玻璃态炉渣、挂渣三类。高铁渣，质体比高，普遍保留有排出渣的流淌形貌，或呈扇形，保留有水口结瘤形貌，或呈槽形，或呈碎块状，但均属于块炼铁冶炼产物。玻璃态炉渣均质化程度好，包裹有铸铁颗粒，属于生铁渣。炉渣金相学、扫描电镜能谱分析结果即为遗址块炼铁、生铁冶炼技术并存的直接证据。此外，少数炉渣上可见单面、双面铺压植物根茎的痕迹，以及圆柱形戳印痕，这与古人冶炼活动中处理高温炉渣的行为有关。

金属器大致分为铁制品和铜制品两类，完整保存的铁器出土较少，大多锈蚀严重，主要为铁钉、铁片、铁块等；铜制品有熙宁通宝、祥符元宝等宋代铜钱。在遗址宋元地层中出土铁条、不规则弧形铁板等铁器，经过金相学分析分别为锻打、铸造工艺产品。其余大多数铁器出土于扰动地层之中，经过金相分析后确认均为古代金属制品。下草埔遗址冶炼生产的产品品类具体如何，还有待进一步的田野考古工作以及实验室分析检测工作的开展。

建筑构件主要为筒瓦和板瓦，其中板瓦占绝大多数（兼有黄、红、白三色）；在数量上筒瓦其次，另有滴水、瓦当残件及地表采集的花纹陶砖。

陶瓷器可分为陶器和瓷器两类。本阶段考古发掘出土的陶瓷器碎片总计 86703 件（片），大多数器物的年代集中在南宋中晚期至元代之间。下草埔冶铁遗址出土的陶瓷器以安溪窑、磁灶窑产为主，兼而有多种福建地区宋元时期盛烧的其他窑口，由于与磁灶窑系和德化窑系陶瓷器联系紧密，安溪窑产陶瓷器在本遗址呈现的器物演变和胎釉工艺，同时有泉州沿海和内陆地区的特点。

陶器包括罐、执壶、盆、火盆、缸、盏、器盖、器耳、勺、纺轮等，以大件器居多，产地窑口以安溪本地窑口和磁灶窑为主。瓷器包括碗、碟、盏、盘、瓶、罐、壶、水注、器盖、杯、洗等，以碗为大宗，釉色有青釉、青白釉、白釉、黑釉和青花等，根据器形、釉色及制作工艺等特征判断，产地窑口包括安溪窑、德化窑、磁灶窑、庄边窑、义窑、永福窑、景德镇窑、龙泉窑和建窑等。

根据冶炼技术方式判断，下草埔冶铁场的技术工种数量上比非技术工种可能要少得多。对非技术工种工人的需求量可能更大，以应对伐木、烧制木炭、矿石开采与材料运输等工作。现阶段考古工作已在下草埔遗址发现了工匠姓氏墨书、居所、生活用具以及日常活动场所。此次发掘共出土 25 件带有墨书的陶瓷器，如“朱佰五”“莊置”“莊四伍”“吴”“朱”“胡五”“十”“郭□”等，墨书瓷器集中出土于冶炼炉和建筑遗迹周边区域，说明器主与冶铁生产生活有关，墨书很可能是冶铁工匠的姓氏。这为了解当时冶铁生产状况及从事冶铁生产者的社会经济地位提供了宝贵的文字信息。已发现的 3 处房屋居址应为工匠居所，从目前的出土遗物判断，不排除管理者居于其中的可能性。

根据出土遗物可判断下草埔冶铁场等级较高。从遗址出土的莲瓣纹瓦当、建盏、景德镇窑青瓷、德化窑白瓷等判断，该遗址的等级较高，或与宋代青阳铁场存在某种关联。

五代时，安溪地区“民乐耕蚕，冶有银铁，税有竹木之征，险有溪山之固”[1]。建县以后，安溪开始拥有大型冶铁场。宋代泉州最主要的铁产地为安溪的青阳铁场、永春的倚洋铁场和德化的赤水铁场[2]。

北宋在安溪青阳设有官方铁场，即《宋史》明确记载之安溪“青阳铁场”[3]，成书于北宋中叶的地理总志《元丰九域志》详细记录了青阳铁场的地理位置：“下清溪，州西一百五里四乡青阳一铁场”[4]。至于青阳铁场具体设置时间，《宋会要辑稿》卷三三载：“泉州清溪县青阳场，咸平二年（999年）置”[5]。

此外，泉州以及安溪地区的地理方志资料亦有明确北宋青阳铁场在今尚卿乡的记载。如，明嘉靖《安溪县志》卷一载：“清洋铁场，在〔金田乡〕龙兴里（在县西北五十里，今尚卿乡）。宋熙宁年（1068~1077年）开，今废。”[6]

清康熙《安溪县志》卷一亦载：“清洋铁场，在龙兴里，宋熙宁年开，今闭。铁矿山铁场，在感德里，地名潘田。”[7]

《宋史》载：“〔庆历〕五年（1045年），泉州青阳铁冶大发，转运使高易简不俟诏，置铁钱务于泉，欲移铜钱于内地。”[8]这说明在南宋庆历五年之前安溪很可能已设立铁（钱）务的类似机构。关于泉州铁场（务）课税，《宋会要辑稿》记载，宋代青阳场（务）商税（二十五贯七百八十八文，熙宁十年）、盐税（二百六十一贯九百六十五文）的上缴情况，远高于毗邻的永春倚洋场（商税五贯七十一文，熙宁十年；盐税一百五贯六百文）与德化五华场（商税一十一贯三百五文，熙宁十年）[9]，可见宋代青阳铁务规模之盛、产量之高。

20世纪50年代，安溪博物馆原馆长叶清琳调查发现，安溪地区境内分布有数量可观的宋元时期冶铁遗址。湖头都贤炉内村虎仔仑、尚卿乡科名圩、科阳村等都保留有冶铁遗址，而尚卿乡青洋村几乎整个村庄都是冶铁遗址。青阳冶铁遗址群面积约100万平方米，科名、青洋、科洋是冶铁遗址相对集中分布的区域。目前已发现下草埔、墩仔矿尾、后炉、上场、坝头等8处冶铁遗址。而下草埔遗址是其中规模最大、最为典型的遗址，是上述地区乃至泉州地区宋元时期块炼铁冶炼的代表。

下草埔遗址面积大，选址科学合理，明显具有整体规划性。遗址目前所见重要遗迹

1〔明〕嘉靖《安溪县志》卷七《文章类·记》，《天一阁藏明代方志选刊》，上海古籍书店，1963年影印版，叶七正面。

2“宋，产铁之场，在永春曰‘倚洋’，安溪曰‘青阳’，德化曰‘赤水’。”〔明〕嘉靖《安溪县志》卷一《地舆》“铁课”条，叶五六背面。

3〔元〕脱脱等：《宋史》卷八九《地理》：“安溪，下。有青阳铁场。”《宋史》卷八九《地理》，北京：中华书局，1997年，第2208页。

4〔宋〕王存等：《元丰九域志》卷九“泉州”条，北京：中华书局，1984年，第403页。

5〔清〕徐松辑，刘琳、刁忠民、舒大刚等校点：《宋会要辑稿·食货三三》“坑冶上·各路坑冶置场务所”条，上海古籍出版社，2014年，第6719页。

6〔明〕嘉靖《安溪县志》卷一《地舆》“坑冶附”条，叶九背面。

7〔清〕康熙《安溪县志》卷一《山川形势志》“舆域·坑冶（附）”条，福建省安溪县志工作委员会整理，2003年，第30页。

8〔元〕脱脱等：《宋史》卷一八〇《食货下二》，第4380页。

9〔清〕徐松辑，刘琳、刁忠民、舒大刚等校点：《宋会要辑稿·食货一六·商税二·商税岁额二》“泉州”条，第6341页；《宋会要辑稿·食货二二·盐法一·诸路盐一》“泉州”条，第6479页。

包括冶铁炉 6 座、池塘、护坡 3 段、房址 3 处、地面（DM1）、小丘（Q1）及众多板结层。这都是在不同阶段整体规划后的结果。其中地面（DM1）的出现是下草埔遗址在冶炼过程中一次大的规划行为和重要发展阶段，其下叠压、打破了至少 3 个板结层。每个板结层形成后，其表面都是当时的重要活动面，而其北侧的池塘深度也随着地面的形成而逐渐加深。这说明冶场在选址初期便已决定于此处进行长期的冶铁活动，而护坡则是有意识加固地面所在的外侧立面。此后，地面（DM1）成为工人日常活动的主要场所。DM1 与所叠压的板结层应属同一次规划行为，表面平整，不见任何遗物，从镶嵌于DM1 上的瓷片器形、釉色、纹饰判断，应为南宋至元时期，很可能是冶铁作坊工人主要的日常活动场所。当然，同时也可灵活他用。

宋元时期，安溪冶铁是官办、民办共存。此从安溪其他冶金业的状况可证。1961 年，叶清琳调查发现，尚卿福林银场系宋代冶银残存，遗址范围很大，其地有“上官厅”“下官厅”的地名专称，应是一处官办的银场。安溪冶银、冶铁遗址遍及湖头五阆山周围七个乡镇，从经营方式看，这些冶场则有“公冶”“私冶”之分[1]。冶铁业发达的安溪感德、潘田乡还有“公冶”“私冶”之分，“公冶官收其税，私冶无收焉”，公私并存，放任“私冶”发展。这应是安溪冶金业传统的延续。

从目前的考古发掘和对青洋周边冶铁遗址的调查情况来看，青洋村下草埔、内格头两处冶炼点的生产规模最大、地表遗物分布范围较广。换言之，下草埔冶铁遗址可谓宋元时期安溪青阳冶铁遗址群的核心区，很可能属于官方铁场，即青阳铁场。当然，这仍有待今后考古工作的进一步凿实。

1 叶清琳:《安溪古代银铁冶初探》,《安溪文博留墨》，厦门：国际华文出版社，2011 年，第 272~275 页。

第二节　主要外销产品

泉州是中国古代钢铁技术发展区域特征的典型代表之一。宋元时期以来的冶铁遗址以安溪县分布最为密集，分布于湖头、尚卿、长卿、祥华、剑斗、福前、感德、潘田等地。同时，在泉州其他地区也有发现。除了安溪地区还存在生铁冶炼与块炼冶炼并存的、以块炼铁冶炼为主的冶场之外，晋江下游还存在铸（生）铁和灌钢的冶铁作坊，前者如梧宅冶铁遗址（25° 0′ 36.17″ N，118° 37′ 57.46″ E），后者如曾炉寺冶铁遗址（25° 5′ 57.67″ N，118° 51′ 10.77″ E）。换言之，安溪以下草埔冶铁场为代表的块炼铁技术，同时冶炼生铁，它们和晋江下游的铸铁、灌钢等冶炼场共同构成泉州完整的冶铁业生产链条。

《宋会要辑稿》记载了南宋嘉定十五年（1222 年）各口岸贸易的情况："国家置舶官于泉、广，招徕岛夷，阜通货贿，彼之所阙者如瓷器、茗、醴之属，皆所愿得。"[1] 泉、广指泉州、广州；茗、醴指茶叶和酒。安溪茶叶种植业的历史可追溯至唐代，在宋元时期进一步发展，茶叶、瓷器通过晋江西溪水路运到泉州，再通过泉州刺桐港出口到海外。铁制品也是如此。明嘉靖《惠安县志》卷七载："铁课，宋时邑尝煮铁，禁民兴贩入海，其后许于两浙贩卖，而无其课。"[2] 当时海外贸易频繁。到了南宋时期，福建生产的青瓷和白瓷，在亚洲各地城市及港口均可见到。

宋元时期，以泉州为起点的对外贸易以茶叶、瓷器及铁银制品等为主要"互市"商品。安溪在瓷和铁银制品的生产及运销、出口中占据支配地位，在中外贸易中占据优势长达数百年。如上所言，安溪冶铁制品可分作熟铁（块炼铁）和生铁两部分。一部分产品县内自销，其余的除了销往邻近地区之外[3]，大部分开始"兴贩入海""远泛蕃国"，通过泉州源源不断销往东南亚等国家和地区，"取金贝而还，民甚称便"[4]。

以下试分别论述。

1〔清〕徐松辑，刘琳、刁忠民、舒大刚等校点：《宋会要辑稿 · 刑法二 · 禁约三》，上海古籍出版社，2014 年，第 8372 页。

2〔明〕嘉靖《惠安县志》卷七《课程 · 铁刻》，《天一阁藏明代方志选刊》，上海古籍书店，1963 年影印版，叶五背面。

3 详见本书附录六"宋元时期泉州冶铁手工业面貌的新认识——以安溪下草埔遗址为中心"。

4〔清〕佚名《清源留氏族谱》之《鄂国公传》："教民间开通街，构云屋。间有土田不尽垦者，悉令耕种储积，岁丰听卖买，平市价。陶器、铜铁泛于番国，取金贝而还，民甚称便。"〔清〕佚名：《清源留氏族谱》，泉州市图书馆藏清道光十三年（1833 年）抄本，叶四十八背面。

1. 生铁产品：铁锅、铁釜

用生铁铸造的锅、釜[1]，是宋元明时期对外贸易的主要产品，为海外所购置。铸造锅釜用于对外商贸，是宋代冶铁的一项主要内容。

宋《淳熙三山志》卷四一《土俗类三》“物产·货”条载：

铁，宁德、永福等县有之，其品有三。初炼去矿，用以铸冶器物者，为生铁。再三销拍，又以作鍱者，为鑐铁，亦谓之熟铁。以生柔相杂和，用以作刀剑锋刃者，为刚铁。商贾通贩于浙间，皆生铁也。庆历三年（1043年），发运使杨告乞下福建严禁法，除民间打造农器、锅釜等外，不许贩下海。两浙运司奏：“当路州处，自来不产铁，并是泉、福等州转海兴贩，逐年商税课利不少，及官中抽纳折税，收买打造军器，乞下福建运司晓示，许令有物力客人兴贩，仍令召保出给长引，只得诣浙路去处贩卖。”本州今出给公据。[2]

又元代周达观（约1266～1346年）《真腊风土记》“欲得唐货”条载：

其地想（向）不出金银，以唐人金银为第一，五色轻缣帛次之；其次如真州之锡镴、温州之漆盘、泉州之青瓷器，及水银、银朱、纸札、硫黄、焰硝、檀香、草芎、白芷、麝香、麻布、黄草布、雨伞、铁锅、铜盘、水珠、桐油、篦箕、木梳、针。其粗重则如明州之席。甚欲得者则菽麦也，然不可将去耳。[3]

铁锅成为对外贸易中的必有货物，或是因为大锅难得，更是因可制造军器，甚或装炮之用。明代胡宗宪（1512～1565年）《筹海图编》卷二便明确称：

铁锅彼国（倭国）虽自有而不大，大者至为难得，每一锅价银一两。[4]

“兵者，国之大事。”铁制兵器的出现和不断改进，提高了军队作战能力。因此，铁锅等生铁制品因可改作成铁军器，遂也成为对外贸易的主要产品。明代马文升（1426～1510年）《端肃奏议》卷二载：

各边无知军民及军职子弟、甚至守备官员，往往亦令家人将铁锅、食茶、段匹、铜器等货买求守把关隘之人，公然私出外境，进入番族易换彼处所产马匹等物，以致番人

1《天工开物》卷中“釜”条详细记载了制作釜锅的工艺。〔明〕宋应星撰，潘吉星译注：《天工开物译注》，上海古籍出版社，2016年，第159~160页。

2〔宋〕梁克家：《淳熙三山志》卷四一《土俗类三》“物产·货”条，影印文渊阁四库全书，册14，台北：台湾商务印书馆，1986年，叶三正面。

3〔元〕周达观著，夏鼐校注：《真腊风土记校注》，北京：中华书局，1981年，第148~151页。

4〔明〕胡宗宪：《筹海图编》卷二“倭好·铁锅”，影印文渊阁四库全书，册2，叶五十二正面。

将所得铁锅、段匹置造军器及战袄等项，遂萌侵犯之心。[1]

清代杜臻（1633～1703年）《粤闽巡视纪略》卷六载：

又廉知官军破贼后，药弹火器率已罄尽，甚至撞毁铁锅为装炮之用。[2]

泉州港出发的“南海Ⅰ号”沉船载有十几万件文物，其中金属器类有大量的铁质凝结物（铁锅）、铁锭、铁条，还有银锭、铜环等[3]。元朝惊诧于南宋的富庶，在查阅内府档案后发现对外输出瓷器、铁锅和摩合罗等产品所得巨额收入，是南宋经济的重要支撑之一，因而沿袭并支持对外贸易[4]。元代汪大渊《岛夷志略》中便记载了当时海外贸易中有铁锅、铁条等货物（表6-1）。到了明代，此类货物仍是海外贸易中的重要物品。如明代“南澳Ⅰ号”船载货物中，便可见到铁锅、铜钱、铜板以及锡壶等。

2. 块炼铁产品

根据已有的遗迹及遗物判断，下草埔遗址修砌小高炉进行冶炼，排出渣产量大，生产的海绵铁可能具有一定含碳量。该海绵铁作为粗产品经过初锻形成铁块（锭）、铁片（条）等初加工产品，再加工或运输至国内外其他地区，通过泉州港成为“海上丝绸之路”贸易的重要商品之一。这些产品都可见于“南海Ⅰ号”沉船，此如前具。

明代唐顺之《武编·前集》卷五载：

铁有生铁、有熟铁，钢有生钢、有熟钢。生铁出广东、福建，火熔则化，如金银铜锡之流走，今人鼓铸以为锅鼎之类是也。出自广者精，出自福者粗，故售广铁则加价，福铁则减价。熟铁出福建、温州等处，至云南、山西、四川亦皆有之。闻出山西及四川泸州者甚精，然南人实罕用之，不能知其悉。熟铁多粪滓，入火则化如豆查，不流走，冶工以竹夹夹出，以木捶捶使成块，或以竹刀就炉中画而开之，今人用以造刀铳器皿之类是也。其名有三：一方铁，二把铁，三条铁，用有精粗，原出一种。[5]

引文中所言“方铁”“把铁”“条铁”，即元代汪大渊《岛夷志略》所载之铁块、铁条（表6-1）。

1〔明〕马文升：《端肃奏议》卷二，影印文渊阁四库全书，册1，台北：台湾商务印书馆，叶十八正面~背面。

2〔清〕杜臻：《粤闽巡视纪略》卷六，影印文渊阁四库全书，册5，叶十五背面。

3 国家文物局水下文化遗产保护中心、广东省文物考古研究所、中国文化遗产研究院、广东省博物馆、广东海上丝绸之路博物馆编著《南海Ⅰ号沉船考古报告之二——2014~2015年发掘》，北京：文物出版社，2018年。

4 王光尧、沈琼华：《龙泉青瓷走向世界的故事》，《人民日报》2019年8月24日第5版；王光尧、沈琼华：《天下龙泉——龙泉青瓷与全球化》，《故宫博物院院刊》2019年第7期。

5〔明〕唐顺之：《武编·前集》卷五，影印文渊阁四库全书，册5，叶六背面~叶七正面。

表 6-1　元代汪大渊《岛夷志略》[1] 的相关记载

地区	货物
三岛	贸易之货用铜珠、青白花碗、小花印布、铁块之属。
麻逸	贸易之货用鼎、铁块、五采红布、红绢、牙锭之属。
无枝拔	贸易之货，用西洋布、青白处州磁器、瓦坛、铁鼎之属。
交趾	贸易之货，用诸色绫罗匹帛、青布、牙梳、纸扎、青铜、铁之类。
日丽	贸易之货，用青磁器、花布、粗碗、铁块、小印花布、五色布之属。
麻里鲁	贸易之货，用牙锭、青布、磁器盘、处州磁、水坛、大瓮、铁鼎之属。
遐来勿	贸易之货，用占城海南布、铁线、铜鼎、红绢、五色布、木梳、篦子、青器、粗碗之属。
彭坑	贸易之货，用诸色绢、阇婆布、铜铁器、漆磁器、鼓、板之属。
罗卫	贸易之货，用棊子手巾、狗迹绢、五花烧珠、花银、青白碗、铁条之属。
苏洛鬲	贸易之货，用青白花器、海南巫仑布、银、铁、水埕、小罐、铜鼎之属。
针路	贸易之货，用铜条、铁鼎、铜珠、五色焇珠、大小埕、花布、鼓、青布之属。
八都马	贸易之货，用南北丝、花银、赤金、铜、铁鼎、丝布、草金缎、丹山锦、山红绢、白矾之属。
尖山	贸易之货，用牙锭、铜铁鼎、青碗、大小埕瓮、青皮单、锦、鼓乐之属。
八节那间	贸易之货，用青器、紫矿、土粉、青丝布、埕瓮、铁器之属。
三佛齐	贸易之货，用色绢、红焇珠、丝布、花布、铜铁锅之属。
啸喷	货用五色硝珠、磁器、铜铁锅、牙锭、瓦瓮、粗碗之属。
浡泥	货用白银、赤金、色缎、牙箱、铁器之属。
暹	贸易之货，用硝珠、水银、青布、铜铁之属。
爪哇	货用硝珠、金银、青缎、色绢、青白花碗、铁器之属。
都督岸	贸易之货，用海南占城布、红绿绢、盐、铁铜鼎、色缎之属。
苏禄	贸易之货，用赤金、花银、八都剌布、青珠、处器、铁条之属。
龙牙菩提	贸易之货，用红绿烧珠、牙箱锭、铁鼎、青白土印布之属。
班卒	贸易之货，用丝布、铁条、土印布、赤金、瓷器、铁鼎之属。
蒲奔	贸易之货，用青瓷器、粗碗、海南布、铁线、大小埕瓮之属。
文老古	贸易之货，用银、铁、水绫、丝布、巫仑八节那涧布、土印布、象齿、烧珠、青瓷器、埕器之属。
龙牙门	贸易之货，用赤金、青缎、花布、处瓮器、铁鼎之类。
灵山	贸易之货，用粗碗、烧珠、铁条之属。
东西竺	贸易之货，用花锡、胡椒、铁器、蔷薇水之属。
花面	货用铁条、青布、粗碗、青处器之属。
淡洋	贸易之货，用赤金、铁器、粗碗之属。
班达里	贸易之货，用诸色缎、青白瓷、铁器、五色烧珠之属。
喃巫哩	贸易之货，用金、银、铁器、蔷薇水、红丝布、樟脑、青白花碗之属。
金塔	贸易之货，用铁鼎、五色布之属。
东淡邈	贸易之货，用银、五色布、铜鼎、铁器、烧珠之属。
大八丹	贸易之货，用南丝、铁条、紫粉、木梳、白糖之属。
加里那	贸易之货，用青白花碗、细绢、铁条、苏木、水银之属。
波斯离	贸易之货，用毡毯、五色缎、云南叶金、白银、倭铁、大风子、牙梳、铁器、达剌斯离香之属。
挞吉那	贸易之货，用沙金、花银、五色缎、铁鼎、铜线、琉黄、水银之属。
千里马	贸易之货，用铁条、粗碗、苏木、铅、针之属。
小唄喃	贸易之货，用金、银、青白花器、八丹布、五色缎、铁器之属。
大乌爹	贸易之货，用白铜、鼓板、五色缎、金、银、铁器之属。
万年港	贸易之货，用铁条、铜线、土印花布、瓦瓶之属。
阿思里	贸易之货，用银、铁器、青烧珠之属。
天堂	贸易之货，用银、五色缎、青白花器、铁鼎之属。
甘埋里	去货丁香、豆蔻、青缎、麝香、红色烧珠、苏杭色缎、苏木、青白花器、瓷瓶、铁条，以胡椒载而返。

注：表中的鼎，即大釜（锅）。铁器，很可能也是指铁釜、锅。

3. 铁钉

由于远洋航运业和造船业的发展，宋元时期铁钉的生产和消费规模庞大。元代周达观《真腊风土记》“舟楫”条载：

1〔元〕汪大渊著，苏继庼校释：《岛夷志略校释》，北京：中华书局，1981 年。

巨舟以硬树破版为之。匠者无锯，但以斧凿之开成版，既费木且费工也。凡要木成段，亦只以凿凿断，起屋亦然。船亦用铁钉，上以茭叶盖覆，却以槟榔木破片压之。此船名为“新拿”，用棹。所粘之油，鱼油也；所和之灰，石灰也。小舟却以一巨木凿成槽，以火熏软，用木撑开，腹大，两头尖，无蓬，可载数人，止以棹划之，名为“皮阑”。[1]

宋元时期，泉州地区以水路航运为主要货运、交通方式，尤其是发达的海上贸易，促进了造船业的发展，自然也带动了铁钉的需求量。

4. 间接用于炼银

《旧唐书》卷四八《食货志上》载：“夫铸钱不杂以铅铁则无利，杂以铅铁则恶。”[2]以铅铁掺杂银钱牟利是其中一个原因。另外，不知是否跟唐以后一种炼银的技术手段有关。即，铁还原沉淀熔炼法（iron reduction process），利用铁的强亲硫性将金属铅从其硫化物中置换出来。铁还原沉淀熔炼法的一大优势是不需要对含银硫化铅矿石进行焙烧，因而减少了银在焙烧步骤中的损失，提高银的提取效率[3]。

利用铁还原法炼铅，再结合利用灰吹法提炼铅中富集的银。灰吹法是一种冶炼、提取银的工艺。文献记载始见于南宋赵彦卫《云麓漫钞》和洪咨夔《大冶赋》。该技术利用铅易氧化，银较难氧化的特点，将炼银工艺中间产物（银铅合金）中的铅氧化成“灰”（密陀僧）而将银分离出来。明《天工开物》亦有记载。其操作简单，金属收得率与银的纯度均较高。

安溪冶银、冶铁遗址遍及湖头五阆山周围七个乡镇，离下草埔冶铁遗址不远的尚卿福林银场遗址（25° 4'8.49"N，117° 56'34.43"E）系宋代一处官办的冶银银场。考古队曾在此展开调查，采集的炉渣属于典型排出渣类型，为典型铁还原法炼铅渣。结合炉渣宏观形貌特征，初步判断福林银场炼银遗址系修筑高炉，使用了铁还原法进行炼铅活动[4]。这进一步证实了冶银场、冶铁场的互存很可能跟上述冶炼方式有一定的关系。

1〔元〕周达观著，夏鼐校注：《真腊风土记校注》，北京：中华书局，1981年，第169~172页。

2〔后晋〕刘昫等：《旧唐书》卷四八《食货志上》“开元二十二年，中书侍郎张九龄初知政事”条，北京：中华书局，1975年，第2098页。

3 刘思然、陈建立、徐长青、Rehren Thilo：《江西省上高蒙山遗址古代银铅冶炼技术研究》，《江汉考古》2018年第1期。

4 详见第五章第五节“其他手工业遗址的调查”。

第三节 销 售

下草埔遗址及周边相关遗址地点均分布于古道、水系周围，安溪古渡口是宋、元、明、清、民国时期承担安溪境内客货运输的重要见证物。贯穿其间的陆路、水路运输系统，将区域内外密切联结，呈现为高度一体化的乡村腹地手工业体系和海港经济体的空间布局和整体形态。

当时安溪生产的铁产品成为“海上丝绸之路”贸易的重要商品。如安溪竹山冶铁场，产品经竹山上竹排，经郭埔至金谷源口渡上船，可一路顺流至泉州。下草埔冶铁场东侧有运送货物的古道，龙兴里旧有源口渡，源口渡处进入清溪，上游与蓬莱的新林渡相连，下游经过县治西北的吴埔渡后，可顺流而下一直通向晋江入海。这样，通过陆路和水路运输系统，从安溪到泉州共同形成从矿山—炼铁遗址—铸铁遗址—内销（外销）的生产经营模式。

总之，下草埔遗址有助于了解我国古代生铁、块炼铁冶炼的具体步骤及相关遗存特征，了解遗址内生产与生活的图景，促进构建宋元时期福建乃至长江以南地区冶铁业的技术特点和组织结构。

安溪的铁制品和泉州的铁产品，正是通过固定不变的路线、内河航运的便捷运输系统，在泉州加入了海上航道，完成了“采、产、运、销”的高度整合，从而使得冶铁经济与文化融进了宋元时期世界的海洋文明。

附　录

一　出土陶瓷片登记表

1. 出土陶瓷片数量统计表

该统计表按瓷器和陶器两大类进行统计。瓷器首先以釉料进行区分，之后按纹饰划分。陶器以有无釉料分为素胎器和釉陶器，之后按胎质、最终以纹饰进行划分。在出土单位的排序方面，首先划分不同的台地；其次按照探方号前两位数字从 05 至 13 的顺序进行排列；再次是遗迹单位，以地层叠压系络由上至下进行排序，同一地层下出土的遗迹单位，若有先后叠压顺序，则依照叠压的先后顺序进行排序，若无则依照发现的早晚进行排序。TD 14 上的小丘作为单独的遗迹单位进行统计。未发掘或无陶瓷片出土的遗迹单位不列入表中。

表附 1–1　出土瓷片数量统计表

遗物类别 / 数量（片） / 出土单位		瓷片																		
		青瓷					青白瓷					白瓷			米黄釉瓷			黑釉瓷	酱釉瓷	青花瓷	合计
		素面	刻划花	弦纹	莲瓣	凸棱	素面	刻划花	弦纹	凸棱	莲瓣	素面	刻划花	凸棱	素面	刻划花	凸棱		刻划花		
TD1	T0611 ①	275					19					5								8	307
	T0612 ①	87					16								10						113
	T0711 ①	5					4								3						12
	T0711 ②	45										5			10						60
	T0712 ①	4					10					2			8					2	26
	T0811 ②	30										13								1	44
	T0910 ①	76	16									4	2		36					2	136
	T0914 ①	7	4				11														22
	T1011 ①	149					44					36			78					11	318
	T1011 ②	22																		26	48
	T1111 ①	228					16					3			20			16			283

续表附 1–1

出土单位		瓷片																			
		青瓷					青白瓷					白瓷			米黄釉瓷			黑釉瓷	酱釉瓷	青花瓷	合计
		素面	刻划花	弦纹	莲瓣	凸棱	素面	刻划花	弦纹	凸棱	莲瓣	素面	刻划花	凸棱	素面	刻划花	凸棱		刻划花		
TD1	T1111②	213					24					14			5					2	258
	T1111①②	2					10	1				6								1	20
	T1111③	4					29					3			4					1	41
	T1111④	15	1				33					21			14					9	93
	T1111⑤	15	1				24								7						47
	T1111⑥	20					43				1	28			23					6	121
	T1111⑥b	5					16					2			5						28
	T1111⑦	18	1				25					14			8						66
	T1111⑧	13	1				16					6			7						43
	T1111⑩						4								1	1					6
	T1111⑪	6	2				7														15
	T1111⑫	3					2								1						6
	T1111⑬	4	2				10	1				2			2						21
	T1111L3②						2														2
	T1111 北扩①②	6					12					2			2					3	25
	T1111 北扩③	14					12					1			3						30
	T1111 北扩④⑤⑥	5					14				1	1			7						28
	T1111 北扩⑥b	3	1				4								1						9
	T1111 北扩⑦	16	1				5					1			5			1			29
	T1111 北扩⑧	11	4				36								16	3					70
	T1111 北扩⑨	8	1				6								6						21
	T1111 北扩⑩	12	1				50	1				4			34						102
	T1111 北扩⑩⑪	2					3					1									6
	T1111 北扩⑬		1				2								1						4
	T1111 北扩 BJC	1					2								1						4
TD2	T0612①	12										14			10						36
	T0711①	74					14					7			40					1	136
	T0712①	35										2									37
	T0713②	71					18					21			7						117
	T0811①	221	10					16				16			41						304
	T0812②	39													38					6	83

出土单位	遗物类别 / 数量（片）	瓷片																			
		青瓷					青白瓷					白瓷			米黄釉瓷			黑釉瓷	酱釉瓷	青花瓷	合计
		素面	刻划花	弦纹	莲瓣	凸棱	素面	刻划花	弦纹	凸棱	莲瓣	素面	刻划花	凸棱	素面	刻划花	凸棱		刻划花		
TD2	T0911②	48					8	13				5	7		20						101
	T0912②	67	6									13			38					2	126
	T1011①	3					9														12
	T1012①	58										2								4	64
	T1012②	112	3				22					5			20			4		20	186
	T1112①	194					17					17			68	6				25	327
	T1112②	184	13				36					61			50			5		16	365
	T1112②③	2					1								1						4
	T1112④	3					12					1			2					1	19
	T1112④b						1										1				2
	T1112⑤	44	2				117	1		3		41	1		90		2			2	303
	T1112⑥	56	4			1	127	12				17	1		50	2		1			271
	T1112⑦	35					19	5			2	2	2		13	6					84
	T1112⑧	2					10					2									14
	T1112⑩	2					4								4						10
	T1112⑪	12					8								2						22
	T1112⑬	16					11	3			1	1			2						34
	T1112 炉内	2					4								3						9
	T1112BJC	4	1				28					3			9				1	1	47
	T1112 北扩 BJC	4					8					1								1	14
	T1112 北扩⑤	24	1				22					11			18						76
	T1112 北扩⑥						4								5						9
	T1112 北扩⑩		1				2								7						10
TD3	T0712①	119										38			23					3	183
	T0811①	68										7			2						77
TD4	T0612①	113					10														123
	T0712①	186					15					25			89					4	319
	T0712②	192	6				71					39			97	8		5		2	420
	T0812①	128	3				36					4			70			8		7	256
	T0812②	308					140					11			97			4		6	566
	T0813①	15					2								2						19

出土单位		瓷片																			
		青瓷					青白瓷					白瓷			米黄釉瓷			黑釉瓷	酱釉瓷	青花瓷	合计
		素面	刻划花	弦纹	莲瓣	凸棱	素面	刻划花	弦纹	凸棱	莲瓣	素面	刻划花	凸棱	素面	刻划花	凸棱		刻划花		
TD4	T0912 ①	226					64					20			127			4		14	455
	T0912 ②	93					55								10					42	200
	T0913 ①	282	37				99	3				46			246					15	728
	T0913 ②	455	16				105								98					14	688
	T0913 ③	6					5					2							5		18
	T1012 ①	11																			11
	T1013 ①	81										9								7	97
	T1113 ①	343	9				18					33	12		69					33	517
	T1113 ②	135					10					8			35	3					191
	T1213 ①	6					2					1			2					1	12
	T1213 ⑤	1																			1
TD5	T1114 ①	497					32					31			6					61	627
	T1114 ②	94	6									13	4		35	5		3		7	167
	T1114 ③	50		3			27					1			8						89
	T1114H5	2					7					1									10
	T1115 ①	98					18					3								12	131
	T1115 ②	22																		23	45
	T1115 ③	5					5								2						12
	T1115BJC						1														1
	T1116 ①	77																			77
	T1213 ③	13					6					1		1	5	1					27
	T1213 ⑤	6																			6
	T1213 ⑦	7		1			2		1			2			3						16
	T1213 ⑨	6					3								1						10
	T1213 ⑩	2					3								5			1			11
	T1214 ①②	11					2					4		1	1					4	23
	T1214BJC	2										2									4
	T1214 ③	122					103					12			20		2	3	1		263
	T1214 ④	9	1				2			2				2	1						17
	T1214 ⑤	6					1								3			1			11
	T1214 ⑤层下G2	5					4								1			1			11

出土单位 \ 遗物类别 \ 数量（片）		瓷片																			
		青瓷					青白瓷					白瓷			米黄釉瓷			黑釉瓷	酱釉瓷	青花瓷	合计
		素面	刻划花	弦纹	莲瓣	凸棱	素面	刻划花	弦纹	凸棱	莲瓣	素面	刻划花	凸棱	素面	刻划花	凸棱		刻划花		
TD5	T1214⑥	13												1							14
	T1214⑦	12					2					1			2			1			18
	T1214⑩						8					1			2	1					12
	T1214 北扩①						2														2
	T1214 北扩②	19					33					7			1			1		10	71
	T1214 北扩③	2					8					2			2						14
	T1215 ①②	7					2			1											10
	T1215③	9					4								4						17
	T1215④	4					13					2									19
	T1215⑥	7					16					3			4						30
TD6	T1013①	276					32													5	313
	T1013③	2					6					1									9
	T1014①	105	5				6					20			4					3	143
	T1014②	116										7			23					15	161
	SD5	58					23					12			9	1				22	125
	T1014③	13										2			2						17
	T1014⑤	10					2					2			5						19
	T1014⑥	4					23						1		4					1	33
	T1014⑪						1						1								2
	T1015①	122					19					8			132					7	288
	T1015②	29					7								68						104
	T1016①	19					20														39
	T1115①	22										2									24
	T1116①	348	3				23					18			30					54	476
	T1116②	13										4			32					6	55
	T1117①	128					7					3			78						216
	TD6 北坡面	20					6					5		1	13			1		1	47
TD7	T0613①	408					40					30			53					36	567
	T0613②	158					2					2			22						184
	T0614①	25					3					4									32
	T0614②	134					9					5								4	152

续表附 1-1

遗物类别 数量（片） 出土单位		瓷片																			
		青瓷					青白瓷					白瓷			米黄釉瓷			黑釉瓷	酱釉瓷	青花瓷	合计
		素面	刻划花	弦纹	莲瓣	凸棱	素面	刻划花	弦纹	凸棱	莲瓣	素面	刻划花	凸棱	素面	刻划花	凸棱		刻划花		
TD7	T0713①	73					14					46			27			7		13	180
TD8	T0614①	11					9					3			29						52
	T0614②	40					2					6									48
	T0615①	37					3					2									42
	T0616①	3					14								3						20
	T0713①	178					50	13				6			92			4		11	354
	T0713②	33					11														44
	T0713③	5					3					6			2						16
	T0713④	15					32					10	2		14						73
	T0713⑤		1	1			15					3			2						22
	T0714①	424	5				63					10			64					10	576
	T0714②	32													7						39
	T0714③	37					6					16			6						65
	T0714④	35					5								7						47
	T0714H4						6	1				3			4						14
	T0813①	99					14													4	117
	T0813⑤	66	6				35					31			31	1			7	1	178
	T0814①	271					35					11			37					9	363
	T0814②						2								3						5
	T0814⑤	21					21					1	2		4						49
	T0913①	107	43									6			34					4	194
	T0914①	176					72								120					12	380
	T0914③	2					1														3
	T1014①											6									6
	T1014⑧	4					2								2						8
	T1015①	110										13			17					17	157
	T1015BJC	4					1													1	6
	T1015③	6					8					2			3						19
TD9	T0615①	105					12					7			3			17		2	146
	T0615②	142					8					5									155
	T0616①	230													39					14	283

续表附 1–1

出土单位	遗物类别 / 数量（片）	瓷片																			
		青瓷					青白瓷					白瓷			米黄釉瓷			黑釉瓷	酱釉瓷	青花瓷	合计
		素面	刻划花	弦纹	莲瓣	凸棱	素面	刻划花	弦纹	凸棱	莲瓣	素面	刻划花	凸棱	素面	刻划花	凸棱		刻划花		
TD9	T0616②	155					15								10						180
	T0714①	23					16														39
	T0715①	108					33					15			33					30	219
	T0715②	255					131					38			75						499
	T0715③	127					38					2			33						200
	T0716①	119					21					6			29					5	180
	T0716②	62													8	46					116
	T0717①	12					20					1			4						37
	T0717③	18					7	1				2				1					29
	T0717④	9					2								1						12
	T0717⑤	3					4					3									10
	T0814①	116					19														135
	T0815①	319					19					16			25					7	386
	T0815②	149					52								65						266
	T0815 F1 垫土	4										4									8
	T0815 F3 垫土	4										1			1						6
	T0816①	80					31								48					17	176
TD10	T0714①																				
	T0816①	73					42								14					30	159
	T0816③	6					1					3			1					1	12
	T0816④	63					4					9			27						103
	T0817①	50					13													13	76
	T0915④	249					2					5			139			26			421
	T0916①		10				18								5					23	56
	T0916②	64					47					2			22						135
	T0916③	874	7				226					196	27		269	6		63			1668
	T0916④	246					16					44			342	8		7			663
	T0916 SQ2 墙基槽	29										26			20						75
	T0916 L2 前坑	4					1					1			2						8
	T0916H3	41		10			7								7	1					66
	T0917③	8										1									9

出土单位	遗物类别 / 数量（片）	瓷片																			
		青瓷					青白瓷					白瓷			米黄釉瓷			黑釉瓷	酱釉瓷	青花瓷	合计
		素面	刻划花	弦纹	莲瓣	凸棱	素面	刻划花	弦纹	凸棱	莲瓣	素面	刻划花	凸棱	素面	刻划花	凸棱		刻划花		
TD10	T0917④	32					3					41			58						134
TD11	T0511①	507	30				2					31			65					8	643
	T0511Yb 北东扩	274						8				16			10						308
	T0511②	64					34					10			22						130
	T0511③西扩	208					17					59			43			9		8	344
	T0609①	376					10					146			20					2	554
	T0609②	18													3						21
	T0610①	107					25					25			52						209
	T0610②	143					10					19				27					199
	T0611①	30					2														32
	T0611②	6																			6
TD12	T1016①	188					5					3									196
	T1016②	71					26													11	108
	T1016③	6					4					2			1						13
	T1016④	21		5		1	14					8			18					4	71
	T1016⑤	5					6								3						14
	T1017G1											1			1					1	3
	T1017SD6						1													10	11
	T1017③④	13			1		11					5			4					7	41
	T1017⑤	8	2				3								5						18
	T1017⑥									1											1
TD14	T0708①	4																6			10
	T0709①	226	6									10								9	251
	T0710①	56					18					19			92					10	195
	T0808①	139										12			24					3	178
	T0808②	13										6									19
	T0809①	244					32					57			84					14	431
	T0809②	83	5									30			23						141
	T0809③	22	13												4						39
	T0810①	210					14					19			18					5	266
	T0908①	110	24				35					10			6						185

续表附 1-1

出土单位	遗物类别 / 数量（片）	瓷片																			
		青瓷					青白瓷					白瓷			米黄釉瓷			黑釉瓷	酱釉瓷	青花瓷	合计
		素面	刻划花	弦纹	莲瓣	凸棱	素面	刻划花	弦纹	凸棱	莲瓣	素面	刻划花	凸棱	素面	刻划花	凸棱		刻划花		
TD14	T0908 ②	128	48				28	34				33								2	273
	T0908 ③	63	7									18			6					7	101
	T0909 ①	373	38				2					55			45			4		8	525
	T0909 ②	31					8					17			7						63
	T0910 ①	302					6					59			35			3		3	408
	T1008 ①	356	12				6					15			9			22		31	451
	T1009 ①	260					66					48			129			19		10	532
	T1009 ②	28	14				18								19						79
	T1010 ①	180					57	14				25			112					6	394
	T1108 ①	210					41					15			17			20			303
	T1109 ①	342	22				105	4				58			132					13	676
	T1110 ①	212	6				106								103					7	434
	T1111 ①	32										24			30					3	89
	T1209 ①北扩	373	12				47					19			58			2		4	515
	T1210 ①	623					55					48			84					14	824
	T1211 ①	398					51					32	2		35					12	530
	T1311 ①	387					26			1		8			7					10	439
Q1	Q1 ②	707					30					18	14		32	14					815
	合计	22258	475	20	1	2	4331	131	1	8	5	2459	78	6	5550	141	5	269	14	1016	36770

表附 1-2　出土陶片数量统计表

出土单位	遗物类别 / 数量（片）	素胎器							釉陶器				陶瓷片合计
		灰陶			红陶	黄陶	黑陶	白陶	黄褐釉陶	青绿釉陶	黑釉陶	合计	
		素面	刻划花	弦纹									
TD1	T0611 ①	304										304	611
	T0612 ①	127							17	1		145	258
	T0711 ①	73										73	85
	T0711 ②	120										120	180

续表附 1-2

出土单位		素胎器 灰陶 素面	刻划花	弦纹	红陶	黄陶	黑陶	白陶	釉陶器 黄褐釉陶	青绿釉陶	黑釉陶	合计	陶瓷片合计
TD1	T0712 ①	54							67		31	152	178
TD1	T0811 ②	57										57	101
TD1	T0910 ①	103										103	239
TD1	T0914 ①	92									14	106	128
TD1	T1011 ①	549			57	23			43	53	7	732	1050
TD1	T1011 ②	138					5		28			171	219
TD1	T1111 ①	393				124			6	5		528	811
TD1	T1111 ②	144									2	146	404
TD1	T1111 ①②	3							1	2		6	26
TD1	T1111 ③	17	1							4		22	63
TD1	T1111 ④	59	4						1	1		65	158
TD1	T1111 ⑤	43			1					5		49	96
TD1	T1111 ⑥	69								8		77	198
TD1	T1111 ⑥ b	16										16	44
TD1	T1111 ⑦	86								3		89	155
TD1	T1111 ⑧	53								15		68	111
TD1	T1111 ⑩	8										8	14
TD1	T1111 ⑪	21								3		24	39
TD1	T1111 ⑫	28										28	34
TD1	T1111 ⑬	18										18	39
TD1	T1111L3 ②	8										8	10
TD1	T1111 北扩①②	22										22	47
TD1	T1111 北扩③	19								3		22	52
TD1	T1111 北扩④⑤⑥	22										22	50
TD1	T1111 北扩⑥ b	4								4		8	17
TD1	T1111 北扩⑦	25						3	1	3		32	61
TD1	T1111 北扩⑧	116				1				11		128	198
TD1	T1111 北扩⑨	37								2		39	60
TD1	T1111 北扩⑩	86								29		115	217
TD1	T1111 北扩⑩⑪	8			1					2		11	17
TD1	T1111 北扩⑬	24										24	28
TD1	T1111 北扩 BJC	2										2	6

出土单位	遗物类别 / 数量（片）	素胎器							釉陶器				陶瓷片合计
		灰陶			红陶	黄陶	黑陶	白陶	黄褐釉陶	青绿釉陶	黑釉陶	合计	
		素面	刻划花	弦纹									
TD2	T0612 ①	143										143	179
	T0711 ①	128								20		148	284
	T0712 ①	75			6					19		100	137
	T0713 ②	77								82		159	276
	T0811 ①	201							21			222	526
	T0812 ②	9										9	92
	T0911 ②	230										230	331
	T0912 ②	395										395	521
	T1011 ①	53										53	65
	T1012 ①	82				13			29			124	188
	T1012 ②	259			35	47	6					347	533
	T1112 ①	655			40		3		114	37	12	861	1188
	T1112 ②	676			75	184			78	34		1047	1412
	T1112 ②③	1								1		2	6
	T1112 ④	7										7	26
	T1112 ④ b	2										2	4
	T1112 ⑤	255								26		281	584
	T1112 ⑥	208			1					40		249	520
	T1112 ⑦	825								15		840	924
	T1112 ⑧	17										17	31
	T1112 ⑩	19								1		20	30
	T1112 ⑪	37								1		38	60
	T1112 ⑬	81								17		98	132
	T1112 炉内									3		3	12
	T1112BJC											0	47
	T1112 北扩 BJC	6										6	20
	T1112 北扩⑤	62								14		76	152
	T1112 北扩⑥	45								10		55	64
	T1112 北扩⑩	7								2		9	19
TD3	T0712 ①	299								146		445	628
	T0811 ①	65				36						101	178
TD4	T0612 ①	75							8			83	206

续表附 1-2

出土单位		素胎器							釉陶器				陶瓷片合计
		灰陶			红陶	黄陶	黑陶	白陶	黄褐釉陶	青绿釉陶	黑釉陶	合计	
		素面	刻划花	弦纹									
TD4	T0712①	460							46	10		516	835
	T0712②	593			53					102	48	796	1216
	T0812①	472								43	21	536	792
	T0812②	710			105					68	42	925	1491
	T0813①	29										29	48
	T0912①	437							76	90	18	621	1076
	T0912②	328								31	3	362	562
	T0913①	887			29	45				90		1051	1779
	T0913②	607			62					74	39	782	1470
	T0913③	45				1						46	64
	T1012①	54										54	65
	T1013①	96				6						102	199
	T1113①	879			26	182			47		19	1153	1670
	T1113②	388			14	12	5				14	433	624
	T1213①	13										13	25
	T1213⑤						2					2	3
TD5	T1114①	1051			61	50			63	27	5	1257	1884
	T1114②	247			27	30	18		19			341	508
	T1114③	106			1					4		111	200
	T1114H5	2										2	12
	T1115①	131										131	262
	T1115②	149			18	9					5	181	226
	T1115③	11										11	23
	T1115BJC											0	1
	T1116①	40							28			68	145
	T1213③	8										8	35
	T1213⑤	3				1						4	10
	T1213⑦				1		1					2	18
	T1213⑨	3								1		4	14
	T1213⑩	6										6	17
	T1214①②	7							2			9	32
	T1214BJC	6		1						1		8	12

注：表头斜线栏为"遗物类别 / 数量（片） / 出土单位"。

续表附 1-2

出土单位		素胎器 灰陶 素面	素胎器 灰陶 刻划花	素胎器 灰陶 弦纹	素胎器 红陶	素胎器 黄陶	素胎器 黑陶	素胎器 白陶	釉陶器 黄褐釉陶	釉陶器 青绿釉陶	釉陶器 黑釉陶	釉陶器 合计	陶瓷片合计
TD5	T1214③	141			5		2		3	21		172	435
	T1214④	15				2						17	34
	T1214⑤	4								2		6	17
	T1214⑤层下 G2									1		1	12
	T1214⑥	4										4	18
	T1214⑦	5							2			7	25
	T1214⑩	13								1		14	26
	T1214 北扩①	2										2	4
	T1214 北扩②	85								3		88	159
	T1214 北扩③	14										14	28
	T1215 ①②	7										7	17
	T1215③	14								3		17	34
	T1215④	15								1		16	35
	T1215⑥	12										12	42
TD6	T1013①	323							35			358	671
	T1013③	9										9	18
	T1014①	233							5	2		240	383
	T1014②	198							13			211	372
	SD5	76				1			7	2		86	211
	T1014③	9							3			12	29
	T1014⑤	28							2	3		33	52
	T1014⑥	18								5		23	56
	T1014⑪	6										6	8
	T1015①	155				13						168	456
	T1015②	105							17	6		128	232
	T1016①	51								28		79	118
	T1115①	78							7			85	109
	T1116①	422			97	61			31			611	1087
	T1116②	102								7		109	164
	T1117①	121								38		159	375
	TD6 北坡面	6										6	53
TD7	T0613①	366			30	8	5			19		428	995

续表附 1–2

出土单位	遗物类别 / 数量（片）	素胎器							釉陶器				陶瓷片合计
		灰陶			红陶	黄陶	黑陶	白陶	黄褐釉陶	青绿釉陶	黑釉陶	合计	
		素面	刻划花	弦纹									
TD7	T0613②	127										127	311
	T0614①	245									7	252	284
	T0614②	177										177	329
	T0713①	184			51	23				21	41	320	500
TD8	T0614①	93										93	145
	T0614②	108			32							140	188
	T0615①	127										127	169
	T0616①	16										16	36
	T0713①	405			50	18						473	827
	T0713②	114										114	158
	T0713③	9										9	25
	T0713④	40					1					41	114
	T0713⑤	8								1		9	31
	T0714①	793			45						19	857	1433
	T0714②	10										10	49
	T0714③	34										34	99
	T0714④	21										21	68
	T0714H4	1										1	15
	T0813①	155									11	166	283
	T0813⑤	62				1		2	1			66	244
	T0814①	358			3				15		8	384	747
	T0814②											0	5
	T0814⑤	8			1	2				3		14	63
	T0913①	452										452	646
	T0914①	737			25				3	23		788	1168
	T0914③	2								1		3	6
	T1014①	30			21	7						58	64
	T1014⑧	2								1		3	11
	T1015①	388			104	56				51		599	756
	T1015BJC中	1								6		7	13
	T1015③	18			1							19	38
TD9	T0615①	218				24			11			253	399

出土单位	遗物类别 / 数量（片）	素胎器							釉陶器				陶瓷片合计
		灰陶			红陶	黄陶	黑陶	白陶	黄褐釉陶	青绿釉陶	黑釉陶	合计	
		素面	刻划花	弦纹									
TD9	T0615 ②	51										51	206
	T0616 ①	323			58							381	664
	T0616 ②	172									8	180	360
	T0714 ①	17										17	56
	T0715 ①	180			67					54		301	520
	T0715 ②	486							13		19	518	1017
	T0715 ③	181			85					13	15	294	494
	T0716 ①	352			74							426	606
	T0716 ②	67								20		87	203
	T0717 ①	41										41	78
	T0717 ③	38						5		2		45	74
	T0717 ④	16										16	28
	T0717 ⑤	7								1		8	18
	T0814 ①	104										104	239
	T0815 ①	415							9	46	15	485	871
	T0815 ②	217					2					219	485
	T0815 F1 垫土	6								1		7	15
	T0815 F3 垫土	5								1		6	12
	T0816 ①	120			11					32		163	339
TD 10	T0714 ①	35										35	35
	T0816 ①	103									7	110	269
	T0816 ③	5										5	17
	T0816 ④	54								9		63	166
	T0817 ①	48					7					55	131
	T0915 ④	366			16							382	803
	T0916 ①	80										80	136
	T0916 ②	172						2		35		209	344
	T0916 ③	1421			58	64	1	4	10	111	53	1722	3390
	T0916 ④	68			20	52						140	803
	T0916 SQ2 墙基槽	12								2		14	89
	T0916 L2 前坑	6						2				8	16

续表附 1–2

出土单位		素胎器 灰陶 素面	素胎器 灰陶 刻划花	素胎器 灰陶 弦纹	素胎器 红陶	素胎器 黄陶	素胎器 黑陶	素胎器 白陶	釉陶器 黄褐釉陶	釉陶器 青绿釉陶	釉陶器 黑釉陶	釉陶器 合计	陶瓷片合计
TD10	T0916H3	23			2							25	91
	T0917③	5						1				6	15
	T0917④	199										199	333
TD11	T0511①	786							121	32	33	972	1615
	T0511Yb北东扩	278							70			348	656
	T0511②	379				77			25			481	611
	T0511③西扩	554					13		19	24		610	954
	T0609①	202							31		42	275	829
	T0609②	82										82	103
	T0610①	359							14	49		422	631
	T0610②	195			10				20			225	424
	T0611①	28									5	33	65
	T0611②	4										4	10
TD12	T1016①	279							28			307	503
	T1016②	203								55		258	366
	T1016③	14					2	2	7			25	38
	T1016④	29										29	100
	T1016⑤	5										5	19
	T1017G1											0	3
	T1017SD6											0	11
	T1017③④	26								3		29	70
	T1017⑤	6								1		7	25
	T1017⑥											0	1
TD14	T0708①	29										29	39
	T0709①	322							11	8		341	592
	T0710①	275							32			307	502
	T0808①	198			25	17						240	418
	T0808②	44			7							51	70
	T0809①	416										416	847
	T0809②	143			8							151	292
	T0809③	65										65	104
	T0810①	607		18								625	891

出土单位 \ 遗物类别 / 数量（片）		素胎器							釉陶器				陶瓷片合计
		灰陶			红陶	黄陶	黑陶	白陶	黄褐釉陶	青绿釉陶	黑釉陶	合计	
		素面	刻划花	弦纹									
TD14	T0908 ①	209									52	261	446
	T0908 ②	48										48	321
	T0908 ③	60										60	161
	T0909 ①	569										569	1094
	T0909 ②	42										42	105
	T0910 ①	445			15	58				2		520	928
	T1008 ①	551				55						606	1057
	T1009 ①	784										784	1316
	T1009 ②	92										92	171
	T1010 ①	542			20	220				16	5	803	1197
	T1108 ①	232										232	535
	T1109 ①	847										847	1523
	T1110 ①	456			83					74	33	646	1080
	T1111 ①	285				57						342	431
	T1209 ① 北扩	572									9	581	1096
	T1210 ①	784				53			133	6	18	994	1818
	T1211 ①	696						12	23			731	1261
	T1311 ①	182										182	621
Q1	Q1 ②	754			24	27	14					819	1634
	合计	42363	5	19	1661	1660	87	33	1416	2009	680	49933	86703

2. 出土陶瓷器器类统计表

该统计表按瓷器和陶器两大类进行统计。瓷器首先以釉料进行区分，之后按器形划分。陶器以有无釉料分为素胎器和釉陶器，之后按器形划分。在出土单位的排序方面，按照探方号前两位数字从 05 至 13 的顺序进行排列，未发掘或无陶瓷片出土的探方不列入表中，部分遗迹单位进行单独统计。

前期进行统计时，受出土环境的影响将部分白瓷器和青白瓷器归入到米黄釉瓷器中，与后期材料的分型定式和编写略有出入，米黄釉瓷器的数量较少。另外，统计时对器形的辨认存在争议，因而将一小部分的盏类器和盘类器归入到碗类中，杯即报告中盏的C型。

表附 1-3-1　出土瓷器器类统计表（1）

类别 / 数量（件） / 单位	瓷器																													合计
	青瓷									青白瓷								白瓷						米黄釉瓷						
	碗	杯	瓶	壶	罐	碟	盏	盘	器盖	碗	杯	碟	盏	壶	汤勺	盘	罐	碟	碗	盘	汤勺	杯	盒	碗	杯	碟	罐	瓶	盒	
T0511	30									1		1						7	1			2		1	3	1				47
T0609	13									1		1						1	2					2		1				21
T0610	10									2								2	1					2	2	1				20
T0611	19									3		1				1		3	1						1					29
T0612	8											4						1						1	2					16
T0613	13				1			1			1							1	1					2	2	3				25
T0614	7									2																1				10
T0615	2	1								2														1						6
T0616	7									4														5						16
T0709	6									2												1								9
T0710	1									1								1				1		2						6
T0711	5											1						1												7
T0712	19									5		4						8	2			4		6	7					55
T0713	13									15	2					1	1	8	1					4		1				46
T0714	13			1	1					4		3						3	1					7	1					34
T0715	12									5		7	1					2								1				28
T0716	4																	1												5
T0717	17									5		3		1			1	1	1					1						30
T0808	6			1															1					1						9
T0809	7		2		1													3			1									14
T0810	5						1			1								3	1					1						12
T0811	12			2	1				1	1								5						4			1			27
T0812	9				2					6		6						1				1		8		3				36
T0813	11	1								6	1							5	1			2		2	2	1				32
T0814	14			3	3					1									1					4	1	2				29
T0815	13				1	3				3	1	3						2	3					2						31
T0816	18				1					6	1	1							1					8	1	1				38
T0817	2											1																		3
T0908	7		1							3								4	1											16
T0909	11											1						3	1					3						19
T0910	9				1															1				4						15
T0911	2										1								1					2						6
T0912	6									1								1						1	2	1				12

类别 / 数量（件） / 单位	瓷器																													合计
	青瓷									青白瓷								白瓷						米黄釉瓷						
	碗	杯	瓶	壶	罐	碟	盏	盘	器盖	碗	杯	碟	盏	壶	汤勺	盘	罐	碟	碗	盘	汤勺	杯	盒	碗	杯	碟	罐	瓶	盒	
T0913	12				1					4		2						2	2		1			8		4				36
T0914	10									3		2												1						16
T0915	6	1		1																				1			1			10
T0916	17			1						12	1	7						20	3			2		21	1	3	1			89
T0917	5					1				1	1							3										1		12
T0915–T0917	3																													3
T1008	8																	1	1											10
T1009	6																							4						10
T1010	3	1								1		2						2	2					3						14
T1011	5									2		2						1	1							2				13
T1012	6									1		1												5	1	1				15
T1013	15									3		2						5						1						26
T1014	15			1						9	1	2					2	4	3			1				1		2		41
T1015	7				1			1		4								4						4						21
T1016	17	1			1	1				8					1			3						6						38
T1017	6									5	1							1	1				3	1						18
T1108	4									1								1						1						7
T1109	8		1		1					4									2					5						21
T1110	7					1				2		4																		14
T1111	56			3	1					58	4	9		2			3	18	6			4		26	10	6				206
T1112	39	1		1	2	1				47	5	7		2			4	18	9			1		19	14	5				175
T1113	6																	3						1	2					12
T1114	20	4			1	1				7	1	1						1				1		2	1					40
T1115	2				1					7	1								1					4	1					17
T1116	10					1												3						2						16
T1117	4																							1						5
T1209	6									1		2		1										1		1				12
T1210	16																	2	1					4						23
T1211	11									1	1																			13
T1213	10				1					6								2					1	4	4					28
T1214	37	1		2	4					28	2	4						3	3			3	3	6	4	2			2	104
T1215	7									5	1	1					1	3						2	2	1				23
T1309	1									1																				2

续表附 1-3-1

类别 / 数量（件） / 单位	瓷器																													合计
	青瓷									青白瓷								白瓷						米黄釉瓷						
	碗	杯	瓶	壶	罐	碟	盏	盘	器盖	碗	杯	碟	盏	壶	汤勺	盘	罐	碟	碗	盘	汤勺	杯	盒	碗	杯	碟	罐	瓶	盒	
T1311	6			2						1									1					1						11
Q1	66	1		1						24	1	1						10	2	1		2		7	3	2				121
SD5	25				1					16		1					1	3	2			1		7		1				58
H3	7				1					1																				9
H4												3						1						1						5
TD6 北坡面	3									1								2						2	2	1				11
TD6 壁面	2			1			1					1														1				6
合计	825	12	4	20	28	9	2	2	1	344	27	91	1	6	1	2	13	183	62	2	2	26	7	225	69	48	3	3	2	2020

表附 1-3-2　出土瓷器器类统计表（2）

类别 / 数量（件） / 单位	瓷器								合计
	黑釉瓷			酱釉瓷	青花瓷				
	盏	碗	杯	罐	碗	杯	盘	罐	
T0511	3								3
T0609									0
T0610	1								1
T0611									0
T0612									0
T0613									0
T0614									0
T0615	1								1
T0616					1				1
T0708									0
T0712	1								1
T0713	1								1
T0714									0
T0715									0
T0716									0
T0717									0
T0808									0
T0809									0
T0810									0
T0811	2								2
T0812	2								2
T0813		1							1
T0814									0
T0815									0
T0816									0
T0908									0
T0909	1					2			3
T0910	1								1
T0911									0
T0912					3				3
T0913							1		1
T0914	1								1
T0915									0
T0916	5								5

续表附 1-3-2

单位 \ 类别 数量（件）	瓷器 黑釉瓷 盏	黑釉瓷 碗	黑釉瓷 杯	酱釉瓷 罐	青花瓷 碗	青花瓷 杯	青花瓷 盘	青花瓷 罐	合计
T0917									0
T1008	1				1				2
T1009									0
T1010									0
T1011	1				1				2
T1012						1			1
T1013					1				1
T1014					15				15
T1015					2				2
T1016					3				3
T1017					6				6
T1108									0
T1109					2				2
T1110									0
T1111		1		1	4				6
T1112		1							1
T1113									0
T1114	1				2				3
T1115					2				2
T1116	1				1				2
T1211					1				1
T1213		1				1			2
T1214	3		2	1		1			7
T1215									0
T1311					1				1
Q1	2				1				3
SD5								1	1
H3									0
T1211					1				1
T1213		1				1			2
TD6 北坡	1								1
合计	29	4	2	2	47	5	1	1	91

表附 1-4　出土陶器器类统计表

单位 \ 类别 数量（件）	陶器 素胎 瓶	素胎 壶	素胎 罐	素胎 碗	素胎 盏	素胎 钵	素胎 器盖	素胎 杯	素胎 器足	釉陶 瓶	釉陶 罐	釉陶 壶	釉陶 茶盏	釉陶 碗	合计
T0511			1	1							3	1			6
T0609			1	1										1	3
T0610			1												1
T0611		1	1												2
T0612			2											2	4
T0613			2												2
T0614			1												1
T0615				1											1
T0616	1	1		2											4
T0708							1							1	2
T0712			6		1					1	2				10
T0713		1	5	1								1			8
T0714			4											1	5
T0715		1	1	2							1			1	6
T0716															0
T0717			5	6											11
T0808															0
T0809	1	2		1	1										5
T0810		1	3	3		1	1								9
T0811															0

续表附 1–4

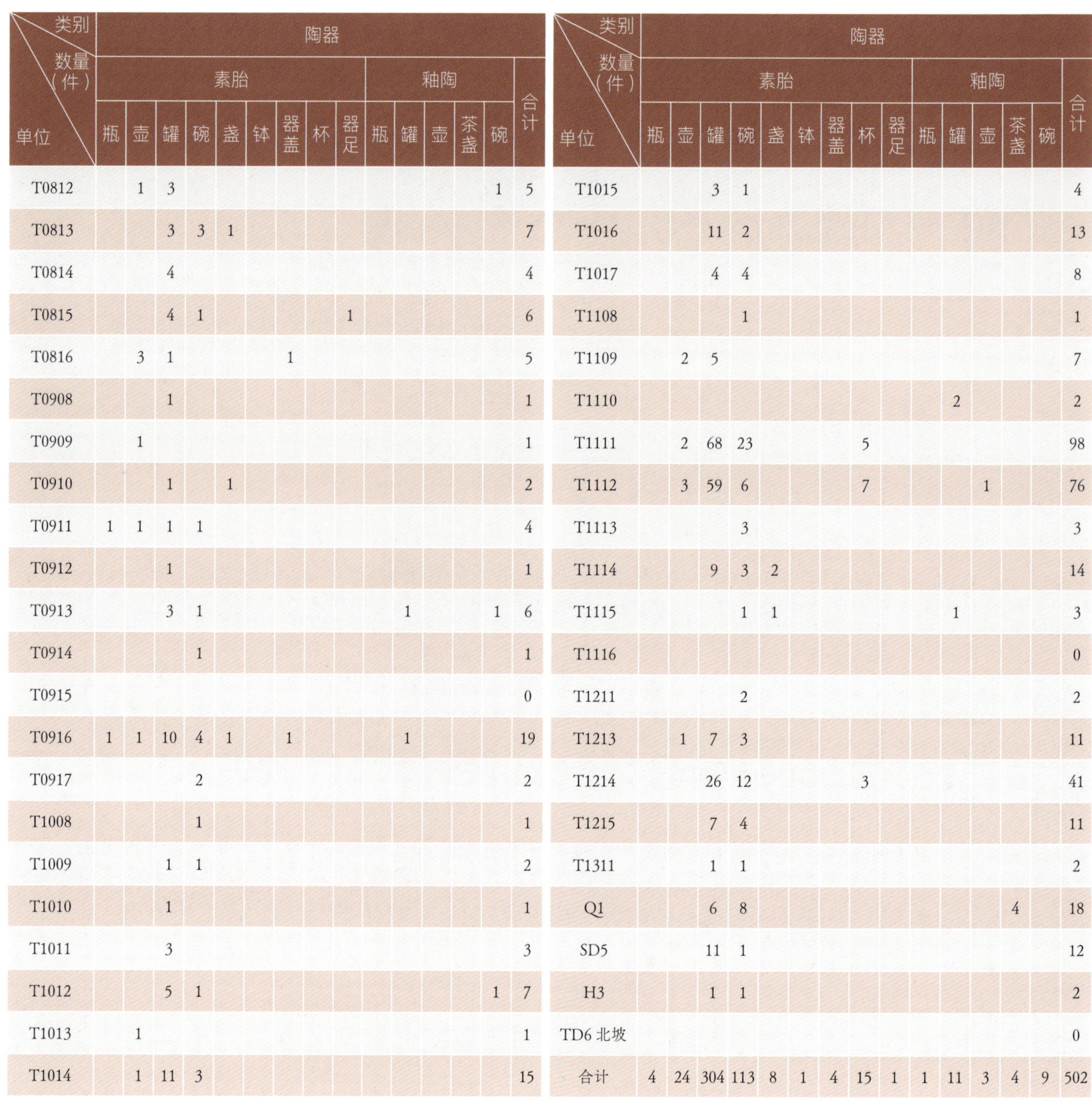

单位 \ 类别 数量（件）	陶器														
	素胎									釉陶					合计
	瓶	壶	罐	碗	盏	钵	器盖	杯	器足	瓶	罐	壶	茶盏	碗	
T0812		1	3											1	5
T0813			3	3	1										7
T0814			4												4
T0815			4	1					1						6
T0816		3	1				1								5
T0908			1												1
T0909		1													1
T0910			1		1										2
T0911	1	1	1	1											4
T0912			1												1
T0913			3	1							1			1	6
T0914				1											1
T0915															0
T0916	1	1	10	4	1		1				1				19
T0917				2											2
T1008				1											1
T1009			1	1											2
T1010			1												1
T1011			3												3
T1012			5	1										1	7
T1013		1													1
T1014		1	11	3											15
T1015			3	1											4
T1016			11	2											13
T1017			4	4											8
T1108				1											1
T1109		2	5												7
T1110											2				2
T1111		2	68	23				5							98
T1112		3	59	6				7				1			76
T1113				3											3
T1114			9	3	2										14
T1115				1	1						1				3
T1116															0
T1211				2											2
T1213		1	7	3											11
T1214			26	12				3							41
T1215			7	4											11
T1311			1	1											2
Q1			6	8									4		18
SD5			11	1											12
H3			1	1											2
TD6 北坡															0
合计	4	24	304	113	8	1	4	15	1	1	11	3	4	9	502

3. 出土陶瓷器重量统计表

该统计表按瓷器和陶器两大类进行统计。瓷器首先以釉料进行区分，之后按纹饰划分。陶器以有无釉料分为素胎器和釉陶器，之后按胎质、最终以纹饰进行划分。在出土单位的排序方面，首先划分不同的台地；其次按照探方号前两位数字从 05 至 13 的顺序进行排列；再次是遗迹单位，以地层叠压系络由上至下进行排序，同一地层下出土的遗迹单位，若有先后叠压顺序，则依照叠压的先后顺序进行排序，若无则依照发现的早晚进行排序。TD 14 上的小丘作为一个单独的遗迹单位进行统计。未发掘或无陶瓷片出土的遗迹单位不列入表中。

表附 1–5　出土瓷片重量统计表

出土单位	遗物类型／重量（克）	瓷器																				
		青瓷					青白瓷					白瓷			米黄釉瓷				黑釉瓷	酱釉瓷	青花瓷	合计
		素面	刻划花	弦纹	莲瓣	凸棱	素面	刻划花	弦纹	凸棱	莲瓣	素面	刻划花	凸棱	素面	刻划花	印花	凸棱				
TD1	T0611 ①	639					77					30			26						25	797
	T0611 ④	50	10				78															138
	T0612 ①	87					16								10							113
	T0612 ②	75					20					21			30							146
	T0711 ①	5					4								3							12
	T0712 ①	4					10					2			8						2	26
	T0811 ①	23					45					18			34				6			126
	T0811 ②	30										13									1	44
	T0910 ①	76	16									4	2		36						2	136
	T0911 ①						43					4			152				13			212
	T0911 ②	17										11										28
	T1011 ①	353					86					48			118				21		23	649
	T1011 ②	16					42					8			14	10			11			101
	T1111 ①	228					16					3			20				16			283
	T1111 ②	327					86					18			136						28	595
	T1111 ①②	31					108	3				31									4	177
	T1111 ③	32					180					20			32						11	275
	T1111 ④	55	7				210					74			84						51	481
	T1111 ⑤	53	6				197								85							341
	T1111 ⑥	88					179				8	65			117						34	491
	T1111 ⑥ b	52					155					5			10							222
	T1111 ⑦	81	7				179					51			261							579
	T1111 ⑧	196	24				99					13			43							375
	T1111 ⑩						11								4	6						21
	T1111 ⑪	154	24				261					12	10		6							467
	T1111 ⑫	18					12								103							133
	T1111 ⑬	57	12				89	13				4			11							186
	T1111 北扩①②	161					115					7			42						29	354
	T1111 北扩③	93					138					3			62							296
	T1111 北扩 BJC	2					10								1							13
	T1111 北扩④⑤⑥	15					147				7	2			161							332
	T1111 北扩⑥ b	104	30				32								11							177
	T1111 北扩⑦	166	26				28					29			31				1			281

出土单位	重量（克）/遗物类型	瓷器																				
		青瓷					青白瓷					白瓷			米黄釉瓷				黑釉瓷	酱釉瓷	青花瓷	合计
		素面	刻划花	弦纹	莲瓣	凸棱	素面	刻划花	弦纹	凸棱	莲瓣	素面	刻划花	凸棱	素面	刻划花	印花	凸棱				
TD1	T1111 北扩⑧	107	43				441								135	61						787
	T1111 北扩⑨	277	6				50								68							401
	T1111 北扩⑩	133	30				308	2				13			119							605
	T1111 北扩⑩⑪	61					73					2										136
	T1111 北扩⑬		4				129								8							141
	T1111L3②						10															10
TD2	T0612①	12										14			10							36
	T0612②	58	2				4					13			17						1	95
	T0613①	3																				3
	T0613②	23					22					4										49
	T0711①	74					14					7			40						1	136
	T0712①	35										2										37
	T0713②	71					18					21			7							117
	T0811①	259	10				11	16				19			41							356
	T0811②	83										11			20				20			134
	T0812②	39													38						6	83
	T0911②	48					8	13				5	7		20							101
	T0911③	27										4										31
	T0912②	67	6									13			38						2	126
	T0912③	13					5					8			10							36
	T1011①	3					9					5							17			34
	T1012①	131					18	19				10			38				26		15	257
	T1012②	126	3				60					10			181				4		31	415
	T1112①	230					17					25			78		6				25	381
	T1112②	204	13				69					64			79				5		18	452
	T1112BJC	98	34				358					15			235					4	4	748
	T1112④	62					117			6		2			17						4	208
	T1112⑤	400	12				967	11		13		218	12		420			33			11	2097
	T1112⑥	421	229				1199	319		29		17			475	29			11			2729
	T1112⑦	396					412	25			109	6	121		156	155						1380
	T1112⑧	29					475					14										518
	T1112⑩	51					36								13							100
	T1112⑪	145					43								15							203

出土单位	遗物类型 / 重量（克）	瓷器																				
		青瓷					青白瓷					白瓷			米黄釉瓷				黑釉瓷	酱釉瓷	青花瓷	合计
		素面	刻划花	弦纹	莲瓣	凸棱	素面	刻划花	弦纹	凸棱	莲瓣	素面	刻划花	凸棱	素面	刻划花	印花	凸棱				
TD2	T1112 ⑬	315					190	41			13	3			31							593
	T1112 炉内	17					49								15							81
	T1112 北扩②③	39						24							8							71
	T1112 北扩 BJC	18						26				1									1	46
	T1112 北扩⑤	158	18					79				65			72							392
	T1112 北扩⑥							20							57							77
	T1112 北扩⑩		12					62							26							100
TD3	T0712 ①	167										43			73				7		3	293
	T0811 ①	68										9			4				8		3	92
	T0811 ②	10						6				11			54							81
TD4	T0612 ①	113						10														123
	T0708 ①	15						3				17									2	37
	T0712 ①	437						26				63			110				29		4	669
	T0712 ②	402	20					533	15			257	15		420		8		45		17	1732
	T0712 ③	67										23			5							95
	T0812 ①	128	3					36				4			70				8		7	256
	T0812 ②	308						140				11			97				4		6	566
	T0813 ①	15						2							2							19
	T0911 ①	123										23			22				34		9	211
	T0912 ①	226						64				20			127				4		14	455
	T0912 ②	93						55							10						42	200
	T0913 ①	282	37					99	3			46			246						15	728
	T0913 ②	505	16					153				5			98						14	791
	T0913 ③	49						49				10										108
	T1012 ①	11																				11
	T1013 ①	272						15				35									10	332
	T1013 ②	183	26					89				47			18						40	403
	T1113 ①	343	9					18				33	12		69						33	517
	T1113 ②	142						10				8			35		3					198
	T1213 ①	111						22				3			18						3	157
TD5	T1114 ①	525						32				39			25						63	684
	T1114 ②	94	6									13	4		35		5		3		7	167
	T1114 ③	876		84				332				4			43							1339

续表附 1–5

出土单位	遗物类型 / 重量（克）	瓷器																			
		青瓷					青白瓷					白瓷			米黄釉瓷				黑釉瓷	酱釉瓷	青花瓷	合计
		素面	刻划花	弦纹	莲瓣	凸棱	素面	刻划花	弦纹	凸棱	莲瓣	素面	刻划花	凸棱	素面	刻划花	印花	凸棱				
TD5	H5	22						61				1										84
	T1115 ①	134						29				3			113						27	306
	T1115 ②	22																			23	45
	T1115 ①②	5					75															80
	T1115 ③	40					103								22							165
	T1115BJC						62															62
	T1116 ①	77																				77
	T1213 ⑤	82																				82
	T1213 ⑦	12		148			16		12			15			31							234
	T1213 ⑧	128																				128
	T1213 ⑨	151					54								19							224
	T1213 ⑩	17					6								123				15			161
	T1213 西北瓦砾层	233					146								36	9						424
	T1214 ①②	90					9					23			7						13	142
	T1214 ②下 BJC	15										30									10	55
	T1214 ③	819					1231					41			85	22		6	49	1		2254
	T1214 北扩①							8														8
	T1214 北扩②	190						170				15			11				23		24	433
	T1214 北扩③	403						188				138			94							823
	T1214 ④	189	43					26			20			35	7							320
	T1214 ⑤	23													20				11			54
	T1214 ⑤下 G2	36						15							2				4			57
	T1214 ⑥	106												4								110
	T1214 ⑦	340						270							74				4			688
	T1214 ⑨	22						8				1										31
	T1214 ⑩							113				4			6	25						148
	T1215 ①②	34						7														41
	T1215 ③	56						53							83							192
	T1215 ④	136						98				3										237
	T1215 ⑥	73						93				9										175
TD6	T1013 ①	276						32				7			21						5	341
	T1013 ③	150						69				15										234
	T1014 ①	398	5					107				77			16						35	638

续表附 1–5

出土单位	遗物类型 / 重量（克）	瓷器																				
		青瓷					青白瓷					白瓷			米黄釉瓷				黑釉瓷	酱釉瓷	青花瓷	合计
		素面	刻划花	弦纹	莲瓣	凸棱	素面	刻划花	弦纹	凸棱	莲瓣	素面	刻划花	凸棱	素面	刻划花	印花	凸棱				
TD6	T1014②	116										7			23						15	161
	SD5	1516						1168				220			427	96					725	4152
	T1014③	203										16			18							237
	T1014⑤	127						15				16			36							194
	T1014⑥	62											8		28						19	117
	T1014⑪							9					14									23
	T1015①	122						19				8			132						7	288
	T1015②	29						7							68							104
	T1016①	19						20														39
	T1115①	22										2									4	28
	T1115②							14							13							27
	T1116①	491	34					34				28			50				9		64	710
	T1116②	13										4			32						6	55
	T1117①	128						7				3			78							216
	TD6 北坡面	331					70					10		14	270				20		3	718
TD7	T0613①	414					40					41			58						36	589
	T0613②	158					2					2			22							184
	T0614①	25					3					4										32
	T0614②	176					20					13			15						7	231
	T0713①	73					14					46			27				7		13	180
	T0714①	7	4				11															22
TD8	T0614①	16					14					8			35							73
	T0614②	40					2					6										48
	T0615①	37					3					2										42
	T0616①	20					113								82						15	230
	T0713①	178					50	13				6			92				4		11	354
	T0713②	33					11															44
	T0713③	100					65					32			20							217
	T0713④	357					177					64	13		78							689
	T0713⑤		28	11			168					18			64							289
	T0714①	424	5				63					10			64						10	576
	T0714②	32													7							39
	T0714③	29						70				35			37							171

续表附 1-5

出土单位 \ 重量（克）\ 遗物类型		瓷器																				
		青瓷					青白瓷					白瓷			米黄釉瓷				黑釉瓷	酱釉瓷	青花瓷	合计
		素面	刻划花	弦纹	莲瓣	凸棱	素面	刻划花	弦纹	凸棱	莲瓣	素面	刻划花	凸棱	素面	刻划花	印花	凸棱				
TD8	T0714⑤	313						31							93							437
	H4							127	9			9			83							228
	T0813①	99						14													4	117
	T0813⑤	529	161					383				250			148	51				45	4	1571
	T0814①	354						35				11			37						9	446
	T0814②							2							3							5
	T0814⑤	277						227				27	8		7							546
	T0913①	107	43									6			34						4	194
	T0914①	228						126							126						12	492
	T0914③	65						7														72
	T0915①	209										3			22						6	240
	T0915②	5																				5
	T1014①											6										6
	T1014⑧	12						19							14							45
	T1015①	110										13			17						17	157
	T1015②														7							7
	T1015BJC中	61						4													17	82
	T1015③	46					83								26							155
TD9	T0615①	105					12					7			3				17		2	146
	T0615②	142					8					5										155
	T0616①	230													39						14	283
	T0616②	155					15								10							180
	T0714①	23					16															39
	T0715①	150					64					36			71						39	360
	T0715②	255					131					38			75							499
	T0715③	339					179					18			78	3						617
	T0716①	119					21					6			29						5	180
	T0716②	62													8	46						116
	T0716③	34																				34
	T0717①	391					168					8			9							576
	T0717③	358					75	12				15				8						468
	T0717④	372					17								6							395
	T0717⑤	78					21					12										111

出土单位	遗物类型 / 重量（克）	瓷器																					
		青瓷					青白瓷					白瓷			米黄釉瓷				黑釉瓷	酱釉瓷	青花瓷	合计
		素面	刻划花	弦纹	莲瓣	凸棱	素面	刻划花	弦纹	凸棱	莲瓣	素面	刻划花	凸棱	素面	刻划花	印花	凸棱				
TD9	T0814 ①	116					19															135
	T0815 ①	319					19					16			25						7	386
	T0815 ②	149					52								65							266
	T0815 F1 垫土	137										22										159
	T0815 F3 垫土	29										20			12							61
	T0816 ①	80					31								48						17	176
TD10	T0714 ①																					0
	T0814 ①		104												79						5	188
	T0816 ①	73					42								14						30	159
	T0816 ③	294	14				70					25			101				3		7	514
	T0816 ④	941					108					63			393							1505
	T0817 ①	50					13														13	76
	T0915 ④	249					2					5			139				26			421
	T0916 ①		10				18								5						23	56
	T0916 ②	72					67					9			22							170
	T0916 ③	886	11				279					204	27		296	6			63			1772
	T0916 ④	354					154					44			441	8			7			1008
	T0916 F2 墙基槽	447										183			52							682
	T0916 L2 前坑	23					41					4			3							71
	H3	527		109			203								46		28					913
	T0917 ③	275										6										281
	T0917 ④	132					83					78			64							357
	T0915–T0917 ①	140													10							150
TD11	T0511 ①	974	30				14	8				47			77		10				8	1168
	T0511Yb 北东扩	274						8				16			10							308
	T0511 ②	64					34					10			22							130
	T0511 ③西扩方	208					17					59			43				9		8	344
	T0609 ①	376					10					146			20						2	554
	T0609 ②	18													3							21
	T0610 ①	107					25					25			52							209
	T0610 ②	143					10					19				27						199
	T0611 ①	30					2															32
	T0611 ②	6																				6

续表附 1–5

出土单位	遗物类型 / 重量（克）	瓷器																			
		青瓷					青白瓷					白瓷			米黄釉瓷				黑釉瓷	酱釉瓷	青花瓷	合计
		素面	刻划花	弦纹	莲瓣	凸棱	素面	刻划花	弦纹	凸棱	莲瓣	素面	刻划花	凸棱	素面	刻划花	印花	凸棱				
TD12	T1016 ①	188					5					3										196
	T1016 ②	71					26														11	108
	SD6						26														214	240
	G1											5			7						62	74
	T1016 ③	34					44					9			6							93
	T1016 ④	712		406		8	367					25			296						79	1893
	T1016 ⑤	48					26								19							93
	T1017 ③④	158			12		141					34			38						64	447
	T1017 ⑤	85	157				1								114							357
	T1017 ⑥									75												75
	T1117 ①	8										11									3	22
	T1117 ②	25													13						4	42
TD14	T0609 ①	22					3															25
	T0609 ②	39					10								14							63
	T0610 ①	88					7					11										106
	T0611 ①	281					10					43			20							354
	T0708 ①	4																	6			10
	T0709 ①	260	6									29									11	306
	T0710 ①	56					18					19			92						10	195
	T0808 ①	139										12			24						3	178
	T0808 ②	13										6										19
	T0809 ①	244					32					57			84						14	431
	T0809 ②	83	5									30			23							141
	T0809 ③	22	13												4							39
	T0810 ①	210					14					19			18						5	266
	T0907 ①	138					22								3						12	175
	T0908 ①	110	24				35					10			6							185
	T0908 ②	128	48				28	34				33									2	273
	T0908 ③	63	7									18			6						7	101
	T0909 ①	373	38				2					55			45				4		8	525
	T0909 ②	31					8					17			7							63
	T0910 ①	302					6					59			35				3		3	408
	T1008 ①	356	12				6					15			9				22		31	451

续表附 1-5

出土单位	遗物类型 / 重量（克）	瓷器																			
		青瓷					青白瓷					白瓷			米黄釉瓷				黑釉瓷	酱釉瓷	青花瓷	合计
		素面	刻划花	弦纹	莲瓣	凸棱	素面	刻划花	弦纹	凸棱	莲瓣	素面	刻划花	凸棱	素面	刻划花	印花	凸棱				
TD14	T1009 ①	260					66					48			129				19		10	532
	T1009 ②	28	14				18								19							79
	T1010 ①	254					89	27				76			127				3		18	594
	T1108 ①	210					41					15			17				20			303
	T1109 ①	342	22				105	4				58			132						13	676
	T1110 ①	215	13				110								105						7	450
	T1111 ①	118					12					24			30						5	189
	T1209 ①北扩	373	12				47					19			58				2		4	515
	T1210 ①	623					55					48			84						14	824
	T1211 ①	588					108					32	2		35						12	777
	T1309 ①	36					46															82
	T1310 ①	13										10			2							25
	T1311 ①	400					31			12		13			12						18	486
Q1	Q1 ①	2040	60				255	122				86			349				17		141	3070
	Q1 ②	707					30					18	14		32	14						815

表附 1-6　出土陶片重量统计表

出土单位	遗物类型 / 重量（克）	素胎器							釉陶器			合计
		灰陶			红陶	黄陶	黑陶	白陶	黄褐釉陶	青绿釉陶	黑釉陶	
		素面	刻划花	彩绘								
TD1	T0611 ①	705							75			780
	T0611 ④	10								14		24
	T0612 ①	127							17	1		145
	T0612 ②	188										188
	T0711 ①	73										73
	T0711 ②	200				195						395
	T0712 ①	54							67		31	152
	T0811 ①	54				26			6			86
	T0811 ②	57										57
	T0910 ①	103										103
	T0911 ①	319			368	325						1012

续表附 1-6

出土单位	重量（克）/ 遗物类型	素胎器							釉陶器			合计
		灰陶			红陶	黄陶	黑陶	白陶	黄褐釉陶	青绿釉陶	黑釉陶	
		素面	刻划花	彩绘								
TD1	T0911②	49			48	283						380
	T1011①	816			81	38			43	53	7	1038
	T1011②	22				10				8		40
	T1111①	393				124			6	5		528
	T1111②	276									2	278
	T1111①②	30							24	25		79
	T1111③	274	20							94		388
	T1111④	603	32						16	8		659
	T1111⑤	463			134					75		672
	T1111⑥	690								69		759
	T1111⑥b	153										153
	T1111⑦	1673								40		1713
	T1111⑧	335								77		412
	T1111⑩	299										299
	T1111⑪	569								104		673
	T1111⑫	192										192
	T1111⑬	131										131
	T1111 北扩①②	419										419
	T1111 北扩③	235								22		257
	T1111 北扩 BJC	1										1
	T1111 北扩④⑤⑥	256										256
	T1111 北扩⑥b	37								31		68
	T1111 北扩⑦	239						31	16	15		301
	T1111 北扩⑧	1242				6				182		1430
	T1111 北扩⑨	447								51		498
	T1111 北扩⑩	1113								246		1359
	T1111 北扩⑩⑪	120			25					31		176
	T1111 北扩⑬	177								65		242
	T1111L3②	29										29
TD2	T0612①	143										143
	T0612②	180							62		12	254
	T0613①	19				53						72
	T0613②	15										15
	T0711①	128								20		148

续表附 1–6

出土单位 / 重量（克） / 遗物类型		素胎器							釉陶器			合计
		灰陶			红陶	黄陶	黑陶	白陶	黄褐釉陶	青绿釉陶	黑釉陶	
		素面	刻划花	彩绘								
TD2	T0712 ①	75			6					19		100
	T0713 ②	77								82		159
	T0811 ①	249							21			270
	T0811 ②	284				43						327
	T0812 ②	9										9
	T0911 ②	230										230
	T0911 ③	39							8	13		60
	T0912 ②	395										395
	T0912 ③	8							23			31
	T1011 ①	143			153							296
	T1012 ①	382			12	90	9		104	5		602
	T1012 ②	958			98	119	6			34	29	1244
	T1112 ①	764			76	53	3		124	37	12	1069
	T1112 ②	795			75	229			92	34		1225
	T1112BJC	335										335
	T1112 ④	171										171
	T1112 ⑤	3465								321		3786
	T1112 ⑥	3036			14					601		3651
	T1112 ⑦	1632								453		2085
	T1112 ⑧	209										209
	T1112 ⑩	218								4		222
	T1112 ⑪	842								3		845
	T1112 ⑬	1449								171		1620
	T1112 炉内	211								52		263
	T1112 北扩②③	12								7		19
	T1112 北扩 BJC	58										58
	T1112 北扩⑤	947								228		1175
	T1112 北扩⑥	475								73		548
	T1112 北扩⑩	78								22		100
TD3	T0712 ①	492			105	30				154		781
	T0811 ①	471				70						541
	T0811 ②	42							25			67
TD4	T0612 ①	75							8			83
	T0708 ①	138							50	9		197

续表附 1–6

出土单位	重量（克） 遗物类型	素胎器							釉陶器			合计
		灰陶			红陶	黄陶	黑陶	白陶	黄褐釉陶	青绿釉陶	黑釉陶	
		素面	刻划花	彩绘								
TD4	T0712 ①	821			319	27			46	10		1223
	T0712 ②	1434		70	53	39			675	84	120	2475
	T0812 ①	472								43	21	536
	T0812 ②	710			105					68	42	925
	T0813 ①	29										29
	T0911 ①	130				11						141
	T0912 ①	437							76	90	18	621
	T0912 ②	328								31	3	362
	T0913 ①	887			29	45				90		1051
	T0913 ②	804			115				19	74	57	1069
	T0913 ③	1319				45						1364
	T1012 ①	54										54
	T1013 ①	393				6			100			499
	T1013 ②	471							56		8	535
	T1113 ①	879			26	182			47		19	1153
	T1113 ②	435			14	12	5				14	480
	T1213 ①	178										178
TD5	T1114 ①	1137			61	50			63	27	5	1343
	T1114 ②	247			27	30	18		19			341
	T1114 ③	1635			21					63		1719
	H5	7										7
	T1115 ①	326							10			336
	T1115 ②	149			18	9					5	181
	T1115 ①②	94										94
	T1115 ③	194										194
	T1116 ①	40							28			68
	T1213 ⑤	98				28						126
	T1213 ⑦				177		30					207
	T1213 ⑧	102										102
	T1213 ⑨	56								96		152
	T1213 ⑩	86										86
	T1213 西北瓦砾层	108										108
	T1214 ①②	83							18			101
	T1214 北扩①	31										31

续表附 1–6

出土单位 \ 重量（克） \ 遗物类型		素胎器							釉陶器			合计
		灰陶			红陶	黄陶	黑陶	白陶	黄褐釉陶	青绿釉陶	黑釉陶	
		素面	刻划花	彩绘								
TD5	T1214 北扩②	706								25		731
	T1214 ②下板结层	130								6		136
	T1214 ③	1163					5		242	100		1510
	T1214 北扩③	1102			51	271				74		1498
	T1214 ④	209				143						352
	T1214 ⑤	70								67		137
	T1214 ⑤下 G2									8		8
	T1214 ⑥	30										30
	T1214 ③⑦	498								119		617
	T1214 ⑨	37										37
	T1214 ⑩	104								23		127
	T1215 ①②	55										55
	T1215 ③	319								76		395
	T1215 ④	399									17	416
	T1215 ⑥	165										165
TD6	T1013 ①	323			6	34			35			398
	T1013 ③	314										314
	T1014 ①	317							38	22		377
	T1014 ②	198							13			211
	SD5	2888				75			133	52		3148
	T1014 ③	196							111			307
	T1014 ⑤	535								37		572
	T1014 ⑥	181								205		386
	T1014 ⑪	133										133
	T1015 ①	155				13						168
	T1015 ②	105							17	6		128
	T1016 ①	51								28		79
	T1115 ①	162				87			7			256
	T1115 ②	48			21	84						153
	T1116 ①	602			97	84			31		29	843
	T1116 ②	102								7		109
	T1117 ①	121								38		159
	TD6 北坡面	124										124
TD7	T0613 ①	393			30	8	5			19		455

续表附 1–6

出土单位	遗物类型 / 重量（克）	素胎器							釉陶器			合计
		灰陶			红陶	黄陶	黑陶	白陶	黄褐釉陶	青绿釉陶	黑釉陶	
		素面	刻划花	彩绘								
TD7	T0613 ②	127										127
	T0614 ①	245									7	252
	T0614 ②	253				100	6			26		385
	T0713 ①	184			51	23				21	41	320
	T0714 ①	92									14	106
TD8	T0614 ①	125							9			134
	T0614 ②	108			32							140
	T0615 ①	127										127
	T0616 ①	221				31						252
	T0713 ①	405			50	18						473
	T0713 ②	114										114
	T0713 ③	134										134
	T0713 ④	430					9					439
	T0713 ⑤	91								4		95
	T0714 ①	793			45						19	857
	T0714 ②	10										10
	T0714 ③	500										500
	T0714 ⑤	252										252
	H4	19										19
	T0813 ①	155									11	166
	T0813 ⑤	1019				78		29	13			1139
	T0814 ①	358			3				15		8	384
	T0814 ⑤	368			30	7				135		540
	T0913 ①	452										452
	T0914 ①	751			25				3	23		802
	T0914 ③	67								26		93
	T0915 ①	419										419
	T1014 ①	30			21	7						58
	T1014 ⑧	287								17		304
	T1015 ①	388			104	56				51		599
	T1015 ②	32			8	17						57
	T1015BJC 中	32								145		177
	T1015 ③	365			21							386
TD9	T0615 ①	218				24			11			253

续表附 1–6

出土单位	遗物类型 / 重量（克）	素胎器							釉陶器			合计
		灰陶			红陶	黄陶	黑陶	白陶	黄褐釉陶	青绿釉陶	黑釉陶	
		素面	刻划花	彩绘								
TD9	T0615 ②	51										51
	T0616 ①	323			58							381
	T0616 ②	172									8	180
	T0714 ①	17										17
	T0715 ①	284			67	38	42			54		485
	T0715 ②	486							13		19	518
	T0715 ③	445			85	78				73	15	696
	T0716 ①	352			74							426
	T0716 ②	67								20		87
	T0716 ③	9										9
	T0717 ①	697										697
	T0717 ③	613						55		15		683
	T0717 ④	234										234
	T0717 ⑤	157								18		175
	T0814 ①	104										104
	T0815 ①	415							9	46	15	485
	T0815 ②	217					2					219
	T0815 F1 垫土	131								27		158
	T0815 F3 垫土	210								20		230
	T0816 ①	120			11					32		163
TD10	T0714 ①	35										35
	T0814 ①	105										105
	T0816 ①	103									7	110
	T0816 ③	156				6						162
	T0816 ④	764								136		900
	T0817 ①	48					7					55
	T0915 ④	366			16							382
	T0916 ①	80										80
	T0916 ②	412						5		35		452
	T0916 ③	1416			58	64	3	42	10	111	53	1757
	T0916 ④	158			20	91						269
	T0916 SQ2 墙基槽	114								22		136
	T0916 L2 前坑	48						22				70
	H3	489			31							520

续表附 1–6

出土单位	重量（克）／遗物类型	素胎器							釉陶器			合计
		灰陶			红陶	黄陶	黑陶	白陶	黄褐釉陶	青绿釉陶	黑釉陶	
		素面	刻划花	彩绘								
TD10	T0917 ③	32						1				33
	T0917 ④	284								7		291
	T0915–T0917 ①	15										15
TD11	T0511 ①	1208							215	32	33	1488
	T0511Yb 北东扩	278							70			348
	T0511 ②	379				77			25			481
	T0511 ③西扩	554					13		19	24		610
	T0609 ①	202							31		42	275
	T0609 ②	82										82
	T0610 ①	359							14	49		422
	T0610 ②	195			10				20			225
	T0611 ①	28									5	33
	T0611 ②	4										4
TD12	T1016 ①	279							28			307
	T1016 ②	203								55		258
	T1016 ③	337					15	7	102			461
	T1016 ④	544										544
	T1016 ⑤	66										66
	T1017 ③④	583								44		627
	T1017 ⑤	189								16		205
	T1017 ⑥											0
	T1117 ①	60				49			10	19		138
	T1117 ②	17										17
TD14	T0609 ①	78										78
	T0609 ②	93										93
	T0610 ①	108							8			116
	T0611 ①	457							26			483
	T0708 ①	29										29
	T0709 ①	447							11			458
	T0710 ①	275							32			307
	T0808 ①	198			25	17						240
	T0808 ②	44			7							51
	T0809 ①	416										416
	T0809 ②	143			8							151

续表附 1–6

出土单位 \ 重量（克） \ 遗物类型		素胎器							釉陶器			合计
		灰陶			红陶	黄陶	黑陶	白陶	黄褐釉陶	青绿釉陶	黑釉陶	
		素面	刻划花	彩绘								
TD14	T0809 ③	65										65
	T0810 ①	607		18								625
	T0907 ①	160								55		215
	T0908 ①	209									52	261
	T0908 ②	48										48
	T0908 ③	60										60
	T0909 ①	569										569
	T0909 ②	42										42
	T0910 ①	445			15	58				2		520
	T1008 ①	551				55						606
	T1009 ①	784										784
	T1009 ②	92										92
	T1010 ①	775			32	313			21	16	5	1162
	T1108 ①	232										232
	T1109 ①	847										847
	T1110 ①	482			83					74	33	672
	T1111 ①	316				57						373
	T1209 ①北扩	572									9	581
	T1210 ①	784				53			133	6	18	994
	T1211 ①	1128						257	23			1408
	T1309 ①	16							14			30
	T1310 ①	98									10	108
	T1311 ①	460										460
Q1	Q1 ①	1716							106			1822
	Q1 ②	754			24	27	14					819

二　单位出土炉渣、积铁重量登记表

遗址名称：安溪青洋下草埔（2019XCPI）

采样方法：手选、磁选

统计方式：按照出土单位逐一统计称重

记录内容：以发掘区内普遍揭露的①、②、③层为记录对象，对单位内出土炉渣总量进行记录。

表附 2-1　炉渣登记表

出土地层	重量（千克）	出土地层	重量（千克）	出土地层	重量（千克）
T0511 TD11 ①	25.7	T1109 TD14 ①	44.7	T0812 TD3 ①	12.0
T0511 TD11 ②	31.3	T1110 TD14 ①	25.6	T0812 TD4 ①	15.3
T0511 TD11 ③	35.9	T1111 TD14 ①	14.1	T0812 TD4 ②	5.9
T0609 TD11 ①	103.0	T1209 TD14 ①	52.8	T0912 TD2 ①	74.2
T0609 TD11 ②	21.0	T1210 TD14 ①	57.3	T0912 TD2 ②	28.8
T0609 TD11 ③	12.1	T1211 TD14 ①	22.3	T0912 TD4 ①	59.0
T0610 TD11 ①	44.9	T1311 TD14 ①	12.2	T0912 TD4 ②	4.5
T0610 TD11 ②	26.4	T0711 TD1 ①	13.6	T1012 TD2 ①	16.7
T0610 TD11 ③	2.8	T0711 TD2 ①	27.0	T1012 TD2 ②	15.3
T0708 TD14 ①	3.5	T0711 TD2 ②	16.3	T1012 TD4 ①	7.1
T0708 TD14 ②	2.6	T0811 TD1 ①	38.2	T1112 TD2 ①	21.8
T0709 TD14 ①	35.7	T0811 TD1 ②	6.2	T1112 TD2 ②	11.8
T0710 TD14 ①	58.1	T0811 TD2 ①	28.2	T1112 TD2 ③	21.1
T0808 TD14 ①	15.6	T0811 TD2 ②	16.0	T0613 TD2 ①	10.1
T0808 TD14 ②	4.0	T0811 TD3 ①	50.7	T0613 TD2 ②	1.5
T0809 TD14 ①	31.6	T0911 TD1 ①	65.2	T0613 TD7 ①	30.3
T0809 TD14 ②	3.5	T0911 TD1 ②	27.1	T0613 TD7 ②	18.2
T0809 TD14 ③	0.7	T0911 TD2 ①	33.8	T0713 TD7 ①	17.5
T0810 TD14 ①	59.1	T0911 TD2 ②	1.9	T0713 TD8 ①	6.3

续表附 2-1

出土地层	重量（千克）	出土地层	重量（千克）	出土地层	重量（千克）
T0908 TD14 ①	6.9	T1011 TD1 ①	67.6	T0713 TD8 ②	2.6
T0908 TD14 ②	5.2	T1011 TD1 ②	25.1	T0813 TD4 ①	5.9
T0908 TD14 ③	3.7	T1111 TD1 ①	0.8	T0813 TD8 ①	10.7
T0909 TD14 ①	21.9	T1111 TD1 ②	4.3	T0913 TD4 ①	18.1
T0910 TD14 ①	45.8	T0612 TD1 ①	23.1	T0913 TD4 ②	19.9
T1008 TD14 ①	37.9	T0612 TD1 ②	20.6	T0913 TD8 ①	4.9
T1008 TD14 ②	14.7	T0612 TD2 ①	15.5	T1013 TD4 ①	54.1
T1009 TD14 ①	16.3	T0712 TD2 ①	6.4	T1013 TD4 ②	7.6
T1009 TD14 ②	5.1	T0712 TD3 ①	9.5	T1013 TD6 ①	28.5
T1010 TD14 ①	58.4	T0712 TD4 ①	19.6	T1113 TD4 ①	46.6
T1108 TD14 ①	63.6	T0712 TD4 ②	3.5	T1113 TD4 ②	19.1
T0614 TD7 ①	36.2	T0615 TD9 ②	13.0	T0716 TD9 ②	8.5
T0614 TD7 ②	30.8	T0715 TD9 ①	1.2	T0716 TD9 ③	0.1
T0614 TD8 ①	27.8	T0715 TD9 ②	4.3	T0816 TD9 ①	0.9
T0614 TD8 ②	5.0	T0715 TD9 ③	3.8	T0816 TD10 ①	0.8
T0714 TD8 ①	12.7	T0815 TD9 ②	1.2	T0816 TD10 ④	68.2
T0714 TD8 ②	16.5	T0815 TD10 ①	0.1	T0916 TD10 ④	13.8
T0814 TD8 ①	7.4	T0915 TD8 ①	7.0	T0916 TD10 ⑤	8.1
T0814 TD8 ②	15.2	T1015 TD6 ①	11.4	T1016 TD6 ①	10.4
T0914 TD8 ①	31.7	T1015 TD6 ②	8.8	T1016 TD12 ①	9.8
T0914 TD8 ②	19.3	T1015 TD8 ①	64.1	T1016 TD12 ②	11.6
T1014 TD6 ①	35.9	T1015 TD8 ②	5.6	T1116 TD6 ①	26.5
T1014 TD6 ②	11.9	T1115 TD5 ①	38.5	T1116 TD6 ②	6.4
T1014 TD8 ①	7.3	T1115 TD5 ②	7.7	T1117 TD6 ①	2.3
T1114 TD5 ①	33.3	T0616 TD8 ①	7.5	T1117 TD12 ①	0.3
T1114 TD5 ②	14.3	T0616 TD9 ①	30.0	T1117 TD12 ②	0.6
T0615 TD8 ①	18.1	T0616 TD9 ②	32.6		
T0615 TD9 ①	20.2	T0716 TD9 ①	0.8		

表附 2-2 积铁登记表

出土地层	重量（千克）	出土地层	重量（千克）	出土地层	重量（千克）
T0709 TD14 ①	0.66	T0911 TD1 ②	0.48	T0614 TD8 ①	1.08
T0710 TD14 ①	0.98	T0911 TD2 ①	0.42	T0614 TD8 ②	0.22
T0809 TD14 ①	0.78	T1011 TD1 ①	1.06	T0714 TD8 ①	0.16
T0810 TD14 ①	0.96	T1011 TD1 ②	0.36	T0714 TD8 ②	0.30
T0908 TD14 ①	0.24	T0612 TD1 ①	0.22	T0814 TD8 ②	0.42
T0909 TD14 ①	0.40	T0612 TD1 ②	0.36	T0914 TD8 ①	0.72
T0910 TD14 ①	0.90	T0712 TD4 ①	0.28	T0914 TD8 ②	0.24
T1008 TD14 ①	0.60	T0712 TD4 ②	0.08	T1114 TD5 ①	0.24
T1009 TD14 ①	0.50	T0812 TD4 ①	0.28	T1114 TD5 ②	0.08
T1010 TD14 ①	0.18	T0912 TD2 ①	0.50	T0615 TD8 ①	0.32
T1108 TD14 ①	0.62	T0912 TD2 ②	0.20	T0615 TD9 ①	0.32
T1109 TD14 ①	0.58	T1012 TD2 ①	0.16	T0615 TD9 ②	0.28
T1110 TD14 ①	0.64	T1012 TD2 ②	0.10	T1015 TD6 ①	0.26
T1111 TD14 ①	0.24	T1112 TD2 ①	0.14	T1015 TD6 ②	0.22
T1209 TD14 ①	0.96	T1112 TD2 ②	0.58	T1015 TD8 ①	0.50
T1210 TD14 ①	0.76	T1112 TD2 ③	0.28	T1015 TD8 ②	0.14
T1211 TD14 ①	0.50	T0613 TD2 ①	0.24	T1115 TD5 ①	0.42
T1311 TD14 ①	0.32	T0613 TD7 ①	0.10	T1115 TD5 ②	0.12
T0711 TD1 ①	0.30	T0613 TD7 ②	0.34	T0616 TD8 ①	0.20
T0711 TD1 ②	0.78	T0813 TD8 ①	0.18	T0616 TD9 ①	0.24
T0711 TD2 ①	0.54	T0913 TD4 ①	0.18	T0616 TD9 ②	0.14
T0711 TD2 ②	0.80	T1013 TD4 ①	0.22	T1016 TD12 ①	0.34
T0811 TD1 ①	0.52	T1113 TD4 ①	0.34	T1016 TD12 ②	0.28
T0811 TD1 ②	0.34	T1113 TD4 ②	0.74	T1116 TD6 ①	0.32
T0811 TD2 ②	0.64	T0614 TD7 ①	0.86	T1116 TD6 ②	0.10
T0911 TD1 ①	0.58	T0614 TD7 ②	0.62		

三 加速器质谱（AMS）碳十四年代测试报告与样本说明

碳十四测年法是考古学中绝对年代测定的重要手段之一。为了解下草埔及周边遗址的绝对年代，考古队分三批采集了泉州境内多个冶铁及相关遗址点的系列炭样标本进行碳十四年代测定，测年单位为：北京大学加速器质谱实验室—第四纪年代测定实验室，测年遗址包括安溪青洋下草埔遗址、福林银场炼银遗址、湖头竹山冶铁遗址、科名村榕树下冶炼点、科名铁屎岭冶炼点、青洋庵坑礤烧炭窑地点等。

采样工作由北京大学考古文博学院下草埔考古队及前期调研专家团队完成，采样过程谨遵碳十四采样标准与操作规范[1]。其中，下草埔遗址出土炭样均详细记录了出土位置，样本经晾干处理后，用干净锡箔纸包裹并封装进塑封袋中，系列样本考古背景及代表性说明见表附 3-1，采集过程中无新碳污染。

第一批检测样本共 4 件，均为地表采集标本，采集时间为 2019 年 8 月，样本类别包括渣中木炭与包裹有灰口铁的炉渣，测年结果见表附 3-2。

第二批检测样本共 22 件，庵坑礤烧炭窑样本为两炭窑附近地表采集，下草埔遗址木炭标本均采集于（去耕土、扰土层后的）地层内或断崖剖面上，采集时间为 2019 年 11 月至 12 月，样本类别为木炭，碳十四测年结果见表附 3-3，采样情况见表附 3-4。

第三批检测样本共 11 件，福林银场遗址炭样取自路基垫渣内（剖面取样），下草埔遗址木炭标本则取自遗址局部解剖区的地层或遗迹内，样品考古背景明确，采样时间为 2020 年 5 月至 8 月，样本类别为木炭，测年结果见表附 3-5。

1. 样品编号说明

2019 为年份，XCP 为遗址名“下草埔遗址”的拼音缩写，“AKZTY”为青洋村坝口以东山地中“庵坑礤”烧炭窑拼音缩写，“I”为发掘区 1 区编号，“T”为探方编号，“标”为“标本”简写。

1 中华人民共和国国家文物局:《中华人民共和国文物保护行业标准：碳十四年代测定考古样品采集规范》WW/T0042-2012，北京：文物出版社，2012 年。

2. 下草埔遗址有效数据的考古背景与样本代表性说明

考古遗址内存在多种年代概念，如堆积中遗物混入的年代、堆积形成年代以及遗迹建造、修缮、改建、使用、废弃年代等。木炭的碳十四年代并不完全等同于上述年代。需指出，仅在满足样本封闭性条件的前提下，木炭外圈年轮的碳十四年代近似于该树木死亡年代或脱离大气碳循环的年代。因此，正确解读碳十四年代测定结果的前提还需正确理解炭样的考古背景及其与相关遗存的年代关系（即样品的年代代表性）。

在遗址内部，若木炭取自高温遗迹单位内或附近，代表该炭样可能参与了遗迹单位的高温活动，其碳十四年代有可能代表高温遗迹单位的使用年代或堆积形成的年代。木炭若取自非高温遗迹单位内，则代表该标本属于二次混入遗物，有可能与遗存形成时代同期，亦可能是更早的时代产物混入晚期遗存内，也可能是晚期产物扰动进入早期遗存内。对于后者，炭样的碳十四年代结果需综合考量考古背景、系列样本测年结果来判断

表附 3-1　下草埔遗址有效碳十四年代测试数据的样本代表性判断表

序号	LAB 编号	碳十四年代（BP）	判断
1	BA200744	740±25	可代表灶 Z3 的使用年代
2	BA200745	965±30	可代表炉 L3-5 的使用年代
3	BA200746	995±20	
4	BA200747	1030±25	
5	BA200748	345±30	可代表房 F4 废弃后被平整的时代
6	BA200749	300±25	
7	BA200751	670±25	可代表灶 Z4 的使用年代，且可代表 F4 使用年代同期
8	BA200752	840±35	可代表炉 L6 的使用年代
9	BA200753	860±35	
10	BA193312	1040±20	接近或早于 TD11-BJC3 铺设年代
11	BA193313	1110±25	宋代遗物，需进一步发掘工作来确认 TD11-BJC3 铺设年代
12	BA193314	470±20	明代遗物，需进一步发掘工作来确认 TD11-BJC3 铺设年代
13	BA193315	1025±20	宋代遗物，早于池塘最后一次修葺年代。池塘建成年代晚于或处于南宋时期
14	BA193316	1005±25	接近于 TD3-BJC1 下多层灰堆积形成年代，可能与当时的冶炼活动有关
15	BA193317	1085±25	
16	BA193318	985±20	接近或早于 TD2-BJC1 下南部垫渣形成时代
17	BA193319	1055±20	
18	BA193321	955±20	接近或早于 TD8-BJC3 下垫渣形成时代
19	BA193322	990±20	混入耕土层的宋代炭样
20	BA193330	1015±30	接近于 TD10-BJC1 下碎渣堆积的形成年代
21	BA193331	1025±20	

遗存的绝对年代。在满足堆积单位封闭性的前提下，炭样的混入年代接近堆积形成的年代，而炭样的碳十四年代则早于或接近堆积的形成年代。

基于上述原因，本文将针对下草埔遗址测得有效数据的炭样背景进行初步阐释。下草埔遗址炭样有效数据共有21个，包括第二批有效数据12个（BA193312－193319，BA193321－193322，BA193330－193331），以及第三批有效数据9个（BA200744－200749，BA200751－200753），各数据均与特定遗存的形成、使用、废弃等存在一定关联。

关于Z3的使用年代

TD12解剖发掘区域内发现较多遗迹单位，除M1开口于TD12③层下，其余均开口于TD12⑤层下（包括Z3）。TD12③层中有多件明末清初的青花瓷出土，可基本确定该地层形成年代为明末以后。

BA200744取自TD12⑤层下Z3底部，可能属于灶使用时期的燃料遗存，混入年代接近于灶最后一次使用年代。BA200744碳十四年代接近南宋晚期，印证其非晚期地层混入的遗物，可代表Z3的使用年代，Z3废弃与TD12③形成之间可能存在一定时间间隔。

关于L3的使用年代

L3为遗址发掘区内已发现的炉型结构最大的炉，根据TD1、TD2上叠压L3的系列地层出土陶瓷器类型的年代学特征初步判断，该炉的废弃年代为南宋时期。

BA200745－200747取自L3－5炉膛底部、炉后操作台上的地层或坑内，可能属于L3使用过程中遗留于炉内外的炭样，混入年代接近于炉的使用年代。3件炭样的碳十四年代测定结果相近，且早于或接近于地层中陶瓷器的年代判定结果。因此，BA200745－200747可代表L3－5的使用年代。

关于TD5系列遗存的年代

TD5解剖发掘区域内遗迹单位密集，除叠压于TD5⑩下的房址F4外，还有与房址同期的L4、H5、Z4，以及被F4室外地面叠压的L6、被Z4叠压的L5。第三批数据BA200748－200753即取自与上述遗迹有关的单位中。

● Z4与L6的使用年代

BA200751取自Z4底部，可能属于Z4使用时期的燃料遗存，混入年代接近于Z4最后一次使用年代。BA200752、200753取自L6炉膛底部堆积内或附近操作面上，可能属于L6使用过程中遗留于炉内外的炭样，混入年代接近于炉的使用年代。从地层叠压关系判断，L6的使用年代早于Z4的使用年代。Z4废弃后的地层中出土陶瓷器类型的年代特征为南宋中晚期至元代。

碳十四年代测定数据显示，BA200751为元代遗物，BA200752、200753为南宋遗物，两组碳十四年代测定数据与前述判定结果基本相符。因此，BA200751、BA200752与200753可分别代表Z4、L6的使用年代，并可作为TD5系列遗迹年代判断的参照。

● F4的使用年代

Z4修建于F4西墙外，属于与房址同层位上修建的遗迹，两者使用、废弃年代接近。

因此，BA200751 的碳十四年代可代表F4 的使用时期晚段。

● F4 废弃后区域平整年代

BA200748、200749 两件炭样取自H5 ①层中。H5 位于F4 室内，是附属于L4 的水缸坑。两炭样是L4 废弃后伴随土地平整混入H5 ①层内，其混入年代与区域地势平整行为的年代一致。

发掘过程中，H5 ①层内未发现明代及以后的陶瓷器类型，但由炭样BA200748、200749 的碳十四年代可知，H5 ①层的形成年代为明代，即区域土地平整行为发生于明代，且土地平整行为与F4 废弃之间可能存在一定时间间隔。

TD11 南部坡面断面的炭样

TD11 的发掘停留于TD11 ②层下，该层下暴露有TD11 ③a、TD11 ③b、TD11-BJC1、护坡B段、护坡C段，以及TD11 坡面断面可见的多层堆积（由上往下依次为：TD11-BJC2、垫土层、TD11-BJC3、垫土层）。目前已基本确定，TD11-BJC1、护坡B段、护坡C段属于明清时期修建的遗迹单位，晚于TD11-BJC3、TD11-BJC2 形成，但后两处板结层形成年代不清。

BA193312 取自TD11-BJC3 层内集中堆积的炭屑中，属于板结层铺设时混入的木炭。因此，炭样混入年代接近于TD11-BJC3 铺设年代，碳十四年代可能早于或接近于TD11-BJC3 铺设年代。

BA193313、BA193314 取自TD11-BJC3 下的垫土层外坡面上，出土层位较浅，可能属于垫土层铺垫时混入的木炭标本，亦可能属坡面断面形成后混入的木炭标本。鉴于两炭样的碳十四年代测定数据存在较大差距，且区域内可能存在多个时期的遗存，TD11-BJC2、TD11-BJC3 铺设的绝对年代还需配合进一步的发掘工作来确认。

关于池塘内的炭样

目前仅对遗址发掘区北部进行初步钻探，根据钻探结果判断该区域可能为一池塘，属于遗址内连接古溪道的蓄水池，是打破地面DM1 第一、二扇区修建而成。而DM1 第一扇区叠压L3 炉前操作面，被TD1 南宋文化层叠压。这说明池塘建成年代晚于或处于南宋时期。

池塘现为一水田，未经发掘，钻探结果显示水田内至少存在 4 层堆积。BA193315 取自水田的探孔之中，取样深度约 70 厘米，取样层位接近水田第②层底部，即该标本可能属于水田最后一次修葺后混入的木炭。碳十四数据显示，BA193315 属于宋代遗物，但年代略早于考古地层学、类型学的判定结果。这说明该炭样可能为水田修葺后混入的早期遗物，其碳十四年代可能早于水田最后一次修葺的年代。

关于TD3-BJC1 下多层灰堆积的形成年代

TD3 停留于TD3 ②层下，暴露出TD3-BJC1 及其下堆积断面。探方T0912 内，TD3-BJC1 叠压于TD4-BJC2 下，往下叠压碎渣层、炭屑层、灰层、粗砂层交替出现的多层灰堆积。其中，炭屑层密集堆积于底部，叠压于生土之上，属于该区域内最早形成的遗存。

BA 193316、193317 即取自多层灰堆积的炭屑层内。由于该多层灰堆积每层堆积极薄，堆积紧密，层数多，可能属于短时间内快速形成的冶炼废料堆积，炭屑层可能为该冶炼活动过程中遗留的炭样，而炭样混入年代可能接近于多层灰堆积对应的冶炼活动年代。碳十四年代测定数据显示，BA 193316、193317 为宋代遗物，两者碳十四年代可能略早于或接近于TD 3-BJC 1 下多层堆积的形成年代，并可代表该堆积对应的冶炼时代。

关于TD 2-BJC 1 下南部碎渣层中的炭样

TD 2 南部区域停留于TD 2 ③层下，暴露有TD 2-BJC 1 及坡面断面可见的板结层下堆积。由局部解剖出土陶瓷器类型的年代学特征可知，TD 2-BJC 1 铺设于明清时期。

BA 193318、193319 取自T 0711 的TD 2-BJC 1（南部）下碎渣层中，属于碎渣层形成时混入的炭样，炭样混入年代接近于堆积形成年代。鉴于取样区域未进行发掘，尚不清楚该碎渣层属于原位的废料堆，还是二次搬运的垫渣堆积。因此，仅能说明BA 193318、193319 属于宋代遗物，其碳十四年代应早于或接近于TD 2-BJC 1 下碎渣层（T 0711 内）的铺垫年代。

关于TD 8-BJC 3 下南部碎渣层中的炭样

TD 8 南部停留于TD 8 ⑤层下，区域内（T 0614、T 0713、T 0714、T 0613）暴露有TD 8-BJC 2、TD 8-BJC 3，以及TD 8 南部坡面断面（由上到下：TD 8-BJC 3、碎渣层、TD 7-BJC 1）。由于TD 8 ⑤层出土陶瓷器类型的年代学特征以南宋中晚期至元代为主，TD 8-BJC 3 及其下碎渣层形成年代早于或接近于南宋中晚期至元代。

BA 193321 取自TD 8 南部坡面断面暴露的TD 8-BJC 3 下碎渣层中，属于碎渣层形成时混入的炭样，炭样的混入年代早于TD 8-BJC 3 的铺设年代，晚于TD 7-BJC 1 的铺设年代。鉴于取样区域未进行发掘，尚不清楚该碎渣层属于原位的废料堆，还是二次搬运的垫渣堆积。因此，仅能说明BA 193321 属于宋代遗物，其碳十四年代应当早于或接近于其混入碎渣层的年代。

关于TD 10 上的炭样

TD 10 属于发掘区内地势较高的台地，停留于TD 10 ④层下，区域内暴露有F 3、SQ 2、L 1、L 2、H 2、H 3、TD 10-BJC 1，以及北部坡面断面可见的TD 10-BJC 1 下碎渣层。由地层中出土陶瓷器类型的年代学特征判断，F 3、L 1、L 2、H 2、H 3 属于南宋中晚期至元代，而TD 10-BJC 1 及其下堆积早于该系列遗迹。

BA 193322 取自TD 10 ②层扰土层内，混入年代与扰土层形成年代一致。碳十四年代测定数据显示，BA 193322 属于宋代遗物。这表明BA 193322 属于混入扰土层的早期遗物，其碳十四年代早于TD 10 ②的形成年代。

BA 193330、BA 193331 取自TD 10-BJC 1 下碎渣堆积的炭屑层中，炭样混入年代接近于碎渣堆积形成年代。由断面可见，该碎渣层内炉渣细碎且集中部分，堆积形态呈斜坡状；炭屑层位于渣层中，堆积密集，薄层状分布。鉴于取样区域未进行发掘，尚不清楚该碎渣层属于原位的废料堆，还是二次搬运的垫渣堆积。因此，仅能说明BA 193330、BA 193331 属于宋代遗物，其碳十四年代应当略早于或接近于TD 10-BJC 1 下炭屑层形成年代。

表附 3-2　第一批加速器质谱（AMS）碳十四年代测试报告表

Lab 编号	检测日期	原始编号	样本类别	取样地点	预期年代	碳十四年代（BP）
BA193126	2019/11/26	5	灰口铁渣	河市梧宅调查采集	宋元	975±25
BA192348	2019/9/9	LN-2	炉渣内木炭	竹山炉内采集	宋	2955±25
BA192349	2019/9/9	TZL-2	炉渣内木炭	科名铁屎岭采集	宋	1530±30
BA192350	2019/9/9	RSX-C	炉渣内木炭	科名榕树下采集	宋	3450±30

表附 3-3　第二批加速器质谱（AMS）碳十四年代测试报告表

Lab 编号	样品原编号	样品	出土地点	碳十四年代（BP）	树轮校正后年代	
					1σ（68.2%）	2σ（95.4%）
BA193311	2019XCPIT0908TG ②：标 1	木炭		样品无法满足实验需要		
BA193312	2019XCPIT0510TD ⑪：标 1	木炭		1040±20	993AD（68.2%）1017AD	976AD（95.4%）1025AD
BA193313	2019XCPIT0510TD ⑪：标 2	木炭		1110±25	896AD（33.1%）928AD 941AD（35.1%）975AD	886AD（95.4%）990AD
BA193314	2019XCPIT0510TD ⑪：标 3	木炭		470±20	1427AD（68.2%）1444AD	1418AD（95.4%）1450AD
BA193315	2019XCPI 池塘	木炭		1025±20	995AD（68.2%）1022AD	985AD（95.4%）1029AD
BA193316	2019XCPIT0912TD ④：标 1	木炭		1005±25	995AD（68.2%）1033AD	985AD（85.3%）1046AD 1092AD（8.6%）1121AD 1140AD（1.5%）1148AD
BA193317	2019XCPIT0912TD ④：标 2	木炭		1085±25	901AD（21.8%）921AD 951AD（46.4%）992AD	895AD（29.9%）929AD 939AD（65.5%）1015AD
BA193318	2019XCPIT0711TD ②：标 1	木炭	福建泉州安溪青洋下草埔遗址	985±20	1017AD（56.5%）1043AD 1106AD（11.7%）1118AD	996AD（64.2%）1050AD 1084AD（25.2%）1125AD 1136AD（6.0%）1151AD
BA193319	2019XCPIT0711TD ②：标 2	木炭		1055±20	986AD（68.2%）1016AD	905AD（3.3%）916AD 967AD（92.1%）1023AD
BA193320	2019XCPIT0712TD ④：标 1	木炭		样品无法满足实验需要		
BA193321	2019XCPIT0614TD ⑧：标 1	木炭		955±20	1029AD（21.9%）1047AD 1091AD（37.4%）1121AD 1140AD（9.0%）1148AD	1022AD（29.1%）1059AD 1069AD（66.3%）1155AD
BA193322	2019XCPIT0916TD ⑩：标 1	木炭		990±20	016AD（61.6%）1041AD 1109AD（6.6%）1116AD	995AD（73.8%）1047AD 1090AD（18.1%）1122AD 1139AD（3.5%）1149AD
BA193330	2019XCPIT0915TD ⑩：标 1	木炭		1015±30	990AD（68.2%）1030AD	971AD（87.0%）1048AD 1089AD（6.9%）1123AD 1139AD（1.5%）1149AD
BA193331	2019XCPIT0915TD ⑩：标 2	木炭		1025±20	995AD（68.2%）1022AD	985AD（95.4%）1029AD
BA193323	2019AKZTY：标 1	木炭		现代碳		
BA193324	2019AKZTY：标 2	木炭	福建省泉州市安溪县尚卿乡青洋村庵坑礤烧炭窑	现代碳		
BA193325	2019AKZTY：标 3	木炭		现代碳		
BA193326	2019AKZTY：标 4	木炭		135±25		

续表附 3-3

Lab 编号	样品原编号	样品	出土地点	碳十四年代 (BP)	树轮校正后年代	
					1σ（68.2%）	2σ（95.4%）
BA193327	2019AKZTY ：标 5	木炭	福建省泉州市安溪县尚卿乡青洋村庵坑礤烧炭窑	现代碳		
BA193328	2019AKZTY ：标 6	木炭		175±20		
BA193329	2019AKZTY ：标 7	木炭		105±20		
BA193332	2019AKZTY ：标 8	木炭		样品无法满足实验需要		

表附 3-4　第二批碳十四年代测试标本登记表

2019 年	遗址名称：福建省安溪县青洋下草埔冶铁遗址				质地	探方编号	坐标（X.Y.Z）			日期	备注
采样人员	序号	名称	编号	数量		出土位置					
张周瑜	1	木炭	2019XCPIT0908TG ② ：标 1	1	木炭	TG ②	1041.631	1037.538	1011.436	2019.11.8	
张周瑜	2	木炭	2019XCPIT0510 TD ⑪ ：标 1	1	木炭	TD11–BJC2	1024.076	1046.513	1009.404	2019.11.8	
张周瑜	3	木炭	2019XCPIT0510 TD ⑪ ：标 2	1	木炭	TD11–BJC2 下垫土层	1021.01	1048.993	1009.223	2019.11.8	
张周瑜	4	木炭	2019XCPIT0510 TD ⑪ ：标 3	1	木炭	TD11–BJC2 下垫土层	1020.961	1048.978	1009.063	2019.11.9	
张周瑜	5	木炭	2019XCP I池塘	1	木炭	池塘探孔 70 厘米处	1090.835	1057.619	1012.17	2019.11.8	
何康	6	木炭	2019XCPIT0912TD ④ ：标 1	1	木炭	TD3–BJC1 下炭屑层	1043.56	1057.796	1014.183	2019.11.12	
何康	7	木炭	2019XCPIT0912TD ④ ：标 2	1	木炭	TD3–BJC1 下炭屑层	1043.56	1057.796	1014.183	2019.11.12	
方立阳	8	木炭	2019XCPIT0711TD ② ：标 1	1	木炭	TD2–BJC1 下碎渣层	1031.64	1051.826	1013.383	2019.11.13	
方立阳	9	木炭	2019XCPIT0711TD ② ：标 2	1	木炭	TD2–BJC1 下碎渣层	1031.457	1051.976	1013.102	2019.11.13	
张周瑜	10	木炭	2019XCPIT0712TD ④ ：标 1	1	木炭	TD4–BJC2 下	1032.526	1056.876	1015.283	2019.11.13	
张周瑜	11	木炭	2019XCPIT0614TD ⑧ ：标 1	1	木炭	TD8–BJC2 下碎渣层	1028.267	1065.508	1016.529	2019.11.19	
张周瑜	12	木炭	2019XCPIT0916TD ⑩ ：标 1	1	木炭	TD10 ②	1040.836	1076.646	1019.658	2019.11.21	
方立阳	13	木炭	2019AKZTY ：标 1	1	木炭	庵坑礤烧炭窑地表采集（窑外）	117.963° E	25.202° N	海拔 794 米	2019.12.1	
方立阳	14	木炭	2019AKZTY ：标 2	1	木炭					2019.12.1	
方立阳	15	木炭	2019AKZTY ：标 3	1	木炭					2019.12.1	
方立阳	16	木炭	2019AKZTY ：标 4	1	木炭					2019.12.1	
方立阳	17	木炭	2019AKZTY ：标 5	1	木炭					2019.12.1	
方立阳	18	木炭	2019AKZTY ：标 6	1	木炭					2019.12.1	
方立阳	19	木炭	2019AKZTY ：标 7	1	木炭					2019.12.1	
张周瑜	20	木炭	2019XCPIT0915TD ⑩ ：标 1	1	木炭	TD10–BJC1 炭屑层	1044.206	1073.49	1018.608	2019.12.2	
张周瑜	21	木炭	2019XCPIT0915TD ⑩ ：标 2	1	木炭	TD10–BJC1 炭屑层	1044.268	1073.416	1018.401	2019.12.2	
李晓敏	22	木炭	2019AKZTY ：标 8	1	木炭	庵坑礤烧炭窑地表采集（窑内）	117.963° E	25.202° N	海拔 794 米	2019.12.1	

表附 3–5　第三批加速器质谱（AMS）碳十四年代测试报告表

Lab 编号	样品原编号	样品	出土地点	碳十四年代(BP)	树轮校正后年代	
					1σ（68.2%）	2σ（95.4%）
BA200744	2019XCPIT1017TD12⑤下 Z3：标 1	木炭		740±25	1265AD（68.3%）1286AD	1228AD（8.1%）1246AD 1255AD（87.4%）1296AD
BA200745	2019XCPIT1111TD2 北扩⑰：标 1	木炭		965±30	1031AD（15.0%）1048AD 1082AD（42.4%）1132AD 1137AD（10.8%）1150AD	1024AD（95.4%）1158AD
BA200746	2019XCPIT1112TD2L3-5⑤：标 1	木炭		995±20	996AD（5.5%）1004AD 1018AD（47.3%）1044AD 1086AD（4.2%）1092AD 1105AD（11.3%）1120AD	993AD（8.8%）1008AD 1014AD（54.3%）1048AD 1082AD（27.5%）1130AD 1137AD（4.8%）1150AD
BA200747	2019XCPIT1112TD2H7①：标 1	木炭		1030±25	994AD（68.3%）1025AD	904AD（0.6%）910AD 976AD（94.9%）1040AD
BA200748	2019XCPIT1114TD5H5①：标 1	木炭	福建泉州安溪青洋下草埔遗址	345±30	1487AD（24.8%）1524AD 1560AD（43.4%）1630AD	1470AD（95.4%）1637AD
BA200749	2019XCPIT1114TD5H5①：标 3	木炭		300±25	1522AD（51.3%）1575AD 1625AD（17.0%）1644AD	1500AD（70.5%）1600AD 1615AD（25.0%）1654AD
BA200750	2019XCPIT1213TD5⑪：标 1	木炭		样品无法满足实验需要		
BA200751	2019XCPIT1213TD5Z4（L5）：标 1	木炭		670±25	1284AD（37.4%）1304AD 1366AD（30.9%）1383AD	1279AD（52.9%）1319AD 1358AD（42.5%）1389AD
BA200752	2019XCPIT1214TD4L6 面：标 1	木炭		840±35	1175AD（52.8%）1233AD 1240AD（15.5%）1260AD	1054AD（1.1%）1061AD 1156AD（94.4%）1272AD
BA200753	2019XCPIT1214TD4L6③：标 1	木炭		860±35	1160AD（68.3%）1225AD	1047AD（9.4%）1083AD 1130AD（0.8%）1138AD 1150AD（85.3%）1268AD
BA200754	福林银场采集	木炭	福建泉州安溪县福林村银场遗址	970±25	1029AD（19.0%）1047AD 1083AD（41.6%）1127AD 1140AD（7.7%）1148AD	1022AD（25.4%）1054AD 1063AD（70.0%）1158AD

注：所用碳十四半衰期为 5568 年，BP 为距 1950 年的年代。

样品无法满足实验需要，即有如下原因：送测样品无测量物质；样品成分无法满足制样需要；样品中碳含量不能满足测量需要。

树轮校正所用曲线为 IntCal13 atmospheric curve (Reimer et al 2020)，所用程序为 OxCal v4.4.2 Bronk Ramsey (2020)；r:5

1. Reimer, P.J., Bard, E., Bayliss, A., Beck, J.W., 2013. IntCal13 and Marine13 radiocarbon age calibration curves 0 - 50,000 years cal BP, Radiocarbon 55, 1869-1887.

2. Christopher Bronk Ramsey 2015, https://c14.arch.ox.ac.uk/oxcal/OxCal.html

北京大学　加速器质谱实验室—第四纪年代测定实验室

四　安溪下草埔遗址冶炼遗物的初步分析

1. 引言

下草埔遗址位于福建省泉州市安溪县尚卿乡青洋村南，属宋元时期青阳冶铁遗址群，地理位置为北纬 25° 10′ 59″，东经 117° 57′ 26″，海拔高度 740 米。遗址主要分布于一处山丘的东部坡地上，北为现代采铁矿坑，南为荒废田地，东侧山丘毗邻古道，西侧一条小溪蜿蜒流过。遗址曾被改造为梯田，遭到严重的破坏，地表随处可见大量铁渣、矿石等，梯田断面上可采集到瓦片、陶瓷片等文化遗物。

2019 年 10 月至 2020 年 8 月，北京大学考古文博学院安溪下草埔考古队对遗址进行了发掘，发掘面积约 1800 平方米，发现了炼炉、锻炉、房址等一系列高温与非高温遗迹，出土遗物众多，以铁矿石、木炭、炉渣、炉壁、积铁块、铁器等系列冶铁遗存最为丰富，此外还有陶器、瓷器、铜钱、瓦当等生活用具与建筑构件。结合出土陶瓷器的分期研究、铜钱等纪年器与碳十四测年数据可知，下草埔遗址应为一处宋元时期的冶铁遗址。

中国古代冶铁遗址多为生铁冶炼、铸造的技术模式，然而下草埔遗址却呈现出块炼铁冶炼与生铁冶炼并存乃至块炼铁冶炼占主导的技术面貌，因此，对下草埔遗址技术内涵的研究具有重要意义。需通过多种分析手段，深入揭示矿石、炉渣、积铁块、炉壁、木炭等冶炼遗物的信息特征，探索下草埔遗址冶炼活动相关的技术细节，从而进一步讨论闽东南地区乃至岭南地区的冶铁技术面貌和生产组织模式，为区域技术特征的构建奠定基础。本文作为下草埔遗址冶炼遗物系统分析工作的一部分，对先期已完成的部分矿石、炉渣、积铁块和铁器的分析结果进行简单的讨论，进一步的研究讨论将另文发表。

2. 样品及分析测试方法

（1）样品简介

本次分析的冶炼遗物样品均为 2019~2020 年度发掘所获，包括 70 件铁矿石、94 件炉渣、41 件积铁块和 15 件铁器样品。

铁矿石普遍分布于发掘区各探方，多为黑色不规则致密块状物，部分为紫色、紫红色，磁性普遍较强。矿石多数品位较高，少数可见条带状石英、方解石等脉石夹杂。本次分析系统选取70件矿石样品，粒径在3~15厘米，均出土于①、②层。

炉渣在宏观上可见高铁渣、挂渣（黏附于炉壁上的炉渣，通常是熔融炉衬与炉渣、灰分等物质接触、发生反应后形成的熔融结瘤物）和玻璃态渣三类，高铁渣中又可见纯净致密和疏松多孔两种质地；高铁渣和挂渣普遍分布于发掘区各探方，玻璃态渣则集中分布于TD9南部区域。据此，对高铁渣和挂渣采用系统取样，取样时兼顾不同种类和探方，包括41件高铁渣和11件挂渣，多数（样品35178~35220）出土于①、②层，少数（样品35164~35170、35176、35177）出土于炼炉等遗迹内或遗迹附近；玻璃态渣则从遗址集中出土及地表零星采集的炉渣中挑选样品，共取样42件（样品35110~35130、35138~35158）。

积铁块，即不定形的渣铁混合物。遗址积铁块出土数量较少，皆取自3~8厘米的不规则碎块高铁渣中，其外观形貌与高铁渣基本一致。本次从磁选出的积铁块中选出41件样品，粒径在3~5厘米，均出土于①、②层。

遗址出土铁器数量较少，以铁钉为主，其余多难以确定器形。仅有数件铁器出土于宋元文化层，余者均出于①、②层，与冶炼遗址的关系难以判断。本次分析铁器共取样15件，包括铁钉7件、铁条1件、铁权1件、薄铁片1件，其余器形未知，暂以形状命名，包括弧形薄铁板1件、圆筒形薄壁残铁器1件、带钩形铁器1件、针形铁器1件、如意形铁器1件。其中，仅铁条、弧形薄铁板和圆筒形薄壁残铁器出土于宋元文化层。

（2）分析方法

本次分析包括无损分析和有损分析，无损分析即利用便携式X荧光光谱分仪（p-XRF）对铁矿石的分析，有损分析包括炉渣、积铁块及铁器的金相组织观察和部分炉渣的扫描电镜能谱分析（SEM-EDS）。

p-XRF分析：使用北京大学考古文博学院配置的便携式X荧光光谱仪对铁矿石样品进行成分测试，仪器型号为美国THERMO FISHER公司生产的NITON XL3t型，选用内建于该设备的矿石模式，测试时间约90秒。

金相组织观察：将大小适中的取样标本用GCC型环氧树脂镶样。样本经打磨、抛光后，于Leica DM4M金相显微镜进行初步的显微观察与金相组织拍照。然后，使用3%硝酸酒精溶液侵蚀积铁块、铁器及玻璃态炉渣等样品，再进行显微观察和拍照记录。

扫描电镜能谱分析：部分炉渣样品送至北京大学考古文博学院利用科技考古实验室的TM3030超景深台式电子显微镜及EDS能谱仪进行基体和金属颗粒的成分分析，SEM测试模式选用低真空，扫描电压为15kV，工作距离11~13毫米，测试时间以能谱成分显示稳定为准，通常控制其≥80s。

3. 矿石分析

对遗址矿石信息的提取以矿石本体的成分分析为主，在充分认知矿石特征信息的基础上，结合现代地质资料及考古队田野调查工作的成果，可对遗址的矿源进行探索。

（1）分析结果

70 件铁矿石样品的p-XRF成分测试结果见表附 4-1。

表附 4-1　铁矿石 p-XRF 成分测试结果

序号	测试编号	元素种类及成分（ppm）									
		Bal	Fe	Mn	Cr	V	Ti	Ca	K	Zn	As
1	352	388.3K	599.2K	4845	840	502	361	3097	388	422	
2	353	867.6K	128.0K	818	395	131	225	1591	897	41	
3	354	390.4K	595.4K	4925	1266	573	790	3060	1239	932	93
4	355	584.6K	339.5K	2354	428	224	1152	55.9K	11.0K	98	
5	356	332.5K	653.7K	4781	914	568	746	3179	1375	813	
6	357	403.1K	586.4K	3194	615	339	610	2681	1627	327	
7	358	263.2K	720.6K	6480	1105	476	547	4245	547	1449	
8	359	436.4K	551.2K	3510	1882	393	279	2688	317	1692	
9	361	292.9K	685.6K	14.9K	871	401	404	2973	360	471	
10	362		104.0K	1108	205	310	1261	1075	5863	154	
11	363	511.5K	327.7K	2025	569	275	952	17.2K	4741	155	48
12	364	372.2K	571.5K	2279	630	359	403	2290	803	119	
13	365	332.0K	611.8K	4014	1017	370	359	3574	678	428	
14	366	279.8K	658.0K	4421	987	479	456	4539	749	327	
15	367	465.6K	495.2K	4563	943	600	821	3103	1350	759	66
16	368		551.8K	2384	923	542	857	3743	3058	169	
17	369	476.1K	499.1K	3586	639	326	785	13.4K	3645	201	
18	370	440.0K	297.9K	41.3K	589	645	1071	2412	2537	2064	
19	371	452.1K	249.2K	2215	409	246	951	1811	2973	152	
20	372	247.4K	449.0K	2014	478	233	1335	59.3K	12.2K	512	
21	373	302.0K	687.6K	2184	970	481	696	3227	1045	858	
22	374		389.0K	2435	475	238	248	1972	630	311	
23	375	550.8K	333.1K	19.2K	602	454	974	21.0K	2506	802	78
24	376	327.6K	656.5K	2185	868	421	453	3400	869	401	
25	377		437.3K	1684	483	273	1247	57.4K	11.2K	86	
26	378		407.7K	2781	495	242	1052	54.2K	10.7K	942	
27	379	512.3K	323.0K	1950	524	347	990	2243	3628	471	

续表附 4-1

序号	测试编号	元素种类及成分（ppm）									
		Bal	Fe	Mn	Cr	V	Ti	Ca	K	Zn	As
28	380	442.6K	477.7K	3816	594	261	1206	57.4K	10.9K	630	
29	381	429.0K	496.6K	3102	547	230	1165	54.0K	10.4K	245	
30	382	105.3K	518.7K	2975	755	336	1260	45.1K	9062	429	
31	383	267.6K	704.9K	4029	913	497	206	3194	374	442	
32	384	449.5K	438.0K	4270	605	233	203	2007	310	1070	
33	385	189.6K	686.6K	12.0K	858	448	466	3254	357	501	
34	386		650.2K	5681	859	376	727	3406	2317	158	
35	387	263.9K	522.2K	4659	521	270	1118	57.6K	11.3K	362	
36	388	316.1K	430.7K	3036	696	330	458	2754	1095	181	
37	389	208.3K	710.1K	3984	902	467	530	3384	991	325	
38	390	343.5K	178.9K	1046	173	142	211	808	821	56	28
39	391	298.9K	689.2K	4527	1034	518	388	3479	693	370	
40	392	261.1K	695.8K	7330	872	466	604	3144	1629	1489	
41	393	263.1K	688.5K	3822	1008	432	651	3692	1076	113	
42	394	439.7K	481.8K	805	549	232	1176	57.4K	10.9K	491	
43	395	239.4K	661.3K	5467	755	427	693	3072	2254	261	
44	396	357.5K	572.4K	4473	694	297	256	2531	329	146	
45	397	335.8K	650.2K	5068	1034	472	488	3678	892	693	
46	398	250.9K	682.6K	1564	931	376	591	3444	1208	746	
47	400	322.5K	661.9K	13.5K	866	515	342	3160	321	1298	
48	401	555.8K	425.6K	12.2K	511	337	969	2197	258	462	
49	403	364.5K	619.6K	6239	787	409	1138	3253	2522	451	
50	404	400.9K	587.4K	1843	795	442	1140	2722	2537	177	59
51	405	452.3K	533.2K	2079	860	505	1642	3305	3460	143	83
52	406	349.7K	636.2K	5481	814	394	560	2855	1404	1607	
53	407	389.1K	591.1K	6361	724	426	1145	2797	4535	925	
54	408	308.7K	664.6K	17.4K	999	585	519	3457	1483	730	
55	409	427.5K	557.2K	3915	1018	496	1551	3454	3209	208	
56	410	315.5K	670.6K	4637	1124	489	1001	3869	1545	271	
57	411	352.8K	636.6K	3803	835	390	551	2867	713	392	
58	412	608.9K	376.7K	3547	616	360	1705	2651	4095	269	46
59	413	435.5K	551.9K	3125	817	444	801	3298	2231	264	
60	414	306.4K	678.5K	5598	1589	422	1206	3206	1539	139	
61	415	265.6K	618.9K	7092	924	566	1004	3626	2742	393	

序号	测试编号	元素种类及成分（ppm）									
		Bal	Fe	Mn	Cr	V	Ti	Ca	K	Zn	As
62	416	282.8K	701.9K	7491	1190	431	472	3938	456	183	
63	417	558.6K	430.3K	1843	681	305	1095	2560	2562	184	
64	418	360.9K	620.5K	6973	826	448	803	3158	3465	848	
65	419	332.6K	582.2K	16.6K	748	413	917	2835	2968	172	
66	420	364.8K	622.9K	5059	1056	448	310	3794	356	257	
67	421	380.3K	602.2K	4730	863	515	1189	3696	4595	432	
68	422	396.1K	590.8K	1932	1412	573	438	3561	495	1281	90
69	423	280.6K	708.5K	3383	1102	453	517	3642	418	372	
70	424	299.0K	686.5K	5466	1303	441	620	4611	928	199	

（2）小结

由磁选结果可知，下草埔遗址出土矿石均为磁铁矿。p-XRF分析结果显示，该批磁铁矿品位普遍较高，铁元素富集程度略有差别，矿石铁含量多在40%~70%，70件样品中仅11件铁含量在40%以下，另有5件样品铁含量高于70%，接近磁铁矿的理论最高品位。铁矿石脉石的主要元素为Mn、Ca、K、Ti等，存在少量Cr、V，元素分布不均匀。

现代地质资料显示，青洋铁矿点系矽卡岩型铁矿床，矿石类型以磁铁矿（Fe_3O_4）为主，脉石矿物主要为石榴石（含Al、Mg、Fe或Mn等的硅酸盐）、透辉石（$CaMg(SiO_3)_2$）、石英（SiO_2）、方解石（$CaCO_3$）、方柱石（$Na_4[AlSi_3O_8]_3(Cl,OH)$）等矽卡岩矿物组合。本次初步分析得到的矿石、脉石等成分信息与青洋铁矿点的矿床成分信息接近，具体矿物类型匹配度研究需进一步分析工作。

4. 炉渣分析

（1）分析结果

炉渣的显微观察结果见表附4-2，SEM-EDS成分分析结果见表附4-3。

表附 4-2　炉渣及金属颗粒的显微观察结果

实验室编号	样品类型	炉渣显微结构描述	炉渣内可辨识金属颗粒类别	备注
35110	玻璃态渣	玻璃化程度好，均质玻璃相上弥散分布大量球形铁颗粒	灰口铁颗粒（珠光体与片状石墨）	
35111	玻璃态渣	玻璃化程度好，均质玻璃相上弥散分布大量球形铁颗粒	灰口铁颗粒（珠光体、针状渗碳体与片状石墨）、磷共晶铁素体颗粒，少数铁颗粒组织以铁素体、针状渗碳体为主，且有少量珠光体	图附 4-1

实验室编号	样品类型	炉渣显微结构描述	炉渣内可辨识金属颗粒类别	备注
35112	玻璃态渣	玻璃化程度好，均质玻璃相上弥散分布大量球形铁颗粒	共晶白口铁颗粒	
35113	玻璃态渣	玻璃化程度好，均质玻璃相上弥散分布大量球形铁颗粒	球形铁颗粒组织以磷共晶和铁素体为主，且有较多针状渗碳体和少量珠光体	
35114	玻璃态渣	玻璃化程度好，均质玻璃相上弥散分布大量球形铁颗粒	亚共晶白口铁颗粒	图附 4–2
35115	玻璃态渣	玻璃化程度好，均质玻璃相上弥散分布大量球形铁颗粒	球形铁颗粒组织以铁素体、针状渗碳体为主，且有少量珠光体	
35116	玻璃态渣	玻璃化程度好，均质玻璃相上弥散分布大量球形铁颗粒	磷共晶 + 亚共析钢颗粒	图附 4–3
35117	玻璃态渣	为砂粒与渣的凝结态，玻璃化程度较好，玻璃相上分布有大量菱形晶体，局部少量浮氏体，未见铁颗粒		
35118	玻璃态渣	玻璃化程度好，均质玻璃相上弥散分布大量球形铁颗粒	亚共晶白口铁颗粒、亚共析钢颗粒、磷共晶颗粒	
35119	玻璃态渣	玻璃化程度好，均质玻璃相上弥散分布大量球形铁颗粒	球形铁颗粒组织以磷共晶和铁素体为主，且有较多针状渗碳体和少量珠光体	图附 4–4
35120	玻璃态渣	玻璃化程度好，均质玻璃相上弥散分布大量球形铁颗粒	亚共析钢颗粒，少数铁颗粒组织以铁素体、渗碳体为主，且有少量珠光体	
35121	玻璃态渣	玻璃化程度好，均质玻璃相上弥散分布大量球形铁颗粒	球形铁颗粒组织以铁素体、针状渗碳体为主，且有少量珠光体	
35122	玻璃态渣	玻璃化程度好，均质玻璃相上弥散分布大量不规则球形铁颗粒	磷共晶铁素体颗粒	
35123	玻璃态渣	玻璃化程度好，均质玻璃相上弥散分布大量球形铁颗粒	灰口铁颗粒（珠光体、针状渗碳体与片状石墨）	
35124	玻璃态渣	玻璃化程度好，均质玻璃相上弥散分布大量球形铁颗粒	磷共晶铁素体颗粒、磷共晶珠光体颗粒、磷共晶 + 亚共析钢颗粒	图附 4–5
35125	玻璃态渣	玻璃化程度好，均质玻璃相上弥散分布大量球形铁颗粒	亚共析钢颗粒	
35126	玻璃态渣	玻璃化程度好，均质玻璃相上弥散分布大量球形铁颗粒	亚共析钢颗粒、过共析钢颗粒、少数铁颗粒组织以铁素体、针状渗碳体为主，且有少量珠光体	
35127	玻璃态渣	玻璃化程度好，均质玻璃相上弥散分布大量球形铁颗粒	共析钢颗粒	
35128	玻璃态渣	玻璃化程度好，均质玻璃相上弥散分布大量球形铁颗粒	亚共晶白口铁颗粒，少数铁颗粒组织以铁素体、针状渗碳体为主，且有少量珠光体	
35129	玻璃态渣	玻璃化程度好，均质玻璃相上弥散分布大量球形铁颗粒	亚共析钢颗粒、共晶白口铁颗粒、磷共晶铁素体颗粒，少数铁颗粒组织以铁素体、针状渗碳体为主，有少量珠光体	
35130	玻璃态渣	玻璃化程度好，均质玻璃相上弥散分布大量球形铁颗粒	亚共析钢颗粒、过共析钢颗粒、亚共晶白口铁颗粒，少数铁颗粒组织以磷共晶和铁素体为主，有较多针状渗碳体和少量珠光体	图附 4–6
35138	玻璃态渣	玻璃化程度好，均质玻璃相上弥散分布大量球形、流体态铁颗粒，局部析出高锰条状结晶	亚共析钢颗粒、磷共晶 + 亚共析钢颗粒	
35139	玻璃态渣	为砂粒与渣凝结态，存在大量较大的球形气泡；玻璃化程度较好，以玻璃相为基体，上弥散分布极细小大量球形铁颗粒	铁颗粒粒径过小，组织不可辨识	
35140	玻璃态渣	玻璃化程度好，均质玻璃相上弥散分布大量球形铁颗粒	灰口铁颗粒（珠光体与片状石墨）	
35141	玻璃态渣	玻璃化程度好，均质玻璃相上弥散分布大量球形、流体态铁颗粒	磷共晶铁素体颗粒、磷共晶 + 亚共析钢颗粒（以磷共晶和铁素体为主，有少量珠光体）	
35142	玻璃态渣	玻璃化程度好，均质玻璃相上弥散分布大量球形、流体态铁颗粒	珠光体片状石墨灰口铁颗粒、磷共晶或磷共晶铁素体颗粒（内有针状碳化物析出）	图附 4–7

续表附 4-2

实验室编号	样品类型	炉渣显微结构描述	炉渣内可辨识金属颗粒类别	备注
35143	玻璃态渣	玻璃化程度好，均质玻璃相上弥散分布大量球形铁颗粒	灰口铁颗粒（珠光体、针状渗碳体与片状石墨）	图附 4-8
35144	玻璃态渣	玻璃化程度好，均质玻璃相上弥散分布大量球形铁颗粒	灰口铁颗粒（珠光体与片状石墨）	图附 4-9
35145	玻璃态渣	玻璃化程度好，均质玻璃相上弥散分布大量球形、流体态铁颗粒	磷共晶铁素体颗粒，少数铁颗粒组织以铁素体、珠光体为主，且有少量渗碳体	
35146	玻璃态渣	玻璃化程度好，均质玻璃相上弥散分布大量球形铁颗粒	亚共析钢颗粒	
35147	玻璃态渣	玻璃化程度好，均质玻璃相上弥散分布大量球形铁颗粒	亚共晶白口铁颗粒	
35148	玻璃态渣	玻璃化程度好，均质玻璃相上弥散分布大量球形铁颗粒	共析钢颗粒、磷共晶 + 亚共析钢颗粒，少数铁颗粒组织以珠光体为主，且有少量铁素体和渗碳体	
35149	玻璃态渣	玻璃化程度好，均质玻璃相上弥散分布大量球形、不规则形铁颗粒	不规则形铁颗粒为细晶粒铁素体组织，包含大量点状单相硅酸盐夹杂物和少量硅酸盐 + 浮氏体亚复相夹杂物	图附 4-10
35150	玻璃态渣	玻璃化程度好，均质玻璃相上弥散分布大量球形铁颗粒	亚共析钢颗粒、过共析钢颗粒、磷共晶亚共析钢颗粒	
35151	玻璃态渣	玻璃化程度好，均质玻璃相上弥散分布大量球形、不规则形铁颗粒	亚共析钢颗粒、共析钢颗粒、磷共晶 + 亚共析钢颗粒	
35152	玻璃态渣	玻璃化程度好，均质玻璃相上弥散分布大量球形铁颗粒	过共析钢颗粒、磷共晶铁素体颗粒（有点状夹杂物）	图附 4-11
35153	玻璃态渣	玻璃化程度好，均质玻璃相上弥散分布大量球形铁颗粒	灰口铁颗粒（珠光体与片状石墨）	
35154	玻璃态渣	玻璃化程度好，均质玻璃相上弥散分布大量球形铁颗粒	共析钢颗粒、磷共晶 + 亚共析钢颗粒	
35155	玻璃态渣	玻璃化程度好，均质玻璃相上弥散分布大量球形铁颗粒	过共析钢颗粒	
35156	玻璃态渣	玻璃化程度好，均质玻璃相上弥散分布大量球形铁颗粒	灰口铁颗粒（珠光体与片状石墨）	
35157	玻璃态渣	呈粗石英颗粒与渣的凝结态，玻璃化程度较好，以玻璃相为基体，包裹少量流体态铁颗粒	熟铁颗粒	
35158	玻璃态渣	玻璃化程度好，均质玻璃相上弥散分布大量球形铁颗粒	磷共晶铁素体颗粒	
35164	高铁渣	玻璃化程度较好，组织较均匀，以玻璃相为基体。基体上析出大量长条状铁橄榄石，晶间玻璃相上亦有细小铁橄榄石呈枝晶状排列，存在少量不规则铁素体颗粒	熟铁颗粒	
35165	高铁渣	组织较均匀，以铁橄榄石为基体，基体上析出大小不同的浮氏体呈枝晶状排列，晶间分布玻璃相，存在少量不规则铁素体颗粒	熟铁颗粒	
35166	高铁渣	组织较均匀，以铁橄榄石为基体，基体上析出大量细小浮氏体，晶间分布玻璃相，存在少量不规则铁素体颗粒	熟铁颗粒	
35167	高铁渣	流体态铁氧化物与玻璃相不均匀分布，玻璃相上析有长条状铁橄榄石，存在少量不规则铁素体颗粒	熟铁颗粒	
35168	高铁渣	组织较均匀，以铁橄榄石为基体，基体上析出大小、形态不同的浮氏体，晶间分布玻璃相，浮氏体大小相对均匀的区域被条带状铁氧化物分隔，存在少量不规则铁素体颗粒	熟铁颗粒	图附 4-15
35169	高铁渣	组织较均匀，以铁橄榄石为基体，基体上析出大小不同的浮氏体呈枝晶状排列，晶间分布玻璃相，浮氏体大小相对均匀的区域间被条带状铁氧化物分隔，存在少量不规则铁颗粒	熟铁颗粒	
35170	高铁渣	组织均匀，以铁橄榄石为基体，基体上析出大量浮氏体，晶间分布玻璃相，存在条带状铁氧化物和少量不规则铁颗粒	多为熟铁颗粒，少数铁颗粒组织不明，为灰白色基体上有若干不规则白色颗粒	图附 4-16

续表附 4–2

实验室编号	样品类型	炉渣显微结构描述	炉渣内可辨识金属颗粒类别	备注
35176	高铁渣	组织均匀，存在较多细小的球形气泡。以铁橄榄石为基体，基体上分布大量浮氏体，橄榄石晶间分布玻璃相；存在条带状铁氧化物分隔，局部可见针状浮氏体		图附 4–17
35177	高铁渣	组织较均匀，存在大量细小的球形气泡。以铁橄榄石为基体，基体上分布大量细小浮氏体，橄榄石晶间分布玻璃相		
35178	高铁渣	玻璃化程度好，组织均匀，以玻璃相为基体。基体上析出大量长条状铁橄榄石，晶间玻璃相上亦有细小橄榄石呈枝晶状排列。存在少量不规则铁素体颗粒	熟铁颗粒	
35179	高铁渣	组织均匀，存在大量细小的球形气泡。以铁橄榄石为基体，基体上分布少量浮氏体，晶间分布玻璃相		
35181	高铁渣	组织不均匀，主体以玻璃相为基体，基体上析出大块铁橄榄石，枝晶状排列的细小浮氏体随机分布；局部区域呈流体态铁氧化物与玻璃相的不均匀组织，未见铁颗粒		
35182	高铁渣	组织较均匀，铁橄榄石基体上分布有大小不同的浮氏体，橄榄石晶间分布玻璃相，浮氏体大小相对均匀的区域间被条带状铁氧化物分隔		
35184	高铁渣	玻璃化程度较好，组织较均匀，以玻璃相为基体。基体上析出大量长条状和块状铁橄榄石晶体，晶间玻璃相上亦有细小铁橄榄石呈枝晶状排列。存在少量不规则铁素体颗粒	熟铁颗粒	
35185	高铁渣	玻璃化程度好，组织均匀，以玻璃相为基体。基体上析出大量长条状铁橄榄石，晶间玻璃相上亦有细小铁橄榄石呈枝晶状排列。存在少量不规则铁素体颗粒	熟铁颗粒	
35187	高铁渣	组织不均匀，呈砂粒与渣的凝结态，渣相呈流体态铁氧化物与玻璃相的不均匀组织，玻璃相上析有细小的橄榄石条晶，存在少量球形铁颗粒		
35188	高铁渣	组织较均匀，以铁橄榄石为基体，基体上分布有大小不同的浮氏体，晶间分布玻璃相，浮氏体大小相对均匀的区域间被条带状铁氧化物分隔，局部有针状浮氏体集中分布		
35189	高铁渣	玻璃化程度好，组织均匀，以玻璃相为基体。基体上析出大量长条状铁橄榄石，晶间玻璃相上亦有细小铁橄榄石和铁尖晶石呈枝晶状排列。存在少量不规则铁素体颗粒	熟铁颗粒	图附 4–18
35190	高铁渣	组织较均匀，以铁橄榄石为基体，基体上分布有大小不同的浮氏体，晶间分布玻璃相，浮氏体大小相对均匀的区域间被条带状铁氧化物分隔，局部可见针状浮氏体		
35191	高铁渣	玻璃化程度较好，组织较均匀，以玻璃相为基体。基体上析出大量长条状和块状铁橄榄石，少量浮氏体弥散分布，存在少量球形、不规则形铁素体颗粒	熟铁颗粒	
35192	高铁渣	组织均匀，存在大量较大的球形气泡。以铁橄榄石基体，基体上析出大量浮氏体，橄榄石晶间分布玻璃相，视野中可见浮氏体多于橄榄石		图附 4–19
35194	高铁渣	玻璃化程度较好，组织较均匀，以玻璃相为基体。基体上析出大块铁橄榄石，晶间玻璃相上有细小浮氏体不均匀分布，存在少量球形、不规则形铁素体颗粒	熟铁颗粒	
35195	高铁渣	组织均匀，以铁橄榄石为基体。基体上析出大量条状铁橄榄石和细小球状浮氏体，晶间分布玻璃相		
35197	高铁渣	组织较均匀，存在大量较大的球形气泡。以铁橄榄石为基体，基体上析出大量浮氏体，橄榄石晶间分布玻璃相，玻璃相上可见细小铁橄榄石呈枝晶状排列		
35198	高铁渣	组织较均匀，以铁橄榄石为基体，基体上析出大量细小浮氏体，橄榄石晶间分布玻璃相		

实验室编号	样品类型	炉渣显微结构描述	炉渣内可辨识金属颗粒类别	备注
35200	高铁渣	玻璃化程度较好，组织较均匀，以玻璃相为基体。基体上析出大块铁橄榄石，晶间玻璃相上亦有细小铁橄榄石呈枝晶状排列。存在少量球形、不规则形铁素体颗粒	熟铁颗粒，有硅酸盐单相夹杂物	图附 4–12 图附 4–20
35201	高铁渣	组织较均匀，以铁橄榄石为基体，基体上析出大量细小浮氏体，晶间分布玻璃相，局部可见针状浮氏体		
35202	高铁渣	组织不均匀，玻璃相中存在较多大块铁氧化物，与玻璃相呈反应态形成浮氏体和橄榄石，局部集中的流体态铁氧化物呈与玻璃相反应形成橄榄石的状态，有少量球形铁颗粒	亚共析钢颗粒，含碳量约 0.06%	图附 4–13
35204	高铁渣	组织均匀，以铁橄榄石为基体，基体上析出大量细小浮氏体，晶间分布玻璃相，局部有条带状铁氧化物		
35205	高铁渣	组织均匀，以铁橄榄石为基体，基体上析出大量细小浮氏体，橄榄石晶间分布玻璃相		
35207	高铁渣	为砂粒与渣的凝结态，渣相呈流体态铁氧化物与玻璃相的不均匀组织，玻璃相上析有长条状铁橄榄石，局部有较多球形铁颗粒集中分布		
35208	高铁渣	组织较均匀，以铁橄榄石为基体，基体上析出大量浮氏体，橄榄石晶间分布玻璃相，局部由于硅含量较高形成大块铁橄榄石及硅酸盐相		
35210	高铁渣	玻璃化程度较好，存在大量较大的球形气泡。以玻璃相为基体，基体上析出大块铁橄榄石，晶间玻璃相上有细小浮氏体均匀分布，存在少量球形、不规则形铁素体颗粒	熟铁颗粒	
35211	高铁渣	组织均匀，以铁橄榄石为基体，基体上析出大量细小浮氏体呈枝晶状排列，橄榄石晶间分布玻璃相		
35212	高铁渣	组织较均匀，存在大量较大的球形气泡。以铁橄榄石为基体，基体上析出大量细小浮氏体呈枝晶状排列，橄榄石晶间分布玻璃相		
35215	高铁渣	组织较均匀，以铁橄榄石为基体，基体上析出大量细小浮氏体，橄榄石晶间分布玻璃相		
35216	高铁渣	组织较均匀，以铁橄榄石为基体，基体上析出大量细小浮氏体呈枝晶状排列，橄榄石晶间分布玻璃相		
35217–1	槽形高铁渣	组织不均匀，边部呈两种组织：一种为玻璃相基体上密集排列条状铁橄榄石，并有大量六边形铁氧化物引入；一种以大块铁橄榄石为主，大量细小浮氏体呈簇状分布，橄榄石间分布少量玻璃相。芯部组织较均匀，以大块铁橄榄石为主，橄榄石上可见簇状分布的浮氏体、弥散分布的铁尖晶石、钾长石等，晶间玻璃相上亦有条状橄榄石析出		取自近槽边处 图附 4–21 图附 4–22 图附 4–23
35217–2	槽形高铁渣	组织较均匀，以玻璃相为基体，基体上分布大块铁橄榄石，橄榄石上可见少量铁尖晶石弥散分布，晶间玻璃相上分布有密集排列的条状橄榄石和枝晶状排列的浮氏体		取自近槽底处 图附 4–24
35218	槽形高铁渣	组织不均匀，主体呈玻璃相基体上分布大块铁橄榄石，橄榄石上少量铁尖晶石弥散分布，浮氏体弥散分布于橄榄石和玻璃相；局部可见玻璃相与条状橄榄石引入流体态铁氧化物的组织。存在若干大块不规则形及大量细小球形铁素体颗粒	熟铁颗粒	图附 4–25 图附 4–26
35219	扇形高铁渣	以铁橄榄石为基体，基体上分布大量浮氏体，晶间分布少量玻璃相；不同区域浮氏体的大小、形状、排列方式等存在差异，组织相对均匀的区域被铁氧化物条带分隔		取自扇面 图附 4–27
35220	扇形高铁渣	组织较均匀，以玻璃相为基体，基体上分布大块铁橄榄石，橄榄石上少量铁尖晶石弥散分布，晶间玻璃相上分布细小条状橄榄石和浮氏体，存在较多细小球形铁素体颗粒	熟铁颗粒	取自底部 图附 4–28
35180	挂渣	玻璃化程度好，存在少量较大球形气泡。组织均匀，以玻璃相为基体，上析有大量细小球状浮氏体，浮氏体呈枝晶状排布，未见铁橄榄石		

实验室编号	样品类型	炉渣显微结构描述	炉渣内可辨识金属颗粒类别	备注
35183	挂渣	玻璃化程度一般，组织不均匀，以玻璃相为基体。基体上析出紧密排列的长条状铁橄榄石，局部可见少量浮氏体		
35186	挂渣	玻璃化程度较好，组织不均匀，以玻璃相为基体，基体上析出紧密排列的条状铁橄榄石，局部集中分布细小浮氏体和铁橄榄石呈枝晶状排列，存在少量不规则铁素体颗粒	熟铁颗粒	
35193	挂渣	玻璃化程度一般，组织不均匀，以玻璃相为基体。基体上析出紧密排列的长条状铁橄榄石，局部可见少量浮氏体和高铝析晶均匀分布，存在少量球形、不规则形铁颗粒	熟铁颗粒、磷共晶铁素体颗粒	
35196	挂渣	玻璃化程度一般，组织不均匀，存在较多细小的球形气泡。以玻璃相为基体，基体上析出紧密排列的条状铁橄榄石，细小的浮氏体和铁橄榄石呈枝晶状排列		
35199	挂渣	玻璃化程度较好，组织不均匀，以玻璃相为基体。基体上可见大量高铝析晶，局部分布细小铁橄榄石呈枝晶状排列，存在少量不规则铁素体颗粒，未见浮氏体	熟铁颗粒	图附 4–29
35203	挂渣	玻璃化程度较好，组织不均匀，以玻璃相为基体。基体上析出紧密排列的条状铁橄榄石，局部可见少量浮氏体和不规则形铁橄榄石晶体，存在少量不规则铁颗粒	熟铁颗粒	
35206	挂渣	玻璃化程度好，组织不均匀，以玻璃相为基体。基体上局部集中析出长条状铁橄榄石，晶间玻璃相上亦有细小铁橄榄石呈枝晶状排列，存在少量不规则铁颗粒	多为熟铁颗粒，少数铁颗粒组织不明，为灰白色基体上有若干不规则白色颗粒	图附 4–14
35209	挂渣	玻璃化程度一般，组织不均匀，以玻璃相为基体。基体上析出大量长条状铁橄榄石，并有少量浮氏体和六边形橄榄石晶体不均匀分布，局部可见少量高铝析晶		
35213	挂渣	玻璃化程度好，组织不均匀，以玻璃相为基体。基体上析出紧密排列的条状铁橄榄石，局部可见不规则形铁橄榄石和呈枝晶状分布的细小浮氏体，存在少量球形铁颗粒	磷共晶 + 亚共析钢颗粒、磷共晶珠光体颗粒	图附 4–30
35214	挂渣	玻璃化程度较好，组织不均匀，以玻璃相为基体，基体上析出紧密排列的条状铁橄榄石，并有少量枝晶状排列的橄榄石集中分布，局部可见少量浮氏体和六边形橄榄石晶体		

表附 4–3　炉渣 SEM–EDS 成分分析结果

实验室编号	样品类型	扫描方式	扫描部位	元素含量 /wt%											备注
				O	Mg	Al	Si	K	Ca	Ti	Mn	Fe	Na	其他	
35110	玻璃态渣	面扫	平均成分	42.9	1.1	8.8	25.7	4.1	7.6	0.3	5.5	4.0			图附 4–31
35111	玻璃态渣	面扫	平均成分	41.2	1.2	9.7	28.1	3.3	5.6	0.3	4.4	6.4			
35112	玻璃态渣	面扫	平均成分	39.8	1.0	8.8	25.6	3.4	6.7	0.4	7.1	7.2			
35113	玻璃态渣	面扫	平均成分	42.4	1.5	9.1	26.8	3.6	8.3	0.3	4.0	3.9	0.2		
35114	玻璃态渣	面扫	平均成分	42.8	1.3	9.5	25.8	3.2	7.0	0.3	4.6	5.5			
35115	玻璃态渣	面扫	平均成分	42.8	1.1	8.0	26.2	3.8	9.1	0.3	4.0	4.7			
35116	玻璃态渣	面扫	平均成分	41.7	1.1	8.7	28.2	3.5	8.1	0.2	4.1	4.4			
35117	玻璃态渣	面扫	平均成分	32.2	0.7	13.3	36.2	3.1	1.5	0.5	0.3	11.8	0.4		
35118	玻璃态渣	面扫	平均成分	43.6	1.4	9.3	25.3	3.5	7.0	0.2	5.9	4.0			

续表附 4-3

实验室编号	样品类型	扫描方式	扫描部位	元素含量 /wt%											备注
				O	Mg	Al	Si	K	Ca	Ti	Mn	Fe	Na	其他	
35119	玻璃态渣	面扫	平均成分	41.5	1.3	9.4	27.2	3.7	6.7	0.2	3.9	6.1			图附 4-32
35120	玻璃态渣	面扫	平均成分	40.8	1.1	9.3	26.6	3.7	8.1	0.3	5.5	4.6			
35121	玻璃态渣	面扫	平均成分	44.3	1.1	7.7	25.5	3.9	9.5	0.3	4.0	3.8			
35122	玻璃态渣	面扫	平均成分	42.7	1.2	9.1	27.0	3.3	6.4	0.4	3.9	5.9		P 0.1 S 0.1	
35123	玻璃态渣	面扫	平均成分	41.2	1.0	8.0	27.1	3.6	7.0	0.3	6.3	5.4			
35124	玻璃态渣	面扫	平均成分	42.6	1.3	10.7	27.8	2.9	7.0	0.4	5.9	1.4			
35125	玻璃态渣	面扫	平均成分	43.7	1.6	9.3	26.5	3.9	6.0	0.2	5.6	3.2			
35126	玻璃态渣	面扫	平均成分	44.2	1.1	8.2	25.8	4.0	7.8	0.3	5.0	3.9			
35127	玻璃态渣	面扫	平均成分	43.5	1.7	7.3	26.6	3.4	9.3	0.2	6.3	1.6			
35128	玻璃态渣	面扫	平均成分	41.9	1.2	9.8	23.4	3.7	6.8	0.1	7.4	5.8			
35129	玻璃态渣	面扫	平均成分	41.1	1.3	9.9	24.6	3.8	6.4	0.2	6.7	5.9			
35130	玻璃态渣	面扫	平均成分	42.7	1.5	10.4	23.9	3.4	6.4	0.2	6.6	5.1			
35138	玻璃态渣	面扫	平均成分	40.1	1.2	6.4	24.6	2.9	4.4	0.2	16.3	3.9			图附 4-33
		点扫	条状析晶	40.4	2.8	2.0	23.0	0.9	5.7		23.9	1.3			
35139	玻璃态渣	面扫	平均成分	42.4	1.4	6.6	26.8	5.1	6.7	0.2	6.2	4.5		S 0.2	
35140	玻璃态渣	面扫	平均成分	43.1	1.0	8.6	26.9	3.9	8.0	0.2	3.3	5.0			
35141	玻璃态渣	面扫	平均成分	42.4	1.1	7.3	24.5	4.2	10.0	0.2	5.9	4.4			图附 4-34
35142	玻璃态渣	面扫	平均成分	42.1	1.7	8.4	25.7	3.5	9.3	0.2	5.1	3.9			
35143	玻璃态渣	面扫	平均成分	43.6	1.3	9.1	25.8	3.7	6.6	0.3	5.1	4.7			
35144	玻璃态渣	面扫	平均成分	42.6	0.9	8.3	26.1	3.9	8.3	0.3	4.9	4.7			
35145	玻璃态渣	面扫	平均成分	42.2	1.4	9.7	26.6	3.7	7.3	0.3	5.1	3.6			
35146	玻璃态渣	面扫	平均成分	43.5	1.3	9.2	26.2	3.4	6.9	0.3	5.5	3.8			
35147	玻璃态渣	面扫	平均成分	43.5	1.3	9.1	27.1	2.9	7.4	0.4	4.2	4.2			
35148	玻璃态渣	面扫	平均成分	40.5	1.2	9.0	26.3	4.4	7.4	0.1	4.5	6.5			
35149	玻璃态渣	面扫	平均成分	42.5	1.0	8.4	26.0	3.9	8.2	0.3	4.7	5.2			
35150	玻璃态渣	面扫	平均成分	42.9	1.3	9.7	27.1	4.0	6.3	0.3	4.6	3.9			
35151	玻璃态渣	面扫	平均成分	40.7	1.1	9.2	26.7	3.7	6.8	0.3	4.2	7.0	0.4		
35152	玻璃态渣	面扫	平均成分	43.2	1.2	9.5	26.9	3.2	6.2	0.3	4.7	4.9			
		点扫	铁颗粒夹杂物 1	8.2		2.2	5.4	0.5	1.0		0.1	59.1		S 23.4	
		点扫	铁颗粒夹杂物 2	7.1		1.7	4.4	0.4	1.0		0.0	65.7		S 19.7	
35153	玻璃态渣	面扫	平均成分	41.9	1.2	9.5	25.6	3.5	6.4	0.4	5.5	5.9	0.1		
35154	玻璃态渣	面扫	平均成分	41.9	0.9	8.4	26.0	3.6	6.6	0.2	5.7	6.8			
35155	玻璃态渣	面扫	平均成分	43.9	1.1	9.2	26.0	3.5	5.8	0.1	4.3	6.1			
35156	玻璃态渣	面扫	平均成分	42.2	1.7	7.6	26.4	4.1	8.1	0.2	5.9	3.8			

续表附 4-3

实验室编号	样品类型	扫描方式	扫描部位	元素含量 /wt%											备注
				O	Mg	Al	Si	K	Ca	Ti	Mn	Fe	Na	其他	
35157	玻璃态渣	面扫	平均成分	47.0	0.7	10.1	27.4	4.4	3.0	0.3	0.4	6.7			
35158	玻璃态渣	面扫	平均成分	41.5	0.6	7.8	23.8	2.4	4.1	0.3	14.2	5.4			
35180	挂渣	面扫	平均成分	41.3	0.3	6.4	24.9	1.6	1.0	0.2	0.5	23.7			图附 4-37
		点扫	硅酸盐相	45.1	0.2	6.8	28.2	2.2	1.7	0.3	0.7	14.8			
		点扫	浮氏体 1	32.5	0.4	5.5	8.2	0.5	0.2	0.2		52.5			
		点扫	浮氏体 2	33.1	0.5	6.0	7.9	0.5	0.2	0.5		51.4			
35182	高铁渣	面扫	平均成分	28.8	0.2	3.7	12.3	0.9	0.6	0.1		53.4			
35185	高铁渣	面扫	平均成分	34.0	0.3	5.8	16.3	1.1	1.0	0.1	3.3	38.2			图附 4-36
35188	高铁渣	面扫	平均成分	33.0		2.8	11.0	0.6	0.6	0.1	0.3	51.7			
35195	高铁渣	面扫	平均成分	29.6	0.2	1.8	9.8	0.1	0.3	0.2		58.0			
		点扫	重晶石颗粒	24.1		0.5	1.9					15.6		S 12.6 Ba 45.3	
35197	高铁渣	面扫	平均成分	34.0		2.1	8.7		0.3		1.3	53.7			
35201	高铁渣	面扫	平均成分	30.8	0.1	3.7	11.7	0.8	0.6	0.2	1.9	50.1			
35202	高铁渣	面扫	渣相面扫	40.1		8.8	17.3	2.0	2.1	0.2	1.6	27.8			图附 4-38
		点扫	铁橄榄石	32.3	3.2	1.0	12.5	0.2	0.4	0.1	3.2	5			
		点扫	勾连颗粒状铁氧化物	29.6	0.1	1.1	2.5	0.1	0.2	0.1		65.9			
35204	高铁渣	面扫	平均成分	30.7	0.3	2.9	11.5	0.4	0.5	0.2		53.5		P 0.1	
35210	高铁渣	面扫	平均成分	31.6	0.7	2.6	12.9	0.3	0.6	0.1	4.6	46.6			
35211	高铁渣	面扫	平均成分	30.4		2.3	9.3	0.6	0.4		0.4	56.7			图附 4-35
35212	高铁渣	面扫	平均成分	32.2	0.1	3.8	9.4	0.7	0.6	0.1	0.7	52.3			
35215	高铁渣	面扫	平均成分	33.4	0.2	2.8	11.0	0.6	0.7	0.1	2.4	49.0			
35216	高铁渣	面扫	平均成分	31.8		3.2	10.5	0.3	0.3	0.1		53.9			

图附 4-1 玻璃态渣 35111 金属颗粒显微结构

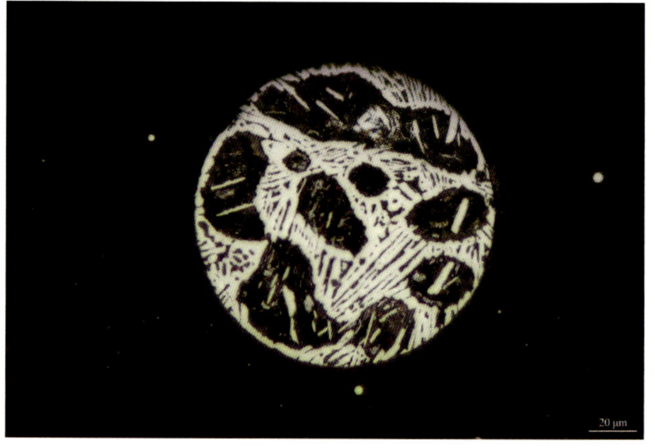

图附 4-2 玻璃态渣 35114 金属颗粒显微结构

图附 4-3 玻璃态渣 35116 金属颗粒显微结构

图附 4-4 玻璃态渣 35119 金属颗粒显微结构

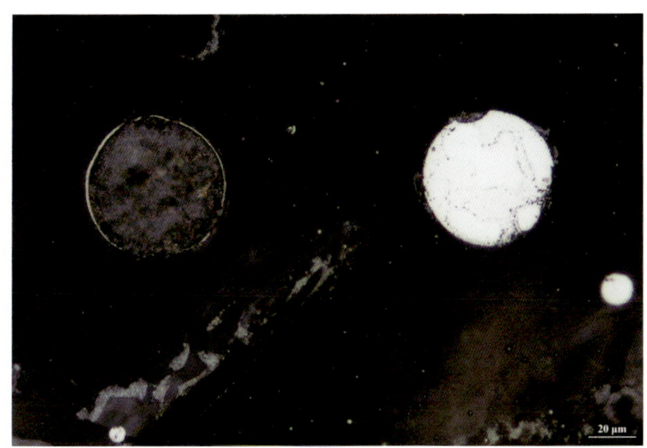

图附 4-5 玻璃态渣 35124 金属颗粒显微结构

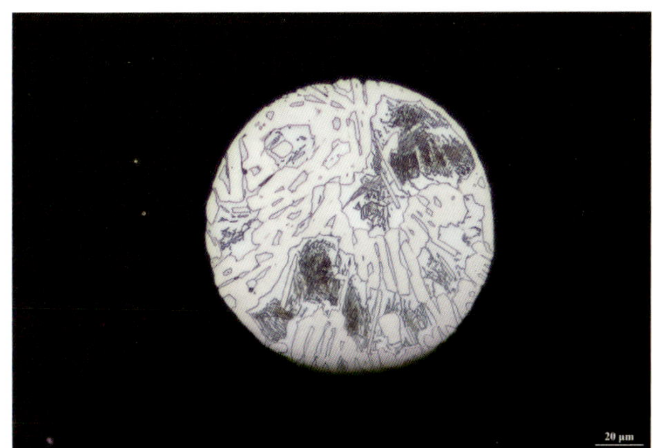

图附 4-6 玻璃态渣 35130 金属颗粒显微结构

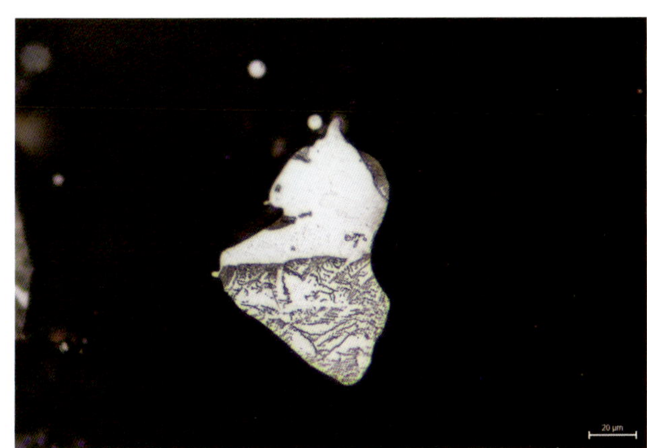

图附 4-7 玻璃态渣 35142 金属颗粒显微结构

图附 4-8 玻璃态渣 35143 金属颗粒显微结构

图附 4-9 玻璃态渣 35144 金属颗粒显微结构

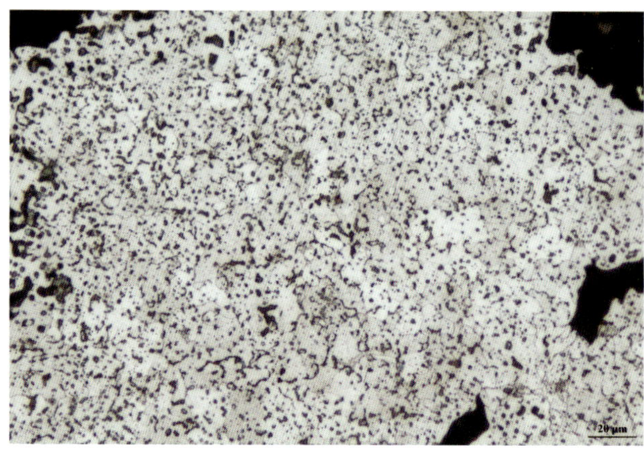

图附 4-10 玻璃态渣 35149 金属颗粒显微结构

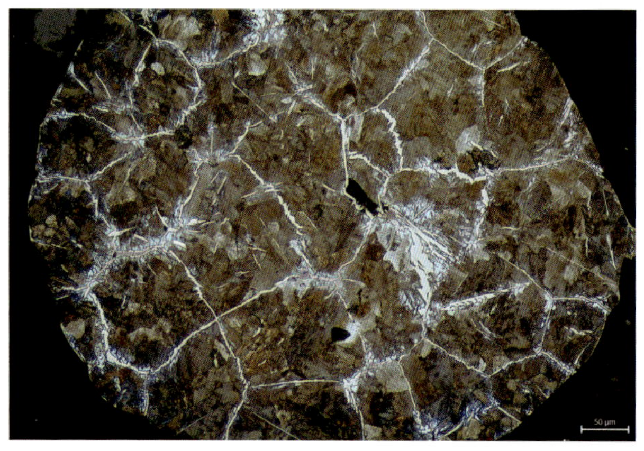

图附 4-11 玻璃态渣 35152 金属颗粒显微结构

图附 4-12 高铁渣 35200 金属颗粒显微结构

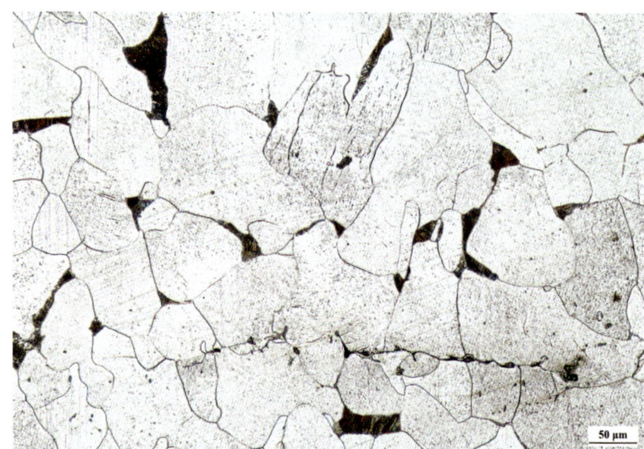

图附 4-13 高铁渣 35202 金属颗粒显微结构

图附 4-14 挂渣 35206 金属颗粒显微结构

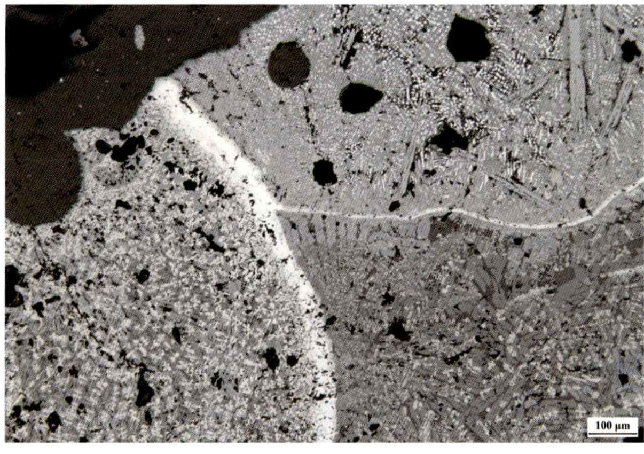

图附 4-15 高铁渣 35168 显微结构

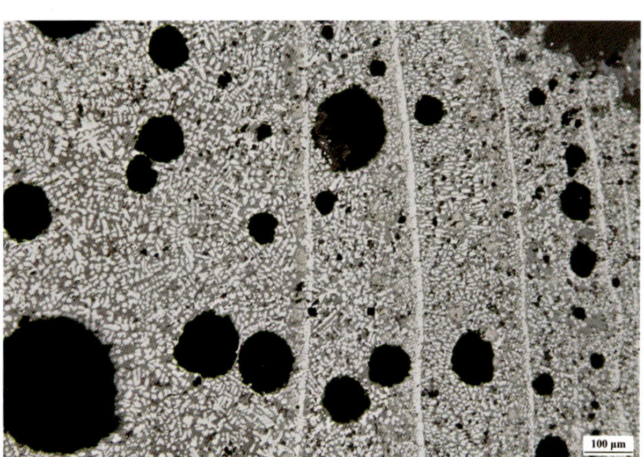

图附 4-16 高铁渣 35170 显微结构

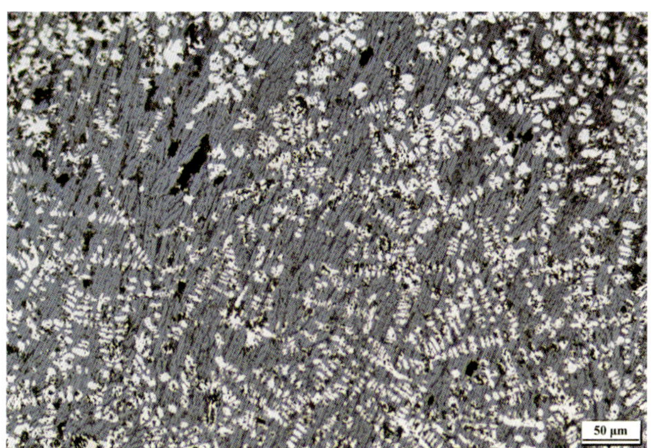

图附 4-17 高铁渣 35176（L1 积渣）显微结构

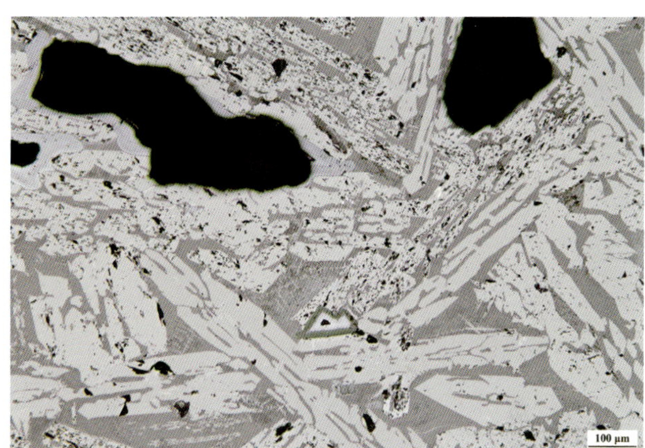

图附 4-18 高铁渣 35189 显微结构

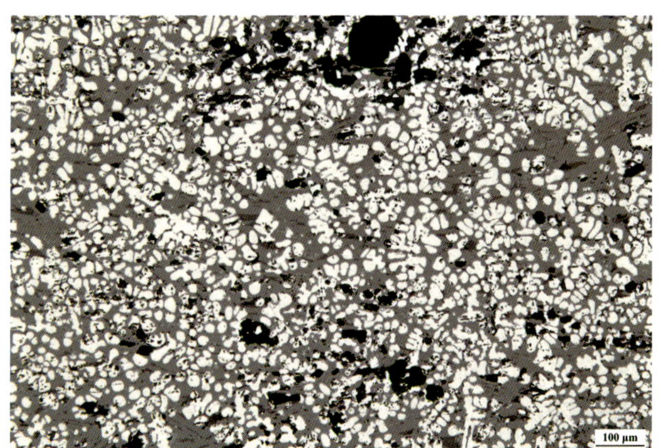

图附 4-19 高铁渣 35192 显微结构

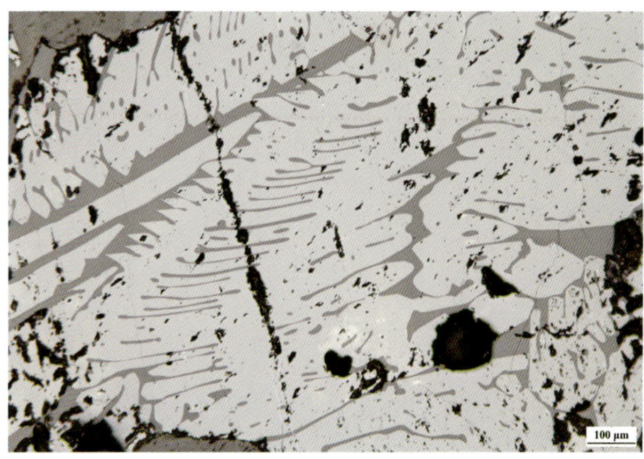

图附 4-20 高铁渣 35200 显微结构

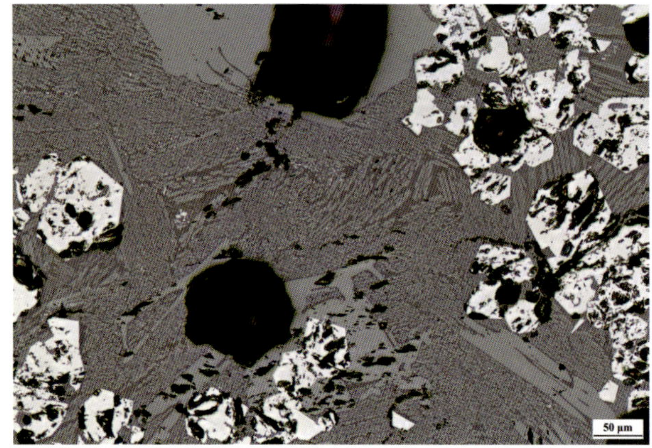

图附 4-21 高铁渣 35217-1（槽渣沿部表面）显微结构

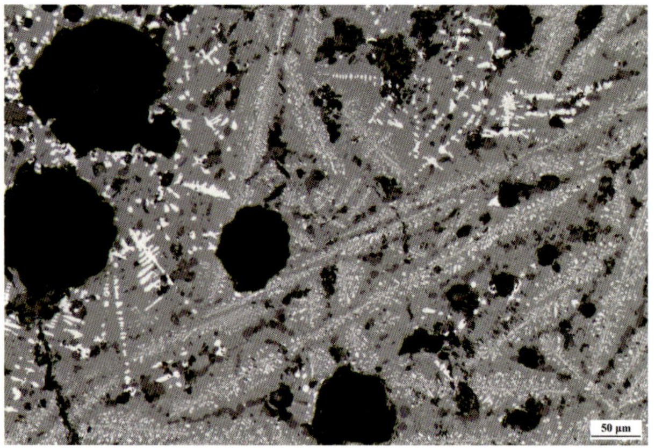

图附 4-22 高铁渣 35217-1（槽渣沿部表面）显微结构

图附 4-23 高铁渣 35217-1（槽渣沿部中心）显微结构

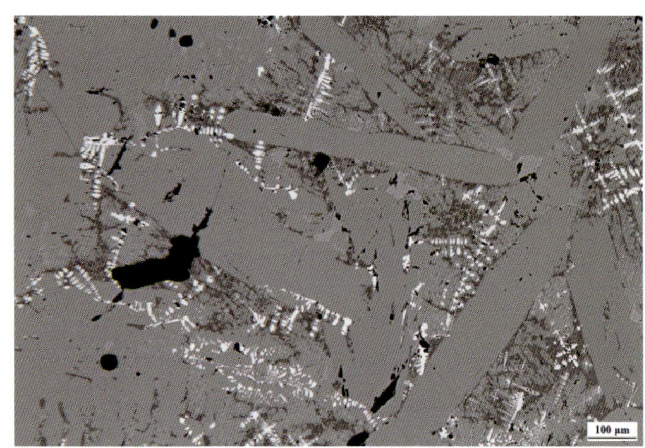

图附 4-24 高铁渣 35217-2（槽渣底部）显微结构

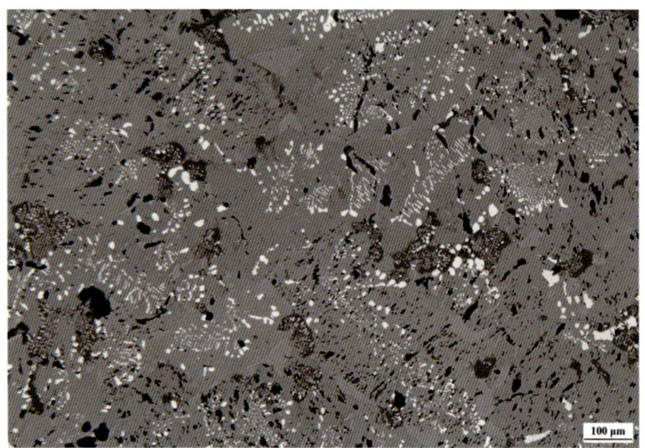

图附 4-25 高铁渣 35218 主体显微结构

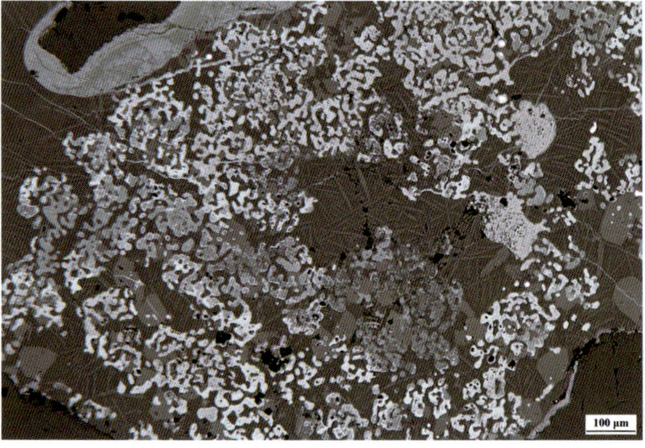

图附 4-26 高铁渣 35218 局部显微结构

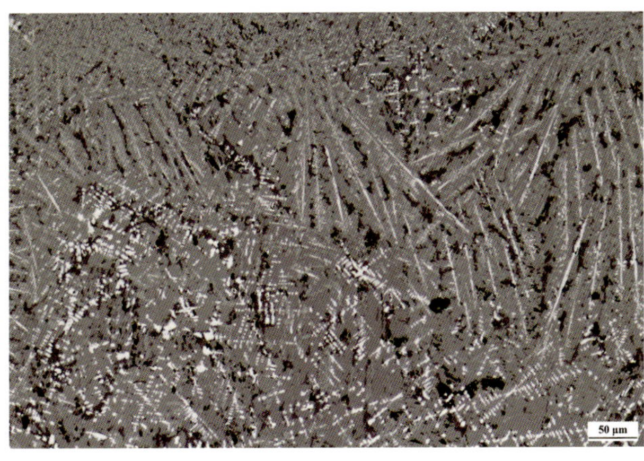

图附 4-27 高铁渣 35219 显微结构

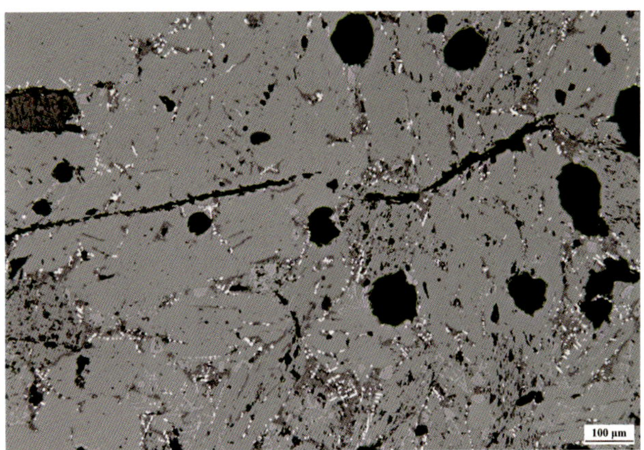

图附 4-28 高铁渣 35220 显微结构

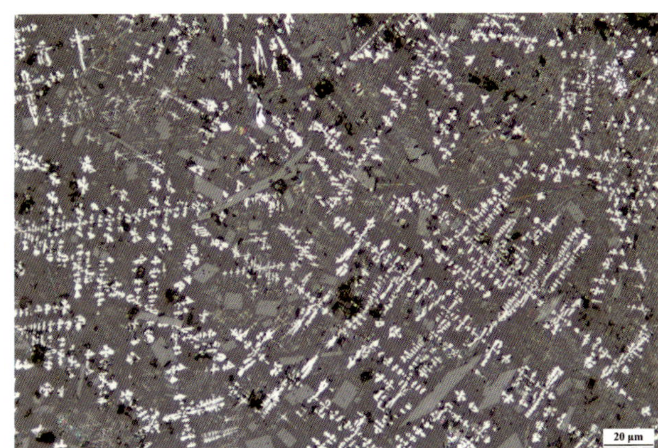

图附 4-29 挂渣 35199 显微结构

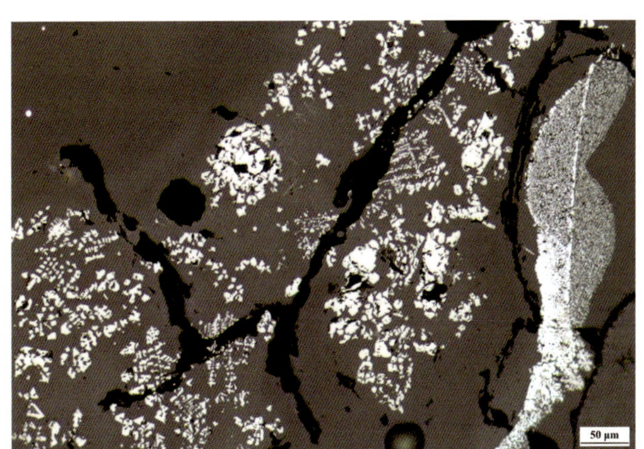

图附 4-30 挂渣 35213 显微结构

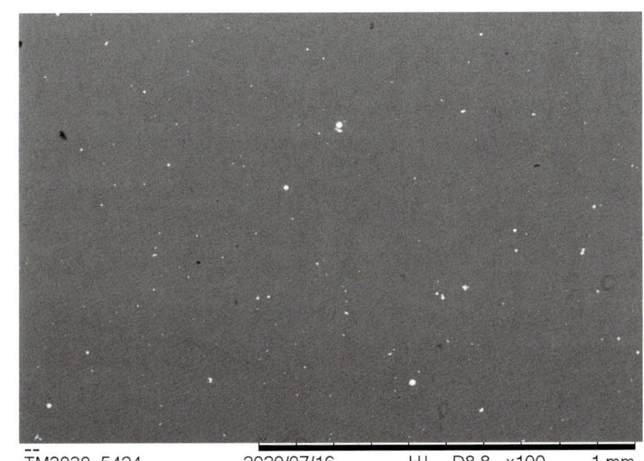

图附 4-31 玻璃态渣 35110 背散射电子像

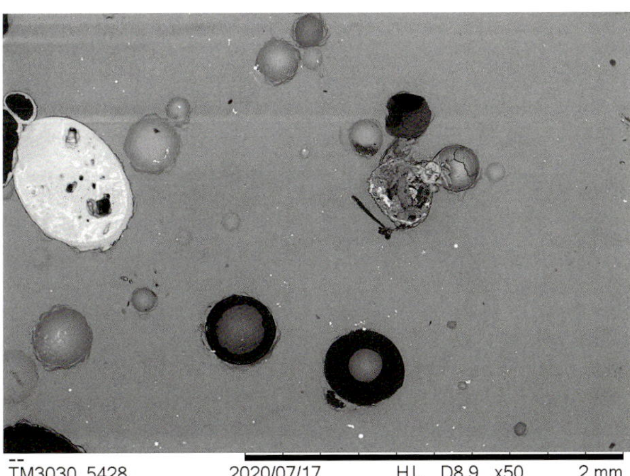

图附 4-32 玻璃态渣 35119 背散射电子像

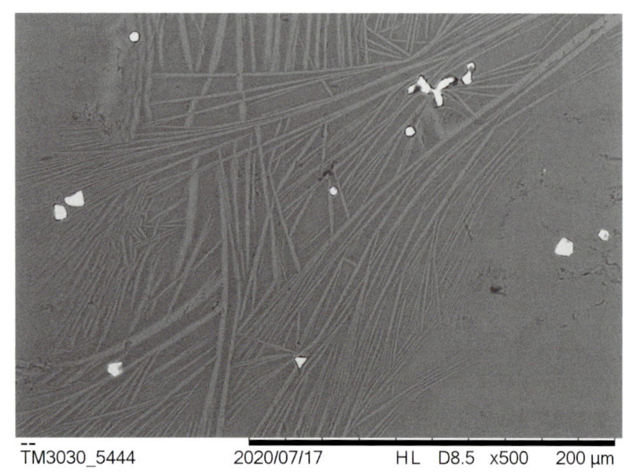

图附 4-33 玻璃态渣 35138 背散射电子像

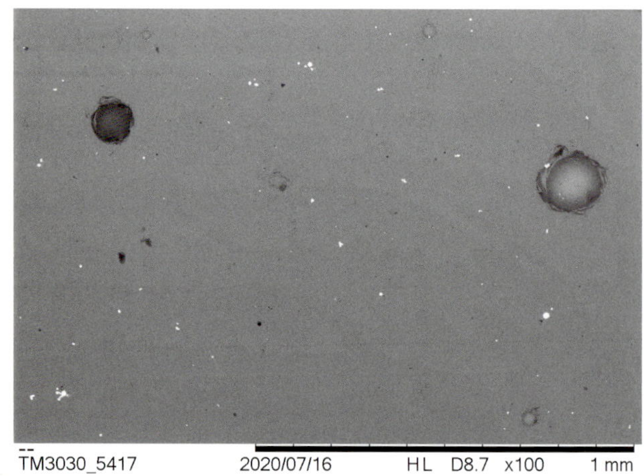

图附 4-34 玻璃态渣 35141 背散射电子像

图附 4-35 高铁渣 35211 背散射电子像

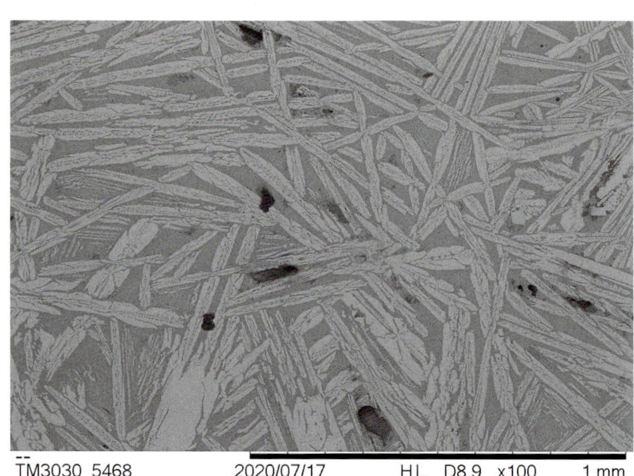

图附 4-36 高铁渣 35185 背散射电子像

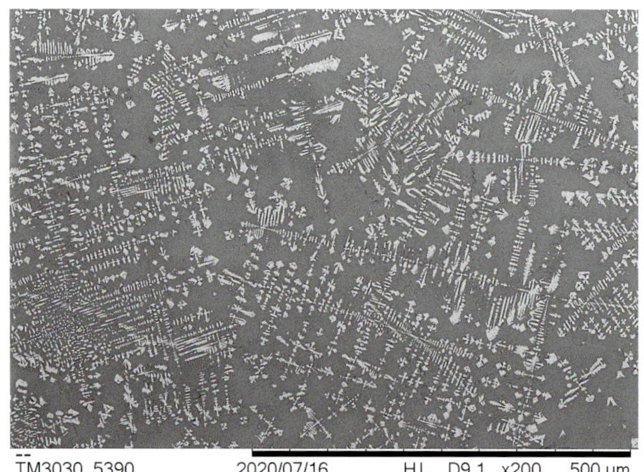

图附 4-37 挂渣 35180 背散射电子像

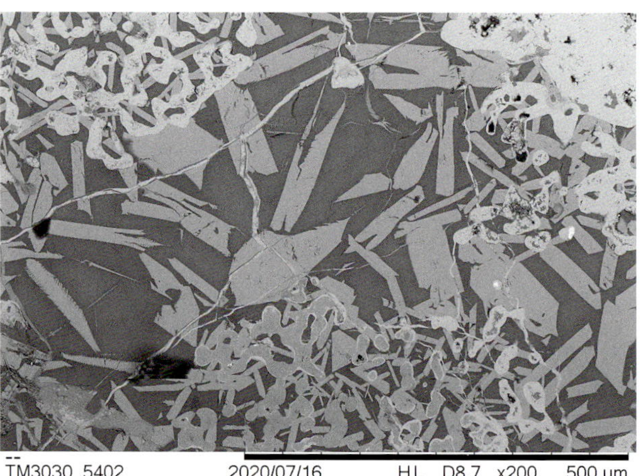

图附 4-38 高铁渣 35202 背散射电子像

（2）小结

下草埔遗址出土炉渣可大致分为玻璃态渣、挂渣和高铁渣三类。不同类别的炉渣在宏观形貌、显微结构与成分上存在明显差异。玻璃态炉渣质体比小，断口锋利，玻璃化程度高，表现为墨绿色、蓝绿色、浅墨绿色、深黑色等。挂渣质体比一般，呈非均质态，局部玻璃化程度高，气泡较多。高铁渣质体比大，可分为扇形排出渣、槽形排出渣、碎块高铁渣三种形制，扇形排出渣保留水口结瘤状。

现对该系列炉渣微观信息总结如下。

玻璃态炉渣

本次分析玻璃态炉渣42件，显微结构近似，元素组成成分离散度低，属于同一冶炼技术产生的废料。

显微结构上，该类炉渣玻璃化程度好，渣铁分离完全，呈玻璃相上弥散分布大量球形铁颗粒，属于典型生铁冶炼产生的炉渣类型。其中，玻璃相均质化程度高，少数局部析出高锰条晶；铁颗粒显微组织结构多样，有铁素体颗粒、磷共晶+铁素体颗粒、磷共晶+亚共析钢颗粒、磷共晶+共析钢颗粒、灰口铁颗粒、亚共晶白口铁颗粒、磷共晶+亚共晶白口铁颗粒。

组成成分上，玻璃态渣主要由O、Si、Al、Ca、Mn、K、Mg、Ti、Na以及Fe和少量的P、S组成。其中，Fe以单质形式表现为铁颗粒，P以固溶体与磷共晶形式存在于铁颗粒中；Si、Al、Ca、Mn、K、Mg、Ti、Na以氧化物形式存在于玻璃相中，局部有高锰晶体析出。其中，样品35117成分显著异常于余者，呈高Al、Si、Fe而少Ca、Mn的特征。通常情况，古代炼炉炉衬的Al、Si含量较高，推断可能为烧瘤至呈玻璃态的炉壁样品，但仍需炉壁分析检测工作来进一步确认。

基于上述信息，可判定该类玻璃态炉渣属于生铁冶炼产物。炉渣中普遍存在的Mn可能是使用含锰铁矿石引入的，但不排除使用含锰助熔剂的可能。考古背景上，此类玻璃态炉渣集中出土于TD9南部地层中，遗址内其他区域亦有零星出土。不同区域出土炉渣成分数据相对集中，各成分检测数据标准差见表附4-4，或可说明：除35117外，其余41件炉渣对应的冶炼活动的炉料配比、冶炼时长等操作细节相似，可能属于同一炉况，或标准化程度高的生铁冶炼后的废料。

表附4-4　玻璃态渣各成分检测数据标准差

玻璃态渣	wt%								
	O	Mg	Al	Si	K	Ca	Ti	Mn	Fe
平均值	42.5	1.2	8.8	26.2	3.6	7.1	0.3	5.5	4.8
标准差	1.3	0.2	1.0	1.1	0.5	1.4	0.1	2.5	1.3

挂渣

挂渣显微结构与组成成分具有不均匀性特征，表现为分层结构和炉渣与炉衬成分相互扩散、融合的现象。

本次分析挂渣11件。该类挂渣显微结构相似，以玻璃相为主，表现为玻璃化程度一般或较好，组织多不均匀，不同样本的玻璃相基质上不均匀分布有一定量的浮氏体（Fe_xO）、橄榄石（$2FeO\cdot SiO_2$）。橄榄石含有一定量Mn，以及少量Mg、Al。部分样品还见铁尖晶石（$FeO\cdot Al_2O_3$）、莫来石（$3Al_2O_3\cdot 2SiO_2$）等析晶。不同样本中浮氏体形态、分布亦有区别。多数样本显微结构表现为：细小球形浮氏体呈枝晶状分布析出于玻璃相上，如35180、35199；少数为玻璃相上局部聚集大块球形晶体，如35206。少数样本还包裹有细小铁颗粒，包括铁素体颗粒、磷共晶+铁素体颗粒、磷共晶+亚共析钢颗粒、磷共晶+共析钢颗粒等。

组成成分上，挂渣目前仅测试1件样品（35180），其主要由O、Si、Al、Fe（以FeO、SiO_2、Al_2O_3形式占比90%以上）和少量Mn、K、Ca、Mg、Ti、Na等元素组成。挂渣玻璃相的铁含量较高，与玻璃态炉渣差异显著，加之铁橄榄石、浮氏体等物相的存在，初步判断该类挂渣属块炼铁冶炼废料。

高铁渣

本次分析高铁炉渣41件，包括扇形排出渣2件，槽形排出渣2件，碎块高铁渣37件。显微结构中未见明显含Cu、Pb、Zn、Ag等元素的物相，基体成分面扫也未发现上述元素及金属颗粒的存在，可排除炼铜、炼铅锌、炼银渣的可能，且可首先确定该三类炉渣是冶铁活动产生的废料。

● 扇形、槽形排出渣

扇形渣呈半喇叭锥形，正表面可见凝固前的流动痕迹，上部尖端接近排渣口，保留水口结瘤，底面保留与地表接触的痕迹，背面与炉体外表面接触；槽形渣则为流入预先挖好沟槽中冷却而成，上表面较为平整，外底面保留与地表接触的痕迹。鉴于扇形、槽形排出渣体型较大，分别于单个炉渣样本的不同位置进行取样，用以查看炉渣不同位置的组织、成分均匀性或差异性特点。

扇形排出渣锥体处（保留流动痕迹）的显微结构以铁橄榄石为主要物相，其上析出形态、分布不同的球形浮氏体，橄榄石晶间分布少量玻璃相，基本不见铁颗粒；渣底部取样（与地表接触处）显微结构则以玻璃相为主要物相，其上析出大块铁橄榄石，橄榄石间的少量玻璃相中析有枝晶状排列的细小的橄榄石和浮氏体，存在细小的球形铁素体颗粒。

槽形排出渣近上表面处的显微结构物相丰富，以玻璃相为主要物相，其上分布大块铁橄榄石，橄榄石间少量玻璃相上亦有细小条状橄榄石分布，常见较大不规则形和细小球形铁素体颗粒。此外，渣相中还有浮氏体、铁尖晶石、钾长石等弥散分布的物相。外底面处取样边部可见流体态或形制较规则（六边形）的铁氧化物与上述组织组成的非均质结构。

基于以上信息，初步判断两类渣均为小高炉块炼铁冶炼的产物，且可能是块炼铁冶炼过程中不同阶段产生的炉渣。槽形排出渣硅含量较高，玻璃相占比高，炉渣流动性相对较好；物相丰富，矿石、脉石各成分间的固相反应不充分，可能属于冶炼前期的排出渣类型。扇形排出渣铁含量较高，顶部水口附近的渣样铁含量较底部高，保留较多流淌痕迹，炉渣流动性相对较差；物相较纯净，以铁橄榄石和浮氏体为主，可能属于冶炼后期的排出渣类型。

● 碎块高铁渣

碎块高铁渣出土数量最多，破坏严重，少数表面保留有流淌痕迹，均为铁硅系炉渣，玻璃化程度普遍较差，显微结构与物相组成上存在一定差异。暂分为四类炉渣分别叙述分析结果，判断炉渣对应冶炼技术是否存在差异后，再讨论具体冶炼技术类别。

第一类高铁渣

共23件，编号分别为35165、35166、35168、35169、35170、35176、35177、35179、35182、35188、35190、35192、35195、35197、35198、35201、35204、35205、35208、35211、35212、35215、35216。显微结构普遍表现为：以条块状铁橄榄石为主要物相，其上析出球形浮氏体，浮氏体呈细小球形、枝晶状分布，或呈球形弥散分布，或集中分布，橄榄石晶体间分布少量玻璃相，基本不见铁颗粒，橄榄石中普遍存在一定量Mn和少量Mg、Al。个别样本局部可见铁尖晶石（$FeO \cdot Al_2O_3$）。

第二类高铁渣

共4件，编号分别为35164、35178、35185、35189。显微结构表现为：以玻璃相为主要物相，其上析出大量长条状铁橄榄石，橄榄石间的玻璃相上析出枝晶状排列的细小铁橄榄石和铁尖晶石，存在少量细小不规则形或球形铁素体颗粒，不见浮氏体等其他物相。

第三类高铁渣

共4件，编号分别为35167、35187、35202、35207。显微结构普遍不均匀，表现为大量流体态铁氧化物与基体组织（玻璃相上析出较多长条铁橄榄石）的非均质化状态，且局部玻璃相上析出枝晶状排列的细小铁橄榄石等，可见较多集中分布的球形、椭球形铁素体颗粒。

鉴于第三类高铁渣基体组织物相、成分均与第二类渣近似，初步推测第三类炉渣可能为第二类炉渣中流入大量液态浮氏体、未及时完成均匀化而形成的炉渣，两者对应的冶炼技术类同。

第四类高铁渣

共6件，编号为35181、35184、35191、35194、35200、35210。显微结构物相丰富，以玻璃相为主要物相，其上析出大块含Mn的铁橄榄石，橄榄石间的少量玻璃相上析出极细小的铁橄榄石呈枝晶状排列，常见少量细小不规则形或球形铁素体颗粒。此外渣中还常见弥散分布的铁尖晶石与钾长石，局部亦有浮氏体、钙长石条晶等物相。

基于上述信息，第一类高铁渣铁含量较高，物相纯净，以铁橄榄石和浮氏体为主，与扇形排出渣主体的显微结构类似；第二、四类高铁渣硅含量较高，以玻璃相为主，兼有铁橄榄石等物相，与槽形排出渣上表面附近的显微结构类似；第三类高铁渣铁氧化物与基体的不均匀结构与槽形渣外底面处的显微结构类似。故初步判断碎块高铁渣为上述两类排出渣的破碎产物，即四类高铁渣均为块炼铁冶炼的废料，四类渣结构和成分上的差异反映了冶炼过程不同阶段的炉渣产物情况。其中，第一类渣与扇形排出渣相似度高，可能属于冶炼后期的产物类型；第三、四类渣与槽形排出渣相似度高，可能属于冶炼前期的产物类型；第二类渣成分、结构与槽形渣相似，但物相相对纯净，可能属于冶炼中期的产物类型。

5. 积铁块分析

（1）分析结果

积铁块的金相组织观察结果见表附 4-5。

表附 4-5 积铁块中金属相显微组织观察结果

实验室编号	考古背景	显微结构描述	备注
35069-1	2019XCP I T0711TD1 ②：1	渣铁混合物。 渣样以铁橄榄石为基体，基体上析出少量浮氏体，橄榄石晶间分布少量玻璃相。 铁样组织不均匀，芯部为铁素体组织，边部有少量珠光体组织，两相间过渡区域呈针状铁素体与珠光体组成的魏氏组织，珠光体组织中局部可见网状渗碳体。	图附 4-39
35069-2	2019XCP I T0711TD1 ②：2	渣铁混合物。 渣样呈两种组织，一种以条状排列的铁橄榄石为主，晶间分布少量玻璃相；一种以铁橄榄石为基体，基体上析出大量浮氏体，橄榄石晶间分布少量玻璃相。 铁样形制不规则，组织不均匀：高碳区为珠光体与网状渗碳体组织；低碳区为珠光体组织。	
35070	2019XCP I T0709TD14 ①：1	渣铁混合物。 渣样呈两种组织，一种以长条状铁橄榄石为主，晶间分布玻璃相和球形铁颗粒；一种以块状铁橄榄石为主，橄榄石间为少量玻璃相，橄榄石上有细小浮氏体呈枝晶状排列。 铁样形制不规则，为珠光体与针状铁素体组成的魏氏组织。	
35071	2019XCP I T0710TD14 ①：1	渣铁混合物。 渣样玻璃化程度一般，以玻璃相为主，玻璃相上析出较多长条状铁橄榄石。 铁样形制不规则，为珠光体与针状铁素体组成的魏氏组织。	图附 4-40
35072-1	2019XCP I T0809TD14 ①：1	未见明显渣样。 铁样呈珠光体组织，晶间细针状渗碳体交联成网络，不规则多边形网格内亦有针状渗碳体不规则分布。	图附 4-41
35072-2	2019XCP I T0809TD14 ①：2	渣铁混合物。 渣样以块状橄榄石为主，橄榄石间为少量玻璃相，橄榄石上有细小浮氏体呈枝晶状排列。 铁样形制不规则，组织不均匀：高碳区为珠光体组织；过渡区域为珠光体与针状铁素体魏氏组织；低碳区为铁素体组织晶间分布少量珠光体。	图附 4-63
35073-1	2019XCP I T0810TD14 ①：1	未见明显渣样。 铁样呈球状珠光体分布于莱氏体组织间，芯部可见一粒径 2~3 毫米的铁颗粒呈亚共析钢组织。	图附 4-42 图附 4-43
35073-2	2019XCP I T0810TD14 ①：2	未见明显渣样。 铁样呈球状珠光体分布于莱氏体组织间，局部呈珠光体与渗碳体交错分布。	
35074-1	2019XCP I T0908TD14 ①：1	渣铁混合物。渣铁分界明显，两相间存在薄层铁氧化物。 渣样以铁橄榄石为基体，基体上析出细小的浮氏体呈枝晶状排列，橄榄石晶间分布少量玻璃相。 铁样呈不规则流体态，为铁素体组织。	
35074-2	2019XCP I T0908TD14 ①：2	未见明显渣样。 铁样呈珠光体组织，晶间分布网状渗碳体，局部渗碳体呈针状析出。	
35075-1	2019XCP I T0909TD14 ①：1	渣铁混合物。 渣样以玻璃相为基体，基体上大量球形铁颗粒弥散分布。 铁样呈不规则流体态，为珠光体与网状渗碳体组织，不规则多边形网格内亦有针状渗碳体不规则分布。	图附 4-44

续表附 4-5

实验室编号	考古背景	显微结构描述	备注
35076	2019XCP I T0910TD14 ①：1	未见明显渣样。 铁样组织不均匀，主体呈珠光体与网状渗碳体组织，不规则多边形网格内亦有针状渗碳体不规则分布；局部可见莱氏体组织。	
35078-1	2019XCP I T1010TD14 ①：1	组织不均匀：高碳区（芯部）为珠光体与针状渗碳体组织，低碳区（边部）为珠光体组织，两区域间组织呈过渡状态。	
35078-2	2019XCP I T1010TD14 ①：2	渣铁混合物。渣铁分界明显，两相间存在薄层铁氧化物。 渣样玻璃化程度一般，局部裹挟较多未熔石英砂粒团，熔渣部分以长条排列的铁橄榄石为主，晶间分布少量玻璃相。 铁样呈不规则流体态，网状渗碳体呈逐渐消失状态，网格间不规则分布珠光体与铁素体组织。	图附 4-45
35079	2019XCP I T1209TD14 ①：1	渣铁混合物。 渣样以铁橄榄石为基体，基体上析出大小不同的浮氏体呈枝晶状排列，橄榄石晶间分布少量玻璃相。 铁样形制不规则，为铁素体组织。	图附 4-46
35080-1	2019XCP I T0710TD14 ①：1	渣铁混合物。 渣样玻璃化程度一般，以玻璃相为主，玻璃相上析出较多长条状铁橄榄石。 铁样形制不规则，为珠光体与针状铁素体组成的魏氏组织。	
35080-2	2019XCP I T1209TD14 ①：2	未见明显渣样。 铁样呈球状珠光体分布于莱氏体组织间，珠光体内部有极细片状渗碳体析出。	图附 4-47
35081-1	2019XCP I T1210TD14 ①：1	未见明显渣样。 铁样呈珠光体组织，晶间大量针状渗碳体交联成网络。	
35081-2	2019XCP I T1210TD14 ①：2	渣铁混合物。 渣样以铁橄榄石为基体，基体上分布大量浮氏体呈枝晶状排列，橄榄石晶间分布少量玻璃相。 铁样形制不规则，为铁素体组织。	
35082-2	2019XCP I T0711TD1 ①：2	渣铁混合物。 渣样以长条排列的铁橄榄石为主，晶间分布少量玻璃相。 铁样形制不规则，组织不均匀：高碳区为珠光体与针状渗碳体组织；过渡区域为珠光体组织；低碳区为铁素体与珠光体组织。	图附 4-48
35083	2019XCP I T0711TD2 ①：1	渣铁混合物。 渣样以铁橄榄石为基体，基体上分布较多浮氏体和少量玻璃相；靠近铁样部位以浮氏体为主，浮氏体间分布少量橄榄石和玻璃相。 铁样形制不规则，组织不均匀，芯部为铁素体组织，边部可见少量珠光体。	
35084	2019XCP I T0711TD2 ②：1	渣铁混合物。 渣样以大颗粒浮氏体为主，浮氏体间分布少量铁橄榄石和玻璃相。 铁样形制不规则，为铁素体组织。	
35086-2	2019XCP I T0811TD1 ②：2	渣铁混合物。 渣样呈流体态，玻璃化程度较差，局部裹挟较多石英砂颗粒，熔渣部分以长条状铁橄榄石为主，晶间分布玻璃相。 铁样形制不规则，组织不均匀：高碳区为球状珠光体与莱氏体组织；低碳区为珠光体与网状渗碳体组织，不规则多边形网格内亦有针状渗碳体不规则分布。	
35087	2019XCP I T0811TD2 ②：1	未见明显渣样。 铁样呈莱氏体组织。	图附 4-49
35088	2019XCP I T0911TD1 ①：1	渣铁混合物。渣铁分界明显，两相间存在薄层铁氧化物。 渣样呈流体态，组织不均匀，远离铁样处以铁橄榄石为基体，基体上析出枝晶状排列的浮氏体，橄榄石间分布少量玻璃相；近铁样处以紧密排列的条状铁橄榄石为主，晶间分布少量玻璃相。 铁样呈不规则流体态，组织不均匀：主体为珠光体与网状渗碳体组织，局部可见莱氏体组织。	
35090	2019XCP I T1011TD1 ①：1	未见明显渣样。 铁样组织不均匀：高碳区为球状珠光体与莱氏体组织，珠光体内部有片状渗碳体析出；低碳区为珠光体与网状渗碳体组织，不规则多边形网格内亦有极细针状渗碳体呈不同方向的平行分布。	图附 4-50
35091-2	2019XCP I T1011TD1 ②：2	渣铁混合物。 渣样以大块铁橄榄石为主，橄榄石间分布少量玻璃相，橄榄石上析出少量浮氏体。 铁样形制不规则，为铁素体组织，包含少量流体态夹杂物。	图附 4-51
35092	2019XCP I T0612TD1 ②：1	渣铁混合物。 渣样以长条排列的铁橄榄石为主，晶间分布少量玻璃相。 铁样形制不规则，为珠光体组织，晶间大量针状渗碳体交联成网络。	图附 4-64

续表附 4–5

实验室编号	考古背景	显微结构描述	备注
35094-1	2019XCP I T1112TD2 ③ : 1	渣铁混合物。 渣样呈两种组织，一种以铁橄榄石为基体，基体上分布较多浮氏体和少量玻璃相；一种以条状排列的铁橄榄石为主，橄榄石上分布有少量球形铁颗粒，橄榄石间分布少量玻璃相。 铁样呈不规则流体态，组织不均匀：一侧以铁素体组织为主，另一侧自芯部至边部组织呈铁素体、铁素体与少量珠光体、针状铁素体与珠光体魏氏组织、珠光体或珠光体与晶间网状渗碳体等不均匀态。	图附 4-52 图附 4-53 图附 4-54 图附 4-55
35094-2	2019XCP I T1112TD2 ③ : 2	未见明显渣样。 铁样组织不均匀：主体为珠光体与网状渗碳体组织，局部可见莱氏体组织。	
35095	2019XCP I T0613TD7 ② : 1	渣铁混合物。渣铁分界明显，两相间存在薄层铁氧化物。 渣样组织不均匀，远离铁样处以铁橄榄石为基体，基体上析出大量细小浮氏体呈枝晶状排列，橄榄石晶间分布少量玻璃相；近铁样处以铁氧化物为主，晶间分布少量玻璃相。 铁样呈流体态，组织不均匀：高碳区为球状珠光体与莱氏体组织；低碳区为珠光体与针状渗碳体组织。	图附 4-56
35096	2019XCP I T1013TD4 ① : 1	渣铁混合物。 渣样以铁橄榄石为基体，基体上析出大量细小浮氏体呈枝晶状排列，橄榄石晶间分布少量玻璃相。 铁样形制不规则，为铁素体组织。	图附 4-57
35097	2019XCP I T0614TD7 ① : 1	渣铁混合物。 渣样以铁橄榄石为基体，基体上析出大量浮氏体，橄榄石晶间分布少量玻璃相。 铁样形制不规则，组织不均匀：芯部为针状铁素体与珠光体魏氏组织，边部为铁素体组织，两相间过渡区域为铁素体与少量珠光体组织。	图附 4-58
35098	2019XCP I T0614TD7 ② : 1	渣铁混合物。 渣样以铁橄榄石为基体，基体上析出大量浮氏体，橄榄石晶间分布少量玻璃相。 铁样形制不规则，组织不均匀：芯部为针状铁素体与珠光体魏氏组织，边部为铁素体组织，两相间过渡区域为铁素体与少量珠光体组织。	图附 4-59
35099	2019XCP I T0614TD8 ① : 1	未见明显渣样。 铁样呈逐渐消失状态的网状渗碳体，网格间不规则分布珠光体与铁素体组织。	
35100	2019XCP I T0914TD8 ① : 1	芯部为上贝氏体与网状铁素体组织，部分铁素体呈针状向晶内发展，边部为针状马氏体与少量针状渗碳体组织。	图附 4-60 图附 4-61
35101	2019XCP I T0914TD8 ② : 1	未见明显渣样。 铁样呈球状珠光体分布于莱氏体组织间，珠光体内部有片状渗碳体析出。	
35105-1	2019XCP I T0615TD9 ① : 1	渣铁混合物。渣铁分离较好，两相间存在薄层铁氧化物。 渣样以铁橄榄石为基体，基体上析出大量细小浮氏体呈枝晶状排列，橄榄石晶间分布少量玻璃相。 铁样呈流体态，为铁素体组织。	
35106	2019XCP I T1015TD6 ② : 1	渣铁混合物。 渣样呈两种组织，一种以铁橄榄石为基体，基体上析出大量极细小浮氏体呈枝晶状排列，橄榄石晶间分布少量玻璃相；一种以长条排列的铁橄榄石为主，橄榄石上分布少量浮氏体，晶间分布少量玻璃相。 铁样形制不规则，为铁素体组织。	图附 4-62
35107	2019XCP I T1115TD5 ① : 1	渣铁混合物。 渣样以铁橄榄石为基体，基体上析出大量细小浮氏体呈枝晶状排列，橄榄石晶间分布少量玻璃相 铁样形制不规则，为铁素体组织。	
35108	2019XCP I T0616TD8 ① : 1	渣铁混合物。 渣样以铁橄榄石为基体，基体上析出浮氏体，晶间分布少量玻璃相，呈两种形貌，一种为大块橄榄石基体上细小浮氏体弥散分布；一种为条状排列的橄榄石基体上分布大量浮氏体呈枝晶状排列。 铁样呈不规则流体态，为铁素体组织。	

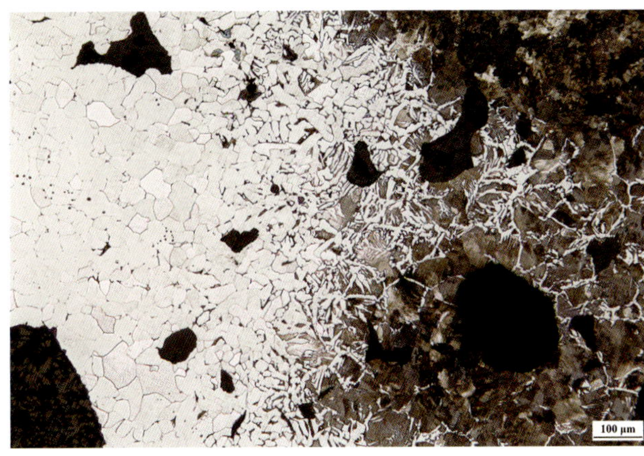

图附 4–39 积铁 35069–1 铁样显微结构

图附 4–40 积铁 35071 铁样显微结构

图附 4–41 积铁 35072–1 铁样显微结构

图附 4–42 积铁 35073–1 铁样显微结构

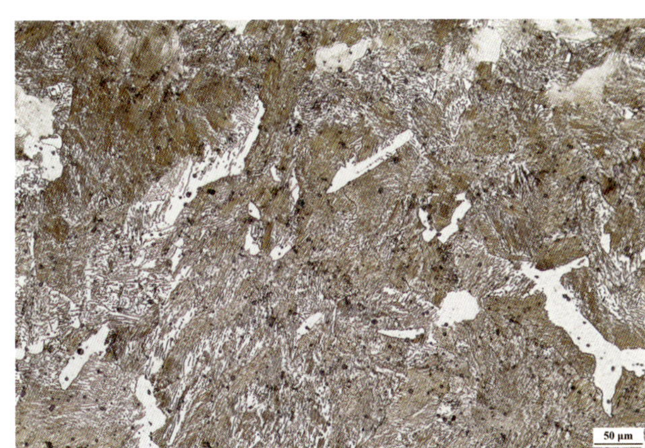

图附 4–43 积铁 35073–1 铁样显微结构

图附 4–44 积铁 35075–1 铁样显微结构

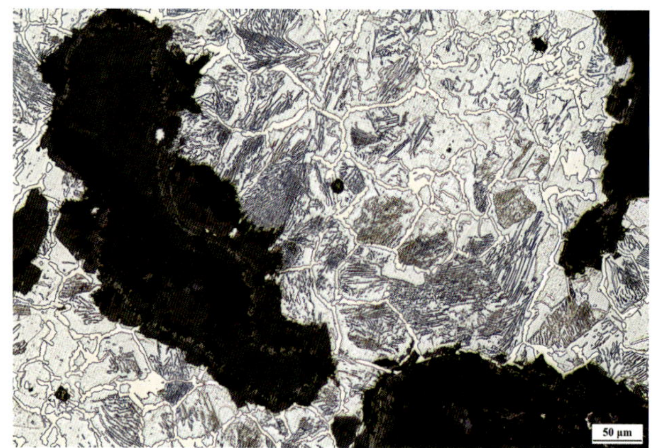

图附 4–45 积铁 35078–2 铁样显微结构

图附 4–46 积铁 35079 铁样显微结构

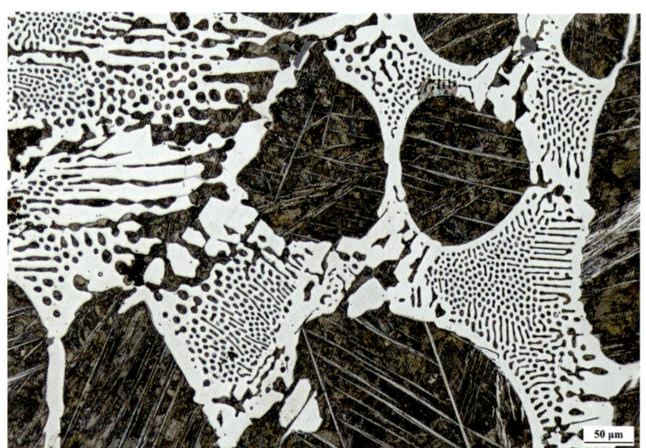

图附 4–47 积铁 35080–2 铁样显微结构

图附 4–48 积铁 35082–2 铁样显微结构

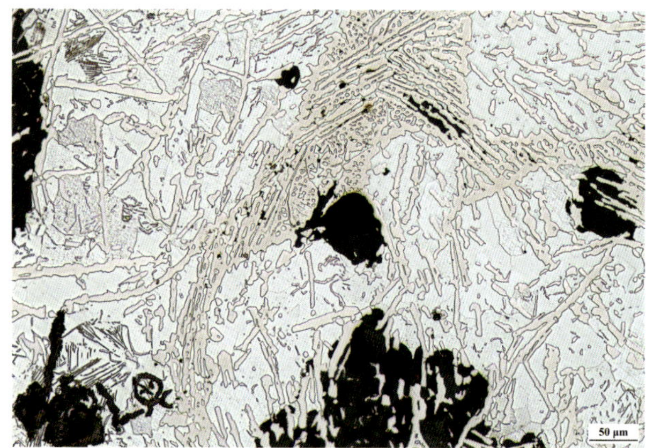

图附 4–49 积铁 35087 铁样显微结构

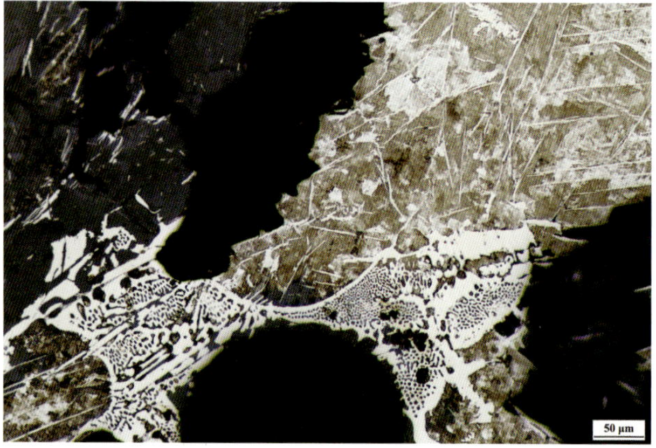

图附 4–50 积铁 35090 铁样显微结构

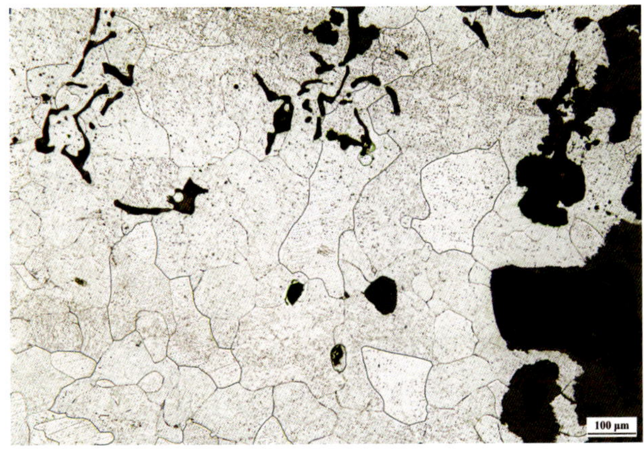

图附 4–51 积铁 35091–2 铁样显微结构

图附 4–52 积铁 35094–1 铁样显微结构

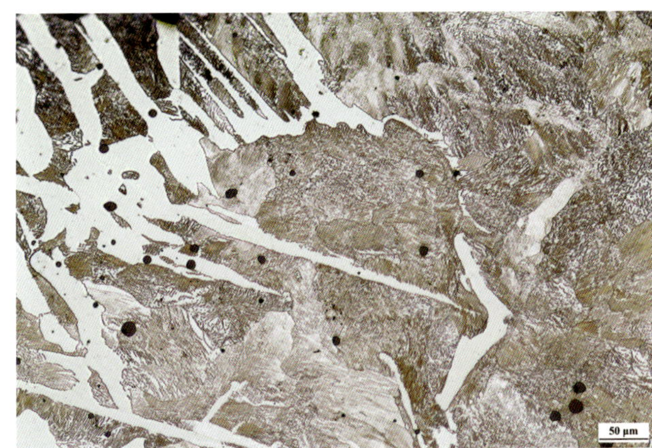

图附 4–53 积铁 35094–1 铁样显微结构

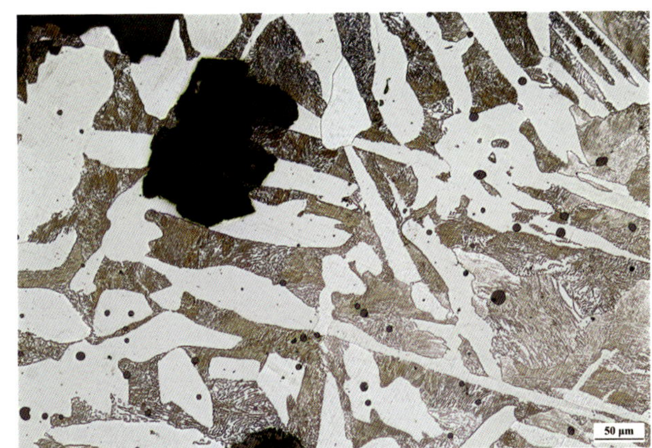

图附 4–54 积铁 35094–1 铁样显微结构

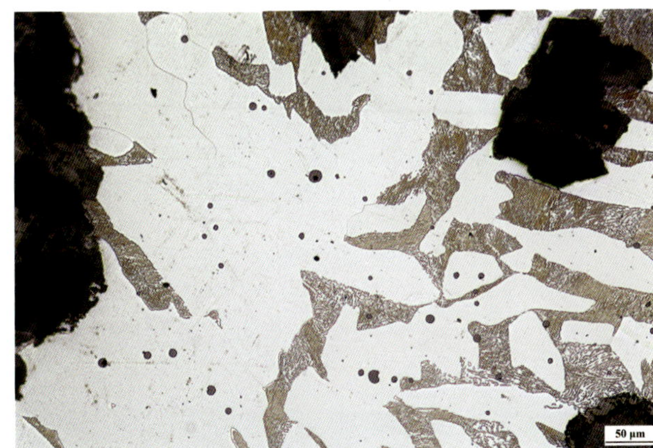

图附 4–55 积铁 35094–1 铁样显微结构

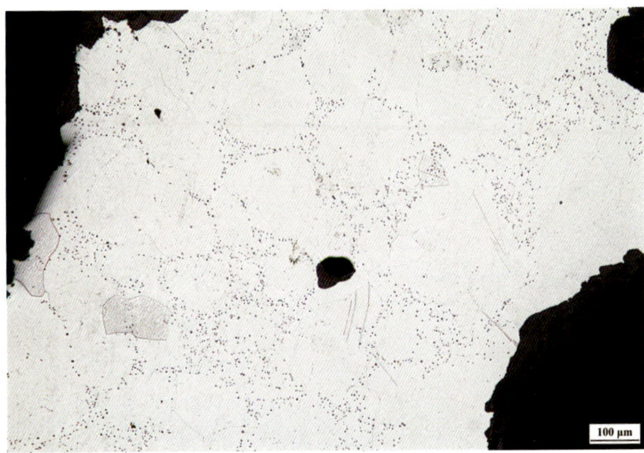

图附 4–56 积铁 35095 铁样显微结构

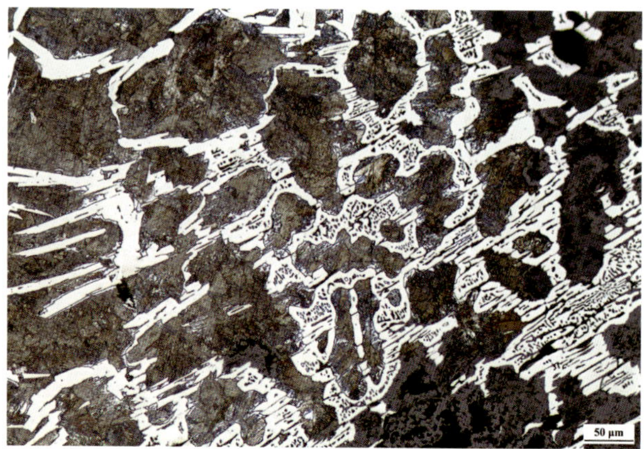

图附 4-57 积铁 35096 铁样显微结构

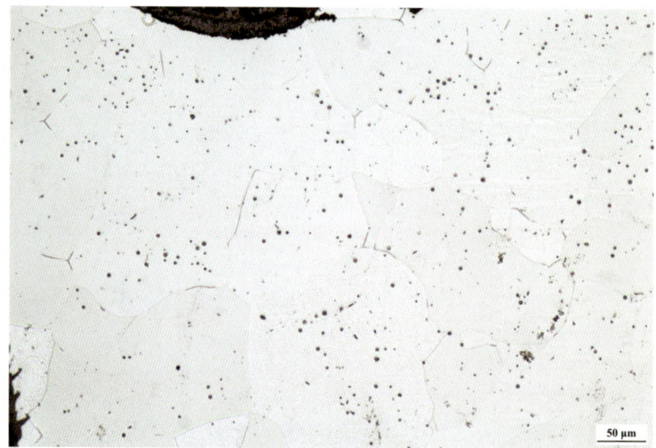

图附 4-58 积铁 35097 铁样显微结构

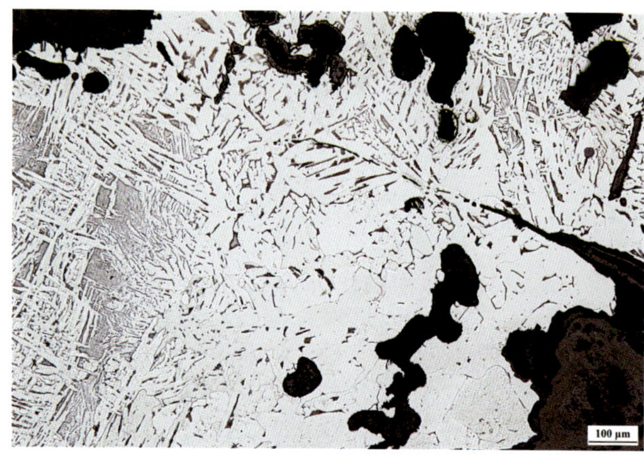

图附 4-59 积铁 35098 铁样显微结构

图附 4-60 积铁 35100 铁样显微结构

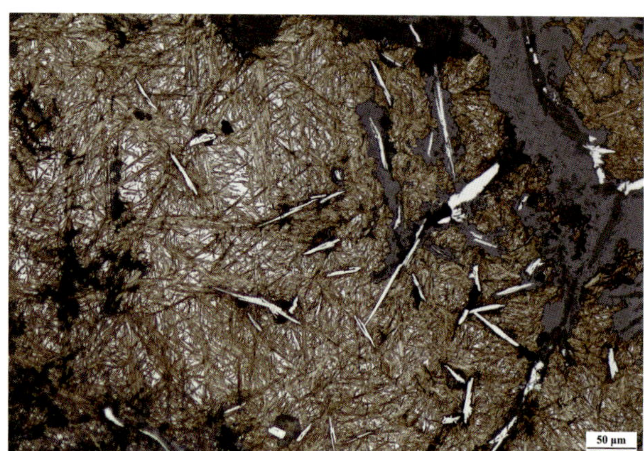

图附 4-61 积铁 35100 铁样显微结构

图附 4-62 积铁 35106 铁样显微结构

图附 4-63 积铁 35072-2 渣样显微结构

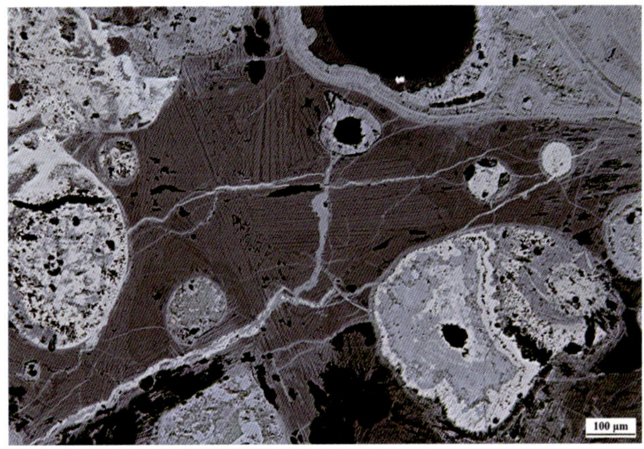

图附 4-64 积铁 35092 渣样显微结构

（2）小结

本次分析积铁块样品 41 件，均属于小块铁样与渣样的混合物。样品初始粒径小于 8 厘米，表面呈青灰色高铁渣特征，或锈铁块特征，具有一定磁性，青灰色者表面还通常保留一定流淌渣痕迹。炉渣的宏观形貌、显微结构、组织成分等是反映其对应冶炼生产技术的重要信息。因此，根据积铁块渣样显微组织结构特征，将 41 件积铁块分为A、B、C和D四类，并分别讨论其对应的冶炼技术类型，研究各类积铁的形成原因。

A类积铁

共 17 件，编号分别为 35069-1、35072-2、35074-1、35080-1、35081-2、35083、35084、35091-2、35094-1、35095、35096、35097、35098、35105-1、35106、35107、35108。

其渣样显微组织结构以铁橄榄石为主要物相，其上析出或枝晶状分布，或集中分布的球形浮氏体，橄榄石间分布少量玻璃相，与第一类碎块高铁渣相似。

铁样金相组织可见熟铁、低碳钢、高碳钢和亚共晶白口铁等多种组织，包括 16 件低碳样品与 1 件高碳样品。低碳样品包括 11 件熟铁样品与 5 件组织不均匀的低碳样本。熟铁样品金相组织呈晶粒较均匀的铁素体，晶粒度大致在 100~200 μm范围内，存在流体态浮氏体-橄榄石-硅酸盐复相夹杂物。其余 5 件低碳样品含碳量不均匀，或呈芯部含碳量低于边部，如 35069-1、35083 呈芯部铁素体组织被边部少量珠光体组织包裹；或呈芯部含碳量高于边部，如 35072-2 呈芯部珠光体+边部魏氏组织，以及 35098 呈芯部魏氏组织+边部少量铁素体；或呈复杂混合组织，如 35094-1 呈铁素体-亚共析钢-魏氏组织-共析钢-过共析钢不均匀组织。1 件高碳样品（35096）含碳量不均匀，表现为过共析钢+亚共晶白口铁组织。

B类积铁

共 7 件，编号分别为 35071、35074-2、35078-2、35079、35082-2、35086-2、35092。

渣样显微组织结构以玻璃相为主要物相，其上析出密集排列的条状铁橄榄石，并存在少量细小球形铁颗粒，与第二类碎块高铁渣相似。据此初步判断积铁块均为小高炉块炼铁冶炼的产物。

铁样金相组织存在低碳钢、高碳钢和亚共晶白口铁等多种组织，包括5件高碳样品与2件低碳样品。高碳钢样品含碳量不均匀，主体结构呈珠光体组织分布于针状、网状渗碳体组织间，局部可见莱氏体组织，含碳量集中在两个区间，低者约1.3~1.4wt%，高者约1.7~1.9wt%，质地较纯净，未见明显夹杂物。低碳样本有35071、35082-2。前者呈珠光体与针状铁素体魏氏组织，含碳量约0.4~0.7wt%；后者呈亚共析钢-共析钢-过共析钢不均匀组织，含碳量约0.3~1.3wt%。

C类积铁

共3件，编号分别为35069-2、35070、35088。

渣样显微结构呈A、B类渣样结构共存的状态，普遍表现为铁样附近炉渣为B类渣，往外为A类渣。

铁样金相组织普遍含碳量不均匀，但平均含碳量普遍较高。35069-2金相呈珠光体组织分布于网状渗碳体间，平均含碳量约1.5wt%；35070金相呈针状铁素体与珠光体魏氏组织，平均含碳量约0.7wt%；35088组织不均匀，主体呈珠光体组织分布于网状渗碳体间，局部可见莱氏体组织，平均含碳量约1.8wt%。

D类积铁

共13件，编号分别为35072-1、35073-1、35073-2、35075-1、35076、35078-1、35080-2、35081-1、35087、35090、35094-2、35099、35101。

该类样品宏观形貌与碎块高铁渣类同，未见明显渣样，铁样含碳量普遍较高，均不低于1.4wt%，质地较纯净，未见明显夹杂物，包括7件过共析钢、5件亚共晶白口铁和1件共晶白口铁。

基于上述积铁样本的渣样显微结构及物相特征可初步判断，该系列积铁块样本均属于小高炉块炼铁冶炼活动产生的废弃产物。积铁铁样部分普遍具有一定含碳量的现象表明：下草埔遗址块炼铁冶炼过程中，被还原的铁料于小高炉内发生析碳反应，并渗碳得到较高含碳量的共析钢、过共析钢、亚共晶白口铁组织。

与此同时，铁样中，部分铁样仍保留铁素体组织（11件），含碳样品（29件）则多数表现为显微组织与含碳量不均匀的形态。A类积铁以铁素体组织为主，35069-1、35083呈现熟铁表面被少量珠光体组织包裹的渗碳形态，而35072-2、35098则呈芯部高碳、边部低碳的脱碳形态，35094-1则由不同含碳量的组织组成，且不同区域含碳量差异较大。B、C、D类积铁铁样含碳量普遍较高，单个样本不同区域含碳量亦有所区别。这说明冶炼过程中，炉内析碳反应不均匀，铁样渗碳程度不同；且炉内不同位置氧化还原气氛有所区别，部分铁料发生渗碳后，还可能进入氧化气氛区域并发生表面脱碳行为；经过渗碳的铁料还可能与未发生渗碳的铁料碰撞、聚集，使得聚合后的铁样显微组织呈现复杂多样的状态。

B类积铁渣样近似于槽形排出渣组织，可能属于冶炼前中期产物，其铁样平均含碳量普遍较高，是冶炼炉内渗碳过程的直接体现。A类积铁渣样近似于扇形排出渣组织，可能属于冶炼后期产物，其铁样金相组织以铁素体与低碳组织为主，或能代表下草埔遗址块炼铁冶炼终产品类型。

需指出，样品 35100 铁样芯部呈上贝氏体与网状铁素体组织，边部呈针状马氏体组织与少量渗碳体，为典型的淬火组织，可能为古人用水处理高温冶炼废物时意外所致。

6. 铁器分析

铁器的金相组织观察结果见表附 4-6。

（1）分析结果

表附 4-6　铁器样品显微组织观察结果

器物类型	样品编号	出土地层	金相观察结果	备注
铁钉	35075-2	T0909TD14 ①	铁素体为主，晶间少量珠光体，铁素体晶粒较均匀；大量夹杂物沿加工方向排列、拉长变形，多为浮氏体 - 硅酸盐亚复相夹杂物。（图附 4-65）	锻打
	35082-1	T0711TD1 ①	铁素体组织，夹杂物拉长变形不明显，多为浮氏体 - 橄榄石 - 玻璃相复相夹杂物。（图附 4-66）	锻打
	35086-1	T0811TD1 ②	铁素体组织，晶粒较均匀；夹杂物明显沿加工方向拉长变形，多为浮氏体 - 硅酸盐亚复相夹杂物。（图附 4-67）	锻打
	35091-1	T1011TD1 ②	铁素体组织，晶间少量珠光体，晶粒较均匀；夹杂物明显沿加工方向拉长变形，为浮氏体—硅酸盐亚复相夹杂物。（图附 4-68）	锻打
	35093	T1112TD2 ②	铁素体组织；夹杂物较多，包括点状单相夹杂物和大块夹杂物，后者明显沿加工方向拉长变形，为浮氏体—硅酸盐亚复相夹杂物和浮氏体—橄榄石—硅酸盐复相夹杂物。（图附 4-69）	锻打
	35103	T1114TD5 ①	芯部为珠光体与针状铁素体组成的魏氏组织，可见多条分层的晶粒带；夹杂物明显沿加工方向拉长变形、排列，多为单相硅酸盐夹杂物和浮氏体—硅酸盐亚复相夹杂物。（图附 4-70）	锻打
	35171	Q1 ①	芯部为珠光体与针状铁素体魏氏组织，边部为铁素体组织与少量珠光体；夹杂物明显沿加工方向变形，多为复相夹杂物。（图附 4-71）	锻打
薄铁片	35077	T1008TD14 ①	球状珠光体分布于莱氏体组织间，典型亚共晶白口铁组织，未见明显夹杂物。（图附 4-72）	铸造
铁条	35102	T0914TD8 ③	组织均匀，呈细密铁素体与珠光体组织。夹杂物数量一般，局部可见大块拉长变形的硅酸盐夹杂物。（图附 4-73）	锻打
弧形薄铁板	35162-1	T1114TD5 ⑩	共晶白口铁组织（图附 4-74）	铸造
	35162-2		共晶白口铁组织	铸造
圆筒形薄壁残铁器	35163	T1114TD5 ⑩	因锈蚀严重，残留金属以铁素体为主，晶间少量珠光体。（图附 4-75）	铸铁退火脱碳
带钩形铁器	35172	Q1 ①	铁素体组织，未见明显夹杂物。（图附 4-76）	铸铁退火脱碳
铁权	35173	Q1 ①	亚共晶白口铁组织。（图附 4-77）	铸造
如意形铁器	35174	T0616TD8 ①	铁素体组织，晶间少量珠光体，未见明显夹杂物。（图附 4-78）	铸铁退火脱碳
针形铁器	35175	T0717TD10 ①	铁素体组织，晶间少量珠光体，晶粒不均匀，可见明显的小→大→小→大 4 条晶粒带；夹杂物明显沿加工方向拉长变形，以亚复相浮氏体—硅酸盐夹杂物为主。（图附 4-79、附 4-80）	折叠锻打

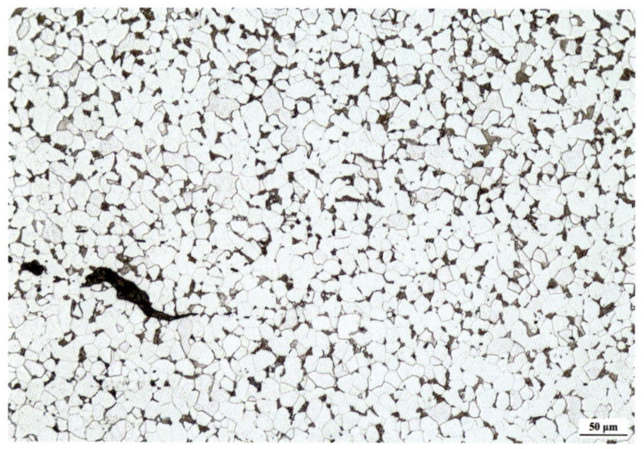

图附 4-65 铁钉 35075-2 显微结构

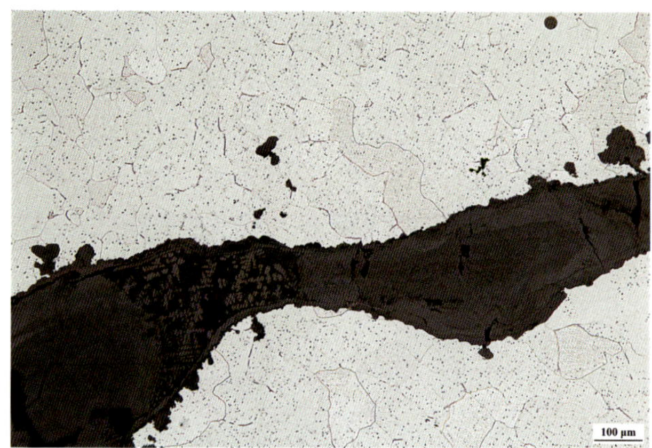

图附 4-66 铁钉 35082-1 显微结构

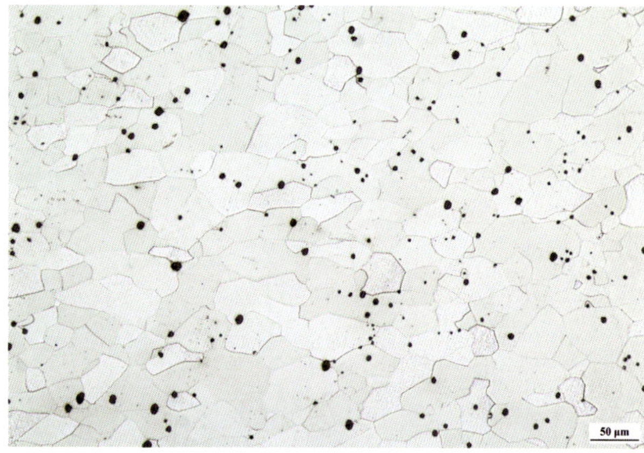

图附 4-67 铁钉 35086-1 显微结构

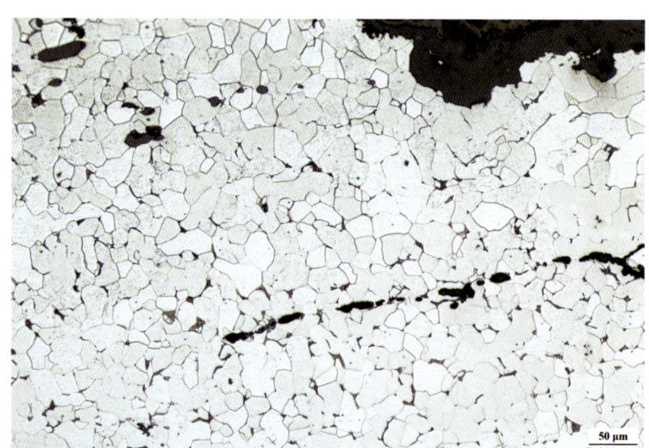

图附 4-68 铁钉 35091-1 显微结构

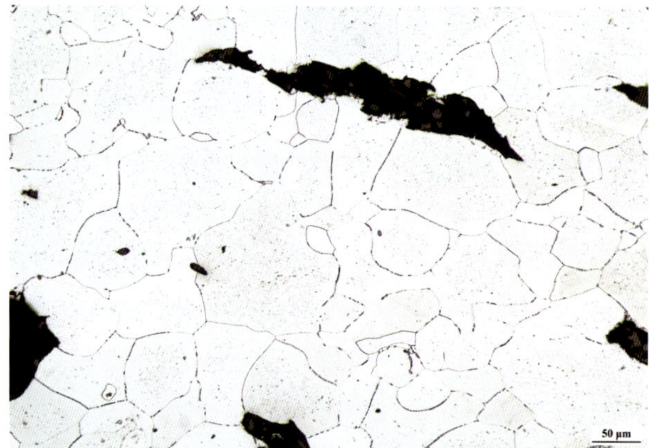

图附 4-69 铁钉 35093 显微结构

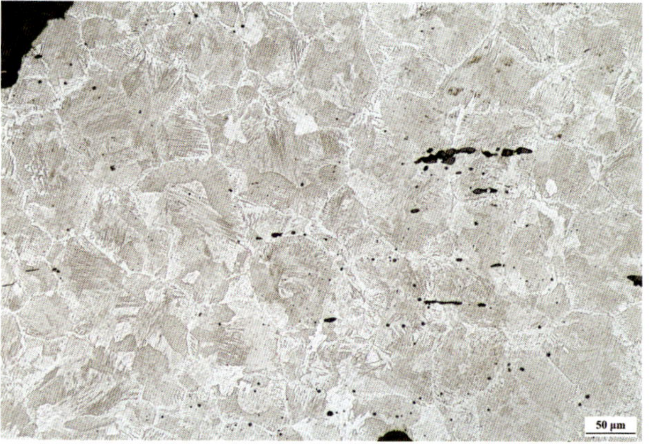

图附 4-70 铁钉 35103 显微结构

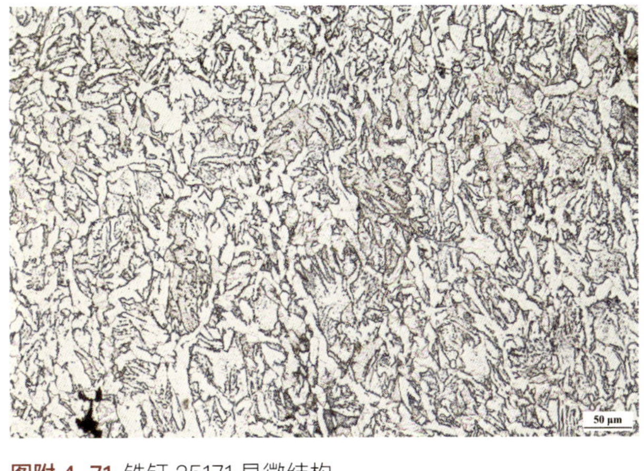

图附 4–71 铁钉 35171 显微结构

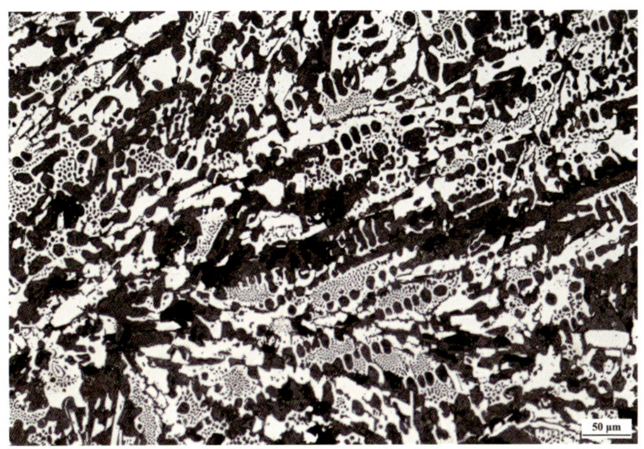

图附 4–72 薄铁片 35077 显微结构

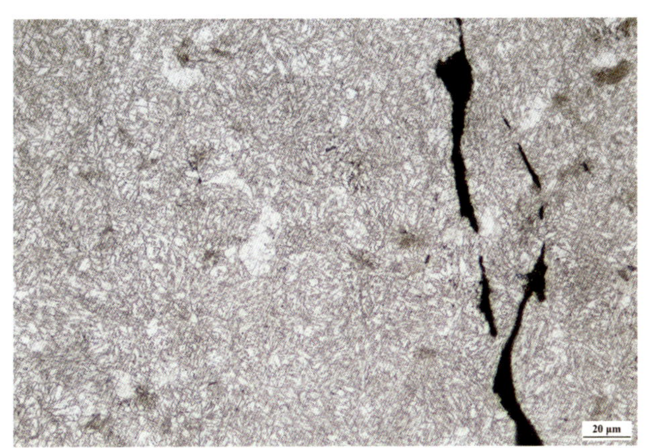

图附 4–73 铁条 35102 显微结构

图附 4–74 弧形薄铁板 35162–1 显微结构

图附 4–75 圆筒形薄壁残铁器 35163 显微结构

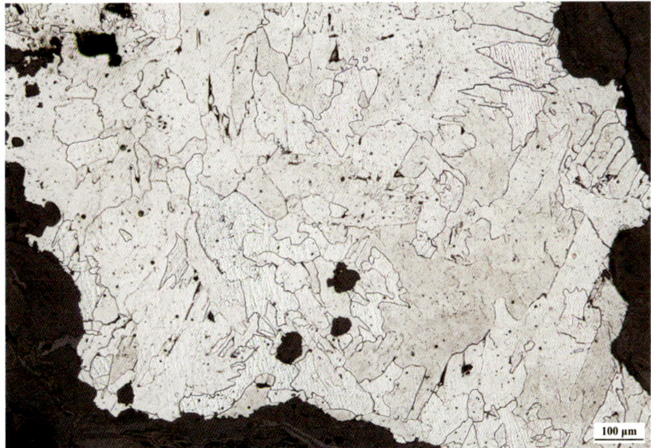

图附 4–76 带钩形铁器 35172 显微结构

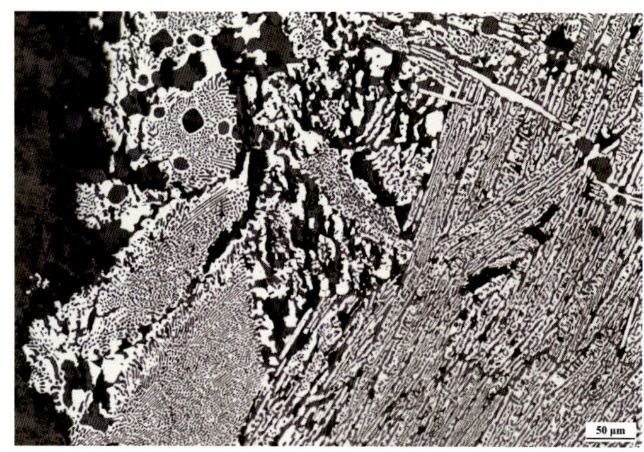

图附 4–77 铁权 35173 显微结构

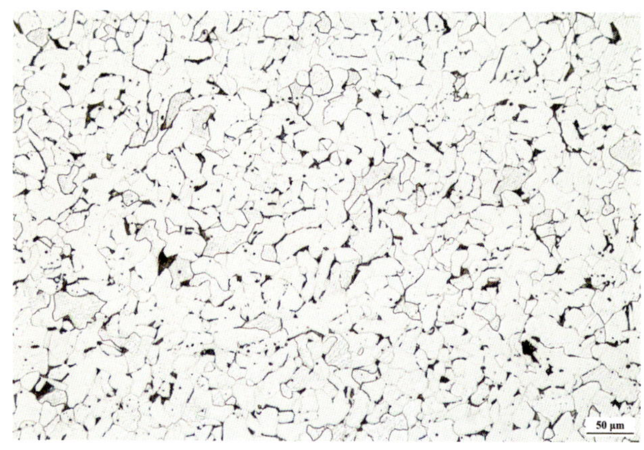

图附 4–78 如意形铁器 35174 显微结构

图附 4–79 针形铁器 35175 显微结构

图附 4–80 针形铁器 35175 显微结构

（2）小结

本次共分析 15 件铁器，取样 16 个。多数样本取自近①、②层中，仅 35102、35162、35163 取自确切的宋元时期文化层或遗迹单位内。该三件器物中，35102 为铁条状残铁器，金属基体呈细晶粒铁素体与珠光体组织，包含夹杂物明显沿加工方向拉长变形，为锻打成型器物；35162 为弧形铁板状残铁器，残留金属呈共晶白口铁组织，为典型的生铁铸造器物；35163 为圆筒形薄壁残铁器，器物用途不明，锈蚀严重，残留金属显微组织由铁素体与少量珠光体组成，含碳量较低，未见明显夹杂物，结合器物宏观形貌判断可能为铸铁退火脱碳制品。

其余 12 件铁器金相组织不同于近现代铁器，可能为扰入近现代地层的古代样品。遗址内存在宋至明清的人类活动遗存，故该 12 件器物对应年代可能为宋至明清。

12 件器物中，8 件经锻打加工，包括 7 件铁钉（编号分别为 35075-2、35082-1、35086-1、35091-1、35093、35103、35171）和 1 件针形器 35175；2 件为生铁铸造器物，包括 1 件薄铁片 35077、1 件铁权 35173；2 件铸铁退火脱碳制品，包括 1 件带钩形器 35172、

1 件如意形器 35174。7 件锻打制品显微组织结构均为熟铁或低碳钢组织，存在沿加工方向拉长变形、排列的夹杂物。其中，35175 针形器组织保留折叠锻打形成的分层晶粒带，夹杂物主要分布于分层交界处。由于冶炼和加工方式的不同，铁制品中的夹杂物往往在结构和成分上具有明显差别，可据此对铁制品的原料进行材质判定。7 件锻打铁制品原料材质的判断有待其夹杂物的实验室分析检测工作来进一步讨论。

7. 总结

本文通过对下草埔遗址系列冶炼遗物的初步分析得出以下结论：

下草埔遗址的冶铁活动集中于宋元时期，是一处块炼铁冶炼与生铁冶炼技术并存的冶铁遗址。古人开采遗址区内矿山的高锰磁铁矿石，经选矿和砌筑竖炉进行冶炼。冶炼产生多种形态炉渣废弃物，包括大块扇形排出渣、槽形排出渣、碎块高铁渣、玻璃态生铁渣、挂渣等（表附 4-7）。前三种高铁渣均属于小竖炉块炼铁冶炼产物，显微组织上的些许差别可能指征渣样产自不同炉型的炼炉，亦可能指征渣样产自冶炼不同阶段，其中槽形排出渣可能为冶炼前期产物，扇形排出渣则可能为冶炼后期产物，碎块高铁渣为前两者的破碎物。

积铁样本的铁样近半数保留铁素体组织或呈低碳组织形态，近半数为高碳组织，但绝大多数含碳样本呈现显微组织与含碳量不均匀的形态。系列现象表明：下草埔遗址块炼铁冶炼过程中，被还原的铁料于小高炉内发生析碳反应，并渗碳得到较高含碳量的共析钢、过共析钢、亚共晶白口铁组织。但炉内析碳反应不均匀，铁样渗碳程度不同；且炉内不同位置氧化还原气氛有所区别，部分铁料发生渗碳后，还可能进入氧化气氛区域并发生表面脱碳行为；经过渗碳的铁料还可能与未发生渗碳的铁料碰撞、聚集，使得聚合后的铁样显微组织呈现复杂多样的状态。其中，B类积铁渣样近似于槽形排出渣组织，可能属于冶炼前中期产物，其铁样平均含碳量普遍较高，是冶炼炉内渗碳过程的直接体现。A类积铁渣样近似于扇形排出渣组织，可能属于冶炼后期产物，其铁样金相组织以铁素体与低碳组织为主，或能代表下草埔遗址块炼铁冶炼的产品类型。

因本次分析未能对炉壁、炉衬等耐火材料和木炭等重要的冶炼遗物进行分析，对铁矿石、炉渣和积铁等的分析手段较为单一，样品数量也相对较少，因此上述仅为初步认识，较为完整地揭示下草埔遗址的技术特征仍需更加深入的研究工作的进行。

表附 4-7　炉渣实验样品宏观描述

实验室编号	出土地层	外观描述	样品种类
35110	T0717 TD9 ①	墨绿色，约 3 厘米 ×3 厘米 ×4 厘米，不规则破碎体，玻璃化程度好，质地均匀	玻璃态渣
35111	T0717 TD9 ①	墨绿色，约 3 厘米 ×2 厘米 ×3 厘米，不规则破碎体，玻璃化程度好，质地均匀	玻璃态渣
35112	T0717 TD9 ①	深绿色，约 4 厘米 ×3 厘米 ×2 厘米，不规则破碎体，玻璃化程度好，质地均匀	玻璃态渣

续表附 4–7

实验室编号	出土地层	外观描述	样品种类
35113	T0717 TD9 ①	墨绿色，约 2 厘米 ×2 厘米 ×3 厘米，不规则破碎体，玻璃化程度好，质地均匀	玻璃态渣
35114	T0717 TD9 ①	墨绿色，约 2 厘米 ×2 厘米 ×1 厘米，不规则破碎体，玻璃化程度好，质地均匀	玻璃态渣
35115	T0717 TD9 ①	墨绿色，约 2 厘米 ×1 厘米 ×2 厘米，不规则破碎体，玻璃化程度好，质地均匀	玻璃态渣
35116	T0717 TD9 ①	深灰绿色，约 2 厘米 ×1 厘米 ×1 厘米不规则破碎体，玻璃化程度好，质地均匀	玻璃态渣
35117	T0717 TD9 ①	深黑色，约 3 厘米 ×1 厘米 ×1 厘米，渣与夹砂炉壁凝结，玻璃化程度较好	玻璃态渣
35118	T0717 TD9 ①	墨绿色，约 2 厘米 ×2 厘米 ×1 厘米，不规则破碎体，玻璃化程度好，质地均匀	玻璃态渣
35119	T0717 TD9 ①	墨绿色，约 2 厘米 ×2 厘米 ×1 厘米，不规则破碎体，玻璃化程度好，质地均匀	玻璃态渣
35120	T0717 TD9 ①	深绿色，约 2 厘米 ×1 厘米 ×1 厘米，不规则破碎体，玻璃化程度好，质地均匀	玻璃态渣
35121	T0717 TD9 ①	墨绿色，约 1 厘米 ×1 厘米 ×1 厘米，不规则破碎体，玻璃化程度好，质地均匀	玻璃态渣
35122	T0717 TD9 ①	墨绿色，约 1 厘米 ×1 厘米 ×1 厘米，不规则破碎体，玻璃化程度好，质地均匀	玻璃态渣
35123	T0717 TD9 ①	墨绿色，约 2 厘米 ×1 厘米 ×1 厘米，不规则破碎体，玻璃化程度好，质地均匀	玻璃态渣
35124	T0717 TD9 ①	墨绿色，约 2 厘米 ×1 厘米 ×1 厘米，不规则破碎体，玻璃化程度好，质地均匀	玻璃态渣
35125	地表采集	墨绿色，约 3 厘米 ×2 厘米 ×2 厘米，不规则破碎体，玻璃化程度好，质地均匀	玻璃态渣
35126	地表采集	墨绿色，约 2 厘米 ×2 厘米 ×2 厘米，不规则破碎体，玻璃化程度好，质地均匀	玻璃态渣
35127	地表采集	深绿色，约 2 厘米 ×1 厘米 ×1 厘米，不规则破碎体，玻璃化程度好，质地均匀	玻璃态渣
35128	地表采集	墨绿色，约 2 厘米 ×1 厘米 ×1 厘米，不规则破碎体，玻璃化程度好，质地均匀	玻璃态渣
35129	地表采集	墨绿色，约 2 厘米 ×1 厘米 ×1 厘米，不规则破碎体，玻璃化程度好，质地均匀	玻璃态渣
35130	地表采集	灰绿色，约 1 厘米 ×1 厘米 ×1 厘米，不规则体，表面磨圆度好且有大量气泡，玻璃化程度一般	玻璃态渣
35138	T1014TD6 ③	乳白至蓝紫色，约 2 厘米 ×2 厘米 ×1 厘米，不规则破碎体，玻璃化程度好，质地均匀	玻璃态渣
35139	T0814TD8 ⑥	蓝色，约 1 厘米 ×1 厘米 ×1 厘米，不规则破碎体，表面黏附少量砂粒和铁锈，玻璃化程度较好	玻璃态渣
35140	T0717 TD9 ①	墨绿色，约 3 厘米 ×3 厘米 ×4 厘米，不规则块状，玻璃化程度好，有凝固前因流动产生的波浪痕迹，质地均匀	玻璃态渣
35141	T0717 TD9 ①	墨绿色，约 3 厘米 ×2 厘米 ×3 厘米，不规则块状，玻璃化程度好，有凝固前因流动产生的波浪痕迹，质地均匀	玻璃态渣
35142	T0717 TD9 ①	墨绿色，约 2 厘米 ×2 厘米 ×2 厘米，不规则破碎体，玻璃化程度好，质地均匀	玻璃态渣
35143	T0717 TD9 ①	墨绿色，约 4 厘米 ×3 厘米 ×3 厘米，不规则块状，玻璃化程度好，有凝固前因流动产生的波浪痕迹，质地均匀	玻璃态渣
35144	T0717 TD9 ①	墨绿色，约 4 厘米 ×3 厘米 ×3 厘米，不规则块状，玻璃化程度好，有凝固前因流动产生的波浪痕迹，质地均匀	玻璃态渣
35145	T0717 TD9 ①	墨绿色，约 2 厘米 ×2 厘米 ×2 厘米，不规则破碎体，玻璃化程度好，质地均匀	玻璃态渣
35146	T0717 TD9 ①	墨绿色，约 2 厘米 ×2 厘米 ×2 厘米，不规则破碎体，玻璃化程度好，质地均匀	玻璃态渣
35147	T0717 TD9 ①	墨绿色，约 2 厘米 ×2 厘米 ×1 厘米，不规则破碎体，玻璃化程度好，质地均匀	玻璃态渣
35148	T0717 TD9 ①	墨绿色，约 2 厘米 ×2 厘米 ×1 厘米，不规则破碎体，玻璃化程度好，质地均匀	玻璃态渣
35149	T0717 TD9 ①	墨绿色，约 3 厘米 ×2 厘米 ×2 厘米，不规则破碎体，玻璃化程度好，有凝固前因流动产生的波浪痕迹，质地均匀	玻璃态渣
35150	T0717 TD9 ①	墨绿色，约 2 厘米 ×2 厘米 ×1 厘米，不规则破碎体，玻璃化程度好，质地均匀	玻璃态渣
35151	T0717 TD9 ②	墨绿色，约 3 厘米 ×2 厘米 ×2 厘米，不规则破碎体，玻璃化程度好，质地均匀	玻璃态渣

实验室编号	出土地层	外观描述	样品种类
35152	T0717 TD9 ②	墨绿色，约 3 厘米 ×3 厘米 ×3 厘米，不规则破碎体，玻璃化程度好，质地均匀	玻璃态渣
35153	T0717 TD9 ②	墨绿色，约 4 厘米 ×3 厘米 ×4 厘米，不规则块状，玻璃化程度好，有凝固前因流动产生的波浪痕迹，质地均匀	玻璃态渣
35154	T0717 TD9 ②	墨绿色，约 3 厘米 ×2 厘米 ×2 厘米，不规则破碎体，玻璃化程度好，质地均匀	玻璃态渣
35155	TD9 坡面采集	墨绿色，约 3 厘米 ×3 厘米 ×3 厘米，不规则块状，包含大量石英粗砂颗粒，玻璃化程度较好	玻璃态渣
35156	地表采集	深绿色，约 4 厘米 ×2 厘米 ×1 厘米，不规则体，表面磨圆度好，玻璃化程度好	玻璃态渣
35157	TD11 BJC 采集	灰绿色至墨绿色，约 8 厘米 ×5 厘米 ×4 厘米，不规则块状，包含石英砂粒和少量木炭，玻璃化程度较好	玻璃态渣
35158	T1113 TD4 ①	墨绿色，约 3 厘米 ×2 厘米 ×1 厘米，不规则破碎体，玻璃化程度好，断口锋利，质体比小	玻璃态渣
35164	T1114 TD5 ⑪（L4 旁）	黑色，约 2 厘米 ×1.5 厘米 ×1 厘米，不规则破碎体，质体比较小，质地均匀	高铁渣
35165	T1114 TD5 ⑪（L4 旁）	黑色，约 2 厘米 ×1.5 厘米 ×1 厘米，不规则破碎体，质体比大，质地均匀	高铁渣
35166	T1114 TD5 ⑪（L4 旁）	黑色，局部呈锈色，约 2 厘米 ×2 厘米 ×1 厘米，不规则破碎体，有凝固前流动态，质体比大，质地较均匀	高铁渣
35167	T1114 H5 ①（L4 旁）	表面呈锈色，约 3 厘米 ×2 厘米 ×2 厘米，不规则体，黏附砂粒和黏土，质体比小	高铁渣
35168	T1114 H5 ①（L4 旁）	黑色，约 3 厘米 ×3 厘米 ×3 厘米，不规则块状，质体比大，质地均匀	高铁渣
35169	T1114 H5 ①（L4 旁）	黑色，约 2 厘米 ×2 厘米 ×1.5 厘米，不规则块状，有凝固前流动态，质体比大	高铁渣
35170	T1114 H5 ①（L4 旁）	黑色，局部呈锈色，约 3 厘米 ×2 厘米 ×2 厘米，不规则块状，质体比大，质地均匀	高铁渣
35176	TD10 L1 内	黑色，约 1 厘米 ×1 厘米 ×0.5 厘米，不规则破碎体，有凝固前流动态，质体比大	高铁渣
35177	TD10 L2 内	黑色，约 2 厘米 ×2 厘米 ×1 厘米，不规则破碎体，有凝固前流动态，质体比大	高铁渣
35178	T0910 TD14 ①	灰黄色、黑色，约 2 厘米 ×1 厘米 ×1 厘米，多角柱状，质体比小，有凝固前的流动态，表面锈蚀严重	高铁渣
35179	T0910 TD14 ①	黑色，约 2 厘米 ×1.5 厘米 ×1.5 厘米，不规则块状，质体比大，质地较均匀	高铁渣
35180	T1108 TD14 ①	黑色，约 3 厘米 ×2 厘米 ×1 厘米，不规则烧瘤状，质体比小，包含大量石英粗砂颗粒，玻璃化程度一般，同炉壁上烧瘤物类似	挂渣
35181	T1108 TD14 ①	棕黄色为主，约 2 厘米 ×1 厘米 ×1 厘米，不规则破碎体，质体比小，表面锈蚀严重	高铁渣
35182	T1108 TD14 ①	黑色，局部呈锈色，约 2.5 厘米 ×1 厘米 ×1 厘米，不规则破碎体，质体比较大	高铁渣
35183	T1210 TD14 ①	不规则片状，约 4 厘米 ×3 厘米 ×1 厘米，一面较平整，呈锈色，局部有蓝紫色颗粒；另一面不规则，黏附白色夹砂炉壁。包含大量石英粗砂颗粒，玻璃化程度一般	挂渣
35184	T1210 TD14 ①	黑色，局部呈锈色，约 1.5 厘米 ×1 厘米 × 1 厘米，不规则破碎体，质体比小	高铁渣
35185	T1210 TD14 ①	黑色，约 5 厘米 ×2.5 厘米 ×1 厘米，不规则片状，一面较平整，有凝固前的流动态；另一面不规则。质体比小	高铁渣
35186	T0911 TD1 ②	黑色，约 2 厘米 ×1 厘米 ×1 厘米，不规则烧瘤状，质体比小，包含大量石英粗砂颗粒，玻璃化程度一般，同炉壁上烧瘤物类似	挂渣
35187	T0911 TD1 ②	表面呈棕黄锈色，约 5 厘米 ×3.5 厘米 ×1 厘米，不规则饼状，质体比小	高铁渣
35188	T0911 TD1 ②	深黑色，约 2.5 厘米 ×2 厘米 ×2 厘米，不规则块状，质体比大，质地较均匀	高铁渣
35189	T0811 TD2 ②	表面呈棕黄锈色，约 2 厘米 ×1 厘米 ×1 厘米，不规则破碎体，质体比小	高铁渣
35191	T0711 TD2 ②	表面呈棕黄锈色，约 3 厘米 ×3 厘米 ×1.5 厘米，不规则块状，质体比小	高铁渣
35192	T0711 TD2 ②	深黑色，约 3 厘米 ×3 厘米 ×1.5 厘米，不规则块状，质体比大，质地较均匀	高铁渣
35193	T0912 TD2 ②	黑色，约 3 厘米 ×2.5 厘米 ×2.5 厘米，不规则烧瘤状，质体比小，包含石英颗粒，玻璃化程度较差，同炉壁上烧瘤物类似	挂渣

续表附 4-7

实验室编号	出土地层	外观描述	样品种类
35194	T0912 TD2 ②	表面呈棕黄锈色，约 5 厘米 ×2.5 厘米 ×1 厘米，不规则块状，质体比小	高铁渣
35195	T0912 TD2 ②	深黑色，约 3 厘米 ×1 厘米 ×1 厘米，不规则破碎体，质体比大	高铁渣
35196	T1113 TD4 ②	黑色，约 3 厘米 ×2 厘米 ×1 厘米，不规则烧瘤状，质体比小，包含石英粗砂颗粒，玻璃化程度较差，同炉壁上烧瘤物类似	挂渣
35197	T1113 TD4 ②	黑色，局部呈锈色，约 3.5 厘米 ×2.5 厘米 ×1 厘米，不规则块状，质体比较小	高铁渣
35198	T1113 TD4 ②	深黑色，约 2 厘米 ×2 厘米 ×2 厘米，不规则破碎体，质体比大，质地均匀	高铁渣
35199	T0614 TD7 ②	黑色，约 2.5 厘米 ×2 厘米 ×1.5 厘米，不规则烧瘤状，质体比小，包含石英粗砂颗粒，玻璃化程度较差，同炉壁上烧瘤物类似	挂渣
35200	T0614 TD7 ②	黑色，局部呈锈色，约 6.5 厘米 ×4 厘米 ×3 厘米，不规则块状，质体比较小，表面保留较多夹裹木炭的木纹痕迹	高铁渣
35201	T0614 TD7 ②	深黑色，约 4 厘米 ×2.5 厘米 ×0.5 厘米，不规则片状，一面较平整，有凝固前的流动态；另一面不规则。质体比大	高铁渣
35202	T0810 TD14 ①	黑色与棕黄锈色相间分布，约 10 厘米 ×7 厘米 ×4 厘米，不规则块状，表面黏附较多砂粒，有木纹痕迹，质体比大	高铁渣
35203	T0615 TD8 ①	黑色，局部呈锈色，约 1.5 厘米 ×1.5 厘米 ×1.5 厘米，不规则烧瘤状，质体比小，包含大量石英粗砂颗粒，玻璃化程度较差	挂渣
35204	T0615 TD8 ①	黑色，局部呈锈色，约 6 厘米 ×3 厘米 ×2 厘米，不规则多角块状，表面黏附较多砂粒和黏土，有木纹痕迹，质体比较小	高铁渣
35205	T0615 TD8 ①	黑色，约 2.5 厘米 ×1.5 厘米 ×1 厘米，不规则破碎体，有凝固前的流动态，质体比大	高铁渣
35206	T0914 TD8 ②	墨绿色至黑色，约 3 厘米 ×2 厘米 ×2 厘米，不规则烧瘤状，质体比小，包含大量石英粗砂颗粒，玻璃化程度较好	挂渣
35207	T0914 TD8 ②	表面呈锈色，约 2 厘米 ×1.5 厘米 ×1 厘米，不规则体，有一定磨圆度，质体比小	高铁渣
35208	T0914 TD8 ②	深黑色，约 1.5 厘米 ×1 厘米 ×1 厘米，不规则破碎体，质体比大，质地均匀	高铁渣
35209	T1015 TD8 ①	黑色，约 3.5 厘米 ×2.5 厘米 ×1 厘米，不规则烧瘤状，质体比小，包含石英粗砂颗粒，玻璃化程度较差，同炉壁上烧瘤物类似	挂渣
35210	T1015 TD8 ①	表面呈棕黄锈色，约 2 厘米 ×2 厘米 ×1 厘米，不规则体，可见细密气孔，质体比小	高铁渣
35211	T1015 TD8 ①	黑色，约 2.5 厘米 ×2 厘米 ×1.5 厘米，不规则块状，质体比大，质地均匀	高铁渣
35212	T0616 TD9 ②	黑色，局部呈锈色，约 2 厘米 ×2 厘米 ×1 厘米，不规则块状，质体比大，质地较均匀	高铁渣
35213	T0616 TD9 ②	墨绿色，约 1.5 厘米 ×1.5 厘米 ×1.5 厘米，不规则破碎体，包含大量石英粗砂颗粒，玻璃化程度较好	挂渣
35214	T0716 TD9 ②	黑色，约 3 厘米 ×2 厘米 ×1 厘米，不规则烧瘤状，质体比小，包含石英粗砂颗粒，玻璃化程度较差，同炉壁上烧瘤物类似	挂渣
35215	T0716 TD9 ②	黑色，局部呈锈色，约 2.5 厘米 ×2 厘米 ×1.5 厘米，不规则破碎体，表面可见较多气孔，有木纹痕迹，质体比较小	高铁渣
35216	T0716 TD9 ②	黑色，约 2 厘米 ×1.5 厘米 ×1.5 厘米，不规则破碎体，质体比大，质地较均匀	高铁渣
35217	Q1 ①	黑色，不规则槽形，两端口宽度不一，平面近似梯形，约长 13、宽 7–13、壁厚 2–3 厘米，外底面局部黏附灰白色夹砂黏土，质体比大	槽形高铁渣
35218	T0910 TD14 ①	黑色，局部呈棕黄锈色，较规则槽形，约长 20、宽 15、壁厚 4 厘米，外底面黏附少量红烧土，质体比大	槽形高铁渣
35219	T0810 TD14 ①	黑色，不规则扇形，约长 18.5、宽 7–15、厚 4–5 厘米，两个大面均保留了凝固前的流动痕迹，局部黏附红烧土，质体比大	扇形高铁渣
35220	T0610 TD11 ①	黑色，不规则锥形，下部近似扇形，约 11 厘米 ×10 厘米 ×4 厘米，上部保留水口结瘤高约 10 厘米，表面保留了凝固前的流动痕迹，局部可见戳印痕迹及大量植物茎叶印痕，质体比大	扇形高铁渣

五　安溪地区部分遗址陶瓷器标本p-XRF成分测试结果

表附 5-1　安溪县博物馆瓷器标本 p-XRF 成分测试结果

序号	器物编号[1]	釉色及器形	窑口	测试编号	元素组成（ppm）										备注
					Zr	Sr	Rb	Th	Zn	Fe	Mn	Ti	Ca	K	
1	LM/GY/SWL：31	青白瓷碗	桂瑶水尾林	430	80	303	84	18	66	5235	813	47	73399	14116	外壁釉
2	LM/GYY：23	青瓷碗	桂瑶窑	431	109	273	142	16	65	13865	1138	304	37858	25071	外壁釉
3	LM/GYY：46	青瓷碗	桂瑶窑	432	110	246	122	20	73	6499	2116	541	47158	28099	外壁釉
4	LM/GYY：32	青白瓷矮盘	桂瑶窑	433	111	193	122	21	122	8564	1796	275	18736	19434	内壁釉
5	LM/GY/SWL：52	青白瓷 盘口碗	桂瑶水尾林	434	105	150	137	17	65	5574	891	168	79040	25947	外壁釉
6	桂瑶水尾林：12	青白瓷小盘	桂瑶水尾林	435	99	504	124	20	54	7235	1096	249	56964	23687	外壁釉
7	LM/GY/SWL：68	青白瓷碗	桂瑶水尾林	436	98	392	122	16	31	6661	529	295	49428	23786	外壁釉
8	LM/GY/SWL：74	青白瓷碗	桂瑶水尾林	437	101	151	137	22	78	9526	1692	502	34835	39292	外壁釉
9	LM/GY/SWL：25	青白瓷碗	桂瑶水尾林	438	106	125	103	20	77	4455	507	121	104662	21764	外壁釉
10	LM/GY/SWL：30	青白瓷碗	桂瑶水尾林	439	122	104	122	20	51	4713	794	62	85729	24548	外壁釉
11	LM/GY/DQH	青瓷花口碗	桂瑶窑	441	165	439	84	17	27	2925	1587	85	50027	13406	内壁釉
12	KD/KD/DK	青白瓷碗	魁斗垵园仑	440	112	192	151	19	38	10983	614	297	32949	34118	内底釉
13	无	青白瓷大碗	魁斗垵园仑	442	144	388	195	35	40	6170	1398	171	41462	39192	内壁釉
14	无标本号，记“湖上寨仔山，元代标本”	青白瓷折腹碗	湖上窑	443	144	143	141	22	24	1991	1350	58	72196	29582	内底釉
15	湖上员桥：5 HS/HS/YQ：8	青白瓷碗底	湖上窑	444	123	766	191	24	68	5960	1882	108	73424	41451	内底釉
16	湖上寨仔山：6	青白瓷碗底	湖上窑	445	108	405	159	19	34	3895	1155	74	15312	12374	内底釉
17	湖上寨仔山：1	青白侈口小碗	湖上窑	446	125	380	159	26	78	6420	1567	166	55870	40356	外壁釉
18	湖上寨仔山：3	青白瓷碗	湖上窑	447	116	396	157	21	21	3423	1711	64	36132	22350	内壁釉
19	湖上寨仔山：9	菊瓣纹青瓷碗	湖上窑	449	138	345	192	30	65	4611	1662	304	44310	48580	外壁釉
20	湖上寨仔山：8	菊瓣纹青白瓷碗口沿	湖上窑	450	142	184	135	24	38	6007	2094	261	45864	30131	外壁釉

1 器物编号为安溪县博物馆馆藏文物标本编号。

表附 5–2　下草埔瓷器标本 p–XRF 成分测试结果

序号	器物编号	釉色及器形	推测窑口	测试编号	元素组成（ppm）											备注
					Zr	Sr	Rb	Th	Zn	Fe	Mn	Ti	Ca	K	Co	
1	2019XCPI T0917TD10 H3①：2	青瓷碗		6316	117	7	126	22	61	8747	346	429	98	18103	124	断口胎
				6317	122	9	130	23	53	11744	1294	614	263	18908	140	外腹胎，土锈
				6319	100	224	142	18	119	6713	2033	468	26886	32356	117	内底釉
2	2019XCPI T0814 TD8⑤：2	黑釉瓷盏	建窑	6323	268	316	207	27	212	30289	3228	2363	36272	34936	189	内底釉
				6324	274	265	196	24	208	31330	3341	2587	38470	33906	190	内腹釉
				6325	333	12	135	25	59	27489	376	3907	341	35321	175	圈足胎
3	2019XCPI T0917TD10 H3①：3	青瓷碗		6326	100	221	145	19	139	6678	2281	418	27562	28301	88	内底釉
				6327	116	8	129	25	58	12371	653	700	657	17221	107	圈足胎
				6329	117	9	126	26	57	11692	1114	631	427	17604	102	圈足胎
4	2019XCPI T0813 TD8⑤：1	青白瓷盏		6339	199	209	114	36	17	4672	218	1116	32306	32524	71	内腹釉
				6340	209	212	111	36	20	5056	192	1025	31422	32261	71	外腹釉
				6342	201	40	117	36	11	5942	308	608	106	21786	80	断口胎
5	2019XCPI T0916 TD10④：4	青白瓷盏		6388	118	131	115	16	59	1907	896	55	38076	8037	88	内腹釉
				6389	144	148	147	17	197	3372	1603	120	91823	35099	76	外腹釉
				6390	160	27	144	18	38	3373	755	471	4498	27091	83	外底胎
6	2019XCPI T0914 TD9⑤：1	青白瓷碗		6393	114	323	146	21	63	8982	391	481	43783	34676	126	外腹釉
				6394	107	330	136	15	67	8258	335	417	37088	27423	125	内底釉
				6395	136	52	145	21	59	9248	405	561	546	21386	124	断口胎
				6396	126	5	132	21	53	9769	304	443	316	14873	144	断口胎
7	2019XCPI T0916 TD10④：6	青瓷碗		6397	94	229	150	17	126	6238	1417	447	32646	37479	134	内底釉
				6398	97	197	152	21	121	6586	1499	416	30840	36822	113	内底釉
				6399	125	8	142	22	70	11062	490	735	115	24052	132	外底胎
				6400	123	8	140	24	79	10573	582	807	118	24587	130	外底胎
8	2019XCPI T0815 TD9SQ-1JC：1	青白瓷盏		6401	136	144	122	23	33	1524	769	56	77973	18620	68	内壁釉
				6402	136	150	117	17	38	1476	680	67	75310	17405	67	内壁釉
				6403	166	16	148	24	39	4528	257	625	262	26416	89	外底胎
				6404	163	15	148	24	35	4170	237	537	248	25096	87	外底胎
9	2019XCPI T0816 TD10④：8	莲瓣纹青白瓷盏		6405	135	93	122	21	133	3298	777	68	54530	13744	91	内壁釉
				6406	142	108	127	21	84	3668	945	85	88092	20349	87	内壁釉
				6407	147	23	135	21	36	4470	429	518	713	26269	88	断口胎
10	2019XCPI T0717 TD9④：2	青瓷花口盏		6408	109	229	164	17	126	7097	442	239	26831	26081	123	内底釉
				6412	103	255	173	22	171	7815	481	293	36515	38778	122	内底釉
				6413	128	15	174	24	121	9826	333	675	295	28105	132	外腹胎
				6414	125	16	161	22	100	9099	290	408	84	15369	146	外底胎

续表附 5-2

序号	器物编号	釉色及器形	推测窑口	测试编号	元素组成（ppm）											备注
					Zr	Sr	Rb	Th	Zn	Fe	Mn	Ti	Ca	K	Co	
11	2019XCPI T0917TD10 H3①：5	青白瓷折沿碗		6415	105	159	146	15	86	6173	1786	384	26912	33539	113	内底釉
				6416	114	139	148	19	73	7434	1720	470	36606	51995	112	外腹釉
				6417	109	6	111	17	24	7151	301	255	86	15078	114	内底胎
				6418	124	7	125	23	27	10553	422	522	118	26047	124	外底胎
12	2019XCPI T0717 TD9③：1	宽莲瓣纹青白瓷瓶		6419	1000	210	105	319	1264	394	551	1204	24680	56709	716	外壁釉
				6420	998	199	109	424	906	323	588	1812	25220	54708	477	外壁釉
				6421	1018	235	77	383	1149	423	654	47547	3418	4993	587	内壁胎
13	2019XCPI T0917 TD10③：1	青白瓷盏		6422	114	167	119	13	69	1708	719	31	62823	11268	85	内底釉
				6423	131	133	136	19	79	2351	1852	151	109825	30710	69	外壁釉
				6424	137	32	154	21	35	2518	1260	416	4595	37572	74	外底胎
14	2019XCPI T0917 TD10H3①：6	青瓷盏		6425	119	271	172	25	34	12139	724	806	24243	36113	145	内底釉
				6426	115	24	160	21	10	10146	348	533	1459	16788	149	外底胎
				6427	116	16	164	23	22	9780	389	451	106	16915	146	断口胎
15	2019XCPI T0917TD10④：1	黑釉盏	磁灶窑	6428	190	262	136	23	105	46572	5827	2305	51540	23931	294	内壁釉
				6429	241	57	170	32	64	16389	502	3369	1011	35381	165	外腹胎
16	2019XCPI T0714TD8H4：2	青白瓷碟		6430	110	81	153	13	38	1497	443	26	23073	16206	81	内壁釉
				6431	144	45	204	24	65	3107	365	335	809	48567	78	外底胎
17	2019XCPI T0813TD8⑤：2	青白瓷碟		6432	157	70	177	39	10	3568	389	259	35576	43246	83	内壁釉
				6433	180	64	198	50	23	5241	427	202	2244	25613	108	断口胎
18	2019XCPI T0813TD8⑤：4	青瓷碗		6434	165	635	187	27	238	6253	4448	128	37008	40890	123	内壁釉
				6435	174	569	185	22	194	7037	4883	175	60288	54758	178	内壁釉
				6436	209	225	194	38	67	20033	1195	814	8982	23396	204	断口胎
19	2019XCPI T0814TD8⑤：4	青白瓷盏		6437	177	119	107	33	55	4902	530	644	20179	25188	101	内壁釉
				6438	200	30	112	38	29	12473	1248	971	115	23168	139	外底胎，夹锈
20	2019XCPI T0714TD8H4：3	青白瓷碟		6441	157	130	122	20	62	2806	670	123	84527	21985	79	内底釉
				6442	195	28	153	24	28	4559	530	585	5027	36525	89	外底胎
21	2019XCPI T1014TD8⑧：1	青白瓷碟		6443	138	120	131	30	108	3080	602	140	52006	26027	85	外壁釉
				6446	176	67	144	40	49	5267	603	160	2281	7420	141	断口胎
22	2019XCPI T0813TD8⑤：3	青白瓷盏		6447	143	256	173	55	47	3905	163	506	48066	30166	89	内底釉
				6448	148	14	185	63	21	6925	148	601	93	18071	110	外底胎
23	2019XCPI T0813TD8⑤：4	墨书青瓷碗		6449	121	453	108	18	172	7616	6110	276	107390	37618	119	内底釉
				6450	112	394	107	21	153	7628	5714	188	64015	23174	122	内壁釉
				6451	143	34	117	24	39	12372	332	744	119	22787	141	内底胎
				6452	138	38	120	21	43	12733	480	1031	280	25632	138	外壁胎

序号	器物编号	釉色及器形	推测窑口	测试编号	元素组成（ppm）											备注
					Zr	Sr	Rb	Th	Zn	Fe	Mn	Ti	Ca	K	Co	
24	2019XCPI T0813TD8⑤：5	墨书白瓷碗		6453	164	204	113	34	109	55165	3137	1646	29794	34302	340	内底釉，铁锈
				6454	195	23	118	40	62	42063	424	1413	202	29315	243	外底胎
				6455	185	44	123	41	52	24345	721	605	436	21850	211	断口胎，铁锈
25	2019XCPI T1014TD6SD5：6	青白瓷碗		6456	118	164	137	15	242	2302	978	38	45193	20443	81	内底釉
				6457	147	31	184	21	192	3471	790	290	1629	35725	83	外底胎
26	2019XCPI T1014TD6⑥：1	青花瓷碗	景德镇窑	6458	55	45	307	7	45	5698	486	122	33267	39005	103	外底釉
				6460	55	65	307	6	48	5771	4321	149	46770	56732	1316	内底釉
				6461	68	26	322	14	32	5670	287	343	4283	25419	116	断口胎
27	2019XCPI T1111TD1⑦：1	青白瓷折沿碗		6463	110	170	121	19	74	10808	969	281	101087	26615	133	外腹釉
				6464	108	168	121	20	79	7996	1023	191	76309	20848	120	内底釉
				6465	140	42	172	29	60	13861	465	330	4431	12228	222	断口胎
28	2019XCPI T1111TD1⑫：1	青白瓷碗		6466	194	173	59	31	7	5582	1241	650	43320	20555	95	外壁釉
29	2019XCPI T1111TD1⑥：1	青白瓷花口碗		6467	57	387	354	18	49	5333	1041	69	38336	40337	104	内壁釉
				6468	84	220	438	30	67	6333	519	125	6481	33496	120	断口胎
30	2019XCPI T1111TD1⑤：1	青白瓷莲瓣纹盏	安溪窑	6469	145	141	144	22	104	2171	540	229	114017	40914	66	外壁釉
				6470	128	223	121	21	160	2008	890	99	133098	23885	72	内壁釉
				6471	153	57	149	27	65	2495	360	205	7720	22284	86	断口胎
31	2019XCPI T1111TD1⑫：2	青瓷碗		6472	110	459	168	26	138	5582	5071	193	102947	32015	109	内壁釉
				6473	114	476	180	27	133	6274	5324	206	143997	42210	108	外壁釉
				6474	177	143	258	41	58	10370	1411	423	3633	25695	141	断口胎
32	2019XCPI T1111TD1③：1	墨书青白瓷碗		6475	190	147	109	33	58	11473	1177	651	122201	21457	224	内壁釉
				6476	223	16	119	37	41	13489	115	1858	606	17783	146	外壁胎
33	2019XCPI T1111TD1⑩：1	生烧黑釉碗	磁灶窑	6479	226	27	224	34	51	8450	212	2666	209	22010	123	断口胎
				6480	243	30	239	34	49	9878	279	1705	85	14359	148	断口胎
34	2019XCPI T1111TD1⑨：1	青瓷碗		6481	109	263	121	18	38	9947	498	173	17751	13862	150	内底釉
				6482	118	264	146	19	53	12492	545	498	41157	35466	139	内壁釉
				6484	125	4	138	23	27	12378	161	515	83	14924	160	外底胎
35	2019XCPI T1111TD1⑦：2	青白瓷碗	安溪桂瑶窑	6487	195	252	182	27	55	8425	663	193	136352	25606	127	内底釉
				6488	251	32	277	45	33	12592	200	3179	1783	37770	138	外底胎
36	2019XCPI T1111TD1⑫：3	青白瓷花口碗		6489	194	172	129	39	73	4091	416	1245	26530	38815	91	外壁釉
				6490	192	150	130	35	60	5669	504	914	23947	35600	102	内底釉
				6491	212	63	133	37	52	9994	592	776	935	25635	126	断口胎

续表附 5-2

序号	器物编号	釉色及器形	推测窑口	测试编号	元素组成（ppm）											备注
					Zr	Sr	Rb	Th	Zn	Fe	Mn	Ti	Ca	K	Co	
37	2019XCPI T1111TD1⑫：4	青白瓷碗	安溪窑	6492	141	315	241	61	63	3836	314	469	38416	49435	84	内壁釉
				6493	157	251	245	64	61	5383	455	503	36818	56360	108	外壁釉
				6494	176	112	262	66	63	7212	389	510	2895	27089	119	断口胎
38	2019XCPI T1111TD1⑫：5	青白瓷碗		6495	152	279	204	65	27	4060	221	443	37274	36327	87	外壁釉
				6496	154	283	207	66	27	3666	248	478	34029	33776	86	内壁釉
				6497	145	36	189	59	10	3605	103	308	2390	18070	98	断口胎
39	2019XCPI T1111TD1⑦：3	青瓷碗		6498	103	461	177	27	205	5511	5231	196	133518	35707	107	外壁釉
				6499	99	552	159	21	100	5546	5378	133	101353	28434	112	内壁釉
				6500	158	126	268	41	59	11895	1225	364	6146	21747	170	断口胎
40	2019XCPI T1111TD1④：2	青白瓷碗	安溪窑	6501	184	163	125	41	299	4571	369	976	28118	36286	96	内底釉
				6502	189	33	118	32	48	5059	144	445	775	21173	106	断口胎
41	2019XCPI T1111TD1⑫：6	青白瓷碗	安溪窑	6503	68	247	391	23	113	4891	1115	109	89875	44026	96	内底釉
				6504	73	43	423	36	52	8559	262	453	146	37401	117	断口胎
42	2019XCPI T1111TD1④：3	青白瓷碗	庄边窑	6508	122	180	106	30	14	5059	554	215	77574	22567	102	内壁釉
				6510	160	12	148	43	17	13299	711	992	2305	29308	149	涩圈胎
				6511	159	9	131	39	10	12978	317	1205	218	25733	144	外腹胎
43	2019XCPI T1111TD1⑬：1	黑釉罐	磁灶窑	6512	209	411	149	26	174	37692	5786	2389	77899	29227	267	内壁釉
				6513	212	344	161	28	117	36771	5530	2929	92093	35528	251	外壁釉
				6515	281	72	180	37	96	18980	1078	2814	3003	27232	176	断口胎
				6516	249	73	152	34	79	20118	1624	2898	6135	25182	175	口沿胎
				6517	266	72	165	31	118	17626	878	892	707	8125	207	断口胎
44	2019XCPI T0915TD10④：2	青瓷花口盘		6519	102	308	156	18	26	8543	449	557	25583	41118	125	内壁釉
				6520	121	259	164	22	46	9505	578	366	31876	55951	122	外壁釉
				6521	132	79	162	24	28	18075	593	390	1711	19428	182	断口胎
45	2019XCPI T0814TD8⑤：5	青瓷盘口壶		6522	159	511	151	26	119	9062	3352	1182	127491	31446	133	外壁釉
				6523	182	288	157	25	151	12122	2820	1568	121267	30277	146	内壁釉
				6524	201	131	166	35	120	13601	1811	2409	55473	34944	151	内壁胎
46	2019XCPI T1111TD1⑦：4	青白瓷残口沿	龙泉窑	6525	85	248	66	16	139	5901	787	53	96501	16955	116	内壁釉
				6526	94	210	82	19	139	6919	928	67	131716	21109	109	外壁釉
				6527	119	60	143	24	86	12043	656	465	7876	19392	152	断口胎
47	2019XCPI T1111TD1④：4	青白瓷花口碗		6528	159	139	246	66	59	4054	389	608	37213	50552	90	内壁釉
				6529	165	145	249	65	63	4265	443	603	41012	57939	87	外壁釉
				6530	161	65	245	65	45	5202	271	209	1267	13799	134	断口胎
48	2019XCPI T1111TD1⑪：1	青白瓷碟		6531	140	24	143	18	38	2695	363	249	1290	33529	58	内壁釉
				6532	135	57	143	25	63	4301	466	154	4088	17190	101	断口胎

续表附 5-2

序号	器物编号	釉色及器形	推测窑口	测试编号	元素组成（ppm）											备注
					Zr	Sr	Rb	Th	Zn	Fe	Mn	Ti	Ca	K	Co	
49	2019XCPI T1111TD1⑪：2	白瓷碗		6533	99	123	339	27	16	4309	2077	249	28592	53600	92	内壁釉
				6536	106	123	341	29	16	3758	3086	322	30330	58731	86	外壁釉
50	2019XCPI T1111TD1④：5	青花瓷碗	安溪窑	6538	77	450	251	26	32	7505	7344	232	55770	56809	1293	内底釉
51	2019XCPI T1111TD1④：6	青花瓷碗	安溪窑	6539	90	108	181	18	39	4511	585	452	62245	39642	91	内壁釉
				6540	85	139	165	14	41	3837	2839	459	60862	44156	819	外壁釉
52	2019XCPI T1017TD12④：1	菊瓣纹米黄釉残口沿		6541	164	149	215	34	32	3839	289	255	91041	56632	87	外壁釉
				6542	168	118	205	30	18	4373	364	267	60614	46581	91	内壁釉
53	2019XCPI T1016TD12④：1	刻“禄”青白瓷碗		6543	126	309	258	36	66	4781	1217	137	51183	24045	104	内底釉
				6544	143	288	309	46	62	5728	1317	211	60936	40318	106	外壁釉
54	2019XCPI T1017TD12⑤：1	青瓷碗		6545	160	504	203	24	81	10685	4488	165	60077	46136	145	内腹釉
				6546	160	546	212	25	89	10581	4628	202	76446	56352	199	外腹釉
				6547	177	51	160	30	35	11083	189	487	88	15532	168	外底胎
55	2019XCPI T1017TD12④：2	青白瓷花口碗		6548	109	169	133	19	76	4463	504	173	23894	22153	105	内壁釉
				6549	121	157	148	21	75	5731	603	373	37814	41287	99	外壁釉
				6551	132	14	145	23	84	10272	366	675	478	24814	130	断口胎
56	2019XCPI T1017TD12⑤：2	黑釉瓷盏		6552	147	230	164	22	123	29687	4585	1437	17448	20402	238	内底釉
				6553	166	52	163	33	60	15171	445	2124	1237	19205	163	外底胎
57	2019XCPI T1017TD12⑤：3	莲瓣纹青白瓷盏		6554	115	180	131	15	79	3086	710	38	68623	19054	96	内底釉
				6555	154	30	162	21	58	4537	427	322	393	26594	92	外底胎
58	2019XCPI T1015TD8BJC：1	青白瓷花口碗		6556	110	193	145	20	119	5807	516	375	49255	34522	98	外壁釉
59	2019XCPI T1017TD12⑤：4	青白瓷敞口盏		6557	124	145	151	18	71	8006	466	285	39783	25405	124	内壁釉
				6558	139	27	163	25	28	13441	359	942	3857	25809	148	外底胎
60	2019XCPI T1017TD12⑤：5	黑釉盏	磁灶窑	6559	333	159	126	22	53	28315	1250	4092	43494	32615	218	内壁釉
				6560	351	35	122	19	23	11123	264	3192	4327	27171	135	外壁胎
61	2019XCPI T1016TD12④：2	黑釉碗	磁灶窑	6561	243	234	147	29	100	31823	6149	3152	40155	33495	227	内底釉
				6562	270	60	160	31	52	15846	531	3339	1283	34155	165	外底胎
62	2019XCPI T1016TD12③：2	菊瓣纹青白瓷残口沿		6563	101	231	78	15	84	5848	834	174	115337	18568	105	外壁釉
				6564	106	170	102	14	78	6856	821	309	80713	24659	111	内壁釉
63	2019XCPI T1017TD12⑤：6	青瓷碗		6565	170	600	168	25	87	7483	1846	117	67130	28850	124	内壁釉
64	2019XCPI T1017TD12⑥：1	莲瓣纹白瓷盏		6566	126	193	146	18	72	2895	1026	64	99938	27844	81	内壁釉
				6567	141	49	184	27	60	3125	740	374	2668	47971	80	外底胎
65	2019XCPI T1017 TD12⑤：7	青白瓷折沿残口沿		6568	117	127	132	22	66	5820	811	221	105835	31950	106	外壁釉

序号	器物编号	釉色及器形	推测窑口	测试编号	元素组成（ppm）											备注
					Zr	Sr	Rb	Th	Zn	Fe	Mn	Ti	Ca	K	Co	
66	2019XCPI T1017TD12④：3	墨书青白瓷碗		6569	225	86	209	44	74	5618	733	276	81851	32143	99	内底釉
				6570	245	13	230	55	59	7725	377	705	2964	21603	115	外底胎
67	2019XCPI T1016TD12④：3	青白瓷碗		6571	166	233	105	40	58	3740	1065	154	121906	22401	92	内壁釉
				6572	215	14	118	38	44	12394	107	1720	448	14152	147	断口胎
68	2019XCPI T1016TD12④：4	青白瓷碗		6573	156	229	91	32	33	8474	2285	336	81512	12003	126	内壁釉
				6574	176	10	98	34	14	9310	246	645	392	9852	151	涩圈胎
				6575	209	10	99	36	20	13221	206	1693	129	17111	140	外底胎
69	2019XCPI T1017TD12SD6：1	青花瓷盘		6576	42	112	223	10	99	3692	373	155	64041	41058	86	有彩釉
				6577	43	108	219	12	61	4339	385	153	91360	37885	90	无彩釉
70	2019XCPI T1017TD12G1：1	青花瓷碗		6578	149	361	108	16	41	3582	2872	274	95034	28299	91	内底釉
				6579	199	102	148	27	32	7619	744	370	11879	19158	130	断口胎
71	2019XCPI T1115TD5③：1	墨书青瓷碗		6581	65	279	264	102	208	1066	941	2457	3845	15945	431	内底釉
				6582	40	24	39	1079	93	434	6864	1363	7569	237574	1787	外壁釉
				6583	59	32	301	170	40	5565	1017	231	116	27769	427	外底胎
72	2019XCPI T1214TD5⑩：2	青白瓷碗		6584	190	107	188	50	8	8327	253	205	59392	31527	123	内壁上部釉
				6585	188	166	167	50	13	9280	289	205	81921	23218	119	内壁下部釉
				6586	211	7	210	60	8	12418	102	500	148	28676	139	外底胎
73	2019XCPI T1214 TD5⑩：3	黑釉盏	磁灶窑	6587	213	62	145	36	88	33229	1466	3264	5169	15719	257	内壁釉
				6588	232	57	165	38	85	23933	664	4317	1342	29007	193	外壁胎
74	2019XCPI T1214TD5③：2	黑釉盏	磁灶窑	6589	271	172	160	30	48	36302	4964	3282	44471	39510	243	内壁釉
				6590	289	63	173	31	29	14312	606	3134	1441	38732	132	外壁胎
75	2019XCPI T1214 TD5③：3	青瓷折沿碗		6591	195	135	215	51	32	6622	744	157	60928	34141	113	内壁釉
				6592	223	12	231	65	24	12314	142	734	151	37630	136	外壁胎
76	2019XCPI T1214TD5⑩：4	青白瓷碗		6594	161	143	176	43	19	5348	406	63	74183	28400	102	内壁釉
				6595	188	9	214	46	8	9377	125	885	137	31649	120	外壁胎
				6596	184	9	215	47	19	8610	521	631	638	43269	118	外底胎
77	2019XCPI T1214 TD5③：4	青白瓷洗		6597	136	69	143	23	54	2461	1199	48	61467	20506	77	内壁釉
				6598	151	9	152	28	54	4676	543	653	151	24911	86	外底胎
78	2019XCPI T1213TD5⑨：1	青白瓷折沿碗		6599	160	94	122	37	35	5455	395	188	50055	25549	104	外壁釉
				6600	193	18	170	38	67	14456	461	1340	2196	38015	165	涩圈胎
				6601	207	17	142	45	36	18020	155	2950	672	32509	158	外壁胎
79	2019XCPI T1115TD5③：2	青瓷片	龙泉窑	6602	138	444	186	28	43	9087	2279	505	49537	38229	123	内壁釉
				6603	176	48	270	41	51	11372	403	776	758	55794	135	断口胎
80	2019XCPI T1213TD5⑨：2	菊瓣纹残口沿		6604	103	178	133	18	62	6392	740	263	73361	23942	114	内壁釉
				6605	106	196	132	19	56	6414	707	215	82000	25254	114	外壁釉

续表附 5-2

序号	器物编号	釉色及器形	推测窑口	测试编号	元素组成（ppm）											备注
					Zr	Sr	Rb	Th	Zn	Fe	Mn	Ti	Ca	K	Co	
81	2019XCPI T1214TD5 ③：5	青瓷碗		6606	226	193	162	26	45	9913	274	537	77648	30913	133	内壁釉
				6607	289	86	191	40	48	14724	380	2765	2046	34511	161	断口胎
				6608	275	82	185	39	31	16097	426	2375	2657	34123	141	外壁胎
82	2019XCPI T1114TD5 ③：1	青白瓷碗		6609	69	279	376	25	72	6148	1098	211	55962	50141	106	外壁釉
83	2019XCPI T1214TD5 ③：6	青白瓷洗		6610	130	117	180	16	94	1813	1216	50	35639	25591	77	内壁釉
				6611	166	50	211	29	59	4239	483	547	584	43697	86	外底胎
84	2019XCPI T1214TD5 ④：1	青白瓷碗		6612	187	12	161	51	21	8542	79	330	1313	17946	128	外底胎
85	2019XCPIT1214 北扩 TD4 ③：8	青白瓷盏		6613	122	196	160	17	80	2548	1655	58	84014	31415	83	内壁釉
				6614	165	36	197	27	58	5218	252	896	139	38228	92	外底胎
86	2019XCPI T1213TD5 ⑩：1	莲瓣纹盏		6615	173	18	117	29	52	4345	253	320	1080	13114	80	内壁胎（未见釉）
87	2019XCPI T1213TD5 ⑩：2	黑釉盏	建窑	6616	266	332	122	15	150	32864	2734	3920	45574	35370	201	内壁釉
				6617	275	346	121	20	139	29813	2550	3502	44474	34192	231	外壁釉
88	2019XCPI T1214TD5 ③：7	黑釉盏	磁灶窑	6618	246	160	160	25	76	36418	7125	2523	37736	30886	249	内壁釉
				6620	276	67	173	25	35	15800	610	3365	3056	39883	163	外壁胎
89	2019XCPI T1214TD5 ⑩：5	青白瓷碗		6621	181	183	201	48	45	6789	574	75	122823	40528	109	外壁釉
				6622	204	8	247	56	29	11654	187	1085	670	40010	135	外壁胎
				6626	175	179	197	46	46	6628	661	60	97858	33819	116	内壁釉
90	2019XCPI T1114TD5 ③：2	青白瓷碗		6623	195	135	178	48	8	10051	309	311	79043	30636	129	外壁釉（脱釉严重）
				6624	206	5	205	64	22	11335	98	545	195	24830	138	断口胎
91	2019XCPI Q1 ①：4	青白瓷碗		6628	88	68	175	17	58	6174	1246	529	55578	35530	101	外壁釉
				6629	89	11	218	22	48	5179	640	557	1000	40610	96	涩圈胎
92	2019XCPI T0816TD10 ④：9	青白瓷碗		6630	105	146	142	21	96	9636	699	467	31033	33141	126	内壁釉
				6632	117	7	138	19	52	9868	341	612	110	21783	133	外底胎
93	2019XCPI Q1 ①：7	白瓷碗		6633	115	114	188	32	22	1941	440	170	51207	39591	69	内壁釉
				6634	131	61	200	36	31	5308	414	603	941	37293	94	断口胎
94	2019XCPI Q1 ③：2	青白瓷碗		6635	205	127	204	35	88	7759	590	547	133594	26770	117	内底釉
				6636	233	24	227	37	44	12852	376	3073	501	31768	138	外底胎
95	2019XCPI T0916TD10 ④：7	青白瓷花口盏		6637	102	195	141	19	72	6226	426	566	40118	30051	112	内壁釉
				6638	119	19	146	28	61	13437	426	1085	155	19465	149	外底胎，夹锈
96	2019XCPI T0916TD10 SQ-2JC：6	青白瓷盏		6639	120	104	131	19	133	1622	676	88	42251	21671	71	内壁釉
				6642	134	32	155	17	275	2591	466	244	1986	38996	73	外底胎
				6643	136	32	153	17	270	2667	469	261	2280	41389	74	外底胎

序号	器物编号	釉色及器形	推测窑口	测试编号	元素组成（ppm）											备注
					Zr	Sr	Rb	Th	Zn	Fe	Mn	Ti	Ca	K	Co	
97	2019XCPI T0916TD10 ④：8	青白瓷碗		6645	156	269	168	52	30	4150	2484	500	65328	34673	87	内壁釉
				6646	179	2	189	71	14	5777	167	1343	128	26951	93	外底胎
98	2019XCPI T0915TD10 ④：3	青白瓷花口盏		6648	107	181	142	20	9	8981	436	418	32881	37723	119	外壁釉
99	2019XCPI T0712TD4 ②：1	白瓷碗		6649	124	159	175	17	51	1212	846	71	60122	37711	66	内壁釉
100	2019XCPI T0916TD10 ④：10	青白瓷碗		6650	129	123	154	15	60	1004	816	41	66872	30262	63	内壁釉
				6651	156	23	169	27	62	3262	284	369	120	30846	80	外底胎
101	2019XCPI T0915TD10 ①：1	青瓷碗		6652	112	292	149	22	94	7001	582	416	42020	37771	115	内壁釉
				6653	128	9	148	25	62	13190	611	940	142	29238	140	外底胎
102	2019XCPI T0816TD10F3：2	青白瓷碟		6654	128	110	151	21	47	1806	800	66	45055	28436	69	内壁釉
				1	146	25	160	21	42	3611	331	299	1291	35980	82	外底胎
103	2019XCPI T0712TD4 ②：2	青白瓷碟		2	162	94	147	21	52	3152	617	223	80077	32244	81	内壁釉
				3	177	48	151	24	85	6448	1081	758	7442	34277	100	外底胎
104	2019XCPI T0712TD4 ②：3	黑釉碗	磁灶窑	4	215	202	147	22	147	35178	6560	2058	35804	26600	265	内底釉
				5	259	53	174	34	64	15700	658	2789	1084	31246	164	外壁胎
105	2019XCPI T0609TD11 ①：1	白瓷碗		6	140	13	281	38	52	2666	450	59	4939	48569	76	内壁釉
				7	141	15	279	39	51	2879	451	77	5290	55420	75	内底釉
				8	147	15	231	37	26	4170	620	341	195	35353	84	涩圈胎
106	2019XCPI T0916TD10 ④：11	瓷盏（脱釉）		9	255	64	180	31	68	15835	795	2774	2423	34150	161	外壁胎
107	2019XCPI T0709TD14 ①：2	青白瓷碗		10	110	269	141	21	139	10337	968	440	80164	33049	134	内底釉
				11	138	12	148	28	61	17042	401	1079	143	29095	147	外底胎
108	2019XCPI T0916TD10SQ-2JC：7	青白瓷碟		12	124	157	150	24	65	10341	705	488	28918	32497	127	内底釉
				13	143	8	152	27	30	12265	431	848	116	23697	144	外壁胎
109	2019XCPI T0916TD10 SQ-2JC：8	青瓷碗		14	89	227	150	19	105	5507	1054	347	24725	26849	112	内底釉
				15	118	9	127	21	60	10139	438	660	106	19303	125	外底胎
110	2019XCPI T1012 TD2 ①：1	青白瓷瓜棱壶		16	118	213	208	38	38	5334	1003	704	35272	43925	100	内壁釉
111	2019XCPI Q1 ③：3	青白瓷碗		17	209	86	98	43	105	6523	2525	424	52762	27833	106	内底釉
				18	233	13	72	48	72	13570	658	2593	131	18022	141	外底胎
112	2019XCPI Q1 ①：3	青瓷碗		19	145	121	174	50	33	7507	768	74	82805	19643	120	内壁釉
				20	168	9	207	65	26	15296	302	735	817	31944	155	外底胎
113	2019XCPI T1014TD6：1	青白瓷瓜棱壶		21	106	241	208	16	58	3629	912	534	46478	38708	87	内壁釉
114	2019XCPI T0914TD8 ③：2	青白瓷碗		22	155	8	149	34	40	16043	502	1836	154	31815	156	外底胎
				23	116	226	149	24	79	7774	771	411	32753	34145	112	内底釉

续表附 5-2

序号	器物编号	釉色及器形	推测窑口	测试编号	元素组成（ppm）											备注
					Zr	Sr	Rb	Th	Zn	Fe	Mn	Ti	Ca	K	Co	
115	2019XCPI T0916TD10④：9	青白瓷碗		24	156	119	174	35	44	8974	401	240	105725	45069	125	内底釉
				25	168	20	181	41	13	15658	222	919	171	39399	151	外壁胎
116	2019XCPI T0816 TD10④：10	青白瓷盏		26	126	135	132	21	81	3216	1136	45	62314	14449	76	内壁釉
				27	152	18	161	24	64	5035	477	694	281	23387	95	外底胎
117	2019XCPI T0810TD14①：1	青瓷盏		28	171	495	147	25	96	15039	6173	1209	89369	23960	166	内壁釉
				29	171	535	151	23	102	11784	6048	1366	99538	29014	134	内壁釉
				30	229	50	188	29	62	15656	367	2988	905	32474	158	外底胎
118	2019XCPI T0609TD11①：2	青白瓷碟		31	135	131	206	27	123	2664	920	67	60215	44874	81	内壁釉
				32	166	31	241	29	65	5647	544	351	163	53973	97	外底胎
119	2019XCPI T0812TD4②：1	青白瓷盏		33	141	116	176	20	95	3257	1046	126	73079	44353	82	外壁釉
				34	152	48	186	22	20	4197	700	370	6096	48773	88	外底胎
120	2019XCPI T0915TD10④：4	青白瓷瓜棱壶		35	111	144	256	16	86	4326	1487	858	40447	54011	92	内壁釉
121	2019XCPI Q1①：6	青瓷碗（脱釉）		36	237	21	211	39	44	10983	339	2478	773	26812	135	外底胎
122	2019XCPI Q1①：5	青瓷碗		37	107	219	185	24	100	7219	851	451	32265	45214	117	内底釉
				38	129	18	166	22	78	11967	410	605	108	20101	150	外底胎
123	2019XCPI T0816 TD10 F3：3	青白瓷碟		39	143	75	142	25	59	4033	1969	232	63004	27494	88	内底釉
				42	148	22	155	21	55	4808	355	493	121	27104	88	外底胎
124	2019XCPI T0611TD1④：1	青白瓷碟		43	152	73	141	24	104	4177	1131	53	79389	30906	85	内底釉
				44	152	8	154	24	44	9549	760	1015	572	27153	114	外底胎
125	2019XCPI T1116①：2	青白瓷碗		45	73	77	127	13	73	5123	401	268	72300	20502	102	外壁釉
				46	87	13	174	16	53	5046	362	588	2700	38586	95	涩圈胎
126	2019XCPI T1013TD4②：1	青白瓷碗		47	150	124	207	25	67	3226	991	129	83384	53440	82	外壁釉
				48	148	40	210	25	49	2914	323	248	128	39529	84	外底胎
127	2019XCPI T1112TD2⑮：1	青白瓷碗		49	96	223	148	22	89	7698	546	470	41910	37198	109	内壁釉
128	2019XCPI T1112TD2⑤：5	青白瓷盘		50	185	229	138	46	64	4922	204	765	38637	36561	94	内壁釉
129	2019XCPI T1112TD2⑤：10	青白瓷折沿碗		51	127	179	130	21	76	7221	812	153	83351	21126	117	内壁釉
130	2019XCPI T1112TD2⑭：1	青白瓷盏		53	228	137	206	49	78	3805	786	49	85138	35756	86	外壁釉
				54	239	9	215	52	49	7980	323	756	450	24153	113	外壁胎
131	2019XCPI T1112TD2⑧：2	青白瓷盏	安溪窑	55	140	166	118	16	34	1375	752	43	84465	17613	66	内壁釉
				56	172	19	158	25	162	4911	388	593	3445	33366	90	外底胎
132	2019XCPI T1112 TD2⑧：1	青白瓷盏		57	114	134	152	21	72	8885	497	241	44233	39635	120	内壁釉
				58	140	13	153	24	55	10621	366	671	313	23293	135	外底胎

序号	器物编号	釉色及器形	推测窑口	测试编号	元素组成（ppm）											备注
					Zr	Sr	Rb	Th	Zn	Fe	Mn	Ti	Ca	K	Co	
133	2019XCPI T1112TD2⑥：12	黑釉盏	建窑	59	244	425	126	19	144	34792	3155	3431	52006	42745	251	外壁釉
134	2019XCPI T1112TD2⑥：6	青瓷碗	安溪窑	60	104	168	119	19	126	6673	2444	309	26311	17423	118	内壁釉
				61	115	10	131	26	64	11853	667	781	1089	16565	147	外底釉
135	2019XCPI T1112TD2⑥：11	青白瓷六方炉		62	124	251	222	49	82	4578	645	766	36582	43889	94	外壁釉
				63	130	30	242	51	56	5631	309	555	134	35769	104	内壁胎
136	2019XCPI T1112 TD2⑥：8	黑釉盏	磁灶窑	64	219	235	155	23	98	49772	5135	2384	52653	33555	276	内壁釉
				65	257	53	185	32	47	17005	1030	3333	1557	40191	162	外壁胎
137	2019XCPIT1112 TD2 L3-5②：1	青白瓷盏		66	110	155	155	23	68	7041	587	315	27514	37621	108	内底釉
				67	130	7	145	21	71	11087	381	557	100	18243	143	外底胎
138	2019XCPI T1112TD2⑬：5	青白瓷碗		69	74	317	203	20	77	4194	520	74	65872	39777	90	内底釉
139	2019XCPI T1112TD2⑤：6	青白瓷盏		70	145	144	154	15	31	1291	829	81	68269	26759	65	内壁釉
				71	169	36	178	25	27	4984	265	790	469	35991	89	外底胎
140	2019XCPI T1112TD2⑭：3	青白瓷盘口沿		72	195	185	165	36	28	4765	385	230	83666	17012	83	内壁釉
141	2019XCPI T1112TD2⑤：4	墨书青白瓷碗		73	148	282	98	33	45	8365	1032	268	87130	16346	117	内壁釉
				74	180	11	129	44	20	13685	246	1713	1640	29438	146	外壁胎
142	2019XCPI T1112TD2⑬：1	青白瓷花口碗		75	156	152	241	62	65	3151	378	438	30712	46472	84	内壁釉
				76	173	18	242	64	43	8120	418	648	113	26698	122	外底胎，夹锈
143	2019XCPI T1112TD2⑥：4	墨书青白瓷盏		77	166	374	209	72	16	5252	403	578	46148	39629	91	内壁釉
				78	193	7	217	88	8	8546	302	1130	142	36472	112	外底胎
144	2019XCPI T1112TD2⑤：7	黑釉盏	磁灶窑	79	242	183	157	22	96	44153	5549	1852	36272	28135	275	内壁釉
				80	307	59	175	36	53	11457	656	3041	839	33318	138	外底胎
145	2019XCPI T1112TD2⑤：8	墨书青瓷碗		82	191	154	162	42	64	4227	276	784	25025	42780	90	内底釉
				83	196	26	143	40	50	7556	230	597	85	14294	129	外底胎
146	2019XCPI T1112TD2⑤：9	墨书青白瓷盏		84	167	431	203	78	23	6507	365	778	48329	40509	101	内壁釉
				85	196	7	212	88	17	10495	339	1478	1235	30814	124	外底胎
147	2019XCPI T1112TD2⑥：2	青白瓷碗		86	69	366	191	22	93	3701	539	85	82840	34613	87	内底釉
148	2019XCPI T1112TD2⑤：1	青白瓷碟		89	152	97	139	22	54	2818	651	131	53678	32268	76	内壁釉
				90	172	31	147	23	49	4552	358	724	3238	27694	84	外底胎
149	2019XCPI T1112TD2⑤：12	莲瓣纹青白瓷盏	安溪窑	91	132	126	179	20	54	2923	1064	62	109450	42133	80	内壁釉
				92	151	27	189	29	13	6460	1319	564	474	35323	101	外壁胎
150	2019XCPI T1112TD2⑥：5	青白瓷碗		93	180	110	153	56	54	3927	542	401	18374	38527	92	内底釉
				94	189	25	117	37	47	9593	512	711	92	15203	142	外底胎

续表附 5-2

序号	器物编号	釉色及器形	推测窑口	测试编号	元素组成（ppm）											备注
					Zr	Sr	Rb	Th	Zn	Fe	Mn	Ti	Ca	K	Co	
151	2019XCPI T1112TD2⑧：3	青白瓷碗	安溪窑仿景德	95	57	428	330	23	71	5250	1309	95	57017	35120	106	内底釉
				97	69	37	342	29	36	6545	305	190	164	18224	122	外底胎
152	2019XCPI T1112TD2⑬：7	青白瓷碗		98	201	94	172	42	28	6466	976	313	53307	33715	108	内底釉
				100	214	31	188	38	14	7217	509	815	2292	22937	113	涩圈胎
153	2019XCPI T1112TD2⑤：3	生烧墨书青白瓷盏		101	188	170	215	85	31	7040	356	887	28634	33871	104	内底釉（脱釉严重）
				104	192	6	200	86	17	13737	790	1455	147	30400	135	外底胎
154	2019XCPI T1112TD2⑬：3	青白瓷花口碗	安溪窑	105	54	524	349	24	81	5072	1114	88	45063	51252	102	外壁釉
155	2019XCPI T1112TD2⑬：6	青白瓷碟		106	131	201	164	20	79	1323	1075	100	107161	38186	66	内壁釉
				107	136	168	165	20	86	1256	1024	75	101233	37853	82	内壁釉
156	2019XCPI T1112 TD2⑥：7	莲瓣纹青白瓷碟		108	134	159	173	20	72	3075	851	55	102666	39359	79	内壁釉
				110	147	26	195	24	21	4920	833	501	1500	40581	65	外底胎
157	2019XCPI T1112TD2⑬：2	青白瓷碗		111	181	132	169	51	190	4085	368	507	20742	41840	91	内壁釉
				113	197	25	114	41	57	9729	560	987	110	20490	130	外底胎
158	2019XCPI T1112TD2⑤：11	生烧墨书青白瓷盏		114	188	283	220	88	65	7596	424	1082	37595	35802	109	内壁釉（脱釉严重）
				115	196	6	209	79	13	11715	403	1320	143	31585	132	外底胎
159	2019XCPI T1112TD2⑬：4	青白瓷盏		116	85	162	347	26	71	6332	340	141	50007	56394	105	外壁釉
				117	83	45	335	30	50	11042	391	561	120	24951	129	外底胎
160	2019XCPI T1112TD2⑥：9	青白瓷碗		118	71	241	429	23	99	5227	1198	254	47016	49051	101	内壁釉
				119	77	50	465	27	46	4980	446	212	150	45404	97	断口胎
161	2019XCPI T1112TD2⑩：1	青白瓷碗		120	188	178	126	34	71	5066	241	1158	27663	34929	97	内壁釉
				121	203	36	128	39	60	9966	244	987	203	29170	125	外底胎
162	2019XCPI T1112TD2⑥：3	青白瓷瓶		122	110	248	227	16	40	6371	1172	378	64975	54907	107	外壁釉
				123	113	46	261	24	29	5288	545	473	2435	58864	97	外底胎
163	2019XCPI T1112TD2⑭：2	青白瓷盏		124	141	133	149	28	46	1745	646	241	78371	30110	70	内壁釉
				125	151	45	188	31	21	3561	548	454	3115	38438	84	外底胎
164	2019XCPI T1112TD2⑥：10	墨书青白瓷盏		126	179	71	108	36	50	2713	1747	620	29948	23817	76	内壁釉
				127	209	11	118	40	41	8654	300	979	155	24238	116	外底胎
165	2019XCPI T1112TD2⑤：2	莲瓣纹青白瓷碗	湖上窑	128	105	173	119	18	95	7614	1110	117	77125	20795	126	内壁釉
				129	129	20	177	26	111	11738	515	636	140	34185	141	断口胎
166	2019XCPI T1112TD2⑬：13	青白瓷碗口沿		130	61	619	410	20	71	3524	1013	87	40643	58528	103	内壁釉
167	2019XCPI T1214TD5③：1	墨书青瓷碗		131	233	370	187	31	146	6808	5061	123	43612	48236	118	内壁釉
				132	288	78	168	34	38	15306	279	2640	372	32612	160	外底胎

序号	器物编号	釉色及器形	推测窑口	测试编号	元素组成（ppm）											备注
					Zr	Sr	Rb	Th	Zn	Fe	Mn	Ti	Ca	K	Co	
168	2019XCPI T0914TD9⑥：1	青瓷盖	磁灶窑	133	169	396	157	25	149	10271	4221	1548	122228	34814	119	外壁釉
				135	175	51	155	32	106	12574	357	2417	1515	22414	151	内壁胎
169	2019XCPI T1112TD2⑮：3	青白瓷盏		136	100	523	122	24	29	11390	509	596	76925	34377	137	内底釉
				138	116	11	129	21	12	12166	367	625	271	16068	148	外底胎
170	2019XCPI T1112TD2⑬：10	青瓷碗	安溪窑	139	114	134	156	20	99	6671	3013	576	36140	47013	109	内底釉
				140	118	8	132	20	43	11188	796	586	108	18185	133	断口胎
171	2019XCPI T0717TD9①：1	墨书碗（脱釉）		141	171	11	104	38	25	7175	133	1594	117	17653	105	内底胎
172	2019XCPI T1214TD5④：2	刻“福”青瓷碗	磁灶窑	142	226	230	129	21	85	8885	2146	1158	79737	22419	133	内底釉
				143	278	58	201	34	103	11291	766	1378	2351	41407	163	外底胎
173	2019XCPI T1112TD2⑤：13	青白瓷碗		144	164	89	188	28	71	2984	467	388	52878	60267	78	外壁釉
				145	176	25	191	31	79	4159	381	729	308	44038	86	外壁胎
174	2019XCPI T0717TD9④：1	墨书青瓷碗		146	125	258	143	25	70	7184	437	736	38087	31033	116	内底釉
				147	157	10	145	25	75	13843	413	1101	125	23563	147	外底胎
175	2019XCPI T1111TD1⑧：1	青白瓷碗		148	178	247	233	75	84	5650	293	418	38553	55143	98	内壁釉
176	2019XCPI T1014TD6SD5：1	青花瓷碗		149	121	140	194	42	292	3976	728	213	106313	23733	87	内底釉
				150	106	180	140	44	147	4261	8122	238	126366	20563	1437	外壁有彩釉
				152	121	51	258	46	91	4842	924	268	9762	19253	115	涩圈胎
				6306	107	255	112	38	209	3195	764	228	111375	13342	89	外腹釉
				6307	127	79	267	54	135	4652	889	280	11932	23589	106	断口胎
177	2019XCPI T1014TD6SD5：2	青花瓷碗		153	145	106	234	46	107	5726	907	293	72394	30580	100	内底釉
				154	121	165	141	36	95	3713	2197	239	82712	16537	336	外壁有彩釉
				155	135	43	284	43	133	6721	809	291	2468	13589	142	涩圈胎
				6333	142	42	279	43	117	6374	869	340	1853	15627	115	断口胎
				6338	116	162	135	40	141	3224	1085	231	72725	13501	117	外腹釉
178	2019XCPI T1014TD6SD5：3	花草彩书青花瓷盘		156	81	148	199	17	59	2883	495	288	75112	52412	78	外底釉
				157	75	176	168	14	51	3558	3766	245	74041	47405	725	内底有彩釉
				6291	29	29	46	288	79	384	4259	2219	6074	285724	1473	内腹无彩釉
				6293	72	165	192	15	41	2753	470	252	73914	54220	59	外腹无彩釉
				6296	81	52	202	17	58	5943	775	299	4522	24881	84	断口胎
				6297	84	55	204	15	41	5890	680	338	5118	24798	85	断口胎
				6299	75	172	173	16	48	3464	3785	266	67793	45525	708	内底漏彩釉
179	2019XCPI T1014TD6SD5：4	透明釉瓷勺		158	389	44	286	58	54	9072	1371	898	10975	38345	136	勺斗内壁釉
				6301	374	42	286	60	56	9428	1290	1319	12249	48795	93	斗背釉

续表附 5-2

序号	器物编号	釉色及器形	推测窑口	测试编号	元素组成（ppm）											备注
					Zr	Sr	Rb	Th	Zn	Fe	Mn	Ti	Ca	K	Co	
179	2019XCPI T1014TD6SD5：4	透明釉瓷勺		6302	480	31	319	87	51	12190	966	3491	849	49695	102	断口胎
				6303	364	26	264	62	55	8663	490	1943	543	26383	129	断口胎
180	2019XCPI T0917 TD10H3①：4	青白瓷碗		160	107	203	286	35	67	3611	812	428	56949	40447	82	外壁釉
				161	103	13	251	34	50	5178	239	299	451	11108	113	外底胎
181	2019XCPI T1014TD6SD5：5	青花瓷碗		162	77	160	118	15	79	3679	449	218	84717	23832	87	内底釉
182	2019XCPI T1112TD2⑤：1	青白瓷碗		163	157	168	110	35	28	8747	826	415	52568	22540	124	内壁釉
				164	149	136	112	38	30	9674	857	426	54486	23276	126	内底釉
				165	208	11	117	36	16	15089	213	2450	495	27608	153	外壁胎
183	2019XCPI T1112TD2⑥：1	青白瓷碗		166	155	155	212	65	133	5752	509	518	35185	36868	79	内壁釉
				167	143	15	194	57	51	7823	316	427	81	11749	133	外底胎
184	2019XCPI T0916TD10SQ-2JC：1	青瓷碗		168	97	165	101	20	90	6689	1380	58	78585	18760	117	内壁釉
				169	120	16	141	30	71	10178	635	686	1539	29679	127	外底胎
185	2019XCPI T0916TD10SQ-2JC：2	青白瓷碗		170	194	136	167	28	36	5453	887	148	73325	39949	101	内壁釉
				171	226	25	153	30	16	9970	215	2203	1017	25544	98	外底胎
				6351	101	198	93	17	81	4916	1395	80	94382	20082	104	内底釉
				6354	97	157	101	18	63	5820	1460	113	86950	19249	108	外腹釉
				6356	104	13	122	19	115	7996	455	281	173	13628	133	断口胎
186	2019XCPI T1114TD5L4：1	青白瓷碗		172	130	177	153	17	65	2785	1297	70	111227	43456	80	内壁釉
				174	147	28	170	26	21	3670	475	354	202	27159	84	外底胎
187	2019XCPI T0916 TD10④：1	青白瓷碟		175	135	96	139	18	79	3835	881	40	44815	22465	89	内壁釉
				176	155	10	182	27	44	4700	257	238	129	32783	89	外底胎
188	2019XCPI T1015TD8③：1	青白瓷碗		177	88	172	123	21	97	6468	774	285	35927	25780	108	内壁釉
				178	99	11	127	18	80	8248	346	328	142	14839	122	外底胎
189	2019XCPI T0916TD10SQ-2JC：3	青白瓷碟		179	145	93	161	23	57	2772	702	100	47550	39980	76	内壁釉
				180	149	28	167	26	49	4499	435	373	566	34354	88	外底胎，土锈
				6367	154	97	144	27	77	3740	891	215	11592	12320	101	断口胎
				6371	164	7	154	25	22	3858	331	253	125	29567	73	外底胎
				6372	157	101	131	19	102	3247	1308	132	67261	30336	78	内底釉
190	2019XCPI T0916TD10 SQ-2JC：4	青白瓷碟		181	143	80	130	21	58	3308	1253	69	50251	25860	82	内壁釉
				182	167	7	153	32	16	3893	370	271	302	28165	84	外底胎
				6376	143	83	154	20	49	3417	683	155	44469	38816	82	外腹釉
191	2019XCPI T0814TD8⑤：1	篦划纹青白瓷碗		183	68	329	423	27	79	4747	962	127	55340	58451	98	内壁釉
				184	91	40	421	28	46	9469	325	622	384	35210	128	外底胎

续表附 5-2

序号	器物编号	釉色及器形	推测窑口	测试编号	元素组成（ppm）											备注
					Zr	Sr	Rb	Th	Zn	Fe	Mn	Ti	Ca	K	Co	
191	2019XCPI T0814TD8⑤：1	篦划纹青白瓷碗		6285	65	43	374	19	38	3862	283	59	333	18730	85	圈足胎
				6287	66	37	390	19	28	3659	221	49	86	19171	86	圈足断口胎
				6288	83	90	501	32	46	5506	241	200	6121	54912	76	外腹釉
				6289	68	391	408	20	98	4295	900	115	65392	58075	73	内底釉
192	2019XCPI T0714TD8H4：1	墨书青白瓷碟		185	157	107	143	24	75	4081	1192	234	84722	29222	86	内底釉
				186	169	17	147	23	66	5650	554	827	707	24913	99	外底胎
193	2019XCPI T0916TD10⑥：1	墨书青白瓷盏		188	147	95	161	23	297	1653	1175	59	71143	36301	66	内壁釉
				189	165	17	168	28	107	4334	465	608	294	31363	87	外底胎
194	2019XCPI T0916TD10 SQ-2JC：5	青白瓷盏		190	130	132	143	21	163	1943	831	120	83623	37742	68	内底釉
				191	132	34	151	19	283	2098	436	186	2323	38781	68	外底胎
				192	136	33	156	18	279	2180	476	223	2436	40779	71	外底胎
				6365	145	115	150	21	511	2100	1019	102	74748	39242	68	外腹釉
195	2019XCPI T0916 TD10④：2	墨书青白瓷碟		193	146	93	120	22	78	2282	583	168	94636	29634	69	内底釉
				194	151	21	118	22	55	2615	348	444	933	20001	75	外底胎，土锈
196	2019XCPI T0816 TD10④：4	青白瓷碟		195	136	115	183	22	84	2268	802	47	67249	37477	74	内底釉
197	2019XCPI T0917 TD10④：3	青白瓷盏		196	118	120	128	21	98	2835	725	114	65155	14792	84	内壁釉
				197	157	18	142	24	64	2914	551	265	873	21835	75	外底胎
198	2019XCPI T0511 TD11①：1	莲瓣纹青白瓷瓶		198	99	202	151	18	118	5960	401	280	19469	32693	108	外壁釉
				199	133	13	149	21	21	10002	376	489	984	26138	131	内壁胎
199	2019XCPI T0917 TD10④：4	白瓷碗		200	142	143	189	24	40	1618	911	108	69458	52224	64	外壁釉
				202	144	53	216	24	40	2145	309	343	145	48735	72	外底胎
200	2019XCPI T0913 TD8①：1	青白瓷碗		204	94	210	85	17	168	8847	942	70	126865	21208	130	内壁釉
				205	118	13	142	24	73	13690	509	786	727	26802	145	外底胎
201	2019XCPI T1014 TD6②：2	青瓷壶嘴		206	205	398	157	30	213	11332	2376	1365	46881	31840	151	外壁釉
				208	238	49	152	31	171	13794	324	2346	8684	17674	155	断口胎
202	2019XCPI T0908 TD14①：1	青白瓷擂钵		209	191	85	120	36	71	3063	2009	599	48464	36724	82	外壁釉
				210	199	10	120	40	77	5259	320	756	627	27061	99	内底胎
203	2019XCPI T1211 TD14①：1	青白瓷碗		211	164	155	242	63	59	4257	518	564	36846	51035	91	内底釉
				212	183	23	263	79	55	10372	440	1038	3302	45667	127	外底胎
204	2019XCPI T1211 TD14①：4	青白瓷碗		216	107	251	170	23	77	5818	501	530	33913	44840	105	内底釉
				217	134	20	177	23	72	11709	418	694	127	30420	138	外底胎
205	2019XCPI T1211 TD14①：3	青白瓷碗		218	186	138	60	38	57	5491	1066	751	31822	16815	100	内底釉
				219	196	149	58	36	61	5171	1134	758	33458	17144	98	内底釉

续表附5-2

序号	器物编号	釉色及器形	推测窑口	测试编号	元素组成（ppm）											备注
					Zr	Sr	Rb	Th	Zn	Fe	Mn	Ti	Ca	K	Co	
206	2019XCPI T1014 TD6②：1	青花瓷碗口沿		220	81	104	134	16	82	4458	428	380	74890	28236	89	外壁釉
				221	84	68	137	13	79	4189	896	270	53205	20595	96	内壁有彩釉
207	2019XCPI T1012TD2②：3	青花瓷杯		222	117	136	244	27	56	3623	374	140	41258	46368	86	内壁釉
				223	104	157	222	20	56	2200	3527	154	50342	53910	872	外壁有彩釉
208	2019XCPI Q1②：3	青白瓷碗		226	96	239	87	18	106	5678	734	210	95140	19040	111	内底釉
				227	114	12	143	28	94	14733	845	439	107	19205	169	外底胎
209	2019XCPI T1211 TD14①：2	青白瓷碗		232	73	408	146	27	85	6257	506	83	64378	29718	105	外壁釉
				233	91	31	178	32	51	12552	309	829	200	31253	127	外底胎
210	2019XCPI Q1②：2	青瓷碗		235	102	173	144	16	126	9889	1875	618	43439	43788	124	内底釉
				236	105	11	121	24	61	11399	557	521	564	20693	131	外底胎
211	2019XCPI T0917 TD10④：2	青白瓷碗		237	169	179	141	23	54	1802	378	94	63473	27010	77	内底釉
				238	281	20	151	31	20	10495	199	3007	1382	30236	125	外底胎
212	2019XCPI T0816TD10F3：7	青瓷碗		239	91	115	153	19	72	5733	380	296	15822	32189	94	内壁釉
				240	109	19	156	21	83	10012	392	570	110	22534	128	外底胎
213	2019XCPI T0814TD8⑤：3	青瓷盏		241	120	181	160	24	178	9608	2803	615	34798	46083	126	内壁釉
				242	137	11	149	28	49	12311	534	1139	614	31224	132	外底胎
214	2019XCPI T0816TD10④：6	青白瓷碗		244	80	177	132	12	64	3273	421	348	95314	29721	96	外壁釉
				245	87	24	149	18	47	6072	727	520	4506	24517	103	涩圈胎
215	2019XCPI T0816TD10④：2	墨书青白瓷碗		247	225	92	219	43	61	4092	505	96	55789	26737	93	内壁釉
				249	231	7	263	46	75	5820	570	341	1296	42226	104	外底胎
216	2019XCPI T0915TD10④：1	墨书青瓷碗		250	160	389	184	23	77	8417	3511	124	38186	36584	131	内壁釉
				251	196	56	173	35	51	13411	194	1000	2072	28707	157	外底胎
217	2019XCPI T0715TD9②：1	青白瓷碗		252	129	102	123	23	141	2524	619	64	75036	23150	76	内壁釉
				253	143	20	128	20	154	3122	314	187	1557	24069	80	外底胎
218	2019XCPI T0609TD11②：1	墨书青白瓷碗		254	215	120	117	36	58	6418	850	1318	31850	35345	105	内壁釉
				255	215	33	119	40	52	13870	331	1756	160	26371	146	外底胎
219	2019XCPI T0916TD10⑥：2	墨书青白瓷碗		256	185	49	88	35	46	5170	599	545	34888	22277	99	内壁釉
				258	200	11	95	43	24	8589	360	1294	183	24198	115	外底胎，土锈
220	2019XCPI T0709TD14①：1	仿釉墨书瓷碗		259	175	85	133	36	97	11747	1646	1204	31335	37618	138	内底釉（仿釉严重）
				260	186	30	134	41	52	21357	266	1127	165	31523	179	外底胎
221	2019XCPI T1311TD14①：1	“贰”青花瓷碗		261	72	299	240	21	36	4874	1473	309	49072	51639	98	内底有彩釉
				263	86	26	308	24	28	7996	1125	630	679	65522	113	外底胎
222	2019XCPI T0815TD9①：1	“朱”字瓷片		264	231	24	147	35	25	11473	211	3110	1061	29528	130	外壁胎

续表附 5-2

序号	器物编号	釉色及器形	推测窑口	测试编号	元素组成（ppm）											备注
					Zr	Sr	Rb	Th	Zn	Fe	Mn	Ti	Ca	K	Co	
223	2019XCPI KD2r：1	青白瓷碗		265	103	236	137	14	26	7123	424	265	25880	36091	112	外壁釉
				266	140	9	135	24	23	13815	1069	866	149	29555	144	外底胎
224	2019XCPI KD2l：2	青瓷水注		267	173	419	174	26	155	10730	5611	1524	140322	34418	136	肩部釉
				269	185	66	172	27	101	11888	276	2008	1190	23487	141	内腹胎
225	2019XCPI T1112TD2 ⑧：4	青白瓷瓶腹片	闽清义窑	345	168	220	218	50	72	7999	2905	855	35664	59590	114	外壁釉
				346	170	27	201	55	54	7646	301	647	290	25291	116	内壁胎
226	2019XCPI T0916TD10 ④：12	青白瓷碟	德化窑	347	137	106	156	18	48	2397	978	134	56295	37953	74	内底釉
				348	152	25	158	25	20	4378	365	378	875	35414	87	外底胎

表附 5-3　下草埔陶器标本 p-XRF 成分测试结果

序号	器物编号	釉色及器形	推测窑口	测试编号	元素组成（ppm）											备注
					Zr	Sr	Rb	Th	Pb	Zw	Fe	Mn	Ti	Co	K	
1	2019XCPI T1111 TD1 ⑨：1	釉陶盆口沿		451	152	152	140	31	38	128	12513	4224	2419	51400	31974	口沿釉
				452	150	271	146	24	35	140	12829	6249	1736	81195	28977	内壁釉
2	2019XCPI T1111 TD1 ⑩：测 1	釉陶盆口沿		453	216	262	152	32	23	53	8673	5205	1929	146371	37242	外壁釉（侵有黑锈）
3	2019XCPI T1111 TD1 ⑫：8	绿釉罐口沿		455	16	5	22	52	20921	37	6845	286	340	1163	3505	外壁釉
4	2019XCPI T1111 TD1 ⑫：9	黑釉陶壶嘴		456	248	188	179	38	50	163	44025	9154	4082	52684	52581	外壁釉
5	2019XCPI T1111 TD1 ⑫：测 1	釉陶盆口沿		457	190	298	155	24	40	133	11117	5682	1566	77127	28529	内壁釉
6	2019XCPI T1112 TD2 ⑤：10	青釉缸口沿		458	173	460	147	30	37	182	9676	7338	1837	118922	33644	内壁釉
7	2019XCPI T1112 TD2 ⑤：测 1	陶缸口沿		459	172	186	158	32	35	106	12054	3781	1845	59510	26627	内壁釉
8	2019XCPI T1112 TD2 ⑤：测 2	陶缸口沿		460	173	351	147	21	42	168	9508	8894	762	69556	22500	内壁釉
9	2019XCPI T1112 TD2 ⑤：16	执壶		461	230	467	190	26	25	98	10439	4281	1618	94960	56291	外壁釉
				463	242	490	187	30	36	158	10603	4063	1566	82418	52902	内壁釉
10	2019XCPI T1112 TD2 ⑥：15	陶盆口沿		464	158	222	158	26	40	161	12221	3172	1906	104365	29776	外壁釉
11	2019XCPI T1112 TD2 ⑥：17	青釉陶缸		465	142	405	136	24	32	123	9225	6311	878	79919	15245	内壁釉
				466	115	815	128	26	13	205	8138	7815	845	129024	25469	口沿泛蓝釉

续表附 5-3

序号	器物编号	釉色及器形	推测窑口	测试编号	元素组成（ppm）											备注
					Zr	Sr	Rb	Th	Pb	Zw	Fe	Mn	Ti	Co	K	
12	2019XCPI T1112 TD2⑬：10	青釉陶盆		467	144	462	171	24	40	214	8826	4679	1409	121230	46275	内底无彩釉
				468	149	415	173	23	42	210	17004	4502	1558	114716	41540	内底有彩釉
13	2019XCPI T1112 TD2⑬：11	青釉陶盆		469	129	378	152	22	36	183	8657	4345	894	75087	23884	内壁釉
14	2019XCPI T1112 TD2⑬：14	执壶		470	203	289	167	28	38	118	12573	2922	2528	87599	30198	外壁釉（侵有黑锈）
15	2019XCPI T1112 TD2⑬：15	执壶		471	238	248	182	28	34	111	23250	8996	2530	93970	45680	外壁釉
16	2019XCPI T0712 TD4①：4	灰胎釉陶器耳		213	291	44	158	38	44	18207	239	3843	346	22762	176	内壁胎
				214	280	157	164	36	69	19531	4972	2546	81143	55565	174	外壁釉，脱釉
17	2019XCPI T0816 TD10④：1	青釉陶罐口沿		228	171	303	176	28	63	11813	3940	2325	110352	39598	138	外壁釉
				229	176	47	158	33	89	13086	341	1936	2119	22399	146	内壁胎
18	2019XCPI T0917TD10 H3①：1	灰胎黑衣陶盏	磁灶窑	6309	218	127	173	30	130	24822	2832	4550	37106	40213	196	外腹陶衣
				6310	218	127	169	29	141	26718	2798	4166	34834	37912	153	外腹陶衣
				6311	207	59	159	33	85	11270	773	1854	895	20625	107	内腹胎
				6312	202	59	160	27	94	10782	345	1580	793	17070	109	内腹胎
19	2019XCPI T0816 TD10④：7	陶器盖		6391	228	60	150	27	107	19909	553	3442	2445	28436	178	外壁胎
				6392	234	65	158	34	65	18979	392	3518	1079	28780	176	内壁胎
20	2019XCPI T0511 TD11①：1	灰陶器盖		215	255	60	169	26	70	14913	640	2225	1524	25961	166	内壁胎
21	2019XCPI T1011 TD1②：1	灰陶器盖		243	244	67	166	35	55	22443	558	3841	1291	36678	200	内壁胎，夹锈

六 宋元时期泉州冶铁手工业面貌的新认识

——以安溪下草埔遗址为中心

伴随着历史上中国古代经济重心的南移和政治上的衣冠南渡，唐五代时期尚不发达的泉州地区在宋元时期进入了人口、经济、贸易、城市等多方面的大发展时期。在南宋时期，泉州港逐步成为世界性的商贸大港。在泉州海洋贸易发展的过程中，冶铁业和铁制品在其中发挥了重要的作用。通过20世纪五六十年代以来对泉州地区冶铁遗址的调查工作以及2019~2020年在泉州安溪下草埔遗址的考古发掘工作，我们对于泉州宋元时期冶铁手工业的面貌有了更深的了解，本文试图在考古调查、发掘工作的基础上对宋元泉州冶铁业的相关问题进行探讨。

20世纪二三十年代张星烺、陈万里、顾颉刚等前辈学者开创“泉州学”之时，所关注的不论是中西交通史迹、古代宗教遗存还是明清以来的泉州民俗与民间信仰，其注重的范围主要是泉州平原地区及古代泉州港所在的区域，即泉州的滨海地区。

20世纪五六十年代，随着考古调查工作的开展，泉州市及周边陆续发现冶铁遗址，学者开始注意到泉州古代冶铁业的问题。王洪涛的《泉州古代冶铁初探》一文以梧宅冶铁遗址的发现为线索爬梳文献，总结了自五代至明清时期泉州冶铁业各阶段的发展情况，并着重分析了文献中对于安溪地区冶铁手工业的记载[1]。作为泉州主要的铁矿产地以及宋元时期冶铁业集中的重要区域，安溪地区内的调查工作在该时期也取得重要进展。安溪县博物馆前馆长叶清琳根据《安溪县志》中对安溪五代“冶有银铁”以及宋代“青阳铁场在龙兴里”等一系列文献记载，实地考察了现尚卿乡青洋村、科名村、福林村等地的冶炼遗址，在青洋村和科名村调查发现了成片的冶铁炉渣堆积，在福林村发现冶银遗址[2]。

20世纪80年代之后，以庄为玑为代表的学者在系统讨论“古刺桐港”问题时，强调晋江流域作为泉州港的“腹地”在泉州港贸易中的重要地位。他在论著中将泉州的腹地（内陆）这一广大区域的重要性总结为“既是出口的资源所在地，也是进口产品的销售地，港口和腹地相依相辅，海港才有活力”[3]。目前来看，这种具有区域性的观点是合理的。泉州港

1 王洪涛：《泉州古代冶铁初探》，中国海外交通史研究会、福建泉州海外交通史博物馆编《泉州海外交通史料汇编》，1983年，第268～273页。

2 叶清琳：《安溪古代银铁冶初探》，原载1962年《旅缅安溪会馆42周年纪念特刊·安溪县史地概要》，收入《安溪文博留墨》，厦门：国际华文出版社，2011年，第272～276页。

3 庄为玑：《古刺桐港》，厦门大学出版社，1989年，第6～7页。

口的形成和发展的因素复杂多样，便利的海洋通航条件、发达的造船业、繁荣的人口、便于转运的内陆交通运输条件，以及兴旺的手工制造业共同促成了宋元时期海洋贸易中心的出现。学界也陆续开始关注宋元时期泉州的手工业问题，如袁冰凌在《略论宋元泉州手工业生产布局的形成》一文中综合讨论了宋元时期泉州制瓷、矿业（包括铁、铜、金、银等）、制盐等手工业的发展状况[1]。

1. 安溪“青阳铁场”及宋元时期泉州安溪冶铁生产链

“场”是宋代矿产区中最常见的生产单位，分布于各地，一般而言生产规模以中小型居多。宋代金属矿产区的生产单位冠以“监”“冶”“务”“坑”等，规模大小不一。其中以“监”为规模、等级最高的生产单位，设立于银、铁矿的主要产区，可下辖多个“坑”“冶”“场”“务”，如银产地郴州桂阳监，铁产地兖州莱芜监、徐州利国监等。“冶”“场”等大多情况下指直接设置炼炉进行冶炼、组织生产的金属矿产地。在一些特定情况下也会出现超大规模的“场”，如北宋绍圣福州宁德县宝瑞银场岁课额最高曾达四十四万两，北宋太宗时期开发的信州铅山铜场的劳动者人数“常十万人”[2]。福建地区自五代以后逐步成为中国南方地区的主要矿产区。以《元丰九域志》《宋会要辑稿》《宋史·食货志》等文献的统计数据来看，北宋时期福建路共有各类矿场合计 167 处，其中银矿 72 座、铜矿 44 座、铅矿 31 座，数量均为当时全国各路第一；铁矿 11 座、金矿 4 座，数量均为全国第二；锡矿 5 座，为全国第四。不过从岁课额来看，福建地区的矿场特点是分布地域广、数量多但普遍规模较小，并非集中制的大规模生产[3]。

北宋时期是中国古代冶铁业发展的重要阶段，从国库收入上可以反映出宋元时期中国古代冶铁业的产量有大幅提高，冶铁业蓬勃发展。以冶铁业为代表的金属矿冶业的发展，主要原因可能是生产关系的改进和“民营”冶铁业的增多[4]。宋代冶铁业的经营方式大致分为官营、官督民办（半民营）和民营三类。铁矿在大多数时期并非朝廷限定禁榷的矿种，官营铁场的数量较少，而以官督民办、民营铁场为多，许多规模比较小的矿场采用承买制将矿场的开采权转给民户包采，官府进行榷买或者征税。在北宋早期，部分官营铁场采取劳役制组织生产，阻碍了百姓的生产积极性，因矿脉枯竭导致冶铸户破产而逃的情况屡现；此后，各地矿场采用招募制雇佣劳动者进行采、冶生产的模式逐渐推广开来，矿山的劳动者享有一定程度的择业自由，保证了雇佣双方的经济利益。从铁场内部的组织方式来看，各地豪强家族把持铁场的经营，在北宋时期主要的铁产地如徐州利国监、兖州莱芜监，均有大家族控制铁场经营、生产及招募劳工的现象存在[5]。

1 袁冰凌：《略论宋元泉州手工业生产布局的形成》，《福建文博》1991 年 1、2 期合刊。

2 王菱菱：《宋代矿冶业研究》，石家庄：河北师范大学出版社，2005 年，第 26～29 页。

3 胡奇馨：《宋代银铜矿考》，《社会科学》第 2 卷 1、2 期合刊，1946 年；陈衍德：《宋代福建矿冶业》，《福建论坛》1983 年第 2 期。

4 杨宽：《中国冶铁技术发展史》，上海人民出版社，2014 年，第 147～150 页。

5 杨宽：《中国冶铁技术发展史》，第 147～173 页；王菱菱：《宋代矿冶业研究》，第 175～206 页。

至元代，矿冶业总体继续发展。朝廷对于矿冶业的管理相对严格，至元四年（1267年），曾设置诸路洞冶总管府管理各类金属的采、冶。元朝廷对于民户包采的矿场收取岁课，进行征税。成宗大德七年（1303年）定各处铁冶课，禁止各地私冶，采取官办官卖、禁止私营的管理办法。元代的南方地区冶铁业产量依旧较高，泉州与建宁（建瓯）、兴化（莆田）、邵武、漳州（龙溪）并为福建的主要铁产地。从海洋贸易的角度来看，元至元二十年（1283年）"舶商皆以金银易香木，于是下令禁之，唯铁不禁"[1]，可说明近海地区的冶铁业和铁器贸易活动均较为发达[2]。

宋元时期的冶铁业总体处于发展阶段，生产关系的变革、人口增长、商品经济的发展使得各地（尤其是南方地区）的冶铁业有了长足发展，铁场的数量繁多。对于青阳铁场相关问题的讨论需放置于此历史背景之下进行讨论。

（1）青阳铁场的文献记载及其认识

在官、私修史书和方志中均可见关于青阳铁场的记载，罗列如下。

官、私修史书：

《元丰九域志》卷九载："下清溪州西一百五里四乡青阳一铁场。"[3]

《宋会要辑稿·食货三三》载："泉州清溪县青阳场，咸平二年（999年）置。"[4]

《宋会要辑稿·食货一六·商税二》，"福建路·泉州"条载："泉州　旧在城及南安、惠安、同安、永春、清溪、德化县、青阳、大盈九务，岁二万一千四百四贯。……倚羊场：五贯七十一文；五华场：一十一贯三百五文；青阳务：二十五贯七百八十八文；大盈务：三百一十一贯七百五十文。"[5]

《宋会要辑稿·食货二二·盐法一》，"福建路·泉州"条载："泉州　在城：三千一百五十六贯一百九十二文；南安县：一千九贯二百五十九文；同安县：一千二百四十六贯二百八文；惠安县：九百四十五贯四百八文；永春县：四千八百一十四贯六百八十五文；清溪县：一千二百八十四贯七百八十四文；德化县：二千七十四贯一百七十六文；倚洋场：一百五贯六百文；青阳场：二百六十一贯九百六十五文；革场：一百四贯；大盈驿：四百一十八贯七百四文。"[6]

《续资治通鉴长编》卷一五六"庆历五年六月丙辰"条载："丙辰，降前福建路转运按察使、金部员外郎高易简知衢州。福建伪命时行铁钱，本朝因之。时泉州青阳等场铁大发，易简遂置铁务于泉州，欲移铜钱于内地，初不以闻，坐是得罪。"[7]

1〔明〕宋濂等撰：《元史》卷九四《食货志》"市舶"条，北京：中华书局，1976年，第2401页。

2 夏湘蓉、李仲均、王根元编著《中国古代矿业开发史》，北京：地质出版社，1980年，第119～127页。

3〔宋〕王存等：《元丰九域志》卷九"泉州"条，北京：中华书局，1984年，第403页。

4〔清〕徐松辑，刘琳、刁忠民、舒大刚等校点：《宋会要辑稿·食货三三·坑冶上·各路坑冶置场务所》，上海古籍出版社，2014年，第6719页。

5〔清〕徐松辑，刘琳、刁忠民、舒大刚等校点：《宋会要辑稿·食货一六》"泉州"条，第6340页。

6〔清〕徐松辑，刘琳、刁忠民、舒大刚等校点：《宋会要辑稿·食货二二》"泉州"条，第6479页。

7〔宋〕李焘：《续资治通鉴长编》卷一五六"庆历五年六月丙辰"条，北京：中华书局，2004年，第3784页。

《宋史》卷八九《地理》载："安溪，下。有青阳铁场。"[1]

《宋史》卷一八〇《食货》"钱币"载："庆历初，阑出铜钱，视旧法第加其罪，钱千，为首者抵死。五年，泉州青阳铁冶大发，转运使高易简不俟诏，置铁钱务于泉，欲移铜钱于内地；梓州路转运使崔辅、判官张固亦请即广安军鱼子铁山采矿炭，置监于合州，并销旧小钱以铸减轻大钱，未得报，先移合州相地置监。州以上闻，朝廷以易简、辅、固为擅铸钱，皆坐贬。"[2]

地方志：

明万历《泉州府志》载："铁，晋江石菌、庐澳至牛头屿、以接于长箕头多有铁砂，安溪亦有。"[3]

清乾隆《泉州府志》载："铁课，宋开宝中设，诸州坑治场二百有一，泉州铁场在永春倚洋，安溪青阳，德化赤水。"[4]

明嘉靖《安溪县志》载："清洋铁场，在龙兴里（在县西北五十里），宋熙宁开，今废。"[5]文载："宋产铁之场，在永春曰'倚洋'，安溪曰'青阳'，德化曰'赤水'。"[6]

总结而言，从文献上来看，青阳铁场的位置位于龙兴里，即今安溪县尚卿乡范围内。目前考古调查、发掘的核心区域为现青洋村及周边，位于尚卿乡西北，与方志材料的记载相符。青阳铁场设立年代从文献上看有两种说法，一是《宋会要辑稿》记载置于咸平二年（999年），二是《安溪县志》记载熙宁年间（1068~1077年）开设。有观点认为青阳铁场可能于咸平年间开采后停业，在熙宁年间重新开采[7]。根据《续资治通鉴长编》和《宋史》庆历五年（1045年）"泉州青阳等场铁大发"的记载，表明在咸平至熙宁年间青阳铁场的生产活动仍处于较为昌盛的阶段。青洋下草埔遗址内出土有"祥符元宝""熙宁元宝"两类铜钱，和文献记载的年代可作对应。虽目前尚未找到明确为北宋时期的冶炼遗迹，但下草埔遗址的地层堆积较厚，文化层内遗物丰富，遗址内地层剖面上采集的木炭样品经过碳十四年代测定，结果表明年代范围大致在公元1000年左右，可以判断遗址在北宋时期存在冶炼活动，可与文献相互印证。

青阳铁场的废止年代并无确定的记载，仅在明嘉靖《安溪县志》中记为："今废"，说明至少在明嘉靖年间（1522~1566年）铁场已废弃。与此同时，设立于明代初年的潘田感德"铁矿山铁场"虽曾立八炉冶炼，也已废弃。根据下草埔遗址内目前发掘所见，未发现明清时期的冶炼遗迹，在部分区域的晚期地层、扰土层出土有青花瓷器，可以表明遗址在明清时期尚有人类活动，但与冶铁活动关系已不密切。这一现象和明清时期青阳铁场已废的记载相

1〔元〕脱脱等撰：《宋史》卷八九《地理》，北京：中华书局，1977年，第2208页。

2〔元〕脱脱等撰：《宋史》卷一八〇《食货下二》，第4380页。

3〔明〕阳思谦、黄凤翔编纂：万历《泉州府志》卷三《舆地志下·物产》，泉州志编纂委员会办公室1985年影印本，第43页背面～44页正面。

4〔清〕怀荫布修，黄任、郭赓武纂：乾隆《泉州府志》卷二一《田赋》，上海书店出版社，第542页上栏。

5〔明〕嘉靖《安溪县志》卷一《地舆类·坑冶（附）》，《天一阁藏明代方志选刊》，上海古籍书店，1963年影印版，第9页背面。

6〔明〕嘉靖《安溪县志》卷一《地舆论类·贡赋·铁课》，第56页背面。

7 福建省地方志编纂委员会编《福建省志·文物志》，北京：方志出版社，2002年，第21～22页。

吻合。

青阳铁场在南宋及元代的文献中失载，在这一历史时期青阳铁场所处的区域内冶铁业的发展情况究竟如何？宋代冶铁业在中国古代历史时期总体上是发展时期，但是由于两宋之际的战乱以及宋廷南迁等原因，在南宋初年冶铁业遭受了较重的打击。北宋时期《元丰九域志》明确记载泉州下有清溪（安溪）青阳铁场、永春倚洋铁场、德化赤水铁场三个铁场。而到了南宋时期，《建炎以来朝野杂记》甲集卷一六“铜铁铅锡坑冶”条记载了绍兴末年南宋冶铁业的状况：

> 渡江后，其数日减，至绍兴末……江东西、福建、广西、湖南、潼州府、利路十四州，岁产铜二十六万三千一百六十九斤九两，江东西、广南、湖南、福建二十州，产铁八十八万三百二斤十三两。[1]

在原注下的产铁二十州中属于福建的仅有建州及兴化军，北宋时期福建最重要的铁产地之一的泉州已不见记录。元代私营铁场的经营也受到了较于前代较为严格的管控。由此推断，在南宋至元时期，泉州冶铁业在全国范围内的官方地位有所下降。

安溪下草埔遗址的发掘为了解泉州、安溪地区南宋至元时期的冶铁业提供了更多的证据支持。下草埔遗址发现的冶炼炉L3从地层、遗物判断为南宋时期，炉型体积大，属于竖炉；冶炼炉L1、L2，锻炉L4年代较为明确为南宋晚期至元代，L1、L2为小型竖炉（或称矮竖炉、小高炉），从炉型结构的大小来看与年代相对较早的L3有着比较明显的差异。联系遗址内出土陶瓷器的年代集中在南宋至元时期，可以明确下草埔遗址内南宋至元时期的冶炼活动仍旧延续。从目前发现的遗迹现象来看，在南宋晚期至元这一时期的冶炼活动过程中炉型结构改小，并明确出现了“冶炼—锻造”的冶炼遗迹组合。下草埔遗址以北发现的下草埔上格古代矿洞，内部清理填土后，在矿道处发现的瓷碗、瓷壶（水注）年代分别为南宋中晚期至元代、北宋中晚期至南宋早中期，表明在该时期下草埔遗址所在区域内依旧存在着“采矿—冶炼—锻造”一系列的冶铁生产活动。

（2）青阳铁场的冶炼技术、工艺问题

通过下草埔遗址的考古发掘、以下草埔为中心周边区域内遗址的调查工作和实验室内的分析检测，可以确定包括下草埔遗址在内的青洋村周边的一系列冶铁遗址，均是运用矮竖炉（小高炉）块炼铁技术进行冶炼活动。下草埔遗址的考古发掘为中国古代南方地区冶铁技术的研究提供了重要的材料。

中国古代有两种冶铁技术体系：一种是块炼铁和块炼渗碳钢体系，一种是生铁和生铁制钢体系[2]。块炼铁是使用低温固态还原法（块炼法）将铁矿物中的氧化铁还原成为金属

1〔宋〕李心传撰，徐规点校：《建炎以来朝野杂记》，北京：中华书局，2000年，第354页。

2 陈建立：《中国古代金属冶铸文明新探》，北京：科学出版社，2014年，第229页。

铁的产物，它在较小、较矮的炉体内，使用较低的温度（约1000°C）使氧化铁还原成固态的金属铁，产物呈多孔隙的海绵状，被称为海绵铁。这种铁的结构疏松，混有杂质（炼渣、未还原的氧化铁、铁橄榄石及其他杂质等），需要经过锻打才能得到质地较紧密但仍含较多夹杂物的纯铁料块[1]。块炼铁作为古代冶铁术的初萌形态，不论是冶铁术最早出现的西亚地区或是中国，最早的铁制品均为块炼铁或块炼渗碳钢体系的产品。

块炼铁技术在被古人应用的过程中，为了提高冶炼的效率，炉型结构发生过变化。最原始的块炼铁冶炼炉可能为一个开放式的地炉，使用皮囊鼓风，还原气氛较差，被学者称为“碗式”炼炉。随后这种炉型略有发展，形成了封闭的炉膛，但总体而言规模小，结构较为简单，一般分为上、下两个部分，下部多为地面上或岩石上开凿的浅坑，内壁用黏土涂抹，上部一般用黏土或砖砌筑筒形或弧形炉身，顶部多为圆形拱顶，炉下部一侧设有通风口，采用人力鼓风或自然抽风冶炼两种方式。早期的“碗式”炼炉冶炼时不排渣，炉底不设出渣口，炉渣向下流到底部凝结成渣饼或渣底，有时结成小圆球。一般炼好一炉后间断操作，待冶炼结束冷却后再从炉顶揭开黏土取出生成的渣、铁不分的固态坯铁（海绵铁），利用锻炉加热锻打，挤出其中的大量杂质形成铁块。继续冶炼时需要维修炉体，再次填入木炭燃料和铁矿石重新开炉冶炼[2]。在“碗式”炉的技术基础上，将炉体加高变成“竖炉”，在炉底开排渣口，炉腰处开鼓风口，在冶炼活动中通过增高的炉体和更强烈的鼓风使得炉内温度升高，配合特定的助熔剂造渣技术，在1200°C左右可以实现排渣[3]。在竖炉冶炼过程中通过排渣清空炉内空间，使其能够在不停炉的情况下添加矿料、燃料，实现持续冶炼，提高了冶炼的效率。

现阶段，对中国古代的块炼铁及块炼渗碳钢技术体系的研究不如生铁及生铁制钢技术体系的研究成果丰硕，在20世纪国内主要的研究工作集中在早期铁器的分析检测及冶铁术起源的研究上。目前，考古发现的中国最早的人工冶铁制品为公元前14世纪的甘肃临潭陈旗磨沟寺洼文化墓地M633、M444出土的两件铁器，皆为块炼渗碳钢锻件[4]。新疆地区早期铁器时代经考古发现的铁器数量较丰富，如焉不拉克墓地[5]、和静察吾乎沟口墓地[6]、鄯善洋海三号墓地[7]、伊犁河流域多个遗址等均有铁器发现，器类主要为小型铁工具（锥、针、小铁刀）和兵器，未发现铁农具，未发现生铁铸造铁器，铁器制作以块炼铁或块炼渗碳钢小件锻造铁器为主[8]。20世纪70年代以来，冶金考古工作者陆续开展对春秋、战国时期墓葬出土的铁器分析检测的工作，检测结果表明，湖南长沙杨家山M65，江苏六合程桥，

1 华觉明:《中国古代金属技术——铜和铁造就的文明》，郑州：大象出版社，1999年，第294页。

2 李映福:《广西平南“碗式”炼炉与我国“碗式”炼炉的起源》,《考古》2014年第6期。

3 黄全胜:《广西贵港地区古代冶铁遗址调查与炉渣研究》，桂林：漓江出版社，2013年，第144页。

4 陈建立、毛瑞林、王辉等:《甘肃临潭磨沟寺洼文化墓葬出土铁器及中国冶铁技术起源》,《文物》2012年第8期。

5 新疆维吾尔自治区文化厅文物处、新疆大学历史系文博干部专修班:《新疆哈密焉不拉克墓地》,《考古学报》1989年第3期。

6 中国社会科学院考古研究所新疆队等:《新疆和静县察吾乎沟口一号墓地》,《考古学报》1981年第1期。

7 新疆文物考古研究所、吐鲁番地区文物局:《吐鲁番考古新收获——鄯善县洋海墓地发掘简报》,《吐鲁番学研究》2004年第1期。

8 陈建立:《中国古代金属冶铸文明新探》，北京：科学出版社，2014年，第229页。

江苏苏州吴县僭尼山7号墩，山东临淄，甘肃灵台景家庄，河南三门峡M2001、M2009，山西天马—曲村墓地，宁夏固原、西吉、彭阳等遗址出土的铁条、铁铲、铁刀等12件铁器为块炼铁或块炼渗碳钢锻件[1]。在易县燕下都遗址中，M44出土的79件战国晚期铁器中有57件为块炼铁或块炼渗碳钢锻件[2]。经分析检测，河北满城西汉刘胜墓中出土的刘胜配剑、钢剑、错金书刀等铁制品其金相组织为以大块的氧化铁为主的共晶型非金属夹杂物，且较之前的铁器共晶夹杂物尺寸减小、数量减少，高碳层、低碳层之间碳含量差别减小，组织较为均匀，层次增多，层间厚度减少，表明这些铁器为块炼渗碳钢经反复多次折叠锻打制成，且锻造工艺较之前更为精湛[3]。块炼铁和块炼渗碳钢制品同样出土于江苏徐州北洞山西汉楚王陵[4]、北京大葆台汉墓[5]，与墓葬中的铸铁器共存。关于汉代及以后块炼铁及块炼渗碳钢体系的发展，一种观点认为"块炼渗碳钢技术在中国大约沿用到公元前1世纪，后逐渐为生铁制钢技术所取代"[6]。另一种意见根据对出土铁器的分析检测（如陕西唐懿德太子墓出土铁钉、北京元大都宣武门西出土的长铁刀），发现一些唐、宋及以后的出土铁器为块炼铁或熟铁制成，认为在炒钢（或炒铁）技术出现并发展之后，块炼铁仍继续存在，在我国的历史时期块炼铁与生铁技术处于长期共存的状态[7]。

近年来，科技考古、冶金史学界关注中国古代钢铁体系的问题，冶铁遗址的调查和发掘在全国范围内逐步开展起来，陆续发现了一系列块炼铁遗址，为厘清中国古代块炼铁和块炼渗碳钢体系提供了重要的新材料。黄全胜等在广西地区发现一系列汉代、六朝、宋元时期的冶铁遗址，其中部分块炼铁遗址的年代为六朝时期，表明该区域至迟在六朝时期依旧存在块炼铁生产作业，并通过实验室分析检测的手段对遗址内采集到的炉渣、鼓风管等样品进行科学分析，大大丰富了对块炼铁和块炼渗碳钢冶炼技术的认识[8]。经过湖北地区考古调查、发掘及分析检测工作，在鄂州的8处宋至明代冶铁遗址上采集到块炼铁炉渣，并在庄屋何遗址发现宋代块炼铁的土筑炉，考古工作者判断宋明时期块炼铁技术在鄂州

1 韩汝玢:《中国早期铁器（公元前5世纪以前）的金相学研究》,《文物》1998年第2期。

2 北京钢铁学院:《易县燕下都44号墓葬铁器金相考察初步报告》,《考古》1975年第4期。

3 中国社会科学院考古研究所、河北省文物管理处编《满城汉墓发掘报告》，北京：文物出版社，1980年，第369～375页。

4 韩汝玢、姚建芳、刘建华:《北洞山西汉楚王墓出土铁器的鉴定》，徐州博物馆、南京大学历史系考古专业编著《徐州北洞山西汉楚王墓》，北京：文物出版社，2003年，第194～203页。

5 北京钢铁学院《中国冶金史》编写组:《大葆台汉墓铁器金相检查报告》，大葆台汉墓发掘组、中国社会科学院考古研究所:《北京大葆台汉墓》，北京：文物出版社，1989年，第125～127页。

6 韩汝玢、柯俊主编《中国科学技术史·矿冶卷》，北京：科学出版社，2007年，第603页。

7 北京钢铁学院《中国古代冶金》编写组编《中国古代冶金》，北京：文物出版社，1978年，第50～52页。

8 黄全胜、李延祥:《广西桂平罗秀古代冶铁遗址群初步研究》,《中国科技史杂志》2012年第4期；黄全胜、李延祥:《广西贵港地区早期冶铁遗址初步考察》,《有色金属》2008年第1期；黄全胜、李延祥:《广西平南六陈坡嘴遗址冶炼技术研究》,《有色金属》2011年第1期；黄全胜、李延祥:《广西平南县铁屎塘冶炼遗址初步研究》,《四川文物》2012年第1期；黄全胜、李延祥、万辅彬:《广西兴业古绿鸦冶炼遗址初步考察》,《广西民族大学学报》（自然科学版）2007年第2期；黄全胜、李延祥:《广西兴业县高岭古代遗址冶炼技术初步研究》,《自然科学史研究》2012年第3期。

地区占据主导地位，冶炼技术上比广西贵港所见六朝时期块炼铁技术要更为先进[1]。湖北大冶红峰水库等冶铁遗址直至明清时期仍在进行块炼铁生产[2]，大冶化炉山遗址发掘出22座清代中期的块炼铁炼炉[3]。2019年度，北京大学考古文博学院、福建省文物局、泉州市文旅局、安溪县博物馆、北京科技大学等多家单位联合调查泉州市、安溪县地区多个冶铁遗址。2019~2020年度对安溪县尚卿乡青洋下草埔遗址的系统发掘，以及对以青洋村为中心周边区域的多个冶铁遗址点进行的调查，从分析检测和对采集炉渣宏观形态的观察来看，安溪地区的多个冶铁遗址采集的样本，在形态上具有相似性，均为呈块状、片状（扇形）的高铁渣，为小高炉（矮竖炉）块炼铁技术冶炼产生的炉渣，表明宋元时期泉州地区的冶铁业仍使用块炼铁技术。广西贵港、湖北大冶、福建泉州的考古发掘及调查的成果显示，中国古代块炼铁及块炼渗碳钢体系与生铁及生铁制钢体系处于长期共存的状态，是符合历史事实的判断。

下草埔遗址中生铁、块炼铁两大冶炼技术体系并存的情况引起关注，遗憾的是目前在下草埔遗址中采集到的铁器、积铁样品均被后期扰动，失去原位，未能发现层位明确的和冶炼遗迹直接相关的铁产品，目前的判断主要依据对炉渣的分析检测数据，无法对下草埔所生产的产品有明确的认识。泉州洛江区梧宅冶铁遗址在调查过程中采集到炉渣大致可分为三类，第一类为质体比较大且色黑的高铁渣，泉州文物工作者在早期的研究工作中对梧宅采集炉渣的检测结果显示炉渣含铁量较高（54.7%）[4]，表明当时所挑选的检测样品为高铁渣，为块炼铁冶炼所产生的冶炼遗物；第二类为质体比较小且色灰白包含木炭的炉渣；第三类为玻璃态炉渣，质体比小，色墨绿或黑，玻璃化程度一般。玻璃态炉渣为生铁冶炼产生的副产品，生铁冶炼过程中，冶炼炉内的还原气氛良好，矿石中的铁元素完全还原为单质铁，矿石中的脉石经过软化、熔融等一系列造渣活动形成液态的炉渣排出炉膛，再冷却之后形成玻璃态炉渣。由于未经过考古发掘，且在城市基建中可能扰动过地层，导致无法判断生铁冶炼产生的玻璃态炉渣和块炼铁冶炼产生的高铁渣之间的层位关系。青洋下草埔遗址中，在明确为宋元时期的地层中发现有玻璃态炉渣，虽未见直接与之相关的冶炼遗迹，但证明了遗址内存在生铁冶炼活动。在湖北大冶，广西贵港、玉林兴业等地区，也出现在同一个区域、相近的历史时期并存生铁冶炼、块炼铁冶炼遗址的现象。以上现象指向中国古代的块炼铁和生铁冶炼之间紧密的、而非是泾渭分明的关系，可能由于生产规模、产品、人员的不同，冶炼工人会进行自主地技术选择，选择使用块炼铁技术或生铁冶炼技术进行冶铁活动，以满足市场对于产品的需求。

---

1 湖北省文物考古研究所、鄂州市博物馆：《湖北省鄂州市冶炼遗址调查简报》，《江汉考古》2016年第3期；崔春鹏、李延祥、陈树翔、席奇峰：《湖北鄂州古代冶炼遗物初步分析》，《考古与文物》2014年第2期。

2 陈建立：《中国古代金属冶铸文明新探》，北京：科学出版社，2014年，第303页。

3 胡新生、曲毅等：《湖北大冶李德贵化炉山清代中期炼铁炉的分析》，大冶市铜绿山古铜矿遗址保护管理委员会编《中国矿冶考古·铜绿山古铜矿遗址考古发现与研究》（上），北京：科学出版社，2013年，第294～308页。

4 王洪涛：《泉州古代冶铁初探》，中国海外交通史研究会、福建泉州海外交通史博物馆编《泉州海外交通史料汇编》，1983年，第270页。

（3）安溪下草埔遗址的生产链

安溪下草埔遗址代表的是冶铁业生产活动中的冶炼环节（或者是初冶），其上游环节为采矿、制备燃料，下游为运输、可能存在的精加工和销售等环节。

目前，在下草埔遗址的冶炼遗迹周边发现较多炭屑、炭块，推测下草埔遗址采用的燃料为木炭，树种鉴定工作有待进一步开展。遗址内所出木炭应源于周边的山林，遗址周边的山林茂盛，主要植被有暖性针叶林（马尾松、杉木、建柏为主）、竹木（毛竹、刚竹）和常绿阔叶林（栲树、红楠）。

遗址内发现铁矿石类型包括磁铁矿、黄铁矿等，锰矿石为该地区磁铁矿的伴生矿。磁铁矿为遗址出土矿石的主要类型，多呈黑色、蓝黑色不规则致密块状，部分被氧化为紫红色，磁性普遍较强。矿石品位多数较高，少数可见条带状石英、方解石等脉石夹杂。磁铁矿石粒径大小差异较大，大者可达30~50厘米，小者不超过2厘米。据矿石大小可将其分为四个等级：最小者（<2厘米）应为碎矿过程中形成的矿石碎屑；中等粒径者在3~5厘米之间，品位质地为四类最佳，且多分布于炼炉附近的操作面上或灰坑内，推测为碎矿后用于冶炼的矿石类型；大者粒径在10~15厘米之间，为出土数量最多的铁矿石粒径类型，推测为开采来的矿石原料；最大者（>30厘米）数量有限，多数品位不高，且集中分布于石墙、护坡等建筑遗迹中或散布于地表，推测其可能用作建筑材料而非冶炼原料。矿石的分析内容为p-XRF成分分析，初步分析对象是粒径为3~15厘米的磁铁矿。分析结果显示矿石品位较高，类型以含锰磁铁矿为主，亦含有一定钛，主要脉石元素为钙、钾等。据村民介绍，下草埔遗址以北区域曾遍布古代矿洞，经过实地考察，现存矿洞的矿石类型与遗址内出土矿石类型保持一致，说明下草埔遗址冶炼使用的铁矿石来自距离较近的矿山。

目前通过对宋辽金时期的冶铁遗址的GIS分析，揭示出冶铁遗址分布的规律，例如遗址所处的位置坡度和高程数值都相对较小、遗址与水系的直线距离较短且主要集中在河流交汇处[1]。从目前安溪地区冶铁地点的调查情况来看，遗址不论规模大小，均分布于距离水源、道路较近的位置，表明冶炼地点在选址过程中，不仅考虑与矿源的距离，且着重考虑了水源和交通的因素。遗址所处安溪县尚卿地区水系发达，西溪上渡口众多，源口渡、新林渡、蓬莱渡等多个渡口均可经由水路抵达泉州港。下草埔遗址位于内外安溪的交界处，地势落差大，航运条件优越，经实地调查，现存河道依旧宽阔。下草埔遗址出产的铁制品经过短途陆运至渡口上船转水运，由西溪入晋江，最终抵达泉州港的运输路线应是无误的（图附6-1）。

在洛江梧宅、泉港曾炉寺遗址等靠近泉州港地区的冶炼遗址调查采集发现有冶炼炉渣，表明在靠近消费市场和港口地区同样分布着冶铁手工业作坊遗址。遗憾的是，目前泉州市区内的冶铁遗址保存状况不佳，还无法确认泉州港地区的冶铁业下游产业的具体情况如何，有待进一步的工作。

1 李潘、刘海峰、潜伟、李延祥、陈建立：《GIS在北京延庆大庄科辽代冶铁遗址群景观考古研究中的初步应用》，《文物保护与考古科学》2016年第3期。

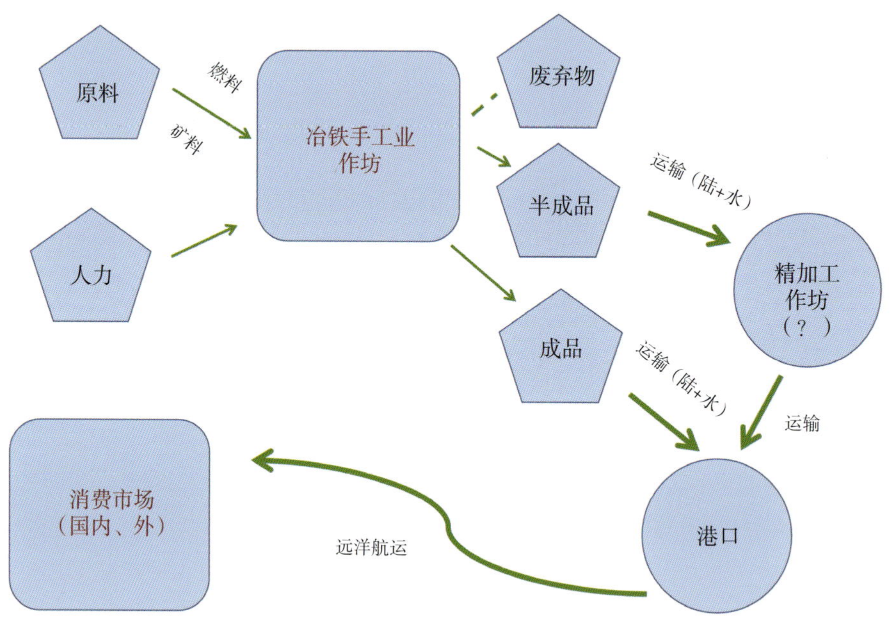

图附 6-1 安溪下草埔遗址及宋元泉州地区冶铁业生产链示意图

2. 作为贸易品的泉州铁制品

中国南方地区的冶炼技术在两宋之后有长足的发展。《宋史·食货志》记载绍兴元年（1131 年）户部尚书蔡京上奏哲宗的奏折，称："岑水场铜额浸亏，而商、虢间苗脉多，陕民不习烹采，久废不发。请募南方善工诣陕西经划，择地兴冶。"[1] 韶州岑水场以胆铜法炼铜，成为两宋最重要的铜产地之一。陕西地区虽然有矿脉，但是当地居民已不具备冶炼技术，需要从南方调拨良工来指导开展冶炼活动。

在南方地区的冶铁业普遍发展的情况下，福建出产的闽铁以品质优良著称。在明代的文献记载中，闽铁质优、为军工良材，似已成一种共识。如《神器谱》载："制铳须用福建铁，他铁性燥不可用。炼铁，炭火为上。北方炭贵，不得已以煤火代之，故迸炸常多。"[2] 方以智《物理小识》卷七"铁"条下注引方中通言："南方以闽铁为上，广铁次之，楚铁止可作锄。"[3]《新增格古要论》中"锭铁"条称："广东铁高……闽铁亦好。"[4]《火龙经二集》"制火器具"条称："制炮须用闽铁，晋铁次之。"[5]

在质量优良、产量上升的前提下，作为福建地区主要铁产地的泉州、福州等地出产的铁制品在本地区市场内很快饱和，开始向国内其他地区以及国外流通，铁制品成为宋

1〔元〕脱脱等撰：《宋史》卷一八五《食货志》，北京：中华书局，1977 年，第 4526 页。

2〔明〕赵士祯著，蔡克骄点校：《神器谱》卷四《说铳》，上海社会科学院出版社，2006 年，第 430 页。

3〔明〕方以智：《物理小识》卷七《金石》，北京：商务印书馆，1937 年，第 167 页。

4〔明〕曹昭、王佐：《新增格古要论》卷七《珍宝论》，杭州：浙江人民美术出版社，2011 年，第 216 页。

5〔明〕诸葛光荣编《火龙经二集》卷上"制火器具"条，清咸丰河南南阳石室刻本，第 215 页背面。

元泉州贸易的重要产品。

（1）泉州铁产品在国内的流通

伴随铁产量大幅上涨，在两宋时期泉州、福州等地出产的铁制品向江南地区输出。江南地区铁产量较低，在经济发展的需求之下，造船、建筑、铁器加工等行业对铁原料的需求和消耗极大。在北宋时期，江南地区就严重依赖福建地区生产的铁制品。据《淳熙三山志》记载，北宋前期福州、泉州的生铁已由“商贾通贩于浙间”，庆历三年（1043年）“发运使杨告乞下福建严禁法，除民间打造农器、铁釜等外，不许贩下海”，两浙运司则上奏反对，称“当路州自来不产铁，并是泉、福等州转海兴贩，逐年商税课利不少，及官中抽纳、折税、收买，打造军器”[1]。

南宋时期，“福建路产铁至多，客贩于诸郡”的情况继续发展[2]。通过宁波港口输入江南地区的铁制品，主要是来自泉州和广州地区通过船舶运载而来的生铁和条铁，“海南、占城、西平、泉、广船，不分纲首、杂事、梢工、贴客、水手，例以一十分抽一分般，贩铁船二十五分抽一分……条铁、生铁”[3]。进入元代之后，江南从宁波港输入的“市舶货物”中的铁制品有条铁、镬铁、丁铁等，“生铁出闽广，船贩常至，冶而器用”[4]。元代上海市舶司的市舶货物中同样有来自泉州、福州的条铁，《元典章》记载一则至元十七年（1280年）的奏折，提及上海港有泉州、福州等地来上海短贩“土产吉布、条铁”等货物[5]。

这些材料共同证明在宋元时期泉州地区生产的生铁和条铁经过发达的海洋船舶运输至江南地区的港口进行贸易。

（2）海洋贸易中的泉州铁产品

铁制品是宋元时期海外贸易的重要商品。成书于14世纪中期的《岛夷志略》记录了作者汪大渊在泉州跟随海船行商之见闻，其中涉及海外地名二百余处，涵盖了如今中南半岛、马来半岛、菲律宾群岛、印尼半岛、印度次大陆、波斯湾、阿拉伯半岛及东非和北非等当时所谓“南海诸国”。书中有相当篇幅记载了各国的物产（“土产”）和贸易商品（“贸易之货”）。航路各国的物产大多是香料或内地罕见的动植物，而行销的大宗商品为

1〔宋〕梁克家：《淳熙三山志》卷四一《土俗类 · 物产》，中华书局编辑部编著《宋元方志丛刊》，北京：中华书局，1990年，第8252页下栏。

2〔宋〕李心传编撰，胡坤点校：《建炎以来系年要录》卷一七七“绍兴二十七年”条，北京：中华书局，2013年，第3382页。

3〔宋〕胡榘修，方万里、罗濬纂：《宝庆四明志》卷六《市舶》，宋刻本，第6卷第8页背面。

4〔元〕王元恭修，王存孙、徐亮纂：《至正四明续志》卷五《土产》“铁器”条，清咸丰四年宋元四明六志本，第10页背面。

5 陈高华、张帆、刘晓、党宝海点校：《元典章》，《户部》卷之八《市舶》，“泉福物货单抽分至元十七年二月二十日行中书省来呈上海”条，天津古籍出版社；北京：中华书局，2011年，第883页。

陶瓷、纺织品（丝绸布帛均包含在内）和金属制品。在《岛夷志略》的记载中，南海诸国中共记有地名99个，其中行销铜、铁等金属制品的国家或地区共计55个，直接与铁有关的商品的国家或地区共有48个，这些铁制品在《岛夷志略》中有的直接称为“铁”“铁器”“铁块”“铁条”，或有更详细的名称如“铁线”“铁锅”“铁鼎”等[1]。成书于元代的《真腊风土记》对古代柬埔寨地区行销的“唐货”（中国商品）类别有详细的记载，其中最受当地人欢迎的商品是贵金属（“唐人金银”）和高级纺织品（“五色轻缣帛”），在日用品中，金属日用品（“铁锅”“铜盘”）与漆器、陶瓷（“泉处之青瓷器”）、草药、粗布等均为彼时真腊之“欲得唐货”[2]。

近年来，水下考古的发现为我们了解海洋贸易中的铁制品提供了更多的依据。20世纪70年代以来，南海及周边海域陆续发现了9~14世纪古代沉船30余艘，其中多艘沉船的船货中有大量的铁条、铁锅，为海洋铁器贸易的直接证据[3]。

“南海Ⅰ号”沉船上的铁器是仅次于瓷器的最为大宗的船货，铁器的器类比较简单，主要是各种坯件、铁锅等，其中又以铁器坯件为主。铁器装载在水平层位上广泛分布于各舱室，在垂直层面上一般装载于瓷器上方。第2、3、4、5、7舱室主要装载铁器坯件；其中第5舱室还发现有少量铁锅；第6舱室左侧舱室装载铁锅，右侧舱室装载坯件；第11舱室中部舱室装载铁器坯件；第12舱中间及左侧舱室装载铁锅和少量坯件。以上舱室中又以第6、7舱室即“南海Ⅰ号”的主桅附近装载铁器最为密集。“南海Ⅰ号”沉船上铁器在装载过程中经过精心捆扎、包装，码放整齐有序，通过保存下来的竹篾、竹席等捆扎、填充物，可以清晰观察到铁器入船时的状态。铁器坯件被竹篾绑缚成捆，两捆用竹篾绑缚为一组，铁器坯件捆、组之间还垫衬了草席、竹席等编织物，整齐码放在船上。铁锅则成组相摞，倒扣在船上，铁锅之间也常见竹篾、竹席等填充物。目前已提取船体上方凝结物70块（尚未完全提取），总重量达60吨[4]。针对“南海Ⅰ号”沉船出水铁器的保护与研究目前已经有序开展，成果在陆续刊布中[5]。铁器坯件为锻打成型，尚未加工成器物，以条状物、片状物为主，由35~45件胚件（长20~23厘米为主，最长24.5厘米，最短16.5厘米）在其中心用竹篾捆扎成一捆，一般两捆为一组，每组在前、中、后三端分别用竹篾捆扎，后整齐码放在船上。根据形制不同，可大抵分为条状、片状及楔形三类[6]。铁锅为铸铁制成，均为圜底，以有无柄、深浅腹可进行类型划分，以深腹锅为主，口径在22

1〔元〕汪大渊著，苏继庼校释：《岛夷志略校释》，北京：中华书局，1981年，第434页。

2〔元〕周达观著，夏鼐校注：《真腊风土记》，北京：中华书局，2000年，第148页。

3 童歆：《9～14世纪南海及周边海域沉船的发现与研究》，国家文物局水下文化遗产保护中心编《水下考古学研究》第二卷，北京：科学出版社，2016年，第45～101页。

4 国家文物局水下文化遗产保护中心、广东省文物考古研究所、中国文化遗产研究院、广东省博物馆、广东海上丝绸之路博物馆编著《南海Ⅰ号沉船考古报告之二——2014～2015年发掘》，北京：文物出版社，2018年，第496页。

5 刘薇、张治国、李秀辉、马清林：《中国南海三处古代沉船遗址出水铁器凝结物分析》，《中国国家博物馆馆刊》2011年第2期；万鑫、毛志平、张治国、李秀辉：《“南海Ⅰ号”沉船出水铁锅、铁钉分析》，《中国文物科学研究》2016年第2期；万鑫：《“南海Ⅰ号”沉船出水捆扎铁器脱盐技术研究》，北京科技大学2016年硕士学位论文；席光兰、万鑫、林唐欧：《“南海Ⅰ号”船载铁器与相关问题研究》，《海洋史研究》2018年第2期。

6 国家文物局水下文化遗产保护中心、广东省文物考古研究所、中国文化遗产研究院、广东省博物馆、广东海上丝绸之路博物馆编著《南海Ⅰ号沉船考古报告之二——2014～2015年发掘》，第498～500页。

厘米至 40 厘米之间[1]。

铁器作为船货这一现象，在水下考古中并不鲜见。南宋绍兴年间沉没的“华光礁Ⅰ号”沉船，在遗迹中部发现有铁条材凝结物，条材横截面呈“U”形，长 35~50 厘米，用两道竹篾捆扎成直径 12~15 厘米的炮弹头状，椎体中心有填充物胶结[2]。从铁条材凝结物的包装方式、出水位置（船体中部）以及条材的形制来看，与“南海Ⅰ号”出水的铁器坯件均大致相同，应为同类产品。福建连江定海“白石礁一号”沉船（南宋至元）遗址上发现多块金属凝结物，采集到的小型凝结物中曾发现条形铁器，大型金属凝结物主要位于中舱或中后舱位[3]，据此判断“白石礁一号”沉船的船货中应也有大量铁制品，装载位置与“南海Ⅰ号”沉船、“华光礁Ⅰ号”沉船一致。爪哇海沉船（Java Sea Wreck）的船货主要为铁器（包括铁锅和铁条材），大部分已锈结为凝结物，预计重量达 190 吨；“鳄鱼岛”沉船、“玉龙号”沉船、“芭提雅”沉船等宋元时期的沉船遗址中均有作为船货的铁条和铁锅出水[4]。唐代“黑石号”沉船中也有铁锅出水。

泉州安溪地方文献中有记载安溪出产铁制品出海贩卖的记录。五代泉州清源《留氏族谱》有陶器、铜铁远贩番国的记载[5]。乾隆《安溪县志》中记有“若夫出铁之人，以入海货诸东南彝”[6]。目前主流观点认为“南海Ⅰ号”沉船应在泉州港出海[7]，沉船出水的瓷器以泉州德化窑、磁灶窑、闽清义窑的瓷器为主，由此推测沉船中出水的铁器来源可能同为泉州地区。以青洋下草埔为代表的宋元时期冶铁遗址群的调查与发掘工作，揭示了宋元时期泉州冶铁业的面貌。在铁矿产地、燃料储备充足、靠近水源地和居民点的泉州安溪地区广泛分布冶炼地点进行冶炼，这样的生产活动距离市场较远，较为可能的方式是在安溪地区原料产地附近采矿、冶炼并生产半成品，经过运输至港口附近进行冶铸加工成器，或者直接以条材的方式进行贸易。

“南海Ⅰ号”沉船上出土的铁坯件虽在横截面上呈现不同的形态（报告中条状定为A型三棱形、长方形、方形），但宏观形态大致均为一端粗、一端细的长条，笼统地称其为“铁条”应是合理的。有观点认为铁条材是加工兵器的坯件[8]，但对比“南海Ⅰ号”舱体中出水的比较完整的刀具，形制和条材之间差异明显。对于“南海Ⅰ号”出水铁条材的分析表明这些

---

1 国家文物局水下文化遗产保护中心、广东省文物考古研究所、中国文化遗产研究院、广东省博物馆、广东海上丝绸之路博物馆编著《南海Ⅰ号沉船考古报告之二——2014～2015 年发掘》，北京：文物出版社，2018 年，第 500～501 页。

2 中国国家博物馆水下考古研究中心、海南省文物保护管理办公室编著《西沙水下考古（1998～1999）》，北京：科学出版社，2005 年，第 48～50 页。

3 中国国家博物馆水下考古学研究中心、厦门大学海洋考古学研究中心、福建博物院考古研究所、福州市文物考古工作队、连江县博物馆编著《福建连江定海湾沉船考古》，北京：科学出版社，2011 年，第 94～95 页。

4 童歆：《9～14 世纪南海及周边海域沉船的发现与研究》，国家文物局水下文化遗产保护中心编《水下考古学研究》第二卷，北京：科学出版社，2016 年，第 45～101 页。

5 庄为玑：《古刺桐港》，厦门大学出版社，1989 年，第 72 页。

6〔清〕庄成修、沈钟、李畴纂，福建省安溪县地方志编纂委员会整理《安溪县志》卷四“风土”条，乾隆丁丑年版，厦门大学出版社，2012 年，第 133 页。

7 杨睿：《“南海Ⅰ号”南宋沉船若干问题考辨》，《博物馆》2018 年第 2 期。

8 杨睿：《“南海Ⅰ号”南宋沉船若干问题考辨》，《博物馆》2018 年第 2 期。

条材为亚共析钢[1]，属于锻造加工成型的低碳钢，这类条材作为铁器的坯件在经过贸易至消费市场后，经过再次加工可以较为便捷地得到高质量的铁器（兵器、工具皆可），从商品流通的角度上来看铁条材作为铁器坯件灵活适应市场的多样化需求，便于贸易交换。从文献上看，泉州出港贩运至江南地区的铁制品的品类为“生铁”“条铁”，结合水下考古发现来看，铁条材作为一种半成品在国内、外市场受到较为广泛的欢迎。

3. 结语

通过对泉州安溪地区的多个冶铁遗址点的调查和下草埔遗址的考古发掘工作，我们了解到安溪地区的冶铁遗址在冶炼技术和炉型结构上是符合加工生产供海洋贸易的铁条材坯件的要求的。目前，针对出水文物的检测分析正在有序进行中，通过微量元素进行产地分析，将有可能证实以安溪地区冶铁遗址为代表的宋元泉州冶铁业出产的铁制品在沉船中的存在。

泉州港得以发展成为宋元中国海洋贸易中心，除其得天独厚的港口位置、政策扶持、积淀已久的海洋贸易文化之外，同样离不开泉州港依靠内陆腹地丰富的金属矿产、瓷土资源而发展的矿冶业、制瓷业。宋元时期安溪地区的冶铁业是古代泉州居民开发山泽之利，投身经济发展的证明，冶铁手工业遗存和港口遗迹、宗教遗迹一同见证了昔日泉州港的繁华。

1 席光兰、万鑫、林唐欧:《“南海Ⅰ号”船载铁器与相关问题研究》,《海洋史研究》2018 年第 2 期。

七　宋元时期福建瓷器流布与使用刍议
——以泉州安溪下草埔遗址出土陶瓷器为例

宋元时期，泉州港成为中国陶瓷外销的重要口岸，借由这一贸易优势，福建地区的陶瓷器迎来了发展的高峰期，这一时期出现的以生产外销瓷为主的窑口几乎遍布全省。20世纪50年代以来的考古调查和发掘，基本摸清并构建了福建宋元窑口陶瓷生产的时间序列和工艺流布[1]。20世纪80年代以来，水下考古对福建周边海域的沉船遗迹进行调查和打捞以及海外中国宋元陶瓷器的发现[2]，又进一步从外销角度检验了此前的诸多判断，补充了对陶瓷生产和贸易体系的认知[3]。对陶瓷贸易的关注也因此偏重于其外向性，对内销的技术交流与路径关注反而不如对早期陶瓷的研究。

但不可忽略的是，陶瓷在因外销而集中于泉州港的过程中，就以各种方式内流于国内市场，出现在同一时期的遗址中，尤其是与“海上丝绸之路”有关的各类生产、生活遗址，这很可能也是各处窑口学习他者之长的方式之一。下草埔冶铁遗址位于泉州内陆的安溪县中北部，远离宋元泉州港，又并非处在周边外销瓷窑与泉州港之间的交通线上，而发掘出土的陶瓷器中，其大宗者与本地窑址采集的陶瓷器相似，但也有明确非本地窑口生产的器物个体。宋元时期，福建各窑口之间除细微差异外具有较大的相似性，下草埔冶铁遗址出土陶瓷器完整者十不存一，对这些器物的窑口来源进行二次辨析，一方面有助于对遗址内器物和遗迹年代和性质的判断，另一方面则是从物品交换的角度完善下草埔冶铁遗址与其他同时期遗址之间存在的联系。

因此，本文结合考古类型学与胎釉成分分析法，在遗址出土的典型标本采样分析的

1 叶文程：《福建陶瓷》，福州：福建人民出版社，1983年，第183～173页；曾凡：《福建陶瓷考古概论》，福州：福建省地图出版社，2001年，第156～180页。

2 吴春明：《环中国海沉船——古代帆船、船技与船货》，南昌：江西高校出版社，2003年；栗建安：《福建古代陶瓷窑址的考古发现与研究》，冯小琦主编《古代外销瓷研究》，北京：故宫出版社，2013年，第147～164页；栗建安：《从水下考古的发现看福建对东亚地区的陶瓷贸易》，出宝阳、陈建中主编《海丝申报世界文化遗产与东亚海洋考古研究》，厦门大学出版社，2016年，第242～253页；童歆：《9～14世纪南海及周边海域沉船的发现与研究》，国家文物局水下文化遗产保护中心编《水下考古学研究》第二卷，北京：科学出版社，2016年，第45～102页；刘淼、胡舒扬：《沉船、瓷器与海上丝绸之路》，北京：社会科学文献出版社，2017年。

3 叶文程：《宋元时期中国东南沿海地区陶瓷的外销》，《海交史研究》1984年第6期；栗建安：《福建陶瓷外销源流》，《文物天地》2004年第5期；刘未：《中国东南沿海及东南亚地区沉船所见宋元贸易陶瓷》，《考古与文物》2016年第6期；〔日〕森达也：《宋元外销瓷的窑口与输出港口》，《考古与文物》2016年第6期；孟原召：《闽南地区宋至清代制瓷手工业遗存研究》，北京：文物出版社，2017年，第195～294页等。

基础上，探究下草埔冶铁遗址出土瓷器的产地来源[1]、流通过程和使用背景，补充说明下草埔冶铁遗址与以宋元泉州港为核心的福建“海上丝绸之路”贸易体系之间的关系。

1. 成分分析与窑口归属

（1）实验样品与方法

本次对下草埔冶铁遗址报告中刊布的241件（片）陶瓷器的胎、釉均进行了分析（见附录五“安溪地区部分遗址陶瓷器标本p-XRF成分测试结果”），其中有217件宋元时期陶瓷器，并对安溪县博物馆调查采集的部分安溪窑口的宋元瓷片釉层进行分析，其他窑口数据来源于调查发掘报告或相关的检测分析报告。分析方法为采用便携式p-XRF分别测试样品胎釉部分的主量和微量元素，分析使用的仪器为美国THERMO FISHER公司生产的NITON XL3t型手持式便携X荧光光谱仪，基于胎釉的硅酸盐属性，分析模式采用土壤模式，分析条件为Rh靶，信号采集时间为100秒，共分析了Zr（锆）、Sr（锶）、Rb（铷）、Th（钍）、Zn（锌）、Fe（铁）、Mn（锰）、Ti（钛）、Ca（钙）、K（钾）等10种元素。由于缺少其他遗址出土陶瓷器的胎料检测数据，下文分析数据皆为釉料成分，不再备注。

（2）分析结果讨论

在报告正文中，利用考古类型学已对遗址出土的陶瓷器进行分类，除安溪本地宋元时期窑址在此前未见发掘报告外，其他窑口的器物均有可比照对象，而可能为安溪窑出产的器物数量最多，对这批遗物归属的复查便是不可缺少的步骤。通过比对安溪县博物馆调查采集的安溪窑口瓷器，与遗址出土可能为安溪窑器物的釉面组成成分检测结果，利用社会统计学软件SPSS（软件版本为26.0）分青瓷和青白瓷两类进行多元统计分析，参见图附7-1、图附7-2。

从图附7-3中可以看出下草埔冶铁遗址出土的大宗青白瓷和青瓷器，与安溪各窑口采集的同釉瓷有较强的相关性，但也能看到一些样本分散于坐标系的远端。湖上窑采集的青白瓷在釉料成分上也会有偏离，在Y轴上端的这几件标本，应与湖上窑不同的釉料制作工艺有关。而其他样本的偏离，则极可能代表这几件器物并非安溪本地窑口生产。另外，如果将可能为安溪窑生产的白瓷器与安溪窑址采集的青白瓷器比较分析，则如图附7-4所见，会发现它们与湖上窑之间的拟合程度更高，很可能与湖上窑的瓷器生产有关。而将安溪窑址采集的青白瓷器样品，与定性为产地非安溪窑的青白瓷器

1 本文称安溪县以外所产的陶瓷器为外地瓷。这类陶瓷器通过内销、官供等方式进入安溪。当然，集中于泉州的出海陶瓷器也会以内销的形式在本地流散。

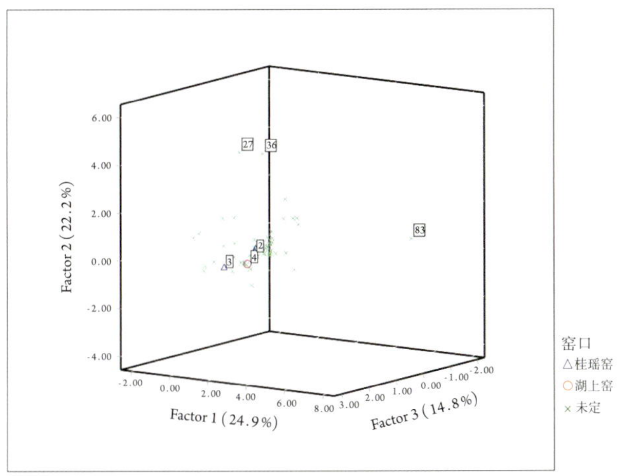

图附 7–1 下草埔遗址类安溪窑青瓷器与安溪窑址采集青瓷器多元统计主因子散点图

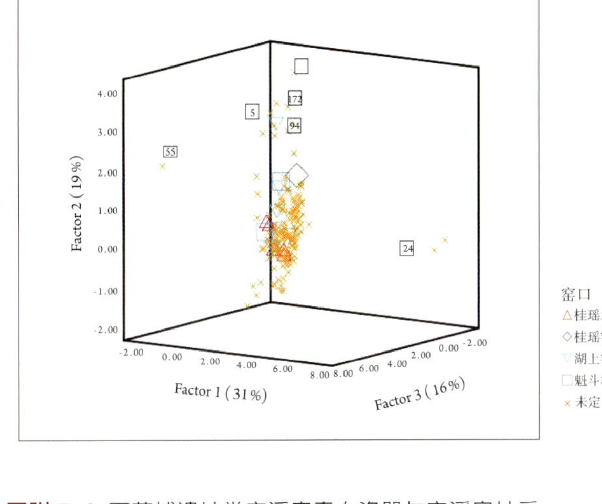

图附 7–2 下草埔遗址类安溪窑青白瓷器与安溪窑址采集青白瓷器多元统计主因子散点图

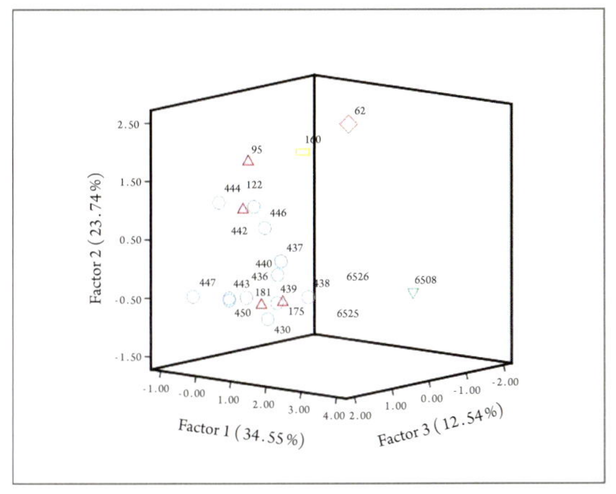

图附 7–3 下草埔遗址出土不同窑口青白瓷器多元统计主因子散点图

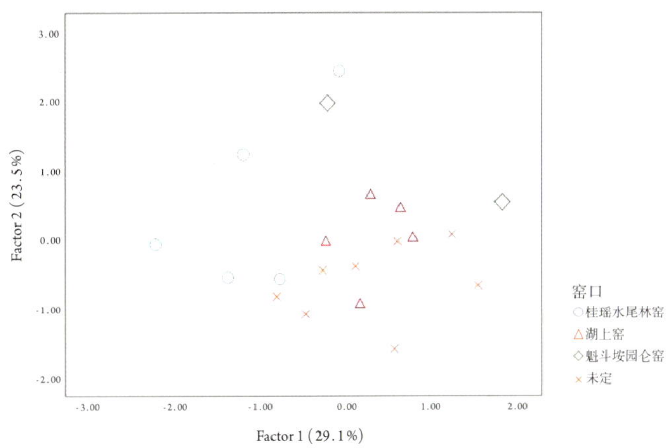

图附 7–4 下草埔遗址类安溪窑白瓷与安溪窑址采集青白瓷器多元统计主因子散点图

样品[1]进行分析，参见图附 7–3，二者之间差异明显，唯独安溪窑样品与德化窑样品之间区别较小，这也与考古发现显示的安溪窑与德化窑之间有密切的工艺技术交流相符合。

遗址出土的类安溪窑青白瓷器物中有一小部分可能并不属于安溪窑，将这些样品与其他窑口的青白瓷器样品进行比对（图附 7–5）。26 号（2019XCPIT0917TD10③：标 1）、44 号（2019XCPIT1111TD1⑤：标 1）、46 号（2019XCPIT1111TD1③：标 1）和 54 号（2019XCPIT1111TD1④：标 1）等 4 件器物的样品分析后与庄边窑的瓷器样品处于相近范围之内，而其他 3 件器物样品则仍离散于坐标系的远端，由于样本数量的原因，无法

1 根据南海Ⅰ号考古报告所提供的数据，下草埔遗址发现的其他窑址瓷器在器形和样本分析数据区间上与前者基本一致，从两个方面证实了它们来源上的唯一性和准确性。国家文物局水下文化遗产保护中心等编著《南海Ⅰ号沉船考古报告之一——1989～2004 年调查》（下册），北京：文物出版社，2017 年，第 609～623 页。

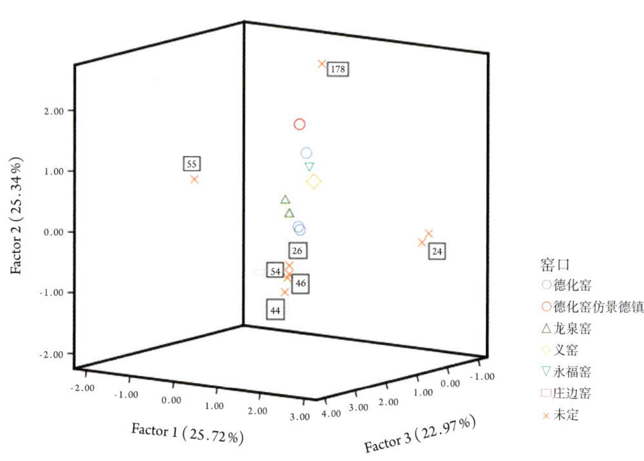

图附 7–5 下草埔遗址类安溪窑青白瓷器与其他窑址青白瓷器多元统计主因子散点图

对产生这一影响的原因做进一步讨论。

由此可见，该遗址出土的生产、生活用器中，安溪本地窑口生产的器物占大多数，而在这之外，也发现了以德化窑和磁灶窑为主的外来窑口产品，显然这不是一处普通的深山矿冶遗址应有的状况。其中一些瓷器烧造质量高，也有仿造龙泉窑器形的“土龙泉”器物，仍被遗弃在废物堆中，这一方面说明该遗址与外界的交流较为频繁，另一方面说明存在生活人群的区别。

2. 官冶与交通

下草埔冶铁遗址在陶瓷器上呈现多种窑口来源的现象，从源头与下草埔冶铁遗址之间的关系考虑，其原因应在于该遗址的官冶性质，以及在此基础上与泉州港的紧密联系。

安溪县自北宋时期已有官方设置的铁场见载于史料，且设于青阳。其中，《宋史》明确记载了安溪县有“青阳铁场”[1]。成书于北宋中叶的地理总志《元丰九域志》卷九中还详细记录有青阳铁场的地理位置：“下清溪州西一百五里，四乡，青阳一铁场。”[2] 至于青阳铁场具体设置时间，《宋会要辑稿》卷三三记载：“泉州清溪县青阳场，咸平二年（999年）置。”[3] 到了明代，嘉靖《安溪县志》中记有：“清洋铁场，在龙兴里（在县西北五十里），宋熙宁开，今废。”[4]“青阳”已经被转写为“清洋”，而同书记载的明代铁课中仍记

1 “安溪，下。有青阳铁场。”〔元〕脱脱等：《宋史》卷八九《地理五·福建路》，北京：中华书局，1985年，第2208页。

2 〔宋〕王存等：《元丰九域志》卷九《福建路》“泉州”条，北京：中华书局，1984年，第403页。

3 〔清〕徐松辑，刘琳、刁忠民、舒大刚等校点：《宋会要辑稿·食货三三》“坑冶上·各路坑冶置场务所·铁·泉州”条，上海古籍出版社，2014年，第6719页。

4 〔明〕嘉靖《安溪县志》卷一《地舆类 ·坑冶（附）》，《天一阁藏明代方志选刊》，上海古籍书店，1963年影印，叶九背面。

宋代称之为“青阳”[1]，可见二者在当时应有继承关系。此处所言龙兴里，为宋明时期地名，清代称之为“兴二里”，其下属地有科名乡、青洋乡等[2]，与今所见相同。因此，安溪青洋村下草埔冶铁遗址属宋代官营“青阳铁场”应无误，而官营的背景自然影响了此处的人员构成及生产条件。另一方面，据《宋会要辑稿》记载，泉州铁场（务）课税情况：宋代青阳场（务）于熙宁十年（1077年）有“商税二十五贯七百八十八文”、“盐税二百六十一贯九百六十五文”，远高于毗邻的永春倚洋场“商税五贯七十一文”、“盐税一百五贯六百文”与德化五华场“商税一十一贯三百五文”[3]。显然，青阳铁场具有他者无可比拟的重要地位，出现如此高的税额当与本地官营盐铁产业的规模庞大相联系，这势必也造就了当地的管理阶层异于他处的财政优势。

青阳铁场具备庞大的产业规模，与其地处西溪水上交通要道有关。龙兴里旧有源口渡，上游与新林渡相连，下游经过县治西北的吴埔渡后，可一直通向晋江入海[4]（图附7-6、附7-7），与目前所见西溪的流域一致，对交通因素的考虑很可能即宋代于龙兴里设青阳铁场的主要原因，以满足泉州港匮乏的矿冶资源。水运是古代相较而言最为便捷的运输方式，尤其是在需求量大、个体沉重、时间要求短的食物和耗材上，而经过县治并直通泉州港的天然优势，是源口渡不可忽视的重要条件。明代的一则材料可以看出矿冶与水运开凿之间的密切关系。在新林渡至源口渡之间，“未苏里之升平山诸水至渡，稍下为渊滩，当溪阻石数百丈，水从石罅而出。旧时舟运止源口渡，正统间邑人李森凿而通之，今至下林渡”[5]。而明代人开凿这一处险滩，也为新冶铁地的开辟提供了条件，弘治初（1488~1505年）铁冶升炉于新林渡上游的感德潘田[6]。清乾隆本《安溪县志》载：

> 其民食盐、铁之利焉。盐则转贩海滨，致之市落，小民负任入鬻大田诸县。感德、潘田诸乡，产铁处也。有公冶，有私冶，公冶官收其税，私冶无取焉。作冶者皆汀、漳旁郡人，耗我米谷，焦煅所及，草木为赭，而山为髡，或时有构聚伏藏之患。[7]

可能因私冶频繁，感德、潘田铁矿山铁场很快便在明嘉靖以前被废弃了。但水路的畅通，以及冶铁带来的暴利，吸引周围郡县的小作坊户纷纷来到感德，这也从侧面证明了青阳铁场在宋元时期的繁荣，其中重要的原因在于此地丰富的矿藏，以及便利的交通

---

1 “宋，产铁之场，在永春曰‘倚洋’，安溪曰‘青阳’，德化曰‘赤水’。”〔明〕嘉靖《安溪县志》卷一《地舆类·贡赋·铁课》，《天一阁藏明代方志选刊》，上海古籍书店，1963年影印，叶五六背面。

2〔清〕庄成修著，安溪县地方志编纂委员会整理《安溪县志》卷三《乡坊》“兴二里”条，厦门大学出版社，2012年，第104页。

3〔清〕徐松辑，刘琳、刁忠民、舒大刚等校点:《宋会要辑稿 ·食货一六 ·商税二 ·商税岁额二》“泉州”条，上海古籍出版社，2014年，第6341页；《宋会要辑稿·食货二二·盐法一·诸路盐一》“泉州”条，第6479页。

4〔明〕嘉靖《安溪县志》卷一《地舆类·疆域》“京师七千三百六十里水源之所出”条，叶一一背面。

5〔明〕嘉靖《安溪县志》卷一《地舆类·疆域》“京师七千三百六十里水源之所出”条，叶一一正面。

6〔明〕嘉靖《安溪县志》卷一《地舆类·山川·坑冶（附）》，叶九背面。

7〔清〕庄成修著，安溪县地方志编纂委员会整理《安溪县志》卷四《风土》，第133页。

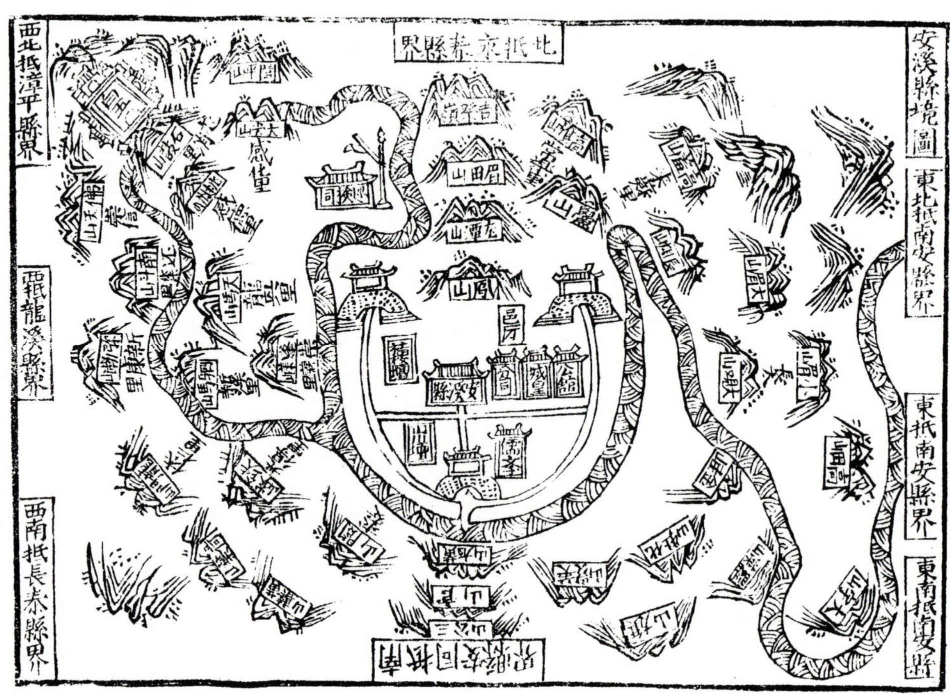

图附 7–6 明嘉靖《安溪县志》全境图

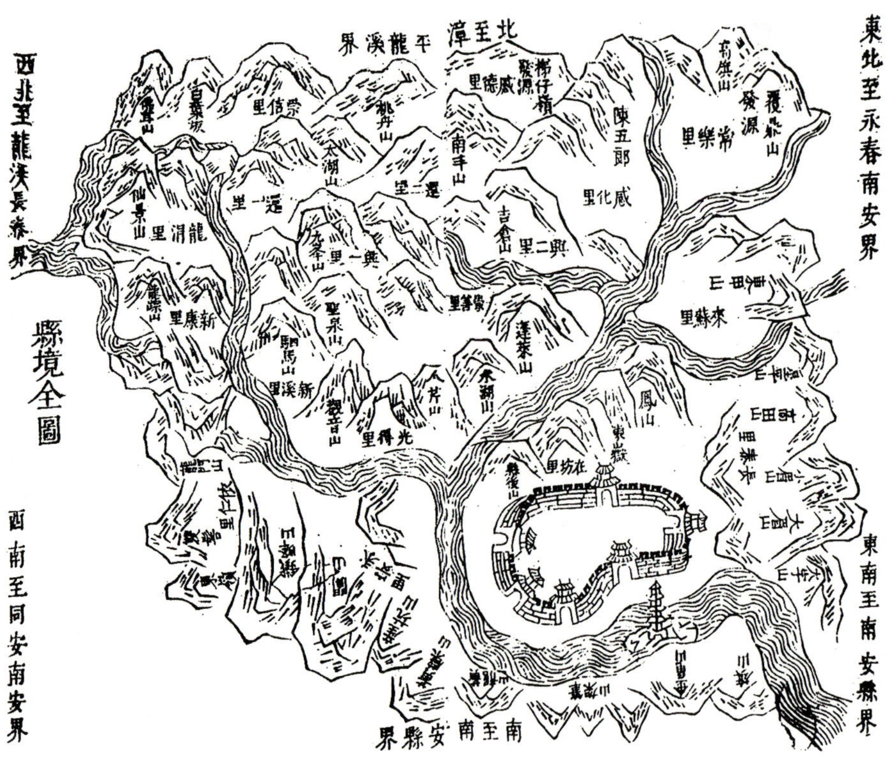

图附 7–7 清乾隆《安溪县志》全境图

吸引来开采者的关注。而另一方面源口渡“旧巡司在焉”[1]，巡司即巡检司，“洪武十三年，吏部裁汰天下巡检司，凡非要地者悉罢之”[2]，而明嘉靖本《安溪县志》仍记有安溪巡检的明代官任，可见直到此时这一地区仍是要地，当与盐铁瓷业生产运输相关，且此地为交通要冲，将巡检司布局于此也合理。巡检司的设置，更是明确了源口渡在往来交通上的重要地位，考虑其与龙兴里的附属关系，青阳铁场向外输送铁制品或原材料的主要站点应为此地。唯一记录有各乡之间大致距离的清乾隆本《安溪县志》中载，源口乡“离县四十里”[3]，可能即源口渡所在，而青洋乡“离县六十里”[4]，这只能大概表示两者之间的距离，但显然从青洋乡到源口渡还有不小的一段距离，此处的运输可能与下草埔遗址周围存在的早期溪流和古道有关。在踏查这一古道的过程中，亦可发现沿途仍有大大小小不少的冶炼遗迹存在，这些遗迹的周围也都有溪流经过，很可能与下草埔遗址一旁的古河道有关。因此，由于源口渡的存在，龙兴里在宋元时期很可能是一处重要的水上交通枢纽和官私河运贸易的中转站。

宋元时期下草埔遗址周围存在的便捷交通网络，使其得以快速将资源和产品运出山区，形成贸易或官贡网络，而泉州港在矿冶材料上的稀缺，正迎合了此时极力发展的青阳铁场。宋代主管冶金生产的机构有监、冶、务、场等四级机构，《续资治通鉴长编》和《宋史》中均记载了高易置铁务于泉州的情况[5]，而设置铁务的原因均是由于青阳铁场“大发”，即此时青阳铁场冶铁规模及铁产量达到一个高峰，一度促成泉州设置铁务。若是交通因素的缺位，如此大量的官府掌控的铁资源，如何离开这深山也是一个难题，而若不是能快速运输到泉州府进行统一规划，官营冶铁的意义便也失去。“南海Ⅰ号”沉船中出土有大量的铁器，虽然是属于南宋规定的出口违禁品[6]，但可见私货铁器在外蕃海运贸易中有广大的市场。

因此，借助源口渡，青阳铁场形成对泉州港的供给补充，令下草埔遗址得以进入“海上丝绸之路”的供货物流圈。这一河流运输通道的建立，以及青阳铁场与“海上丝绸之路”之间的联系，便能理解青阳铁场庞大的税额以及下草埔冶铁遗址出土陶瓷器多样化的原因，以铁易瓷可能就发生在这个过程中。显然，在以下草埔遗址为起点的官供或贸易路径中，处处都有官府的影子，官方层面上存在一定的生产、生活消耗品配额，即

1〔清〕庄成修著，安溪县地方志编纂委员会整理《安溪县志》卷三《山川》“桥渡附”条，厦门大学出版社，2012年，第93页。

2 黄彰健校勘《明实录（附校勘记）一·明太祖实录》卷一三四“〔洪武十三年冬十月戊辰〕上谕吏部臣曰”条，北京：中华书局，2016年，第2123页。

3〔清〕庄成修著，安溪县地方志编纂委员会整理《安溪县志》卷四《风土》，第105页。

4〔清〕庄成修著，安溪县地方志编纂委员会整理《安溪县志》卷四《风土》，第104页。

5《续资治通鉴长编》卷一五六《仁宗庆历五年》“六月丙辰”条载：“时泉州青阳等场铁大发，易简遂置铁务于泉州，欲移铜钱于内地，初不以闻，坐是得罪。”〔宋〕李焘：《续资治通鉴长编》卷一五六《仁宗庆历五年》，北京：中华书局，2004年，第3784页；《宋史》卷一八〇《食货下二》载：“（庆历）五年，泉州青阳铁冶大发，转运使高易简不俟诏，置铁钱务于泉，欲移铜钱于内地。”〔元〕脱脱等：《宋史》卷一八〇《食货下二》，北京：中华书局，1985年，第4380页。

6 黄纯艳：《舶商与私贩：〈南海Ⅰ号沉船考古报告之二〉的贸易史解读》，罗丰主编《丝绸之路考古》（第3辑），北京：科学出版社，2019年，第212～219页。

遗址现场发现的数量较多、质量一般的陶瓷器，而在冶铁现场断然不会存在监督人员等上位者的缺位，鉴于冶铁税额的数量，这些处于管理者职位的人自然不会安于清贫，宋元时期对瓷器的喜好影响了他们对返程物品的选择。在每次向泉州铁务上缴份额时，不可避免会有私下收售的情况，铁器和矿料的销售在民间自然不会缺乏市场，泉州港又是当时最为繁盛的贸易集会，购买一些精品瓷器返回山中是管理者的必然行为。因此，以港口贸易为媒介，一些其他窑口的陶瓷器随之流入下草埔遗址便也成为可能。景德镇窑、漳平永福窑、莆田庄边窑、福清义窑这些距离较远，且与龙兴里、泉州港并非处于一条通行路径上的窑口，其出产的器物出现在下草埔冶铁遗址，很大程度即证明了当地与泉州港之间的联系，况且上述几座窑口的外销瓷类生产占据了窑址陶瓷烧造总量不小的份额。对下草埔冶铁遗址瓷器影响最为显著的磁灶窑和德化窑器物，可能在当时也是受到官供—贸易过程的影响，但从安溪本地窑口烧造的器物在形制上与前述二者的相似性而言，更大程度上是技术交流或人群移动带来的结果，从而能够在下草埔冶铁遗址中有较多的发现。

3. 小结

瓷器釉料成分的检测分析再次确证了下草埔冶铁遗址出土陶瓷器的多样来源，即以安溪窑瓷器为主，以泉州港为外销口岸的多个外地瓷窑器物皆有出土的整体面貌。如此构成情况的形成，得益于该遗址的官冶身份，以及以源口渡为枢纽的内陆河流交通和经此通往安溪县城、泉州港的通畅水路。作为受到官府重视的青阳铁场，下草埔遗址在宋元时期的铁制品产量丰富，而官冶的身份一方面为该遗址的普通冶炼工人提供了制式统一、数量众多的生活陶瓷器，另一方面则为该地铁资源的定时外供提出要求，在满足官府需求的同时，泉州港可能存在对走私违禁铁器有兴趣的货商，当地的管理者前往泉州港除了与府衙签单这一事务外，应当还进行着私下贸易。在福建当地宋元时期瓷器使用的高雅风气影响下，琳琅满目的外地瓷便成为返程时最好的购置物品，从而带入了下草埔冶铁遗址中。而从在遗址废料堆中发现的外地瓷数量上看，德化窑和磁灶窑的器物显然占据了较大的份额，可见这两种器物在本地也属较为常见的用于区域外销的瓷器，甚至可能是富人阶层的一般生活用品。在遗址区的各个方位都发现有外地瓷器的踪影，也说明这一官供—贸易的循环过程持续了较长时间。

八　安溪下草埔遗址出土陶瓷器探析

根据安溪下草埔遗址发掘情况，遗址清理出土的陶瓷器总计86703件（片），其中陶器49933件（片），瓷器36770件（片），分别占比57.59%、42.41%。陶器根据是否施釉可分为釉陶器和素胎器，以素胎器为主，胎色有红、白、黑、黄等；釉陶器有酱釉陶、青釉陶和黄绿釉陶等。器形主要有罐、小罐、盖罐、执壶、盆、火盆、缸、盏、碗、器盖、器耳、勺、纺轮等，以大件器居多。瓷器品种有青瓷、青白瓷、白瓷、黑（酱）釉瓷和青花瓷等，器形有碗、碟、盏、盘、瓶、罐、壶、水注、器盖、擂钵、炉、洗、杯等，以碗、碟为大宗。此外，遗址还出土带墨书瓷器和“圈足器”等特殊器物。

出土陶瓷器按照年代可分为四期。第一期为南宋早期；第二期可分为早晚两段，早段为南宋中晚期，晚段为元代；第三期为明代中晚期至清代初年；第四期为清代中晚期。出土陶瓷器主体年代为第二期南宋中晚期至元，即冶铁生产存续的年代。本文仅以与冶铁生产相关的第二期即南宋至元时期陶瓷器为讨论对象，对出土陶瓷器进行初步探析。

1. 出土陶瓷器产地窑口探析

遗址出土宋元时期陶瓷器为安溪窑、晋江磁灶窑、德化窑、闽清义窑、漳平永福窑、莆田庄边窑、建窑、景德镇窑和龙泉窑等窑口产品。本节主要根据胎釉、器形、纹饰和生产烧造工艺等方面特征，对遗址中的出土陶瓷器产地窑口进行细化分析，并对产地窑口作简要介绍。

（1）安溪窑陶瓷器

遗址出土陶瓷器以安溪窑产品为主。根据历年来安溪窑址考古调查发掘资料，遗址出土安溪窑陶瓷器主要为桂瑶窑、魁斗窑、湖上窑等产品。

桂瑶窑

遗址出土安溪窑青瓷产品，以桂瑶窑为主。胎呈灰或灰白，釉色以青黄釉为主，修足大都不规整，足底有跳刀痕，出土较多生烧器，属于桂瑶窑中质量较一般产品。

桂瑶窑窑址位于安溪县西南龙门镇，主要分布在大堀、隘仔寨、碗后、咽喉仑、新窑、水尾林等处。1974 年，安溪县文化馆对桂瑶窑、魁斗窑等窑址进行调查，采集一批瓷器和窑具。2014 年，泉州海外交通史博物馆对桂瑶窑进行再调查，并收集一批青瓷、青白瓷标本。此外，也有学者对桂瑶窑装烧工艺进行专项调查。根据历年来调查资料，桂瑶窑年代为宋元时期，主体为南宋。以烧造青瓷、青白瓷为主，有灰青、茶黄、豆绿、碧玉等。胎骨呈灰或灰白，质地坚硬。器形以碗、盏为主，还有洗、壶、灯具、钵等。装饰手法有刻花、划花、印花三种，常见水波纹、卷草纹，衬以篦梳纹、篦点纹。青瓷划花纹碗与同安汀溪窑产品有相似之处。

安溪窑A型Ⅱ式折沿青瓷盘（图附 8－1），口沿微折，弧腹上部内折，内折处有一周弦纹，矮圈足，施青黄釉，内壁满釉，外壁施釉至口沿以下约腹壁二分之一处。与桂瑶窑Ⅱ式洗类器在器形和釉色上接近，皆在接近口沿部内折，形成一道弦纹，应是同一类型产品。

安溪窑B型花瓣口青瓷盘（图附 8－2）与安溪桂瑶窑A型Ⅱ式敞口葵瓣形碟（图附 8－3）相似。两者器物高度基本一致，皆敞口，浅弧腹。施青黄釉，开片，口沿成花瓣状。

魁斗窑

位于安溪县东部魁斗镇，主要分布在垵园仑、乌尾畲村、草北等地，年代为南宋至元，以白瓷、青白瓷为主，器形有碗、碟、盘、盒、洗、杯、瓶、罐等，装饰手法有刻花、划花、印花和堆花，部分器物与德化窑相似或相同。根据学者对魁斗窑装烧工艺的考察，其主要有涩圈叠烧、支圈组合覆烧、筒形匣钵装烧和M形匣钵一钵一器正烧等，其中青白瓷碗以涩圈叠烧为主，白瓷盒以筒形匣钵装烧为主，白瓷碗、洗、盘等以支圈组合覆烧为主。

遗址出土青白瓷碗以内底有涩圈类的占比最大，其胎呈灰或灰白，釉色青灰，以素面为主，少量刻划篦划纹和花卉纹，削足不规整（图附 8－4）。这与安溪魁斗窑内坂窑址发现涩圈叠烧碗类器物在胎釉、纹饰、生产烧造工艺相一致（图附 8－5）。

遗址还出土仿烧德化窑屈斗宫青白瓷和白瓷碗、碟、盏等器物，皆芒口涩圈，采用支圈组合覆烧和对口烧等烧造工艺，胎釉较德化窑产品略有区别，应是安溪本地魁斗窑产品（图附 8－6）。

综上，遗址出土安溪窑产品中，青瓷以桂瑶窑为主，青白瓷以魁斗窑为主，参考这两个窑址存续年代，遗址出土安溪窑产品主体年代当在南宋至元。

（2）晋江磁灶窑陶瓷器

遗址出土较多磁灶窑陶器，包括青釉盆、绿釉罐以及素胎器盖等，同时出土青瓷碗、水注，黑釉瓷碗、盏、梅瓶、执壶等瓷器（图附 8－7）。

磁灶窑

位于晋江磁灶镇。根据历年来故宫博物院、厦门大学、省市文物部门等单位对磁灶窑开展的考古调查，明确有南朝至明清窑址 20 余处，其中宋元时期主要有金交椅山、土尾庵、蜘蛛山、童子山、虎仔山等窑址。福建省博物馆考古部分别于 1995 年和 2002～2003 年对土尾庵

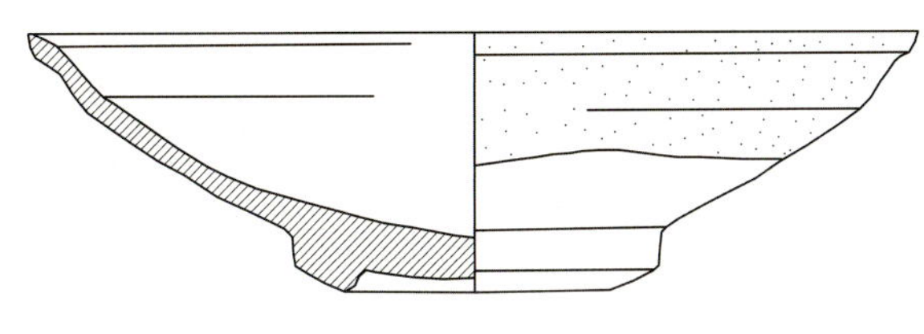

1

2

3

4

图附 8–1 下草埔遗址出土安溪窑 A 型 II 式折沿青瓷盘

1：T0916TD10SQ2 CJ：8 青瓷盘
2：T0917TD10H3 ①：2 青瓷盘
3：T0917TD10H3 ①：3 青瓷盘
4：T1214TD5 ③：3 青瓷盘

图附 8–2 下草埔遗址出土安溪窑 B 型花瓣口青瓷盘（T0916TD10 ④：7）

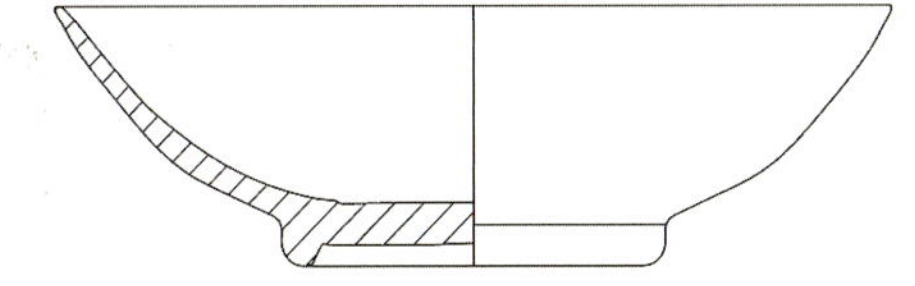

图附 8–3 桂瑶窑 A 型 II 式敞口葵瓣形碟

图附 8-4 下草埔遗址出土安溪窑青白瓷涩圈碗

图附 8-5 魁斗窑坂窑涩圈叠烧碗

图附 8-6 下草埔遗址出土魁斗窑白瓷碟、碗、盏

1–3：白瓷碟 4–6：白瓷碗 7–8：白瓷盏

窑址和金交椅山窑址进行考古发掘，获得材料颇丰，并整理出版[1]。

土尾庵窑址年代为南宋至元，主要生产酱（黑）釉器、青釉器、黄绿釉器、素胎器等。胎色多为灰或深灰色，胎质较粗，吸水性强。多数器物的外壁仅施半釉，底、足露胎。釉面多数较暗，部分釉色光亮者多有细密的冰裂纹。黄绿釉器一般在釉下施土黄色的化妆土，一部分素胎器上仅见化妆土而无施釉。器形主要有碗、盏、盘、碟、杯、钵、缸、执壶、水注、罐、盆、瓶、炉等[2]。

金交椅山窑址年代为北宋至南宋早期，主要生产青釉器、酱（黑）釉器和素胎器。胎色呈浅灰或灰白色，均为轮制，内壁可见明显的轮旋痕。青釉器釉面莹润，玻璃质感强，开细碎

1 福建博物院、晋江博物馆编著《磁灶窑址：福建晋江磁灶窑址考古调查发掘报告》，北京：科学出版社，2011 年。

2 福建博物院、晋江博物馆编著《磁灶窑址：福建晋江磁灶窑址考古调查发掘报告》，第 61～141 页。

图附 8–7 下草埔遗址出土磁灶窑黑（酱）釉盏、梅瓶

冰裂纹。器形主要有执壶、水注、罐、碗、盒、盏、瓶、器盖、灯盏、盏托、香薰等[1]。

遗址出土一件内底带“福”字款碗底（图附 8-8），是磁灶窑土尾庵窑址刻花工艺产品，此种刻花工艺将釉面刻出字体至胎体露出，胎、釉色调相异，对比度强[2]。

综上，遗址出土磁灶窑产品以陶器及釉陶器为主，还有磁灶窑黑（酱）釉茶盏、梅瓶和青瓷碗等产品，年代为南宋早期至元代。

（3）德化窑陶瓷器

遗址出土德化窑产品主要有青白瓷碗、碟、瓶，白瓷碗、炉等。

20 世纪 50 年代以来，省市文物部门、华东文物工作队福建组、故宫博物院、厦门大学等对德化窑进行了详细的调查，发现窑址 175 处[3]。1976 年福建省博物馆对盖德碗坪仑、浔中屈斗宫窑址进行考古发掘，并出版《德化窑》一书，详细阐明了这两处窑址陶瓷生产

1 福建博物院、晋江博物馆编著《磁灶窑址：福建晋江磁灶窑址考古调查发掘报告》，北京：科学出版社，2011 年，第 142～365 页。

2 栗建安：《福建磁灶土尾垵窑址瓷器的装饰工艺》，《中国古陶瓷研究》第 4 辑，北京：紫禁城出版社，1997 年，第 109～115 页。

3 福建省晋江地区文物普查工作队：《德化县古瓷窑址普查工作简报（草稿）》，叶文程、徐本章编《德化瓷器史料汇编》（上册），厦门大学历史系，1980 年，第 127～204 页。

图附 8-8 下草埔遗址出土磁灶窑青瓷碗底（T1214TD5 ④：3）

图附 8-10 下草埔遗址出土德化窑青白瓷碗（T1112TD2 ⑧：3）

图附 8-9 下草埔遗址出土德化窑白瓷碟

状况。碗坪仑窑址，位于德化西盖德乡，有上下两层不同的堆积层，下层为北宋晚期，产青白瓷，产品较精细。器形有特大的海碗、大盘、盒、香炉、深腹带盖碗等，采用刻划花、印花装烧手法。上层为南宋时期，烧制青釉和酱褐釉瓷，产品较粗糙。器形主要有碗、碟、盘、荷叶口瓶、兽耳瓶、注子、军持、梅瓶等，多为素面。屈斗宫窑址，生产白瓷、青白瓷，器形有碗、盘、壶、罐、瓶、洗、盒、高足杯等，装饰手法以印花为主，产品较精美[1]。

遗址出土青白瓷、白瓷碟、碗、杯等圈足低矮，接近于平足，口沿皆是芒口涩圈，应是采用支圈组合覆烧和对口烧等烧造工艺而形成，胎釉质量较好，生产烧造工艺较讲究，与德化窑屈斗宫瓷窑址出土基本一致（图附 8-9）[2]。报告中编号T 1112 TD 2 ⑧ : 3 青白瓷碗（图附 8-10），釉色较莹润，碗心满釉，足部刮削规整，细高圈足，与德化碗坪仑下层出土第七类碗相近，圈足刮削规整，刮得细且高[3]。

1 福建省博物馆编《德化窑》，北京：文物出版社，1990 年。

2 福建省博物馆编《德化窑》，第 81～86、95～97 页。

3 福建省博物馆编《德化窑》，第 18、85 页。

图附 8-11 下草埔遗址出土闽清义窑青白瓷炉、瓶残片

图附 8-12 下草埔遗址出土漳平永福窑青白瓷碗残片

（4）其他窑口陶瓷器

遗址还出土闽清义窑青白瓷炉和瓶残片、漳平永福窑青白瓷碗残片、莆田庄边窑青瓷碗残片、3 件建窑兔毫盏残片、景德镇窑青白瓷碗残片和龙泉窑青瓷盘残片等瓷器标本。

闽清义窑陶瓷器

遗址出土闽清义窑青白瓷炉和瓶残片（图附 8－11）。

闽清义窑位于闽清县东桥镇义由村、青由村一带。该窑址于 20 世纪 50 年代末在调查时被发现，1983 年厦门大学考古专业与地方文物部门联合对窑址展开进一步调查，2015 年福建博物院文物考古研究所进行了一次全面的调查，共计发现 110 余处窑址，并对其中的下窑岗窑址进行考古发掘，年代大致为北宋晚期至明代中期，产品以青白瓷为主，器形有碗、执壶、罐、碟、洗、炉等，装饰手法主要为刻划花、印花和堆贴等，纹饰有篦划、卷草、莲花纹。义窑产品在国内外遗址和沉船中大量发现，是一处重要的外销瓷窑址 [1]。

漳平永福窑陶瓷器

遗址出土一件漳平永福窑青白瓷碗残片（图附 8－12），细高圈足，内外满釉，足底刮釉。

漳平永福窑位于漳平市永福镇西南的西山村鳌头自然村。福建博物院等省、市文物部门对永福窑进行多次考古调查，2018 年 12 月至 2019 年 1 月，福建博物院文物考古研究所对永福窑进行了深入调查与试掘工作，获得了丰富的资料。该窑址遗物年代为北宋晚期至南宋，主要为青白瓷，胎白而致密，厚薄均匀，施釉较薄，釉色白中泛青或灰绿，釉面光亮。纹饰多样而繁缛，以刻划花草、卷云、动物、水波、篦划纹为主。器形有碗、盘、碟、执壶、罐、器盖、炉等 [2]。

1 羊泽林：《闽清义窑生产与外销》，厦门市博物馆，泉州市博物馆编《福建陶瓷与海上丝绸之路：中国古陶瓷学会福建会员大会暨研讨会论文集》，长春：东北师范大学出版社，2016 年，第 272~298 页。

2 福建博物院、龙岩市文化与旅游局、漳平市博物馆：《福建漳平永福窑 2018 年调查简报》，《福建文博》2019 年第 3 期。

莆田庄边窑陶瓷器

遗址出土一件庄边窑青白瓷碗残片（图附8-13）。

庄边窑分布在莆田市西北部涵江区庄边镇莆永公路两旁徐洋与碗林山坡上。福建省文管会、故宫博物院李辉柄先生先后进行过调查。窑址年代为南宋至元，产品主要有印花、光素无纹饰青瓷和刻划花间以篦点纹青瓷两大类。前者多为灰青色釉，胎质坚硬，施釉一般不到底，底足露胎，挖足不规整。大部分采用涩圈叠烧，碗内心留有涩圈。器形有碗、洗、盘、罐、瓶、壶、高足杯等。后者釉色青中闪黄，以刻划花间以篦点纹为主。器形有碗、碟、洗等，此类风格器物与同安汀溪窑大致相同[1]。遗址出土器物属于前一种类型产品。

此外，遗址还出土3件建窑兔毫盏残片、景德镇窑白瓷碗残片（图附8-14）、龙泉窑青白瓷盘残片（图附8-15）等。

图附 8-13 下草埔遗址出土莆田庄边窑青白瓷碗残片

图附 8-14 下草埔遗址出土景德镇窑白瓷碗残片

图附 8-15 下草埔遗址出土龙泉窑青白瓷折沿盘残片

2. 出土建窑兔毫盏探析

遗址出土3件建窑兔毫盏残片（图附8-16），皆圆唇，敞口，斜弧腹。灰胎，胎厚重，内壁满釉，外壁釉不及底，底部有积釉，接近口沿部内外壁泛褐色，有兔毫纹，即金兔毫，与建窑出土撇口碗Ⅰ式器形相同[2]。

建窑位于建阳区水吉镇后井村，主要有芦花坪窑址、庵尾山窑址、大路后门山窑址和营长墘窑址。20世纪60年代初和70年代福建省博物馆和厦门大学人类学系联合进行调查并先后两次在芦花坪遗址进行发掘，发表了考古发掘简报。1989年5月至1990年5月、1991～1992年由中国社会科学院考古研究

1 李辉柄：《莆田窑址初探》，《文物》1979年第12期。

2 中国社会科学院考古研究所、福建省博物馆：《福建建阳县水吉北宋建窑遗址发掘简报》，《考古》1990年第12期。

图附 8-16 下草埔遗址出土建窑兔毫盏残片

所和福建省博物馆联合组成建窑考古队，先后两次对建窑进行全面的调查和重点发掘，并分别发表考古发掘简报，基本明晰建窑的制瓷历史发展脉络。建盏年代为北宋至南宋时期，窑变纹饰有兔毫纹、鹧鸪斑、曜变等类型[1]。

蔡襄《茶录》记载："茶色白，宜黑盏，建安所造者绀黑，纹如兔毫，其坯微厚，熁之久热难冷，最为要用。出他处者，或薄或色紫，皆不及也。"[2]建盏是斗茶最好的茶具。宋徽宗在《大观茶论》亦载："盏色贵青黑，玉毫条达者为上，取其焕发茶采色也。"[3]建盏由于受到以宋徽宗为代表的上层社会的赏识，遂成为当时极高档的点茶用具。点茶是一种较高消费的行为，其参与者为社会经济地位较高的人。遗址出土建盏说明下草埔冶铁遗址在一定时期存在较高等级的管理者或经营者。3件建盏分别出土于T1112TD2⑥、T1213TD5⑩、T0814TD8⑤，其中，TD2为大冶炼炉L3所在位置，TD5为较大型建筑所

1 中国社会科学院考古研究所、福建省博物馆：《福建建阳县水吉北宋建窑遗址发掘简报》，《考古》1990年第12期；中国社会科学院考古研究所、福建省博物馆：《福建建阳县水吉建窑遗址1991—1992年度发掘简报》，《考古》1995年第2期；厦门大学人类学博物馆：《福建建阳水吉宋建窑发掘简报》，《考古》1964年第4期。

2〔宋〕蔡襄、唐晓云点校：《茶录》下篇《论茶器·茶盏》，上海书店出版社，2015年，第14页。

3〔宋〕赵佶、唐晓云点校：《大观茶论》，上海书店出版社，2015年，第42页。

在区域，层位上也是同一时期。由此推测，建盏使用年代应与代表冶铁生产兴盛的大冶炼炉L3同时期。结合建窑考古发掘情况，这3件建盏的年代大致为北宋晚期至南宋早中期，笔者认为遗址在南宋早中期冶铁业较兴盛。

3. 出土陶瓷器使用功能探析

遗址出土宋元冶铁时期陶瓷器根据使用功能可分为生产用具和生活用具两大类。值得注意的是，同一类型器物在不同的场合可能有不同的使用功能，在判定其使用功能时需具体结合器物的出土位置综合确定。

（1）生产用具

生产用具在本遗址中主要是指冶铁生产直接使用的器具。遗址出土的陶瓷器中，有一部分质地较粗糙的大件陶器用于冶铁生产活动，主要包括部分陶盆（火盆）、陶缸、陶罐等（图附8-17）。陶盆可能用于存放冶铁生产过程中所需木炭，特别是在编号T0916TD10④：5火盆内腹检测出来的钾含量明显高于外壁，内壁应有较多的草木灰残余，明确是放置木炭的。陶罐主要作为给水器，陶缸作为储水器，满足锻造淬火对水的需求。此外，在冶炼炉渣排出时水可以使炉渣快速冷却，而冷热的急剧变化，使炉渣较易破碎，便于炉渣的处理。

器物的出土位置可从侧面证实这批器物的使用功能。如报告中编号T1111TD1⑨：2、T1112TD2⑥：15、T1112TD2⑥：17的陶盆，编号T0916TD10④：5的火盆以及编号T1112TD2⑭：4的陶罐，集中分布在发现冶炼炉和建筑基址的TD10、TD1、TD2周边区域，其应与冶铁和锻造活动相关。

（2）生活用具

生活用具在本遗址中主要指与冶铁生产者生活相关的器具，按照使用功能可细分为厨房用具、饮食器、祭器等。

厨房用具

以较粗糙的陶器为主，是厨房内炊煮和存储食物所使用的器具，主要包括陶缸、罐、盆、擂钵等（图附8-18）。罐作为给水器，缸作为储水器，擂钵主要用于研磨加工食物。

饮食器

具体又可细分为食器、茶器、酒器。

● 食器

主要有碗、勺、碟、盘、钵等。食器在遗址中出土最多，主要是碗和碟，为日常饮食所需。

图附 8–17 下草埔遗址出土生产用具陶盆（火盆）、釉陶盆、釉陶罐

图附 8–18 下草埔遗址出土厨房用具擂钵、釉陶罐

图附 8–19 下草埔遗址出土祭器瓶口、瓶底、“禄”字款碗

● 茶器

饮茶所使用的相关器具，包括盏、杯、碗和盛水的执壶等。遗址出土 3 件较高档的建窑兔毫盏。

● 酒器

饮酒所使用的相关器具，包括盏、杯、碗，以及盛酒的执壶和存酒的梅瓶等。

祭器

主要供祭祀时使用的器具，包括炉、瓶等。此外，遗址出土带“福”“禄”字款的碗，可能是在祭祀时使用的祭器（图附 8－19）。遗址中出土的祭器数量较少，只有少量的炉、瓶、碗等，且质量不是很高档，因此可能仅是冶铁生产者祭祀时使用。

遗址出土的陶瓷器以满足冶铁生产活动和冶铁生产者日常生活的器具为主，陶器与瓷器搭配使用，粗陶器和釉陶器等大件器主要用于冶铁生产和厨房，瓷器主要满足冶铁生产者日常生活。冶铁生产者所用生活用具以安溪本地窑址和磁灶窑中生产的质量较一般的器具为主，反映绝大部分冶铁生产者物质生活水平不高。同时，遗址也出土少量景德镇窑青白瓷碗、龙泉窑青瓷盘、漳平永福窑青白瓷碗和建窑兔毫盏等较高端器具，反映遗址存在有物质生活水平较高的人，应是铁场管理者或经营者。数量较少且质量不是特别高档的祭器，说明遗址祭祀活动参与者主要以冶铁生产者为主体。

4. 墨书陶瓷器探析

遗址出土 26 件带有墨书的陶瓷器（详见表附 8-1，图附 8-20），为了解当时冶铁生产状况及从事冶铁生产者的社会经济地位提供了宝贵的文字信息。

从窑口看，带墨书陶瓷器皆为本地安溪窑产品，品种有青白瓷、青瓷、白瓷，以青白瓷为主。从墨书书写位置看，基本在器物足底，少量在外壁，究其原因，应为足底露胎且书写在足底字迹不容易被破坏，也不影响器物在日常使用中的美观。从出土位置来看，主要在发掘区顶部发现冶炼炉和房基遗迹的TD 9、TD 10 区域及发现较大冶炼炉遗迹的TD 2 区域，分别出土 10 件、7 件。带墨书陶瓷器集中出土在冶炼炉和建筑遗迹周边区域，说明

图附 8-20 下草埔遗址出土墨书陶瓷器

1. T1214TD5 ③ : 1 墨书“莊置”青瓷碗足
2. T0916TD10 ⑥ : 1 墨书“莊四伍”青白瓷盏
3. T1112TD2 ⑤ : 8 墨书“朱佰五”青瓷碗
4. T0609TD11 ② : 1 墨书“口置”青白瓷碗
5. T0916TD10 ⑥ : 2 墨书“吴”字白瓷碗
6. T0813TD8 ⑤ : 5 墨书“莊”字白瓷碗
7. T1112TD2 ⑤ : 9 墨书“朱”字青白瓷盏
8. T1111TD1 ⑧ : 1 墨书“胡五”青白瓷碗

表附 8–1 安溪下草埔遗址出土陶瓷器墨书统计表

序号	器物编号	品种	器形	部位	文字内容	尺寸（厘米）	窑口	性质
1	T0609TD11②：1	青白瓷	碗	足底	□置	残高 1.7、足径 5.8	安溪窑	权属
2	T0709TD14①：1	青白瓷	碗（盏）	足底	吴	残高 1.9、足径 3.5	安溪窑	姓名
3	T0714TD8H4：1	青白瓷	碟	外底部	□齐	高 1.3、口径 9.2、足径 7	安溪窑	姓名
4	T0715TD9②：1	青白瓷	盏	足底	□□	高 2.1、口径 7、足径 4.2	安溪窑	不详
5	T0717TD9①：1	脱釉	碗	足底	吴□	残高 2.5	安溪窑	姓名
6	T0717TD9④：1	青瓷	碗	足底	十	残高 2.5、足径 5.4	安溪窑	计数 / 姓名
7	T0813TD8⑤：4	青瓷	碗	足底	吴	残高 3.8、足径 5.4	安溪窑	姓名
8	T0813TD8⑤：5	白瓷	碗	足底	莊□	残高 2、足径 6.3	安溪窑	姓名
9	T0815TD9①：1	青白瓷	瓷片	瓷片	朱	残长 2.6，残宽 2.5，厚 0.6	安溪窑	姓名
10	T0816TD10F3：3	青白瓷	碟	足底	□伍	高 1.4、口径 8.8、底径 7.2	安溪窑	姓名
11	T0816TD10④：2	青白瓷	碗	足底、外壁	吴、吴	残高 2.2 足径 6.8	安溪窑	姓名
12	T1112TD10④：2	青白瓷	碟	足底	朱氏四五记	高 1.7、口径 9.7、底径 7.2	安溪窑	姓名
13	T0916TD10④：12	青白瓷	碟	足底	□伍	高 2.4、口径 14、底径 10	安溪窑	姓名
14	T0916TD10⑥：1	青白瓷	碗（盏）	足底	莊四伍	高 2.7、口径 8.4、足径 4.3	安溪窑	姓名
15	T0916TD10⑥：2	白瓷	碗	足底	吴	残高 2.7、足径 5.2	安溪窑	姓名
16	T1111TD1③：1	青白瓷	碗	外壁	□币□□	残高 3.9、足径 6.6	安溪窑	不详
17	T1111TD1⑧：1	青白瓷	碗	足底	胡五	高 3.3、口径 13.7、足径 4.7	安溪窑	姓名
18	T1112TD2⑤：3	青瓷	盏	足底	朱	残高 1、底径 3.8	安溪窑	姓名
19	T1112TD2⑤：4	青白瓷	碗	外壁	朱伍	高 5.8、口径 16、足径 7.6	安溪窑	姓名
20	T1112TD2⑤：8	青瓷	碗	足底	朱佰五	残高 1.7、足径 4.8	安溪窑	姓名
21	T1112TD2⑤：9	青白瓷	盏	足底	朱	残高 1.2、足径 4.2	安溪窑	姓名
22	T1112TD2⑤：11	青瓷	碗（盏）	足底	朱	残高 1.5、足径 4	安溪窑	姓名
23	T1112TD2⑥：4	青白瓷	盏	足底	朱	残高 1.1、足径 3.8	安溪窑	姓名
24	T1112TD2⑥：10	青白瓷	盏	足底	吴	残高 3.2、足径 3.1	安溪窑	姓名
25	T1214TD5③：1	青瓷	碗	足底	莊置	残高 1.7、足径 6	安溪窑	权属
26	T1214TD5⑩：2	青白瓷	碗	外壁	郭□	高 5.4、口径 17、足径 7	安溪窑	姓名

备注：不可识别文字用“□”代替。

墨书主要与冶铁生产生活有关。

26 件带墨书陶瓷器中，可辨认出字迹 25 件。其中与姓名相关 21 件，是这批墨书内容主要类型。“朱”姓出现 8 次，“吴”姓 6 次，“庄”姓 3 次，“胡”“郭”各一次。具体有“莊四伍”“朱氏四五记”“朱佰五”“朱伍”“胡五”“□齐”“莊□”“郭□”等。此外，遗址还出土两件书写“莊置”“□置”的器物，墨书“置”书写较随意，简写成如图附 8－21

图附 8-21 下草埔遗址出土墨书"置"样式

图附 8-22 泉州城市遗址出土墨书"置"样式

所示，根据泉州城市遗址出土"置"墨书样式，可判定其为"置"[1]（图附 8-22）。

带有墨书的器形主要是碗、碟、盏等，以食器和饮器为主，这类器物具有较强的个人专属性质，书写墨书主要是为标记器物的归属权。"莊置""□置"应表示的是陶瓷器采买者的信息，亦表示的是归属信息。带墨书瓷器在福建城市遗址、窑址、水下沉船遗址多有发现[2]，"南海Ⅰ号""华光礁一号"等宋元沉船出土陶瓷器关于姓氏、人名的墨书主要是为了区别货物的所有者[3]，这与遗址出土墨书性质一致。

出土墨书记载的从事冶铁生产者姓氏较多，有朱、吴、庄、胡、郭等，表明从事冶铁生产者来源较复杂，加上冶铁生产是一项专业技术要求较高的职业，在下草埔从事冶铁生产者应为其他地区迁徙而来的专业冶铁匠人。部分墨书如T0916TD10⑥：1墨书"莊四伍"青白瓷盏、T0916TD10④：2墨书"朱氏四五记"青白瓷碟、T0916TD10④:12墨书"□伍"青白瓷碟等，主要为安溪魁斗窑白（青白）瓷产品，年代为元代。这批遗物出土于发现小型冶炼炉L1、L2的TD10，L1、L2代表的是冶铁生产衰落期元代所使用的冶炼炉，而"四伍""四五"和"伍"等以数字命名的习惯，符合元朝时社会地位低下的汉人取名习惯，表明在元代从事冶铁生产者社会地位较低。

5."圈足器"探析

遗址中出土圈足较厚重的碗、盏等器物圈足上的底腹边缘被人工敲琢，只保留圈足部分，形成圆形或近圆形器具。根据以往对泉州城市遗址考古出土相类似器具的研究，将此类特殊器物称为"圈足器"[4]（详见表附 8-2，图附 8-23）。

将残损的陶瓷器加工成圆形或类圆形的器物再次加以利用，在世界各地各个历史时

1 中国社会科学院考古研究所、福建博物院、泉州市海上丝绸之路申遗中心：《泉州南外宗正司遗址 2019 年度考古发掘报告》，北京：科学出版社，2020 年，第 109～115 页。

2 张勇：《浅谈近年出土、出水的唐宋时期瓷器墨书》，《南方文物》2016 年第 1 期。

3 刘淼、胡舒扬：《沉船、瓷器与海上丝绸之路》，北京：社会科学文献出版社，2016 年，第 202 页。

4 中国社会科学院考古研究所、福建博物院、泉州市海上丝绸之路申遗中心：《泉州南外宗正司遗址 2019 年度考古发掘报告》，第 33 页。

期考古遗址中多有发现，关于其使用性质，目前中国台湾和日本学者关注较多，其使用功能主要有玩具、器盖、乐器、游戏棋子、打磨工具等几种说法[1]。本遗址出土的“圈足器”未发现有特殊纹饰和墨书，结合遗址性质来看，其使用功能为供玩赏的可能性不大，笔者认为其主要功能应是作为垫具，在生产、生活中用来垫平桌椅柜子的脚，这样既可

图附 8-23　下草埔遗址出土“圈足器”

1. 2019XCPIT0709TD14 ①：2 青白瓷碗底
2. 2019XCPIT0910TD1 ①：2 青白瓷盏底
3. 2019XCPIT1112TD2 ⑮：3 青白瓷盏底
4. 2019XCPIT1211TD14 ①：3 青白瓷碗底
5. 2019XCPIT1014TD6SD5：5 青花瓷碗底
6. 2019XCPIT0717TD9 ③：2 青白瓷碗底
7. 2019XCPIT1111TD1 ⑥：3 青白瓷碗底
8. 2019XCPIT0816TD10 ④：13 青瓷碗底
9. 2019XCPIT0511TD11 ①：3 青白瓷碗底
10. 2019XCPIT1112TD2 ⑬：19 青白瓷碗底

1 赵金勇：《打制圆板——再利用的生活小智慧》，钟国风主编《左营旧城的今昔物语》“内政部营建署”寿山“国家”自然公园筹备处，2018 年，第 118～123 页；〔日〕上原静：《グスク時代 · 近世出土の円盤状製品》，《読谷村立歴史民俗資料館紀要》第 10 号，沖縄県読谷村教育委員会 · 歴史民俗資料館編，1986 年。

表附 8-2　安溪下草埔遗址出土“圈足器”陶瓷器统计表

序号	出土位置	品种	器形	尺寸（厘米）	窑口
1	T0511TD11 ①	青白瓷	碗	足径 6.2、残高 1.2	安溪窑
2	T0709TD14 ①	青白瓷	碗	足径 7.2、残高 1.8	安溪窑
3	T0713TD7 ⑤	青白瓷	盏	足径 3.8、残高 1.6	安溪窑
4	T0717TD9 ③	青白瓷	碗	足径 6.2、残高 2.1	安溪窑
5	T0816TD10 ④	青瓷	碗	足径 6.6、残高 1.8	安溪窑
6	T0910TD1 ①	青白瓷	盏	足径 6.6、残高 1.8	安溪窑
7	T1111TD1 ⑥	青白瓷	碗	足径 4、残高 1.5	安溪窑
8	T1111TD1 ⑧	青白瓷	碗	足径 4.5、残高 1.1	安溪窑
9	T1112TD2 ⑬	青瓷	碗	足径 4.8、残高 2	安溪窑
10	T1112TD2 ⑮	青白瓷	碗	足径 3.7、残高 1.6	安溪窑
11	T1211TD14 ①	青白瓷	碗	足径 6、残高 1.8	安溪窑
12	T1214TD5 ③	青瓷	碗	足径 6、残高 1.7	安溪窑
13	T1214TD5 ④	青瓷	碗	足径 5、残高 1.7	磁灶窑
14	SD5	青花瓷	碗	足径 6.5、残高 2	安溪窑

以在地势不平的地方使物品取得平衡，还能避免与地面直接接触，起到防潮效果。编号T1112TD2⑮：3的青白瓷碗底，其圈足顶面有磨损痕迹，很可能是充当垫具的使用痕迹。

这类器物各个层位都有出土，有出土于与冶铁生产相关的层位，而在T1014②层下中出土的，编号T1014TD6SD5：5的青花瓷碗底，表明此类加工废弃产品制成“圈足器”的习俗，从宋元冶铁生产开始一直延续下来。至于本遗址加工“圈足器”习俗与泉州城市遗址和中国台湾、日本等考古遗址发现的相类似习俗之间的关系，有待今后更多相关信息收集整理后，再深入探讨分析。

6. 结语

遗址出土陶瓷器主要以本地安溪窑和磁灶窑为主，大部分产品质量较一般，反映冶铁生产者物质生活水平较低，出土墨书记录的姓名亦表示冶铁生产者社会地位较低。少量出土的德化窑白瓷、景德镇窑青白瓷、龙泉窑青瓷、建盏和闽清义窑青白瓷等中高档产品，则是冶铁场管理者或经营者较高物质生活水平的见证。作为冶铁遗址，陶瓷器的消费主体为经济地位较低的冶铁生产者，使用的是安溪本地窑口生产的质量较一般的陶瓷器，而磁灶窑产品主要为物美价廉的生活陶瓷器，具有广泛的市场消费群体，与冶铁生产者的需求相契合。加上地理上的优势，使得安溪窑、磁灶窑、德化窑等产品能直接流通到冶铁场。作为宋元时期重要的对外贸易港，全国各地外销瓷产品在泉州市场的集散，也使其他外地窑口的瓷器得以销往安溪等内陆地区。

九 庵坑磜烧炭窑调查报告

据村民告知，青洋村北部坝口圳头发现一处废弃窑炉遗迹，年代性质不明。由于坝口附近亦确定存在一处冶铁遗址点，为确定该废弃窑炉是否与冶铁地点存在关联，考古队于2019年12月1、2日前往该地点踏查，并确定该处废弃窑炉为一处烧炭窑遗迹，窑炉附近地表采集木炭样本的碳十四年代测定结果为清末至近现代。

结合窑内堆积较浅等情况，判断庵坑磜烧炭窑为一处清末至近现代的烧炭窑遗迹。

烧炭窑（117° 58′ 7.44″E，25° 11′ 58.11″N），位于青洋村坝口圳头庵坑磜（同“寨”）一带山腰处，附近有现代锰矿开采地，山脚地表散布锰矿石。

烧炭窑现存结构包括东西并列的两座窑（图附9-1），两窑依山坡而建，保存较完整，形制相似，方向皆坐北朝南，窑壁由石块堆砌而成，东窑与西窑之间由土墙相隔，窑炉呈不封顶的“馒头”形。窑附近不见炉渣、瓷片堆积，但于两窑东南方向5米处集中采集到一定量的木炭粒，故判断窑为烧炭窑。

1. 东窑

东窑，窑床平面呈圆形，窑壁向上略向内收，呈不封顶的“馒头”状，窑门朝南（图附9-2）。窑上部南北向内径约2.4、外径约4米，壁厚约80厘米，窑顶部至窑床现存高度约1.15米，北壁略高，窑门宽约0.7~1.1米。窑壁系使用大块石块堆砌，辅以草拌泥填缝。清理部分窑壁表土青苔，可见壁内呈黑色，无明显烧瘤痕迹（图附9-3、附9-4）。窑床被大量树叶、草植覆盖，中央可见一圆形直壁坑，带有一朝南的凸出口，该坑东西向内径约1.1、南北向1.4米，凸出口南北长约20厘米，坑内堆积大量石块，现存深度约30~40厘米。窑床北、窑壁底部留有一方形烟道口，高约30、宽约30、进深约30厘米，其他方向窑壁底部被植被、土层覆盖，未做清理。

2. 西窑

西窑形制与东窑基本一致，但窑床上无圆形坑（图附9-5）。西窑顶部东西向内径2.1米，南北向内径2.2、外壁厚约0.5~1米，窑顶至窑床距离约1.3米。窑门宽0.55~0.8

图附 9-1 庵坑磜烧炭窑

图附 9-2 东窑全貌图（由南向北）

图附 9-3 东窑石头堆砌的窑壁

图附 9-4 东窑北壁下方形烟道口与炭黑色窑壁

米。窑床东西向内径 2.1、南北向内径 2.2 米。西窑窑壁底部存在三个方形烟道口（图附 9-6），各位于东、西、北三个方向，其中北烟道口现存最大（图附 9-7），高约 42、宽约 25、进深约 35 厘米；西烟道口下部被表土掩埋部分（图附 9-8），现存高约 20、宽约 25、进深 33 厘米；东烟道口保存最为完好（图附 9-9），高约 30、宽约 20、进深约 30 厘米。于西窑的东烟道口、西烟道口内共采集两件瓷片。

图附 9-5 西窑全貌图（由北向南）

图附 9-6 西窑东、北、西三个烟道口

图附 9-7 西窑北烟道口

图附 9-8 西窑西烟道口

图附 9-9 西窑东烟道口

十　安溪冶铁遗址考古发掘前期调查概述

安溪的冶铁业始于唐五代，兴盛于宋元，历经明清至今仍经久不绝。据《宋史》记载“庆历五年（1045 年），泉州青阳铁冶大发。”明万历《泉州府志》记载“货之属：铁，安溪亦有。”清乾隆《泉州府志》记载：“铁课，宋开宝中设，诸州坑冶场二百有一，泉州铁场在……安溪青阳。”据宋《诸蕃志》、元《岛夷志略》、宋淳熙《三山志》、《清源留氏族谱》之《鄂国公传》等记载，宋元时期泉州出口商品中均有相关铁制品。

自 1970 年以来，泉州市、安溪县文物部门先后组织多次冶铁遗址调查，初步探明了分布在尚卿、长卿、湖头、湖上、感德等八个乡镇近三十个村居的古冶炼址的遗存情况。安溪县政府先后公布尚卿青阳冶铁遗址、长卿（原名长坑）南斗冶铁遗址、湖头竹山冶铁遗址为县级文物保护单位。

2019 年 2 月 28 日，泉州市申遗办在回复国际古迹遗址理事会材料清单中就进出口商品中罗列了纺织品、陶瓷及包括铁等在内的金属制品。2019 年 5 月 31 日，国家文物局、福建省文物局、泉州市申遗办相关人员、相关专家与国际古迹遗址理事会指派来泉州考察的国际专家苏珊·丹尼尔、贾志扬进行会谈，在讨论生产腹地时提到安溪等地还留存有冶铁遗址，要加强对冶铁等生产基地的研究。2019 年 8 月上旬，国际古迹遗址理事会的咨询报告明确提到找出冶铁遗址对支撑申遗价值主题的重要性。

2019年8月，按照国家文物局的部署及申遗技术团队的调研需求，泉州市委书记康涛、市长王永礼专门召开会议研究，要求全力以赴落实好相关工作。副市长、申遗办主任周真平亲自部署并参与调研，市申遗办、市文物局组织泉州海交馆、市博物馆、申遗中心及晋江、安溪、洛江、泉港等专业力量，分组开展冶铁、造船、丝绸等基地调研工作。其中，冶铁遗址方面，工作小组由吕秀家、林瀚、成冬冬、薛彦乔等组成，在林瀚同志负责查阅历史文献资料的基础上，向资源规划、民政部门查询地名、矿产等相关档案材料，调阅全国文物“三普”材料，最后遴选出安溪、晋江、洛江、泉港等片区的冶铁遗迹作为实地踏勘对象。各方人员前后深入各地踏勘十数次，汗水与喜悦相伴，希望与憧憬相生，在分析比较文献记载、遗产地表保存等情况后，确定以安溪县为继续探寻的重点。

得到调研增补冶铁遗址作为申遗点的信息后，安溪县委、县政府十分重视，县分管领导和文化文物部门立即牵头，连日组织县志办、水利、交通、档案馆、图书馆、乡镇文化站、全国文物“三普”调查员等有关人员查阅资料和集中座谈，部署调查工作，成立由安溪县副县长林毅敏、文旅局长傅伟明、县博物馆馆长易曙峰等人员组成的安溪县调研小组，与各有关乡镇文化站联合，对尚卿、长坑、湖头等冶炼场遗址点开展调查，寻找线索。调查组从县城驱车直奔长卿镇南斗村、长卿镇长卿村，在长卿镇政府午餐后，又往长卿镇青苑村，由青苑村入尚卿青洋村，到福林村、科名村，沿着盘岭省道307线到湖头镇竹山村等古冶炼场遗存点，实地调研途中除了调查冶炼遗存信息，也调查河流渡口、桥梁、山道等相关联遗产信息。由于安溪境内所有冶铁遗址均未经过考古发掘，又多是在田地山地间，地表常被茂密的农作物或植被所覆盖，可见遗存少之又少，目之所及大多只有零零星星的铁渣，期待中该有的冶炼炉毫无影踪。

8月22日，市申遗办副主任吕秀家、福建博物院考古研究所原所长栗建安及林瀚等调查小组进驻安溪。上午，调查组先在县文庙与安溪县文化、文物、文史、档案等部门人员进行座谈。会后，市县两级人员又立即启程，开展实地调查。

在省市文物部门和专家的指导下，林毅敏副县长、文体旅局傅伟明局长做了详细布置，县有关部门、乡镇继续不间断地开展实地走访调查和资料查阅工作，广泛发动群众提供线索，调查形式多样，节奏紧锣密鼓，走访范围也不断扩大，长卿镇包括南斗村监宫角落，长卿村霞美角落、南斗程光角落、后垵将薯仑、铁屎垅，青苑村楠树下角落，由长卿镇青苑村连接尚卿乡青洋村的古道，青洋往科名、科山、科洋连接的古道走向以及青洋村往蓬莱镇新林渡口的古道在实地踏勘中得以判明，青洋往湖头的古道中的湖头仙都段也被清理出来。每次走在这古道上，大家总是兴致勃勃地想象古人在这条路上运输铁件铁器的情形。

青洋村的矿坍尾角落是县级保护标志碑的立碑点，附近的永安堂为青洋村余氏族人的祖厝，永安堂南侧有一个石头垒砌形成的凹洞，在第一次因清理杂草而被发现时，几乎被认为是矿洞，大家兴致勃勃地在那小山丘上下寻遍，虽然没有发现炼铁的迹象，但还是不忍放弃，此后又进行了多次找寻。坝口的烧炭炉，芳平的矿洞，白花岭古道，水尾黄宝全厝的墙体和屋后的铁墩，一直是走了又走，绕了又绕，看了又看，但期待遇见的最好的见证物——冶炼炉，还是没有发现。

每次离开青洋，顺着科名、科洋、科山，沿盘岭而下，都会来到竹山冶铁遗址。将车停在路边，过小溪，经过炉前庙，就到达竹山冶铁遗址。竹山遗址范围很大，大概有两万多平方米，与长卿镇、尚卿乡的冶铁遗址一样，多为灌木、杂草等植被所覆盖，我们组织当地的村民对杂草进行清除，以便探勘地表遗存，这样除草一片踏勘一片，从东地块往西地块，将近十天，整个竹山遗址也踏勘个遍，除了一些扇形炉渣，仍未发现冶炼炉。

有一大段时间，调查组都辗转反复在寻找冶铁遗存的路上：从县城出发，往长卿、尚卿、湖头三个乡镇，在南斗、长卿、青苑、青洋、科名、科洋、科山、盘岭、竹山等村落穿梭，许多不知名的老乡们给了大力支持，毫无怨言地提前收割或处理农作物，帮着处理杂草、杂生灌木，用自家摩托车带着调查队员在轿车难以通行的山间小道间奔走。

9月5日，中国建筑设计院建筑历史研究所泉州申遗项目组傅晶所长和她的团队，及市申遗办吕秀家、丁毓玲、林瀚、苏志明再到安溪开展调研，参与调查。

9月7日至9月12日，福建省考古所羊泽林副所长，厦门大学历史学院刘淼博士和她的学生们也参与到调查队伍。

9月17日，市申遗办吕秀家、安溪县政府副县长林毅敏带领市、县调查队一行十余人路过青洋村部下的永安堂，碰见两三个在堂前水泥地坪上晒稻谷的老乡，我们靠上前与他们闲聊，其中有位年龄较大者，名字叫余树英，快80岁了，我们边驻足休息，边与他聊了些关于青洋冶铁的事，他边回忆边漫谈，说道：小时候听大人们说，青洋炼铁比较多的是在那座山——朝着他手指的方向，我们知道了村口进来不远处有个地方叫下草埔。

由选矿场往东，经过一段两侧有着长年堆积的、如山的矿渣的泥泞小路，我们来到了下草埔。下草埔是个峡谷，北高南低，东西两面是山丘，有些农作物与杂草伴生。在这里，我们看到了不少露在地表的炉渣，与其他地方所见不同的是，这里分布有许多表面肌理很有流动感的扇形炉渣（当然类似的炉渣在湖头竹山我们也有见过），最令人惊诧的是，一片近一亩的平地上庄稼反而很少，西侧还有一段长满灌木杂草的护坡，中段隐隐露出一些石块垒砌的造型，左右基本对称，类似洞口。我们请来当地民工帮忙除去一部分杂草，很快就露出一圈石头，类似拱门，中间凹陷，很让人怀疑是被堵上的一个山洞，后来，每一次去总是要围着它上下打量好一阵工夫，百思不得其解。平台的南处是一段斜坡，层层叠叠，有不少炉渣堆积，平地东面还有一段断碑，残留“庄公墓”三个字，字口清晰。平台上散落的一些扇形炉渣，大大增加了冶炼炉存在的可能性，但期待中的冶炼炉，却还是没有发现。

9月18日，北京科技大学教授李延祥，市申遗办吕秀家、唐宏杰、林瀚、黄伟等再次来到安溪开展调研，组织调查，调研组走访了长卿镇南斗村、长卿村、青苑村，尚卿乡青洋村、科名村，湖头镇竹山村等一系列冶铁遗产点。

9月26日，北京大学考古文博学院党委副书记陈建立、副院长沈睿文，福建省文物局何经平、市申遗办吕秀家、林瀚再次来到安溪开展调研，组织调查。调研组走访了长卿镇南斗村、长卿村、青苑村，尚卿乡青洋村、科名村，湖头镇竹山村等一系列冶铁遗产点，针对地表保存情况、立地条件、相关资源要素进行分析比较，研究讨论提出考古发掘建议，提出要保护好青洋下草埔遗址现状，指定专人巡查；同时在下草埔周边寻找古代矿洞，确定其分布情况；进一步找寻当地家谱（余氏、许氏）等民间文献，梳理出古代冶炼从业人群或家族情况；组织对“青阳余氏”家族墓葬进行普查，拍照并确定坐标，以梳理墓葬分布情况；继续踏勘，梳理出下草埔冶铁的交通运输线路；对下草埔遗址附近的矿山开采情况进行管控，防止破坏古矿洞；进一步查寻冶铁管理制度的相关历史文献，以判定该处遗址的经营属性为官营还是民营。

9月30日，国家文物局宋新潮副局长召开申遗工作会议，听取各相关方面的汇报，同意北京大学考古文博学院、市申遗办提出的建议，确定由北京大学考古文博学院负责对安溪青洋下草埔遗址进行考古发掘。

2019
—
2020
年度
安溪下草埔遗址
考古发掘报告

安溪下草埔遗址

后　记

本报告为泉州市安溪县尚卿乡青洋村下草埔遗址2019~2020年考古调查和发掘的阶段性报告。下草埔遗址的阶段性发掘工作得以顺利完成，并及时出版考古报告刊布资料，与考古队成员之间的精诚团结、紧密合作密不可分。本此考古发掘由沈睿文领队，参与田野发掘和室内整理工作的有北京大学考古文博学院李佳胜、何康、方立阳、梁硕、李晓敏、高勇、蒋子谦、戴伟，北京科技大学科技史与文化遗产研究院张周瑜，安溪县博物馆易曙峰，泉州市海上丝绸之路申遗中心黄必应，技工陈蓁、严中宝、毛卫。测量绘图由陈蓁、毛卫、戴伟、何康、张周瑜、李佳胜、方立阳、李晓敏、蒋子谦、梁硕承担；线图数字化制作由戴伟、何康、方立阳、张周瑜、李佳胜、李晓敏、梁硕、蒋子谦、郭婧、杨文悦、李嘉妍、秦若晨、李博含承担；遗迹摄影由李佳胜、何康、高勇、戴伟承担；文物摄影由戴伟、何康承担；遗迹关系系络图制作由张周瑜、李佳胜承担；遗址现场采样工作由张周瑜、方立阳负责，实验样品的整理、分析检测工作由方立阳、张周瑜、北京大学考古文博学院张吉博士完成。木炭样品的年代检测由北京大学考古年代学实验室承担。

报告的文字撰写，具体分工如下：

第一章：李佳胜、张周瑜、方立阳、蒋子谦，由李佳胜统稿；

第二章：李佳胜、张周瑜、何康，由李佳胜统稿；

第三章：张周瑜、方立阳、何康、李佳胜，由张周瑜统稿；

第四章：何康、方立阳、蒋子谦、李佳胜，由何康统稿；

第五章：张周瑜、方立阳、李佳胜、何康，由张周瑜统稿；

初步结论：沈睿文；

附录部分：附录一：何康；附录二：方立阳、梁硕；附录三：张周瑜；附录四：方立阳、张周瑜；附录五：张周瑜、方立阳；附录六：李佳胜；附录七：何康；附录八：黄必应；附录九：张周瑜、方立阳；附录十：吕秀家、易曙峰；

报告全文由沈睿文、李佳胜统稿，沈睿文校改修定。

下草埔遗址的前期调查，在国家文物局的统筹之下，由泉州市人民政府、福建省文物局、泉州市文化广电和旅游局、泉州市海上丝绸之路申遗中心、泉州海外交通史博物馆、北京大学考古文博学院、北京科技大学、安溪县人民政府、安溪县文化体育和旅游局、安溪县博物馆等多家单位联合开展，北京大学考古文博学院沈睿文、陈建立教授，北京科技大学李延祥教授对遗址发掘可行性进行评估，前期调查采集样品的分析检测工作由北京科技大学李秀辉副教授、程瑜工程师，北京大学考古文博学院张吉博士完成。前期的调查选点工作为本次发掘工作提供了遗址规模、性质等重要信息，对他们的工作和支持表示衷心感谢。

发掘期间，国家文物局宋新潮副局长多次莅临发掘现场指导工作，福建省、泉州市、安溪县、尚卿乡、青洋村等各级领导多次参观遗址并提出建设性意见。福建博物院栗建安研究馆员在室内整理工作期间亲临现场指导陶瓷片的整理工作；楼建龙研究馆员在发掘前、中、后期多次前往发掘现场、参观文物库房，提供建设性意见。北京大学教授孙华、陈建立，北京科技大学教授潜伟、李延祥，四川大学教授李映福，广西民族大学教授黄全胜等多位考古学、科技史领域的专家学者先后莅临发掘现场指导工作。2019 年 12 月 21 日，在安溪县组织专家论证会，北京大学、清华大学、北京科技大学、中国人民大学、中国社会科学院考古研究所、陕西省考古研究院等单位的专家学者对青洋下草埔冶铁遗址的考古与研究、展示提供了富有建设性的指导意见和建议，在此表示衷心感谢。

本书出版得到文物出版社李飏、谷雨编辑的大力支持，在此一并致谢。

最后要说明的是，本次报告为下草埔遗址阶段性考古发掘成果的汇报，发掘、整理的时间较为紧张，报告最终以这样体例呈现，是众多报告编写者一同致力于完整、有序地刊布发掘成果的一次尝试。随着发掘、整理工作的深入开展，我们愈发强烈地感觉到阐释遗址的历时性过程和共时性组合的必要性，故而我们尝试将遗址空间上的多个台地、揭露的多属性遗迹、出土的多类型遗物之间的关系进行梳理、分述，期待报告的读者可以以此了解下草埔遗址丰富的历史文化内涵。这次阶段性的考古工作为研究科技史、城市史、手工业经济史、社会史提供了一些新材料，但文中的一些判断与初步结论，仍需要后续的调查、发掘、研究工作的开展进行检验。报告文中的一些错漏、瑕疵，也需要我们进一步工作加以完善。我们真诚地期盼各位专家学者、业界同人、社会各界关心文物事业的同志们对本报告的批评与建议。

编　者

2021 年 2 月